Hans Modrow

Ich wollte ein neues Deutschland

Hans Modrow

Ich wollte ein neues Deutschland

Mit Hans-Dieter Schütt

Dietz Verlag Berlin

Bildnachweis:
Bundesarchiv Koblenz (Busch, Franke, Gielow, Häßler, Hiekel, Junge, Mittelstädt, Oberst, Settnik, Uhlemann, Zimmermann, Zühlsdorf) (19); Karl Deutscher (1); dpa/Frankfurt/Main-Archiv (1); Peter Hein (1); Erich Höhne (1); Waltraut Kossack (2); ND-Bildarchiv (11); privat (13); Sächsische Zeitung/Klaus Thiere (1)

Modrow, Hans: Ich wollte ein neues Deutschland /
Mit Hans-Dieter Schütt /
Hans Modrow. – 2. Aufl. Berlin : Dietz Verl. GmbH 1998. –
50 Abbildungen, 480 S.

ISBN 3-320-01953-8

2. Auflage 1998

Schutzumschlag: Trialon, Berlin
unter Verwendung eines Fotos von Andreas Fahr
Typographie: Brigitte Bachmann
Satz: dietz berlin
Druck und Bindearbeit: Druck- und Verlagsanstalt Wiener Verlag GmbH
Printed in Austria

Inhalt

Wenn Sie »Vorwärts!« rufen, dann zeigen Sie unbedingt auch die Richtung an, nämlich vorwärts wohin. Sie werden zugeben, wenn man dieses Wort, ohne die Richtung anzuzeigen, einem Mönch und einem, sagen wir, Revolutionär gleichzeitig zuriefe, gingen beide völlig verschiedene Wege.

ANTON TSCHECHOW

Alles war gewonnen, alles war verloren,
als die Mauer fiel.

GÜNTER GAUS

Denn was jeder einzelne will, wird von jedem anderen verhindert, und was herauskommt, ist etwas, das keiner gewollt hat. So verläuft die bisherige Geschichte ...

FRIEDRICH ENGELS

Kein Treibholz sein

—

Hans-Dieter Schütt im Gespräch mit Hans Modrow

Hans Modrow: ein SED-Politiker im Schatten des Politbüros. Ein paar Jahre Jugendverband, ein paar Jahre Parteiarbeit in Berlin, viele Jahre 1. Sekretär der SED-Bezirksleitung Dresden, eine kurze, heftige Zeit DDR-Ministerpräsident. Das war der späte Punkt, da er heraustrat aus der Regionalität. Nun hat er seine politischen Erinnerungen niedergeschrieben. Erlebnisse und Reflexionen in den deutschen Umbrüchen dieses Jahrhunderts.

Als er DDR-Premier wurde, Ende 1989, galt schon das Gesetz des Stärkeren. So wurde er zum akkuraten Sinnbild einer sterbenden Republik – deren Hilflosigkeit ebenso dokumentierend wie ihren würdevollen Trotz. Auch als Dresdner SED-Chef war er ein grüblerischer Menschenfreund. Niemandes Günstling, ein Arbeiter für die Bescheidenheit. Zwischen Realpolitik und Utopie hat auch er sich aufreiben lassen. Aber doch auch viele Menschen aufgerichtet. Man muß seine Treue zum Sozialismus nicht teilen, seine Parteidisziplin nicht bis ins letzte verstehen – wer mit ihm zu tun hat, nennt ihn einen anständigen Menschen. Das ist sehr viel. Mit ernstem Sanftmut ackerte er für die DDR-Schlußszene. Leidend leitend. Pflichtbewußt, asketisch. Noch einmal feierten deutsche Tugenden ihren Sieg auf der Seite der Verlierer. Mit seiner Popularität stand er plötzlich für das gesamte halbe Land. Niemals wird, so weiß es der Volksmund schon lange, ein Opferlamm häufiger gestreichelt als auf dem Wege zur Schlachtbank.

In einem Buch des Journalisten Karl-Heinz Arnold über Modrows erste hundert Tage als Ministerpräsident heißt es: Er, der Autodidakt, verbinde den gesunden Ehrgeiz des Arbeiterjungen mit einem ordentlichen Schuß Bauernblut und der Lernfähigkeit eines Sportlers.

Das folgende Gespräch fand im November 1997 in Berlin statt.

Hans Modrow, in Ihrem Buch gehen Sie durchaus sehr kritisch mit sich selbst um, sicher auch an Punkten, an denen andere Memoirenschreiber großzügiger verfahren: Man schont sich selbst ja am liebsten. Wenn man Ihre vielen kritischen Anmerkungen zum praktizierten Sozialismus aneinanderreiht, ergibt sich seltsamerweise kein depressives Schlußbild. Was bewog Sie, trotz des Aufgebens vieler Hoffnungen, die eine große Hoffnung nicht dem Realismus zu opfern? Der da lautet: Alles vergeblich.
Zwischen Wollen und Vollbringen gibt es immer eine Diskrepanz; ich hielt mich ein Leben lang ans Wollen. Meine Zukunftserwartungen waren stets größer als meine momentanen Enttäuschungen. Anders kann ich das nicht erklären. Und anders kann ich nicht leben.

Dresden galt zu DDR-Zeiten als sogenanntes Tal der Ahnungslosen: Man konnte keine Westsender empfangen; ARD und ZDF existierten nicht. In diesem einen Punkt waren unter Ihrer politischen Führung alle gleich. Oder hatte der 1. Sekretär der SED-Bezirksleitung doch Westfernsehen?
Nein. Aber es gab mal eine Diskussion, ob ich nicht doch Westfernsehen haben müsse. Der Minister für Elektrotechnik ließ das prüfen und kriegte raus, daß es möglich sei. Man brauche nur vom Dresdner Fernsehturm aus eine kleine Umsetzanlage zu installieren. Nebeneffekt: Etwa 1000 Haushalte in der Johannstadt, also dort, wo ich wohnte, wären in diese Sonderregelung einbezogen. Das lehnte ich ab. Was sollten die Leute von mir denken! Die nannten ja schon die Konsum-Kaufhalle im Wohngebiet Modrow-Kaufhalle – weil das Angebot angeblich besser gewesen sei als anderswo. Das habe ich allerdings so nie empfunden, ich glaube, das bildeten die Leute sich ein. Es war nur die einzige Konsum-Kaufhalle in weiter Umgebung, die wollten einfach nur mithalten mit den HO-Kaufhallen. Also, kurz gesagt: Ich bekam kein Westfernsehen.

Was sind Sie für ein Mensch?
Sehr abrupte Frage! Ich bin ein Mensch mit entwickeltem Mannschaftsgeist, bin kein Alleinentscheider. Was ich in die Arbeit einbringe, ist eine gewisse Hartnäckigkeit, das mag ein Zeichen der Landschaft sein, aus der ich komme: Vorpommern, ein Landstrich, in dem alles ziemlich in sich selber ruht. Am schwersten fiel mir immer diese Gratwanderung von Hinwendung zu den Menschen und einer gewissen Härte, die man ja braucht, wenn man sich in die Öffentlichkeit begibt. Erwin Strittmatter hat einmal zu mir gesagt: Du mußt wissen, alle kochen nur mit Wasser. Das heißt also: Auch ich koche nur mit Wasser. Niemand sollte sich überschätzen und meinen, er sei so gut, daß es zum Alleingang reicht.

Könnten Sie Ihren größten politischen Fehler benennen?
Das fällt mir sehr schwer. Nicht aus Selbstüberhebung, sondern wegen des Zwangs zur Absolutheit, der Ihrer Frage zugrunde liegt. Was lange vorbei ist, auch an Fehlern, wurde durch Distanz ja längst gemildert in seiner bedrückenden Wirkung auf mich. Also fallen in der Erinnerung jüngere Situationen stärker ins Gewicht. Vielleicht hat meine Regierung im Winter 1989/90 zu wenig getan, um auf dem Weg der DDR in die Bundesrepublik Rechte der DDR-Bürger durch Gesetze genügend abzusichern. Da lief uns die Zeit weg, da fehlten Kraft und Aktionsvermögen.

Es hätten mehr Modrow-Gesetze kommen müssen.
Ja. Das ist der Hauptfehler gewesen, vor allem im Sinne des Vorausdenkens dessen, was auf uns zukommen würde. Mit Wolfgang Ullmann, Rainer Eppelmann und anderen hätte es Chancen gegeben, wir haben sie nicht genutzt – der Druck von allen Seiten erwies sich als zu stark.

Der Bürgerrechtler Wolfgang Templin sagte 1990 über den Ministerpräsidenten Modrow: Sein »Verdienst besteht im Versuch, zur Reformation eines Systems beitragen zu wollen, das sich nur überwinden ließ. Sein Scheitern besteht im Bruch zwischen Reformansätzen und der Art und Weise, wie die DDR endete.« Haben Sie Herrschaftswissen und -spuren verschleiert?
Geht das jetzt auf das leidige Thema MfS?

Es gibt Stimmen, die sagen, Sie hätten als Ministerpräsident der DDR, in der Übergangszeit zwischen Herbst 1989, SED-Ende und Volkskammerwahl am 18. März 1990, zu lange am MfS festgehalten. Das sei der schwerste Fehler dieser Regierung gewesen.
Ich habe als Regierungschef ein Sicherheitsverständnis gehabt, das ich weder in die Nähe der Abnormität noch in die Nähe der Nostalgie rücken lasse. Mir soll keiner damit kommen, dieses Verständnis habe sich von dem anderer Staaten unterschieden. Wäre dem so, hätte Kohl seinen Nachrichtendienst längst auflösen müssen.

Erst unter dem Druck des Runden Tisches reagierten Sie.
Ja, mich dem Runden Tisch zu beugen, diese Bereitschaft kam relativ spät.

Bereitschaft, sagen Sie. Einzig und allein nur Bereitschaft?
Diese Entscheidung ist nicht frei von Druck gewesen, ja, da kann ich mich drehen und wenden, wie ich will. Insofern bleibe ich bei dieser Frage nach wie vor im Zwiespalt. Wäre ich von vornherein mit einer Regierung angetre-

ten, die kategorisch Schluß macht mit Sicherheit und Nachrichtendienst, diesen neuralgischen Punkten des Volkszorns, dann hätte ich sicher eine populäre Maßnahme eingeleitet, die mir von bestimmter oppositioneller Seite kurzzeitig, ich betone: kurzzeitig, Kredit an Vertrauen eingebracht hätte. Aber das Problem hatte für mich eine andere Seite: Ich fürchtete einen sozialen Konflikt, dessen Entladung gewalttätig hätte verlaufen können. Immer wurde von friedlicher Revolution gesprochen, damals im Herbst 1989. Aber hätten die sogenannten friedlichen Revolutionäre denn wirklich unfriedlich gegen den Staat vorgehen können? Ich meine nicht die individuelle Gewalt, die zum Glück gefesselt blieb. Ich meine jetzt die bewaffnete Gewalt. Waffen hatten die Bürgerrechtler nicht – aber die plötzlich Entmachteten hatte welche. Stellen Sie sich vor: Da gibt es Tausende von Menschen, die in einem bestimmten feindbildorientierten Sinne erzogen und hochqualifiziert ausgebildet wurden – mit einem Male werden die ihres Berufssinns beraubt. Und dieser Berufssinn schloß Anwendung von Gewalt ein; wir wissen in dieser Beziehung ja inzwischen mehr als vor dem Herbst 1989. Daher mein Zögern, an diesem Punkt abrupt einen Schlußstrich zu ziehen und die Betreffenden auch dadurch unvermittelt nervös zu machen, daß sie nun sozusagen selbst von den eigenen Leuten verraten werden. Ich hatte Angst vor Kurzschlüssen, und diese Angst war größer als die Furcht vor den rigorosen Demokraten und Moralisten des Runden Tisches.

Darum der Versuch damals, die Gesetzgebung der DDR auszunutzen, um MfS-Mitarbeitern eine sozial gesicherte Übergangszeit von zwei Jahren zu schaffen?
Ich wollte verhindern, daß sich aus dem Gefühl, ausgegrenzt zu sein, eine gefährliche Kollektivität entwickelt. In Dresden haben Leute versucht, einen MfS-Mitarbeiter mit einem Strick um den Hals an einen »Trabant« zu binden. Und dann merken diese in die Enge getriebenen MfS-Leute, in ihrer Angst, aha, auch die Regierung läßt sie fallen. Das stärkt den Ehrgeiz, nun selber zu kämpfen – und wie schnell gerät eine Situation außer Kontrolle. Heute wird vieles so dargestellt, als wäre das damals nur meine dumme, laxe und ideologienostalgische Haltung gewesen, mich weiter an das MfS zu halten. Nein. Andererseits kann man mir natürlich den Vorwurf machen, ich hätte die Abnabelung über Gebühr hinausgezögert. Sie sehen, ich weiß keine endgültige Antwort. Ich weiß nicht, was zu früh, was zu spät, was rechtzeitig war.

Was war das für Sie: der Herbst 1989?
Entschuldigen Sie, davon unter anderem handelt dieses Buch.

Ich meine, so in einem Satz.
Der Herbst 1989 hat mir auf unverschämte Weise meine Widersprüche klargemacht, mit denen ich bisher lebte. Ich mußte zugeben, daß es wirklich welche waren, also daß das alles verflucht quälend war. Dennoch beließ ich es bei ihnen. Warum sollte ich sie bemänteln? Es wäre töricht zu denken, man sei unbescholten und unbeschadet durch die Zeiten hindurchgekommen. Ich bin nicht unbeschadet durch die Zeiten gekommen. Unsere Logik war der ewige Aufwärtsweg. Lieber war ich aufrichtig als logisch.

Woran läßt sich Aufrichtigkeit erkennen?
Aufrichtigkeit hat nichts mit Schamlosigkeit zu tun. Im Gegenteil, sie ist von einer gewissen Scheu begleitet, und nur daran läßt sie sich erkennen.

Was ist Leben?
Man lebt mit einem Ideal, hat Vorstellungen von der Zukunft, muß aber erkennen, daß vieles ganz anders läuft.

Sind Sie ein Politiker, dem Anerkennung viel bedeutet?
Ja und nein. Nein in dem Sinne, daß mir zum Beispiel Orden, Tribünen, protokollarische Heraushebungen nie wirklich etwas bedeuteten. So was gehört zum politischen Geschäft; da trägt man vieles lustlos und leider auch gedankenlos mit. Ja zur Anerkennung sage ich in dem Sinne, daß mir Achtung durch Menschen, mit denen man zusammenlebt und in deren Dienst man als Politiker ja arbeitet, stets sehr wichtig gewesen ist.

Der Wunsch, als Politiker anerkannt zu werden – ließ er bei Ihnen ein positives Verhältnis zur Mehrheit wachsen?
Ja, unbedingt.

Wirklich unbedingt? Mehrheiten sind gerade auch in der Demokratie, die wir aus der DDR Kommenden erst erfahren und erlernen mußten, etwas Zwiespältiges: Das gesunde Volksempfinden ist nicht automatisch identisch mit dem gesunden Menschenverstand.
Das ist sehr wahr, und dennoch gehe ich auch in der PDS davon aus, in meinem gegenwärtigen politischen Leben also, daß man Überzeugungen für Mehrheiten schaffen muß. Aber klar: Indem man wirklich Opposition sein will, hat man sozusagen auch Minderheitenpflichten, und die bestehen bei weitem nicht nur darin, in einem Parlament zu sitzen. Der jetzige Versuch der PDS, Oppositionsverständnis unbedingt auch ans Mitregieren zu hängen, scheint mir untauglich. Verantwortung fängt nicht in einem Kabinett an, sondern dort, wo ich konsequent, ideenreich und mutig die politisch wie sozial Schwachen vertrete.

Für Sie wäre es also kein Reiz mehr, im Bundestag zu sitzen?
Nicht unbedingt. Natürlich weiß ich gleichzeitig, wie wichtig es ist, daß die PDS im Parlament ihre Sitze hat. Die Lage bleibt widersprüchlich, die Dinge sind schwer unter einen klaren Strich zu bringen, und der Streit gerade in dieser Frage wird sicher nicht abreißen. Um die entscheidenden Akzente geht es, und da fürchte ich aus dem Ehrgeiz heraus, mitzumischen, eine gewisse Stromlinienförmigkeit der Partei. Aber stromlinienförmige Parteien gibt es genug. Die Präsenz der PDS im Bundestag ist andererseits schon deshalb wichtig, damit sich in der Demokratie dieses Landes ein Respekt vor linker Opposition entwickeln kann. Die Etablierten müssen durch eine gewisse Gewöhnung an unkalkulierte linke Widerspenstigkeit begreifen, wie sehr das ihre Toleranzfähigkeit erweitert. Es muß zum Anstand gehören, linke Kräfte zu tolerieren. Die PDS muß deshalb zwingend eine störende, irritierende Kraft bleiben gegen das selbstgefällige Machtsicherheitsgefühl etwa der CDU. Diese absoluten Mehrheiten, wie sie heute die Christdemokraten zum Beispiel in Sachsen verkörpern, die sind im Prinzip mit einem solchen Verhalten zur Macht verbunden, das sich von dem der SED-Führung in nichts unterscheidet. Mit ihrem sattem Regierungsbewußtsein schütten die sich doch über Probleme von Minderheiten aus vor Lachen. Das tangiert die doch nicht. Da haben sich die Sieger mächtig infiziert an der Arroganz der Besiegten. Und da sind wir wieder beim Bundestag: Wenn es nicht mehr möglich ist, daß sich die kritische Öffentlichkeit im Parlament über eine wirklich linke Partei so artikulieren kann, daß es zu einer ernsten Auseinandersetzung kommt, dann hat die Demokratie den Kampf verloren, und wer sich Opposition nennt, muß aufpassen, daß er nicht gar zu bereitwillig gute Miene zu einem bösen Spiel macht.

Glauben Sie, daß es in Deutschland eine Zukunft geben könnte, bei der ein solches respektables Verhältnis zur sozialistischen Opposition, gar zu Kommunisten, möglich ist? Dies gibt es ja leider nur in Deutschland, daß Nichtkommunismus einzig als Antikommunismus existiert.
Es wäre wirklich wünschenswert, hörte dieser Antikommunismus in Deutschland auf. Hier werden die Menschen häufiger für das bestraft, was sie sich erträumen, als für das, was sie getan haben – häufiger also für ihre Zukunft als für ihre Vergangenheit. Die Geschichte des deutschen Antikommunismus ist, wenn man so sagen darf, die Geschichte von Zukunftsbestrafung. Aber in Ihrer Frage steckt ja noch etwas anderes. Ich glaube, da stehen wir vor einem sehr tiefen Problem: Ist linke alternative Haltung zum real existierenden Kapitalismus überhaupt einzig und allein nur noch mit Kommunismus zu verbinden, mit kommunistischen Parteien? Ich gehe da-

von aus, das wird im nächsten Jahrhundert so nicht mehr sein. Es wird sich eine Sozialismus-Auffassung entwickeln, die hoffentlich wissenschaftlich begründeter sein wird als das, was wir heute vage utopisch, mit fast diffusem Trotz und ehrgeiziger Hoffnung mit demokratischem Sozialismus bezeichnen. Wer weiß schon wirklich, was das ist? Wir reiben uns doch alle noch die Augen vom gestrigen Einsturz. Natürlich werden sich Menschen auch in Zukunft über Kommunismus definieren, aber das wird hoffentlich eingebunden sein in ein breiter gefaßtes linkes Denken, das zwei Folgen hätte: Kommunisten werden nicht mehr so bösartig ausgegrenzt; und sie und Sozialisten, auch Sozialdemokraten könnten in einer Regierung zusammenarbeiten, wie das in anderen westeuropäischen Ländern Normalität ist. Aber wie gesagt: Dann muß Sozialismus-Auffassung etwas anderes sein als das sozialdemokratisch rechtsorientierte Denken und Verhalten dieser weichherzigen SPD.

Noch mal PDS und Bundestag: Ist die Wirkung einer solchen Partei, die sich ja wie keine andere über Opposition definiert, unbedingt an die Präsenz in einem Parlament gebunden?
Ja. In dieser Bundesrepublik Deutschland werden Parteien, die nicht im Bundestag sind, finanziell und materiell aufs Abstellgleis geschoben. Dorthin, wo sozusagen keine Ansage stattfindet und keiner mehr zusteigt. Diese Struktur der bürgerlichen Demokratie ist in Deutschland sogar stärker ausgeprägt als in anderen westlichen Ländern. Wer hier nicht im Parlament ist, wird zudem international nicht ernstgenommen, zunehmend auch in Mittelosteuropa und in den GUS-Staaten. Das ging ja früher selbst der DKP so, im Verhältnis zur SED. Im Kreis seiner Kollegen in den, wie es damals hieß, Bruderparteien mußte sich Herbert Mies immer anhören, er habe zwar die lauteste Stimme, aber die wenigsten Stimmen. Und schließlich: Mir haben Gewerkschafter zu Recht gesagt, die Gewerkschaft werde besonders im Osten Deutschlands dahin gedrängt, selber Partei zu sein, weil linke Parteien ihre Forderungen nicht mehr ins Parlament tragen. Aber wenn diese Interessen nicht mehr im Bundestag vertreten werden, droht auch außerparlamentarische Gewerkschaftsarbeit bedeutungslos zu werden. Es geht also in der Frage nach Sitzen im Bundestag nicht um Erhöhung der Selbstrepräsentanz, es geht um das Gewicht, mit dem eine Partei wirklich linke, also aufstörende Opposition betreibt. Gegen die Amoralität des Kapitalismus.

Freilich, der Kapitalismus erhebt keinen Anspruch darauf, moralisch zu sein, er toleriert aber gerade von daher Moralisten – die ihm abnötigen, was an Moral letztendlich auch in diesem System vorhanden ist.
Ja, da mögen Sie recht haben.

Sind Sie Kommunist?
Nein. Ich habe im Gegensatz zu anderen in der DDR auch nie mit »kommunistischen Grüßen« unterschrieben. Und zwar deshalb, weil ich nie dieses eingeengte Verständnis von Kommunismus hatte. Ich habe auch die SED in einer breiteren Tradition gesehen.

Als Ministerpräsident formulierten Sie, einem Appell gleich: »Deutschland, einig Vaterland!« Wie sehen Sie diese Initiative heute, als ein Mann, der den Sozialismus reformieren, aber doch eigentlich nicht die Vereinigung wollte? Nicht nur Oppositionelle, auch Sie haben in jener Zeit die Meinung gewechselt – weil sich die Lage änderte.
Ich dachte an den Text der DDR-Nationalhymne, und ich hatte die Hoffnung, einiges von dem, was ein reformierter Sozialismus hätte sein können, mit hinübertragen zu können in ein neues Deutschland. Ich wollte in meinem Leben immer ein neues Deutschland: nach dem Krieg, in der DDR, nach der Wende. Die Realität sah immer etwas anders aus. Deutschland, einig Vaterland – dafür hatte sich das Volk der DDR entschieden, nur glaubte ich an einen längeren, wirklich wandlerischen Prozeß in beiden Republiken. Deutschland, einig Vaterland – das war nicht meine Bitte an Helmut Kohl, uns seinen Bonner Staat überzustülpen. Aber gemessen an dem, was sich entwickelte, war dieses Wort von mir wahrscheinlich ein Irrtum. Es lud zu falscher Interpretation ein und paßte leider genau in den Kram, der dann seinen Lauf nahm.

Was ist Freiheit?
Es gibt zwei Arten, die Freiheit zu verlieren, hat Christoph Ziemer von der Dresdner Kreuzkirche in jenem Herbst 1989 gesagt: einmal, wenn man ängstlich davor zurückschreckt, sie zu gebrauchen – dann verlieren wir sie für uns selbst. Die andere Art: Wenn wir die Freiheit selbstsüchtig an uns reißen – dann verlieren wir sie für die andern. Die freie, aber verantwortliche Tat ist für mich das Gebot von Freiheit.

Haben Sie Schwierigkeiten, mit jungen Leuten in der PDS zusammenzuarbeiten?
Das ist die Frage nach dem Generationskonflikt. So ein Konflikt kann sehr nützlich sein, und er ist eh nicht zu verhindern. Es ist ja eine Art Erfahrungsaustausch. Wenn es einem Älteren gelingt, solche Diskussionen nicht verkrampft zu führen, sie nicht mit Besserwisserei und Belehrung zu verknüpfen, dann ist das gut. Ich glaube, mir gelingt es, solche Bereitschaft wachzuhalten und auch meinen kritischen Umgang mit mir selbst vor jungen Menschen nicht zu verbergen.

PDS-Vorstandsmitglied Roland Claus sagte im »Neuen Deutschland«, er komme »im geistesgeschichtlichen Sinne nicht aus einer Ost-Linken«, die habe sich »in den sozialistischen Ländern nie formiert«. Weshalb jetzt »nachholende Modernisierung« durchgemacht werden müsse.
Daß wir alle nachholen müssen – die Feststellung ist berechtigt. Wenn Roland Claus als 1. Bezirkssekretär der FDJ und dann als 1. Sekretär einer SED-Bezirksleitung nicht all das für sich akzeptiert, was sich in den achtziger Jahren an reformbewußtem Denken auch in der DDR entwickelte, auch an Erneuerungswillen, im Schatten der offiziellen Strukturen, dann ist das seine Sache. Aber das, was Sie anführen, ist an einem anderen Punkt für mich interessant. Distanz zur DDR, zu ihrer Geistigkeit und ihren Mechanismen werden heute oft an einen sehr frühen Punkt verlegt, dorthin, wo ich viele derer, die ich heute über diese subjektive Grenzziehung reden höre, damals gar nicht gesehen habe. Für mich zum Beispiel war ein Reformwissenschaftler wie Prof. Dieter Klein nicht die Entdeckung des Sonderparteitages der SED im Dezember 1989. Er war für mich ein Weggefährte aus den fünfziger Jahren. Und da liegen für mich mit einem Mal die Probleme: Wieso entdeckte ich auf der großen gemeinsamen Wegstrecke nicht schon viel früher das, was mir von Dieter plötzlich als lange vorher gehegtes Gedankengut offeriert wird. Ich muß ein offenbar gestörtes Wahrnehmungsvermögen bekennen.

Woran liegt so etwas? Sie, Hans Modrow, drücken sich ja sehr vornehm aus und reden vom Verdacht auf eigenes »gestörtes Wahrnehmungsvermögen«, um andere nicht der Wendehalsigkeit zu bezichtigen.
Nein, es geht nicht um Wendehalsigkeit, und bei Dieter Klein sehe ich sie schon überhaupt nicht. Es geht darum, wie man dieser vertrackten Härte des Lebens begegnet, die darin besteht, daß man Erfahrungen sammelt, Irrtümer durchmacht und aus den Erfahrungen und Irrtümern gut rauskommen will. Da gibt man halt nicht gern zu, daß man früher Auseinandersetzungen nur halb oder gar nicht führte. Vor allem, wenn sich im nachhinein auch jene Gefahr verringert, deren scheinbare Größe einen einst abhielt, wirklich mutig zu sein. Phantasie ist nun einmal die große Chance des Menschen, sein großes Privileg; er wendet sie am liebsten aufs eigene Leben an, es ist die einzige Naturkraft, die Vergangenheit verändern kann. Ehrlich gesagt, sind mir diejenigen lieber, die nicht so als politische Gleitkörper durch die Landschaft rutschen, die also zugeben: Bis dahin war ich ein Betonkopf, aber jetzt denke ich anders, und also muß ich mich in dem und dem korrigieren. Aber bei vielen gebe ich auch die Hoffnung nicht auf: Sie suchen die quälende Auseinandersetzung mit sich selbst, sie verabschieden sich möglicherweise von zu vielem, sie brechen Brücken ab – aber sie werden eines Tages wieder am Ufer stehen und herüberschauen.

Heutige Politik hat sehr viel mit Management zu tun, mit der Integration ins Unterhaltungsgeschäft. Das muß Sie doch stören.
Weil nur noch in Bestsellerlisten gedacht wird, in Tops und Flops, in Quoten und Werbespots, hat sich ein Politikertyp entwickelt, der als Macher und Unterhalter anerkannt werden muß; dann scheint alles gut. Da funktionieren so seltsame Delegierungssysteme auf allen Ebenen. Identifikation heißt: Der macht es für uns, der ersetzt mich geradezu, ich muß gar nicht mehr am Leben teilnehmen, der kämpft für mich gegen Außerirdische, der jagt für mich die Verbrecher, der schießt für mich die Tore, der macht für mich Politik. Zuschauen ist der letzte Spaß, der möglich ist. Und die Techniken werden immer ausgefeilter, um ein solches Zuschauen zu ermöglichen, daß man tatsächlich meint, mittendrin und selber Handelnder zu sein, ohne zu merken, wie sehr man daneben steht. Beim Fußball stecken die Kameras ja fast schon in der Kniescheibe des Stürmers. Das Zuschauen ist insofern gut eingefädelt, weil die Zahl der Leute, die draußen am Zaun stehen, ja wirklich immer größer wird. Es darf nicht zu großer Druck am Zaun entstehen, womöglich drückt den jemand ein. Und da eben paßt auch ein Politikertyp hinein, der Leuten nicht so sehr Lust an Politik macht, sondern der eher so was wie Marketing betreibt. Da muß andauernd was »rübergebracht« werden. Also, ich habe schon mit bestimmten Tonfällen meine Schwierigkeiten.

Wie stellen Sie sich, nach Erfahrung und Enttäuschung, den Sozialismus vor?
Angesichts dessen, was ich eben gesagt habe, fällt mir da eigentlich nur Paul Dessau ein, der auf die Frage, wie denn der Kommunismus sein werde, als Musiker antwortete: Ich hoffe, nicht sehr laut.

Sie galten in der DDR als »Hoffnungsträger« – von den einen heimlich dazu gemacht, von den anderen, denen in der Berliner Führung, ob dieses Attributs belächelt, nicht ernstgenommen. Wie ging man mit diesem Lebensgefühl um: kritisch zu sein, aber letztlich nicht kritisch genug? Aus Treue zur Idee und aus Loyalität gegenüber denen, denen man nicht in den Rücken fallen will. Und aus lebenslanger Gewöhnung an ein Mindestmaß von Disziplin und Verläßlichkeit in der Hierarchie.
Es ist ja so, daß du in Selbstzweifel kommst. Es war in der Dresdner Zeit, da hatte ich während einer Tagung des ZK das Gefühl, keiner redet mit mir. Oder manche sagten, etwa nach kritischen Bemerkungen: Mensch, Hans, jetzt bist du aber bis an die Grenze gegangen. Aber keiner kam und sagte, so, Hans, jetzt gehen wir gemeinsam an diese Grenze. Das heißt, du gerätst in eine ganz seltsame Isolation, in der auch nicht mehr hilft, daß du davon überzeugt bist, richtig zu ticken. Wenn alle den Kopf schütteln – vielleicht bist du doch derjenige, der falsch liegt? Da tut es gut, wenn eines

Tages der Jürgen Kuczynski aus Berlin kommt, einfach mal so, nur, um mich kennenzulernen. Oder der Franz Fühmann kommt und unterhält sich mit mir.

Der Dichter Franz Fühmann?
Wir lernten uns nach dem Krieg auf der Antifa-Schule kennen, er ging mit mir als Assistent nach Ogre. Es gibt Menschen, denen sieht man sofort an, daß sie sehr bewußt mit ihrem Leben umgehen. Franz Fühmann war so ein Mensch, er hatte beizeiten und in weit größerem Maße als ich die Fähigkeit, die Welt differenziert zu betrachten. Er verfügte über eine Bildung, mit der ich mich überhaupt nicht vergleichen kann. Aber auch, als ich schon SED-Funktionär war und er quälende Schwierigkeiten mit dem DDR-Sozialismus hatte, blieb das freundschaftliche Verhältnis zwischen uns. Er und ich wohnten eine Zeitlang in Berlin am Strausberger Platz. Manchmal trafen wir uns am Zeitungskiosk. Ihr seid Idioten, sagte er mal, bei euch erfüllt ja selbst der Briefträger seine Pläne mit 105 Prozent, wahrscheinlich schreibt der sich die Briefe selber ...

Wenn Sie Ihre Lebenszeit noch mal zurückdrehen könnten, bis zu welchem Punkt würden Sie es tun?
Ich denke da ein bißchen wie Gorki, der von den Straßen als seinen Universitäten sprach; die Gefangenschaft war meine Universität. Sie hat mich geprägt. Weiter zurück möchte ich eigentlich nicht, und anders, als es sich ergab, möchte ich auch nicht aus der Gefangenschaft gekommen sein. Die andere Seite, wenn Sie so scherzhaft und illusionär nach der zurückgedrehten Zeit fragen: Wenn wir in den sechziger Jahren wirklich weiter gekommen wären mit dem, was es an Sozialismusvorstellungen gab, ich glaube, es hätte eine Chance gegeben. Wenn man sich die Dokumente der Ulbricht-Zeit ansieht, die Projekte, die Überlegungen, und wenn man das alles von den Vorurteilen trennt, die halt unweigerlich mit Ulbricht verbunden sind – da bleibt an Geist mehr übrig als aus den siebziger und achtziger Jahren. Leider fehlte damals der Mut, der eigenen Kraft zu vertrauen und das, was man ändern wollte, wirklich durchzustehen. So endete letztlich doch alles in früher Halbherzigkeit. Das zieht sich nämlich durch die Ulbricht-Zeit: Dinge beginnen und wieder abbrechen, Aufschwung und Neuansatz, dann wieder Abbruch und sogar Bestrafung der Neuerer.

Sie sind in der sowjetischen Kriegsgefangenschaft, als junger Bursche, zur Antifa-Schule gekommen.
Das System der Kriegsgefangenenlager war vom KGB gestaltet, die Antifa-Schule diente der Kaderqualifizierung.

Das hieß: frühzeitige Infiltration im Sinne eines klaren politischen Auftrags.
Nein, das eben hieß es bei mir nicht. Ich dachte einfach nur: Ich will was lernen, das kann nach dieser totalen Leere nicht von Schaden sein. An politische Funktionen dachte ich überhaupt nicht. Zukunft hieß: lernen, eine andere Möglichkeit sah ich nicht. Ich wollte nicht Treibholz sein auf irgendeinem Strom der Zeit. Der politische Auftrag kam erst später. Da war ich dann freilich irgendwann so tief drin in der DDR, daß ich ihn gern annahm. Die Treue und die Disziplin sind mir in gewisser Weise zum Schicksal geworden. Mein Lehrer auf der Antifa-Schule hat mir übrigens zwei Lehren mit auf den Weg gegeben: Geh' in einen Betrieb und lern' das Leben kennen, und: Laß dir Zeit mit den Mädchen!

Und?
Das mit dem Betrieb habe ich befolgt, das mit den Mädchen bedingt. Ich meine, ich war von Anfang an glücklich verheiratet, nichts dagegen zu sagen. Aber ich habe mir wirklich sehr, sehr viel Zeit gelassen ...

Treue und Disziplin – zwei Begriffe, die eben fielen. Beides zu befolgen, kann einträgliche Folgen haben. Was ist Erfolg in der Politik?
Einträglich? Wer in der Politik den Erfolg sucht, kommt natürlich leicht in die Gefahr, genau das zu tun, was eine Partei von ihm will, eine Fraktion, ein Parteiführer, ein Fraktionschef. Umsonst legt er diese Art von Erfolg als Einfluß aus: Er ist es, der unter Einfluß steht.

Sagt Hans Modrow über Hans Modrow.
Na sicher bin auch ich nicht frei davon, manchmal Einfluß mit Fremdsteuerung zu verwechseln.

Kennen Sie Ihre Stasiakte?
Nein. Nur meine Parteiakten habe ich, da steht aber nichts drin. Meine MfS-Akte ist offensichtlich vom sowjetischen militärischen Aufklärungsdienst übernommen worden. In Dresden war die erste Garde-Panzer-Armee stationiert, und das war natürlich mit einer großen militärischen Abwehrabteilung verbunden. Allein meine Kontakte zu den Sowjets ließen es offenbar schon für gerechtfertigt erachten, meine Akte in Moskauer Besitz zu übernehmen.

Weil wir gerade wieder bei den schwer durchsichtigen Dingen der Politik sind: Als Sie Ministerpräsident geworden waren, türmte Anfang Dezember 1989 Alexander Schalck-Golodkowski in den Westen. Sie beschreiben im Buch die Situation. Sie beantworten aber die eine Frage nicht: War Schalck-Golodkowski ein Doppelagent?

Im klassischen Sinne? Nein. Aber in diesen Sphären findet eine Gratwanderung statt, die ich selber kennenlernte, wenn auch in geringerem Ausmaß. Wenn ich mich mit Politikern des Westens traf, mit Engholm etwa, mit Sozialdemokraten aus Skandinavien, und nichts erzählte, sozusagen nichts aus der Küche, dann erfuhr auch ich nichts. Wenn sich Schalck-Golodkowski mit Strauß trifft und in dieser Unterhaltung nichts sagt, was Strauß interessiert, dann wird der sich nicht noch mal mit ihm treffen. Und Schalck wird nichts von Strauß erfahren. Es muß also eine Offenheit jenseits aller offiziellen Feindbilder und Ressentiments herrschen. Die Frage ist eine andere: War Strauß am Ende zufriedener mit dem, was er von Schalck gehört hat, als Honecker mit dem, was nun wiederum er aus dem Gespräch über Strauß erfahren hat? Daß einer wie Schalck für beide Seiten Informationen heranschaffte, lag doch in der Natur der Sache, die seine Arbeit war. Ob der Geheimdienst im Westen oder der Dienst im Osten glaubte, mehr erfahren zu haben als der jeweils andere – das mögen beide unter sich austauschen. Wenn nur der Westen bereit wäre, seine Akten zu öffnen.

Gibt es in Ihren derzeitigen Lebensüberlegungen den absehbaren Punkt, an dem Sie sagen: Jetzt ist Schluß mit der Politik?
Solange es noch geht, mache ich weiter. Das ist nicht an eine Funktion gebunden, sondern an die Kraft, sich zu engagieren. Weil ich davon ausgehe, daß ich kein Recht habe, mich zurückzuziehen.

Es heißt, aller Anfang sei schwer. Das ist ein Satz von Leuten, die das Ende nicht kennen – aufhören scheint viel schwerer zu sein. Muß man denn warten, bis einen andere auf das Problem aufmerksam machen?
Ich krieg das nicht auf die Reihe, einfach zu sagen, so, jetzt ist genug. Das mag man mir als preußisches Dienstdenken auslegen – ist mir egal. Vielfach werde ich angesprochen, bis heute: Hans, gib nicht auf. Und dann werde ich denen sagen, ich gebe auf? Das werde ich nicht tun. Im übrigen muß man sich nicht davor schämen, daß einen andere auf die Problematik aufmerksam machen. Vorausgesetzt, man hat Freunde. Ich habe welche.

Wie entgeht man der Verführung durch Privilegien?
Ich habe in meinem Leben stets nach dieser Devise gehandelt: Nimm von allem nur so viel, wie du und deine Familie unbedingt zum Leben brauchen. Dann fehlt dir nichts, wenn's wieder mal abwärts geht. Ein Mensch, der sich in den Konsum- und Besitzstrudel ziehen läßt, ist nicht mehr berechenbar. Ja, man soll so leben, daß man bei einem Aufstieg seine Lebensverhältnisse nicht ändern muß. Das verhindert das Gefühl des sozialen Absturzes bei einem eventuellen politischen Abstieg. Man klebt nicht an seinen Privilegien,

wenn man sie sich nicht bewußt anlebt, so wie man sich einen Bierbauch antrinkt.

Haben Sie ein Verhältnis zu Geld?
Das hatte ich immer, weil ich schließlich wie jeder Mensch davon ausgehen mußte, für eine bestimmte Existenzgrundlage zu arbeiten. Aber ich hatte nie ein Verhältnis zum Anhäufen von Geld. Ein Gefühl der Unabhängigkeit ja, aber darüber hinaus bin ich nie gegangen.

Was bekamen Sie als 1. Sekretär der SED-Bezirksleitung in Dresden?
Ich bekam 3 500 Mark, das entsprach dem Gehalt eines Professors an der Dresdner Universität.

Stehen in Ihrer Wohnung noch die DDR-Möbel?
Ja, warum sollten sie nicht. Der Gebrauchswert entscheidet, nicht der Drang, unbedingt den Westen reinzulassen, weil jetzt Westen ist.

Würden Sie sich selber bescheiden nennen?
Nein. Ich bin auch gar nicht bescheiden. Ich sage mir nur lieber selbst, was ich von anderen zu hören bekommen könnte.

Sie wuchsen in einer intakten, aber nicht gerade begüterten Familie auf.
Arme Leute, ja.

Sie beschreiben in Ihrem Buch, daß die Kontakte zur Familie nach dem Krieg abrissen.
Mein Bruder war vier Jahre älter als ich, eine jüngere Schwester hatte ich noch, die Inge, und eine ältere, die Ellen. Ellen heiratete einen Marinefeldwebel, später Kapitänleutnant. Wir haben uns nach 1945 nicht wieder gesehen. Vater ist bereits in den fünfziger Jahren verstorben, Mutter starb mit 90 Jahren, vor Gram, denn Inge hatte Schulden gemacht, die Mutter nicht tragen wollte, nicht tragen konnte. Soziale Konflikte zogen sich durch diese Familie; sie ist tragisch auseinandergeraten. Den Bruder, den Franz, traf ich 1990 wieder. Ein Seemann, mit wirklich weitem, gutem Herz. Er bekannte sich zu mir, obwohl er wegen mir sicher auch viel Druck aushalten mußte. Wir haben dann zusammen die Lüneburger Heide durchwandert.

Sie gelten als ausdauernder Sportler. Fahren Sie selber Auto?
Schon seit 1961. Konrad Naumann nahm im Sekretariat der Berliner SED-Bezirksleitung meinen »Wartburg« mal zum Anlaß, um mir kleinbürgerliches Denken vorzuwerfen. Mag sein, daß das so ist, habe ich ihm geantwortet. Aber einen Unterschied gäbe es: Du, Koni, sagte ich, fährst als 2. Sekretär einen »Wartburg«, und die Partei bezahlt alles Benzin – aber wenn ich

privat fahre, bezahle ich auch privat, ich bin der Kleinbürger, der selber aufkommt für sein Auto, und du bist der Proletarier, dem die SED das Benzingeld bezahlt.

Was fahren Sie heute?
Einen Peugeot 306. Ich fahre aber nicht mehr gern, schon gar nicht in der Stadt. Da warte ich täglich auf den totalen Stau, in dem nichts mehr geht. In der Stadt habe ich meine 900-Mark-Jahreskarte, für die der umweltfreundliche Berliner Senat jedes Jahr mehr haben will.

Sie sagten eben, Sie hätten mit Ihrem Bruder eine Wanderung durch die Lüneburger Heide gemacht. Ist der Westen für Sie auch Heimat?
Nein. Aber das ist eine interessante Frage. Es gab eine Schwelle in mir, in die Bundesrepublik zu fahren, etwa nach Baden-Württemberg oder an den Rhein. Ich weiß, das ist irrational. Das Wissen darum ändert aber nichts an meiner Hemmung. Das war eben Fremde. Inzwischen ist diese Schwelle nicht mehr da, außer bei Westberlin – da brauche ich noch immer einen akzeptablen Anlaß: Eine Willi-Sitte-Ausstellung habe ich besucht, eine Mattheuer-Ausstellung. Aber sonst? Nein. Einmal KdW reicht.

Wieso ist die Schwelle, von der Sie eben sprachen, nicht mehr da?
Die Lüneburger Heide! Ich sagte ja, die Wanderung mit meinem Bruder. Das menschliche Motiv erschloß mir die Landschaft. Ich legte Vorurteile ab.

Feindbilder?
Ja, natürlich, Feindbilder. Es bedurfte einer Überwindung, um ungebremst die Landschaft eines Staates schön zu finden, den ich bisher bekämpft hatte. Als ich das in der Lüneburger Heide durchhatte, sagte ich mir: Warum nicht auch andere Landschaften?

Aber Dresden bleibt das Größte.
Dresden bleibt groß. Aber es ist nicht mehr das Größte.

Was war Ihr Bruder für ein Mensch? Er war ja letztlich der einzige aus der Familie, zu dem Sie später noch so richtig engen Kontakt hatten.
Er hat sich als sozialdemokratisch Denkender verstanden, nie war er ein Nationalist. Ich bezeichne ihn als Weltbürger, der zur See fuhr, ein Mensch, der das Glück hatte, alles von außen sehen zu können. Auch die Bundesrepublik. Deshalb wollte er wohl auch nicht auf einem kleinen engen Friedhof beerdigt sein. Das Seemannsgrab schien ihm die letzte Bestätigung für diese andere Dimension zu sein, die Leben haben muß. Ja, er führte ein Leben, das sich nicht auf einem kleinen Friedhof zu Ende bringen ließ.

Das klingt jetzt sehr sehnsüchtig.
Respektvoll. Aber in der Sehnsucht ähnele ich ihm.

Das ist die Sehnsucht eines Menschen, dem die Politik immer auch Fesseln angelegt hat?
Ich habe in der Politik und in meinem Einsatz für ein sozialistisches Deutschland ein glückliches Leben geführt. Aber natürlich bleibt dieser Wunsch, einmal auszubrechen.

Er wird nicht erfüllt werden.
Wir leben in Zeiten, in denen Wünschen schon sehr viel hilft.

Wie denken Sie über Ihren eigenen Tod?
Ich habe lange Zeit über dieses Thema nicht nachgedacht; das Ende des Lebens ist nicht bestimmbar, warum mich also unnötig quälen. Immer war ja noch etwas, das man unbedingt zu erledigen hatte. Heute ist das anders. Ich bin in dem Alter, in dem ich andere zu Grabe trage, nur weil mich irgendeine Fügung, an der ich keinen Verdienst habe, am Leben erhält. Im Angesicht des Todes wird das gewohnte Eigene brüchig. Als kürzlich Jürgen Kuczynski starb, erzählte einer der Söhne, der Thomas, am Grab: Der letzte Artikel für die Zeitung »Junge Welt« lag noch auf dem Schreibtisch, so vorbereitet, daß die Sekretärin ihn am anderen Morgen abschreiben konnte. Da dachte ich: Hoffentlich bleibt die Chance, das eigene Leben bis an diesen Punkt zu tragen – keine Last zu sein, sozusagen bei der Arbeit erwischt zu werden. Aber andererseits doch bis zuletzt lästig zu bleiben, im Sinne des Anzettelns nützlicher Gedanken. Wenn wir wirklich Abschied nehmen, kann dieser Abschied unser Verstehen, unsere seelischen Fähigkeiten und unser Selbstverständnis sehr bereichern. Wenn es ans große Schweigen geht, erinnern wir uns vielleicht der vielen Momente, da wir zu Lebzeiten zu oft geschwiegen haben. Ich weiß es nicht. Ich hoffe, mich bewegt dann immer noch der Gedanke: Was hast du anderen noch zu sagen? Und im übrigen halte ich es mit Schiller, der voraussagt, daß der Mensch noch am Grabe die Hoffnung aufpflanzt. Der Schmerz hat das Bestreben, schnell zu vergehen, der Genuß ist ebenso ungeduldig; die Hoffnung aber ist beständig, die geht sogar über den Tod hinaus.

In einem Zeitungsfragebogen beantworteten Sie die Frage nach Ihrem Lieblingsvogel mit dem Spatzen. Warum?
Der Spatz ist unscheinbar, aber er kann fliegen. Er kommt mit ein paar Krumen zurande. Und er ist grau. Grau ist ehrlich und uneitel; das Grau steckt in allen Farben.

Jugend
—
Bewegung

Der hohe Himmel der Kindheit

Es gibt Sätze, deren Wahrheit erschreckt.

Jeder Mensch, so der Schriftsteller Günther Weisenborn, kommt aus den Frauen, geht ein wenig aufrecht und dann in den Acker.

Das war's. Auf den Punkt gebracht. Wo das Unausweichliche so klar benannt wird, bleibt nicht viel an tröstender Ausschmückung. Aller Sinn, mühsam ins Leben hineininterpretiert, schrumpft angesichts eines solchen Satzes. Auch der Mensch selbst schrumpft. Sicher, der scheinbar unübersehbare Strom der Geschichte, der durch die Jahrhunderte rauscht, hat Kontinente, Staaten, Gesetze und Ordnungen in heftigste Bewegungen versetzt. Aber erst seit ein paar tausend Jahren, um noch einmal Weisenborn zu zitieren, wissen wir ja überhaupt etwas von uns, die wir die Menschheit sind. Mühsam graben wir unsere Vorgeschichte aus der Erde. Wenn man bedenkt, daß ein Jahrhundert etwa drei Generationen zählt, so ergibt das in fünf Jahrtausenden rund einhundertfünfzig Vorväter für jeden von uns. Jeder von uns könnte also seine Vorväter in einem kleinen Saal versammeln und mit ihnen zu sprechen versuchen. Eine seltsame Vorstellung. Wenn nun diese Vorväter, angefangen mit dem eigenen Vater, den Saal verlassend an einem selbst vorübergingen, so wäre der letzte Ahne bereits ein Mensch aus der Bronzezeit. Und selbst wenn wir die geschichtliche Zeit noch um einige Jahrtausende erweitern, so bleibt die Spanne immer noch winzig, verglichen mit dem Alter der Menschheit, das die Historiker auf rund fünfhundert Millionen Jahre schätzen. Die Erinnerungskraft der Menschheit, sagt Weisenborn, ist also die eines Kindes.

Dies bedenkend, verflüchtigen sich viele sogenannte Wichtigkeiten. Das berühmte große Ganze verschwimmt. Die Welt, heißt es, sei eine einzige Wunde. Das mildert wenigstens die eigenen Zahnschmerzen. So pragmatisch muß man die Sache vielleicht sehen, und rasch relativieren sich all die bedeutenden Ideen, denen wir wissentlich gestatten, unser Leben anzugreifen, es gar aufzubrauchen. Ideen, für die man eintritt und arbeitet, und zwar so, als könne man sich selbst aufbewahren für eine Zeit, die nie kommt. Ja, die nie kommt! meinen die Realisten. Sage keiner, so fügen sie noch hinzu, er sei nicht gewarnt worden: Nur Ameisen bauen an der Utopie, die immer gelingt.

Geboren werden, aufrecht gehen (eine kleine Weile, wohlgemerkt) dann sterben. Also: Rechtfertigt diese Lakonik des Faktischen jene unendlich opferreichen Mühen, die sich immer wieder auf die Zeit zwischen Beginn und Ende eines Lebens richten? Der Mensch ein verderblicher Niemandsgast? Vom Schleiflack der Jugend bis zum Rostfraß des Alters nur ein Faktor, der nichts als Kosten verursacht? Hat es angesichts dessen überhaupt Wert, die Welt verändern zu wollen? Besser scheint, summiert man alle Erfahrungen, eine andere Durchkommensart: Wer gar nicht erst hinsieht, muß später nicht wegsehen.

Ja, Weisenborns Satz in seiner Knappheit ist vielleicht grausam, wenn man ihn vor dem Hintergrund eines allzu hehren Lebenssinns betrachtet. Aber er verweist auf Grenzen, die der Mensch halt nicht verdrängen sollte, gerade dann, wenn er sich anschickt, die Welt aus den Angeln zu heben: Auf den Friedhöfen liegen lauter Leute, die sich für unentbehrlich hielten.

Günther Weisenborn, der westdeutsche Humanist, Antifaschist und Moralist, lenkt mit seiner provokanten Replik unsere Aufmerksamkeit auf die Geworfenheit des Menschen, auf die Notwendigkeit von Demut gegenüber diesem einmaligen Geschenk, da sein zu können. Aber: Gerade weil wir nur so traurig kurze Zeit auf diesem Planeten zugegen sind, kann ich den Zynismus nicht teilen, der sich aus böswilliger (und bequemer!) Interpretation dieses Satzes ergeben könnte. Gerade weil wir so verflucht endlich und so verderblich konstruiert sind, erhebt sich die Verpflichtung, die uns gegebene Spanne Zeit verantwortungsbewußt auszufüllen. Zeit ist das wichtigste aller Luxusgüter.

Leider haben wir Menschen diese Begrenztheit des eigenen Lebens zu einer Begrenztheit der planetaren Existenz überhaupt werden lassen. Was unser Verstand schaffen konnte, hat er geschafft. Verstand: Das ist die Kunst und die Freiheit des Anfangs. Aber die das Ende mit zu bedenken hat, die Vernunft – sie hielt nicht Schritt. Der Mensch jagt zwar nicht mehr den Hirsch im Wald, und statt der Lanze schleudert er den Zahlungsbefehl – aber es sind die alten Wallungen aus der Höhle, jene alte Angst und jene alte Wut und jener alte Haß, die des Menschen Hirnrinde nach wie vor peinigen. Dem wirkungsvoll und sinnstiftend zu begegnen, bemüht sich das Christentum mit dem Gebot der Nächstenliebe nun bald 2000 Jahre, und Marxisten sahen im Versuch, einen neuen Menschen zu erziehen, ihre eigene, revolutionäre Antwort auf das Elend der Gesellschaften. Die eine Weltordnung sagte: Gebt dem einzelnen Menschen möglichst viel Freiheit und laßt ihn seine Machthaber wählen und abwählen. Die andere Weltordnung sagte: Das Vermögen der Welt muß neu verteilt werden, es gehöre allein den Arbeitenden; man muß die Völker zwingen, die gerechte Verteilung der Welt zu besorgen, wie es die großen Lehrmeister Marx und Engels und Lenin forderten ...

Die Weltordnungen. Dazwischen der einzelne Mensch. Wie sich einer entwickelt, in jener zufällig bestimmten Weile, in der er ein wenig aufrecht geht – es hängt von so fürchterlich vielen, ja, auch von vielen fürchterlichen Umständen ab. Am Anfang ist immer Hoffnung: Nichts steht fest, niemand kommt als Christ oder Atheist auf die Welt, alle Menschen werden als Bettnässer geboren, egal, wie ihre Wiege beschaffen ist, egal, wo sie steht.

Meine Wiege stand in Vorpommern, im Dorf Jasenitz, unweit vom Oderhaff. Eine flache Wiesenlandschaft. Hoher Himmel. Kein reicher Boden, aber immerhin gut für Kartoffeln. Und: vorbeiziehende Schiffe, die den Wunsch weckten, mitzufahren. Meine frühe Kindheit sind Träume, die von Schiffen fortgezogen werden.

Ob es anläßlich meiner Erdenankunft eine christliche Taufe gab, entzieht sich bis heute meiner Kenntnis. Gewißheit aber besteht darin, daß ich keine Konfirmation erlebte.

Auch wenn der Vater bei meiner Geburt als Bäcker arbeitete – lebenslang geprägt hat ihn sein erster und eigentlicher Beruf, der eines Seemanns. Das geläufige Wort von der christlichen Seefahrt, das in unserer Familie wie selbstverständlich die Runde machte, stand freilich in seltsamem Widerspruch zu der Tatsache, daß mein Vater Freidenker war, der keine Kirche besuchte – obwohl diese unmittelbar an das Haus angrenzte, in dem wir wohnten. Beten sah ich diesen kräftigen Mann nie. Die Mutter hielt es in den religiösen Fragen kaum anders als er, und so waren wir Kinder wohl zweifelsfrei das, was man gottlos nennen könnte.

Vier Kinder zählte die Familie Modrow. Zwei Söhne, zwei Töchter. Mutter wie Vater: fleißige, ehrliche, verträgliche Menschen; sie wurden im Haus, in dem wir mit etwa einem Dutzend anderer Familien lebten, geachtet. Meinen Vater zu beschreiben, fällt mir schwer. Er war keiner, der sich emotional öffnete und mit seinen Kindern gar in einen Gefühlsaustausch trat. Dafür war das Leben wohl stets zu hart zu ihm gewesen; er verhielt sich vorsichtig. Wichtig war ihm, uns an Arbeit heranzuführen und uns friedlichen Kontakt zu anderen Menschen ans Herz zu legen. Reflex des Seemanns, dessen Existenz von der Fähigkeit abhängt, auf engstem Raum und auf unabsehbare Zeit mit fremden Charakteren auszukommen, und zwar auf Gedeih und Verderb.

Die Mutter: eine stille Frau, die dennoch wußte, was sie wollte. Sie mußte als unmittelbare Versorgerin der Familie mit wenig Geld zurechtkommen, war aber geradezu leidenschaftlich bestrebt, daß wir die aufgezwungene Sparsamkeit nicht als quälende Not empfanden. Im Sommer schickte sie uns gern zum Blaubeerensammeln. Sie ist nie ein Typ gewesen, der sich in den Mittelpunkt drängte. Dieses Hoppla-jetzt-komm-ich! verabscheute sie; dennoch verstand sie es auf ihre Weise, eine Gemeinschaft gleichsam zu tragen.

Sozial gesehen hatten wir zu Hause immer Schwierigkeiten. Wenn Vater nach jeder Dekade das Geld brachte, bezahlte meine Mutter zuerst die Schulden, die sie beim Einkauf gemacht hatte.

Mitunter habe ich überlegt, was ich vom Vater, wie man so schön sagt, erblich mitbekam. Vielleicht eine gewisse Hartnäckigkeit. Wenn er ein halbverfaultes Boot herbeischleppte und sich vornahm, es gegen jede Erfolgsaussicht dennoch aufzubauen, so baute er es zum Staunen aller Skeptiker doch tatsächlich auf – bis zur erneuten Seetüchtigkeit. Auch wenn ihm alle rundherum wegen der morschen Bretter den Vogel zeigten. Das hat wohl auch mich geprägt: nicht so schnell aufzugeben. Wenn man mit Modrow, meinem Vater, etwas ausmachte, dann konnte man unbedingt auf die Einhaltung der getroffenen Verabredung bauen.

Ich weiß nicht, ob es dem seemännischen Ehrenkodex des Vaters geschuldet war, was sich als Verläßlichkeit, Solidarität und bitte schön eine Nummer kleiner, als selbstlose Hilfsbereitschaft durch die Beziehungen in der Familie und der Nachbarschaft zog – auf jeden Fall machte mich nachdenklich, was Jahre später mein älterer Bruder Franz einmal mir gegenüber äußerte. Er trug – Tradition der Familie – den gleichen Vornamen wie der Vater, fuhr wie dieser zur See und, auch da Übereinstimmung, liebte just diesen Abenteuer verheißenden Beruf abgöttisch. Im Jahre 1991, als ich wegen des Vorwurfs der Anstiftung zur Wahlfälschung juristisch in der Bundesrepublik verfolgt wurde und es in der PDS um die strittige Frage der Solidarisierung mit mir ging, sagte Franz in eines meiner seelischen Tiefs hinein, und es klang sehr nachdenklich: Weißt du, Hans, wirkliche Kommunisten sind wahrscheinlich nur die Seeleute, für die sind alle Menschen gleich, und jeder setzt in Seenot sein Leben für den anderen ein, ohne danach zu fragen, ob der schwarze, weiße oder gelbe Haut hat.

Die Welt, in die ich hineingeboren wurde, nannte sich noch Weimarer Republik, aber sie sollte rasch aus den Fugen geraten. Der Vater hatte eines Tages seinen geliebten Seemannsberuf aufgeben müssen; aus dem Ersten

Weltkrieg war er als Kriegsopfer zurückgekehrt, und er meinte, die Familie lange genug der Einsamkeit ausgesetzt zu haben; es galt, Vorsorge zu treffen für eine gesicherte Zukunft. Aber die Krise nahm dem sorgenden Franz Modrow jene kleine Bäckerei, auf die er so sehr und so selbstsicher gesetzt hatte. Ihm blieb eine Tätigkeit als Bote in einer Stettiner Fabrik. Als ich 1934 zur Schule kam, besaß Hitler bereits die Macht, und der Faschismus sickerte in die Köpfe wie Wasser in einen ausgetrockneten Schwamm: Arbeit, Ordnung, Zukunft – das waren die Worte, die gierig aufgesogen wurden, weil es nichts anderes gab. Wer Arbeit versprach, versprach Zukunft.

Mein Vater gehörte deshalb schon seit 1932 der NSDAP an. Die Nazis schienen ihm die einzige Hoffnung auf ein besseres Leben zu sein. Eine Uniform jedoch sah ich bei ihm nie. Es fehlte Geld, die Anschaffung war zu teuer. Das, was mühsam vom Munde abgespart werden konnte, sollte uns Kindern zugute kommen: Franz und ich brauchten »Pimpfe«-Kleidung. Während ich mich schließlich stolz in der Uniform der Hitlerjugend präsentierte, trug Franz an Bord – erst eines Haffschleppers und bald darauf eines Truppentransporters – das seemännische Zivil mit den weiten Hosen.

Der Vater verfolgte, die Zukunft seiner beiden Söhne betreffend, nur ein einziges Ziel: Sie sollten, Tradition bewahrend, zur See fahren. Franz löste ein, was Franz erträumte; ich jedoch sollte später gewaltig aus der Art schlagen – selbst wenn ich heute beschwichtigend einlenken würde, daß auch mein künftiges politisches Leben symbolische Nähe zu einer großen, gefährlichen Überfahrt erhielt und in gehörige Stürme der Zeit führte, in denen über alle Toppen geflaggt wurde, aber der Schiffbruch nicht verhindert werden konnte ... Weniger metaphorisch leistete Ellen, eine meiner Schwestern, den väterlichen Träumen von der Bezwingung der Meere durch Modrow-Kinder Beistand: Zwar ergriff sie den äußerst bodenständigen Beruf einer Fleischmamsell, aber immerhin heiratete sie in Kiel, zum Stolz des Vaters, einen Seemann.

Die in der Familie anerzogenen Tugenden, fleißig zu sein, ältere Bürger zu achten, allzeit höflich und hilfsbereit aufzutreten, machten mir den Eintritt in den Lebensabschnitt Schule leicht. Unsereins ging an keinem Erwachsenen vorüber, ohne einen guten Tag zu wünschen. Der daheim ganz selbstverständlich erfahrene und mir inständig ans Herz gelegte Anstand erwies sich als brauchbar auch zur Erkundung größerer Weltradien. Private Prinzipien und gesellschaftliche Regeln trafen einander, die Welt schien angenehm einheitlich; draußen galten also die gleichen Normen wie zuhause. Daß der familiäre Moralkodex eine wunderbare Einstiegsdroge in die faschistische Ideologie abgab – wer sollte darauf kommen! Immer jedoch können das Anständige, das Saubere, das Treue in Denken und Fühlen bekanntlich jenen verführerischen Ausgangspunkt bilden für ideologische Anfälligkeit und also für die widerstandsschwache Entführung des einzelnen in die Masse, in der dann subjektiv löbliche Tugenden zum unberechenbaren kollektiven Instrument werden. Die größten Schmutzigkeiten sind im Namen der Sauberkeit, die schlimmsten Verrätereien unterm Deckmantel der Treue und die meisten Unanständigkeiten im scheinbaren Dienste des Anstands begangen worden. Daß ich als folgsamer Schüler Erwachsene zu achten hatte, war leicht und unmerklich mit dem Gebot zu koppeln, Deutsche zu achten. Der scheinbar logische Gedankensprung, daß Nichtdeutsche nicht zu achten seien, war nur eine Frage der Zeit und des günstigen Zusammenfalls von äußerer Anforderung, so zu denken, und der inneren Bereitschaft dazu.

Als sich bei mir allmählich das formte, was man landläufig als junge Persönlichkeit bezeichnet, begann der Krieg. Wobei seine politische Vorbereitung längst vollzogen worden war. Beizeiten und mählich, so systematisch wie raffiniert, hatte sich Hitler für seine Verbrechenspläne der Volksseele versichert. Für uns Kinder begann alles mit militärischen Übungen in der dörflichen Umgebung. Was wir für abenteuerliche Geländespiele hielten, galt denen, die höheren Orts ihr Spiel mit uns trieben, als perspektivisch eingefädelte Vorform des baldigen Feldzuges.

Dieses perspektivische Denken folgte gleichsam anthropologischer Tradition: Gewöhnlich zeigt sich der Mensch nie in der Lage, bereits heute vorbereitend auf das zu reagieren, was ihn übermorgen treffen könnte. Nie vermochte er sich in der Geschichte seiner Existenz rechtzeitig auf künftige Erfordernisse einzustellen, wir sehen es heute sinnfällig allein bei der Frage drohender Umweltkatastrophen: statt kluger Voraussicht panische Reaktion, wenn das Erschreckendste schier unabwendbar herandrängt und alles zu spät ist. Einzig in den Fragen der zweifelhaftesten Kunst, nämlich Krieg zu führen, bewies die Menschheit immer wieder erstaunliche strategische Fähigkeiten; stets baute sie heute die Waffen der übernächsten Generation; stets war sie in der Planung mindestens ein Gemetzel voraus; und stets wurden die Soldaten, die morgen gebraucht würden, beizeiten reif gemacht für den später dann so scheinbar überraschend willig vollzogenen Untergang. Ähnlich erging es auch uns, und wir schwelgten in der Räuber-und-Gendarm-Spannung des noch unverfänglichen Vorspiels einer barbarischen Zukunft. So war gerade das Hydrierwerk gebaut worden, vier Kilometer vom Dorf entfernt. Es würde für den Krieg, von dem wir nichts ahnten, Benzin produzieren und also, das war absehbar, Ziel von Bombenfliegern sein. Genau da, wo 1938 bei Manövern Flakbatterien aufgestellt wurden, standen später feste Stellungen und Flaktürme, um Luftangriffe auf das Werk abzuwehren.

Spiel und Sport, ob in der Schule oder im Turnverein, zielten auf Wehrhaftigkeit. Zäh wie Leder und schnell wie Windhunde sollten wir nach den Worten Hitlers sein; wir wurden es mehr und mehr, und wir zeigten es nicht ohne Stolz. Lieder, die wir sangen, handelten von Sieg, Ehre und Deutschsein, und das Leben in Jungvolk und Hitlerjugend hatte einen kräftigmännlichen Hauch von Dienst und Pflicht. Fast schon so wie bei den Soldaten. Der Vergleich schmeichelte uns, denn auch bei ihnen standen Dienst und Pflicht an erster Stelle. Für Größeres freilich, fürs Vaterland.

Vor der schönen Anmaßung dieses Vergleichs mit dem Militär konnten einem die Sinne schon schwinden, aber eines Tages verstand ich, warum Krieg sein mußte. Nicht die Deutschen waren der Feind der anderen Völker, schließlich war man ja selber junger Deutscher und wohlweislich zu Anstand, Ehrerbietung und allen nur denkbaren guten Eigenschaften erzogen worden; nein, die anderen spotteten unserer Tugenden und unseres fruchtbringenden Fleißes. Und plötzlich hatte der Feind einen Namen und eine Adresse, und vom »Untermenschen« im bolschewistischen Rußland hatte man ohnehin noch nie Gutes gehört, außer, daß er die Bosheit und die Falschheit und die Plumpheit und alle Gefährlichkeit blank im Gesichte trug und also schon weithin als ein zu bekämpfender Gegner erkennbar war.

Der Krieg begann, und das faschistische Deutschland zog von Sieg zu Sieg. Die Schuld an der Auslösung dieses Krieges – wir glaubten der Propaganda – trugen die Polen. Sie hatten in Gleiwitz militärisch provoziert, und die anderen Mächte erklärten Deutschland den Krieg. Die Lesart schuf im Innerländischen sofortige Bereitschaft zum Soldatsein, sie schuf Verständnis für notwendigen Opfermut, sie erhob die ersten Greuelmorde in den Adelsstand der Notwehr, und das Bild des heldischen Soldaten machte unter uns Jungen die Runde – auf daß wir Appetit bekämen, selber ins allgemeine Heldentum einzusteigen.

Zunächst hielt sich der Krieg noch fern unseres Dorfes auf. Aber unerbittlich kam er näher. Schon die Ernte 1940 trug seine Zeichen: Auf den Feldern arbeiteten sogenannte Zivilverpflichtete sowie Kriegsgefangene aus den von Hitler überfallenen Ländern. Die Menschen aus Polen mußten ein »P« an der Bekleidung tragen; Soldaten bewachten scharf die Gefangenen. In unserem Dorf waren es Jugoslawen. Ich sah sie und auch die Polen aus nächster Nähe. Da es sich beim Eigentümer unseres Hauses um den Großbauern Schmidt handelte, gehörte es fast zur Mietpflicht von uns Modrows, daß ich auf seinem Hof mitarbeiten mußte – im Stall und auf dem Hof, im Sommer wie im Winter. Ich verrichtete die gleiche Arbeit wie jene mit dem »P« auf der Kleidung, unser Mittagbrot aßen wir ebenfalls gemeinsam, am gleichen Tisch oder am Feldrain sitzend. Wenn ich mich recht entsinne, schrumpfte mein großes Gefühl, ein Deutscher zu sein, in dieser Situation des kleinen Landarbeiters, inmitten der herablassend behandelten Fremden, ein wenig zusammen; zumindest hielt dieses Gefühl mit der ungebrochen auftrumpfenden Pose des Großbauern nicht Schritt. Unverschuldet eingemeindet war ich ins offenkundig Niedere. Freilich hielt sich mein Volksgemeinschaftsempfinden noch immer kräftig genug, um fürs Vaterland lernen, die deutschen Menschen beschützen und, wenn nicht anders möglich – die Zeichen standen danach –, gegen die Feinde in den Krieg ziehen zu wollen. Wobei den russischen Feinden besondere Verachtung galt.

Die Schulzeit war, bis dieser Krieg begonnen hatte, unbeschwert verlaufen. Mangelnde Disziplin glich der Lehrer mit seinem Rohrstock aus. Mich beeindruckten diese Schläge nicht, und ich hatte keine Angst vor den Schmerzen. Dennoch zeigten sie auf andere Weise Wirkung. Denn ich fühlte mich in den Momenten, da sich der Lehrer gebieterisch vor mir aufbaute, von ihm erniedrigt; und gegen diese Erfahrung von Schmach und öffentlicher Demütigung baute sich innerer Widerstand auf. Er führte nicht zur Besserung der schulischen Disziplin, aber sehr wohl zum gesteigerten Ehrgeiz, es diesen blassen Rohrstock-Typen alsbald zu zeigen, und zwar auf anderem, wichtigerem Felde. Die faschistische Jugendbewegung bot dafür, gleichsam zum Wiederherstellen und zum Ausbau von Ehre und aufrechtem Gang, vielfältige Möglichkeiten.

Als ich das Alter erreichte, um mich einer Jugendorganisation anzuschließen, hatten die Hitlerfaschisten alle geistig anders ausgerichteten Jugendverbände bereits verboten. Es existierten nur noch das Jungvolk, das man als Vierzehnjähriger verließ, und die Hitlerjugend. Hier begegnete man jenen besonderen Gliederungen, die der Hierarchie in den Truppenteilen der Wehrmacht entsprachen. Bald war ein größerer Teil auch meiner Freizeit mit dem Dienst in der faschistischen Jugendbewegung verbunden. Hier tat sich ein großes Feld auf, zu Ehren zu kommen und sich dieser Ehre bewußt zu werden. So fand zum Beispiel ein sportlicher Wettbewerb in Form eines Mehrkampfes statt, mit den Disziplinen Laufen, Springen sowie Werfen mit Schlagball und Keule, einer Handgranate gleich. Im Jahre 1941 gehörte ich in unserem Dorf zu den Besten und wurde ausgewählt, an einer Kreismeisterschaft in Pasewalk teilzunehmen. Das spornte an. Ich bekam eine Urkunde und stieg zum Führer einer Gruppe von zehn Pimpfen auf.

Als im April 1942 die Schulzeit zu Ende ging und die Lehre begann, hatte der Krieg nunmehr auch unser Dorf erreicht. Bombenangriffe gehörten zum Alltag. Wir wurden Lehrlinge. Den Beruf des Seemannes, den zu ergreifen uns Modrow-Söhnen die erwähnte väterliche Sehnsucht auferlegt hatte, würde ich selbst leider nicht ausüben können – wegen Sehschwäche und partieller Farbblindheit. So schickte ich mich drein, ein weniger romantisches Schicksal auf mich nehmen zu müssen und lernte – Maschinenschlosser. Freilich in der Hoffnung, später als Maschinist doch noch zur See zu fahren.

Die Ausbildung in den Hydrierwerken erfolgte in einer großen Werkstatt mit einigen hundert Lehrlingen. Auch hier richtete sich alles auf eine Disziplin aus, die dem absehbaren militärischen Dienst zuarbeitete – Meldungen und Appelle, geschlossener Marsch zum Mittagessen, Abmelden zur Toilette. Einer der Oberlehrmeister war strammer SA-Mann. Kehrte ich von der täglichen Lehre einigermaßen erschöpft heim, ging's weiter: Da die Männer des Dorfes zum Militär einberufen worden waren, bildete die freiwillige Feuerwehr einen Hitlerjugendzug aus, um nach den heftiger und häufiger werdenden Bombenangriffen Löscheinsätze fahren zu können. Diese Einsätze blieben nicht aufs eigene Dorf beschränkt, wir fuhren bis Stettin und unterstützten die Berufsfeuerwehr auch dann, wenn es im Hydrierwerk brannte.

Bei uns Jungen entwickelte sich so die Überzeugung, etwas gegen den Terror der feindlichen Bomber und für das eigene Volk zu tun. Wir handelten; und das Bewußtsein der eigenen Tat formte unseren Charakter mehr als alles pathetische Reden, das man allenthalben vernahm. Ich fühlte mich beteiligt an einem gerechten Werk. Zum ersten Mal begriff ich etwas vom Sinn der höheren Notwendigkeit und des geweihten Auftrags. Was man selbst als notwendig erachtete, verlor den Anschein eines äußeren Drucks und unangenehmen Zwangs. Erarbeitete man sich nur mit ein wenig Willen ein aktives Verhältnis zum Unausweichlichen, zu allem, in das man fest eingesponnen war, so ließ sich daraus sogar ein Gefühl der Freiheit keltern. Der fremde Auftrag geriet zum innersten Bedürfnis, und der militärische Befehl war plötzlich nur noch letzter Auslöser des längst beschlossenen eigenen Antriebs.

Nur da, wo mir Zwang und Befehl erneut als private Schikane, diesmal einzelner Lehrausbilder, entgegentraten, fiel mir Fügung nach wie vor schwer. Mein Dickkopf rebellierte. Ich, der ich als Feuerwehrmann vaterländischen Einsatz gezeigt hatte, sollte mich von »Zuhausegebliebenen« erneut demütigen, gar ohrfeigen lassen? So sehr ich aufzugehen bereit war in der Masse derer, die in diesen schweren Zeiten ihr Privatleben zurücknahmen und alles an Aktivitätspathos und vermeintlichem Charakter an die ihnen zugeteilte »Front« warfen, so wenig zeigte ich mich geduckt und einordnungsfähig, wenn ich bei irgend jemandem, schon gar einem Erwachsenen, eine Geringschätzung meiner vaterländischen Fertigkeiten verspürte. Der Gehorsam, den die Idee forderte, entwickelte gleichzeitig einen Ungehorsam

– der dort ausbrach, wo ich meinte, ich, als Verkörperer der allgemein geltenden Idee, würde aus kleinlichem Anlaß heraus von irgendeinem Zivilisten beleidigt.

Vaterländisch gekräftigt, setzte ich eines Tages, das 3. Lehrjahr hatte gerade begonnnen, der persönlichen Willkür eines Lehrgesellen meine eigene Androhung entgegen: Auf weitere Züchtigungsversuche seinerseits, so gab ich ihm zu verstehen, würde ich mit körperlicher Gewalt antworten. Auge um Auge, Zahn um Zahn. Christlicher ging's nicht. Der schluckte nur, das hatte er nicht erwartet. In meiner Ankündigung, die ich wahrgemacht hätte, sah ich keinen Verstoß gegen das allgemein von mir anerkannte Gesetz der Folgsamkeit. Aber justament die Verteidigung meiner Würde geriet mir ein weiteres Mal zur Rechtfertigung der politischen Infiltration in die faschistische Ideologie. Denn mein Verhalten gegenüber dem Lehrgesellen sprach sich herum; ich galt plötzlich als Beweis, daß der Stärkere der Edlere sei. Verhängnis, nimm deinen Lauf.

Die Lehrzeit endete im Dezember 1944 mit einer sogenannten Notprüfung. Die Ausbildung ging nicht, wie im Lehrvertrag festgelegt, über drei Jahre, sondern endete nach zweieinhalb Jahren. Denn die Zeit drängte: Den Weg in den Krieg sollten wir nicht als Lehrlinge, sondern als Gesellen gehen und damit der faschistischen Armee als etwas »Vollwertiges« zur Verfügung stehen. Da wir uns also nun als vollwertig empfinden durften, war der »vollwertige« Dienst fürs Vaterland eine folgerichtige Erwartung, die man in uns setzte. Wir sollten, bitte schön, vollwertig sterben. Ehre, wem Ehre gebührt.

Längst aber war dieser Krieg nicht mehr »unser« Krieg. Die Rote Armee rückte immer schneller in Richtung Oder vor. Da blieb keine Zeit mehr für militärische Ausbildung, so daß wir zum größten Teil als Lehrgruppen zusammenblieben und hastig in den Volkssturm einberufen wurden. Wir bildeten eine Kompanie. Ein Hauptmann mit dem goldenen Verwundetenabzeichen – das hieß: für Fronteinsätze nicht mehr tauglich – führte uns an, an seiner Seite ein Feldwebel. Zug- und Gruppenführer rekrutierten sich aus unseren Reihen der HJ-Führer, auch ich hatte eine Gruppe zu kommandieren. Unser Einsatz erfolgte nördlich Stettins, am Oderhaff in Ziegenort.

In Erinnerung habe ich ein Erleben zwischen Pflichtgefühl und elender Angst. Ausgebildet wurde am Gewehr und an der Panzerfaust; an der Haffküste hoben wir Stellungen aus, um einen Landungsversuch der Roten Armee möglichst abwehren zu können. Besonders nachts kam die unbeschreibliche Angst – wenn die Wellen der See an die Küste schlugen, wenn die übernächtigten Augen Schatten im Schilf entdeckten, wenn wir ins Nichts schossen, weil wir in jedem Geräusch den Feind, also den Tod, zu entdecken vermeinten. Jetzt taten wir, was wohl alle Soldaten tun, wenn das Schutzschild des Patriotismus aufbricht, wenn sie unaufhörlich ums nackte Leben zittern: Wir beteten zu Gott und riefen »Mutter!«

Als die Rote Armee die Oder bei Stettin überschritten hatte, verteidigten wir nicht mehr das Vaterland; wir flohen. Alle Erinnerung an Tugenden und Treue, an Charakter und Pflicht waren ausgelöscht. Der Kopf ein schwarzes Loch. Gewimmer und Beten. Auf der Insel Rügen fiel schon kein Schuß mehr, der Krieg war dort zu Ende. Aber der Weg nach Hause noch sehr lang.

Freilich: Die Zeit des tieferen, abrechnenden Nachdenkens über den Hitlerfaschismus und seine Verbrechen war noch längst nicht gekommen. Ich empfand sogar, wenn die Angst wich, Schmach ob der militärischen Niederlage, und nun, da die Gräßlichkeiten der todbringenden Frontnächte sich langsam gelegt hatten, wuchs diese Schmach. Als besonders würdelos registrierte ich die Gefangennahme durch den Sieger, den Feind. Dies geschah im Mai 1945 bei Greifswald. Moment mal: Hatten uns die faschistischen Führer nicht immer prophezeit, die Russen würden keine Gefangenen machen? Wir lebten doch aber. Und wir blieben leben. Natürlich gab es eine Erklärung, die der beruhigenden, raschen Wiederherstellung des alten Feindbildes diente: Die mußten plötzlich mit so vielen Gefangenen umgehen, daß sie in der Überforderung nicht dazu kamen, alle zu erschießen. Auch wenn man selber, erstaunlich genug, am Leben blieb: Am Grundsatz, daß die Russen alle Deutschen umbringen, änderte das nichts. So einfach war das. So einfach ist das immer.

Es brauchte Zeit, anderes zu sehen und zu begreifen.

Gefangen – und erste Fragezeichen

In einer Marschkolonne mit über 1 000 Kriegsgefangenen ging es mit einem Mal erneut ums nackte Überleben, was bedeutete: zu marschieren, Essen zu fassen, unter freiem Himmel zu schlafen, bei jedem Wetter, und wieder zu marschieren. Die Moral, das durchzuhalten, lieferte uns, die wir mit einem halben Dutzend aus dem Volkssturm zusammengeblieben waren, ein Fliegeroffizier. Er marschierte unserem langen Zug voraus, für alle sichtbar das blinkende Ritterkreuz um den Hals. Ob er zwei Wochen später in ein Offizierslager kam, weiß ich nicht; auf jeden Fall verschwand er plötzlich, und die eben noch stolz präsentierten Kriegsauszeichnungen verschwanden ringsum von ganz allein von den deutschen Uniformen. Aber diese trotzig leuchtenden Trophäen der Tapferkeit hatten nicht etwa die »Iwans«, wie wir die Sowjets nannten, wutentbrannt vom Wehrmachtsfilz gerissen, nein, niemand von den Offizieren und Soldaten wollte mehr auffallen, sie entfernten das Blech vorsichtshalber selbst. Von endsieggetränkter Strategie war auf zweckdienliche Taktik umgeschaltet worden: Jeder hoffte nur noch, möglichst schnell nach Hause zu kommen. Aber darauf sollten wir noch lange warten.

Die vier Jahre meiner Kriegsgefangenschaft verliefen sehr unterschiedlich. Den Anfang bildete Hinterpommern, mit bewachten Arbeitskommandos zur Einbringung der Ernte. Das Wintergetreide war 1944 noch in die Erde gekommen. Das Gras wuchs, es gab ausreichend Futter, um das noch verbliebene Vieh zu versorgen. Die Rote Armee hatte die Tiere zusammengeholt und auf einem Gutshof in den Ställen untergebracht, um so die Versorgung der eigenen Mannschaften zu sichern.

Wir, die wir als Volkssturm aus einem gemeinsamen Dorf kamen, hatten uns bald aus den Augen verloren. Die Einteilung in den Arbeitskommandos nahm auf solche traditionelle Zusammengehörigkeit keine Rücksicht. Da ich einer der Jüngsten war, fiel der Blick der sowjetischen Soldaten vielleicht etwas stärker auf mich – für einige Wochen jedenfalls kutschierte ich den »Kapitan«, der unser Kommando auf dem Gutshof leitete. Er sprach nicht Deutsch, aber ein paar literarische Texte kannte er, und er konnte sie rezitieren. Mir waren sie unbekannt. Ich vermutete vorsichtshalber Goethe. Erst später begriff ich, daß es sich um Heines »Wintermärchen« handelte.

Wir schliefen bei den Pferden. Einmal haute eines der Tiere ab, ich raste barfuß hinterher, aus Angst, die Russen würden mich wegen mangelnder Wachsamkeit erschießen. Zum Glück handelte es sich um einen jungen Hengst, der kehrte bereitwillig zu den Stuten zurück.

Ich will nicht sagen, daß wir beide, der Offizier und sein Kutscher, bei den Fahrten übers Land Freunde wurden. Aber ein richtiger Feind war dieser Hauptmann der Roten Armee irgendwie auch nicht mehr. Merkwürdig. Der ein Untermensch? Ich hatte in seine Augen geblickt. Nein, kein Untermensch. Wenn ich an unbehagliche Leute dachte, fielen mir plötzlich weniger Russen, als vielmehr jene aus den eigenen Reihen ein, die mir deftige Prügel für den Fall anboten, daß ich die aus verlassenen Häusern mitgebrachten Konserven nicht unverzüglich herausrücken würde. Die Erlebnisse dieser Monate sind kaum zu beschreiben, so unwirklich erscheinen sie mir bis heute. Landwirtschaftliche Arbeit war mir nicht fremd, aber als befremdlich und erschreckend unkameradschaftliche innerhalb der verschiedenen Arbeitskommandos registrierte ich mit der Zeit das – eben angedeutete – Verhalten unter den Gefangenen selbst.

Weihnachten 1945 stand vor der Tür und damit das Ende des Einsatzes in dem etwa 30köpfigen Kommando auf dem Pommerschen Gut. Abschied vom »Kapitan«. Keine wehmütige Trennung, und doch würde etwas zurückbleiben an lebensentscheidender Aufgestörtheit. Noch einmal ein Transport mit Pferd und Wagen, er endete in Breslau, in einem viele tausend Menschen zählenden Sammellager von, wie es hieß, Kriegsgefangenen. Für einige Wochen ein völlig anderes Leben: Kein Arbeitskommando, statt dessen gähnende, quälende Langeweile, Reden von Vertretern der Antifa im Lager. Der wichtigste Schatz: ein paar Bücher. Darunter eines über den Baumeister Schlüter, dessen Glocke zerbarst, dessen Turm in Berlin eingestürzt war.

Die Zeitenwende hatte erst einmal wieder Halt gemacht. Gegen diejenigen, die sich im Lager Breslau merkwürdig großtönend Antifaschisten nannten, hatte ich sofort Vorbehalte. Viele von ihnen wollten offenbar nur einen Vorteil aus der Situation ziehen und sich durch vorauseilende Zustimmung zu den Russen besseres Essen sichern. Kascha gab es damals, und wir nannten diese »Antifaschisten« Kaschisten.

Auch als sich im März 1946, unter schwerer Bewachung, der Zug in Richtung Moskau in Bewegung setzte, schien die Zeit stehenzubleiben. Als sei der Mai 1945 noch einmal zurückgekehrt und mit ihm jene Stunde der Niederlage. Rotarmisten mit dem Gewehr standen entlang des Zuges, wenn wir, eingepfercht in die Güterwaggons, auf einer Station hielten. Gab es etwas zu essen und zu trinken, wurden die sorgsam versiegelten Türen des Waggons geöffnet; auch etwas Holz und Kohle reichten uns die Soldaten bei der Gelegenheit herauf. Denn je weiter wir nach Osten fuhren, desto unerbittlicher stieg die Kälte durch alle Ritzen; sie umfing uns gnadenlos, als stünde sie im Dienste Stalins, als setze sie im Auftrag des Kreml die Offensive der Roten Armee noch immer unerbittlich gegen uns fort und habe in ihrem Sturmlauf die Nachricht vom Ende des Krieges nur noch nicht vernommen. Es gab während der langen Fahrt Situationen, da blieb mir das Herz stehen: etwa, wenn einer von uns in eine Büchse pinkelte und sie über dem Kopf eines Sowjetsoldaten ausleerte. Manchmal entzog sich meinem Verstand, warum die uns nicht allesamt erschossen.

Ich weiß nicht mehr, wie viele Tage wir benötigten, um schließlich in Uwarowka zu halten, etwa 200 Kilometer vor Moskau. Von hier wurden wir mit Lkw nach Simonowskoje in ein Waldlager gefahren. Woran ich mich noch sehr gut erinnere, ist die Lektion, die ich gleich beim Absteigen mit auf den Weg bekam. Hilfsbereit und leider noch etwas bei Kräften, blieb ich zunächst im Auto und reichte denen, die die Ladefläche verlassen hatten, die wenige Habe nach, die uns verblieben war. Als ich darum bat, nun auch meinen Rucksack entgegenzunehmen, reckten sich mir sofort mehrere Arme entgegen. Ich sprang aufatmend ab, sah aber plötzlich weder die Arme noch meinen Rucksack. Jedoch hatte der gute Kamerad die Rechnung ohne den Wirt gemacht, und ich mußte mich also nicht allzu lange über den fremden Egoismus ärgern: Sämtliche Kärglichkeiten in Beuteln und Taschen und Säcken wurden von Rotarmisten eingesammelt und das Nötigste davon – Kochgeschirr etwa, Löffel und Schüsseln – gleichmäßig an alle verteilt. Nach einem heißen Bad gab es neue Kleidung. Plötzlich sahen wir unterschiedslos aus, die Gleichheit war zunächst zum Prinzip gemacht worden.

Zeit zur Eingewöhnung fiel weg. Eingeteilt in verschiedene Arbeitskommandos, bis zu 50 Mann stark, zogen wir frühmorgens in den Wald. Zu Beginn fällten wir Langholz und trugen es auf den Schultern aufs freie Feld. Eine harte Arbeit, die Disziplin und Sorglichkeit erforderte, wollte man sich nicht die Knochen brechen. Später stapelten wir, jeweils zu zweit, das gefällte Holz; alles hing vom Geschick und vom gemeinsamen Fleiß ab, um die Quälerei möglichst klein zu halten und die hochgesteckte Tagesnorm zu erreichen. Der Kontakt mit den uns bewachenden Rotarmisten wurde allmählich wieder persönlicher, die Soldaten setzten sich zu uns, wir rauchten miteinander, ein paar Worte flogen hin und her; Vokabeln meist, die der besseren Verständigung über die unmittelbare Arbeit dienten. Beil, Säge, Holz, Wald.

Im Lager kam es zu ersten politischen Informationen, aber nach der harten Arbeit fielen unsereinem die Augen bald zu. Der gepeinigte, von reichlich frischer Waldluft gesättigte und ermattete Körper verweigerte sich der Tagesverlängerung durch womöglich endlose Diskussionen. Aber die Augen hatten längst registriert, wie entsetzlich die Landschaft ringsum aussah. Verbrannte Erde, vor allem: verbrannte Dörfer. Langsam beschlichen mich ein dumpfes Gefühl, ein vager Gedanke, ohne daß ich mich zu einer eindeutigen Haltung durchringen konnte: Ob jene Kameraden in unseren Reihen, die man jetzt des öfteren von notwendiger Wiedergutmachung reden hörte, vielleicht doch recht hatten? Aber wie der seltsame Gedanken gekommen war, so verschwand die Überlegung wieder; so wie das Gefühl einer merkwürdigen Betroffenheit heraufkroch, so legte es sich.

Anfang 1947 kam ich in ein Lager in einer Vorstadt von Moskau. Wir arbeiteten für einige Wochen in einem Heizwerk. Nachtschicht. So recht wollte mir die Gewöhnung an diese Arbeitszeit nicht gelingen. Mein Lebensrhythmus sperrte sich, die Arbeitstauglichkeit, nach Gesundheitskategorien bewertet, ließ auffallend nach. In diesem Lager herrschte ein völlig anderes Klima, als ich es bisher kennengelernt hatte: Es gab eine Bücherei mit politischen und schöngeistigen Werken, Vorträge wurden gehalten; die

Leute von der Antifa-Leitung (Antifa stand für Antifaschismus) kamen vorbei, um sich mit uns zu unterhalten. Plötzlich erhielten wir Postkarten ausgehändigt, um nach Hause schreiben und wieder regelmäßigen Kontakt zu den Eltern herstellen zu können. Als die Ärztin nach einer Untersuchung empfahl, mich im Kommando »Brotfabrik« einzusetzen, mußte ich einen weiteren unerwarteten Zug von Menschlichkeit meiner ehemaligen Feinde eingestehen. Denn alle wußten, nur in der Fabrik gab es die Chance, zusätzliches Brot zu erhalten und wieder zu Kräften zu kommen.

Was ich an mir feststellte, war ein merkwürdiges Erwachen. Die Gleichgültigkeit, bisher lebensnotwendiger Schutz in dieser Zeit der Ungewißheiten, Trostlosigkeiten und Strapazen, fiel langsam von mir ab. Ich löste mich aus meiner eigenen Haut.

Ich weiß nicht, ob man grundsätzlich der These zustimmen kann, daß Bücher den Menschen verändern. Aber ich glaube sehr wohl, daß einen Literatur überkommen und treffen kann. Auf die Stunde kommt es an, auf den Ort, auf den Zustand des eigenen Ichs. Literatur kann einer Erwartung entgegenarbeiten, die man selbst vielleicht noch gar nicht formulieren kann. Aber plötzlich huschen Schatten über das plan gepinselte Antlitz des bisherigen Weltbildes.

Ich las Willi Bredel, Anna Seghers, Erich Weinert, Nikolai Ostrowskis »Wie der Stahl gehärtet wurde«. Ich las und hatte Fragen. Antifaschistischer Widerstandskampf? Dinge kamen auf mich zu, die alle bisher gekannten und so felsenfest beglaubigten Ursachen des Krieges in ein anderes Licht tauchten. Das einzige, was ich tat, schien mir schon anstrengend und gefährlich genug: Ich hatte keineswegs Antworten – aber ich ließ immerhin Fragen auf mich zukommen, ich sperrte mich nicht.

Doch warum ausgerechnet ich eines Tages den Leuten vom Antifa-Komitee des Lagers auffiel, vermag ich dennoch nicht zu sagen. Ein wirklicher Aktivist, der etwas organisierte oder Bücher ausgab, war ich keinesfalls. Bei Lichte besehen, führte ich ein gegenwartsloses Leben, ich tat meine Arbeit; sie zu tun, brauchte ich kein Gestern und kein Morgen. In der Unauffälligkeit sammelte ich die Kraft, die ich fürs tägliche Überleben benötigte. Im Spätsommer 1947 jedenfalls wurde ich gefragt, ob ich nicht eine Antifa-Schule besuchen wolle. Diese Schulen waren in der Sowjetunion für Gefangene eingerichtet worden, die mit dem Faschismus gebrochen hatten und am Aufbau eines neuen Deutschlands mitwirken wollten. Da fiel auch schon mal das Wort von der Zukunft, die anders sein müsse als jene Vergangenheit, die den Krieg verursacht habe. Von neu und ganz anders zu übernehmender Verantwortung war zunächst allerdings ebenso wenig die Rede wie von Funktionen, in deren freiwilliger Übernahme sich das neue

Verantwortungsgefühl später ausdrücken müsse. Aber Wissen sei wichtig, um nicht erneut ein Spielball in den Händen anderer zu sein. Was sollte ich tun? Wie sah es in der Welt aus? Daß es zwischen den Siegermächten des Zweiten Weltkrieges nicht mehr so richtig stimme, das sprach sich auch im Kriegsgefangenenlager herum. Aber woran lag das? Was hatte die Euphorie des gemeinsamen Sieges gegen Deutschland beeinträchtigt? Wo lagen die Ursachen neuer Kriegsgefahr, von der sogar schon gesprochen wurde?

Ich überlegte. Lernen wollte ich, ja. Meine Gleichgültigkeit legte sich allmählich, ich wollte die Welt neu und besser begreifen – kurz und gut: Ich gab meine Zustimmung, eine dieser Antifa-Schulen zu besuchen. Was mich genau erwarten würde, entzog sich freilich meiner Kenntnis; probieren jedoch könnte man die Sache, und Abwechslung tat not. Zwischen Daseinsverdruß und Welthunger zog ich eine Traum- oder Hoffnungsspur: Mal sehen, was wird. Zumal: Ich hatte keine Freunde in den bisherigen Lagern gefunden, fühlte mich allein. Zu jener Zeit war der Abstand zwischen einem 20jährigen und etwa einem 24jährigen beträchtlich – es war der Abstand zwischen einem Menschen, der den Krieg ein paar Monate, und einem, der ihn bereits Jahre erlebt hatte. Wer einmal den Tod sieht, spricht über andere Dinge.

Das Angebot, eine Antifa-Schule zu besuchen, war also auch eine Chance, auf Gespräche zu treffen, auf Gemeinschaft. Und noch etwas: In diesem Jahr 1947 erlebte ich am Rande Moskaus die 800-Jahrfeier der Stadt. Besser gesagt: Geräusche flogen herüber, es wurde irgendwo gesungen, irgendwelche Menschen lebten nicht allzuweit von hier, also ein Leben, das mir sagte: Es gibt ein Draußen, es gibt Freude; nach den Schrecken des Krieges existiert wieder eine Verlockung des Friedens. Ich dachte plötzlich sehnsüchtig: Ich will raus hier!

Antifa-Schule fürs Leben

Im Spätherbst fuhr ich mit wenigen anderen, die aus dem Gebiet um Moskau ausgesucht worden waren, nach Rjasan, eine alte Gouvernementsstadt. Ich hörte diesen Namen zum ersten Mal, sehr viel später erfuhr ich, daß Rjasan einen eigenen Kreml hatte; im Theater dort erlebte ich zum ersten Mal in meinem Leben eine Bühnenaufführung.

Bei der Zentralen Antifa-Schule 2 040 handelte es sich um ein großes Barackenlager, welches wir in den nächsten Wochen umbauen sollten, damit Seminarräume, ein Lektionssaal und Schlafsäle entstehen konnten. Auf eine

Schule waren wir geschickt worden, aber daß wir sie erst errichten mußten, hatte man uns wohlweislich verschwiegen. Doch bei genauerem Hinsehen kein unübler Anfang: Man lernte einander kennen, konnte sich allmählich aufs neue Leben einstellen und wurde nicht gleich ins kalte, in seinen Untiefen unwägbare Wasser des Unterrichts gestoßen.

Die Struktur der Zentralen Antifa-Schule, ihr Lehrmechanismus und Unterrichtsaufbau waren sehr dem Hochschulsystem der Sowjetunion angepaßt. Die Kapazität der Bibliothek reichte nicht aus, um allen Kursanten – so nannten wir uns nun – Bücher für ein gründliches Selbststudium bereitzustellen. Andererseits umfaßte der Sechs-Monate-Kurs ein großes Pensum Lehrstoff – daher spielten die Vorlesungen und Seminare eine besonders große Rolle. Die ersten vier Wochen glichen einer Hölle. Zuhören, Mitschreiben, Lesen, Seminare vorbereiten – ich dachte, mir platzt der Schädel! Oft sehnte ich mich in meine Wälder zurück, in mein Leben ohne Vergangenheit und Zukunft, in meine angenehm pflichtlose Gleichgültigkeit ...

Unser Seminar leitete Dr. Fritz Ring, ein Arzt im Rang eines Majors. Er nahm sich meiner in besonders penibler Weise an, als müsse an mir ein Exempel statuiert werden, dessen Sinn freilich, außer ständiger Quälerei, sich mir zunächst überhaupt nicht erschloß. Ich mußte Diktate schreiben, meine Aufzeichnungen zur Prüfung vorlegen, ständig bekam ich Nachhilfe in Allgemeinbildung. Zu allem Überfluß hängte er mir noch den Posten des Wandzeitungs-Redakteurs an – um auf diesem Weg meine Schwachstellen in Bildung, Orthographie und was weiß ich noch sonst intensiv bekämpfen zu können. Mein Bewußtsein taumelte zwischen lückenhaftem Wissen und jäh einschlagenden Einsichten. Später hörte ich etwas von einer »Gehirnwäsche« als Methode zur Gewissensbereinigung in den westlichen Gefangenenlagern. Im Zusammenhang mit der »Folter«, die ich erlitt, bin ich mir nicht sicher, ob ähnliche Überlegungen nicht auch in den Erziehungsmethoden der Antifa-Schulen eine Rolle spielten.

Ring war als leidenschaftlicher Arzt ins Militärwesen hineingewachsen und in Rumänien in Gefangenschaft geraten. Orientierte er bei anderen Schülern auf eine intellektuelle Verarbeitung der Situation, so kümmerte er sich bei mir eher um die verwirrte, also zu öffnende Seele, war mehr Psychologe als Pädagoge. Später in der DDR trat er der NDPD bei, wurde aber nie richtiger Politiker. Fritz blieb im militärischen Gesundheitswesen, er wurde Kapitän zur See, und ich vermute, daß er mit seiner Klugheit und Lebenserfahrung so seine argen Probleme mit der DDR-Realität bekommen hat. Wahrscheinlich endete er nicht in der Opposition, aber bestimmt in Resignation. So jedenfalls habe ich unsere letzte Begegnung in den sechziger Jahren in Erinnerung.

Bald nach Beginn des Lehrbetriebes begannen die persönlichen Gespräche der deutschen Lehrer und Assistenten mit den Kursanten. Sie hatten unsere Lebensläufe und die von uns ausgefüllten Fragebögen gelesen, und da sie als ehemalige Wehrmachtsoffiziere den Krieg erlebt und die Werdegänge im faschistischen Deutschland kannten, fiel es ihnen nicht schwer, in unsere Psyche zu dringen. Die Gespräche fanden auf Spaziergängen statt, auf Bänken im Freien, auf keinen Fall im Büro. Jeder Anstrich einer Verhörsituation wurde sorglichst vermieden.

Ich spürte auch von seiten der sowjetischen Offiziere Bemühung um Offenheit. Andererseits: Mit meinen 20 Jahren gab es für mich nichts zu verbergen, und Ergänzungen zum Lebenslauf waren nicht nötig. Vielleicht habe ich daher diese Gespräche so genommen, wie sie angekündigt wurden: als Beginn eines freundschaftlichen Kontakts. Andere Kursanten, bei denen sich während der Gespräche biographische Lücken ergaben, die peinlich erfragt und nun ausgefüllt werden mußten, mögen plötzlich von inneren Konflikten gepackt worden sein, die Vertrauen ausschlossen oder zumindest erschwerten. Einer hängte sich auf, weil er mit sich in Konflikt kam und Angst hatte, sich den Russen zu öffnen. Vielleicht fühlte er sich unter Druck gesetzt, und vielleicht hatte er recht mit seinem Gefühl.

Gegen Ende des Lehrgangs eröffnete mir Fritz Ring, daß er mich als Assistent für den nächsten Lehrgang einsetzen wolle. Mir dämmerte einiges. Daher also die Quälerei im Unterricht und darüber hinaus; darum also das Exempel, das zu statuieren war. Ich gab meine Zustimmung.

Als Assistent trug ich plötzlich eine Uniform, angefertigt in der Maßschneiderei. Ich aß in einem anderen Speisesaal und begriff für künftige Zeiten, daß sich die Welt zwar auch in Klassen, vor allem aber in Speisesäle aufteilt: Offiziersspeisesäle, Professorenspeisesäle, Funktionärsspeisesäle ...

Die eigentliche Konsequenz dieser Entscheidung, mich zum Assistenten zu machen, erschloß sich mir erst viel später – dann nämlich, als es lebensentscheidend darum ging, Berufspolitiker zu werden. Auf der Antifa-Schule wirkte noch vordergründig der Reiz, sich aus der Masse der Kriegsgefangenen abzuheben und über den Weg eines offensichtlich erfolgreichen Kursanten nun selbst daran mitzuwirken, andere aus der Lethargie zu befreien. Aber mehr und mehr löste ich mich damit von den Koordinaten der Vergangenheit; den Wert dessen, was einen Antifaschisten ausmacht – bis vor kurzem ein für mich fremder, beinahe erschreckender Begriff –, maß ich künftig am Verhältnis eines Menschen zur Sowjetunion, und ich kann nichts anderes sagen, als daß diese Rotarmisten, von ihrem deutschen Todfeind eben noch bis weit übers Äußerste der Erträglichkeit hinaus in ihrer Würde erniedrigt, sich mir und anderen gegenüber als sehr, sehr humane Wesen zeigten. Aus Untermenschen waren Menschen geworden, und ich spürte erstmalig so etwas wie wirklich tiefe Scham.

Professor Jansen, ein Kommunist aus den Baltischen Republiken, hielt Vorträge über die marxistische Philosophie. Gewiß blieben die Grundthesen seiner Vorlesungen nicht frei von Stalinschen Vereinfachungen, Marke: kurzer Lehrgang der KPdSU. Man wußte wahrscheinlich sehr genau, wir durften nicht überfordert werden. Aber die Offenheit, mit der er dennoch über Widersprüche und Gegensätze auch in der sowjetischen Gesellschaft sprach, beeindruckte uns. An Erlebnisse aus dem Krieg anknüpfend, zeigte er auf, wie die faschistische Ideologie alle kriegerischen Anfangserfolge der Deutschen nach dem Überfall auf die Sowjetunion zu nutzen wußte, um Moral- und Wertvorstellungen eines unanfechtbaren und gesetzmäßigen Siegers zu propagieren. Ich dachte an den überzeugten Hitlerjungen Modrow, der die grüne Schnur trug, mit der Feuerwehr des Ortes die Gaumeisterschaft von Pommern gewann und mit der Kriegsverdienstmedaille ausgezeichnet wurde. Andererseits schilderte Jansen die Probleme, die die Sowjetunion mit den unerwarteten eigenen Niederlagen hatte; welche Kraft es kostete, Moral gleichsam freizuschaufeln, welche Opfer erbracht werden mußten, um Hitler letztendlich zu besiegen. Diesem Sieg gingen offenbar, so erfuhren wir, bittere Fehleinschätzungen der Lage voraus; und viele sowjetische Opfer waren der Notwendigkeit geschuldet, anfängliche Überheblichkeit zu kompensieren und Abschied von der Illusion zu nehmen, die Deutschen selbst würden die Gewehre in die andere, in Hitlers Richtung kehren und dem Spuk, der Europa aufzufressen drohte, aus eigenem Antrieb ein Ende bereiten.

Stalins Worte von den Hitlers, die kommen und gehen, und vom deutschen Volk, das bleibe, spielten in Jansens Betrachtungen eine wichtige Rolle. So entstand eine Brücke, die uns gestattete, Fuß zu fassen auf einem neuen Boden – ohne zerstörerischen Selbsthaß, ohne Zwang zu masochistischer Selbstkasteiung.

Um bessere Bedingungen für Unterkunft und Lehrbetrieb sowie eine wesentliche Erweiterung der Kapazität zu erreichen, wurde die Antifa-Schule eines Tages nach Ogre bei Riga verlegt. Die für diese Schule ausgewählten Assistenten waren in der Mehrzahl unter 30 Jahre alt, und auch bei den Kursanten handelte es sich zumeist um junge Leute. Die Schulleitung wollte aus den Reihen der Schüler Kader gewinnen, die sich mit der Sowjetunion verbunden fühlten und später speziell in der Sowjetischen Besatzungszone politisch tätig werden könnten. Die sechs Monate dort vergingen wie im Fluge. Ich glitt mit einem Mal in die Rolle dessen, der lehrte, betreute, vermittelte. Erste Seminare führte ich durch, mit vom Lampenfieber durchschwitztem Hemd. Aus einem Zuhörenden war ein Lehrender geworden, und ich staunte einmal mehr, welche Wendungen das Leben so nehmen konnte.

Die Kontakte zwischen den Antifa-Schulen und den inzwischen politisch Verantwortlichen in der Sowjetischen Besatzungszone müssen ziemlich eng gewesen sein. Ende 1948 bekam ich das direkt zu spüren. Von Post, die auf einem Vordruck für Kriegsgefangene geschrieben war, wußte ich, daß meine Eltern und Geschwister in Schwarzenbeck bei Hamburg lebten und gesund waren. Sie hatten unser Dorf Jasenitz verlassen müssen, die Grenzen waren neu gezogen worden, ihre Heimat wurde nun polnisch. Sie gingen auf Treck, wie man damals sagte, und da die Schwiegereltern meiner Schwester Ellen bei Hamburg lebten, zogen sie dorthin. Natürlich mit der Hoffnung, möglichst bald in ihre unmittelbare Heimat zurückkehren zu können. Auch ich wollte irgendwann wieder zu ihnen stoßen. Aber die Schulleitung bedrängte mich eines Tages, nicht in den Westen zu meinen Angehörigen zu gehen, sondern in der Sowjetischen Besatzungszone zu bleiben. Denn äußerst dringlich seien Lehrer an der Jugendhochschule der Freien Deutschen Jugend. Besonders Professor Robert Naumann, ein deutscher Kommunist, der in der Sowjetunion als Emigrant lebte und später an der Humboldt-Universität einen Lehrstuhl für Politische Ökonomie leiten würde, drängte mich in diese Richtung. Auch mein Lehrer und Freund Fritz Ring wollte, daß ich in die Sowjetische Besatzungszone gehe. Allerdings meinte er, ich solle nicht sofort eine Funktion übernehmen, sondern möglichst eine gute Zeit lang in meinem Beruf als Schlosser arbeiten. Wie sonst könne ich Kontakt zum Alltag bekommen! Dies sei der Weg, den jeder Funktionär der neuen Gesellschaft gehen solle.

Ach Fritz, der Illusionist.

Dennoch: Ich willigte ein und teilte meinen Eltern den Entschluß mit, nicht in den geliebten Norden zu kommen. Ich blieb im Osten. So wird Geographie Schicksal.

Ich will hier gleich anfügen, daß die Familie nach dem Krieg auseinanderbrach. Meinen Vater habe ich überhaupt nicht mehr wiedergesehen, meine Mutter ab und an mal in den fünfziger Jahren, wenn sie zu ihrer Schwester in die DDR kam. Mein Bruder lebte weiterhin bei Hamburg, er ist lange zur See gefahren. Wir trafen uns in den fünfziger Jahren einmal für wenige Stunden in Berlin, dann erst wieder im März 1990. Vom Zusammenhalt der Modrows, zu Zeiten meiner Kindheit, blieb wenig.

Im Januar 1949 rollte der Zug über die Brücke nach Frankfurt an der Oder. Meine Kriegsgefangenschaft war zu Ende. Vor meinen Augen vollzog sich bereits, mit Hilfe der freudig vorauseilenden Phantasie, eine Zeitenwende: Das faschistische Deutschland würde sich, auf der Grundlage des Potsdamer Abkommens, zu einem wirklich neuen Deutschland entwickeln. Ich hatte mich von der einen in die andere Welt hinübergelebt, und immer dann, wenn es einmal still wurde in diesen hektischen, betriebsamen Zeiten des Auf- und Umbruchs und ich ein wenig nachsinnen konnte über das Leben, so dachte ich vor allem über die wunderbare Selbstverständlichkeit nach, mit der auch ich mich gewandelt hatte und mit der es mir ermöglicht wurde, ein neues Leben zu beginnen.

Als wir in Frankfurt an der Oder eintrafen, hieß es: Antreten vor den Waggons – Begrüßungsrede! Die hielt Hermann Matern, Politbüromitglied. Wir kamen uns sofort wichtig vor. Denn in der Sowjetunion hatten wir von der Gründung der SED gehört, und es mußte etwas bedeuten, wenn die Partei einen ihrer höchsten Funktionäre auf den zugigen Frankfurter Bahnhof schickte. Die vermutete Gewichtigkeit bestätigte sich, denn die Assistenten, zu denen ich gehörte, wurden aufgefordert, umgehend zum Zentralvorstand der SED nach Berlin zu kommen, zu einem »Kadergespräch«. Für mich stand fest, dem Rat von Fritz Ring zu folgen: Zunächst würde ich in einem Betrieb arbeiten, da konnte kommen, was und wer wolle. Ob ich meinen Gesprächspartner in Berlin von diesem Plan überzeugte oder der Funktionärsaufteiler im Zentralvorstand lediglich vor meiner Hartnäckigkeit kapitulierte – noch im Januar 1949 jedenfalls begann ich meine Tätigkeit als Schlosser im VEB Lokomotivbau/Elektrotechnische Werke (LEW) in Hennigsdorf. Vielleicht war der Kader-Mann der SED auch nur erschrocken darüber gewesen, daß ihm inmitten der oft über 30jährigen Assistenten plötzlich ein 20jähriger gegenüberstand.

Ob ich je ein guter Schlosser geworden wäre, ist schwer zu sagen. Die goldenen Hände meines Vaters, der Buddelschiffe bauen, also filigran konstruierte Segelschiffe in Flaschen verstauen konnte, habe ich jedenfalls nicht geerbt. Und ein Hobbyhandwerker bin ich auch im späteren Leben nie geworden. Der Vorschlaghammer lag mir mehr als die Feile fürs Feine.

Im LEW lebte ich bald im Wechselbad zwischen der Arbeit in der Werkstatt und politischen Debatten mit den Arbeitskollegen. Am Wochenende hielt ich Vorträge in der Betriebsparteischule und leitete Seminare. Auch die Lehrwerkstatt brauchte einen Referenten für die politische Unterrichtung der Lehrlinge – Hans Modrow war zur Stelle. Ich gefiel mir in dieser Aktivität, aber nicht im Sinne schwelgerischer Selbstbezogenheit, nein, ich genoß es, gebraucht zu werden. Bald hatte ich auch meinen Spitznamen in der Schlosserei weg, ich hieß nur »der Russe«. Denn in den Frühstückspausen bildeten sich schnell Trauben, wir stritten und diskutierten. Die Arbeit als Schlosser geriet dabei freilich mehr und mehr zur Nebensache, sie diente dem Broterwerb; mein eigentliches Elixier war die politische Debatte. Auch das Haus der Kultur der Sowjetunion und das Maxim-Gorki-Theater, beides in Berlin, zählten zu den häufigen Zielen unserer FDJ-Gruppe. Für die S-Bahnfahrt brauchten wir etwas mehr Zeit als gewöhnlich, denn wir stiegen unterwegs aus, sangen auf den S-Bahn-Stationen in Westberlin unsere Lieder. Die Worte Brechts, »Und heraus gegen uns, wer sich traut«, benutzten wir wie Trotzrufe – wenn es sein mußte, auch gegen die Stumm-Polizei, die wir nach ihrem Präsidenten nannten.

Daß ich nach meinem FDJ-Eintritt in die antifaschistische Partei eintrat, in die SED, gehörte zur Logik meiner Entwicklung. Die Aufnahme noch im Januar 1949 vollzog sich nüchtern und formal. Einer Kandidatenzeit entkam ich, dieses Ritual wurde erst einige Wochen später eingeführt. Der Partei mangelte es in jener Zeit nicht an Mitgliedern, sie zählte bereits an die zwei Millionen; was ihr fehlte, waren, wie es hieß, marxistisch gebildete Kader. Genau diese Bildung hatte die Antifa-Schule vermittelt – was Wunder, daß man mir werbend auf den Pelz rückte. Zumal ich in der Sowjetunion nicht nur als Kursant, sondern sogar als Assistent die Gipfel der neuen Bildung erstürmt hatte. Erstürmt wurden nun mein Gewissen und mein Bewußtsein: Es sei unverantwortlich, wenn sich einer wie ich der Pflicht entzöge, die friedensrettende Laufbahn eines politischen Funktionärs einzuschlagen.

Da halfen mir auch nicht die Flausen, die mir Lotte Ulbricht bei einer Diskussion im April 1949 auf dem II. Jungaktivistenkongreß in Erfurt in den Kopf gesetzt hatte: Man würde politisch engagierte Fachleute brauchen, und daher wäre ein Studium an der Universität der einzige richtige Weg für mich.

Als ich mich, schon als Landesfunktionär der FDJ, im Sommer 1950 in einem von Erich Honecker geführten Kadergespräch auf Lotte Ulbrichts Ratschlag bezog, kam eine deutliche, Widerspruch nicht duldende, sondern auf meine Einsicht bauende Antwort: Es gibt welche, die studieren – und es gibt welche, die dafür sorgen, daß welche studieren. Und zu den letzteren, Hans Modrow, gehörst du.

Ein Urteil für mein weiteres Leben. Im Juni 1949 hatte ich mein Schlosserleben für immer beendet, der Geselle ist also nie Meister geworden. Diplomingenieur auch nicht. Es geschah, was oft in meinem Leben geschehen sollte: Ich sah ein, was von mir gefordert wurde und steckte meinen Eigensinn zurück. Aber ich nahm ihn mit in die neue Lebensphase, und er bewahrte mich, hatte ich dann die neue Funktion angetreten, vorm Verschleiß durch blinde Disziplin.

Verantwortung tragen hieß nun, im Landesvorstand der FDJ Brandenburg in kurzer Zeit unterschiedliche Funktionen auszuüben und die Stufenleiter der politischen Hierarchie nach oben zu steigen: vom Sommer bis zum Winter Leiter der Abteilung Arbeiterjugend, dann Studentensekretär – ein neu geschaffenes Ressort. Wenige Monate später Sekretär für Propaganda und Kultur und schließlich Ende 1950 Sekretär für Organisation, der zugleich so etwas wie ein Stellvertreter des Landesvorsitzenden war. Wir Junggesellen wohnten möbliert bei einer verwitweten Frau Kommerzienrätin. Oft arbeiteten wir auch abends. Doch hatten wir die Rechnung ohne die Wirtin gemacht. Als wir nach 22 Uhr der Sekretärin unseres Bereiches noch etwas diktieren wollten, rief uns die Witwe zur Ordnung: Damenbesuche seien nicht gestattet. Der Elan der FDJ scheiterte am Sittlichkeitsgebot einer Kommerzienrätin.

Die Zeit raste. In den Brandenburger Jahren vollzogen sich Ereignisse von geschichtlicher Bedeutung für Deutschland und das Europa der Nachkriegszeit. Die westliche Währungsunion hatte die Weichen zur Spaltung Deutschlands gestellt, Westberlin wurde zum Dreh- und Angelpunkt der Gegensätze – besonders mit der Luftbrücke im Jahre 1948 und deren psychologischer Wirkung auf die westliche wie östliche Bevölkerung. Alles war auf die Bildung eines westdeutschen Separatstaates gerichtet. Quälerisch-propagandistische Bemühungen, die spätere Gründung der DDR als Abspaltung vom einheitlichen Deutschland darzustellen, halten nach wie vor keiner geschichtlichen Prüfung stand. Des Pudels Kern benannte Adenauer mit seinem berühmt gewordenen Ausspruch »Lieber das halbe Deutschland ganz, als das ganze Deutschland halb«.

Den westlichen alliierten Mächten ist damals schnell klar geworden, daß Moskau von seiner spezifischen Art, das Potsdamer Abkommen zu verwirklichen, nicht abzubringen sei. Was sich in der Sowjetischen Besatzungszone vollzog, nährte in der westlichen Reflexion sehr rasch wieder jenes Vorurteil, das schon immer das Moskau-Bild westlich der Elbe bestimmt hatte: Gefahr aus dem Osten. Dem Grenzen zu setzen, folgte der Plan, Deutschland zu spalten. Die Frage war nur, wie konnte die Zustimmung der Deutschen im Westen erreicht und zugleich die Hoffnung der Deutschen im Osten am Kochen gehalten werden, ebenfalls bald Teil der westlichen Welt zu werden.

Wenn auch mit Auf und Ab in der relativ langen Existenz beider deutscher Staaten – in der Grundtendenz hat diese Hoffnung auf Einheit große

Teile der DDR-Bürger nie verlassen; sie hielten an dieser stillen, aber zählebigen Erwartung im Rücken der sozialistischen Utopie fest. Die Hoffnung auf »drüben« überwinterte im Versteck der Möglichkeitsform. Das antifaschistische Selbstverständnis war der größte Nährboden unserer Illusion, wir könnten den Westen vergessen machen – so wie E.T.A. Hoffmanns Peter Schlehmil vergeblich versucht, seinen Schatten loszuwerden.

Die Führung der SED erkannte im unaufhaltsamen Prozeß der Spaltung und des unvermeidlich werdenden Entstehens zweier deutscher Staaten sehr wohl die strategische Bedeutung der Jugend. Die Partei mühte sich daher, mit allen erdenklichen Mitteln ideologisch auf junge Menschen einzuwirken. Der wichtigste politische Faktor war dabei die FDJ. Deren Gründung als einheitliche Jugendorganisation hatte sich mit verständlichem Argument vollzogen – hinterließ doch die Weimarer Republik als bitterste Lehre, daß Uneinigkeit der Arbeiterbewegung die zerstörerischste Kraft ist. Dies galt auch mir als wichtigste der angelernten Wahrheiten, die nicht verjähren durften. Nur eine einheitliche Organisation, so die Schlußfolgerung, könnte die Interessen der Jugend nachhaltig vertreten und faschistischen wie anderen reaktionären Entwicklungen entgegentreten.

Die erste Rede Erich Honeckers auf einem FDJ-Parlament, im Mai 1946 in Brandenburg an der Havel, hatte vier Grundrechten der jungen Generation gegolten: Recht auf Arbeit, politische Mitbestimmung, Recht auf Bildung und schließlich Recht auf Freizeit und Erholung. Diese Prioritäten haben ihren Ursprung in der Arbeiterjugendbewegung des 19. Jahrhunderts. In der Nachkriegszeit wurden diese Grundrechte bald zum Maßstab des Vergleichs zwischen Ost und West; sie bildeten das Kernstück der jugendpolitischen Auseinandersetzung, erst zwischen den Zonen, später zwischen beiden deutschen Staaten. Diese Rechte werden als Grundelemente eines sinnhaften und glücklichen gesellschaftlichen Lebens, davon bin ich überzeugt, auch im 21. Jahrhundert Maßstab für die Menschenfreundlichkeit einer politischen Ordnung sein.

Als Delegierter des III. Parlaments zu Pfingsten 1949 in Leipzig erlebte ich meinen ersten großen FDJ-Kongreß. Zum ersten Mal besaß ich ein Blauhemd. Vorher hatte ich Hosenträger überm Hemd getragen, das verbat sich nun, jetzt mußte ich mir einen Gürtel kaufen. Das Wort vom »Saal der aufgehenden Sonne« – so war die Bühne im Kongreßsaal dekoriert – beeindruckte mich. Ich fühlte mich angesprochen von dieser direkten Zukunftssymbolik. Wir sangen vom neuen Leben, das anders werden sollte. Wir hatten ein Ziel vor den Augen. Als junger Antifaschist anerkannt zu werden, mit dabei zu sein, wenn ein wahrlich neues Deutschland aus der Asche und den Trümmern stieg – das genau wollte ich; das genau mußte sich, auf möglichst geradlinigem Wege, erfüllen. In Erinnerung habe ich eine große Aufbruchsstimmung. Die Ausgangslage war schwer genug; tausendfach schleppte sich trostloses, auswegloses Leben dahin; noch immer, verursacht von Krieg und unlösbar damit verbundener Angst, durchzog Resignation den Alltag. Angesichts dessen, daß das Trauma der vergangenen Ereignisse weiter wirkte, schien nichts notwendiger zu sein als ein geradezu forscher Optimismus und ein ungebrochener Eigensinn wider die bewußten Verteufler, Abwinker und Miesmacher.

Mit dem Abstand der Jahre verblaßt vieles an Erinnerung. Aber der eingreifende Enthusiasmus jener Tage ist mir als eine der entscheidenden Empfindungen meines Lebens im Gedächtnis geblieben. Bei allem, was prägt, weiß man ja im nachhinein, daß es einmal ein mythisches erstes Mal gegeben hat, daß man das Große vor sich liegen sah oder umstellt von ihm war, und daß man sich, Jahrzehnte später, nicht mehr ganz genau vorstellen kann, wie das aussah, wie das überhaupt sein konnte. Daher dieses oftmalige spätere Erstaunen der Fremden, Außenstehenden: So blauäuigig konntet ihr doch damals nicht gewesen sein! Wer so redet, versteht nichts von den Ein- und Überblendtechniken, die unser Wahrnehmungsvermögen regieren und auf eine bestimmte Entscheidung hinlenken. Wir sahen uns damals keineswegs als Instrumente einer fremden Politik, sondern als kräftige Subjekte, die von der ganz neuartigen Beherrschbarkeit der gesellschaftlichen Sphäre träumten; das Endgültige, das wir im Sinn trugen, stand nicht unter dem Diktat einer Realität, der sich – wie bisher in der Geschichte – der Mensch beugen müsse, nein, was wir taten und vorhatten, stand unter dem Zeichen der Hoffnung, eine ganz neue, ausbeutungslose, kriegsfreie und faschismusabstinente Realität zu schaffen. Freilich: Was wir Revolution nannten, waren zu wesentlichen Teilen schlichtweg nur die Bestimmungen des Potsdamer Abkommens, die im Osten konsequent verwirklicht wurden: Bodenreform, Enteignung der Konzerne und Kriegsverbrecher. Diese Festlegungen galten auch für den Westen; wären sie auch dort umgesetzt worden, hätte man dennoch kaum von Revolution gesprochen. Was also im Osten Deutschlands nicht wirklich stattfand (das weiß ich heute): eine massenhafte Revolutionierung des Bewußtseins, sei es als Ausgangspunkt oder als Ergebnis der politischen und sozialen Umwälzungen. Damit war uns ein Geburtsfehler mitgegeben worden, von dem wir uns nie wieder erholten. Das Fehl an gleichsam natürlichem revolutionärem Geist versuchten wir stets mit einer Überproduktion an Ideologie auszugleichen. Aber das Resultat dieser Bemühung war erst recht nicht revolutionär, sondern letztlich ein Sieg der freudig ertragenen Vertröstung und des freiwillig ertragenen Gehorsams. Allein wenn ich an viele spätere FDJ-Großveranstaltungen der Honecker-Zeit denke, an unseren Hang zum gigantisch Propagandistischen: Das neue, bessere Geschichtsziel vor Augen, kombinierten wir alle bisherigen Techniken der physischen, ideologischen und emotionalen Zurichtung, gossen »neuen Wein in alte Schläuche«. Und blieben doch verhängnsivoll hölzern. Nach und nach bezwang die Disziplin alle Aspekte der Existenz: den Körper, den Geist, die Seele, den Willen, das Soziale. Und dennoch: Da die eigentliche Stunde der Disziplin erst schlägt, wenn sie dem Feuer standhalten muß, ist die Geschichte der sozialistischen Überzeugung – ich rede von mir – immer auch eine Geschichte der wirklichen Leidenschaft, der dienenden Ehrlichkeit. Autoritätsglaube und Loyalitätswettbewerb sind immer auch eine Frage der sozialen Bindung, nicht bloß blinder Befehlserwartung. Wer solche Motivlagen unterschätzt, wird nie verstehen, warum Millionen Menschen mit Anstand und ganzer Kraft daran gingen, den neuen Staat aufzubauen.

Zur Zeit des erwähnten Parlaments von 1949 waren die entscheidenden Schritte zur Spaltung Deutschlands vollzogen; die Währungsunion hatte zwei Wirtschaftsgebiete geschaffen. Die einen bekamen den Marshallplan der USA als Unterstützung für einen raschen wirtschaftlichen Aufschwung, die anderen zahlten die Reparationen an die Sowjetunion, und beide verfügten über Verfassungsentwürfe für einen neuen Staat. So erwies sich als eigentliches Ziel dieses FDJ-Kongresses 1949, die Jugend der Sowjetischen Besatzungszone auf eine eigene staatliche Entwicklung vorzubereiten und sie für den sich abzeichnenden Staat zu gewinnen. Dieser große politische Plan entsprach auch meiner Überzeugung. So würde sich vollenden, was ich auf der Antifa-Schule gelernt hatte. Nun waren Jungaktivisten zu gewinnen, Jugendbrigaden zu gründen; es galt, den Berufswettbewerb mit Leben zu erfüllen. Arbeiter- und Bauernfakultäten entstanden, um der neuen Elite, die sich aus den bisher unterprivilegierten Schichten der Gesellschaft rekrutierte, möglichst schnell Hochschulreife zu vermitteln und dieser Elite den Weg für ein Studium freizumachen.

Die Ereignisse begannen sich in vorausgeahnter Weise zu überschlagen. Im September 1949 kam es zur Gründung der BRD. Die FDJ antwortete am 24. und 25. September (1949) mit einem Friedenstreffen in Berlin, an dem einige hunderttausend Jugendliche teilnahmen. Am 5. Oktober forderte der Zentralrat der FDJ das Sekretariat des Deutschen Volksrates auf, der Bedrohung des Friedens durch die Bildung eines Separatstaates entgegenzuwirken – am besten durch Etablierung einer eigenen Regierung mit Sitz in Berlin, der Hauptstadt Deutschlands. Am 7. Oktober 1949 konstituierte sich aus dem Volksrat die provisorische Volkskammer. Die vom Volkskongreß bestätigte Verfassung wurde in Kraft gesetzt und Otto Grotewohl beauftragt, eine Regierung zu bilden. Am 8. Oktober 1949 übergab Armeegeneral Wassili Tschuikow die Verwaltungsrechte der Sowjetischen Militäradministration (SMAD) an die staatlichen Organe der DDR. Am 11. Oktober 1949 wurde Wilhelm Pieck von der Volkskammer und der Länderkammer zum Präsidenten der DDR gewählt.

Es war die Jugend, die den Trommelwirbel der Begeisterung in Bewegung setzte und das Staatsoberhaupt mit einem großen Fackelzug Unter den Linden begrüßte (»neuer Wein in alte Schläuche«). Erich Honecker sprach für die gesamte Jugend ein Gelöbnis auf die Deutsche Demokratische Republik. Wie die anderen Teilnehmer dieser Demonstration ließ ich mich davon leiten, ein solcher Fackelzug sei ein mobilisierendes Unternehmen. Ich trug bewegt das Landesbanner der FDJ Brandenburg.

Mit Abstand betrachtet, konnte diese Demonstration ihr Ziel, die gesamte Jugend zu überzeugen oder für die gesamte Jugend zu sprechen, nicht erfüllen. Der von »oben« angeordnete Zug für Freiheit und Demokratie blieb ein ideologischer Kraftakt, der denen abseits des FDJ-Aktivs, die er erreichen wollte, seinen agitatorischen Auftrag allzu grob verriet. Bei den Teilnehmern an der Demonstration handelte es sich nicht, wie wir glaubten, um die Abgesandten von Millionen Jugendlichen mit gleichem Mut und gleichem Sinn. Was diesen Fackelzug formte, war nicht allgemein sich verbreitende Liebe zur DDR, sondern Regie. Diese marschierende Jugend, sieht man sich heute die Pressefotos an, dokumentierte an einigen Stellen bereits altersgraue Abhängigkeit von der Partei. Den Fehler, den wir in all den Jahren mit uns herumschleppten, präsentierten wir schon früh, gleichsam in voller Montur und bei Festbeleuchtung.

Aber damals, ich muß es wiederholen, sah für mich noch alles ganz anders aus: Den aktiven, politisch überzeugten Teil der jungen Generation, den wir an jenem Oktoberabend in Berlin erlebten, nahm ich für die gesamte Jugend des neuen Staates, und so ließ sich gut und gern nach vorn schauen.

Ein Staat der Jugend sollte die DDR sein, und dafür wurde, fern aller propagandistischen Gesetztheit, entsprechend der Möglichkeiten ja doch auch wirklich viel getan. Die ideologische Begrenzung des neuen Gesellschaftswesens stand so stets in spannungsreichem Widerspruch zu seinen realen sozialen, kulturellen Leistungen. Legitimation und Delegitimation bildeten eine aufreibende Paarung. Zu den ersten Gesetzen, die in der Volkskammer beraten wurden, gehörte immerhin das am 8. Februar 1950 bestätigte Gesetz über die Teilnahme der Jugend am Aufbau der DDR und die Förderung der Jugend in Schule und Beruf, bei Sport und Erholung. Walter Ulbricht als Stellvertreter des Ministerpräsidenten begründete dieses Gesetz, und Erich Honecker sprach als Vorsitzender des Jugendausschusses.

Der Tagung der Volkskammer ging eine Beratung des Politbüros der SED am 17. Januar voraus, in der die Grundrichtung des Gesetzes mit dem Beschluß »Freie Bahn der Jugend!« vorgegeben wurde. Die prinzipielle Einschätzung: Junge Menschen sollten zwar mittels eigener Verantwortlichkeit auf den Staat eingeschworen werden, zugleich aber mußte in der Öffentlichkeit unmißverständlich klar sein, daß die SED die eigentliche Antriebskraft für eine glückliche Zukunft junger Menschen sei. Übersetzt auf das Handeln von uns jungen Genossinnen und Genossen der FDJ: Die Interessen der Jugend vertraten wir zwar oft, indem wir sehr aktiv wurden – aber weit mehr anstelle der Jugend, nicht mit ihr.

Gern allerdings erinnere ich mich an die Prüfungen zum »Abzeichen für gutes Wissen«. Bronze, Silber, Gold, dazu ein ausgeklügeltes System der Punktebewertung. Mit diesen Prüfungen vollzog sich eine Art Verschiebung der Autoritäten: Antifa-Schüler wie ich hatten Bildungs-Vorteile, aber ein Mann wie Robert Menzel, der während der Nazizeit im Zuchthaus in Brandenburg eingekerkert war, mußte sich nun durch Stoff und Prüfung quälen. Gewiß unterschätzte ein Teil der jüngeren antifaschistischen Widerstandskämpfer ein gründliches Studium, meinte, der unmittelbare politische Kampf sei die eigentliche, wahrhaftige Schule. Aber diese Prüfungen waren begleitet von einer erstaunlichen Bewegung, ja nahezu Begeisterung im gesamten Jugendverband. Es wurde gelesen, gestritten, und die Prüfungen selbst zogen sich immer bis weit über Mitternacht hin. Solchen Eifer spürte ich später nie wieder.

»Freundschaft« und weniger Freundliches

Das Jahr 1950 nimmt in der Bilanz meines Lebens einen wichtigen Platz ein.

Die FDJ hatte mit den II. Weltfestspielen der Jugend und Studenten in Budapest im Sommer 1949 den Durchbruch zu ihrer internationalen Anerkennung erreicht. Von nun an nahm sie an Jugendtreffen in Ost und West teil und sollte bald selbst Gastgeber für andere Jugendverbände sein. Der politische Erfolg im Zeichen der aufgehenden Sonne strahlte auch auf mich ab: Mein erster Besuch in einem westlichen Land führte mich im Juli 1950 nach Schweden. Teilnahme am Zeltlager der Skandinavischen Jugend bei Göteborg.

Aus Thüringen nahm daran Annemarie Straubing teil, die, wie ich in Potsdam, dortiger Sekretär des Landesvorstandes war. Obwohl ich mich, wie man so sagt, in festen Händen befand, sprang der berühmte Funke über. Das Wort von den Gegensätzen, die sich anziehen, muß seine Berechtigung haben. Denn während ich bei jedem Wetter in der Nordsee schwamm, machte Annemarie keine drei Schwimmzüge. Ehrgeiz trieb sie schließlich doch zitternd ins Meer. Ich hatte allerdings das Gefühl, mich um sie kümmern zu müssen ...

Ich weiß nicht, ob die beiden anderen aus unserer Delegation, sie arbeiteten im Zentralrat, in Berlin über meine neue Liebe informierten – jedenfalls gehörten Annemarie und ich, welch ein Zufall, ein paar Wochen später einer Urlaubergruppe an, die für vier Wochen ans Schwarze Meer nach Bulgarien fuhren. Im warmen Meerwasser bewegte sich Annemarie schon ungehemmter ...

Dort, am goldenen Strand, fiel die Entscheidung: Wir heiraten. Ausgerechnet in Stalin bei Varna; später wurde der Ort in Drushba umbenannt.

Am 23. Dezember 1950 standen wir auf dem Standesamt, im Rathaus von Arnstadt, dem Geburtsort Annemaries. Deren Eltern hatten anfänglich ihre Schwierigkeiten mit dem auserwählten Schwiegersohn. Annemaries Vater war von den Nazis in das Konzentrationslager Buchenwald verschleppt worden, auch die Mutter und deren Bruder hatten am Widerstandskampf gegen Hitler teilgenommen. Und nun kommt die Tochter mit einem, der zwar in der FDJ ist, aber dessen Eltern im Westen leben? Zudem: Rosemarie, die jüngere Schwester meiner Frau, war bereits verheiratet, sie hatte zwei Kinder, nur der Mann fehlte. Er wohnte, wie es hieß, im Westen. Die Scheidung erfolgte erst Ende der fünfziger Jahre, doch Unterstützung für die Kinder gab es nicht. Die DDR konnte diese Unterstützung im Westen nicht einklagen, und die BRD zeigte wenig Initiative, sie durchzusetzen. Das verstärkte bei den Straubings die Ablehnung der Bundesrepublik und das Mißtrauen gegen mich, der ich engste Verwandte »drüben« hatte.

Unter den genannten Bedingungen blieb es eine Hochzeit allein mit der Familie Straubing, das heißt, gemeinsam mit den fünf Geschwistern Annemaries. Aufgrund des längst abgerissenen Kontakts zu meiner Familie sehnte ich stark mich nach neuer Geborgenheit.

Das größte Glück einer Familie, Kinder zu haben, stellte sich für Annemarie und mich erst spät und nach bitteren Erfahrungen ein. Im Sommer 1951 kam es zur ersten Geburt; der Kleine verstarb nach vier Wochen, und im Februar 1953 starben unsere Zwillinge, wenige Tage nach einer Frühgeburt. Um so glücklicher waren wir, als im Oktober 1955 unsere Tochter Tamara geboren wurde und sieben Jahre später Irina zur Welt kam.

Nach der Hochzeit suchten wir für Annemarie eine Arbeitsmöglichkeit in Potsdam. Sie ergab sich rasch. Horst Brasch, der, aus der englischen Emigration gekommen, bis zum III. Parlament Sekretär des Zentralrats und sogar gleichzeitig noch Chef des Landesverbandes Brandenburg war, arbeitete nun als Volksbildungsminister in der Landesregierung und brauchte dringend jemanden, dem er die Abteilung Berufsausbildung übertragen konnte. So wurde Annemarie gewissermaßen über Nacht ein höherer Staatsfunktionär, was sich für uns am sichtbarsten im wesentlich höheren Gehalt ausdrückte. Da es galt, von der Sowjetunion zu lernen, ging sie schon bald für fünf Wochen auf eine Studienreise nach Moskau.

Der Zentralrat der FDJ hatte zu jener Zeit – die III. Weltfestspiele in Berlin wurden vorbereitet – ein sehr kritisches Urteil zur Führung im Landesverband Mecklenburg. Es mangelte dort offenbar an organisatorischer Verläßlichkeit. Das gefiel dem Zentralrat gerade jetzt nicht, denn die Vergabe des Weltjugendfestivals an Berlin war eine große Herausforderung für die DDR, ideell und materiell; und dieser höchst politischen Entscheidung, die gewiß durch den Einfluß Moskaus möglich und gewünscht wurde, wollte man sich in jeder Hinsicht gewachsen zeigen – indem man sich in jeder Hinsicht absicherte. Wahrscheinlich, weil ich mehr oder weniger als Vorpommer, aber auch als Mecklenburger galt, machte mir Erich Honecker klar, daß ich sofort nach Schwerin müsse, um den Landesverband zu führen.

Zum ersten Mal hatte ich das Arbeitszimmer Honeckers betreten. In dem Buch »Unser Zeichen war die Sonne«, zum 50. Jahrestag der FDJ im Verlag Neues Leben erschienen, beschrieb ich die damalige Situation beim Kadergespräch so: »Ein sehr großer Raum mit einem langen Sitzungstisch, ein breiter Schreibtisch, an dem er saß, und dahinter – so ist es mir in Erinnerung geblieben – ein gewaltig großes Bild Jossif Wissarionowitsch Stalins. Ich stellte mir vor, ich solle in dem Sessel versinken, damit das Bild und Erich Honecker noch etwas größer und beeindruckender würden. Hinzu kam, daß am gleichen Tag eine kritische Betrachtung über den Landesvorstand Brandenburg in der FDJ-Zeitung ›Junge Welt‹ veröffentlicht war, so daß man mich schon bei der Ausweiskontrolle am Eingang des Hauses fragte, ob ich mir den Anschiß bei Erich abholen wolle. Zu meiner Überraschung gab es kein kritisches Wort, und es ging gleich zur Sache. Das Sekretariat des Zentralrats würde meine Arbeit hoch schätzen und habe die Absicht, mich sofort als Landesvorsitzenden der FDJ in Mecklenburg einzusetzen. An meiner Bereitschaft gäbe es sicher keinen Zweifel. Ein langes Kadergespräch wurde es nicht. Ein paar Hinweise zur Lage im Land Mecklenburg und die Aufforderung, möglichst rasch meine Sachen zu packen. Der SED-Landesvorstand sei bereits informiert und würde mich bereits in Schwerin erwarten. Noch bevor Annemarie aus der Sowjetunion zurück war, hatte ich im Gästehaus der SED Quartier bezogen.«

Ja, die Entscheidung über meine Zukunft wurde getroffen, ohne daß ich die Chance hatte, mit meiner Frau zu sprechen. Da sie Erich Honecker als Abgeordnete der Volkskammer nicht unbekannt war, sah der überhaupt kein Problem: Die Hauptabteilung Berufsausbildung sei in der Landesregierung Mecklenburg noch nicht besetzt, und so könne Annemarie die Erfahrungen ihrer sowjetischen Studienreise gleich für Mecklenburg nutzen.

So wechselten wir unseren Lebensort, zum Einarbeiten fehlte die Zeit, und ich lernte in Schwerin etwas kennen, das mir bisher in der politischen Arbeit unbekannt war. Denn nicht Freundschaft – wie das Grußwort der FDJ lautete – ging von meinem 2. Sekretär Konrad Naumann aus, sondern der ständige hinterhältige Versuch, mich klein zu halten, Konflikte zu schüren, selber die Führungsfäden in den Händen zu halten und großspurig Machtgelüste auszuleben.

Naumann kommt zum Beispiel in Wismar in die Kreisleitung, kurz vor Mitternacht, sieht die Nachtwache schlafend und steckt unbemerkt das Dienstsiegel ein. Am anderen Morgen ruft er den 1. Kreissekretär an und verlangt von ihm das Siegel. Er läßt den Ratlosen eine Weile herumzappeln und dann in Schwerin antanzen – und übergibt ihm das corpus delicti. So ein Verhalten hielt ich für bösartig. Oder: Bei Sekretariatssitzungen gab es ein Büffet mit belegten Brötchen, man konnte sich auch ein Bauernfrühstück oder ähnliches bestellen. Keiner bezahlte je. Als ich das Portemonnaie herauszog und das Mädchen aus der Küche nach dem Preis der Speisen fragte, wurde es still im Saal. Nun mußten die anderen ihre Geldbörse ebenfalls ziehen. Die guckten mich an, als hätte ich einen Verrat begangen. Nach drei weiteren Sitzungen wollte keiner mehr was haben, denn keiner wollte bezahlen.

Naumann hatte sich als Nachfolger für den scheidenden Ersten gesehen, sein Plan war nicht aufgegangen. Er bekam mich vor die erhoben getragene Nase gesetzt. Nun gab es für mich nur zwei Möglichkeiten: mich entweder zu beugen und auf bessere Zeiten zu hoffen – Naumann sollte nach Moskau auf die Komsomolhochschule gehen – oder die Auseinandersetzung anzunehmen, ihn zu isolieren und klarzustellen, wer der Landesvorsitzende ist. Ich habe den letzteren Weg gewählt und mir damit, bis an das Ende seiner Laufbahn im Politbüro der SED, einen persönlichen Feind zugezogen, der seine Niederlage im Schweriner FDJ-Sekretariat nie verwand.

In dieser Zeit begann ich zu begreifen, daß es auch in Vereinigungen Gleichgesinnter, die für Gerechtigkeit und Gleichheit eintreten, Machtstreben gibt und daß Karrieredenken bei einzelnen Funktionären geradezu organisationszerstörend sein kann. Meine Sache jedenfalls waren Großmannssucht und gegenseitiges Ausspielen nie. Dennoch empfand ich es als nützlich, diese Lehre mit Naumann sehr früh erfahren zu haben. Die Lektion zügelte meine Naivität, selbst wenn davon immer noch genügend blieb; auch künftig nicht ausschließlich zu meinem Nutzen. Dankbar bin ich, daß mich erfahrene Schmach, Unehrlichkeit und Niedertracht nie dazu verleiteten, mit gleicher Münze zurückzuzahlen. Für mich bleiben mit einer marxistischen Überzeugung untrennbar menschliche Werte wie gegenseitige Achtung, Solidarität, Offenheit und Aufrichtigkeit verbunden. Das vor allem versuchte ich zur Grundlage unserer gemeinsamen Arbeit im Schweriner Sekretariat zu machen.

Einem Landesvorsitzenden oblagen auch die Beziehungen zur Sowjetischen Militäradministration. Dieser Kontakt war in Schwerin nicht besonders eng. Im Gedächtnis blieben mir nur Begegnungen mit dem Jugendoffizier, während der Weltfestspiele in Berlin. Da ging mir der Mann, auf gut deutsch gesagt, auf die Nerven. Uns stand das Wasser gewissermaßen bis zum Hals: Zuerst klappte die Versorgung nicht, dann blieben viele Veranstaltungskarten übrig und demnach Plätze leer. Es war schwer, Hunderttausende in dem noch zerstörten Berlin pünktlich an den jeweiligen Veranstaltungsort zu bringen. Zudem: Viele junge Leute hatten andere Interessen. Es lockte das Erlebnis einer großen Stadt, jenseits organisierter Treffen. Es stellte sich zum Beispiel heraus, daß die Fahrt mit dem Doppelstockbus durch Berlin mehr Freude machte als das schönste Konzert. Auch eine längere Fahrt mit der S-Bahn, deren Türen sich automatisch schlossen, wollten viele Jugendliche aus Mecklenburg, wo sich bekanntlich nach einem Barlach-Wort die Natur Zeit läßt mit Neuerungen aller Art, nicht verpassen. Einzelne Teilnehmer fuhren auch nach Westberlin, wo es besondere Stände gab, an denen eine Banane gereicht und dazu ein Foto gemacht wurde.

Um die vorgegebene Zahl von über 200 000 Teilnehmern zu erreichen, in »drei Wellen«, wie wir das nannten, wurde nach Berlin mitgenommen, wer wollte. So reisten »Jugendfreunde« mit, die zählten schlichte sechzig Lenze. Im Blauhemd! Unterkünfte befanden sich in Schulen, auf Dachböden und Privatquartieren. Wie aber nun vorgehen, um die Älteren in der Augusthitze nicht ebenfalls auf Dachböden unterbringen zu müssen?

So die Situation. Und ausgerechnet da wollte der sowjetische Jugendoffizier vor allem anderen wissen, und zwar permanent, welche Veranstaltungen denn ich persönlich besucht habe, um Teilen der gewiß erwartungsvollen jungen Generation in Mecklenburg, die leider zurückbleiben müßten, aus eigenem Erleben über die Kultur der Weltjugend zu berichten! Leider zurückbleiben? Liebend gern hätte ich alle hergeholt, dann würde ich mein »Soll« geschafft haben! Also,ich hatte gänzlich andere Sorgen als der Moskauer Freund, der mich in seiner hochfliegenden Gedankenwelt sicher für einen kleinlichen Pragmatiker hielt.

Mit den III. Weltfestspielen der Jugend und Studenten in Berlin sicherte sich die FDJ einen geachteten Platz in der demokratischen Weltjugendbewegung. Für die Partei- und Staatsführung hatte sich der große materielle und finanzielle Aufwand gelohnt. Im Vorfeld der Weltfestspiele entstanden Großbauten wie das Stadion an der Chausseestraße, später Walter-Ulbricht-Stadion und Stadion der Weltjugend (jüngst abgerissen), die Sporthalle an der Stalinallee und anderes. In Berlin waren 104 Länder vertreten. Es dürfte wohl verständlich sein, daß die Volkspolizei und Kräfte des Ministeriums für Staatssicherheit ihren Teil Verantwortung für den reibungslosen Ablauf trugen. Doch niemand kann ernsthaft behaupten wollen, hinter jedem Teilnehmer habe ein Mann der Sicherheit gestanden. Ebenso gibt es keinen Zweifel, daß die Leute der Organisation Gehlen und anderer westlicher Geheimdienste bei diesem Treffen präsent waren. Später, bei den V. Weltfestspielen 1955 in Warschau, erlebte ich das beinahe offene Herumtapsen der westlichen Geheimdienste sehr direkt. Unter dem Eindruck des Erlebten bat einer der Teilnehmer aus Westberlin, der nicht zur FDJ gehörte, um ein Gespräch mit mir und sagte, daß man ihn drüben angeworben habe, um über die FDJ und die Konzeption des Treffens zu informieren.

Zurück zum III. Festival. Die DDR existierte gerade erst zwei Jahre, nun sollte sich bestätigen, was Stalin im Oktober 1949 ausgesprochen hatte: Die Gründung unseres Staates sei ein Wendepunkt in der Geschichte Europas. Ein Gedanke, der Außenwirkung brauchte; eine These, die unablässiger Beweisführung bedurfte, am besten, in unmittelbarer Auseinandersetzung mit dem politischen Feind. Die Weltfestspiele boten dazu am 15. August eine gute Gelegenheit.

Viel ist über den Marsch der FDJ nach Westberlin während des Festivals geschrieben worden. Für die westliche Welt war dieser Marsch eine unverschämte Provokation, für die östliche der Beweis bundesdeutscher Kriegstreiberei.

Westberliner Politiker hatten eine direkte Einladung für die Teilnehmer der Weltfestspiele ausgesprochen; unser Führungsstab entschied, diese Einladung anzunehmen, daraus aber eine politische Demonstration zu machen. Also zog der Marschblock los, 50 000 Mann! Richtung Westberlin.

Als die geschlossene Demonstration in den blauen Hemden die Grenze überschritt, erfolgte nicht die angekündigte freundliche Westberliner Begrüßung, sondern Polizeikommandos stürmten heran, Wasserwerfer kamen zum Einsatz, Gummiknüppel sausten nieder. Es gab zahlreiche Verletzte, auch

Schwerverletzte, aber keine ärztliche Hilfe. Wir wurden daran gehindert, für einige Stunden durch Berlin zu ziehen, zu singen, ja, unsere Losungen zu rufen. Auf Widerrufe der Westberliner waren wir gefaßt, auf Diskussionen auch. Aber statt der friedlichen suchte Westberlins Polizei die gewaltsame Auseinandersetzung. Westberlin machte in diesen Tagen seiner Rolle als Frontstadt alle traurige Ehre.

Natürlich hatten wir der angekündigten Offenheit nicht getraut; natürlich rechneten wir damit, daß Westberlin versuchen würde, Überläufer zu lokken; und natürlich versuchten wir solche Jugendfreunde für den Marsch zu gewinnen, um deren Verläßlichkeit wir wußten. Und freilich bleibt der Marsch ein politischer Vorgang, der einen sich mehr und mehr verselbständigenden ideologischen Grabenkampf dokumentierte. Beide Seiten haben während des Kalten Krieges ja immer wieder Konzepte vertreten und Ereignisse geschaffen, die zur Eskalation führten.

Jede Seite trieb ihre propagandistischen Spieße in die Seite des anderen; die Opfer an jenem Augusttag während der Weltfestspiele waren sicherlich jene, die trotz aller politischen Vorzeichen, möglicherweise ohne Arg, über die Grenze gingen oder gehen wollten, in Erwartung einiger interessanter Stunden in einer anderen Welt.

Klassenreaktion stand gegen Klassenreaktion. Das ist die Wahrheit. Aber: Nicht wir prügelten, sondern die Westberliner. Auch das ist die Wahrheit. Mit dem nachträglich so hartnäckig aufrechterhaltenen Schema der Guten im Westen und der Bösen im Osten jedenfalls läßt sich auch dieser Tag Geschichte nicht erklären.

In diesem Buch schildere ich die Dinge aus meiner Sicht. Im Falle der Weltfestspiele ist es der Rückblick eines leidenschaftlichen Mitorganisators politischer Ereignisses. Aus heutiger Sicht weiß ich manches anders und sehe vieles differenzierter; die Wahrheit hat zahlreiche Gesichter. Daß wir Funktionäre der FDJ damals für die Jugend zu sprechen glaubten, erwuchs aus der tiefen Überzeugung, das Richtige zu tun, und wenn ich heute über die Stationen meines politischen Lebens nachdenke, schauen mich diese vielen anderen Gesichter der Wahrheit an: Hast du uns nicht gesehen? Und nicht immer habe ich eine zufriedenstellende Antwort parat.

Die Abschlußveranstaltung der Weltfestspiele zum Beispiel habe ich groß und emotional berührend in Erinnerung. Zufällig las ich Reminiszenzen des Bildhauers Werner Stötzer über jene Demonstration. Er erzählt eine andere Geschichte. Es ist nicht dic meine. Aber ich möchte sie in meine Erinnerungen aufnehmen, weil sie möglicherweise eine Empfindung wiedergibt, die mit der vieler anderer junger Menschen übereinstimmt. Und weil sie also auf den von uns immer arroganter weggewischten Widerspruch von Führern und Geführten aufmerksam macht, an dessen Zuspitzung wir eines fernen Tages scheitern würden.

Werner Stötzer schreibt: »Als die Abschlußveranstaltung der Weltfestspiele 1951 im demokratischen Sektor in Berlin begann, trafen sich an einer Sammelstelle in der Münzstraße die Studenten der Bauhochschule Weimar.

Die älteren von ihnen waren in Westberlin gewesen, in Dahlem. Dort befanden sich in einem Kloster viele Bilder und Skulpturen, die wir auch gern gesehen hätten. Wir waren aber ängstlich, denn es war uns verboten worden, ohne eigenen Auftrag der FDJ in die westlichen Sektoren zu gehen.

Nach dem Sammeln ordneten wir uns zu einem großen Zug, der an der Tribüne, auf der die Staatsmänner standen, vorbeiführen sollte. In den ersten Querstraßen liefen wir so, wie ich es mit großer Freude nach dem Krieg bei den Maifeiern erlebt hatte. Wir liefen schlendernd, singend oder erzählend, manchmal kam ein Zug zum Stehen, und es tanzten welche. Die Augustsonne schien, und wir waren vergnügt, manche aßen etwas, es hatte Apfelsinen gegeben und Wurstbrote.

Aber plötzlich befahl einer der Älteren unter uns. Es ging ganz schnell, man war verdutzt, aber wir formierten uns vor der großen breiten Straße zu einer Art Kompanie. Die Fahnenträger schulterten die Fahnen derart, daß ich dachte, sie hätten das in den letzten fünf Jahren heimlich geübt, und der Troß begann vom Schlendern über das Gehen fast geheimnisvoll festen Tritt zu bekommen.

Zu spät merkte ich, daß marschiert wurde, und man machte ›Die Augen links!‹ Die gestreckten Beine hinter mir trafen mich in den Hintern, ich wurde unsicher, stolperte, rechts und links zischelten vertraute Gesichter ›Flasche!‹ und ›Pfeife!‹ und ›nasser Sack!‹

Und so kam es, daß ich kurz vor der Tribüne ausgestoßen wurde aus dem Zug und mir sehr elend war und ich zum S-Bahnhof Friedrichstraße lief, dort auf der Toilette das Blauhemd auszog, dieses in den Brotbeutel steckte und ohne Fahrkarte in den Westen fuhr. In meinem Brotbeutel hatte ich eine sehr schöne Ausgabe des Buches ›Die sieben Säulen der Weisheit‹ von T. E. Lawrence, und es gelang mir in Charlottenburg, dieses Buch, das eigentlich meiner Tante Gerti gehörte, gegen ein Paar amerikanische Schuhe mit starker Gummisohle einzutauschen ...«

So etwas lese ich, und ich fühle mich getroffen. Aber auch im nachhinein, selbst nach vielen Jahrzehnten und auch im Wissen um die katastrophalen Fehler, die unsere geschichtliche Niederlage besiegelten, stehe ich zu dem Zorn, den ich damals auf die Bundesrepublik verspürte und der vieles an prononcierter Agitationsenge in Gang setzte. Aus der Sowjetischen Besatzungszone war mit der Gründung der DDR ein Staat geworden, in dem sich, wenn auch zögerlich und konfliktreich, durchaus staatspolitisches Bewußtsein entwickelte. Mit der Geburtsurkunde der BRD als Nachfolgestaat des Dritten Reiches aber blieb der westdeutsche Anspruch auf die DDR verbunden. Für alle Deutschen zu sprechen und damit eine völkerrechtliche Anerkennung der DDR zu verhindern – dies erzürnte mich, der ich im Grunde ein geeintes demokratisches Deutschland herbeisehnte. War doch meine eigene Familie, deren Entwicklung ich gern anders gesehen hätte, ein Opfer dieser Spaltung. Aber diese Bevormundung, dieses aggressive Oberwasser, das einem aus Bonn ständig entgegengekippt wurde, steigerte den Willen zu einer abgrenzenden Souveränität, die sich in diesem Staatswesen DDR manifestierte.

So widersprüchlich und unstet auch im einzelnen, so wenig fest am Ende und so ausdauernd von uns überschätzt: Dennoch entwickelte sich in den fünfziger Jahren Staatsbewußtsein auch unter beträchtlichen Teilen der Jugend, gerade im Prozeß äußerer Konfrontation mit einer überheblichen Bundesrepublik. Noch immer galten wir als ein von Russen besetzter Landstrich. Zone. Wenn schon Staat, dann mit Springers Gänsefüßchen. Eine gute Adresse für Pakete mit Oetker-Pudding, Sarotti-Mohr und HB-Männchen. Ich fühlte mich gedemütigt und folgerichtig dazu aufgestachelt, noch mehr für diesen Staat zu tun. Wie ich dachte, so meinte ich, könnten doch ohne große Mühen auch andere denken. Wo lag des Rätsels Lösung, junge Menschen noch besser von der Richtigkeit unseres Weges zu überzeugen?

Diese Lösung konnte nur im Alltag zu finden sein. Wichtiger Partner wurde mir Karl Mewis, bis zur Auflösung der Länder im Juli 1952 Vorsitzender der SED von Mecklenburg. Ich spürte sein Vertrauen, das sich in regelmäßigen Gesprächen über die Jugendpolitik im Lande zeigte, und wenn in der Woche Zeit dafür fehlte, trafen wir uns am Sonntag zum Kaffee in seiner Wohnung. Mit der Zeit stieß mir auf, daß sich Mewis mir gegenüber zunehmend gönnerhaft verhielt. Er verlor das Gefühl dafür, wie man einen Jugendfunktionär behandelt – er nahm mich nicht so ernst, wie ich es erwartete. Kritische Bemerkungen von mir auf einer Sitzung des Landesvorstandes tat er mit den Worten ab, die Jugend solle das Recht haben, auch mal übers Ziel hinauszuschießen. Diese Art mißfiel mir, ich fühlte mich auf andere Weise an die privaten Schikanen meiner einstigen Lehrausbilder erinnert. War es damals der Versuch gewesen, mir weh zu tun, der mich aufregte, so handelte es sich jetzt um den ebenso nervenden Versuch, mir überhaupt nicht weh zu tun. Mewis reduzierte mich auf das junge Fohlen, das man umhertollen lassen muß. Ich stieß auf keinerlei Widerstand, ein auf die Dauer demütigender Zustand. Das sagte ich Mewis eines Tages so deutlich, daß eine Beschwerde über mich auf Honeckers Tisch landete. Und der reagierte als Politbüromitglied: Ich hätte gefälligst nicht meine Kompetenzen gegenüber einem Genossen zu überschreiten.

Gewiß, ohne das Vertrauen Honeckers wäre ich nie Landesvorsitzender der FDJ in Mecklenburg geworden. Und doch entstand schon in dieser Zeit, so habe ich es auch in den nachfolgenden Jahren bei verschiedenen Anlässen gespürt, ein bestimmtes Mißtrauen mir gegenüber, vor allem, was mein Parteiverständnis betraf. Honeckers Haltung war: einmal Freund, immer Freund; einmal Gegner, immer Gegner! Und ich galt nun einmal nicht als sein Freund.

An das eigentliche inhaltliche Problem erinnere ich mich nicht mehr, es muß belanglos gewesen sein – nur die Schärfe der Zurückweisung habe ich nicht vergessen. Anfang 1952 wurde mit den Landesvorsitzenden der FDJ die Bildung des »Dienstes für Deutschland« besprochen. Erich Honecker stimmte enthusiastisch dafür und wollte auch uns für diese Idee begeistern. Als Vorbild galt der »Dienst für Polen«, der gerade gebildet worden war, aber als Modell stand leider mehr der Reichsarbeitsdienst mit seinen Strukturen und Dienstgraden Pate. Wie gesagt, um welches Problem es plötzlich ging, weiß ich nicht mehr, aber ich wurde kritisiert, und mein Hinweis darauf, daß Karl-Wilhelm Nuß, der Landesvorsitzende aus Brandenburg, mit mir gleicher Meinung sei, verführte Erich Honecker zu der ungewöhnlich barschen, nahezu programmatischen Zurechtweisung, daß Fraktionsbildung mit aller Schärfe zurückgewiesen werde.

Der »Dienst für Deutschland« blieb übrigens nur eine Episode von knapp einem Jahr in der Geschichte der DDR. Walter Ulbricht stoppte dessen Einsatz beim Aufbau von Kasernen und anderen militärischen Objekten im Raum Eggesin und Torgelow. Er hatte eingegriffen, um gerade im Hinblick auf Vergleiche mit dem Arbeitsdienst größeren politischen Schaden zu verhindern.

Im Jahre 1953 berief man mich zum Sekretär des Zentralrats bzw. Mitglied des Büros, damit war ich in die zentrale Führung des Jugendverbandes einbezogen. Vorbereitet wurde ich auf diese Tätigkeit durch ein Studium an der Komsomolhochschule in Moskau vom September 1952 bis zum Juli 1953. Meine Frau war einverstanden, sie arbeitete inzwischen als Sekretärin für Arbeiterjugend in der Bezirksleitung Rostock. Im nachhinein wundere ich mich, mit welch anpackender Fröhlichkeit wir immer wieder Ort und Funktion wechselten.

Moskau. Für mich eine prägende Zeit. Erneut ist zu staunen über die Launen der Geschichte: Ein steifleinener Deutscher, einst überzeugt vom Teuflischen der asiatischen Horden, fährt eines Tages klopfenden Herzens und mit glücklicher Seele in die sowjetische Hauptstadt.

Auf der Hochschule gab es Drei-Jahres-Lehrgänge, die zum Staatsexamen führten, und – in meinem Falle – Ein-Jahres-Lehrgänge, die mit einer Bescheinigung der Fachschulreife endeten. Vertreten waren sämtliche volksdemokratischen Länder Europas sowie die Volksrepublik China. Da wir alle die russische Sprache erlernten, gab es, wenn auch mit unterschiedlichem Niveau, keine unüberwindlichen Verständigungsbarrieren. In Erinnerung habe ich eine familiäre Atmosphäre. Wärme, Nähe, eine schöne Gleichgesinntheit.

Natürlich erfolgte die Annäherung an die russische Sprache allmählich; mit unseren Dolmetschern hatten wir zudem Glück. Einer hieß Jan Vogler, Sohn des Malers Heinrich Vogler, der in die Sowjetunion emigriert war. 1942 wurde die Familie auf Weisung Stalins nach Kasachstan verbracht, wo der Maler starb. Jan hatte größere Lebenserfahrung als wir. Für ihn bedeutete die Dolmetscherei ein Nebenverdienst, um sein Studium zu sichern. Er wollte Wissenschaftler werden, später hielt er Philosophievorlesungen in der DDR. Aber er blieb Sowjetbürger.

An der Komsomolhochschule hörte ich das erste Mal das Wort »Obrigkeit«. Dolmetscher Viktor Jefimow, ein Mensch, der Autorität zu gewinnen versuchte, indem er Abstand von allem hielt, sprach nie vom Direktor oder der Schulleitung, sondern von der Obrigkeit. Als jene Frau, die im Internatsgebäude für Sauberkeit und Ordnung sorgte, eines Tages über das unmoralische Auftreten der deutschen Studenten klagte, kam Viktor und löste das Rätsel der lautstarken Aufregung um unsere unverzeihliche Entgleisung ebenfalls mit seinem Stereotyp: »Die Obrigkeit wünscht, euch nicht noch einmal in diesen kurzen FDJ-Hosen zu sehen!«

Der Unterricht? Mehr oder weniger dogmatisch. Der berüchtigte kurze Lehrgang zur Geschichte der KPdSU, mir bekannt aus der Antifa-Schule, war auch hier schrecklich anzuhören. Wir dachten geradezu leidend und melancholisch an die überlieferte und vielfach kolportierte Romantik der Revolution und lasteten den trockenen Ton und die Langeweile des Geschilderten freilich hauptsächlich der Lektorin an. Erst später begriff ich, wie unrecht wir dieser Frau taten. Kapitel für Kapitel, genau nach den Festlegungen des von Stalin selbst redigierten Buches, las sie ihre Lektionen. Soll man ihr Vorwürfe machen, weil sie womöglich ums Überleben fürchtete und ihre Angst größer war als das bißchen Furcht vor unserem pennälerhaften Unmut und Unwissen? Rhetorik tritt dort auf, wo kein wahres Gefühl vorhanden ist oder wo es verborgen werden soll. Sie stellt sich fast immer ein, um über eine Leere hinwegzutäuschen, so wie die Verzierung über einen Mangel.

Auch die Vorlesungen und Seminare über den Komsomol konnten uns nicht begeistern. Formal und voller Phrasen. Doch was wir über die Geschichte des Landes hörten, von der Kiewer Rus bis zur Gegenwart, die Diskussionen in den philosophischen Seminaren und die Lektionen über die russische und sowjetische Literatur – das konnte uns schon begeistern.

Es gehörte damals zur internationalistischen Erziehung, daß je zwei deutsche und ein sowjetischer Absolvent in einem Zimmer wohnten. So lebten Herbert Bartuschak und ich gemeinsam mit Sascha Wassiljew. Ein kluger, bescheidener Sibirier. Ein Jahr in guter Freundschaft. Leider fand diese Beziehung zwischen uns ihr Ende, als Sascha später den Auftrag bekam, in einer geschlossenen Stadt zu arbeiten. Eine Bestimmung der Stalin-Ära, die lange gültig blieb, obwohl Stalin längst tot war. Wir haben Sascha nie wiedergesehen. Diese geschlossenen Städte existierten auf keiner Landkarte, wer hinter ihren Mauern verschwand, tat dies auf Lebenszeit. Sie glichen der geheimnisvollen Zone in Andrej Tarkowskis Film »Stalker«. Es waren die Städte des Uranabbaus, der militärtechnischen Konzentrationen, des Atomwaffenbaus; es waren die Gegenden der radioaktiven Verseuchung. Städte der selbstlos und freiwillig Unglücklichen.

Im März 1953 erlebte ich den Tod Stalins, in Moskau.

Noch einmal möchte ich zitieren, was ich anläßlich des 50. Jahrestages der FDJ niederschrieb: »Anfang März 1953 kamen die ersten Mitteilungen über den Gesundheitszustand Stalins. Lewitan verlas sie, jener Nachrichtensprecher, der während des Großen Vaterländischen Krieges die Befehle Stalins im Rundfunk verkündete. Eine Stimme, die allen Bürgern der Sowjetunion vertraut war. Lewitan, die psychologische ›Waffe‹ des Kreml.

Als dann am 5. März 1953 der Tod Stalins gemeldet wurde, erstarrte unsere Schule wie ein Totenhaus. Es war keine stille Trauer; das plötzlich hereingebrochene Leid wurde laut hinausgeschrien. Der Unterricht blieb für Tage unterbrochen. Alle hatten nur ein einziges Ziel: den Säulensaal im Moskauer Gewerkschaftshaus. Jeder wollte den aufgebahrten Stalin sehen, ihm die letzte Ehre erweisen. Viele Stunden verbrachten wir inmitten der Menschenmassen, die wie wir von Sinnen waren. Es gab Verletzte und auch Tote. Wer sich nicht mehr auf den Beinen halten konnte, um sich aus den Massen herauszuwinden, war verloren und lief Gefahr, zertreten zu werden. Wir deutschen Studenten erreichten mit Hilfe der Botschaft Zugang und betraten mit Vertretern des diplomatischen Dienstes den geheiligten Saal mit der berühmten Bahre.

Die Erinnerung an jene Stunde ist heute von vielen Dingen überlagert. Da wir Deutschen zu den ganz wenigen der Komsomolhochschule gehörten, die bis zum aufgebahrten Stalin gekommen waren, ist mir der Eindruck des Saales mit seinem beschwörenden Halbdunkel und dem plötzlich einbrechenden, signalhaften Licht, in dem Stalin lag, mehr im Gedächtnis geblieben als das Gefühl, das mich in jener Stunde bewegt haben mag. Die Inszenierung besiegte ihren Anlaß.«

Ein Leben ohne den Generalissimus schien unmöglich, mit dem Stillstand seines Herzes hatte auch das Herz des gesamten Landes aufgehört zu schlagen. Eine lähmende Last legte sich über Moskau, aus deren feierlicher, dann bedrückender Stille nach ein paar Wochen freilich die grummelnden, dumpfen Geräusche des Alltags wieder hervorbrachen. Darunter, wenn man so sagen darf, sehr unangenehme Nebengeräusche: Es begann eine Zeit der Spekulationen, des Vakuums, der mittleren Anarchie. Moskau, eine Stadt, die bisher sauber war, in der man sicher leben konnte, verlor ihre Fassung, geriet zur Republik der Strolche; Diebstähle gehörten fast zur Tagesordnung in jenem Mai und Juni 1953. Werner Lamberz, mit dem ich gemeinsam studierte, wurde in der Metro die Armbanduhr vom Handgelenk geschnitten, und sie verschwand auf Nimmerwiedersehen. Zur Stadtbahn führte der Weg ein Stück durch den Wald. Wir gingen ihn nur noch in Gruppen. Als Anfang Juni bekannt wurde, Berija sei verhaftet und zum Tode verurteilt, ging allerdings ein deutlich spürbares Aufatmen durch die Zeit; die neuen Führer, vor allem Nikita Sergejewitsch Chruschtschow, gewannen an Vertrauen.

Ein anderes Datum war übrigens ebenfalls in meine Moskauer Zeit gefallen – der 17. Juni 1953. Auch die Ereignisse dieses Tages und ihre Folgen würden ganz wesentlich meine künftige Arbeit im Zentralrat der Freien Deutschen Jugend bestimmen. Ich las über das Geschehen in Berlin in den Moskauer Zeitungen und hörte ein wenig davon im Rundfunk. Wir besaßen nur ein einziges Radiogerät, mit dem abends Nachrichten aus der DDR empfangen werden konnten. Und da war die Sache mit dem 17. Juni schnell klar – ein vom Westen gesteuerter, konterrevolutionärer Putsch!

Die aufrührerischen Tage hatten ihren Anlaß in falscher Politik der SED-Führung; just jene Zeit meines Anfangs im FDJ-Zentralrat, nach der Komsomolhochschule, würde der Beginn eines geradezu ruckartig vollzogenen Korrekturkurses sein. Es führte nämlich bei aller Beschönigung des mutigen Einsatzes von FDJlern in den bewaffneten Kräften und vor allem der Arbeiter-und-Bauern-Fakultät kein Weg an der nüchternen Feststellung vorbei, daß große Teile der Arbeiterjugend an den Streiks und Demonstrationen zum 17. Juni teilgenommen hatten.

Der andere Aspekt der Juni-Ereignisse war aber tatsächlich eine unzweifelhafte westliche Einmischung, und diese vollzog sich – wen wundern da unsere wütenden Gegenreaktionen! – indirekt über mediale Töne und gewiß auch über sehr direkte politische und geheimdienstliche Wege. Und nicht zuletzt spielten bei der »Lösung« des Konflikts die Interessen der vier Mächte eine Rolle. Dieses Interesse am Status quo demonstrierte die Sowjetunion mit ihrem direkten Eingreifen, indem sie Panzer schickte, insgesamt aber knapp unter der Schwelle einer gewaltsamen, sich ausweitenden Eskalation blieb – und dies, obwohl die Westmächte nach anfänglicher Ohnmacht und Überrumpelung gleichsam erwachten und zu provozieren versuchten. Wieder bleibt zu konstatieren: In der politischen und ideologischen Ausnutzung der dramatischen Ereignisse, fern der Interessen jener, die aus ehrlichem und berechtigtem Zorn auf die Straße gingen, waren beide Seiten gleich aktiv. Bundesdeutsche Unschuldsmienen, über Jahre hinweg sorgsam gepflegt, sind fehl am Platz.

Wie nun verlief die Zeit nach dem 17. Juni? Die Konzeption der SED-Bezirksleitung lautete plötzlich »Unser Berlin voran im Neuen Kurs«. Damit wollte die Partei den Menschen im Alltag näher sein, und an die FDJ erging der Auftrag, sich entschiedener den Jugendlichen zuzuwenden. Es ging zugleich um etwas anderes: um Zustimmung zur Politik Ulbrichts und um Ehrerbietung für den persönlichen Einsatz Honeckers am 17. Juni selbst. Denn darauf kam Erich in Sitzungen des Zentralrats immer wieder zurück, unbekümmert selbstloberisch.

Ich beendete den Besuch der Komsomolhochschule im Sommer 1953. Meine Frau hatte mich schon in einem Brief über Gerüchte informiert, daß Berlin unsere künftige Heimat werden solle. Wie so oft im Leben sind Gerüchte schneller als offizielle Informationen, und in diesem Falle bestätigte sich sogar, daß ein Gerücht sehr wohl die uneingeschränkte Wahrheit sein kann.

Aus Moskau zurück: Kadergespräch in Berlin, und wie gesagt: Ich wurde Sekretär des Zentralrats und gleichzeitig 1. Sekretär der Berliner Bezirksleitung. Annemarie und mir verblieben nur wenige Tage, um in Rostock, wohin sie inzwischen umgezogen war, die Zelte abzubrechen. Wie immer in solchen Zeiten – die Last aller Familienangelegenheiten mußte meine Frau übernehmen, die zudem auch für sich selber in Berlin ein neues Terrain erschließen mußte. Sie arbeitete zunächst im Rat des Stadtbezirkes Friedrichshain, später als Sekretär für Agitation und Propaganda in der SED-Kreisleitung. Nebenbei bemerkt: Als Nicht-Berliner hatte man es nicht immer leicht, Anklang zu finden. Einer der FDJ-Funktionäre sagte zu mir: Aus Sachsen haben wir schon viele nach Berlin bekommen und mußten uns an sie gewöhnen, jetzt aber kommt einer, der Stroh in den Schuhen hat – es wäre besser, du gingest in dein Dorf in Mecklenburg zurück. Ich ging natürlich nicht zurück.

Jugendforum oder »Eselswiese«?

Da ich über ein Jahr außer Landes war, mußte ich Anschluß finden an die sich seit den Juni-Ereignissen veränderte Situation. Am 15. August 1953 sandte die Sowjetunion eine Note zur Deutschlandfrage an die drei Westmächte. Darin wurde die Einberufung einer Friedenskonferenz, die Bildung einer Provisorischen Gesamtdeutschen Regierung, die Durchführung freier Wahlen und gewisse Erleichterungen der finanziellen und wirtschaftlichen Verpflichtungen in bezug auf die Kriegsfolgen vorgeschlagen. Diese Initiative war offensichtlich darauf gerichtet, die Ereignisse vom 17. Juni in den Hintergrund zu drängen und sich zugleich unmittelbar in die Wahlen der Bundesrepublik einzumischen. Die sowjetische Seite, nicht zuletzt auch das ZK des Komsomol, wollte, daß die DDR diese Note direkt in Westdeutschland verteilt. Deshalb wurden Tausende FDJler, oft unvorbereitet, in Züge gesetzt, um dieses Papier in Umlauf zu bringen und sich politisch am bundesdeutschen Wahlkampf zu beteiligen.

Dieser Einmischungsversuch jedoch schlug fehl: Wenn die Gruppen anreisten, war deren Ankunft auf westdeutscher Seite bereits bekannt geworden. Es gab Verhaftungen, die Rückreisen wurden kontrolliert vollzogen. Im Jugendverband wuchs daraufhin Zorn auf den Zentralrat; alle Mühe, alle Ausgaben für den politischen Großeinsatz: umsonst. Eine eklatante Niederlage.

Als Heinz Lippmann, der diese Einsätze als Sekretär für Westarbeit vorbereitet hatte, kurz nach seiner Berufung zum Stellvertreter Honeckers mit einer Viertelmillion Westmark abhaute, wurde klar, warum die besagten Einsätze schiefgelaufen waren. Aber nie wieder habe ich erlebt, daß ein solches Ereignis mit derartig hartnäckigem Schweigen zugedeckt wurde. Ob sich hinter den Kulissen noch anderes tat, entzieht sich bis heute meiner Kenntnis.

Für die folgende Zeit wurden vom Jugendverband eine Veränderung des Arbeitsstils und eine wirkungsvollere politische Arbeit angemahnt. Frischer Wind müsse wehen, forderte Walter Ulbricht; FDJ-Funktionäre sollten endlich ihre Büros verlassen. Er ging davon aus, daß vor allem die Wirtschaft der DDR Auftrieb brauche. Sonst würden neue soziale und politische Konflikte programmiert sein. FDJ – wo bist du? »Die Quelle unseres Wohlstandes ist und bleibt die eigene Arbeitsleistung« – dieser Erkenntnis sollten sich alle Jugendbrigaden anschließen. Deren Initiativen wurden speziell auf volkswirtschaftliche Schwerpunkte wie Braunkohlebergbau und Energieerzeugung, chemische Industrie, Stahlerzeugung, Maschinenbau und Schiffbau gerichtet. Wir in der Leitung des Jugendverbandes waren davon überzeugt, so die Pläne des Westens zu durchkreuzen und der DDR, nach der Kalamität des 17. Juni, eine wirklich feste ökonomische Basis ihrer Existenz zu geben. An patriotischen Losungen, denen wir unmittelbare Stabilisierungskraft zutrauten, mangelte es nicht. So hieß ein Produktionsaufgebot im Sommer 1954 »Die Glut der Herzen und die Kraft der Hände für das Glück der Heimat«. Die Zahl der Jugendbrigaden wuchs tatsächlich, die Statistik half natürlich dabei, und Jugendobjekte wie etwa das Kraftwerk Trattendorf steigerten sich in der Euphorie der Behauptung zu Meilensteinen des Fortschritts.

Trotz dieser Anstrengungen mußte Walter Ulbricht 1955 auf dem V. Parlament der FDJ feststellen, der politische Einfluß des Jugendverbandes sei nach wie vor auf jene begrenzt geblieben, die a priori unsere Ziele vertraten. Uns wurde vorgeworfen, noch immer nicht die Masse der jungen Menschen erreicht zu haben, und wir, die wir doch meinten, alles für genau dieses Ziel getan zu haben, senkten die Köpfe und taten, was uns eigentlich nicht erlaubt und als Lebenshaltung suspekt war: Wir verstanden die Welt nicht mehr.

Lenin, hilf: Was tun?

In der zweiten Hälfte der fünfziger Jahre dann nahm die Entwicklung aus meiner Sicht einen äußerst widersprüchlichen, noch komplizierteren Verlauf. Es gelang zunächst zwar eine gewisse Entkrampfung in der Jugendarbeit, indem wir der Freizeitgestaltung und den wirklichen Interessen junger Leute mehr Aufmerksamkeit schenkten. Andererseits vollzog sich jedoch mit den Ereignissen in Ungarn und Polen im Jahre 1956 eine erneute Zuspitzung der politischen Situation, die ein weiteres Mal ideologische Verengung beförderte.

Was die Lage zusätzlich erschwerte, waren die Vorgänge in der Sowjetunion: Mit dem XX. Parteitag der KPdSU im Februar 1956 deckte Chruschtschow die von Stalin befohlenen und mit seiner Politik verbundenen Verbrechen auf. Der damals eingeführte Begriff des Personenkults sollte wohl all das erfassen, was mit Stalin verbunden war. Walter Ulbricht schrieb wenig später im »Neuen Deutschland«: »Wenn die Jugend den Lebenslauf Stalins auswendig lernt, muß doch der Personenkult wachsen.« Er warf der jungen Generation vor, diese Biographie besser als er selber zu kennen. Da kam mir schon die Frage, wer uns dem zum Studium angehalten hatte.

Auf der III. Parteikonferenz der SED Ende März 1956 war bekanntlich in geschlossener Sitzung der Geheimbericht Nikita Chruschtschows verlesen worden. Eine Veröffentlichung erfolgte nicht. Wenige Tage nach der Konferenz erschien er jedoch in westdeutschen Zeitungen. Heftige Diskussionen flammten auf, auch deshalb, weil offiziell nur teilweise informiert worden war. Die Kernfrage der Diskussion: Was hat Personenkult mit Sozalismus zu tun? Ist er Teil des Wesens oder »nur« dessen Entstellung? Wir beantworteten die Frage stets mit dem rettenden Verweis, natürlich handele es sich um eine Entartung, die nichts mit dem eigentlichen Wesen der Idee und ihrer versuchten Realisierung zu tun habe. An die Wurzeln des Problems ging niemand. Eine vorsichtige Annäherung versuchte die SED mit Festlegungen »Zur Stärkung der Demokratie«. Aber wie tief der Personenkult in der Beschränktheit unseres Demokratieverständnisses verankert war – es blieb unausgesprochen und letztlich unerforscht. Machtfülle in den Händen einzelner wurde auch künftig nie in Zweifel gezogen, Stalinsche Methoden der Führung blieben modifiziert in Kraft; und allein schon Chruschtschows Reformversuche erreichten nie die Tiefe einer wirklichen demokratischen Umgestaltung – da der neue KPdSU-Führer selbst im Stalinschen System fest eingebunden war.

Dieses Krebsgeschwür am Sozialismus, nur ungenügend getroffen mit dem Verweis auf personellen Kult, saß tief – und blieb unbehandelt: Die Frage von Nützlichkeit und Schädlichkeit wurde stets höher bewertet als die Frage nach Schuld und Unschuld. Die vollständige Unterwerfung des Menschen unter ein historisches Werden degradierte ihn zum Faktor eines unaufhaltsamen Geschichtsprozesses. Wer sich diesem Prozeß freiwillig unterwarf – und die Utopie blieb schließlich allzeit verlockend! –, der mußte eines Tages, im Rausch des erkämpften Fortschritts, das Warnen der Bedenklichen, der Zögerlichen, der Aussteiger überhören. Und wie oft geriet das Warnen dieser Bedenklichen zum Stöhnen der Opfer – das wir ebenfalls überhörten. So wurde das gesellschaftliche System auch infolge des XX. Parteitages nicht wirklich auf seine Demokratiedefizite untersucht, und nicht wirklich entrümpelt wurde jenes politisch-ideologische Gebäude, auf dem wir alle uns wichtigen Werte errichteten. Die Gottgläubigkeit blieb, der Zweifel wurde ausgebürgert.

Ulbrichts Wertung, die Jugend hätte Stalin wohl – unaufgefordert – gar zu gründlich studiert, führte später zu einer offenen Diskussion über dieses Thema mit dem damaligen 1. Sekretär der SED-Bezirksleitung, Alfred Neumann. Er zeigte Verständnis für unsere Fragen. Neumann war Kommunist und als Arbeitersportler Zehnkämpfer gewesen; er sollte an den Olympischen Spielen 1936 in Berlin teilnehmen. Nur durch Flucht in die Sowjetunion, wo er als Sportlehrer im Moskauer Stalin-Autowerk arbeitete, ist er einer Verhaftung in Deutschland entkommen. Aber auch in der Sowjetunion wurde ihm der Boden zu heiß; sein Entschluß, nach Spanien an die Front zu gehen, verhinderte wahrscheinlich, daß er in die Maschinerie Stalins geriet. Später kam er ins faschistische Zuchthaus. In einem Gespräch mit dem Sekretariat der FDJ-Bezirksleitung sagte er, seine Überzeugungskraft für den Sozialismus habe nie von Stalin abgehangen. Aber er wisse nun, welche ungeheuren Verbrechen die sozialistische Entwicklung in der Sowjetunion belastet und entstellt habe, und man müsse alles tun, solchen Entstellungen entgegenzuarbeiten.

Mich überzeugte das damals. Neumanns Schlußfolgerung begleitete fortan mein Leben. Menschen, mit welcher Macht auch immer ausgestattet, wurden für mich nie wieder zu unanfechtbaren Göttern. Die aus ehrlicher Überzeugung vollzogene Selbstaufgabe in der politischen Arbeit freilich führte auch bei mir zu einer objektiven Verschmelzung meiner Ideale mit einer praktischen Politik, die diese Ideale letztlich zerschliß. Die schlimmste Auswirkung solcher Selbstaufgabe besteht ja nicht nur darin, daß man eigenes Denken der Disziplin unterwirft, sondern diese Unterwerfung eines Tages nicht mehr als Verlust bemerkt.

Mit dem V. Parlament, Pfingsten 1955, vollzog sich ein Wechsel an der Spitze des Jugendverbandes. Erich Honecker stieg in die Parteiführung auf, das war ein Ausdruck von Kontinuität; sein Nachfolger hieß Karl Namokel, – diesen Bruch in der Tradition wußte freilich niemand so recht zu begründen. Denn Karl kam aus der SED-Bezirksleitung Rostock, ohne bisherige große Verbindung zum Jugendverband. Noch während des Parlaments entschieden wir Berliner uns, Karl Namokel zu bitten, seine Vorstellungen über die künftige Entwicklung der FDJ vor dem Aktiv der Hauptstadt darzulegen. Dem lag nicht Hinterhältigkeit zugrunde oder lauernder Kontrollwille, sondern sehr pragmatisches Denken: Da ich auf dem Parlament nicht mehr zum Sekretär des Zentralrats gewählt wurde, aber 1. Sekretär von Berlin blieb, wollte ich dem Neuen an der Spitze Freude über die Erneuerung signalisieren; er sollte nicht denken, da ich selber nicht mehr zur Verbandsleitung gehörte, würde ich nun möglicherweise Front gegen ihn machen.

Er willigte ein, vor uns zu reden. Als er gleich zu Beginn seines Referats die rhetorische Bemerkung machte, die Berliner Jugend frage, wer Karl Namokel sei, dachte ich, nun würde er eine Brücke schlagen von seiner bisherigen Arbeit als SED-Mitarbeiter zur jetzigen Aufgabe als FDJ-Funktionär. Statt dessen sagte er: Lest morgen die »Berliner Zeitung«, da werde ich mit meiner Biographie vorgestellt. Karl baute keine Brücke, er zog eine Wand hoch.

So sagte er unvermittelt zu mir, im Namen des Sekretariats wolle er mir mitteilen, daß er keine Vorbehalte gegen mich habe. Ich wußte gar nicht, wie ich auf diese Verkrampftheit reagieren sollte. Die SED hatte zur vermeintlichen Absicherung ihrer Jugendpolitik zuverlässige Parteikader in den Jugendverband delegiert; nicht mehr aus der FDJ selbst sollte sich die Leitung rekrutieren, sondern gleichsam per Aufsicht von oben. Dem Bemühen um größeren Masseneinfluß tat dies beträchtlichen Abbruch. Erst nachdem Karl Namokel, nach nur einer einzigen Wahlperiode, aus dem Jugendverband ausschied und allgemein gemieden wurde, kamen wir uns menschlich näher; ich wollte es, er brauchte es.

Was den Abschied Erich Honeckers aus der FDJ betraf: Es war ein Abschied mit Anerkennung. Ich glaube, die Arbeit im Jugendverband hat dazu beigetragen, das Spröde in Honeckers Wesen ein wenig aufzubrechen. Manche meinten, er sei volkstümlich und revolutionär; ich sah in ihm stets den FDJler, der Staatsmann werden und dann auf Dauer sein wollte, aber letztlich immer zu kurz griff. Es gehörte zu den großen Erschütterungen seines Lebens, daß es Anfang Oktober 1989 mit Eberhard Aurich und Wilfried Poßner ausgerechnet die Leitung des Jugendverbandes war, die der SED-Führung mitteilte, die Stimmung unter der Jugend sei alarmierend schlecht. Als zum 40. Jahrestag der DDR die Jugendlichen mit ihren Fackeln an der Tribüne vorbeizogen und vor allem »Gorbi, Gorbi« riefen, wollten sie gewiß nicht gegen den Sozialismus demonstrieren, sondern für seine Umgestaltung: Stühlerücken war angesagt. Honecker verstand das nicht; er sagte damals, nie in der Geschichte der DDR habe es eine solche Abkehr der FDJ von der Partei gegeben. Er sprach von Verrat. Honecker kam aus einer Familie, in der das Leben schon dann ein Erfolg war, wenn der Mensch zu essen hatte, sich kleiden konnte, warm und trocken wohnte und wenn er Arbeit hatte. Das war Honeckers Sozialismus, und der war für ihn in der DDR erreicht. Jeder, der dafür nicht Dankbarkeit zeigte, war im Grunde genommen ein Feind.

Am 20. September 1956 wurde der Moskauer Vertrag geschlossen, mit dem die DDR offiziell völlige Gleichberechtigung und Souveränität erlangte. Dieser Pakt erforderte nun, eine Vereinbarung mit der UdSSR über eine Stationierung sowjetischer Truppen abzuschließen und in der DDR eine eigene Armee aufzubauen. Die FDJ sollte für die Nationale Volksarmee werben und Verbandsfunktionäre für die Offizierslaufbahn gewinnen. Zehntausende meldeten sich, der Funktionärsbestand schrumpfte, und zudem geriet der Jugendverband in den Ruch, eine Armeewerber-Organisation zu sein.

Das Ganze hatte die Wirkung eines Bumerangs. Die erwähnte Offenlegung Stalinscher Verbrechen vergrößerte zudem unsere Unsicherheit. Das Fundament der Maßstäbe wankte. Aber Wanken war wie: angegriffen werden. Und Zweifel war wie: vom Feind getroffen werden. Wir besiegten den Feind, indem wir Unterdrücker wurden – des eigenen Zweifels.

Daß ich in jener Situation nicht mehr ins Sekretariat eingebunden war, steigerte freilich mein Freiheitsgefühl: Ich wagte etwas, das ich als Sekretär des FDJ-Zentralrats vielleicht der Selbstdisziplinierung geopfert hätte. Ja, es stimmte: Wir mußten, um als Jugendverband interessanter zu werden, endlich die engen Grenzen der Betriebe überschreiten und in die Wohngebiete gehen, wir mußten mehr Jugendklubs schaffen, in denen sich junge Menschen wohlfühlten. Nicht nur der Veränderung in den Köpfen hatten wir unser Augenmerk zu schenken, sondern ebenso und vielleicht sogar noch mehr der Zufriedenheit der Gemüter. Aber auch die politische Diskussion benötigte ausreichende Zufuhr frischer Luft. Ins Leben gerufen wurde deshalb, im Jahre 1956, das Jugendforum, unter dem Motto: »Auf jede Frage ein Antwort«. Erst sehr viel später, als wir Öffentlichkeit immer synthetischer herstellten, mutierte diese Devise zur ironischen Losung: »Auf jede Frage eine Ausrede«. Oder: »Keiner fragt, wir antworten trotzdem«.

Für das Zentrale Berliner Jugendforum hatten wir zunächst den Saal in der Stadtbezirksverwaltung Mitte am Alexanderplatz gewählt – möglichst hauptstädtisch, nicht zu groß, und vor allem sollte die Veranstaltung gemischt sein: erst das politische Forum und dann Tanz. Dieses Minimum an Tradition blieb immer: Erst die Arbeit, dann das Vergnügen.

Zum Haupt- und ständigen Gesprächspartner wurde Gerhart Eisler, Vorsitzender des Staatlichen Rundfunkkomitees und Mitglied in der Agitationskommission beim Politbüro der SED. Der Bruder des Komponisten Hanns Eisler hatte beeindruckende Universitäten des Lebens absolviert: China, Spanien und schließlich die USA. Auf dem polnischen Passagierschiff »Batoria« war er aus New York geflohen, verfolgt von McCarthy, und Pfingsten 1949, aus dem Exil kommend, direkt in Leipzig zum III. Parlament der FDJ eingetroffen. So wurde er für uns zu einem Symbol des Freiheitskampfes gegen den US-amerikanischen Imperialismus. Er verstand es wie kein anderer, mit Witz und Humor, mit scharfem Verstand und überzeugenden Worten auf die Fragen junger Menschen zu antworten. Eisler kannte seine »Pappenheimer« gut und legte Wert darauf, daß möglichst ein SED-Funktionär mit ins Präsidium kam – wo er saß und dominierte. Es bedurfte also eines gewissen Mutes, sich an die Seite dieses Mannes und damit in ein unbequemes Prüffeld zu setzen. Wir konnten dafür eine Zeit lang Hermann Axen gewinnen, damals 2. Sekretär der Bezirksleitung der SED.

Bald reichte der Saal nicht mehr aus, um alle Besucher der Foren zu fassen. Wir zogen in den großen Saal des Finanzministeriums um, in dem später das ZK der SED seinen Platz fand; hier konnten über 1 500 Interessenten teilnehmen. Und sie nahmen teil. Ohne Befehl, ohne Einweisung, ohne Aufmarschbestimmungen, ohne Delegierung.

Die Grenze nach Westberlin war noch offen, und so kamen auch von drüben Gruppen, eines Tages sogar die Führung der »Falken« mit Harry Ristock, dem Berliner Vorsitzenden. Erst als Zuhörer, dann als Fragesteller, und schnell entwickelten sich Gespräche, wie sie sonst zwischen Funktionären des Ostens und des Westens nicht stattfanden. Es gab Debatten mit heftigem Schlagabtausch. Gelang es mir, in einem solchen Streit einige überzeugende Argumente vorzubringen, sagte Gerhart Eisler: »Herr Doktor, das war nicht schlecht.« Als wir mit einem Forum – ich weiß gar nicht mehr, warum – in den Saal im Hause des Zentralrats ausweichen mußten und die »Falken« damit in die Höhle des Löwen mitkamen, setzte sofort eine scharfe Kritik gegen unsere Veranstaltungen ein. Es schien endlich der Grund gefunden zu sein, das Berliner Jugendforum abzuschaffen. Die sich den Ausbruch aus der Enge auf die Fahnen geschrieben hatten, schienen Angst vor der initiierten Bewußtseinserweiterung zu bekommen. Die in der FDJ einen Verband für alle jungen Leute sehen wollten, bekamen plötzlich Furcht vor der Geschwindigkeit einer Breitenwirkung, die »unsichere Elemente« einschleusen könnte. Hermann Axen zog sich vorsichtshalber zurück, nicht nur von der Seite Gerhart Eislers. Walter Ulbricht ließ durch Mitarbeiter des ZK, die er selber ausschickte, Erkundungen über unsere Foren einziehen, und als aus seinem Munde schließlich die Formulierung kam, man könne diese »Eselswiesen der Politik« nicht fortsetzen, war das Urteil gefällt. Das Sekretariat des Zentralrats erwies sich, eingeschüchtert durch Ulbricht, verhängnisvoll einsichtig, es lehnte die von uns gewählte Form der Jugendforen konsequent ab. Eingeführt wurden nun sogenannte thematische Foren, »chemisch gereinigte« Veranstaltungen, die, ihrer Spontaneität und Lebensnähe beraubt, bald aus dem Leben der Jugend verschwunden waren.

Aus politischer Gegnerschaft mit Harry Ristock übrigens erwuchs später ein freundschaftliches Verhältnis. Das begann Mitte der siebziger Jahre mit einem Besuch der SPD-Fraktion des Westberliner Abgeordnetenhauses in Dresden; unser letztes Gespräch fand Anfang Oktober 1989 statt, ebenfalls in Dresden. Wir sprachen über den Ernst der Lage. Was dann kam, sahen wir beide nicht voraus. Nach der Trauerfeier für Harry – er verstarb 1992 – sagte ich zu Helmut Schmidt und Walter Momper: Wir haben einen Genossen verloren, der einen Lücke hinterläßt – oder wird sich jemand finden, der, wie er, in der SPD fest verankert und trotzdem kein Antikommunist ist? Die Lücke wurde bisher nicht geschlossen.

Wie gesagt: Eine weitere Zuspitzung in der politischen Auseinandersetzung erfolgte im Jahre 1956 mit den bereits erwähnten Ereignissen in Ungarn und Polen. Einen Höhepunkt erlebte die Diskussion unter den Studenten und im Lehrkörper an der Berliner Humboldt-Universität. Noch einmal greife ich auf meine Aufzeichnungen für eine Anthologie des Verlages Neues Leben zum 50. Jahrestag der FDJ zurück:

»Während sich die Historiker als ›Jacobiner-Klub‹ in einer Kneipe in der Französischen Straße trafen, stritten und Papiere verfaßten, aber sonst nicht aktiv wurden, die Ökonomen Gewehr bei Fuß standen, waren die Medizinische und Veterinärmedizinische Fakultät zum Ort des Protests und schärfster Forderungen gegenüber der DDR geworden. Auf den stark besuchten, und, wie mir schien, gut vorbereiteten Vollversammlungen der Fakultäten wurde auf Zuruf bei den Medizinern ein 56er Rat und bei den Veterinären ein 12er Rat gebildet. Da mischte sich manches, aber in beiden Räten gab es keine wirklichen Vertrauten der FDJ-Leitung.

Die Forderungen der beiden scheinbar spontan gewählten Räte waren gegen damals unumstößliche Grundsätze gerichtet: Das marxistisch-leninistische Grundstudium sollte abgeschafft und eine studentische Jugendorganisation, die zur Spaltung der FDJ geführt hätte, geschaffen werden. Das Außenministerium sollte ausziehen und das Gebäude an die Veterinärmedizinische Fakultät, zu der es vor 1945 gehörte, zurückgegeben werden. Die politischen Formulierungen waren besonders gegen die SED und ihre führende Rolle gerichtet. Bei den Veterinären etwas stärker, und daher begannen wir unsere ersten Versuche der Diskussion an der Veterinärmedizinischen Fakultät.

Der Versammlungsraum war gewiß nicht gut bedacht. Wir gingen in den Hörsaal der Stomatologie, direkt an der Grenze nach Westberlin. Bei noch offener Grenze eine Einladung, die von dort genutzt wurde. Um 14 Uhr begann unsere Versammlung, der Hörsaal war noch nicht ganz gefüllt. Mit mir waren Dieter Schmotz von der ›Jungen Welt‹ und die FDJ-Hochschulleitung der Universität die Gesprächspartner. Die Ereignisse in Ungarn, Polen, der XX. Parteitag der KPdSU, wie vertritt die FDJ die Interessen der Jugend ..., es schwirrte nur so durch den Raum!

In dieser Veranstaltung muß das Ministerium für Staatssicherheit seine Vertreter gehabt haben. Niemand von uns hatte bei der Partei angerufen, Alfred Neumann war jedoch während der Sitzung des Politbüros informiert worden und kam gegen 18 Uhr in den nun bis an die Grenze des Möglichen vollgestopften Hörsaal.

Der Streit begann von vorn, nur noch zugespitzter. Es war so gegen 22 Uhr, als plötzlich ein Student einem aggressiven Fragesteller zurief: ›Du bist doch im vergangenen Jahr aus unserer Fakultät abgehauen, was hast du heute hier zu suchen?‹ Für mich war damit das Stichwort gegeben. Ich hatte schon lange überlegt, wie wir zu einem Abschluß kommen. Mein Argument war nun, wir wollen streiten, unsere Dinge miteinander klären, aber das geht nicht, wenn der Feind im Saal und unter uns ist. Die Mehrheit stimmte zu, und die nächste Veranstaltung wurde sofort einberufen, aber nicht am gleichen Ort.

Was wir dann erfuhren, machte uns klar, wie im Politbüro unsere streitbare Situation eingeschätzt wurde. Die Bezirksleitung der SED hatte den Auftrag, Kampfgruppen in das Gelände zu bringen, und Erich Mielke war selbst vor Ort erschienen.

Es gab kein Nachspiel. Alfred Neumann hatte aber eine Grenze überschritten, indem er sich selbst der Diskussion stellte, und war nun mit uns in einem Boot. Die nächsten Runden wurden gründlich besprochen und vorbereitet. Die erste sollte ein Gespräch mit Studenten aus dem 56er Rat sein, was auch geschah. Alfred Neumann diskutierte mit etwa zehn studentischen Vertretern ruhig und sachlich, womit eine bestimmte Differenzierung unter ihnen erreicht wurde. Dann ging es wieder in den offenen Streit. Diesmal nahm Prof. Steininger, ein Völkerrechtler und guter Freund von Ali Neumann, teil. Als es verächtliche Zwischenrufe bei der Einleitung von Ali gab, weil der auf berlinerisch über die Rede von Gomulka, dem wiedereingesetzten Vorsitzenden der Polnischen Arbeiterpartei (PAP), sprach, die in einem Teil der Ausgabe der ›BZ am Abend‹ in Auszügen abgedruckt war, dann aber der Zensur zum Opfer fiel, äußerte sich Prof. Steininger glasklar und scharf. Er habe im Zuchthaus das geschliffene Deutsch der SS-Führer gehört und die Solidarität von Ali Neumann erfahren. Man möge doch sagen, was wichtiger und bedeutsamer sei, Sprache oder Haltung. Es fand sich jemand, der ein entschuldigendes Wort sagte. Widersprochen hat niemand.

Im weiteren Verlauf der Auseinandersetzungen in jener Zeit spürte ich zum erstenmal, daß Gegensätze zu Karl Schirdewan, der die Verantwortung für die Jugendarbeit im Politbüro trug, vorhanden sein müssen.

Wenn ich heute zurückblicke, die jüngsten Erfahrungen meines Lebens einbeziehe, gehe ich davon aus, daß es damals nicht nur um Politik und die Macht im Politbüro ging. Es war auch wieder diese Unfähigkeit, persönliche Abneigungen zu überwinden, offen und ehrlich miteinander umzugehen und für ein Ziel, wofür man seinen Kopf im Kampf gegen den Faschismus hingehalten hatte, trotz unterschiedlicher Auffassungen gemeinsam zu arbeiten.«

Ein ähnliches Schicksal wie unsere Jugendforen nahmen Bemühungen um eine Neugestaltung des Verhältnisses der FDJ zu jungen Künstlern und Schriftstellern. Gestehen muß ich: Meine Beziehungen zur Kunst waren nicht die eines selbstbewußt Eingeweihten. 1950, bei der Erarbeitung eines Brandenburger Programms zum Deutschlandtreffen, hatte ich junge Künstler wie KuBa und Stephan Hermlin vor allem dadurch kennengelernt, daß sie mittags essen gingen zu Preisen, die wir anderen nicht zahlen konnten ...

Im Juni 1956 hatte der 2. Kongreß der Jungen Künstler in Karl-Marx-Stadt getagt. Obwohl Kulturarbeit keinesfalls mein Ressort war, nahm ich als Mitglied des Büros des Zentralrats, der zugleich 1. Sekretär der Bezirksleitung Berlin war, an den Sitzungen teil. Sie verliefen in einer Weise, die im Hinblick aufs Gewöhnungsmuster politischer Kongresse und Tagungen größerer Art ungewöhnlich, ja von aufreizender Aktivität war. Eine Gruppe junger Schriftsteller – Manfred Bieler, Jens Gerlach, Heinz Kahlau und Manfred Streubel – hatte mit ihren Reden den Kongreß aus seinen harmonischen Bahnen der politischen Zustimmung zu SED und FDJ geworfen. Heinz Kahlau meinte, da die Wohnung oder das Haus des Sozialismus unser sei und wir über diese Wohnung selbst bestimmten, müßten neue Möbel her, es müsse Raum für Veränderung und Bewegung vorhanden sein. Für diese Worte traf ihn der rhetorische Bannstrahl KuBas, der in gehöriger Lautstärke das knallharte Urteil »Revoluzzer« fällte. Kahlaus Offensive und KuBas Beschimpfung gerieten zum Anlaß einer heftigen Diskussion, die über den Kongreß hinausging. Gerhard Zwerenz mischte sich zum Beispiel später mit einem Artikel in der Studentenzeitung »Forum« ein, den er mit den bemerkenswerten Worten schloß: »Zwar ist Kahlau ein Lyriker, und was er sagt, sagt er auch als Lyriker, aber die Sache selbst geht uns alle an. Auch wir brauchen mehr offene Worte. Revoluzzer nein, Revolutionär noch nicht.«

Von besagtem Künstlerkongreß fuhr ich nach Rostock zu einer Tagung des Zentralrats, auf der Joachim Herrmann, Chefredakteur der »Jungen Welt«, das Referat zum Thema »Denken und Leben für den Sozialismus« hielt. Unter dem Eindruck der Karl-Marx-Städter Debatte trat ich für ein neues Verhältnis der FDJ zu jungen Künstlern und Schriftstellern ein, das tolerant und kameradschaftlich sein sollte.

Tauwetter, dachte ich. Die Anzeichen standen endlich gut. Aber inzwischen hatte sich bei mir eine gewisse Gelassenheit herausgebildet, die aufkeimende politische Lockerung genauso ernst nahm, wie sie zugleich und vorsichtshalber mit den gewohnten bändigenden Einschnitten und revidierenden Eingriffen rechnete. Das Wechselbad der Gefühle als Normalzustand. Denn nach wie vor betrachtete ich innere Probleme, die ich mit

»meiner« DDR auszufechten hatte, im Wechselverhältnis zur Bundesrepublik, die ich als wiedererstandene imperialistische Macht sah, als den aggressiven Feind Nummer eins. Was uns im Lande ideologisch beschäftigte, sah ich zu einem gewissen Teil als hausgemacht an, zu einem anderen Teil aber fühlte ich äußeren politischen Druck, der uns immer wieder in unserer geistigen Bewegungsfreiheit zu Einschränkungen zwang.

Auch wenn ich später zum Beispiel die Volkskammer der siebziger und achtziger Jahre sehr kritisch sah – ich betrachtete mich, in diese Volkskammer gewählt, zunächst als Abgeordneter eines Parlaments, das im Gegensatz zum Bundestag der BRD eine Jugendfraktion besaß. Die Verfassung der DDR orientierte sich in wichtigen Elementen an der Weimarer Republik, sie glich keineswegs einem Abklatsch der sowjetischen Verfassung. Bei der Leitung des Jugendausschusses, ob im Landtag Mecklenburg, in der Stadtverordnetenversammlung von Großberlin oder in der Volkskammer – nie ging ich davon aus, die staatlichen Interessen gegenüber der Jugend durchzusetzen, sondern davon, die Interessen der Jugend gegenüber den staatlichen Organen zu vertreten und in diesem Sinne Entscheidungen des Parlaments zu beeinflussen. Wenn bei der Vorbereitung einer Tagung der Stadtverordnetenversammlung in Berlin zum Beispiel über 1 000 Vorschläge zum Beschlußentwurf eingingen und mehr als 50 000 Jugendliche an verschiedenen Diskussionsveranstaltungen teilnahmen, waren dies für mich, trotz aller berechtigten Verweise auf Gelenktheit, demokratische Ansätze, die ich ernst nahm. Als ich 1958 für das Abgeordnetenhaus von Westberlin kandidierte, hatten wir von der FDJ ein komplettes Jugendgesetz für den Westteil der Stadt ausgearbeitet. Mit 3,7 Prozent in meinem Wahlkreis Tiergarten blieb der Einzug ins Parlament ein Wunschtraum; ein Jugendgesetz, nicht einmal einen Ansatz dafür, hat das Abgeordnetenhaus nie beraten oder beschlossen. Solcherart waren die Grunderlebnisse, die sich in meinem Denken festsetzten und die DDR, wider alle relativierenden Erfahrungen, aus meiner Sicht zu einem besseren Staat für die Jugend erhoben.

Zum Thema relativierende Erfahrungen: In der Berliner Klosterstraße war ein Klub junger Künstler entstanden. Er lebte nur einen Sommer. Die 20. Tagung des Zentralrats im Mai 1958 zog einen scharfen Schlußstrich. Diese Tagung nimmt einen besonderen Platz in der Geschichte der FDJ ein. Das Hauptreferat von Heinz Kimmel trug den Titel »Ergreift die Waffen der Kultur zur sozialistischen Erziehung der Jugend«. Aber was geschah, war die Fortsetzung einer Abrechnung. Die hatte sich gegen Karl Schirdewan gerichtet und hatte Monate vorher auf der 35. Tagung des ZK der SED stattgefunden. Betroffen waren auch Ernst Wollweber, Fritz Selbmann, Fred Oelsner und Paul Wandel. Fraktionsbildner, Liberalisten, unsichere Kantonisten. Die

Partei hatte den Ton vorgegeben, in dem auf besagter 20. Tagung des Zentralrats nun auch Jugendfunktionäre zur Ordnung gerufen werden müßten.

Karl Namokel verlor einige Worte der Selbstkritik; aber die eigentlich Schuldigen waren Joachim Herrmann, Chefredakteur der »Jungen Welt«, Hans Modrow, 1. Sekretär der Bezirksleitung Berlin, und Dieter Schmotz, stellvertretender Chefredakteur der »Jungen Welt«. Die angeklagte opportunistische Haltung Karl Schirdewans mußte ja schließlich im Jugendverband ihre Wirkung hinterlassen haben! Die Sache, aufgezogen an unserem Jugendforum, wurde schnell auf einen eindeutigen Nenner gebracht: Schuldig gesprochen wurden wir des Versuchs, Verbindung zu allen Schichten der Jugend knüpfen zu wollen, um jeden Preis! Das sei nicht statthaft und gefährde die politische Linie. Die Kritik an mir bezog sich darauf, vor Angriffen der bürgerlichen Ideologie ausgewichen zu sein. Die Folge sei ein opportunistischer Aufweichungsprozeß im Sekretariat der FDJ-Bezirksleitung von Großberlin.

Daß es um Opportunismus ging, ist mir heute mehr als damals bewußt. Der bestand aber in etwas ganz anderem, als mir damals vorgeworfen wurde: Opportunistisch war, daß ich auf der Tagung, aufgrund der fatalen Beschuldigung, vor längst fälligen Auseinandersetzungen zurückgewichen bin und dort Selbstkritik übte, wo die Diskussion über Jugendpolitik notwendig gewesen wäre. Nur einen einzigen gab es, der für mich eintrat: Koni Wolf. Er forderte den Dialog der FDJ-Führung mit jungen Künstlern, auch wenn man sich dabei die Finger verbrennen könne.

Für Karl Namokel zahlte sich die Bereitschaft zur Parteidisziplin nicht aus. Mit dem VI. Parlament in Rostock endete seine politische Karriere abrupt. Gewiß war er, was seine Fähigkeiten betraf, mit der Funktion eines 1. Sekretärs des Zentralrats ohnehin überfordert gewesen. Aber in die VVB Schiffbau als Ressortleiter für Berufsausbildung abgeschoben zu werden – es zeugte davon, wie kühl Erich Honecker eine mögliche schützende Hand zurückzog.

Walter Ulbricht, der auf der 35. ZK-Tagung seinen Angriff gegen Schirdewan vor allem mittels der Zunge Erich Honeckers gestartet hatte, kam bald selbst wieder auf die Notwendigkeit zurück, die FDJ für breite Teile der Jugend zu öffnen. Es gab ein Jugendkommuniqué, Kurt Turba wurde vom Chefredakteur der Studentenzeitschrift »Forum« zum Vorsitzenden der Jugendkommission beim Politbüro berufen; das schienen erneut hoffnungsvolle Schritte intensivierter Geistigkeit zu sein. Zu jener Zeit wurde das revolutionäre Vorbild Kuba, einschließlich des Helden Fidel Castro, derart strapaziert – zum Beispiel von Alfred Kurella –, daß ich eine Weile befürchtete, als FDJ-Funktionär wohl bald einen Bart tragen zu müssen.

Zum Teil also vollzog sich eine Rückbesinnung auf den Aufbruch in den Jahren 1955 und 1956. Aber aus Rückbesinnung wurde Alzheimer: alles bald wieder vergessen. Erich Honecker und Paul Verner agierten erst im Hintergrund, gingen aber nach der 11. Tagung des ZK im Dezember 1965 zum Angriff über. Und sie wurden von niemandem gehindert. Denn Walter Ulbricht, selbst verunsichert, wie Jugendpolitik wirklich kontinuierlich zu gestalten sei, setzte den auf Sicherheit und unanfechtbare Linie bedachten Interventen keine Grenzen. Vielleicht war er sogar froh, daß der Ausbruch aus Enge und Beschränktheit, den er selber angeregt hatte, ohne große öffentliche Auseinandersetzung zurückgenommen werden konnte. Die Vasallen funktionierten und waren von einer Treue, die hätte mißtrauisch stimmen müssen.

Trotz aller bisherigen Auseinandersetzungen: Auf dem V. Parteitag der SED im Sommer 1958 wurde ich als Kandidat in das Zentralkomitee der Partei gewählt. Ich fiel aus allen Wolken. Aber Ali Neumann war zum ZK-Sekretär berufen worden und hatte wohl seinen Einfluß geltend gemacht. In einigen Kreisen galt ich fortan als »Mann Ulbrichts«. Im Februar 1961 erfolgte auf der VII. Bezirksdelegiertenkonferenz der Berliner FDJ meine Verabschiedung aus dem Jugendverband. Es war mein eigener Wunsch, mit 33 Jahren auszuscheiden, um einen neuen Lebensabschnitt zu beginnen.

Jugend und Hoffnung – damals und heute

Es lag in der Struktur der DDR-Gesellschaft, daß Verantwortung für die Jugendpolitik für mich auch künftig nie aufhörte. Ein 1. Kreis- oder Bezirkssekretär der SED war zwar nicht direkt für die Anleitung des Jugendverbandes zuständig, aus der Pflicht dafür wurde er jedoch nicht entlassen – zumal die Zentrale auf die Pflege bestimmter Traditionen Wert legte, die Honecker vorexerzierte. Als er später die Spitze der Partei erklommen hatte, stützte er sich in seinem politischen Selbstbewußtsein nämlich auf drei Säulen: Da war die antifaschistische Tradition, die sich in öffentlichkeitswirksamen Treffen mit den Widerstandskämpfern widerspiegeln sollte; da waren die großen zentralen Treffen der Jugend; und da waren die Termine mit Spitzenathleten, um sich als Freund und Förderer des erfolgreichen Sports der DDR zu präsentieren. Zu Walter Ulbrichts Zeiten gab es 1964 noch ein III. Deutschlandtreffen der Jugend, aber sonst gehörten solche gewaltigen Veranstaltungen nicht zu seinen Vorstellungen von wirksamer Jugendpolitik. Erich Honecker dagegen nahm Einfluß darauf, daß alle fünf

Jahre, jeweils am Vorabend des Republikgeburtstages, der Fackelzug der FDJ durchs Zentrum der Hauptstadt führte. Als Grundsatz galt ihm: Jede junge Generation braucht das Erlebnis ihres Jugendtreffens! Und genau in dieser starren Erinnerungspose, mit der er eigene Erfahrungen zum Zwang für andere erhob, sah ich stets ein Problem. Es fanden später kaum noch Diskussionen über eine wirklich lebensnahe Jugendpolitik statt – weil man sich in der Parteiführung damit begnügte, formale Mitgliederbewegung bereits als einen Akt bewußter Zustimmung zur SED-Politik zu sehen. Diese Mitgliederbewegung aber glich einem oft folgenlosen Ritual, geschuldet weitgehender Gewöhnung, anpasserischer Resignation oder kühler Taktik vieler junger Menschen. Über 70 Prozent der Schüler, Lehrlinge und Studenten waren in der FDJ, und die Jugendbrigaden und Jugendobjekte verdeckten den geringen Grad der Mitgliedschaft junger Arbeiterinnen und Arbeiter im Jugendverband. Die Anstrengungen der Jugendfunktionäre waren so mehr und mehr darauf gerichtet, ein Treffen immer perfektionierter zu gestalten als das andere. Das schloß Pionier- sowie Turn- und Sportfeste ein.

Ich kam besonders ab Mitte der siebziger Jahre immer wieder auf den mahnenden Gedanken von Heinz Kahlau aus dem Jahre 1956 zurück: Das Haus des Sozialismus war nach offizieller Lesart immer vollkommener geworden; für die Jugend wurde scheinbar alles getan – nun sollte sie das Geschaffene anerkennen, in Anspruch nehmen und dafür der Partei und dem Staat dankbar sein. Aber bloß nicht Tisch, Stuhl oder Schrank im so perfekt hergerichteten Haus verrücken! Diesem Widersinn wollte ich entgegenwirken – und habe doch zu wenig getan und kaum etwas erreicht. Auch solche Sprüche, wie ich sie auf einer Aktivtagung der FDJ im Bezirk Dresden aufsagte – »Wer sein Glück vor allem im Streben nach dem Besitz eines Trabis sieht und nicht die geistigen und kulturellen Reichtümer des Sozialismus erstrebt, wird als Persönlichkeit nicht reifen und arm bleiben« –, nehmen sich heute sehr merkwürdig aus. Bei späteren FDJ-Treffen beschränkte ich meine Teilnahme auf das politisch Notwendigste; Einladungen zu den Fackelzügen habe ich nicht mehr wahrgenommen. Als die Studenten der Hochschule für Bildende Kunst Dresden keine Bereitschaft zeigten, am Pfingsttreffen 1989 teilzunehmen, richtete das Politbüro seine Kritik auch an mich und forderte, mehr zur Unterstützung der FDJ zu tun. Aber ich konnte der Monströsität nichts mehr abgewinnen und dachte mir, daß es vielen Jugendlichen nicht anders ergeht. Für einen treuen SED-Funktionär nicht gerade ein erhebendes Gefühl. Und so bleibt: bittere Rückschau auf eigene Unfähigkeit im Erkennen tieferer Zusammenhänge, zu wenig Mut in der Konfliktsuche und zu große, ungeprüfte Hoffnung darauf, das Richtige würde sich schon durchsetzen (weil der Fortschritt ja so etwas wie ein Naturgesetz sei).

Das Ende der DDR ist keineswegs allein, nicht einmal in besonderem Maße, auf fehlende Gefolgschaft der Jugend zurückzuführen. Aber symptomatisch war deren Verweigerung dennoch. Heute, mehrere Jahre nach dem Anschluß der DDR an die Bundesrepublik, stehen viele junge Menschen kritisch auch zum neuen, größeren Deutschland. Selbst wenn sie die DDR nur in der Agonie erlebten: Der Blick zurück macht offenbar in dem Sinne nachdenklich, sich nicht (wieder) vereinnahmen zu lassen von staatlicher Selbstbeweihräucherung und bei aller persönlichen Freiheit doch nach den sozialen und politischen Festpunkten der Zukunft zu fragen. Fragen, die oft antwortlos verhallen.

Meine Generation kam aus dem Krieg oder der Kriegsgefangenschaft nach Hause. Nie wieder sollte Krieg sein, wir wollten ein neues Leben gestalten. Der Anschluß der DDR an die BRD brachte ebenfalls, in anderem historischen Kontext, die Hoffnung auf ein neues Dasein. Aber vielfach blieb es das alte, bestimmt von lebenserhaltender Anpassung. Hinter wohlklingenden Phrasen von Freiheit, Leistung und Bewährung steckt vielfach nichts anderes als eine Umschreibung der Tatsache, daß die Zwänge und Härten der sich selbst regelnden Kräfte der Marktwirtschaft den Starken gut leben und den Schwächeren höchstens überleben lassen.

Ich halte deshalb eine Jugendbewegung, vor allem von den Gewerkschaften getragen, für eine politische Notwendigkeit. Denn die junge Generation hat keine Lobby, auch im Bundestag nicht. Daß der Kanzler die Schaffung von Ausbildungsplätzen zur Chefsache erklärte, dokumentiert nur ein weiteres Mal seinen unnachahmlichen Hang zur Posse.

Die Alten werden das, was junge Menschen für eine gesicherte Zukunft brauchen, nicht auskämpfen; und Geschenke des Staates, für die man sich dankbar zeigen soll, sind DDR-Vergangenheit. Die Jugend selbst ist also in kämpferischer Weise gefordert, ihre Zukunft in die Hand zu nehmen. Auf welche Weise das geschieht – wer weiß? Die Ränder der Gesellschaft fransen gefährlich aus, aber nur von den Rändern her wächst einer Gesellschaft wie der jetzigen das zu, was sie verändert. Und was sich als folgenreiche Lehre aus der DDR-Geschichte erwies, gilt möglicherweise auch für die Bundesrepublik: Die größte Hoffnung einer Gesellschaft ist mitunter genau das, was von ihrer Herschaftskultur ausgeschlossen bleibt.

Partei — Apparat

Am Vorabend des 13. August

So paradox es klingen mag: Ausgerechnet der strategische Entscheid, in der DDR den Sozialismus aufzubauen – ein gesellschaftspolitischer Schritt, der doch hohe Anforderungen an die Partei stellen würde –, geriet mir zum wesentlichen Grund, mich gegen die Logik einer reinen Funktionärsentwicklung zur Wehr zu setzen. Ich dachte an den Ratschlag meines Lehrers Fritz Ring, alles nur Mögliche zu tun, um Bodenhaftung zu bewahren. Sozialismus bedeutete für mich zuallererst Anspruch an fachliche Bildung sowie Erfahrung in entsprechender Praxis, nicht aber kenntnisloses Verdämmern in einem FDJ- oder Parteibüro. Daß ich, in bescheidenem Rahmen, zu den Agierenden des Staates gehörte, das war mir schon klar, und ich lebte mein politisches Dasein, ohne daß ich mir bei dieser Feststellung, Machtausübender zu sein, den Vorwurf der Arroganz machen mußte. Aber unsere Art des Regierens, so meinte ich, muß doch der bürgerlichen Macht entgegengesetzt sein, und diese bürgerliche Macht war in meiner naiven Vorstellung mit Politikern verbunden, für die ein qualifizierter Apparat von Beamten tätig ist, die selber aber keine Sachkenntnis in den von ihnen verantworteten Ressorts besitzen. So ein »allgemeiner« Politiker wollte ich um keinen Preis sein; Erfahrung galt mir mehr als Behauptungsarbeit.

Neben meinem Diplom als Gesellschaftswissenschaftler, im Fernstudium an der Parteihochschule erworben, hatte ich 1960 ein Staatsexamen als Diplom-Volkswirtschaftler abgelegt, extern an der Hochschule für Ökonomie in Berlin-Karlshorst. Niemand konnte mich also anschließend überzeugen, sofort in den Parteiapparat zu gehen. Ich bestand auf meiner Forderung, mindestens für ein Jahr in einem Betrieb zu arbeiten. Gestehen muß ich, daß dies, gemessen an meiner Umgebung, ein untypisches Verhalten war; denn die meisten Funktionäre in der Partei besaßen keine fachliche Qualifizierung; aber nicht dieser Umstand selbst schien mir das Bedenklichste zu sein, eher die Tatsache, daß kaum einer Interesse zeigte, diesem Status quo aus eigenem Antrieb zum Lernen zu Leibe zu rücken. Als sei der Bruch mit dem Bildungsprivileg im Osten Deutschlands zugleich ein Freibrief, an sich selbst Bildung abprallen zu lassen. Wehmütig dachte ich, auch wenn es sich nur um ein Detail handelte, an die FDJ-Zeit der Prüfungen zum »Abzeichen für gutes Wissen«. Wahrscheinlich blieben die Angst vor Bildung und die Furcht vor der geistigen Überforderung ein generelles Charakteristikum unserer Herrschaft. So sehr sich der Sozialismus um eine wahre Volks-Bildung mühte – vielen, die aus dem Kapitalismus gekommen waren, blieb tieflotendes Bücherwissen suspekt; es lenkte ab von der lebensbestimmenden Klarheit der Fronten. Der Stolz auf die bitter erkämpfte Geschichtsfähigkeit von Menschen aus einfachen Verhältnissen schuf eine geistige Genügsamkeit und ein Mißtrauen gegenüber Intellektuellen, das sich komplizierten Wahrheiten bewußt verschloß, weil diese die besagte Klarheit der Fronten aufzulösen drohten. So war der berechtigte, dauerhafte Hinweis auf den Klassenkampf, der nicht Bildung, sondern Standpunkt verlange, zugleich immer eine Schutzbehauptung. Auch in solch freiwilliger Reduktion von Parteiarbeit auf die Beschäftigung mit der »reinen Lehre« (kurzer Lehrgang der KPdSU!) entstand vielfach jener abgehobene, administrative Leitungsstil, der den Losungen mehr verbunden war als dem Leben und der die Losungen dann eines Tages so unmerklich wie verhängnisvoll mit dem Leben verwechselte. Politisches Funktionieren solcherart – es ist unser Schicksal geworden – ähnelt der Arbeitsweise einer Reuse: So leicht es ist, in sie einzudringen, so gering ist die Chance, ihr mit heiler Haut zu entkommen.

In den staatlichen Organen, besonders der Regierung, lag die Sache in der Regel anders, auch in jenen späteren Jahren, in denen ich mit diesen Bereichen intensiv zu tun bekam. Wolfgang Junker zum Beispiel hatte, ehe er Bauminister wurde, lange auf dem Bau gearbeitet. Verkehrsminister Erwin Kramer ist Entwickler des Doppelstockwaggons gewesen, also ein Technologe ersten Ranges. Kurt Singhuber, Minister für Metallurgie und Kali, war auf seinem Fachgebiet in der Sowjetunion ausgebildet worden. Spezialisten, die wußten, wovon sie sprachen und was sie entschieden. Soweit die Parteiführung sie entscheiden ließ.

Mein Weg führte mich damals in die Elektroapparatewerke (EAW) Treptow. Am Werktor prangte einst der Name Stalins – der vor der Geschichte keinen Bestand hatte. Er trug dann den besseren Namen Friedrich Eberts, des aus der SPD kommenden, langjährigen Oberbürgermeisters von Berlin – der aber vor der neuen Macht im Jahre 1990 ebenfalls keinen Bestand hatte: Zunächst fiel der Name, kurz darauf das gesamte EAW. Auch Werktore als Gegenstand des politischen Eifers. Heute erhebt sich auf dem einstigen Betriebsgelände ein hoch aufragendes Gebäude der Allianz Versicherung. Symbol einer Macht, die sich faszinierend schnell eingerichtet hat. Auf ganz besondere Weise besorgen Bauten das Vergessen. Stein setzt sich wirksamer auf unsere Erinnerung als das Wort oder der Ton. Bauten umgarnen uns mit Höhe, Licht, sinnlicher Präsenz, und sei die noch so kalt. Über alles kann man reden, eine eigene Meinung haben – ein Haus ist behauptete Unumstößlichkeit. Gerade wenn ich am EAW vorbeifahre, die Erinnerungen wach werden und mein Blick an dem neuen Hochhaus entlanggeht, begreife ich, was es heißt, wenn von einem Sieger gesagt wird, er habe keinen Stein auf dem anderen gelassen.

Anfang der sechziger Jahre arbeitete ich also als Assistent der Planung in diesem großen Werk unmittelbar am Ufer der Spree. Ich wollte etwas lernen und nicht herumgereicht werden. Zweier Privilegien erfreute ich mich dennoch: Als Kandidat des Zentralkomitees erhielt ich über Kurier die Post des ZK in den Betrieb, in jene Ecke, in der ich an einem kleinen runden Tisch meinen Arbeitsplatz gefunden hatte. Und zum anderen bestand Hans Kiefert, 2. Sekretär der Bezirksleitung, darauf, mir aus der Kasse der SED einen finanziellen Ausgleich zu zahlen. Als Assistent der Planung lag mein »Verdienst« weit unter dem vertretbaren Minimum, ich verdiente genauso viel wie ein Hilfsarbeiter.

Was auch mich in jener Zeit am meisten bedrückte, war der stetige Rückgang hochqualifizierter Facharbeiter, die ihren Arbeitsplatz in den Westen verlegten. Von mir wurde eine Trendrechnung zur Entwicklung der Arbeitskräfte im Werkzeugbau gefordert, und meine Vorschläge für eine Stabilisierung der Pläne zielten auf Zuwachs aus der eigenen Lehrwerkstatt, auf Qualifizierung von Mitarbeitern aus anderen Bereichen, auf Modernisierung der technischen Ausrüstungen im Betrieb, auf die Erhöhung materieller Anreize für die Arbeiter, und nicht zuletzt baute ich auf die Wirkung politischer Überzeugungen. Unter der Voraussetzung, daß zu den Menschen und mit den Menschen geredet würde, nicht jedoch über ihre Köpfe hinweg.

Obwohl nicht Mitglied der Parteileitung, durfte ich an deren Sitzungen teilnehmen; trotz der Vorschläge, die ich da zur Diskussion stellte, machte ich aus meinem Pessimismus keinen Hehl. Denn mein eben angedeuteter Maßnahmekatalog setzte auf Zeit, die aber rannte uns mit den Leuten weg. Ich sah keinen Ausweg aus der Misere. Man spürte die Ohnmacht und fühlte sich ihr mehr und mehr ausgesetzt. Je näher der Sommer 1961 kam, desto unübersichtlicher wurde die Lage. Alle Erwartungen richteten sich »nach oben«, ohne wirkliches Zutrauen, ohne reale Hoffnung, daß in der Führung jemand auch nur die Ahnung einer halbwegs vernünftigen Lösung hätte. Die Wirtschaft der DDR würde den ständigen Aderlaß jedenfalls nicht länger aushalten. Zudem tobte der Kalte Krieg, es steigerten sich die gegenseitigen Grobheiten, es verstärkten sich die jeweils den anderen entlarvenden Propagandamaßnahmen. Die Stimmen der Wahrheitsbesitzer auf beiden Seiten nahmen zu. Westberlin kam wieder kräftig als Frontstadt oder billigste Atombombe ins Gespräch. Die Konzeption Chruschtschows, den Ort zur Freien Stadt zu erklären, war gescheitert, die Gegensätze zwischen den Großmächten wuchsen. Wie sollte es weitergehen? Unberechenbarkeit legte sich über das politische Leben. Jeder Kretin kann eine Bombe werfen. Tausendmal schwieriger ist es, sie zu entschärfen.

Das Wort von der Mauer war im Sommer 1961 von Walter Ulbricht schon ausgesprochen worden, noch ehe sich dieser Begriff – gegen unseren Willen, dies Bauwerk möge »antifaschistischer Schutzwall« geheißen werden – auch in der DDR einbürgerte. Ulbricht kündigte bekanntlich an, keiner habe die Absicht, eine Mauer zu bauen. Sein Satz wurde zu einem traurigen, unfreiwillig sarkastischen Symbol politischer Theatralik; es scheint im Rückblick, als sei mit dieser Lüge eine entscheidende Schwundstufe politischer Verläßlichkeit erreicht, die früh das Ende der DDR besiegelte – ohne daß wir es damals auch nur ahnten. Die Mauer wurde aufgebaut, aber sie hat sich als Beginn eines historischen Abrisses herausgestellt, und es ist das typische Los des historischen Abbruchunternehmers, daß er mit seiner Arbeit immer auch die eigene Position unterminiert. Die Dynamik, die wir auslösten, schleuderte uns beiseite.

Dabei glaubte auch ich zunächst Ulbrichts Worten. Eine Mauer? Nein. Dieser Glaube daran, daß kein Schnitt durch die Stadt vollzogen würde, orientierte sich am Faktischen: Ich konnte mir keine Grenze vorstellen, die über Hunderte von Kilometern lang und völlig undurchlässig sein sollte und die ja, wollte sie ihre rigoros abweisende Funktion wirklich erfüllen, nicht von der Ostsee bis Bayern, sondern bis Ungarn reichen müßte.

Anfang Juni 1961 trafen sich Chruschtschow und US-Präsident Kennedy in Wien. Im Vier-Augen-Gespräch ging es um einen Friedensvertrag und damit auch um den Status von Westberlin. Mit diesem Vertrag sollten die Grenze zwischen der DDR und der BRD juristisch fixiert und die Grenzen zu Polen und der ČSSR anerkannt werden. Damit verbunden war die Aufhebung des Besatzungsregimes in Westberlin. Obwohl beide Großmächte ihre Friedensabsichten beteuerten, sprach man offen über die gegenseitige Bedrohung und die damit verknüpfte Gefahr eines kriegerischen Konfliktes.

Auch wenn die Protokolle dieser Gespräche erst sehr viel später an die Öffentlichkeit gelangten – im Sommer 1961 tobte in den Medien eine Stimmung, als sei der Krieg bereits ausgebrochen. Berlin war wohl einer der Plätze der Welt geworden, auf denen es von Agenten, Propagandisten,

»Experten« und Nachrichtenleuten wimmelte. Man konnte absolut sicher sein, daß auf östlicher Seite öffentlich nie ein positives Wort über den kapitalistischen Westen und auf westlicher Seite öffentlich nie ein positives Wort über den sozialistischen Osten fiel.

Aber es mußte etwas geschehen, sollten wir nicht ausbluten. Und plötzlich lag der Gedanke einer sicheren Grenze gar nicht mehr so fern. Mein Verständnis von damals trifft absolut, was später Andrej Gromyko in seinen Memoiren schrieb: »Die Regierungen der Staaten des Warschauer Vertrages haben sich an die Volkskammer und die Regierung der DDR und alle Werktätigen mit der Aufforderung gewandt, an der Grenze zu Westberlin Maßnahmen zu ergreifen, die zuverlässig alle Wege für die subversive Tätigkeit gegen die Teilnehmerstaaten des Warschauer Vertrages sperren ...«

Dieser Aufforderung ans DDR-Parlament kam auch ich nach – als Volkskammerabgeordneter gab ich am 11. August 1961 meine Zustimmung zu jener einschneidenden Sicherung der Grenze, die zwei Tage später die Welt erschüttern sollte. Es war wie so oft: Man hatte seine eigenen, nicht ganz so weitgehenden Überlegungen, wurde aber plötzlich mit einem Parteibeschluß konfrontiert, der einen in die Pflicht größerer Zusammenhänge nahm. Vielleicht hatten wir mit der Errichtung der Mauer nicht die besseren Argumente, aber aktuell-politisch auf jeden Fall die besseren Karten. Ich war, da nichts anderes möglich schien, nun zutiefst davon überzeugt, daß der Frieden auf des Messers Schneide stand und nur eine gesicherte Grenze die DDR als Teil des sozialistischen Lagers bewahrte.

Am Abend des 12. August ahnte ich innerhalb weniger Augenblicke, daß im Kontext mit der Grenzfrage meine Zeit in den Elektroapparatewerken beendet ist. Die Politik hatte also doch den längeren Arm, und sie zog mich hinein in die dramatischen Ereignisse.

Gegen 22 Uhr rief mich zu Hause Hans Kiefert an, der 2. Sekretär der Bezirksleitung. Mit erregter Stimme, die sofort erkennen ließ, daß jetzt nicht Zeit zum Fragen sei, kündigte er mir an, ein Wagen würde mich abholen. Der Fahrer wisse Bescheid, wohin es gehe. Die Fahrt war kurz, sie führte vom Strausberger Platz zur Keibelstraße ins Präsidium der Berliner Volkspolizei. Dort hatte sich das Sekretariat der Bezirksleitung versammelt, alle warteten gespannt auf den 1. Sekretär der Bezirksleitung, Paul Verner; es hieß, auch Erich Honecker sei im Hause.

Kurz nach Mitternacht erschien Verner und teilte uns mit, die Grenze nach Westberlin werde geschlossen, Armee und Polizei hätten die entsprechenden Befehle erhalten. Der 13. August, ein Sonntag, war bereits angebrochen. Unsere Aufgabe sei es, die Kampfgruppen zu mobilisieren und schnellstens das Parteiaktiv in den Stadtbezirken über die sich vollziehende

Grenzsicherung zu informieren. Vom »antifaschistischen Schutzwall« war noch nicht die Rede. Wir Genossen sollten Einfluß darauf nehmen, daß sich nicht Neugierige an der Grenze versammeln, und vor allem müsse dafür gesorgt werden, daß am Montag die Arbeit in den Berliner Betrieben reibungslos wieder aufgenommen würde. Es fehlte nur noch der Zusatz, »als sei nichts geschehen«.

Die 1. Sekretäre der Kreisleitungen der SED waren voralarmiert worden, nur der 1. Sekretär von Prenzlauer Berg meldete sich nicht, er sei wohl irgendwo außerhalb Berlins auf Angeltour. Paul Verner entschied kurzerhand, ich solle die Aktivtagung dieses Stadtbezirkes vorbereiten und die Leitung des Sekretariats übernehmen, bis der Angler wieder auftauche. Ins EAW aber würde ich auf keinen Fall zurückkehren.

Für die Kampfgruppen wurde Alarm ausgelöst, dies geschah nach geltendem System durch die Volkspolizei. Die Kämpfer kannten ihre Schlüsselworte und ihre Sammelplätze, alles ging schnell und unaufwendig. Das Parteiaktiv dagegen war nicht so durchorganisiert, die gesamte Nacht hindurch liefen die Telefondrähte heiß. Um 7 Uhr morgens sollte die Beratung des Parteiaktivs im Gaswerk anfangen, eine Stunde vorher begann sich der Saal zu füllen.

Wenn man die Reaktionen Westberlins an diesem folgenreichen deutschen Sonntag sah, konnte man wahrlich von einem Morgen-Grauen sprechen, und bis heute ist unklar, ob die westlichen Alliierten durch die Sowjetunion von dem bevorstehenden Mauerbau informiert worden waren. Die Ruhe, die während beträchtlicher Teile der Nacht im Westen Berlins herrschte, in unmittelbarer Nähe der Stacheldrahtspiralen, spricht nicht für eine solche Information. Ohne Zweifel ist jedoch, daß sich beide Seiten von vornherein über den Ernst der neuen Situation im klaren gewesen sind. Nicht zuletzt drückte sich das im Wechsel der jeweiligen militärischen Spitze in Deutschland aus. Die Sowjetunion übergab das Kommando an einen ihrer bewährtesten Feldherrn aus dem Zweiten Weltkrieg, an Marschall Konew, und die USA an Eisenhower. Damit war der militärische Stellenwert des Mauerbaus unzweideutig als äußerst hoch bestimmt worden. Und auf jeden Fall steht fest: Daß die DDR noch bis zum Oktober 1990 existierte, wäre ohne diesen 13. August 1961 nicht denkbar gewesen.

Sei noch vermerkt, daß in der Erklärung der Regierungen des Warschauer Vertrages im Zusammenhang mit der neuen Grenzsituation lapidar und beschwichtigend von »gewissen Unbequemlichkeiten« für die Bevölkerung der DDR gesprochen wurde. Die »gewissen Unbequemlichkeiten« würden bald den Charakter eines inneren Bebens annehmen; durch die Risse im System würden die kritischen Geister zutage treten – während wir uns den

Kopf noch immer verkeilten mit Projektionen der staatlichen und gesellschaftlichen Stabilität. Letztlich begann damals eine Entwicklung, die 1989 zu »gewissen Unbequemlichkeiten« für uns Parteimitglieder führte, deren Generalsekretär just eben gemeint hatte, die Mauer stünde noch in hundert Jahren, wenn die Bedingungen ihrer Errichtung ebenfalls noch hundert Jahre dauern würden.

Der Sekretär von Köpenick

Im September 1961 wurde ich zum 1. Sekretär der SED-Kreisleitung Köpenick gewählt, ich war vom Jugend- zum Parteifunktionär geworden. In diesem September fanden auch Kommunalwahlen statt. Für Berlin bedeutete das die Neuwahl der Stadtbezirksversammlungen. Der Bürgermeister in Köpenick hieß Fritz Schiller, ein antifaschistischer Widerstandskämpfer, der nicht wieder kandidierte. Sein Nachfolger: Herbert Fechner, späterer Oberbürgermeister von Berlin.

Da ich in der Bundesrepublik wegen Anstiftung zur Wahlfälschung rechtskräftig verurteilt bin und Fritz Schiller lange verstorben ist, sei hier aus meinen Erlebnissen und Erfahrungen sowie anhand jener lang zurückliegenden Wahlen in Köpenick etwas zu dem gut gehüteten Geheimnis dieses Kapitels »Demokratie« in der DDR gesagt.

Am Abend des betreffenden Tages, bevor Fritz Schiller als Wahlleiter das Ergebnis an das Wahlbüro beim Magistrat meldete, rief er mich an und bat mich, zu ihm ins Rathaus zu kommen.

Mit dem, was jetzt geschieht, sagte er, hast du nichts zu tun; aber da ich ausscheide, sollst du wissen, wie ein Wahlergebnis festgestellt wird.

Er holte den Leiter des Finanzbereiches, der zückte seine damals übliche Rechentechnik, und beide gingen ans Werk. Aus Telefonaten mit anderen Stadtbezirken wußten sie, wie die anderen über das festzustellende Ergebnis dachten und welche Zahlen in den jeweiligen Wahlbüros zu »erwarten« seien. Man handelte sozusagen die Rangliste aus. Schiller meinte, ein mittlerer Platz wäre für Köpenick angemessen. Die Quote lag zwischen 96 und 97 Prozent Wahlbeteiligung. Nun errechneten er und sein »Finanzmann« das dazu erforderliche Modell, mit allen anderen Faktoren (gültige und ungültige Stimmen, Für- und Gegenstimmen), und sie prüften, welche (realen) Bleistiftzahlen in den Wahlkreisunterlagen einer Korrektur bedurften, um alles stimmig zu machen. Je größer der Wahlkreis, um so einfacher – weil unkontrollierbarer – die Veränderungen per Bleistift.

Da alle Wahlleiter ihre Unterlagen persönlich ins Rathaus brachten und dort, bei einem Umtrunk, bis zur endgültigen Feststellung des Ergebnisses verblieben, traf man schnell die noch erforderlichen Absprachen untereinander. Als gemeinsamer Grundsatz galt damals für uns: Die ohnehin gesicherte Macht wird nicht durch ein verräterisches, also zu niedriges Wahlergebnis, das den politischen Gegner unnötig aktiviert, in Frage gestellt.

Formal kann ich bis heute sagen, zu keiner Zeit je selbst ein Wahlergebnis gefälscht zu haben. Seit jenem Abend bei Fritz Schiller jedoch wußte ich, wo und wie die Weichen für unseren sehr speziellen Demokratiebeweis und allgemeinen Vertrauensbeleg, als die wir die Wahlen ansahen, gestellt werden – nämlich in den Kreisen. Was in dem Zusammenhang die Kommunalwahlen vom Mai 1989 betrifft, so hat die Sache ihre eigene Tragik: Meine Furcht in Dresden war in jener äußerst kompliziert gewordenen innenpolitischen Lage von Beginn an, das Ergebnis könne diesmal zu sehr geschönt sein, und als bereits frühmorgens um 8.00 Uhr für die Kreise des Bezirkes Erfurt eine Teilnahme von weit über 45 Prozent gemeldet wurde, sah ich mich, verhängnisvolle Sogwirkungen vorhersehend, in dieser Befürchtung nur bestätigt. Das Problem war bloß: Kann gebremst werden, und wie? Bereits nach 14.00 Uhr hatten wir dafür keinen wirklichen Spielraum mehr. Der Druck auf die Kreise war auch über die forcierte ständige Berichterstattung der Medien, dem verlängerten Arm der Partei, längst viel zu groß geworden.

In den Dresdner Jahren habe ich nach meiner Erinnerung nur zweimal unmittelbar am Wahltag mit einem 1. Kreissekretär über das Wahlergebnis gesprochen. 1981 war Friedrich Ebert, der Wahlleiter der Republik, bereits im Fernsehen angekündigt worden, um das Gesamtwahlergebnis mitzuteilen. Der angegebene Zeitpunkt mußte jedoch verschoben werden, denn aus Dresden hatte der Kreis Sebnitz sein Ergebnis noch nicht mitgeteilt. Aus dem Apparat des Zentralkomitees kam die unwirsche Aufforderung, im Bezirk Dresden endlich für Ordnung zu sorgen und unverzüglich zu veranlassen, daß Sebnitz seine Meldung abgebe. Der 1. Sekretär der Kreisleitung, Helmuth Geyer, eine wirklich ehrliche Haut, erklärte mir am Telefon, sie müßten leider immer noch rechnen, es seien Fehler aufgetreten. Welche Fehler, habe ich nicht gefragt, lediglich gefordert, sofort die Rechnungen einzustellen und (irgend)ein Ergebnis – angelehnt ans bewährte Muster – an das Zentrale Wahlbüro zu übermitteln. Was dann auch innerhalb weniger Augenblicke geschah.

Im Mai 1989 rief mich Günter Müller an, der 1. Sekretär von Görlitz, und meinte, Hans, wir kommen gerade mal auf 96 Prozent Wahlbeteiligung, die Meldung sei aber noch nicht abgesetzt worden. Da ich die Information und den darin enthaltenen Wink – Aufrundung sei möglich – nur zu gut verstand, bat ich, die 96 Prozent schnellstens dem Wahlbüro des Bezirkes zu übermitteln. Vielleicht bat ich auch deshalb um Eile und schuf eine vollendete Tatsache, um mir selbst abrupt die Möglichkeit korrigierenden Eingriffs zu nehmen.

Die Auffassung von einst, Wahlzahlen seien hauptsächlich als eine arithmetische Form der Machtbestätigung zu betrachten, nicht aber als demokratische Selbstprüfung bürgerlichen Stils, hatte ich in jenem Jahr 1989 längst nicht mehr. Aber den Aufstand probte auch ich nicht.

Daß in einem Dresdner Gerichtssaal 1993 und 1995 in meinem Falle die »Anstiftung« zum Wahlbetrug behandelt wurde, bedeutete in Wirklichkeit also ein Urteil über meinen unterlassenen Gegendruck. Doch was im Mai 1989 bei einer solch konsequenten Verweigerung herausgekommen wäre, ist nicht schwer auszudenken. Freilich bleibt mir bewußt: Der Verweis eines Funktionsträgers auf die voraussichtlich geringe Impulskraft jener Moralität, die sich außerhalb der Funktion und der herrschenden Strukturen stellt, macht die Notwendigkeit von Zivilcourage nicht geringer. Moral, die dem Realismus geopfert wird, ist letztlich immer verletzte Moral. Kompromisse mit den Verhältnissen, und sei es aus noch so einsichtigen Gründen oder edlen Zielen, haben immer eine dunkle Kehrseite. Für einen Politiker sind derartige Kompromisse Lebenselixier; wie bei vielen Dingen im Leben kommt es aufs Maß an. Im Mai 1989, da gibt es keine Entschuldigung, war das Maß längst voll. Der Rest ist Feigheit gewesen. Und so sehr der manipulierte Abrechnungsmodus in den Kreisen ein verheerender Selbstläufer war – meine politische Gesamtverantwortung will ich damit keineswegs verleugnen. Es bleibt Jahre nach der DDR meine politische Zuständigkeit für Demokratietilgung bestehen – die jedoch, in dieser Hinsicht bleibe ich bei meiner Meinung, vor kein bundesdeutsches Gericht gehört.

Aber zunächst zurück nach Köpenick.

Es begann nach dem Mauerbau eine Arbeit im Kreissekretariat, die mir viel abforderte, aber mir ebenso viel Freude bereitete. Wie in meinen FDJ-Jahren wurde ich wieder als Kandidat in das Büro der SED-Bezirksleitung aufgenommen, was jedoch nicht lange andauern sollte.

In der Sowjetunion begann Nikita Chruschtschow mit einer eigenartigen Reformierung der Partei, die auch auf die SED übergriff. Das Büro der Bezirksleitung wurde infolge dessen aufgelöst, dafür wurden drei Leitungsorgane geschaffen: ein Büro für die Wirtschaft, eines für Landwirtschaft und eine Ideologische Kommission. Die zentralgeleiteten Betriebe wurden nun dem neuen Wirtschaftsbüro unterstellt – mit dem für mich traurigen Nebeneffekt, daß die Kreisleitungen lediglich die Verantwortung für kleine Betriebe behielten, damals also auch noch für halbstaatliche Firmen und Handwerksgenossenschaften. Für diesen Teil der Wirtschaft brachte das vielleicht sogar einen Segen, denn noch nie vorher hatte er so viel Aufmerksamkeit gefunden wie nun mit der neuen Struktur. Aber ich, leidenschaftlich auf Ökonomie fixiert, gehörte zu den Kreisfunktionären, die sich plötzlich unterfordert fühlten.

Als Bezirksparteichef Paul Verner den neuen Beschluß und seine Vorteile im Büro begründete, stellte er mir als 1. Kreissekretär die Frage, was ich davon hielte. Als ich in bezug auf die Verringerung unseres Verantwortungsbereiches meinte, nun würde ich wohl nur noch ein »Oberwohngruppensekretär« sein, platzte ihm der Kragen: Berliner Herz und Schnauze hätten gewiß ihren Platz und ihren unbestrittenen Ruhm, aber eine solche Wertung, wie ich sie vortrüge, richte sich gegen die Beschlüsse des Politbüros!

Was sich zunächst wie ein schlichtes Wortgefecht ausnahm, dies wußte ich sofort, würde seine Folgen haben. Nun galt es, aus der Sache das Beste zu machen und wirklich ernsthaft über die eigene Zukunft nachzudenken. Einen solchen Streit vergaß ein Paul Verner nicht!

Aber warum sollte ich mit meiner Meinung hinterm Berg halten! Da für mich, wie gesagt, Parteiarbeit vor allem mit wirtschaftlicher Tätigkeit und Entwicklung verbunden war, verlor sie unter solch reduzierender Maßregelung eigentlich ihren Sinn. Den Kreisen wurde gleichsam Verantwortung gestohlen. In dieser Situation erinnerte ich mich an meinen sowjetischen Freund Gennadi Iwanow, Wegbegleiter in der Jugendarbeit, der mir einmal gesagt hatte: Wenn du keine solide Ausbildung besitzt, mußt du leider jedem dankbar sein, der dich auf deinem Stuhl sitzen läßt. Auf eine solche Dankbarkeit verzichtete ich liebend gern, und so überlegte ich, welche Voraussetzungen bestehen müßten, um auch eine andere Tätigkeit ausüben zu können. Nicht, daß ich Furcht spürte, vom Stuhl des 1. Sekretärs geschubst zu werden – es ging mir angesichts der Beschneidung von Verantwortung um den notwendigen Freiraum für eine, sagen wir ruhig, nützliche, mein geistiges Niveau erweiternde Nebentätigkeit. Ich wollte mich unabhängig machen von den Befehlslaunen der Kaderpolitik; ich trachtete danach, meinen Namen in lauernden, Gott und Welterschaffung spielenden Kaderbüros stets in Verbindung mit einer bestimmten Qualifikation genannt zu wissen.

Walter Ulbricht hatte zu jener Zeit nicht nur die Parteireform aus der Sowjetunion übernommen, sondern war auch bemüht, der DDR-Wirtschaft mit einem »Neuen Ökonomischen System der Planung und Leitung« (NÖSPL) eigene Wege zu öffnen. Damit in Verbindung stellte er an Funktionäre die Forderung, sich weiterzubilden, eine höhere Qualifikation anzustreben. Na bitte! Dies traf doch genau meine Ambitionen.

In jene Zeit fielen auch die ersten unsicheren Anfänge der Soziologie in der DDR; Ausbildung und Entwicklung von Führungskräften wurden unter neuen Aspekten betrachtet. Das Thema interessierte mich, und ich sah für mich die Chance einer Dissertation – mit dem Ziel, danach möglichst Leiter eines Betriebes zu werden; vielleicht würde es ja sogar das Kabelwerk in Köpenick sein. Nun war der Zeitfonds für eine solche Arbeit aufgrund meiner Funktion beträchtlich eingeschränkt. Da aber gerade gemeinsame Dissertationsschriften in Mode kamen, fand ich eine glückliche Lösung: Rainer Falke – wir kannten uns von der FDJ her – arbeitete als wissenschaftlicher Mitarbeiter in der VVB Hochspannungsträger und -kabel, vorher war er Assistent beim Werkleiter im Transformatorenwerk gewesen, er kannte sich also bestens aus im Metier. Ein idealer Partner für mich. Er würde zum Beispiel Zeit haben, jene Befragungen auszuwerten, die wir im Rahmen der Dissertation starten wollten. Im Juli 1966 verteidigten wir unsere Arbeit zum Thema »Auswahl und Entwicklung von Führungskadern, dargestellt an Beispielen aus Großbetrieben der Elektroindustrie« mit dem Prädikat »Cum laude« der Wirtschaftswissenschaftlichen Fakultät der Berliner Humboldt-Universität. Dem »Neuen Deutschland« war die Sache eine Meldung wert, sie erschien unter der Schlagzeile »Kreissekretär promoviert mit soziologischer Arbeit«.

Mir schien damit der Weg frei, um als Werkleiter ins Kabelwerk zu gehen.

Nun muß man aber leider sagen: Die bereits erwähnte Chruschtschowsche Parteistruktur bewährte sich weder in der Sowjetunion noch in der DDR, stillschweigend wurde sie ausgehöhlt und abgebaut. Das Industriebüro der Bezirksleitung gab zuerst einige nicht so wichtige Betriebe wegen Überlastung an die Kreisleitungen zurück. Dazu gehörten die beiden Kabelwerke, die große Verantwortung für die Energiewirtschaft der DDR trugen, aber auch für den Export und die Zusammenarbeit mit Partnerbetrieben in Moskau und Leningrad. Ein Mann namens Georg Pohler war schon zur Zeit der sowjetischen Aktiengesellschaft an der Seite des sowjetischen Generaldirektors im Kabelwerk Oberspree tätig gewesen, und der Westberliner hatte dessen volles Vertrauen besessen. Folgerichtig wurde er nach Auflösung der sowjetischen Aktiengesellschaft Direktor des volkseigenen Betriebes KWO. Mit den Anfängen des NÖSPL nun wurden erste Experimente für die Bildung von Kombinaten verknüpft. Der Minister für Elektrotechnik/Elektronik, Otfried Steger, wollte die Kabelwerke zum ersten Kombinat seines Zweiges zusammenschließen. Er suchte für diese Aufgabe meine Partnerschaft. Mir machte das konzeptionelle Denken Spaß. Steger und ich waren uns schnell einig darüber, daß Georg Pohler der richtige Mann für die Funktion des Generaldirektors in diesem Kombinat sei. Dieser Plan bedeutete freilich das Ende meiner eigenen Überlegungen für eine Werkslaufbahn.

Übrigens schien es zunächst als sehr fraglich, ob Pohler – als Westberliner! – im Sekretariat des Zentralkomitees bestätigt würde, zu dessen Nomenklatur er von nun an gehören sollte. In einem Gespräch unter vier Augen konnte ich Georg zwar davon überzeugen, DDR-Bürger zu werden, aber er stellte die Bedingung, jederzeit nach Westberlin fahren zu können, um das Grab seiner Mutter zu pflegen. Ich setzte mich für die Erfüllung dieser Prämisse ein, Georg bekam einen Paß. Die Abteilung Kader im ZK der SED meldete allerdings, wie kaum anders zu erwarten, ihre großen Bedenken an. Abteilungsleiter Fritz Müller war erst bereit, die Vorlage einzureichen, nachdem ich ihm gegenüber eine Bürgschaft für Pohler abgegeben hatte.

Der Westen hatte auf den 13. August 1961 mit wirtschaftlichen Gegenmaßnahmen reagiert. Dazu gehörte unsere verstärkte Isolierung auf westlichen Märkten; vor allem wurde versucht, die DDR aus der internationalen wissenschaftlich-technischen Arbeit auszuschalten. Das blieb nicht ohne Auswirkungen auf unsere innere Stabilität. Es wurde daher von der SED die Losung ausgegeben, die Störanfälligkeit unserer Wirtschaft unbedingt zu beseitigen. Was bedeuten sollte, insbesondere wissenschaftlich-technische Ausrüstungen nicht mehr aus dem Westen zu beziehen. Georg Pohler gehörte zu den Wirtschaftsleitern, die angesichts solcher atmosphärischer Aufwallungen erst einmal ganz ruhig blieben, dann rechneten, überlegten und immer wieder Wege fanden, um die komplizierter werdende Produktion unter allen Umständen zu gewährleisten. Zum Planmechanismus unserer Wirtschaft hatte er ein kritisches, aber justament durch diese Kritik eben stets auch schöpferisches Verhältnis. Die monatliche sture Abrechnung, ohne Spielraum für mögliche Abweichungen von der hundertprozentigen Planerfüllung, empfand er als Gift für Rentabilität und eine lebendige Steuerung der Produktion. In meinen Augen sprach es für den Charakter Pohlers, daß er den wegen kritischer Positionen zur DDR aus der Wissenschaft vertriebenen Arne Benary zum Planungsleiter seines Werkes machte. Pohler war parteilos, jedoch bedrängte ich ihn nie, Mitglied der SED zu werden. Ob er später freiwillig und aus eigener Überzeugung der Partei beitrat, weiß ich gar nicht. Nicht zu erschüttern war jedenfalls seine Zuneigung zur Sowjetunion; die Türen zur Moskauer Botschaft Unter den Linden standen ihm stets offen. Da mich ähnliche Gefühle mit den sowjetischen Menschen verbanden, bildete dies einen wichtigen Pfeiler unserer Freundschaft.

Zu meinem Leben als Kreissekretär in Köpenick gehörte, daß ich für Fritz Selbmann zu einer Romanfigur wurde. Selbmann, dieser »Haudegen der DDR-Wirtschaft«, von Walter Ulbricht wegen abweichlerischer Haltung aus dem Amt des Ministers für Schwermaschinenbau verdrängt und mit einer Parteistrafe belegt, hatte sich auf die Schriftstellerei verlegt und suchte natürlich seine Stoffe vorwiegend in der Wirtschaft. Dort kannte er sich aus. Im Transformatorenwerk hatte sich eine Konfliktsituation aufgebaut, die ihn interessierte. Zum NÖSPL gehörten nämlich Versuche zur Verbesserung der innerbetrieblichen Demokratie, auch wenn gesagt werden muß, daß sie halbherzig blieben und keine sehr lange Lebensdauer hatten. Neben der betrieblichen Gewerkschaftsleitung wurden damals Produktionskomitees gebildet, die im Auftrag der Belegschaft auf wissenschaftlich-technischem Gebiet fungieren sollten – und zwar zur Förderung der Produktion, als Organ der Beratung und Kontrolle gegenüber der Werkleitung. Für den Werkleiter im Transformatorenwerk geriet diese Maßnahme zum Anlaß, sie zu vergleichen mit Eindrücken von seinen Besuchen in Jugoslawien; offen, zum Beispiel in einer Rede auf einer Tagung der SED-Bezirksleitung, zeigte er seine Sympathie für die dortige Selbstverwaltung.

Fritz Selbmann hatte davon gehört und stellte nun Recherchen an, nicht nur im Transformatorenwerk, sondern auch in anderen Betrieben. Er wollte prüfen, wie diese Anregungen in den Fabrikbelegschaften griffen. Denn das war ja der Kernpunkt des möglichen Sozialismus: Der Mensch, diese unkalkulierbare Größe, ist nicht bloß Figur auf einem Schachbrett, die man nur richtig »setzen« muß, um das Spiel zu gewinnen. Er ist nicht nur, im mechanistischen Sinne, Vertreter von Klassen und Schichten, sondern bewußter Teilnehmer und Gestalter demokratischer Vorgänge. Mit allen Konflikten, die sich daraus ergeben. Selbmann interessierte, wozu es in einem zentralistischen Gefüge führt, wenn man den Menschen in seiner Widersprüchlichkeit akzeptiert – was in der Konsequenz immer auch heißt: Demokratie als Risiko mit unvorhersehbaren Lösungen zu betrachten. Genau dies fürchtete offenbar die Bezirksleitung; eine Diskussion zum Thema Selbstverwaltung müsse also möglichst schnell vom Tisch! Das gelang auch durch erzwungenes opportunistisches Verhalten des Werkleiters im Transformatorenwerk. Plötzlich nämlich besaß die Bezirksleitung Informationen über Verletzungen der Staats- und Plandisziplin im Betrieb, und damit konnte die eigentliche Diskussion abgewürgt werden. Der Plan war nicht richtig abgerechnet worden, der Werkleiter hatte Westberlin besucht, mit ein paar Tricks wurde die Angelegenheit in eine geradezu kriminelle Affäre verwandelt, die den Mann klein und geduckt machte. Sie gipfelte in einem Parteiverfahren wegen Verstoßes gegen die Parteinormen und sollte vor Diskussionen warnen, die ihren schädlichen Einfluß unter dem Deckmantel von Demokratisierungsbemühungen verbergen.

Auch die Produktionskomitees waren den gewerkschaftlichen Organen bald ein Dorn im Auge. Lakonisch wurde behauptet, sie hätten sich nicht bewährt, die Produktionsberatungen der Gewerkschaft und ihrer Vertrauensleute seien der weit bessere Weg, um Arbeiterinteressen zu vertreten. Trotz gesetzlicher Bestimmungen über ihre Rolle und Aufgaben wurden diese Komitees still zu Grabe getragen. Die Hoffnung einer stärkeren Demokratie im volkseigenen Betrieb ging verloren.

Fritz Selbmann nannte seinen Roman »Die Söhne der Wölfe«, er wollte damit wohl unterstreichen, daß sich an die Seite der antifaschistischen Widerstandskämpfer inzwischen eine junge Generation gestellt hatte, deren Leben zunächst in unheilvoller deutscher Denkungsart wurzelte, die aber nun den sozialistischen Weg einschlug. Das traf für mich und andere durchaus zu.

Experiment Tagesschule

Ende der fünfziger Jahre hatten Experimente mit Tagesschulen begonnen, die für Walter Ulbricht wohl die Stätten künftiger sozialistischer Erziehung und Bildung sein sollten. Auf seine Initiative hin wurde angefangen, alle Schulen eines Kreises in besagte Tagesschulen umzuwandeln. Weshalb die Wahl für einen Experimentier-Kreis in dieser neuen Sache ausgerechnet auf Köpenick fiel, mag daran gelegen haben, daß die ökonomischen Möglichkeiten unserer Betriebe sehr groß waren, es existierte ein Lehrerbildungsinstitut, und, wie man meinte, in den Schulen würden hier besonders viele Arbeiterkinder unterrichtet. Um deren Förderung sollte es ja im besonderen gehen.

Da mir die Sache sehr gefiel, engagierte ich mich dafür. Das Experiment wurde nicht vom Magistrat, sondern direkt vom Ministerium für Volksbildung geleitet und gefördert. Obwohl der mir gut bekannte Alfred Lemmnitz noch als Minister fungierte, hatte bereits, für alle erkennbar, Margot Honekker das Sagen. Da mit dem pädagogischen Experiment auch ein wissenschaftlicher Vorlauf für das Tagesschulprogramm der gesamten Republik geschaffen werden sollte, bestimmten wir Forschungsschulen, an denen gemeinsame Arbeit mit Wissenschaftlern organisiert wurde. Köpenick-Nord berief in einer solchen Tagesschule Prof. Helmut Klein von der Humboldt-Universität als stellvertretenden Direktor, in Oberschöneweide kam Prof. Werner Lindner von der Akademie der Pädagogischen Wissenschaften in die gleiche Funktion. Der eine spezialisiert auf den Unterricht, der andere auf den außerschulischen Bereich. Gerade das letztere erforderte – in Lehrwerkstätten und Klubhäusern – die Partnerschaft der Betriebe. Denn polytechnische Bildung und Erziehung machten die eine Säule, kulturelles Leben die andere aus.

FDJ- und Pionierorganisation erhielten einen neuen Platz in diesen Schulen, wobei ich den Standpunkt vertrat, daß sie nicht lediglich

»Anhängsel« des erzieherischen Prozesses sein durften, sondern daß das Leben dieser Organisationen wirklich zu integrieren sei. Es gelang, Freiräume für die individuellen Interessen der Schüler sowie für die Förderung unterschiedlichster Talente zu schaffen. Die Tagesschule erwies sich so als wichtiges Element, um gleiche Chancen für alle Kinder zu garantieren. Auch Eltern konnten als Helfer für das Experiment gewonnen werden, und Lehrer erlebte ich in einer Lust und Produktivität, wie sie mir später, mit der zunehmenden Verengung der Pädagogik, nie wieder begegnete. Lesungen, Dissertationsarbeiten, pädagogische Streitgespräche, Elternforen, Parteiversammlungen, pädagogische Räte – alles, was sich des Themas der Tagesschulen annahm, wurde von einer Atmosphäre der Kommunikationsfreude und generationsübergreifenden Gemeinsamkeit erfaßt. Frühzeitgeist, der mit den Jahren verblaßte und sich im Regelwerk einer letztlich durchideologisierten Schule verlor.

Bei allem geistigen Enthusiasmus damals: Die materiellen Bedingungen der Schulen freilich wurden kaum gravierend verändert. Eine wirkliche Förderung und zielgerichtete Planung durch das Ministerium für Volksbildung erfolgte demnach nicht, die Energiereserven der Unermüdlichen wurden rasch aufgebraucht. Selbst eine Aufstockung der Planstellen für Lehrer kam nur in geringem Umfang zustande, und die Vermittlung von Lehrkräften hielt nicht Schritt. Für den Forschungsauftrag Tagesschule erwiesen sich trotz aller Mühen viele weiterbestehende festgezurrte Rahmenbedingungen des Schulbetriebes zu eng. Das Ministerium jedoch ließ keinerlei Bereitschaft erkennen, erforderlich neue, unkonventionelle Spielräume in ausreichendem Umfang zu unterstützen und auszubauen. Die Kreativität geriet mit dem Katechismus der Disziplinierung in Konflikt. Da Helmut Klein damals noch ein parteiloser Wissenschaftler war, konnte er schwer diszipliniert werden; er versuchte immer wieder, gegen die Einengung seiner Aufgabe zu kämpfen. Die Pädagogische Fakultät der Humboldt-Universität kam nun in Widersprüche mit der Akademie der Pädagogischen Wissenschaften, woraus leider kein schöpferischer wissenschaftlicher Streit wurde, sondern ein fatal verängstigtes Konkurrenzverhalten erwuchs. Werner Lindner wurde bald an die Pädagogische Hochschule Dresden delegiert.

Der umfangreiche Beschluß des Sekretariats des ZK der SED über die Tagesschule in einem Kreis ist formal nie aufgehoben worden, im »Vorwärtsschreiten« hat Margot Honecker ihn jedoch beseitigt.

Da ich mit meinem Unwillen über diese Halbherzigkeit und diese Ängstlichkeit vor unkonventionellem Denken und Erziehen nicht hinter dem Berg hielt, waren die bis dahin freundschaftlichen Beziehungen zwischen Margot Honecker und mir, entstanden in den FDJ-Jahren, gleichfalls beendet. Sie verbesserten sich trotz mancher Bemühungen, die ich später in Dresden unternahm, nie wieder. Margot Honecker forderte von den Leitungen der SED die politische Unterstützung bei der Erfüllung des Schulprogramms im jeweiligen Bezirk – ein Mitdenken, geschweige denn ein Mitreden auf pädagogischem Gebiet wollte sie jedoch nicht dulden.

Daß die Volksbildung der DDR den Kindern ein solides Wissen vermittelte und sie gut aufs Leben vorbereitete, ist im Vergleich mit der Schule von heute nicht zu bestreiten. Daß Margot Honecker manches bremste, daß sie stark administrativ und zum Schaden der Pädagogik eingriff, ist gleichfalls unbestritten – zumal in einem gesamtgesellschaftlichen Prozeß, in dem das Recht auf Bildung immer stärker gekoppelt wurde an die Abforderung nicht geringer Anpassungsleistungen. Bildung war Erweiterungschance und Disziplinierungselement gleichermaßen. Aber die »Hexe der Nation«, als die sie einige Medien nach dem Zusammenbruch der DDR gern zeichneten, war sie keinesfalls. Die Schule der DDR hielt internationalen Vergleichen sehr wohl stand – alles nur trotz Margot Honecker? Diese Frau hat, obwohl wir oft gegensätzlicher Auffassungen waren, meinen Respekt – für ihre treue Haltung an der Seite Erich Honeckers, in der Zeit seiner politisch-juristischen Verfolgung, während seiner Krankheit und in den Stunden bis zu seinem Tod in Chile.

Vom Kreis- ins Bezirkssekretariat

Mitunter gehörte es in unserer Partei zu den traurigen Selbstverständlichkeiten, daß der Umgang miteinander genau dann besonders kurz angebunden blieb und einen geradezu widerspruchsfeindlichen Befehlston annahm, wenn es ausgerechnet um weitreichende persönliche Entscheidungen ging. Der Genosse, im verpflichtenden Dienst der Sache stehend, wurde im Moment, da zum Beispiel eine ihn betreffende, möglicherweise gravierende Kaderveränderung anstand, kaum sensibel an die sich anbahnende, neue Situation herangeführt, er wurde meistens nur informiert; und jener Kühle von Zweifelsfreiheit, mit der die Entscheidung hinzunehmen war, entsprachen meist auch der Ort und die Gelegenheit der lebensbeeinflussenden Mitteilung. Vieles geschah sozusagen nebenbei; die Aufgabe definierte, was zu tun sei; man schickte sich als Betroffener drein und ging am besten ohne Verzug daran, wie und wo auch immer, sich ins Unvermeidliche zu fügen. Aber was soll's eigentlich: Auch ich hatte ja beizeiten ein Einsehen in die Notwendigkeit gezeigt, dorthin zu gehen, wo die Partei einen brauchte; und einmal offenbartes Verständnis für die Verfahrensweise galt gleichsam als lebenslanges Versprechen.

Daß ich gewissermaßen nur ein Gastspiel an der sogenannten Basis gegeben hatte und, so erfuhr ich plötzlich, von Köpenick nach Karl-Marx-Stadt gehen sollte, als Sekretär für Wirtschaft – das kam mir vor, als würde mein Leben binnen Sekunden umgekrempelt werden. Und mitgeteilt wurde es mir mit dem Charme und der geringen Bedeutung eines Nebensatzes – in der Pause während einer Sitzung des Zentralkomitees.

Erich Honecker, verantwortlicher ZK-Sekretär auch für Kaderfragen, nahm mich zur Seite, und zunächst sprach er über ein gänzlich anderes Thema: Er machte mir in seiner leisen Art, die dennoch stets etwas Schneidendes und Entschiedenes in sich trug, zielgerichtete Vorwürfe: Ich würde meine Verantwortung im Zentralkomitee nicht richtig begreifen. In dieses Gemium sei ich nicht gewählt worden, um kritische Wertungen der Parteiführung vorzunehmen. Solche Kritik aber, so Honecker, sei wiederholt aus meinen Reden herauszuhören. Meine Aufgabe sei es vielmehr, die eigene Arbeit im Kreis Köpenick zu analysieren. Ich verstand zunächst nur Bahnhof, fand aber schnell wieder Worte – die Honecker noch energischer reagieren ließen. Meine Entgegnung, Köpenicker Arbeit sei Sache der Köpenicker Leitung, das Zentralkomitee aber sei doch dafür zuständig, die gesamte Tätigkeit und Führung der Partei zu betrachten, ließ er nämlich nicht gelten. Kurz und knapp, vor allem leidenschaftlich diskussionsunwillig, schnitt er das angerissene Thema ab und kam zum Kern unseres Gesprächs, der nun wie eine vorbedachte Konsequenz aus meiner zu mißbilligenden Haltung im ZK aussehen mußte: ob ich bereit wäre, nach Karl-Marx-Stadt zu gehen.

Was da in eine Frage gekleidet schien, war – wie angedeutet – ein Befehl. Aber meine Überraschung mischte sich bald, nach der anfänglich bestürzenden Vision, ein Hin- und Hergeschickter zu sein, durchaus mit Bereitschaft und schnell erwachender Neugier. Erstens interessierte mich Wirtschaft nach wie vor, und zweitens wußte ich in Paul Roscher, dem 1. Sekretär der dortigen Bezirksleitung, einen Menschen, den ich durch sein sachliches, kompetentes und unaufgeregtes Auftreten im Zentralkomitee schätzen gelernt hatte.

Da zwischen Erich und mir zunächst Schweigen über meinen »verabredeten« Ortswechsel vereinbart war, sah ich keine Veranlassung, mit Bezirkschef Paul Verner zu sprechen, zumal der schon eine ganze Weile von sich aus keinen Kontakt zu mir gesucht hatte. Zuhause freilich besprachen meine Frau und ich die Situation gründlich, und gerade jetzt, da ich mich schreibend an jene Zeit erinnere, denke ich darüber nach, daß Annemarie und ich sehr wohl das sind, was man ein bodenständiges Ehepaar nennt – aber dennoch bestimmten unser Leben auch stets Offenheit für Veränderung und erwartungsvolle Freude auf Unbekanntes. In einer Funktionärsfamilie, deren Alltag und private Planung mitunter über alle erträgliche Maßen hinaus von Beschlüssen berührt und gelenkt werden, ist es nicht von Nachteil, wenn sich zur freiwilligen Disziplin auch bleibende Lust auf neue Herausforderung gesellt.

Aber alles sollte, wieder einmal, ganz anders kommen.

Denn nun fand überraschend doch noch ein richtiges Kadergespräch statt. Es mußte also, die bisherigen Pläne durchkreuzend, etwas schiefgelaufen sein. Ich mußte wieder zu Erich Honecker.

Diesmal empfing er mich in seinem Arbeitszimmer, alles erweckte einen sehr offiziellen Eindruck, und mir wurde mitgeteilt, Walter Ulbricht habe meinen vorgesehenen Weggang nach Karl-Marx-Stadt abgelehnt. Seinem Argument, das mir Honecker sachlich, ja unbeteiligt mitteilte, konnte ich leider folgen: Es habe sich für Funktionäre aus anderen Bezirken in der Regel als schwierig erwiesen, sich in Berlin durchzusetzen, mir jedoch sei das gelungen, also müsse ich in der Hauptstadt bleiben. Wenn also schon Bezirksleitung, dann nicht Karl-Marx-Stadt, sondern Berlin – aber da hier die Funktion des Wirtschaftssekretärs besetzt sei, solle ich als Sekretär für Agitation und Propaganda arbeiten. Ende der Durchsage.

Ich tat das, was man in solcher Lage immer tat: Ich bemühte mich, allein und möglichst schnell mit der Enttäuschung fertig zu werden.

Aber noch jemand anders schien enttäuscht oder besser: beleidigt zu sein. Kaum kehrte ich zurück in die Kreisleitung, rief Paul Verner an. Den barschen Ton kannte ich. Ich sei doch bei Erich Honecker gewesen, wieso ich nicht nach dem Gespräch schleunigst zu ihm in die Bezirksleitung gekommen sei. Der hierarchische Feinnerv des 1. Bezirkssekretärs lag frei, und so wurde es kein gutes Gespräch, zu dem er mich nun bestellte. Klipp und klar sagte ich ihm, er habe doch schließlich gewußt, daß ich nach Karl-Marx-Stadt gehen soll. Ich wurde regelrecht forsch: »Du hast gegen diesen Vorschlag, aus einem deiner Kreise einfach jemanden abzuziehen, keinerlei Einspruch erhoben. Daß ich nun in Berlin bleiben soll, ist eine Entscheidung Walter Ulbrichts, die du hinnehmen mußtest – gewollt hast du sie offensichtlich nicht. Warum also sollte ich ein Gespräch mit dir suchen? Um schön Wetter zu bitten, ist meine Sache nicht und hat zwischen uns keinen Sinn. Es wäre deine Verantwortung gewesen, mit mir zu reden.«

Ende.

So wechselte ich also aus dem Köpenicker Kreis- ins Berliner Bezirkssekretariat. In den fünf Jahren meiner dortigen Arbeit bin ich nie ein Freund Verners geworden. Die Atmosphäre zwischen uns blieb kühl; bei Auseinandersetzungen fühlte ich ihn nie auf meiner Seite. Im besten Falle hielt er sich heraus, meist aber forderte er, wenn es hart auf hart ging, ich solle meine Positionen ändern.

Es mag banal klingen, was ich hier notiere: Aber leider sind Nichtigkeiten des Alltags eine große, folgenreiche, nicht selten verhängnisvolle Kraft; oft nicht bis ins letzte entschlüsselbare Sympathien oder Antipathien haben beträchtlichen Einfluß auf die Meinungsbildung und Entscheidungskraft eines politischen Kollektivs. Das dröge, harte, lebensleere Wort von der Kaderpolitik mag klingen, als ließe es kein Gran Zufälligkeit eindringen ins feste System von Leitungszusammensetzungen. Aber immer bleiben Ritzen, in die das Leben einsickert, und menschliches Miteinander besteht nun mal aus Wohlwollen und Abneigung, Distanz und Hinwendung; stets treffen geringe und gewichtigere, private und größer ausgerichtete Interessen in einem unentwirrbaren Knäuel aufeinander. Und gerade, was sich im Alltäglichen eines Kollektivs unkontrollierbar und kaum steuerbar an Atmosphäre zusammenmischt – führt oft genug über Entscheidungen, die von den kleinen Kollisionen der Entscheider untereinander nicht zu trennen sind, hin zu etwas Unfaßbarem, daß sich dann große Politik nennt und Menschen in folgenreiche Prozesse stürzt.

In dieses leidige Kapitel »Wem Gott ein Amt schenkt, dem gibt er auch Kollegen« paßt auch (wieder) Konrad Naumann. Er war schon seit zwei Jahren Sekretär der Bezirksleitung, ich nun sein neuer »Mitstreiter«. Auf einen 1. Kreissekretär konnte ein 2. Bezirkssekretär nur sehr indirekt einwirken; in Köpenick hatte ich also Naumanns, nun sagen wir: Gestaltungswillen zum Glück kaum gespürt. Jetzt freilich wollte er die Machtverhältnisse, die uns in unmittelbaren Kontakt zueinander brachten, umgehend klären.

Während der Vorbereitung einer Bezirksdelegiertenkonferenz ging es ums Ausarbeiten einer Entschließung für diese Konferenz. Gegenüber Helmut Müller, dem Leiter der Abteilung Organisation, sagte ich, es fehle eine Konzeption für den Bericht der Bezirksleitung, die brauchten wir doch aber, denn Bericht und Entschließung müßten ja wohl eine Einheit bilden. Bald darauf, Minuten vor Beginn einer Sekretariatssitzung, rief mich Naumann in herrischem Tone an: Das sei eine Kritik am 1. Sekretär! Wie ich dazu käme, eine Konzeption »seines« Berichts einzuklagen und dies zudem noch vor einem Abteilungsleiter zu äußern. Ich erwiderte ihm, gleich fange ja die Sitzung des Sekretariats an, er könne die Frage dort noch einmal aufwerfen, ich würde sie gern vor allen beantworten, und im übrigen interessiere mich seine Meinung überhaupt nicht. Seinem meldefreudigen Abteilungsleiter bat ich ihn noch auszurichten: Wer Intrigen spinnen will, soll dies tun, aber sich doch bitte von der Illusion trennen, ich kröche irgendwo und vor irgendwem aus Gründen hierarchischer Verklemmtheit zu Kreuze.

Naumann stellte seine Frage im Sekretariat – nicht.

Einen anderen Konflikt bereitete mir Kurt Thieme, 1. Stellvertreter des Berliner Oberbürgermeisters. Bei einer Beratung mit Vertretern der Medien hatte ich den Leiter der Pressestelle des Magistrats kritisiert, und der lief umgehend, und zwar beschwerdeführend, zu Thieme. Der wiederum eilte in gleicher hechelnder Mission zum Oberbürgermeister Ebert. Der nun schrieb Paul Verner einen Brief.

Es herrschte wahrlich Vollbeschäftigung im Apparat, an Häufung nichtiger Anlässe für Geschäftigkeit mangelte es offenkundig nicht.

In dem Brief wurde ich zitiert, den Magistrat als »die da drüben« bezeichnet zu haben – was im Sprachgebrauch ja wohl höchstens auf den Senat von Westberlin zuträfe. Demnach hätte ich mich einer schweren politischen Verleumdung der eigenen Genossen schuldig gemacht. Verner, der Ebert keinen Antwortbrief schicken wollte, forderte mich auf, die Sache selbst zu klären. Ich sprach mit Friedrich Ebert, und wir waren uns schnell einig, zur Klärung bestimmter Fragen künftig keine dritten Personen mehr zu bemühen. Ebert, der für mich immer ein sozialdemokratischer Genosse blieb, war ein Mann von Charakter; ein offenes Verhältnis zu ihm zu finden, gelang eher und reibungsloser als zu dem Kommunisten Paul Verner.

Spinnstunden für den Plänterwald

Einem Menschen, der über fünfzehn Jahre lang, in welcher Leitung auch immer, als »erster Mann« agiert, fällt Unterordnung schwer. Plötzlich, im Berliner Sekretariat, war ich ein Ressortverantwortlicher unter mehreren, noch dazu in einem Kollektiv, das ausgerechnet diesen Namen wohl am allerwenigsten verdiente. Aber ich bin ein Mensch der raschen Einsicht, alle Dinge am besten so zu nehmen, wie sie sind. Dahinter steckt nicht Fatalismus oder frühe Resignation, sondern im Gegenteil der Wille, den Verhältnissen und Umständen, in die einen das Leben stellt, aktiv zu begegnen. Ich vertraute meiner Hartnäckigkeit und dachte an die Geduld und sture Behauptungskraft meines Vaters.

So galten mir Agitation und Propaganda keinesfalls als Wunschbereiche meiner politischen Arbeit, aber ich würde versuchen, mich unter den gegebenen Konstellationen rasch selbständig und so aus der Sache das Beste zu machen – im Vertrauen auf Offenheit und Freundlichkeit meiner Arbeitspartner.

Die gegebenen Umstände – das waren Konrad Naumann sowie Wissenschafts-, Bildungs- und Kultursekretär Roland Bauer, die beide beim Chef

Paul Verner stets Zugang und ein offenes Ohr fanden; das war ferner Wirtschaftssekretär Hans Wagner, der aufgrund seiner früheren Tätigkeit als ZK-Beauftragter für die Berliner Bezirksleitung beträchtlichen Rückenhalt im zentralen Apparat, aber dafür keinen sehr guten Stand bei Verner hatte; und das war Ernst Stein, Sekretär für Landwirtschaft und Handel, ein Berliner Urgestein, den ich aus den fünfziger Jahren kannte, als er in Köpenick im Kreissekretariat der Partei und ich dort als 1. Sekretär der FDJ-Bezirksleitung arbeitete.

Propagandatätigkeit in der SED, mein künftiges Dasein, war ein fest umrissenes Gebiet, in dem sich seit Jahren die Routine festgesetzt hatte. Parteilehrjahr, Bildungsstätte und Bezirksparteischule ragten gleich Betonsäulen in die politische Landschaft. Keinen Zeitpunkt meiner Laufbahn wüßte ich zu nennen, da mich angesichts dieser Ingredienzien unserer massenpolitischen Versuche etwa Begeisterung überkam. Zu festgefahren alles. Das Zentralkomitee gab die Lehrpläne vor, der Bezirksleitung blieb lediglich, als einem Zwischenglied ohne geistige Eigenständigkeit, die Weitervermittlung dieser recht starren Pläne an die Kreisleitungen. Um die Bezirksparteischule kümmerte sich die Abteilung Propaganda des ZK; das schien manchmal wie ein Verzweiflungsakt der Selbstbestätigung, mit dem diese Abteilung jene Nichtachtung ausglich, die sie aus Hanna Wolfs Parteihochschule traf, eigentlich ebenfalls eine Institution, die der Abteilung Propaganda untergeordnet war. In diesem Geflecht sah ich kaum einen Spielraum für mich selbst und beließ es bei erforderlichen und nicht zu umgehenden Pflichtübungen. Ich eröffnete Jahreslehrgänge an der Bezirksparteischule, und wenn ich erneut mit einer Rede auftauchte, wußten die Teilnehmer, der Lehrgang war zu Ende. In dieser Tätigkeit eine Chance gesehen zu haben, glücklich zu sein, kann mir wirklich niemand guten Gewissens nachsagen.

Aus dem Gleis unschöpferischer Routine ist unser Parteilehrjahr leider nie herausgekommen. Wir haben das Denken in einem verengenden Sinne verschult, in Formeln gepreßt. Nichts mehr von jenem Enthusiasmus, mit dem wir Anfang der fünfziger Jahre noch lernten, nichts mehr von jenen leidenschaftlichen Diskussionen, die ich gleichsam hinter den Abschottungskulissen des »kurzen Lehrgangs der KPdSU« an der Moskauer Komsomolhochschule erlebt hatte. Aus dem Marxismus haben wir ein geschlossenes gesellschaftswissenschaftliches Gebäude zu machen versucht, uns dahineingezwängt und die Schlüssel weggeworfen. Für zu viele Dinge hielten wir wider alle Versuchung durch Realität eine zweifelsfreie Erklärung parat; wir trieben die Konflikte und Widersprüche aus unseren Vorgaben, und mit den Jahren wurden Eröffnungsveranstaltungen von Parteilehrjahren – Bestandteile müder Routine – nicht einmal mehr für größere politische Signale genutzt.

Diese Zeit aber der verführerischen Welterforschungsdebatten hatte es gegeben, wie es auch die großen propagandistischen Auftritte gegeben hatte, etwa in den siebziger und achtziger Jahren. Damals trat sogar Erich Honekker auf: so 1975 in Dresden, wo er für DDR-Bürger Exquisit- und Delikathandel in die Konkurrenzfunktion zum Intershop erhob, und später dann in Gera, als er von der Bundesrepublik die Aufhebung der Sondereinrichtung Salzgitter forderte und die längst fällige Anerkennung der DDR-Staatsbürgerschaft durch Bonn bekräftigte. Zumindest Anlässe fordernder Polemik.

Was wir im Parteilehrjahr über den Sozialismus gelehrt haben – es hat dem Leben nicht standgehalten. Aber seltsam: Immer wieder höre ich heute von Leuten, daß viel von dem, was sie in diesem Parteilehrjahr über das Wesen des Kapitalismus, über den sozialfeindlichen Charakter der Profitwirtschaft gelernt hätten, im derzeitigen Leben traurige Bestätigung fände. Ironie der Geschichte: In dem, was unsere ureigene Sache war, haben wir uns getäuscht – in der Analyse des Fremden, von uns überwunden Geglaubten, lagen wir ziemlich richtig. Damit will ich nicht das öde Parteilehrjahr schönreden, aber ausreden wiederum möchte ich denen, die die kapitalistische Gesellschaft heute sehr kritisch sehen, eine möglicherweise nicht unwichtige Quelle ihrer kritischen Erkenntnisse nun auch wieder nicht.

Was bleibt nach Jahren selbst erfahrener und selbst verantworteter Agitation und Propaganda? Die geistige Freiheit des einzelnen und das tägliche Brot für alle – diese soziale und politische Zielstellung ist für mich, in einer sozialistischen Welt, nach wie vor als Einheit denkbar. Zwischen Idee und Realität aber liegt eine sehr weite Wegstrecke. Und das Ziel ist eine Möglichkeit, nicht jedoch, wie wir kürzlich noch annahmen, herbei zu beschließende Gewißheit. Das weiß ich, durch Geschichte gezwungen, jetzt klarer.

An die Möglichkeit einer Welt jenseits des ausbeuterischen Kapitalismus glaube ich also weiterhin, trotz aller schmerzlichen Belehrungen durch Menschen, die unsere Konzeption wie ein lästiges Korsett abstreiften. So wie wir mit den Klassikern unserer Weltanschauung in der DDR umgingen, kann die Devise allerdings nicht heißen: Zurück zu Marx! Sie kann höchstens lauten: Vorwärts zu Marx!

Als ich meine Agitations- und Propagandaarbeit begann, lebte ich von solcher Erkenntnis weit entfernt. Fehler sah ich nicht in der Konstruktion, sondern in der Solidität der Ausführenden.

Mein Arbeitsgebiet umfaßte auch die Anleitung der Berliner Medien, soweit diese nicht direkt und ständig von der entsprechenden Abteilung im

Zentralkomitee dirigiert wurden. Für mich als Nichtjournalist keine einfache Aufgabe. Ich glaube, ich habe im Kontakt mit Redaktionen nie verhehlt, daß ich in dem Metier ein Lernender blieb, der keineswegs beabsichtigte, Vorschriften zu machen und unangemessene Erziehung zu betreiben. Vielmehr zeigte ich mich ehrlich bestrebt und interessiert, gemeinsam politische Inhalte zu diskutieren. Manchmal freilich fragte ich mich, was solche Anleitung überhaupt für einen Sinn haben könnte. Wie gesagt: manchmal; nur manchmal.

Während die Bezirkszeitungen der Republik als Organe der Bezirksleitungen der SED ausgewiesen waren, gab es eine solche eindeutige Aussage für die »Berliner Zeitung« nicht. Sie war Diener zweier Herren. Die verantwortliche Abteilung der Bezirksleitung wollte ihr Recht, das Zentralkomitee aber seine Macht durchsetzen. Mit der Macht funktionierte es stets besser als mit dem Recht.

Da es mitunter ganz hilfreich sein kann, wenn man gezwungen ist, die Not zur Tugend zu machen, glich ich meinen mangelnden Entscheidungsspielraum mit erhöhtem Willen zur Partnerschaft aus. Ich wollte jemand sein, der geachtet wird, indem er sich nicht administrativ einmischt, sondern sachlich mitmischt, wenn es um Ideen und Konzepte geht. Das führte zu interessanten Debatten in den Chefredaktionen der »Berliner Zeitung« und der »BZ am Abend«, die sich weniger um das Gesicht der jeweils aktuellen Ausgaben drehten, sondern um geistige Ansprüche in einem Beruf, der natürlich auf das Durchsetzen der politischen Linie im Bezirk gerichtet war.

»Natürlich«, ja. Aber mit dem nötigen Abstand der Jahre und den Erfahrungen unseres Scheiterns wirft dieses »natürlich« auch im nachhinein noch Fragen auf.

Die meisten Journalisten, denen ich damals begegnete, übten ihren Beruf mit der Leidenschaft des politischen Mitgestalters aus. Sie waren keine kühlen Beobachter, sondern aktive Betreiber einer von ihnen als richtig erkannten Sache. Nichtsdestoweniger gehört es zur Tragik der journalistischen Arbeit im Sozialismus, daß jemandem, der Talent und Lust an diesem Beruf hatte und dieses Talent und diese Lust unbedingt ausleben wollte, gar keine andere Wahl blieb, als sich dort zu engagieren, wo das Herz der Profession schlug: in der SED oder zumindest in ihrer Nähe. Sicher hat der gesunde Ehrgeiz viele Journalisten zu Kompromissen mit der Macht und ihrer Ideologie gezwungen, und das Ende der DDR mußte ihnen als Befreiung aus einer geistigen Fessel erscheinen. Wenn ich jedoch heute darüber nachdenke, welche Rolle gerade die »Berliner Zeitung« oder die »BZ am Abend« spielten, dann frage ich mich allerdings: Waren diese Zeitungen wirklich nur in aller Ausschließlichkeit Instrumente einer verengten Politik? Wirkten sie nicht dennoch aufklärend, unterhaltend und bildend? Und vor allem: Warum ließen sich diese Maßstäbe von Aufklärung, Bildung und Unterhaltung unter den Bedingungen der Zeit nicht reibungslos verwirklichen? Lag das nur an uns selbst?

Ich behaupte, der Kalte Krieg tobte neben dem militärischen auf keinem Gebiet heftiger als in den Medien, und dies galt vor allem in den fünfziger und sechziger Jahren für keine Stadt so unerbittlich wie für Berlin. Das geschriebene und gesprochene Wort, Ton und Bild schufen jene zweite Welt, die als Folie vor die Realität geschoben und in der Politik schließlich für real gehalten wurde. Auf beiden Seiten. Wer hat denn Westberlin zum Pfahl im Fleische der DDR erklärt, zur billigsten Atombombe? Wer hat denn diese Ideen verbreitet? Westliche Medien, der RIAS vornweg. Es tobte ein Propagandakrieg, hüben wie drüben.

Die Mauer zum Beispiel war für die Menschen die Mauer; »vor der Mauer« und »nach der Mauer« lautete die gesprächsweise angemerkte Bruchstelle. Um das Unerreichbare dennoch im Gedächtnis des Volkes zu installieren – nämlich die Bezeichnung »antifaschistischer Schutzwall« –, brauchte und benutzte die SED die Medien, und so wuchs auch in unseren Zeitungen Stück für Stück eine andere, die wünschenswerte Welt, speziell: eine andere, die wünschenswerte DDR.

Es war zwischen Ost und West einfacher, sich mit Begriffen zu befeuern, statt ausgewogen zu berichten. Ich notiere dies nicht als Außenseiter; es ist ein Urteil auch über meine Arbeit. Und was über Jahrzehnte gelaufen ist, zeigt noch heute seine Wirkungen.

Im Jahre 1995 haben drei Prozent der Wähler in West-Berlin die PDS gewählt, 38 Prozent waren es im Osten der Stadt. Die CDU wählten 42 Prozent im Westen und 21 Prozent im Osten Berlins. Die Gegensätze von einst verloren inzwischen ihre Schärfe, aber sie sind noch nicht aufgehoben. Die täglichen Zeitungs- und Fernsehschlachten von damals, ihre Folgen für Verstand und Gefühl sowie das heutige politische Verhalten bilden noch immer einen komplizierten und nicht bis ins letzte aufklärbaren Zusammenhang. Dieser Zusammenhang ist auch nicht so schnell auflösbar, wie das einige, in Richtung Osten Haß sprühende politische Sonntagsredner gern hätten. Deren ahistorische Wunschbildagitation vom bösen Osten vermittelt den Eindruck, als habe man sie im Dunstkreis des SED-Politbüros einstudiert, dort, wo das feststehende Bild vom bösen Westen konzipiert wurde.

Die noch immer ausstrahlenden Tiefenwirkungen des Kalten Krieges gelten für Ost und West; die widersprüchliche miteinander verknüpfte Zunftgemeinschaft von Politikern und Journalisten hat auf beiden Seiten mit der Last einer Zuständigkeit zu leben, die beschädigte Köpfe und Herzen hinterließ. Diese Tatsache fordert eine kritische Auseinandersetzung mit der eigenen fleißigen Arbeit an Feindbildern, eine Debatte, von der ich meine, sie geschieht bei DDR-Journalisten bewußter, mit größerer Einsicht und tieferer Betroffenheit. Im Westen befördert die ansteckende Selbstgefälligkeit der politischen Sieger erlösende, geradezu freche Verdrängungsprozesse. Als habe man sich – unter dem Schutzmantel von Freiheit und Unabhängigkeit – nie an einer Berichterstattung beteiligt, die den Gesetzen des Kalten Krieges mehr folgte als dem moralischen Ehrenkodex des unparteiischen Beobachters und Kritikers. Als hätten die publizistischen Arbeiten nie auch nur den Hauch eines lippendienstlichen Charakters gehabt.

In meiner Arbeit als Sekretär für Agitation und Propaganda hatte die Ausgestaltung des 20. Jahrestages der DDR im Jahre 1969 ihren besonderen Platz. Walter Ulbricht sah sich noch auf dem Höhepunkt seiner Macht. Der Schock der Ereignisse ein Jahr zuvor in der ČSSR schien überwunden; was sich im Lande als Widerstand geregt hatte, war von der Führung als Marginalie registriert worden. Aber die Prager Tatsachen wirkten freilich nach, sie legten sich, auch wenn wir uns das nicht eingestanden, wie ein Schatten auf jede künftige politische Entscheidung, und es mußte von der SED neuer Spürsinn für politische Besänftigung und Mobilisierung entwickelt werden.

Walter Ulbricht betrachtete das Neue Ökonomische System der Planung und Leitung als ein DDR-eigenes Konzept gegen jenes der tschechoslowakischen Reformer, und nun, im Oktober 1969, sollte ein Feiertag begangen werden, der den Menschen etwas Attraktives bot, Stolz auf die Republik auslösen oder vertiefen und weltweite Aufmerksamkeit bringen sollte. Die spätere Anerkennung unseres Staates und das Westberlin-Abkommen von 1971 haben Wurzeln auch in diesen Bestrebungen Ulbrichts – der gewissermaßen säte, was Honecker eines fernen Tages ernten würde.

Berlin sollte Weltstadt sein, der Fernsehturm wurde gebaut. Walter und Lotte Ulbricht gehörten zu den ersten Gästen des Drehscheiben-Cafés. Der abendliche Blick hinunter auf die Stadt, so Ulbricht, müsse der Blick auf ein unendliches Strahlen werden. Moskauer Glanz schwebte ihm vor. Ähnlich dem Leuchtbild auf der Gorkistraße, am Zentralen Telegrafenamt, müsse auch am Alexanderplatz ein Projekt staunenmachender Lichtflut verwirklicht werden. Die Werbefirma DEWAG erhielt den Auftrag für eine in ihren Ausmaßen bisher nicht dagewesene Ausgestaltung der Straßen Berlins, und: Ein Kulturpark mußte her!

Alle diese Aufgaben lagen auf meinem Tisch, und sie trafen den Nerv Paul Verners, der mit den von uns Mitarbeitern in tage- und nächtelangen »Spinnstunden« gefundenen Lösungen zu Ulbricht ging. Das Projekt war schnell Chefsache geworden.

Für den Kulturpark hatten wir drei Standorte in die engere Auswahl genommen: die Kippe im Prenzlauer Berg, den Friedrichshain und den Plänterwald. Letzterer machte das Rennen. Kulturpark hieß zuvörderst: Vergnügungspark, und wenn uns dafür etwas vor Augen stand, so war es der Wiener Prater. Den hatte ich 1959 bei den Weltfestspielen gesehen, und ein gewaltiges Riesenrad, des Praters Wahrzeichen, sollte auch unserem Berlin den Hauch einer Weltstadt geben. Da Karussells und Achterbahnen jedoch nicht in der DDR produziert wurden, mußten sie aus westlichen Ländern gegen harte Währung importiert werden. So lernte ich Alexander Schalck kennen, der gerade dabei war, sein späteres Imperium Kommerzielle Koordinierung aufzubauen. Für ihn bedeutete das Ganze ein Spaß, und selbstverständlich genoß er seine unbestrittene Wichtigkeit. Denn was immer wir mit Experten aller Bereiche projektierten, vom Verkehr bis zur Werbung – stets erwies sich Schalcks Zusage als der springende Punkt. Er mußte Angebote, Kosten, Lieferfristen und Montagebedingungen prüfen, und die Kosten wuchsen – für unsere Verhältnisse – beträchtlich, während unsere Fristen für die Fertigstellung mehr und mehr schrumpften.

Die Geschichte des Berliner Kulturparks – eine Geschichte der vielfältigen Nutzung und Akzeptanz durch die Bevölkerung – beweist, daß die Arbeit vieler Menschen sich gelohnt hat. Die Erfüllung der Aufträge maßen wir nicht an irgendeinem zu befriedigenden Wohlwollen der Oberen, sondern am ehrlichen Bedürfnis, für die Hauptstädter und ihre Gäste etwas auf die Beine zu stellen. Wann hat es je ein Kind auf dem Riesenrad interessiert, daß Walter Ulbricht auch mit so einem Kulturpark sein eigenes politisches Renommee zu erhöhen suchte!

Der Feststellung, hinter allem habe eine politische Absicht gesteckt, ist dennoch kaum zu widersprechen. Aber wo wird in solchen Zusammenhängen anders gehandelt? Die Gartenbauausstellungen in der Bundesrepublik haben doch ebenfalls eine Doppelfunktion – Freude den Besuchern und Ehre jenen Politikern, die sich für so ein Projekt der nationalen Identität einsetzen.

Noch etwas kommt mir gerade angesichts des Plänterwaldes in den Sinn: Wir sahen die Eintrittspreise nicht unter dem Aspekt des Marktwertes, sondern legten soziale Maßstäbe an. Der Kulturpark stand dabei unter dem begünstigenden Stern der Kulturförderung. So legten auch wir ein – wenn auch kein großes – Steinchen in jenen Sack der Subventionierungen, der im Laufe der Jahre nicht mehr von der Volkswirtschaft getragen werden konnte. Ja, der wirtschaftliche Zusammenbruch war letztlich nicht aufzuhalten. Aber macht dieser traurige Umstand unsere Motive des Aufbaus sowie dessen Ergebnisse prinzipiell und automatisch zunichte?

Vielleicht erinnere ich mich gerade deshalb gern an die unkomplizierte, fast bedenkenfreie Zusammenarbeit mit dem später lakonisch (und abwertend?) als Devisenbeschaffer bezeichneten Alex Schalck-Golodkowski: So engagiert wie beim Kulturpark-Projekt habe ich ihn auch in späteren Jahren erlebt. Ich kann seine Bewertung nicht von jenen Resultaten seiner Arbeit trennen, die den Menschen zugute kamen und die in komplizierten Situationen durchaus positiv die psychologische Befindlichkeit der DDR-Bevölkerung beeinflußten – ohne daß alle immer gewußt hätten, wer hinter dem Beschaffer der oft so dringend notwendigen Devisen und besänftigenden Südfrüchte steckte. Daß uns, Alex und mir, noch einmal eine dramatische Zeit bevorstehen würde, ahnten wir damals nicht.

Zu meinem Tätigkeitsgebiet gehörte auch der Kontakt zu den befreundeten Parteien, die Arbeit im Demokratischen Block und in der Nationalen Front. Gerade in Wahlzeiten war dies das Zentrum der politischen Massenarbeit. Paul Verner überließ mir dieses Feld weitgehend, da er sich als ein Mann der Zentrale verstand. Was links und rechts am Wege zu bewerkstelligen war, verteilte er gern auf andere. Natürlich drängten die Parteivorsitzenden auf Gespräche mit dem Bezirkschef der SED, aber Verner, seine Stellung und die von ihm selbst produzierte Unnahbarkeit genießend, ließ sich nicht erweichen, besser wohl: Er ließ sich nicht herab.

Ich kann nicht in Zweifel stellen, daß das Wort von den Blockflöten schon in der DDR hinter vorgehaltener Hand kursierte; ich selbst benutzte es nie, weil ich nie nach diesem Prinzip handelte. Mit Fritz Pfaffenbach zum Beispiel, dem Vorsitzenden der NDPD Berlins, saß mir einer meiner Lehrer in der Antifa-Schule gegenüber. Von diesem aufrichtigen, offenen, lebenszugewandten Menschen habe ich viel gelernt – woher sollte ich nun, als SED-Funktionär, die Anmaßung nehmen, eine führende Rolle hervorzukehren und mich politisch überlegen zu dünken!

Ein wichtiges Feld der damaligen Debatten war die Mittelstandspolitik. Da der drosselnde Zugriff auf die halbstaatlichen Betriebe erst 1972 mit Erich Honecker erfolgte, bestritten diese Firmen – etwa Schilkin mit seinem noch heute berühmten Wodka – einen wichtigen Teil der Volkswirtschaft, und die Blockparteien setzten sich sehr dafür ein, das Neue Ökonomische System zum Nutzen des Handwerks, der Gewerbetreibenden und der halbstaatlichen Betriebe auszulegen. Ohne damit den Sozialismus in Frage stellen zu wollen.

Die Angepaßtheit dieser Parteien war in vielen Sachfragen weniger groß, als heute unter dem Zwang zweckdienlicher Denunziation oft dargestellt wird. Aber als anpasserisch im negativen Sinne und als freiwillig unter SED-Knute stehend wird ja von den offiziellen Betreibern einer korrigierenden DDR- »Geschichtsschreibung« bereits bezeichnet, wer ganz allgemein für den Sozialismus votierte und die DDR als politisch verträglichen Lebensraum akzeptierte. Das taten die Vertreter der Blockparteien, mit denen ich redete, zweifellos. Sie wußten, daß der Einfluß der SED in den Handwerks- und halbstaatlichen Betriebe gering war, und sie sahen deshalb dort – im Sinne der gemeinsamen Aufgabe, unterschiedliche Interessen für ein bestimmtes gesellschaftliches Ziel zusammenzuführen – ihre politische Einflußsphäre.

In der Zusammenführung, nicht jedoch in der Tilgung von unterschiedlichen Interessenlagen sah ich den Sinn von Bündnispolitik. Sie konnte nicht bedeuten, aus allen Menschen Kommunisten zu machen sowie widersprüchliche Auffassungen zur Diktatur des Proletariats, zum Einfluß der SED auf staatliche Funktionen, zur betrieblichen Konkurrenz, zum demokratischen Zentralismus als Zeichen von Feindschaft zu deuten. Aber solche Differenzen sah Verner nicht gern, und er weigerte sich, daraus erwachsende Probleme gar »nach oben« zu transportierten. So blieben nur zwei Wege. Der eine bestand in einer möglichst freien Diskussion in der Stadtverordnetenversammlung. Äußerten sich hier die Vorsitzenden der Blockparteien für manche Ohren in Magistrat und SED-Bezirkssekretariat zu kritisch, sollte ich die Betreffenden hinterher zur Ordnung rufen. Was jedoch nicht geschah. Dennoch muß ich im nachhinein sagen: Die eine Seite zu beschwichtigen und die andere Seite zu bestärken, je nach Situation, blieb letztlich auch nur opportunistisches Verhalten und diplomatisches Manövrieren. Der andere Weg bestand darin, daß die Vertreter der befreundeten Parteien mit ihren Fragen und Problemen selbst den Weg zur jeweiligen SED-Führung suchten, sei es im Bezirk oder im Zentralkomitee. Auch diese Bemühungen versandeten meistens. So reduzierte sich meine Arbeit aufs Öffnen winzigster Spielräume, auf Schadensbegrenzung, auf die Einhaltung einer Spielregel, die sich Bündnis nannte, aber wirkliche Verbundenheit letztlich stark behinderte.

Politischer DDR-Alltag wurde in nicht geringem Umfang auch durch die Nationale Front geprägt. Sie sollte Ausdruck und Träger sozialistischer Demokratie sein. Bei den Wahlen traten die Vertreter aller Parteien und Massenorganisationen als Kandidaten dieser Nationalen Front in Erscheinung. Die Ausschüsse in den Kreisen und Bezirken sowie der Nationalrat waren jedoch schon keine demokratisch bestimmten Organe mehr. Was in den fünfziger Jahren an der Wiege des Nationalrats gestanden hatte, eine wirkliche Wahl, wurde der sogenannten Kooptierung geopfert. Wenn es also mal an der nötigen Zahl von Mitgliedern für den Rat mangelte, wurden alle Parteien und Massenorganisationen um Vorschläge gebeten, und mit einem Beschluß über die Kooptierung neuer Mitglieder war die Arbeitsfähigkeit wieder hergestellt. Da in diesem Gremium die SED ausnahmsweise nicht auf Mehrheiten für sich bestand, demnach niemand von den anderen Parteien und Massenorganisationen zu kurz kam, gab es keinen Streit, kein Mißtrauen, sondern nur Harmonie. Man könnte auch sagen: ausreichend lähmende Ruhe.

Wesentlich anders verliefen Demokratieprozesse an der sogenannten Basis, in den Hausgemeinschaften. Die Hausgemeinschaftsleitungen (HGL) wurden demokratisch gewählt, und in der Regel stellten sie einen wichtigen Partner bei der Organisation eines gutnachbarlichen Miteinanders dar, das die Vermittlung zwischen Mietern und Verwaltungen bzw. Eigentümern einschloß. Bei Spaziergängen durch den Osten Berlins sind noch heute Schilder mit jener Goldenen Hausnummer zu finden, die an hervorragend arbeitende Hausgemeinschaften vergeben wurde. Ein Stück Geschichte. Ich finde, man muß sich nicht schämen, einstmals ein gutes Zusammenleben in einem Haus gepflegt zu haben. Dazu gehörte auch Geld, das für geleistete Stunden bei Pflege und Wartung des Hauses sowie bei der Gestaltung des Umfeldes in eine Kasse gezahlt wurde – und die Gemeinschaft konnte über dieses Geld verfügen. Da kamen in größeren Häusern bis über tausend Mark zusammen; Hausfeste, Gratulationen zu Geburtstagen oder Hochzeiten gehörten ebenso zum Alltagsbild wie der Ausbau von Gemeinschaftsräumen.

Es wäre falsch, sich einzureden, diese Hausgemeinschaften wären allgemeines Prinzip und Wunsch sämtlicher, zufällig in einem Wohnhaus zusammengewürfelter Menschen gewesen; und nicht überall funktionierten diese Gemeinschaften gut. Anders gesagt: Wer in der DDR in geistiger Distanz zum Staat leben wollte, hatte es überall schwer – in der SED (wenn er überhaupt drin war) ebenso wie in seinem Wohnhaus. Aber nicht weniger hanebüchen als die Heiligsprechung solcher Gemeinschaften ist es, deren Existenz als zusätzlichen Beleg für allwaltende staatliche Kontrolle und drohenden Kollektivzwang noch in den eigenen vier Wänden zu sehen.

Mag der eine froh darüber gewesen sein, ohne unmittelbaren Bezug zu Nachbarn zu leben – andere erinnern sich gern an die Aufgehobenheit in einer Gemeinschaft, in der man füreinander da war und Zeit füreinander hatte. Das steigerte für viele Menschen durchaus die Lebensqualität ihres Alltags, eine Lebensqualität, die der Kapitalismus nicht bietet. Wenn ich heute die einstigen Nachbarkinder aus meiner damaligen Berliner Zeit treffe, inzwischen selber Eltern, dann höre ich, wie ihre Erlebnisse aus »unserem« Haus in der Karl-Marx-Allee 55 sie ihr Leben lang begleiteten, und ihnen ist heute nicht einzureden, daß ihre Eltern die DDR mutwillig und verbohrt, verführt und willfährig zu einem Land des Bösen gemacht hätten.

Mir geht es nicht darum, Dinge aus DDR-Zeiten verklärend in ein helles Licht zu setzen, den Alltag aus Gründen des biographischen Selbstschutzes zu idealisieren und so in neuerliche Schwarzweißmalerei zu verfallen. Aber mir gelingt es auch nicht, mit meiner Erinnerung beliebig umzugehen. Es ist mir nicht möglich, mein Gedächtnis mit Hilfe eines inzwischen erworbenen Wissens (und unter Einwirkung eines gewissen öffentlichen Druckes) zu belehren. Das Licht, in dem mir die Erinnerung Gegenstände und Menschen von damals präsentiert, ist ein festhaltendes Licht, eine Art Genauigkeitselement. Man hat nicht gewußt, daß man sich das für immer so genau merken wird. Man hat vor allem nicht gewußt, daß man manchen Bildern nichts mehr hinzufügen können wird. Keinen Kommentar, keine Aufklärung, keine Bewertung. Es hat keinen Sinn, die Bilder von einst mit böser Belehrung und den Maßstäben von heute zu umkreisen. Erworbenes Wissen über den Fehl unseres Sozialismus ist das eine, die Erinnerung etwas anderes. Allerdings nur so lange, als ich diese Erinnerung für mich behalte. Sobald ich jemanden daran teilhaben lassen möchte, merke ich, daß ich die Unschuld der Erinnerung nicht vermitteln kann. Das ist auch die Krux aller, die ihre Erinnerungen aufschreiben.

Ich möchte in dem Zusammenhang für mich begreifen, wieso das, was man mit DDR erinnert, mit dem Abstand der Jahre wieder positive Konturen im Leben vieler Menschen einnimmt. Manchmal kommt es mir vor, als würde in die Arme geschlossen, was man doch eben erst vehement verstieß. Aber Erinnerung ist halt der Atem der Geschichte, ist die eigentliche Wahrheit, und sie ist durch nichts zu widerlegen. Jetzt, da viele Menschen auf sich selbst zurückgeworfen sind, hat solche Erinnerung eine ganz besondere Kraft. Besonders bei denen, die sich bei der nunmehr ungebremsten Lobpreisung der persönlichen Freiheit im Kapitalismus noch immer – verstohlen, als seien sie bei etwas Schlimmem ertappt worden – nach anderen Menschen umsehen. Und für die jene heutzutage laut gepriesene Individualisierung, nachdem die DDR zusammenbrach, oft nur aus der Kehrseite besteht: verlorenen Bindungen. Der Kapitalismus mit seinem gigantischen Motor Konkurrenz fördert individuelle Kräfte; indem er den Menschen die Haltegriffe gesicherter sozialer Verhältnisse entzieht, fördert er Unternehmergeist und Beweglichkeit. Aber er zerstört Menschlichkeit. Ich bleibe in dem Zusammenhang beim marginalen Beispiel der Hausgemeinschaften, dem Zusammenleben der Familien im Sozialismus: Da gab es meistens keine großen Erbschaften zu verteilen und familienspaltende materielle Ansprüche größeren Ausmaßes abzuwägen. Ging der Streit mitunter heftigst um politische Fragen – weit seltener wuchsen jene Mauern, die heute aus Geld errichtet werden und die oft genug Neid und Mißgunst zwischen Bruder und Schwester, Eltern und Kinder tragen. Mauern, in deren Schatten sich Gleichgültigkeit und wachsender Haß breitmachen.

Der Besitz geriet in der DDR nicht zum ersten Schutz der Persönlichkeit. Heute dagegen sehe ich mich in eine Welt geworfen, in der Vermögensbildung vor Herzensbildung steht. Aber das Los der materiellen Streber zeitigt meist eine verhängnisvolle Logik: Hat einer alles, hat er meist eines verloren: seine Vernunft, sein Solidaritätsempfinden, seine Seele.

Das Geschriebene überdenkend, frage ich mich auch an dieser Stelle, ob ich nicht zu unkritisch auf meine damalige Tätigkeit zurückblicke und möglicherweise wieder mal zu viel Gutes in den DDR-Alltag hineininterpretiere. Gleichzeitig wische ich diese Selbstverdächtigung, realitätsfern gelebt zu haben, wieder weg. Mein Alltag vollzog sich nach Feierabend stets in großen Hausgemeinschaften, und das über Jahrzehnte hinweg. Meine Familie wurde durch die deutsche Spaltung getrennt. Ob in Berlin oder in Dresden – durch mein Leben zogen sich viele Konflikte der DDR-Realität. Weder von Kritikern aus dem einstigen eigenen Land noch von BRD-Politikern, von Vermutungskünstlern keinerlei Couleur also, muß ich mir erklären lassen, wie ich angeblich meine Jahre verbracht haben soll. Es ist schon schwer genug, das muß ich gestehen, aus einem stets aktiven politischen Leben heraus, das nunmehr unter dem Zeichen eines großen Scheiterns steht, eine kritische und differenzierte Sicht auf die eigene Biographie zu finden. Denn wenn man als Mitarbeiter an der öffentlichen Meinung jahrelang eine gesellschaftliche Sicht und Ausdrucksweise anstrebt, besteht zweifelsohne die Gefahr – Krux unserer Propaganda –, daß sich die Ausdruckweise verselbständigt und mit dem, der sie praktiziert sowie mit dem, den sie erreichen soll, immer weniger zu tun hat. Die öffentliche Meinung im real existierenden Sozialismus bewies in ihrer aberwitzigen Gemachtheit, daß die Entwicklung zur angestrebten Demokratie Nerven und Jahrzehnte kosten kann, ohne daß man in einer Zielrichtung auch nur im geringsten weitergekommen ist. Das zu schreiben, ist eine bittere Erkenntnis, die in gelebtes Leben schneidet. Ich will mich dem dennoch stellen, schon um der eigenen Zukunft willen; denn ich möchte, wider alle moralische Ermüdbarkeit, ein Demokrat mit Anspruch auf Verwirklichung bleiben, also Sozialist. Wenn diese Bemühungen um Offenheit jedoch von haßerfüllten Angriffen und böswilliger Ungläubigkeit begleitet werden – und beides begleitet noch immer die öffentlichen Auseinandersetzungen um DDR-Geschichte –, so führt das dazu, sich zu verschließen und weniger kritisch zu sein, als es einem die Geschichte abfordert.

Wenn ich an dieser Stelle kurz auf meine parlamentarische Tätigkeit eingehe, so deshalb, weil sie stets in engem Zusammenhang mit meinen Funktionen stand. Dem Jugendausschuß der Volkskammer gehörte ich von 1958 bis 1967 an, eine Zeitlang war ich dessen Vorsitzender. Im Sekretariat des Zentralrats der FDJ kam die Arbeit dieses Ausschusses kaum zur Sprache; was interessierte und beschäftigte, war höchstens die Auswahl eines Redners, dann, wenn wieder einmal jemand von der FDJ-Fraktion sprechen sollte.

Der Einfluß des Zentralrats der FDJ auf den Jugendausschuß wurde mit der Berufung des bereits erwähnten Kurt Turba zum Vorsitzenden der Jugendkommission beim Politbüro der SED gänzlich aufgehoben. Turba kandidierte auf Empfehlung Walter Ulbrichts für die Volkskammer, um den direkten Einfluß der SED auf die Jugendpolitik auch über das Parlament zu sichern. Die Jahre mit Kurt erwiesen sich als die besten des Jugendausschusses. Wir fuhren durchs Land, diskutierten offen mit jungen Leuten; besonders in Erinnerung sind mir Gespräche mit Studenten und dem Lehrkörper der Friedrich-Schiller-Universität Jena. Ob aktive Mitarbeit in Forschungsprojekten, praxisnahe Ausbildung oder streitbarer gesellschaftswissenschaftlicher Unterricht – kein Problem wurde ausgespart, ich hatte nicht das Gefühl, einer gelenkten und dogmatischen jugendpolitischen Pflichtübung zur »Impfung« der jungen Intelligenz beizuwohnen. Zum traurigen Beweis für die Kreativität dieser Arbeit geriet die Tatsache, daß sich die vermeintliche Schutzhand Walter Ulbrichts bald zurückzog. Vieles, was der Jugendausschuß an Vorschlägen ausarbeitete, an Kritik weiterzuleiten versuchte, landete auf dem Tisch Erich Honeckers – und von da bis zur Abwahl Kurt Turbas dauerte es nicht lange. Auch der Jugendausschuß erstarrte so wieder in der allseits üblichen parlamentarischen Pose.

Ab 1967 gehörte ich dem Kulturausschuß an. Besonders streitbar gestalteten sich die Auftritte des Kulturministers Klaus Gysi. Er besaß freilich zu Polemik und Selbstverteidigung oft genügend Gründe. Denn die meisten Mitglieder des Ausschusses arbeiteten unmittelbar im Kulturbereich, sie wußten, wovon die Rede ging, und die Kulturpolitik der SED gab reichlich Anlaß, zumindest immer wieder kritische, drängende Fragen ob wachsender Ideologisierung künstlerischer Prozesse an den zuständigen Minister zu stellen. Andererseits wiederum waren sich Kulturschaffende ihrer zumindest partiellen Abhängigkeit vom Ministerium bewußt. Diese Konfliktlage gab den Sitzungen kontroverse Kraft, machte sie aber ebenso zu diplomatischen Dehnungsübungen.

Klaus Gysi nahm kritische Anfragen äußerst gelassen entgegen und lief dann zu rhetorischer Höchstform auf. Er wand sich geschickt aus jeder Situation, und nicht selten hatte ich den Eindruck, seine geradezu einschüchternde Explosion an Argumenten, einlenkenden Bemerkungen und daraus resultierenden Ideen war stets stärker und die Runde der Zuhörer überrumpelnder als das, was daraus praktisch hätte folgen müssen: notwendige, die Lage bessernde, Kritik wirklich verarbeitende Maßnahmen seines Ministeriums blieben aus. Gysi, ein Meister der Blitzreaktion, ein exzellenter Beherrscher des Moments, zeigte sich gern und schnell einsichtig gegenüber Künstlern – wahrscheinlich aber nur, um über fehlende eigene Konzepte hinwegzutäuschen. So diente er der kulturpolitischen Ruhelage – und das traurige Paradoxon besteht darin, daß er genau für diese, doch der Zentrale taktisch-kurzfristig zuarbeitende Haltung später abberufen wurde.

Mit Klaus Gysi habe ich mich dennoch stets gut verstanden; unsere Kontakte rissen nicht ab, als er den Posten des Botschafters in Rom und dann den des Staatssekretärs für Kirchenfragen übernahm. Daß der Apfel vom Stamm der Gysis nicht weit fällt, habe ich erst viel später erlebt. Aber wer den Klaus mochte, konnte auch seinen Sohn Gregor rasch ins Herz schließen. Die gleiche Lebensfreude, die gleiche Genußfähigkeit, die gleiche Lust am Auftritt, aber auch eine ähnliche Schlitzohrigkeit und burschikose Weltoffenheit: Hoppla, jetz komm ich! Und so ist Gregor Gysi der einzige, der es sich herausnimmt, ab und zu, und dies stets im falschesten Moment, »Hänschen« zu mir zu sagen, obwohl er sehr genau weiß, daß ich just dies nicht ausstehen kann. Und natürlich bemerkt Gregor, wie sich meine Züge leicht verfinstern, und natürlich entschuldigt er sich, und natürlich hält ihn auch diese Entschuldigung nicht ab, nach zwei Minuten erneut »Hänschen« zu sagen ...

Dieses »Hänschen« ist ein unwichtiges Detail, aber daß ich dem, wie ich jetzt merke, so viele Zeilen widme, deutet das Problem an: Es erinnert mich an die Art, wie ich als FDJ-Funktionär ob meiner Jugend mitunter von SED-Verantwortlichen in beleidigenden Schutz genommen wurde – ach ja, die Jugend! »Hänschen« klingt wie: Ach ja, die Alten! Und ein Widerspruch tut sich mir auf zu einer modernen Auffassung vom Beruf des Politikers, die nicht die meine ist. Gregor ist der intelligente Prototyp eines Politikers, der mit Leidenschaft für eine Sache streitet und arbeitet, der sich schlau und klug durchs Medienzeitalter »surft«, daß man nur bewundernd den Hut ziehen kann. Aber er könnte, sozial ungefährdet, schon morgen aussteigen. Politik ist ihm eine von mehreren Lebensmöglichkeiten. Er ist kein Funktionär. Seine Wurzeln in der PDS haben keine lebenslange Geschichte. Das macht ihn wendig, flexibel, in gewissem Sinne unangreifbar. Er ist nicht in dem befangen, was mir die drei Buchstaben DDR trotz aller heutigen Distanz wert sind.

Noch einmal zurück zum Kulturausschuß: Zu seiner Wahrheit gehört, daß Versuche der Demokratisierung gerade auf diesem Gebiet oft rasend schnell durch rigides SED-Eingreifen zur Strecke gebracht wurden. Ich erinnere mich einer typischen Situation, als Karl Kayser, Generalintendant in Leipzig, im Stadttheater Stralsund mit dortigen Künstlern und Kulturschaffenden diskutierte. Man konnte zu Kaysers Regentschaft im Theater der Messestadt unterschiedlicher Meinung sein, den einen galt er als Despot, andere verdanken ihm ihre künstlerische Laufbahn – auf jeden Fall war er ein Fachmann und selbstbewußt allemal. Kayser, Vertreter des Kulturausschusses, nahm in Stralsund kein Blatt vor den Mund, sicher gab ihm seine Mitgliedschaft im Zentralkomitee zusätzlichen Redeauftrieb. Alles kritisch Geäußerte wider die regionale SED-Leitung fand sich baldigst auf dem Tisch des 1. Sekretärs der Rostocker Bezirksleitung, Harry Tisch. Der rief seinen Amtsbruder an, den »Ersten« von Leipzig: Der Kayser möge sich um sein eigenes Theater kümmern, um Stralsund sorge sich schon die Rostocker Parteileitung. Damit war die Sache erledigt. Sozialistische Demokratie in Reinkultur.

Bis 1981 blieb ich formal Mitglied des Kulturausschusses, in den achtziger Jahren beschränkte sich meine Tätigkeit als Abgeordneter auf die Teilnahme an Plenarsitzungen. Diese schmolzen unter Honecker auf zwei Beratungen im Jahr zusammen. Zu denen, die im Plenum das Wort für die SED-Fraktion gefälligst nicht zu ergreifen hatten, gehörten die 1. Bezirkssekretäre. Wir wurden behandelt, als fehle uns die parlamentarische Weihe. Als gewohnheitsmäßiger Hauptsprecher der SED-Fraktion fungierte Günter Mittag.

Mehr als zwei Jahrzehnte lang schwieg ich in der Volkskammer. Erst als Ministerpräsident, im Spätherbst 1989, stand ich wieder am Rednerpult und vor der (fast vergessenen) Pflicht, vor dem Parlament des Volkes Rechenschaft abzulegen.

Walter Ulbricht, wir schreiben die zweite Hälfte der sechziger Jahre, betrachtete die weitere Gestaltung des Sozialismus als einen komplexen Prozeß, der alle gesellschaftlichen Bereiche umfassen sollte. Auf seine Initiative hin entstand ein Buch, in dem die Prinzipien des Neuen Ökonomischen Systems der Planung und Leitung zusammengefaßt wurden. Dieses Buch, an dem Günter Mittag, Walter Halbritter, Herbert Wolf und andere mitarbeiteten, erhielt Lehrbuchstatus. Ulbricht ließ es auch an sämtliche Bruderparteien verschicken – wobei auch Tito nicht vergessen wurde, als deutliches Signal, mit welch großem Willen zum eigenen Profil die DDR ihre Wirtschaft gestalten werde.

Am 23. und 24. November 1967 beschloß die 3. Tagung des ZK der SED die weitere Durchführung des NÖSPL in allen wichtigen volkswirtschaftlichen Bereichen. Am 30. November beschäftigte sich der Staatsrat mit diesem Thema, indem mit Künstlern und Kulturschaffenden über die geistigen Anforderungen dieser neuen Etappe unserer Entwicklung diskutiert wurde. Es kam zu einem Entschluß über die kulturellen Aufgaben bei der Entwicklung der »sozialistischen Menschengemeinschaft«. Unmittelbar danach berief die Volkskammer – nach einem Referat Walter Ulbrichts über die Notwendigkeit einer neuen Verfassung – eine Verfassungskommission; Ulbricht selbst würde sie leiten. Ende Januar 1968 bestätigte eine Tagung des Zentralkomitees den Bericht dieser Kommission, auch die Volkskammer stimmte über den Entwurf ab, verbunden mit dem Beschluß, diesen Entwurf der Bevölkerung der DDR zu unterbreiten, um schließlich in einem Volksentscheid über die neue Verfassung befinden zu lassen. Für Ulbricht bedeutete diese Verfassung einen Höhepunkt seiner Arbeit als Staatsratsvorsitzender. Vor über 3 000 Menschen sprach er im Februar 1968 im Berliner Friedrichstadtpalast, ließ Fragen stellen, um sie, als Ausdruck gewachsener Demokratie, sofort öffentlich zu beantworten. In allen Stadtbezirken und Kreisen der DDR fanden Bürgervertreterkonferenzen statt, auf denen der Verfassungsentwurf besprochen wurde und neue Programme zur Mitarbeit der Bürger in der volkswirtschaftlichen Masseninitiative entstanden. In den folgenden Wochen nahmen Hunderttausende an Gesprächen, Versammlungen und Fachdiskussionen teil. Mir fiel die Aufgabe zu, im Stadtbezirk Friedrichshain aufzutreten und die Aussprache in Berlin politisch zu leiten. Nichts durfte dem Zufall überlassen bleiben, alles war auf eine große und eindeutige politische Wirkung ausgerichtet.

Ende März nahm die Volkskammer den Bericht der Verfassungskommission entgegen. Über 11 Millionen Bürger, davon mehr als 600 000 in Berlin, hatten an der organisierten Diskussion teilgenommen. Insgesamt waren 12 454 Vorschläge schriftlich eingereicht worden; aufgrund dessen gab es 118 Veränderungen am ursprünglichen Verfassungsentwurf. Der überarbeitete Text wurde für den Volksentscheid am 6. April 1968 verabschiedet. In Berlin trat bereits am nächsten Tag das Bezirksaktiv der Nationalen Front mit über 3 000 Teilnehmern zusammen, erklärte seine Zustimmung zum Entwurf und rief dazu auf, dieser Verfassung beim Volksentscheid die Bestätigung zu geben. Anfang April fand sogar noch eine Großkundgebung mit über 140 000 Menschen statt; Paul Verner und Heinrich Homann, Vorsitzender der NDPD, sprachen. Mit 90,9 Prozent beteiligten sich die Berliner am Volksentscheid, ähnlich war es in der gesamten DDR. Die neue Verfassung wurde angenommen.

Diese Darstellung mag wie eine trocken-behäbige Rechenschaft aus alten Zeiten erscheinen. Ich habe sie aber bewußt gewählt, weil mich bei aller Traurigkeit über den allwaltenden Formalismus unseres Demokratieverständnisses doch ein Gedanke nicht losläßt: Es ist nicht wegzureden, daß die Verfassung von 1968 nicht gegen, sondern durch den Willen von Volksmassen Gesetzeskraft erhielt.

Ich lasse mir das auch nicht ausreden, indem nun mögliche Relativierungen von Überzeugung und Freiwilligkeit ins Feld geführt werden: der Grad der Anpassung, Furcht vor politischer Repression, die Gewöhnungsmechanismen, die Veräußerlichung des Ereignisses durch politische Propaganda. Auch ich weiß, daß kein Mensch, in welcher Gesellschaftsordnung auch immer, sich in Gänze vom herrschenden System vereinnahmen läßt; ich weiß ebenso, daß wir trotz dieser Wahrheit jede partielle Bejahung für eine totale Vereinnahmung nutzten. Aber ebenso unhistorisch ist es, organisierte Bekenntnisse zur DDR ausschließlich als Zeugnisse einer geradezu zwangsneurotischen Bevormundung zu werten. Wenn ausgeprägtes Anpassungsverhalten zu DDR-Zeiten heute als etwas Zwangsläufiges betrachtet wird, das gegen das sozialistische System spricht, weil es Mangel an Freiheit dokumentierte, so sollten diejenigen, die damit ihre Geschichtsschreibung ausschmücken, auch so ehrlich sein, heutiges Anpassungsverhalten ans System nicht als unbedingtes Votum für das kapitalistische System zu interpretieren. Auch heute dominiert Anpassung, und sie ist ebenfalls Mangel an Freiheit. Der Freiheit zumeist, sich sozial unabhängig zu verhalten. Der Mensch richtet sich ein in der Welt, und ausschließlich ideologische Bewertungen dessen, egal in welche Richtung, verfehlen allemal die Wahrheit.

Es herrschte damals, in jenem Jahr 1968, eine weitverbreitete Zustimmung zur neuen Verfassung. Wenn heute viele Menschen die DDR ablehnen, so bin ich sicher, daß dieses Bewußtsein aktiver Abneigung nicht selten erst im nachhinein wuchs. Der Abstand ist es, der Befreiung schafft. Wahrscheinlich, weil es eine zweite Wahrnehmung gibt, eine Wahrnehmung des Gedächtnisses, die es erlaubt, damalige Erfahrung und heutiges Reden darüber voneinander zu trennen. Die Erfahrung gehört dem damaligen unmittelbaren Erleben, das aber ist unwichtig oder gar schädlich geworden für die Anpassungserfordernisse der Jetztzeit. Also tilgt man die einstige Erfahrung (»Ich hab dies und das getan«) durch eine im nachhinein produzierte Erkenntnis, die, was beruhigend ist, durch erledigte Erfahrung nicht bedrängt werden kann (»Ich mußte dies und das tun, ich mußte!«).

Die Bundesrepublik Deutschland hätte die Chance gehabt, das, was ich anhand einiger Großveranstaltungen für das DDR-Demokratie-Format schilderte, gleichsam in ähnlicher Gelegenheit in den Schatten zu stellen. Sie hätte die Chance gehabt, einen demokratischen Schritt zu vollziehen, der uns gleichsam beschämt hätte: indem sie nach dem Beitritt der DDR eine neue Verfassung ausgearbeitet und diese mittels Volksentscheid hätte bestätigen lassen. Aber genau das fand nicht statt; eine neue Qualität, resultierend aus der wirklichen Synthese zweier Politikformen, die mit dem Ende des Kalten Krieges an ihr eigenes Ende gekommen waren, wurde von den Herrschenden der Bundesrepublik nicht gewollt. Auch die SPD setzte sich dafür nicht ein, lediglich die PDS erhob eine solche Forderung. Und mochte man da auch das gesamte Arsenal der Vorurteile gegen die Partei ins Feld führen, um wenigstens ein Quentchen Logik der Ablehnung verstehen zu können – selbst Wolfgang Ullmann vom Bündnis 90, wahrlich kein Freund der PDS, sah sich in seinem Gewissens- und Wählerauftrag betrogen und verließ die Verfassungskommission des Bundestages. Denn er mußte erkennen, daß wahrer Volkswille in der Bundesrepublik nicht gefragt und plebiszitäre Elemente der Verfassung im Range gefährlicher, also verfassungsfeindlicher Elemente stehen und also mit stupider Regelmäßigkeit abgeschmettert werden.

Ich will nicht Verfassung der DDR und Grundgesetz der BRD vergleichen. Allein meine Regierung, Ergebnis eines letztmöglichen Demokratisierungsversuches am Ende DDR, hätte eigentlich täglich die bestehende Verfassung ändern müssen, um gesetzestreu zu bleiben. Mir muß also niemand Nachhilfeunterricht anbieten in Sachen Demokratiedefizit. Aber ich brauche auch keinen Nachhilfeunterricht im Versuch, Demokratie zu lernen. Das Grundgesetz der BRD, ein geschichtliches Provisorium, legte fest, nach der Vereinigung beider deutscher Staaten eine neue Verfassung auszuarbeiten. Der Runde Tisch hatte, gemeinsam mit meiner Regierung, einen Entwurf ausgearbeitet. Aber niemand interessierte sich dafür, und dies ist die mildeste Form der Beschreibung für bitter erfahrene Nichtachtung. Geschichtsschreibung, da sie stets von den Siegern geschrieben wird, kommt nicht ohne Papierkörbe aus, in denen die Gedanken der verhaßten Gegner landen. Ich nehme diesen Fakt emotionslos hin, nur möge man an herrschender Position nicht allzu laut posaunen, statt eines hektischen Anschlusses habe sich eine wirkliche Vereinigung zweier Staaten vollzogen.

Der hohe Preis von Prag

Am 9. Mai 1969 stand ich zum Jahrestag des Sieges der Sowjetunion und ihrer Verbündeten über den Hitlerfaschismus in Prag auf der Tribüne, an der die Militärparade vorbeizog. Vor mir zwei Generale der Sowjetarmee – der eine ein Kerl wie ein Baum, der andere das genaue Gegenteil; der kleine Bursche mußte seine Soldatenzeit wohl in einem Panzer verbracht haben.

Nun hatten die Veranstalter in mehreren Reihen auf dem Boden der Tribüne Kreuze gezeichnet, die uns exakt unseren Platz zuwiesen. Den kleinen General hatte es unglücklicherweise hinter den Baum in Uniform verschlagen, so daß er die Parade höchstens hören, aber nichts davon sehen würde. Er bat den großen General, mit ihm den Platz zu tauschen und erhielt die witzige Antwort: Ein Soldat weicht nicht von dem Platz, an den er befohlen wurde. Der Kleine überlegte kurz und parierte: Gewiß warst du Soldat, als du bei der Parade noch im Zug marschieren mußtest – jetzt hast du die Figur von zwei Soldaten, mach mir doch bitte Platz.

Was dann auch geschah.

Ein anekdotisches Gespräch zweier sowjetischer Militärs am Rande einer Siegesparade, dem ich damals keinen weiterführenden Sinn zumaß. Und doch fiel mir gerade diese kleine, scherzhaft-polemische Replik wieder ein, als ich viel später über das nachdachte, was 1968 in Prag geschehen war.

Am 21. August jenes folgenreichen Jahres marschierten Truppen des Warschauer Vertrages in die ČSSR ein und nahmen – wie der Baum-General es sagte – den ihnen befohlenen Platz ein. Sie folgten militärischen Befehlen, die aus einer Kette politischer Verwicklungen gewachsen waren.

Der 12. Januar 1968 vermeldete den alles entscheidenden Fakt: Alexander Dubček hieß der neue 1. Sekretär des ZK der KPTsch. Für die Partei, die bis dahin vor allem von Tschechen geführt worden war, bedeutete es ein großes inneres Problem, an der Spitze nunmehr einen Slowaken zu wissen. Nach außen dagegen schien Dubček zunächst eine gute Lösung zu sein – legte man die Kriterien damaliger marxistisch-leninistischer Verläßlichkeit an: Er hatte Jahre seiner Jugend in der Sowjetunion verbracht, sprach Russisch und konnte beinahe als Wunschkandidat Moskaus angesehen werden. Aber genau dies war nicht der Fall.

Bereits wenige Tage nach Dubčeks Amtsbeginn erfolgte ein inoffizieller Besuch Breshnews, Podgornys und Kossygins in Berlin. Was bei den engsten Gesinnungsgefährten der SED beraten wurde, ist nicht schwer zu erraten, wenn man die weiteren Abläufe in Betracht zieht.

Ende Januar tagte das Zentralkomitee der SED. Im 150. Geburtsjahr von Karl Marx orientierte es die gesamte Propaganda, die Gesellschaftswissenschaften und die massenpolitische Arbeit darauf, den Marxismus noch gründlicher (nicht: endlich gründlich!) zu erforschen und noch umfassender zu verbreiten. Das bedeutete entschlossene Politik nach dem Prinzip: Vorbeugen statt heilen; ein Ideologieaufgebot zwischen Selbstbestätigung und Warnung. Die SED bekräftigte ihre Treue zu den Prinzipien eines Weges, auf dem es keine abweichlerischen theoretischen Diskussionen geben dürfe. Und die Energie, mit der man dies kundtat, gab Nachricht von der Gewißheit, daß es solche schadbringenden Debatten in der DDR auch garantiert nicht geben würde.

Am 21. Februar trafen Breshnew, Gomulka, Shiwkow und Ulbricht zum 20. Jahrestag der Februarereignisse 1948 in Prag ein; die Festlichkeit und das Gedenken an die tschechoslowakischen Antifaschisten und Revolutionäre hatten ein Randthema, das aber unverzüglich zum eigentlichen Besuchsgrund geworden war: die Prager Reformer um Dubček zur Umkehr zu bewegen. Vergeblich. Ein weiteres Treffen wurde notwendig; die von Moskau ausgehende Nervosität nahm zu. In Dresden trafen sich am 23. März die Partei- und Regierungschefs von Bulgarien, Polen, Ungarn, der UdSSR, DDR und ČSSR – Rumänien nahm nicht teil. Erhöhung der Wachsamkeit, weiterer Zusammenschluß, Stärkung des Warschauer Vertrages – die Worte des Kommuniqués bestanden aus den üblichen Versatzstücken; aber für den, der unsere offizielle politische Sprache zu lesen verstand, bedeuteten sie im Zusammenhang mit der konkreten Situation in Prag bedrohlichen Klartext. In Dresden wurde eine Redaktion installiert, die eine Zeitung für die Tschechoslowakei herausbrachte, um, wie es hieß, gegen die Entstellungen des Marxismus-Leninismus in der ČSSR wirksam zu werden.

In Prag selbst begannen umfassende Personalveränderungen. Mit 72 Jahren übernahm Ludvig Svoboda das Amt des Staatspräsidenten, und ein Plenum des Zentralkomitees entließ 16 Mitglieder des Präsidiums bzw. des Sekretariats aus ihren Funktionen. Auch die Regierung wurde umgebildet. Die raschen Drehungen des Kaderkarussells konnten oberflächlich den Eindruck erwecken, aus der Sicht des Warschauer Vertrages sei die Krise nunmehr gebannt. Die rasche Abfolge weiterer Beratungen sozialistischer Führungsspitzen deutete jedoch auf anderes hin.

Am 14. und 15. Juni beim nächsten Treffen in Warschau – wieder ohne Rumänien – wurde die Lage in den jeweiligen Ländern besprochen; die Beunruhigung über das, was in der ČSSR geschah, kleidete sich jetzt in ungebremst offene Töne, die Schutzhülle der scheinbar nichtssagenden, beschwichtigenden Kommuniqué-Diplomatie fiel mehr und mehr. Offene Briefe der Bruderparteien an das ZK der KPTsch verfolgten das Ziel, die eigenen Mitglieder zu disziplinieren und wetterfest zu halten.

Aber schon am 3. August fand das nächste Treffen in Bratislava statt. Shiwkow, Kádár, Ulbricht, Gomulka, Breshnew und andere Repräsentanten, darunter auch Dubček, unterschrieben eine Erklärung, die Ausdruck der sogenannten Breshnew-Doktrin war: Die Unterzeichner werden niemandem erlauben, einen Keil zwischen die sozialistischen Länder zu treiben und die

Grundlage der sozialistischen Ordnung zu untergraben. Die Sprache dieser Erklärung, mit dem Adressaten Prag, ließ an Deutlichkeit nichts zu wünschen übrig.

Machte Dubček gute Miene zum bösen Spiel? Hatte er die Ohnmacht seines Liberalisierungsversuches eingesehen? Versuchte er bloß, Zeit zu gewinnen? Oder konnte er sich einfach nicht vorstellen, daß die »Freunde« tatsächlich zum äußersten Mittel der ideologischen Begradigung greifen würden?

An eine militärische Einmischung wollte auch ich, in gewissem Abstand zu den Entscheidungsträgern lebend, nicht glauben. Zumal Alexander Dubček unterschrieben hatte. So sehr man dies, im nachhinein, als taktisches Kalkül erkennen mußte, so wenig kann man Dubček der Lüge bezichtigen: Aus ihrer Sicht wollten die Ehrlichen unter den Reformern zwar Veränderungen, aber keinesfalls wollten sie die Grundlage der sozialistischen Ordnung zerstören ...

Um vor der Weltöffentlichkeit die wohl schon vorbereiteten waffenstarrenden Maßnahmen zu rechtfertigen, wurden von sowjetischer Seite Mitglieder der Parteiführung in Prag aufgefordert, militärische Kräfte aus den Bruderstaaten anzufordern. Am 20. August verabschiedete ich den 1. Sekretär des Prager Stadtkomitees, Buromir Simon, auf dem Flugplatz in Berlin-Schönefeld. Ein Freund. Er und seine Familie hatten ein paar Tage Urlaub in der DDR verbracht. Simon war Mitglied des Präsidiums des ZK der KPTsch, und wie ich bald erfuhr, wurde er nach seiner Rückkehr festgenommen und isoliert, um nicht mehr mit Dubček und anderen in die angeworfene stählernde Maschinerie eingreifen zu können.

Am 21. August 1968 erfolgte der Einmarsch der Truppen.

Walter Ulbricht und die Führung der SED haben diesen folgenreichen Schritt politisch mit vorbereitet. Die Nationale Volksarmee war mit Verbänden bis an die tschechische Grenze vorgerückt und hielt sich einsatzbereit. Die DDR funktionierte somit, wie alle anderen beteiligten Staaten, als aggressives Potential im Dienste der Breshnew-Doktrin. Es standen sehr praktische Überlegungen hinter der Bitte Ulbrichts, die DDR-Truppen aber möglichst nicht den letzten Schritt des direkten Marsches über die Grenze gehen zu lassen. Er wollte die Situation im eigenen Land nicht überspannen, und er wußte wohl, welche bösen provokanten Assoziationen feldgraue deutsche Uniformen bei den Menschen in der ČSSR auslösen würden.

Wie dem auch sei: Die Prager Ereignisse liegen für uns lastend schwer auf der Waage der Geschichte. Daß die NVA »nur« an der Grenze postiert war, nimmt dieser Last nicht sehr viel an bedrückendem Gewicht. Auch wenn das äußere Bild der DDR in jenen Tagen ruhig blieb: Unter der Oberfläche schwelte es, mehrere Prozesse wurden mit dem Zweck innenpolitisch wirksamer Machtgeste wegen »Hetze gegen den sozialistischen Staat« in Gang gesetzt – wobei sich Proteste von Bürgern meist weniger gegen den Sozialismus an sich richteten, sondern sehr konkret gegen einen mit Sozialismus unvereinbaren militärischen Eingriff in die Politik eines souveränen Staates.

Welche obskuren Auswirkungen die Situation hervorrief, schildert der Lyriker Günter Kunert in seinem Erinnerungsband »Erwachsenenspiele«. Er schrieb das Drehbuch für die DEFA-Verfilmung von Johannes R. Bechers Roman »Abschied«, Egon Günther führte Regie. Der Roman spielt in München, vor Beginn des Ersten Weltkrieges. Ein antimilitaristisches Buch. Premiere des Films im Berliner Kino »Kosmos«, 1968. Kunert schrieb: »Sodann Auftritt des Generalsekretärs nebst Gattin Lotte und dem Troß. Wir, die Schöpfer des Films, sitzen entsprechend unserem Ruf in der letzten Reihe. Auf der Bühne tobt sich der Chor der Nationalen Volksarmee aus, es wird gesungen und tremoliert, Solisten geben ihr schlechthin Bestes, und Schauspieler rezitieren und zitieren und lesen pathetisch vom Blatt bis zur Pause, nach welcher der Film laufen soll. Aber siehe, aber wehe – Walter Ulbricht erhebt sich, und die gesamte Korona verläßt den Schauplatz. Das ist das Todesurteil für den Film, der noch für ein paar Tage in einem Berliner Vorort gezeigt und rasch abgesetzt wird ... ein defätistisches Machwerk, das den Kampfeswillen« der NVA schwäche.

Lange brauchte ich, um meine Sicht auf die Geschehnisse von 1968 kritisch prüfen zu können. Immer wieder blieben die Gedanken hängen. Wo geht politische Öffnung wirklich über in leichtfertig riskierten Machtverlust? Und Macht meint hier nicht das kalte rücksichtslose Beharren auf irgendeinen Unterdrückungsmechanismus, sondern Bewahrung einer gesellschaftlichen Qualität. Wo sind die Grenzen zwischen Reform und Verrat? Welcher Preis aber darf für Einheit und Geschlossenheit erhoben werden, ohne daß gerade Sozialisten der Vorwurf der Unmenschlichkeit trifft? Doch wie menschlich ist die andere Seite? Es gibt einen Gedanken von Heiner Müller: Die Tragik des Sozialismus hätte darin bestanden, daß ein reformerischer Schritt nach vorn stets zu wenig war, aber die notwendigen zwei Schritte stets tödlich gewesen wären.

In diesem Dilemma verharrten wir, bis, um beim Beispiel Prag zu bleiben, nur die militärische Lösung blieb – die aber keine Lösung war, sondern nur eine Vergrößerung des Dilemmas selbst. Deshalb ist es ja im Grunde falsch, den militärischen Einmarsch isoliert von dem zu sehen, was ihn letztlich ausgelöst hat. Die Ereignisse von Prag 1968 warfen in extremer Form die Frage nach unserer grundsätzlichen geschichtlichen Kraft auf, die Frage nach unserer wirklichen inneren Stabilität und gesellschaftlichen Kreativität. Es ist eine Frage, die nie unabhängig der äußeren Umstände des

Kalten Krieges zu beantworten war; das darf nie vergessen werden bei der Beurteilung. Aber haben wir uns diese Frage nach uns selbst denn je wirklich ehrlich gestellt?

Machtsicherung einerseits und Gewissensprüfung andererseits erscheinen mir gerade im Hinblick auf Prag und die Lehren daraus als das komplizierteste, quälendste, aber wichtigste Konfliktfeld, dem ein Politiker nicht ausweichen darf. Die Behauptung des großen Generals auf der Ehrentribüne von Prag, daß ein Soldat dort zu stehen habe, wohin ihn der Befehl hinstellt, ist gnadenlos wahr. Und dieser Satz ist zugleich gnadenlos falsch.

Richtig begriffen habe ich das Verhängnis von Prag wahrscheinlich erst, als es im Herbst 1989 um die Wahrung von Gewaltlosigkeit in der DDR ging und ich auch im Rückblick sagen muß, alles nur Mögliche getan zu haben, um Provokationen gerade gegen die Sowjetarmee verhindern zu helfen. Zunächst in Dresden und dann in Berlin war ich geradezu glücklich, daß ich bei allen Kommandierenden der Streitkräfte auf Entschlossenheit traf, gegen die anwachsenden Demonstrationen auf keinen Fall eine militärische Lösung zu versuchen. Ob mit Generalleutnant Tschernischow oder den Armeegeneralen Snetkow und Luschew, der die Truppen des Warschauer Vertrages befehligte – wir waren uns darin einig, daß sich Berlin 1953, Budapest 1956 und Prag 1968 nicht wiederholen dürfe.

Alexander Dubček übrigens lernte ich erst im Februar 1990 persönlich kennen, da ich als Ministerpräsident der DDR nach Prag reiste. Er empfing mich als Präsident der Nationalversammlung, im Gebäude am Wenzelsplatz, jener Stätte, die zum Symbol des Prager Frühlings und des traurigen Prager Sommers geworden war. Bei seinem Besuch 1991 in Bonn legte Dubček Wert darauf, sich mit der PDS-Gruppe im Bundestag zu treffen. Nach dem offiziellen Gespräch mit Gregor Gysi und mir hatten wir beide Gelegenheit, ohne Dolmetscher, in russisch, auch über persönliche Dinge zu reden. Dubček ist in den über zwanzig Jahren der Isolation seinen Idealen von 1968 treu geblieben, er führte im Forst, wo er arbeitete, lange Zeit ein Schattendasein, aber er lebte wahrscheinlich nie mit dem Gefühl, ein Verlierer zu sein. Er hat ja auch nichts verloren, er ist nur militärisch besiegt worden.

Schaukelstühle vor Kubas Hütten

Auch Politik ist ein Leben zwischen Pflicht und Kür, und man ist froh über Aufträge, die einen gelegentlich aus der Routine des Alltags entführen. Im Sommer 1970 lernte ich Kuba kennen. Mit einer Delegation des Zentralkomitees flog ich zu den Feierlichkeiten des 26. Juli, dem kubanischen Revolutionstag. Leiter der Delegation war Werner Jarowinsky, der mit seiner Familie zum Urlaub nach Kuba wollte und seine Teilnahme an der Kundgebung in Havanna als blanke Pflichtveranstaltung sah.

In Havanna hatte Botschafter Joachim Naumann seinem gesamten Führungsstab Hauswache befohlen, denn er ging davon aus, daß Urlaubsgast Jarowinsky politische Anforderungen anmelden könnte, und so hatten alle in Habachtstellung abzuwarten. Tagelang. Während sie schwitzend in ihren Wohnungen saßen, aalten wir Delegationsmitglieder uns auf dem Gelände der Residenz, die einst dem US-amerikanischen Marineattaché Unterkunft geboten hatte. Wir lagen im Schatten der Palmen, erfrischten uns im Schwimmbecken, ich trank zum ersten Mal Cuba libre. Das Botschaftspersonal kochte, und dies nicht nur wegen tropischer Temperaturen. Der Ärger, der sich angestaut hatte, wurde auf einer Versammlung mit Mitarbeitern der Botschaft abgelassen, auf der ich über die Lage in der DDR berichtete. Es ging offen zu, also wurde auch der Botschafter wegen der von ihm inszenierten Alarmbereitschaft offen kritisiert. Ich konnte so viel Verständnis für die Situation der Botschaftsangehörigen beteuern, wie ich wollte: Die Leute waren sauer auf die Unterwürfigkeit ihres Chefs – obwohl vorauseilender Gehorsam und unvernünftiges Kleben an protokollarischen Riten eigentlich nie die Art von Gerhard Naumann waren. Zumal sich Werner Jarowinsky in seinem Urlaub überhaupt nicht stören und gar keinen Gedanken an eine politische Aktivität im kubanischen Sommer aufkommen ließ.

Kuba selbst wurde ein großes Erlebnis für mich. Wir fuhren in die legendäre Schweinebucht, sahen die Spuren des US-amerikanischen Landungsversuches, besuchten in Guama die Krokodilsfarm, schipperten zum Angeln durch die Lagunen und besichtigten Santa Clara. Werner Jarowinsky hatte zwar, wie beschlossen, an der großen Feierlichkeit zum Tag der Revolution teilgenommen, aber als die DDR-Delegation von Kubas Präsident Dorticos empfangen wurde, war er schon weit weg. Trotzdem empfing uns der Präsident. Ich war aufgeregt. Aber diese Aufregung verflog schnell, denn uns trat ein Mensch gegenüber, der sich kaum am Protokoll interessiert zeigte, sondern an der Diskussion, nicht am Amt seines Gesprächspartners, sondern an dessen Meinung. Da fühlte man sich als Deutscher wirklich in einer anderen Welt. Auch Präsident Dorticos gehört zu den kubanischen Begegnungen, die mich in der Auffassung bestätigten: Ein Volk wie Kuba wiederholt sich nicht auf dieser Erde – gastfreundlich, tolerant, ohne Anflug von Rassismus, mit einem langen revolutionären Atem, der hoffentlich, gerade nach dem Ende des europäischen Realsozialismus, nicht abstirbt.

Wie oft ist mir nach dem Zusammenbruch der DDR, bei Fahrten durch das schöne, saubere Westdeutschland aufgefallen, was für sonnige Balkons die vielen schmucken Häuschen tragen – und wie selten sah ich Menschen auf diesen Balkons oder in den Gärten sitzen. Als seien Besitz und dessen Unberührtheit ein Wert an sich. Aus Kuba habe ich Schaukelstühle in Erinnerung, meist standen zwei auf den kleinen Terrassen vor den Hütten, und meist saßen zwei Alte darin, ins Gespräch oder ins gemeinsame Schweigen vertieft. Ein Detail nur, aber mir erzählt es etwas von der krassen Unterschiedlichkeit zweier Lebensformen. Es geht nicht darum, Armut zu bagatellisieren, aber vielleicht muß es in unseren Breiten darum gehen, Reichtum und Bedürfnisse neu zu definieren.

Wir Sozialisten sind im Osten Europas an die vorläufigen Grenzen einer menschlichen Idee gestoßen, ja, auch gestoßen worden. Das Vertrauen in den Sozialismus ist vielfach erschüttert. Aber ich stelle für mein Leben fest, daß ich trotz aller Enttäuschungen (auch Selbsttäuschungen) nicht ablassen will von der fast instinktiven Suche nach einer Kraft, die stärker als Resignation ist. Im Vakuum zwischen Rationalität und der mitunter irrational wirkenden Hoffnung auf eine humane Veränderung der Welt sucht der Mensch nach Orientierungspunkten. So ein Punkt bleibt für mich Kuba, obwohl ich weiß und noch ausführlicher darauf zurückkommen werde: Die Helden dieser Zeit sind jene des Rückzugs. Und obwohl ich auch weiß, daß man einen gesellschaftlichen Prozeß nicht schönen Wünschen unterwerfen kann, daß also der schaukelnde, instabile Gang der Dinge das Normalste und das heißt auch das Unberechenbarste von der Welt ist. Patria o Muerte, Vaterland oder Tod – das kann nicht die Alternative sein. Aber inmitten der Aufweichungen von Ideen, inmitten eines schmutzigen realen Kapitalismus, der aus Menschen nur noch Konkurrenten und Verkäufer – auch ihrer selbst – macht, sollte man den bis zum Äußersten entschlossenen Selbstbestimmungswillen eines Volkes wie des kubanischen nicht unterschätzen.

Ulbricht und sein Kronprinz

Wie bereits angedeutet: Meine Agitprop-Jahre in Berlin waren alles andere als Wunschjahre. Bestimmte charakterliche Gegensätze zwischen den Menschen, die in der Berliner Bezirksleitung miteinander arbeiteten, haben mich stets belastet. Ich scheue nicht den politischen Konflikt, die harte Auseinandersetzung, den sachbezogenen Streit, aber ich brauche für meine Arbeit ein

Grundvertrauen; ich glaube etwas altmodisch an das Gute im Menschen und komme einfach nicht zurecht mit Intrigen, zur Schau getragenen Gläubigkeiten und übertrieben hierarchischem Denken. Daß natürlich ausgerechnet das fehlende Zutrauen zwischen meinem Chef Paul Verner und mir zum Sprungbrett in die Zentrale werden sollte, hätte ich nie geahnt.

Aber die Dinge nahmen sich wieder einmal heraus, ganz gegen unsere Beschlüsse und Perspektivpläne so zu laufen, wie es ihnen beliebte. Man setzt die Kugeln auf Rot oder Schwarz – aber sie rollen ins Bunte.

Was beim Wechsel von Walter Ulbricht zu Erich Honecker wie ein selbstverständlicher, harmonisch abgesprochener Vorgang aussah, hatte Hintergründe, die alles andere als demokratisch, alles andere als selbstverständlich und alles andere als harmonisch waren.

Wir Mitglieder des Zentralkomitees stimmten im Plenum über diesen Wechsel an der SED-Spitze ab, aber von besagten Hintergründen wußten die meisten nichts. Vom Kronprinzen freilich ging schon seit längerem die Rede, und daß die Wahl auf Erich Honecker gefallen war, traf verbreitet auf Zustimmung unter den Parteimitgliedern. Da Walter Ulbricht mit wachsendem Alter zusehends abbaute, schien es ein Akt der Vernunft und gar des Humanismus zu sein, den Parteichef von seinen Pflichten zu entbinden.

Aber, wie gesagt, ganz so logisch verhielt sich die Angelegenheit nicht. Was Ulbricht in den sechziger Jahren an Reformen in der DDR betrieb, übertraf das, was Chruschtschow für die Sowjetunion eingeleitet hatte. Aber unabhängig dieser Nuancen: Leonid Breshnew war beides suspekt. Ob Walter Ulbricht den Geistern, die er mit dem NÖSPL rief, immer folgte oder folgen konnte, ist weniger wichtig. Er, der »Zauberlehrling«, rief sie nicht nur, er sah sich selbst als treibenden Geist, und das stieß Moskau, aber auch einigen in der DDR unangenehm auf.

Als ich die Akademie für Marxistische Leitung und Organisation in der Köpenicker Wuhlheide besuchte, um mich mit sozialistischer Leitungstätigkeit zu befassen, wurde von Politbüromitgliedern schon hinter vorgehaltener Hand über »die Spinnereien Ulbrichts« gesprochen. Was sie selbst nicht begriffen, konnte nicht sein – diesmal sogar, obwohl es vom Parteichef persönlich kam. Dabei ging es Ulbricht um Methoden der Leitungstätigkeit, wie sie zu jener Zeit jeder führende Manager im Westen anwendete. Das allein schon schien Honecker einen Hinweis an Breshnew wert zu sein, Ulbrichts Zeit sei zu Ende. Honecker war damals der ständige Begleiter Ulbrichts, ihm wurde in Moskau vertraut und geglaubt, zudem schlugen in ihm und Breshnew zwei Jägerherzen und zwar im Takt.

Natürlich war der Kronprinz klug genug, sich nicht selbst ins Licht zu rücken. Das probate Mittel war die »kollektive Meinung«, manifestiert in einem »vertrauensvollen Brief«. Als Schreiber gegen Ulbricht stellten sich zur Verfügung: Honecker, Verner, Lamberz. Sie fanden die rechten Worte, unter die alle anderen ihre Unterschrift setzten – außer Alfred Neumann. Manche behaupteten, er habe sich bei Ulbricht Nachfolgerchancen ausgerechnet und fühlte sich nun von den Nachrückenden übergangen, also brüskiere er sie; aber derartige Stellvertreterpläne hatte es höchstens in den fünfziger Jahren gegeben, in den Sechzigern längst nicht mehr. Nein, dem Kommunisten Alfred Neumann gefiel diese Methode nicht, einen Genossen auszuschalten, und der avisierte Nachfolger Ulbrichts, Honecker, besaß schlichtweg nicht Neumanns Vertrauen.

Auch die Geheimdiplomatie wurde für den Führungswechsel eingeschaltet. Der sowjetische Botschafter Abrassimow schlug sich auf Honeckers Seite, er sah sich wohl als Königsmacher – ohne zu ahnen, daß ihm just diese Rolle nur kurz beschieden sein dürfte. Honecker hatte sich hinter dem Rücken Ulbrichts natürlich auch der Verläßlichkeit von Bezirkssekretären wie etwa Werner Krolikowski in Dresden und Harry Tisch in Rostock versichert; jemanden wie Abrassimow wollte er später aber sehr schnell loswerden, um sich aus jener Abhängigkeit zu befreien, die nun mal entsteht, wenn man einen Verbündeten zum Machtwechsel benutzt.

Um letzte Absprachen in der Sowjetunion zu treffen, fuhr Werner Lamberz nach Wünsdorf, angeblich, um einen Vortrag zu halten – in Wahrheit flog er mit einer Militärmaschine nach Moskau. Honecker wurde kein 1. Sekretär von Moskaus Gnaden, aber einer mit Moskaus Zustimmung. Und im Grunde bedeutete für Ulbricht die Aufforderung Breshnews, endlich den Rücktritt zu bedenken, nichts Außergewöhnliches. Er hatte sein politisches Schicksal stets mit der KPdSU verbunden; Erfahrungen aus Moskau und Wünsche der dortigen Parteiführung zu berücksichtigen, bildete einen wesentlichen Teil seines kommunistischen Verständnisses von Tradition und Disziplin. Was er sich für die neue Lebenssituation von Moskau geben ließ, war die Zusicherung für einen fairen Umgang.

Auf dem bereits einberufenen VIII. Parteitag sollte kein falsches Bild entstehen mit Dank und Ovationen, deshalb wurden die Personalfragen vor dem Parteitag, auf einer Sitzung des Zentralkomitees, entschieden. Am 2. Mai 1971 trat Walter Ulbricht mit der Bitte vor das Zentralkomitee, ihn von der Funktion des 1. Sekretärs zu entbinden, die Führung der Partei solle in jüngere Hände gelegt werden. Er selbst schlug Erich Honecker vor. Dem Zentralkomitee wurde nun von Erich Honecker vorgeschlagen, Walter Ulbricht in die neugeschaffene Funktion eines Vorsitzenden der SED zu wählen, und nach wie vor solle er als Vorsitzender des Staatsrates fungieren – was Ulbricht auch bis zu seinem Tode im August 1973 blieb.

Da Honecker die Zeit für reif hielt, Paul Verner an seine Seite zu holen, erhob er ihn formal zu seinem Stellvertreter. Dies machte in Berlin einen Wechsel an der Spitze erforderlich. Konrad Naumann, ebenfalls ein Mann von Honeckers Vertrauen, rückte dorthin auf, womit für Eingeweihte klar war, daß eine neue knifflige Personalfrage auftauchte: Naumann und Modrow weiterhin in einem Sekretariat – das würde unerträglich werden für alle Beteiligten.

Als Chef des »Neuen Deutschlands« wollte Honecker jemanden haben, der sein uneingeschränktes Vertrauen besaß, einen Weggefährten, der ihm ohne Widerspruch zu folgen bereit war, aber zugleich jemanden, den er aus eigener Sicht und eigener Kenntnis als Zeitungsmacher anerkannte. So fiel die Wahl auf Joachim Herrmann. Als Honecker Vorsitzender der FDJ war, arbeitete Herrmann als Chefredakteur der »Jungen Welt«. Nun sollte sich das gleiche Verhältnis des blinden Vertrauens und der inzwischen bedenkenlosen Hörigkeit auf der Ebene der Parteiführung fortsetzen. Joachim Herrmann, das kann man auf alle Fälle sagen, hat sich in den kommenden Jahren als sehr aufstiegsdankbarer Mitarbeiter seines Chefs erwiesen.

In Verbindung mit dem Wechsel an der Spitze und bei der Erarbeitung des Rechenschaftsberichtes an den Parteitag hatte auch Werner Lamberz eine wichtige Rolle gespielt; künftig sollte er seine gesamte Kraft im Politbüro für Erich Honecker einsetzen. Dem stand Lamberz' Doppelfunktion als Sekretär des ZK und Leiter der Abteilung Agitation im Wege. Diese Abteilung wurde gleichsam frei – und mit mir besetzt.

Dieser Aufstieg zum Abteilungsleiter im Zentralkomitee mochte so erscheinen, als sei ich ein Nutznießer vom Ende der Ulbricht-Ära gewesen. Was auf den ersten Blick durchaus stimmte, machte dennoch nur die halbe Wahrheit aus. Die andere Hälfte: Naumann trachtete danach, mich in seinem Berliner Sekretariat los zu sein, Werner Lamberz wollte mir in dieser Situation helfen und zugleich sein eigenes Problem lösen; er brauchte einen Nachfolger für die Abteilung, die er bisher selbst geleitet hatte. So war Erich Honecker nicht der Auslöser der mich betreffenden Kaderentscheidung, aber er tolerierte sie.

Agitiert nur, agitiert nur!

Die Abteilung Agitation sowie die Agitationskommission des Politbüros besaßen, in engem Kontakt zur Abteilung Internationale Verbindung und zur Westabteilung, für die Politik des Zentralkomitees stets eine unangefochtene Schlüsselstellung. Agitation und Propaganda galten als scharf zu haltende und unnachgiebig einzusetzende Waffen im Klassenkampf, Ideologie hatte staatsschaffenden Charakter. Die politisch-ideologische Arbeit zielte daher auf eine ständig zu erhöhende geistige Wehrhaftigkeit sowohl nach innen als auch nach außen. Denn bei der DDR handelte es sich um einen Staat, der gleichsam von einer Idee aus gegründet wurde; deren Verwirklichungschance war plötzlich und heftig aus der Geschichte freizuschlagen; dieser Staat wuchs nicht aus natürlich gegebenen kulturhistorischen Zusammenhängen, die ein Volk mählich und unspektakulär zur Nation werden läßt. Für unseren Staat mußte sich, wenn man so will, das Volk erst finden; und es würde sich finden, so unsere frühe Hoffnung und unsere zu spät erkannte Illusion, über den großen, von allen getragenen Konsens einer unumstößlich sozialen, humanen, antifaschistischen Gesellschaft. Zu deren Formung wurden Agitation und Propaganda im Leninschen Sinne eingesetzt als massive Beihelfer zum gut Gemeinten.

Mit diesem politischen Bereich des Agitierens und Propagierens waren zunächst Namen verbunden wie Albert Norden, Horst Sindermann, Gerhart Eisler, Rudi Singer, Gerhard Kegel, Emil Dusiska – Menschen in verantwortlichen Funktionen des politischen Apparates, der Medien und der journalistischen Nachwuchsausbildung, die gegen Hitler gekämpft und in der Emigration offen und listig (zumeist beides) antifaschistische Positionen gelebt hatten. Mit dieser Tradition im Rücken ließ sich gut argumentieren für den neuen, ganz anderen Staat; zugleich war es genau die Verbindlichkeit gegenüber dieser Tradition, die es mit der Zeit erschweren sollte, für neue Generationen neue Wege in der politischen Überzeugungsarbeit zu gehen. Bewährte Gleise geraten schnell zu alten Gleisen.

Anders gesagt: Den Kommunisten, die ihr ideologisches, politisches Engagement eingegangen sind, als dies Henkertod, Flucht, Lager und Zuchthaus einschloß, folgten nun jene, deren Entschluß, Ideologie-Arbeiter zu werden, »nur« eine schlichte, gänzlich unheldische Frage der Berufswahl war. In der Agitation steigerte das die Hoffnung, jenes von den alten Genossen über Opfer und Leid erworbene Mißtrauen in alles und jeden würde sich legen und einer Normalisierung in geistigen Dingen weichen.

Die Versuche einer flexiblen, sich der verändernden politischen Welt öffnenden Medienpolitik, die nicht mehr einem Dasein ausschließlich unter Feinden, sondern einem Leben unter besseren, ja auch unbeschwerteren Bedingungen wachsenden Friedens und staatlicher Souveränität verpflichtet sein wollte – diese Versuche sind wesentlich mit Werner Lamberz verbunden. Er galt im Politbüro als »Königsmacher«, der, wie ich zu schildern versucht habe, maßgeblich dafür gesorgt hatte, Erich Honecker zum ersten Mann der SED werden zu lassen. Gemeinsam mit Eberhard Heinrich, der vom »Neuen Deutschland« kam, und Frank-Joachim Herrmann, gleichfalls

Journalist und später bis 1989 persönlicher Mitarbeiter des Generalsekretärs, gehörte Lamberz zu den Schreibern des Referates, das Erich Honecker auf dem VIII. Parteitag der SED halten sollte. Der Bericht bestätigte zwar die Kontinuität der sozialistischen Entwicklung im Lande, aber er war zugleich darauf ausgerichtet, eine neue Ära der Parteipolitik einzuleiten.

Freilich wagte das Referat keine deutliche Polemik mit Walter Ulbricht; die Distanz zu ihm kam eher im Ablauf des Parteitages selbst zum Ausdruck. Unpäßlichkeit hatte den bisherigen Parteichef an der Teilnahme gehindert, damit war er aus dem Erscheinungsbild der Tagungen gestrichen, und mit gleicher Selbstverständlichkeit, fast natürlich-unauffälligen Gelassenheit strich ihn das zentrale Parteigedächtnis aus der SED-Geschichte. So, wie es Bertolt Brecht einmal geschrieben hat: »Wenn der unentbehrliche Mann die Stirn runzelt, / wanken zwei Weltreiche. / Wenn der unentbehrliche Mann stirbt, / schaut die Welt sich um wie eine Mutter, die keine Milch für ihr Kind hat. / Wenn der unentbehrliche Mann / eine Woche nach seinem Tod zurückkehrte, / fände sich im ganzen Reich für ihn / nicht mal mehr die Stelle / eines Portiers.«

Der neue Politikansatz, der mit dem Namen Honecker verknüpft sein sollte, weckte Hoffnung: Sozialismus darf kein Verheißungsprogramm sein, das gegenwärtig lebenden Generationen zu viel Verzicht im Dienste einer besseren Zukunft abfordert. Es galt, das Jetzt ernst zu nehmen und eine direkte Verbindung zwischen Bedürfnissen und Wirtschaft, zwischen Bedarf und Produktion herzustellen. Auch die Kultur atmete unterm Versprechen lockerer Zügel auf. Der Parteitag hob zwar noch, fast warnenden Untertons, die wirtschaftliche Unerläßlichkeit hervor, daß man stets nur das verbrauchen könne, was vorher produziert würde – aber genau die Verletzung dieses Gesetzes sollte in einen Teufelskreis führen: Störrisch illusionär, mehr und mehr uneinsichtig beharrten wir auf einem Prinzip der nahezu verschwenderischen (wenn auch vielen Menschen wohltuenden!) Sozialpolitik, deren wirtschaftliche Stützpfeiler sichtbar zerbröselten. Die Einheit von Wirtschafts- und Sozialpolitik erfuhr, besonders in den letzten Jahren der DDR, lediglich von der Ideologie trompetenstoßartige Bestätigung – während hinter den Kulissen unsere Verschuldung bei westlichen Staaten in ruinösem Tempo voranschritt. Und dies in einem Umfang, das muß man sagen, wie er zu Zeiten Ulbrichts unbekannt gewesen ist. Das notwendige, aber vom Ehrgeiz diktierte, in Umfang und Tempo bald nicht mehr beherrschbare Wohnungsbauprogramm sowie die wachsenden Subventionen zum Erhalt der polemisch ausgerichteten Sozialpolitik schränkten alle produktiven Investitionen in einem solchen Maße ein, daß Wirtschaften nur noch auf Kosten der Substanz möglich war.

Aber zunächst sah die Perspektive verlockend aus. Stichworte wie »keine Langeweile mehr«, »nicht Enge, sondern Vielfalt in Kunst, Kultur und Medienpolitik« sorgten auch auf geistigem Gebiet für beträchtliche Erwartungshaltungen und eine rege Aufgeschlossenheit für das, was die Partei in ihrer Neuerungsstimmung in Gang setzte. Noch hatten jene, die diese ermunternden Losungen in den Raum riefen, wenig Ahnung davon, was geschehen würde, wenn man die befreiend wirkenden Parolen für bare Münze nehmen würde. Und sie wurden sehr bald für bare Münze genommen.

So fiel mein Start als Leiter der Abteilung Agitation des Zentralkomitees und als Mitglied der Agitationskommission des Politbüros, wie es schien, in eine Zeit nie dagewesenen und folgenreichen Beginnens. Es sollte Schluß sein mit jenem harschen Ton, der in der Parteileitung des Schriftstellerverbandes zum Beispiel, noch im Jahre 1970, zu Sätzen geführt hatte wie: »Biermann kann die DDR nicht kaputtmachen. Stefan Heym kann die DDR nicht kaputtmachen. Auch Kunert kann die DDR nicht kaputtmachen. Aber die DDR kann Kunert kaputtmachen.«

Mir standen als Leiter der Abteilung Agitation zwei Stellvertreter zur Seite: Herbert Malcherek für alle Fragen, die mit Agitation zu tun hatten, und Günter Fischer für Presse, Rundfunk und Fernsehen. Die Abteilung war in Sektoren mit insgesamt etwa 30 Mitarbeitern untergliedert. Die Agitationskommission änderte leider mählich ihr Wesen; ja, (die ersten Wermutstropfen!) im Grunde verlor sie Sinn und Charakter, der bislang darin bestanden hatte, schnell und interessant, überzeugend und stichhaltig auf Angriffe westlicher Medien zu reagieren und Argumentationen für die Tagespolitik zu diskutieren und auszustreiten. Denn: Konnte man den »Kämpen der alten Schule« in bereits erwähntem Sinne einen Konflikt hinsichtlich des notwendigen Generationswechsels an der ideologischen Front nicht ersparen, so verfügten sie doch über geistige Qualitäten, die plötzlich verlorengingen. War die Kommission in den fünfzigern und Anfang der sechziger Jahre noch ein Organ Walter Ulbrichts, um auf die aktuelle Politik Einfluß zu nehmen, geriet sie mehr und mehr zu einem Beratungsorgan des zuständigen Sekretärs zur Abklärung längerfristiger Aufgaben. Mitte der siebziger Jahre dann blieb nur noch der Name übrig, offener Meinungsaustausch und Problemdiskussion kamen als Tagesordnungspunkte nicht mehr vor. Alles verlief in lähmend geordneten Bahnen, Verantwortungsscheu und Bürokratismus schlichen sich erfolgreich ein; die Kommission nahm vor allem Einfluß auf mediale Personalentscheidungen, und hochbezahlte Führungskräfte sahen in den Sitzungen zu, wie Joachim Herrmann, später ZK-Sekretär und Lamberz' Nachfolger, in Gegenwart eines düpierten ND-Chefredakteurs die Seite 1 des Zentralorgans nach unmittelbaren Weisungen Honeckers zusammenbastelte. Ich glaube, am Ende diente die Agitationskommission nur dazu, dem Apparat ein Eigenleben zu garantieren: Sie sicherte ein paar Planstellen, mehr nicht.

Zur Agitationskommission gehörten ferner Ressortverantwortliche, jeweils im Range eines stellvertretenden Abteilungsleiters. Günter Bobach, verantwortlich für Wirtschaftspolitik, sah sich Werner Lamberz unterstellt, suchte Kontakte mit den wirtschaftspolitischen Abteilungen und freute sich, wenn er von dort etwas über die Absichten Günter Mittags erfuhr. Bobach sah mich als Partner an. Eine gänzlich andere Rolle spielte Bruno Wagner, in meiner Abteilung zuständig für Landwirtschaft. Sein quasi erster Chef und Freund hieß Bruno Kiesler, Leiter der Abteilung Landwirtschaft. Beide gingen oft, nie ohne gemeinsame Absprache, zum zuständigen Sekretär Gerhard Grüneberg und machten dann als munteres Trio die Landwirtschaftspolitik der SED. Werner Lamberz wurde bestenfalls noch informiert; mit mir als Abteilungsleiter gab es höchstens mal einen Streit, wenn ich Zweifel über das anmeldete, was Bruno Wagner vertrat, zum Beispiel die unselige Trennung von Pflanzen- und Tierproduktion.

Für Außen- und Innenpolitik gewannen wir Wolfgang Meyer von der Nachrichtenagentur ADN, der mit den entsprechenden Abteilungen eng zusammenarbeitete, aber bei aller Nähe zum Gegenstand doch »unser« Mann blieb. Schließlich gab es noch einen Verantwortlichen für den komplizierten Bereich Kultur. Zum Glück verband mich mit Hans-Joachim Hoffmann, Leiter der Abteilung Kultur, ein freundschaftliches Verhältnis. Manches konnten wir ohne Absprachen mit Werner Lamberz bzw. Kurt Hager regeln. Zwischen Lamberz und mir gab es die Vereinbarung, daß ich auftretende Probleme möglichst auf meinem Buckel ablud, um den Spielraum unseres Handelns nicht einengen zu müssen; denn gelangte ein Konflikt, gerade auf kulturellem Gebiet, erst einmal auf die hohe Ebene, setzten kalte, eisige Winde ein.

Und an Konfliktfeldern gab es keinen Mangel: Das Fernsehen der DDR baute ein eigenes Ensemble von Schauspielern auf und entzog den Theatern damit gute Kräfte. Das Dokumentarfilmstudio arbeitete zu bald 80 Prozent für das Fernsehen und stand damit besonders im Spannungsfeld von Kunst und Politik. Das neu geschaffene TV-»Kulturmagazin« griff in kulturpolitische Fragen ein, und der Rundfunk mit eigenen Klangkörpern, mit streitbaren Hörspielen und speziellen Jugensendungen sorgte ebenfalls ständig für Diskussionen. Die waren auf »unterer« Ebene schadensfreier abzuwickeln als auf der des Politbüros.

Eines Tages wurde ein Nachfolger für Kulturminister Klaus Gysi gesucht, und Hans-Joachim Hoffmann schlug mich vor. Das Ansinnen wies ich mit größter Entschiedenheit zurück. Gewiß hätten wir beide eine gute Zusammenarbeit zwischen Zentralkomitee und Ministerium garantieren können. Aber darauf kam es nicht an. Obwohl ich mich für einen Funktionär hielt, der sich für Fragen von Kunst und Kultur gern engagierte, so meinte ich doch, daß mir für einen solchen Posten die Bildung und das sichere Grundgefühl für den Umgang mit Künstlern fehlte. Hans-Joachim Hoffmann selbst wurde zum Nachfolger Gysis bestimmt.

Da Erich Honecker den Hang hatte, sich beim »Neuen Deutschland«, der »Aktuellen Kamera« – der politischen Informationssendung des DDR-Fernsehens – oder bei aktuellen Meldungen des ADN selbst aktiv in die Nachrichtengebung und -plazierung einzuschalten, sah auch Werner Lamberz in dieser straffen Regulierungstätigkeit sein Hauptfeld. Das forderte, um Honecker gegenüber stets auskunftsfähig zu sein, sich möglichst nichts an Nachrichten entgehen zu lassen; er blieb täglich in der Regel bis gegen 23.00 Uhr im ZK-Gebäude, um noch die Nachrichten-Spätsendungen, Ost wie West, im Fernsehen zu verfolgen. Er verbrauchte sich regelrecht in aktualitätsbedingter Geschäftigkeit. Jeden Mittwoch trafen sich die hauptverantwortlichen Abteilungsleiter seines Bereichs, Kurt Tiedke und ich, als Leiter der Abteilungen Propaganda bzw. Agitation, sowie Hanna Wolf, Direktorin der Parteihochschule, die auch als Abteilungsleiterin des ZK galt, sowie die Chefs des ND, des Rundfunks und des Fernsehens, dazu noch Lamberz' persönliche wissenschaftliche Mitarbeiter und die hauptamtlichen Mitglieder der Agitationskommission. Hanna Wolf strebte danach, aus einer solchen Art der Anleitung entlastet zu werden, ab Mitte der siebziger Jahre unterstellte man ihre Schule dem Büro Kurt Hager; damit lief sie endlich an jener langen Leine, die sie so mochte, und über diesen Weg verschaffte sie sich des öfteren auch direkten Zugang zu Erich Honecker.

Lamberz informierte in den Sitzungen über die wöchentliche Beratung des Politbüros und des Sekretariats (sofern dort nicht Vertraulichkeit gefordert war), um anschließend aktuelle Arbeitsaufgaben für Medien und andere Bereiche der Agitation festzulegen. Anfänglich kam Joachim Herrmann als Chefredakteur des ND noch persönlich, bald jedoch überließ er das Feld immer häufiger einem seiner zahlreichen Stellvertreter. Jahre danach, wie gesagt, saß er selbst, hilflos auftrumpfend, auf dem Stuhl von Werner Lamberz, und die Anleitung der Medien geriet zu einer zweifelsfernen und absolut diskussionslosen Vergatterung, die hochdotierte Journalisten in einer Mischung aus Resignation, antrainierter Geduld und einem Hauch von Galgenhumor über sich ergehen ließen.

Aber freilich drückte das für die Medien vorherrschende Prinzip von Befehl und Gehorsam bereits auch auf die Arbeit von Lamberz. Informationen etwa aus dem Politbüro wurden zwar von ihm wieder- und weitergegeben, kaum jedoch zum Anlaß einer inhaltlichen Verständigung oder Auseinandersetzung genommen, bei der Widerspruch vorkommen durfte. Die Hektik des politischen Tagesgeschäfts, das eh gefährlich aufgeplustert von Schlagzeile zu Schlagzeile treibt, verführte zur Oberflächlichkeit und schmalspuriger Eindeutigkeit. Die Frage als ursprünglichste Form der Kommunikation galt mehr und mehr als Ausrutscher der Verständigung und schließlich gar als verräterisches Indiz fehlender Parteilichkeit.

Den Abteilungsleitern des Zentralkomitees wurde durch unseren Bereich wenigstens die Möglichkeit eingeräumt, jeden Donnerstag leitende Journalisten von Presse, Funk und Fernsehen einzuladen, um sie zu informieren und ihnen Argumente zu vermitteln. Interessante Gesprächspartner, zumeist Spezialisten eines bestimmten Gebietes, gaben Hintergrundinformationen. Diese wöchentliche Beratung erhielt die berühmte Kurzbezeichnung »Argu«. Ihr Charakter änderte sich später ebenfalls entschieden. Die Ursprungsidee verkümmerte, der vorgesehene Debattenimpuls verkam zur doktrinären Anleitung.

Die materielle Basis der Massenmedien bedeutete ein besonderes Problem unserer Arbeit; in der Bereitstellung von Papier für die Printmedien lag der größte Engpaß. Aufgrund der niedrig gehaltenen Zeitungspreise stiegen Auflagen alarmierend schnell. Im Zentralkomitee arbeitete sogar eine Papierkommission, sie verteilte die von der Plankommission festgelegte Gesamtmenge Papier auf die einzelnen Zeitungen und Zeitschriften. Das kam einer zentralen Festlegung von Auflagenhöhen gleich; unabhängig von realen Nachfragen legte sich das sozialistische »Grundgesetz« von der führenden Rolle der Arbeiterklasse auf die jeweiligen Entscheidungsmuster; Papierkontingente waren Instrumentarien einer politisch motivierten Differenzierung bei der Verbreitung von SED-Zeitungen sowie Medien der Blockparteien und Massenorganisationen.

Wenn ich damals bei meiner Arbeit für größere Vielfalt, Unterhaltsamkeit und Beweglichkeit der Medien eintrat und etwas zu tun versuchte gegen geistige Verengung und einschüchternden Dogmatismus, so meinte ich, dies stärke das Vertrauen in die Partei und damit den Sozialismus. Für mich hatte die Presse, ganz im Leninschen Sinne, ein kollektiver Propagandist, Agitator und Organisator zu sein; der Journalist schrieb nicht als Beobachter, sondern als Beteiligter, nicht als Kontrolleur, sondern, um im Auftrag der Partei zur Realisierung ihrer Beschlüsse beizutragen. Da sich Kritik am Journalismus der DDR stärker und stärker zu einem maßgeblichen Punkt der Kritik am gesamten System auswuchs und gerade der prononcierte, wuchtige Drang nach Meinungs- und Gedankenfreiheit beispielsweise am 4. November 1989 auf dem Berliner Alexanderplatz die größte Massendemonstration gegen die »alte DDR« auslöste, mag man meiner Auffassung über die Rolle der Presse Blauäugigkeit vorwerfen oder, noch schlimmer, Unbelehrbarkeit. Allein, ich vermag nicht, mein Denken von damals mit den Positionen zu beschreiben, die ich aus heutiger Sicht hätte einnehmen müssen. Natürlich tut sich aus gegenwärtiger, distanzierter Betrachtung zwischen damaligen Bemühungen um eine entkrampfte Agitation und den realen Ergebnissen bei diesem Unterfangen ein beträchtlicher Differenzraum auf. So vieles an medialen Auflockerungsübungen relativiert sich heute und ist nicht mehr der Rede wert; einst aber wurden schon kleine Schritte bewertet, als habe man riesige Stützstangen aus dem ideologischen Korsett gezogen. Mit der Donnerstag-»Argu« zum Beispiel wollte ich den Grad sachkundiger Information für die Medien erhöhen, mit der Überlegung, daß doch nur aus umfangreichen Kenntnissen und Kompetenzen heraus gute Recherchen und ein souveräner Umgang mit Konflikten und Schwierigkeiten des sozialistischen Aufbaus möglich seien. Aber Problembewußtsein zu fördern, es zu bewahren oder gar auszubauen, erwies sich mit wachsendem Abstand zu den optimistischen, fast euphorischen Beratungen des VIII. Parteitages als immer schwieriger.

Kritische Betrachtungen unmittelbar nach diesem prägnanten Moment des politischen Kurswechsels füllten zwar plötzlich sehr auffällig die Zeitungen und Zeitschriften; aber in jener Phase wirkten Journalisten, ob unbewußt oder bewußt, als Facharbeiter einer in den politischen Kram passenden Demontage: Was zu kritisieren war, ging nämlich auf Kosten Walter Ulbrichts, und das schien durchaus so gewollt. Schnell jedoch wechselte der propagandistische Auftrag: Nun bestand er darin, die Erfolge der neuen Politik Erich Honeckers darzustellen und die mit dem Wechsel verbundenen Hoffnungen als perspektivisch real und schnell verwirklicht zu preisen. Als könne man das ausgerufene, beschlossene Glück der Menschen wie ein präzises Uhrwerk in Gang setzen. Anfänglich, das muß ich gestehen, hatte ich damit keine Probleme, da mich solche Hoffnungen ja selbst erfüllten.

Unsere humorlose Gemütslage

Das wichtigste Feld der Veränderungen sahen wir im Fernsehen. Das ging von den Nachrichtensendungen über die dramatische Kunst bis hin zur Unterhaltung. Bezeichnend für die Informationsgebung der DDR war zum Beispiel der Umgang mit Katastrophen oder Unfällen. In den vorhergehenden

Jahren wurde die Öffentlichkeit geradezu arrogant notdürftig und unwillig über solche Dinge informiert – wenn sie bei uns geschahen. Als störten unglückliche Vorfälle das Aufbauwerk, als beschädigte übergeordnete Gewalt das Vertrauen in die Gesetzmäßigkeit des Geschichtsprozesses und müsse also im Sinne des behaupteten gesellschaftlichen Fortschritts und seiner Unaufhaltsamkeit verschwiegen werden. Katastrophen widerspiegelten nicht das Wesen des Sozialismus; geschahen sie in der kapitalistischen Welt, erfüllte das schon eher seinen Sinn und verriet einmal mehr die Verwerflichkeit der fremdem feindlichen Hemisphäre. Wir informierten zuvörderst nicht über das, was die Leute interessierte, sondern über das, was sie politisch interessieren sollte. Der tragische Absturz einer IL 62 bei Königs Wusterhausen 1972 jedoch, und es war wie eine Wende aus bitterstem Anlaß, wurde mit all seinen erschütternden Ausmaßen sofort gemeldet, Verkehrsminister Otto Arndt zeigte sich vor Ort in Schönefeld und sprach den Hinterbliebenen mit sehr menschlichen Worten das Beileid der Regierung aus. Ich habe Otto Arndt immer geachtet, sein Auftreten bei diesem tragischen Ereignis hat ihm den Respekt von Millionen Menschen eingebracht.

Es spricht Bände über unsere Informationspolitik, wenn allein dieses Beispiel eines Flugzeugunglücks von meinem Gedächtnis als einschneidendes Zeichen wegweisender Veränderung behauptet wird.

Auch die große Sonnabend-Show »Ein Kessel Buntes« war ein Kind jener Zeit. Die Sendung sollte uns internationale Spitzenkräfte auf den kleinen Bildschirm der DDR und die Talente und Könner der eigenen Szene in respektablen Vergleich bringen. Mit den satirischen »Drei Dialektikern« war die Hoffnung verbunden, wir könnten über uns selbst laut lachen. Aber wie mit dem verteufelten siebenten Jahr in der Ehe bahnte sich das Unheil auch mit dem siebenten »Kessel« an. Währenddessen manche Ehen jedoch die abergläubisch grundierte Sieben heil überstehen, gelang dies den drei kabarettistischen Querköpfen nicht. Die »Dialektiker« (Sachse Manfred Uhlig, Berliner Lutz Stückrath, »Fischkopp« Horst Köbbert) hätten, wie der 1. Sekretär der Berliner Parteiorganisation, Konrad Naumann, mit polternder Arroganz und unverhohlener Geringschätzung in Umlauf bringen ließ, die Arbeiterklasse in Gestalt der Berliner Bauarbeiter beleidigt. Indem die Fernsehleute Pfusch auf den Baustellen kritisierten, hätten sie Schmutz aufs Ansehen der Werktätigen geworfen. Damit stand die weitere Existenz des gesamten »Kessels« auf dem ideologischen Prüfstand. Da sich Werner Lamberz im Urlaub befand, mußte ich mit den Texten der »Dialektiker«, vorgesehen für den 8. »Kessel«, zu Erich Honecker. Er bestätigte die Manuskripte, die nächste Sendung war gerettet, aber für das freche Trio verlosch das Lebenslicht auf dem Bildschirm dennoch recht schnell.

Witz und Selbstironie ist nie die Sache von uns realen Sozialisten gewesen. Diese Erfahrung einer krankhaft humorlosen gesellschaftlichen Gemütslage nahm ich später auch nach Dresden mit. Die »Herkuleskeule«, das renommierte Kabarett in der Bezirkshauptstadt, besuchte ich nur sehr sporadisch; ich fürchtete, dem Widerspruch nicht gewachsen zu sein zwischen heiterer Zustimmung fürs Kritisierte und der Getroffenheit des Kritisierten; ich besaß nicht das Selbstvertrauen vorurteilsfreien Genusses; ich fürchtete, der Zuschauer Modrow würde in Kollision geraten mit dem Funktionär Modrow; ich wollte nicht hineingezogen werden in mögliche politische Auseinandersetzungen, in denen der Funktionär M. anders handeln müßte, als es der Zuschauer M. gern getan hätte. Schizophrenie der Disziplinierung, die stets einen Zug der Selbstbeschneidung an sich hat. Ich hielt mich opportunistisch heraus, denn ich wollte zumindest nicht der Zensor sein, den man mir höheren Ortes abzufordern versuchte.

Wenn sich heute Akteure des »Kessels« darüber äußern, wie sie damals eingeengt wurden, wie sie dennoch versuchten, ihre Botschaften listig zu verbreiten, so halte ich das für legitim – auch wenn dies stets mit pauschalen Angriffen auf die politisch Verantwortlichen verbunden ist, die mir wehtun. Aber über unsere ehrlichen Bemühungen, die Arbeit der Künstler, Redakteure und Produzenten möglichst störfrei zu halten, erfuhren sie halt nichts; von den Kämpfen hinter den Kulissen, oft Pyrrhussiege, drang nichts nach außen. Wie will man da heute auf eine Gerechtigkeit und eine Ausgewogenheit in den Urteilen beharren, die selber nie unsere Sache war. Dennoch existierte dieses Bemühen um Aufweichung des dogmatischen Starrsinns. Vielleicht sollte sich zum Beispiel Gunther Emmerlich daran erinnern, daß er noch Mitte der achtziger Jahre in Dresden zu mir kam, um über Spielräume für seine »Showkolade«-Sendung im Fernsehen der DDR zu sprechen, und ich dem Adlershofer Chef Heinz Adameck mit der guten Idee auf die Bude rückte. Gewiß, der Erfolg hielt sich zunächst in Grenzen, aber bestimmte Leute sollten heute nicht so tun, als seien sie ständig gedemütigte Einzelkämpfer und Heroen des Widerstandes gewesen. Wenn dem so gewesen ist, frage ich mich, wie einige, denen nun im Westen der Erfolg nicht mehr ganz so hold ist, heute dennoch materiell in Verhältnissen leben, als hätten sie sich 1989 nicht aus dem dunklen, kalten Untergrund, sondern geradewegs von des Fürsten Hof in den ersehnten neuen Staat gerettet.

Gewiß gab es unverständliche Eingriffe in die Kunst, die man nur mit dem Wort Zensur kennzeichnen kann – etwa, als Helmut Sakowskis Fernseh-Mehrteiler »Die Verschworenen« im Politbüro beraten wurde. Während Erich Honecker die im Film behandelte Befreiung des Zuchthauses in Brandenburg-Görden gut wiedergegeben und als Bestätigung seines Kampfes gegen den Hitlerfaschismus empfand, konnte sich Erich Mückenberger mit der Darstellung der Sozialdemokraten überhaupt nicht anfreunden. Unsere Abteilung, herangezogen zur Konfliktklärung, suchte den Ausweg in der Flucht nach vorn: Der Film wurde nicht geschnitten, sondern statt dessen ein weiterer Teil produziert, um vorgebrachte Änderungswünsche zu erfüllen. Helmut Sakowski, der Autor, und Helga Korff-Edel, die Dramaturgin, zogen sich nach Gransee zurück; dort debattierten wir lange miteinander, wie das Thema im politisch gewollten Sinne ausgebaut werden könne. Der spätere Nationalpreis für den Film bestätigte die Mühen.

Die Erinnerung gerade an diesen Film ist mit dem Empfinden verbunden, daß bei aller Eingriffslust der Parteiführung dennoch sehr vieles noch unverkrampft über die Bühne ging, weil Diskussionen möglich waren und eine Atmosphäre des »Wir sitzen alle in einem Boot« den Druck von bestimmten Situationen nahm. Aber so blieb es nicht. Der Ton wurde härter, Künstler gerieten unter schwer erträglichen Zustimmungsdruck, der Realitätsverlust der diversen Führungen stieg, und mit diesem Verlust wuchs zum Beispiel die Zwangsvorstellung, was in den Zeitungen an positiver, widerspruchsfreier Abbildung gedruckt würde, sei mit der Wirklichkeit identisch. Die selbstorganisierte Isolation von der Wahrheit wurde »bewältigt«, indem man sich per Medien eine ganz eigene, ideale DDR montierte. Wer das Verfahren störte, etwa Künstler, bekam keine Aufträge mehr; der »Fall Biermann« markierte schließlich den Höhepunkt einer geistigen Ausblutung, deren Folgen wir nicht übersahen. Wir haben uns, durchaus auch ahnungslos, über Jahre hinweg große Mühe gegeben, die Chance DDR zu verspielen.

Ein kleines Beispiel auch aus meinem unmittelbaren Arbeitsbereich illustriert diesen verhängnisvollen Verdrängungsprozeß. Eines Tages wollte Erich Honecker die Veröffentlichung einer Liste, in der Preise verschiedener Produkte in der BRD und in der DDR verglichen wurde. Aus gutem Grunde strich ich aus der Warenansammlung zwei Artikel, die absoluter Engpaß waren, Kalbshaxe und ungarische Salami. Daraufhin machte mir Honecker im Sekretariat des ZK nachdrücklich klar, ich sei hier nicht bei Dubček, bei dem die Medien offenbar unkontrolliert ganz anderes tun könnten, als der 1. Sekretär fordere.

Die Geschichte des Fernsehens der DDR wurde bislang noch nicht geschrieben, und ob es je geschieht, ist schwer zu sagen. Eine Tatsache in dem Zusammenhang sucht in der Welt ihresgleichen: Das Staatliche Komitee für Fernsehen der DDR hat in vierzig Jahren nur zwei Chefs gehabt – Heinz Adameck und Hans Bentzien, den ich, als Ministerpräsident, in der letzten Phase der DDR berief, ohne mich der Zustimmung der Parteiführung zu versichern. Bentzien übte das Amt in kaum so vielen Wochen aus, wie es

Adameck an Jahren tat. Ein Phänomen, das kaum zu erklären ist: Aber Heinz Adameck schaffte es, alle und alles in der Partei- und Staatsführung politisch zu überleben. Bei Walter Ulbricht half ihm seine Freundschaft zu Erich Honecker, die im Hintergrund gewachsen war, die der neue Generalsekretär, fest und sicher inthronisiert, dann aber nicht mehr brauchte und daher nicht fortsetzte. Mit Werner Lamberz zog Adameck an einem Strang, weil dieser, wenn auch nicht unbedingt größere und einschneidende Veränderungen, so doch immerhin Verbesserungen im Detail auf dem Feld der Medien wollte. Mit dem letzten Agitationschef Joachim Herrmann schließlich fand Adameck sich ganz einfach ab, hier half ihm wohl schon das fossile Wissen um die bewältigte Last der Jahre, um gelassen zu bleiben und ab und zu die alte Schlitzohrigkeit ins Feld zu führen.

Heinz Adameck und ich hatten, wie man so sagt, eine gute Zeit, als ich im Zentralkomitee arbeitete. Als ich nach Dresden ging, kühlte sich unser Verhältnis ab. Solange die Vorbehalte aus Berlin gegenüber meiner Arbeit im Bezirk noch nicht so ruchbar, ja in gewisser Weise öffentlich wurden, sollte das Studio in Dresden, aus der Sicht von Adlershof, endlich einen festen Platz in der Struktur des Fernsehens erhalten. Aber mit diesem perspektivischen Gedanken war merkwürdigerweise bald Schluß. Heinz Adameck erkannte wahrscheinlich früher als andere, daß Distanz zu mir Pluspunkte bringt. So »verkümmerte« Dresden zur Außenstelle für Fernsehstücke und verschwand aus allen größeren Struktur-Projekten. Heinz und ich sind uns bei ZK-Tagungen immer wieder freundlich begegnet, von Freundschaft konnte nicht mehr geredet werden. So verbinden sich, um in einer Hierarchie gut zu überleben, Kompetenz, Erfahrung und Charakter eines Menschen mitunter auf unvorhersehbare Weise.

Der Rundfunk der DDR bleibt in meiner Erinnerung eine Oase der Selbständigkeit – was sicher auch daran liegt, daß das gesprochene Wort vorüberrauscht, wo das geschriebene unverrückbar und verräterisch noch vor Augen steht. Mein Kontakt zu Rundfunkleuten geht zurück bis auf Gerhart Eisler in den fünfziger Jahren. Den poltrigen Intendanten Robert Ley kannte ich, Jahre gemeinsamen Wirkens sind mit Rudi Singer verbunden. Er war ganz anders als Gerhart Eisler, der weniger als Leiter hervortrat, sondern eher als Springquell neuer Ideen und unablässiger Argumentationslust. Mit seiner antifaschistischen Biographie, als Mann permanenter Öffentlichkeit und Gesprächspartner vor allem der Jugend stand sein Ansehen oft wie ein schützender Schirm über dem Haus. Rudi Singer dagegen ging bedacht, sachlich und in kameradschaftlicher Verbindlichkeit ans Werk. Da wurden sozusagen die Schularbeiten gründlich gemacht und dennoch kein herzlos administratives Eingreifen praktiziert. Er saß auch nicht so oft und häufig, wie sein Intendanz-Kollege vom Fernsehen, im vertraulichen Gespräch bei Werner Lamberz am Tisch. Die Obrigkeit hörte kaum Rundfunk, dafür das Volk um so mehr – also kamen wenige (störende) Signale von oben, während die Zustimmung von unten ständig wuchs.

Der schützenden Hand Rudi Singers konnten sich Leiter, Mitarbeiterinnen und Mitarbeiter des Rundfunks stets sicher sein, des Beistandes unserer Abteilung im Zentralkomitee ebenfalls. Damals ahnte ich noch nicht, daß einmal Familienbande zwischen uns entstehen sollten. Thomas, der Älteste von vier Singer-Kindern, heiratete unsere Tochter Tamara. Rudi und seine Frau sind leider nur wenige Zeit nach der Hochzeit unserer Kinder kurz hintereinander verstorben; das Glück und die Freude mit den Enkelkindern konnten sie nicht gemeinsam mit uns erleben.

Medien und der gegängelte Mensch

Auf dem Gebiet der Presse herrschten mannigfaltige Strukturen und oft doppelte Unterstellungen; schon aus Selbstschutz und Gründen der Selbstachtung unterließ ich alles, um den Arm der Abteilung ins Unermeßliche auszustrecken und womöglich aufgrund von Profilneurose irgendeines Funktionärs in irgendein Räderwerk zu geraten. Für den Chefredakteur des »Neuen Deutschland« zum Beispiel, Joachim Herrmann, habe ich eigentlich nie existiert. Mit dieser Nichtachtung konnte ich gut leben. Erich Honecker war sein Freund und Werner Lamberz sein Partner. Streit gab es nur ein einziges Mal, und der war mit dem Druck der Zeitung verbunden. Die ZENTRAG, das Unternehmen der SED für Zeitungs- und Buchdruck, wollte als neue Technologie den Fotosatz einführen. Mit Werner Würzberger, dem zuständigen Stellvertreter in der Geschäftsabteilung des ZK, und Paul Kubach, dem Generaldirektor des Unternehmens, war ich übereingekommen, die neue Technik zuallererst beim ND anzuwenden. Dies stieß bei Herrmann auf allergrößten Widerstand. Sein Hauptargument schien mir einfach, aber primitiv zu sein: Wenn es noch Änderungen an der täglichen Ausgabe der Zeitung gab, meist durch Eingreifen von Erich Honecker selbst, konnten diese Korrekturen noch sehr spät am Abend vorgenommen werden – mit dem Fotosatz sei dies nicht mehr möglich. Wie solle man das dem Generalsekretär erklären?!

Daraufhin entschlossen wir uns, einen anderen Weg zur Einführung der neuen Technik zu gehen. Die Redaktion der »BZ am Abend«, mit ihrem Chefredakteur Horst Hertelt, zeigte sich nach kurzer Diskussion begeistert und griff zu. So war die »BZ am Abend« über viele Jahre die einzige Zeitung der DDR, die im Fotosatz erschien. Als zweites Blatt stellte sich die »Sächsische Zeitung« der technischen Reform. Ich kann mich noch gut an die Aufbruchsstimmung in der Redaktion um Chefredakteur Hannes Schulz erinnern. Erst dann kam es in der gesamten DDR zum Durchbruch des Fotosatzes.

In der »Berliner Zeitung« – von Dieter Kerschek geleitet, mit dem ich die Komsomolhochschule in Moskau besucht hatte – kamen in regelmäßigen Abständen immer wieder zwei Schreiber ins Visier der Kritik: Karl-Heinz Gerstner und Karl-Heinz Arnold, den man in der Redaktion kurz den »Doktor« nannte. Er leitete die Wirtschaftsredaktion; Karl-Heinz Gerstner wies das Impressum als Chefkorrespondent der Zeitung aus. Gerstner arbeitete nicht nur für die »Berliner«, sondern auch im Rundfunk. Sein Kommentarmotto dort lautete über Jahrzehnte hinweg jeden Sonntag »Sachlich, kritisch, optimistisch«, und dieser Leitspruch lag auch seinen Artikeln zugrunde. Seine gründlichen Recherchen, die vielfältigen Kontakte und eine Spürnase für Besonderheiten lenkten seinen Journalismus fast zwangsläufig ins Kritische. Unserer hauptstädtischen Obrigkeit stieß das übel auf; es erwies sich geradezu als notwendig, Gerstner ab und an zu warnen, ihm Ratschläge für ein etwas vorsichtigeres Verhalten zu geben. Besonders Günter Mittag wetterte des öfteren, und wir meldeten ihm regelmäßig die Ausführung dessen, was weder bei Gerstner noch bei Arnold wirklich stattfand: die befohlene Zurechtweisung dieser aus der verpflichtenden Rolle fallenden Parteijournalisten.

Druck dieser Art auf Redakteure und Autoren trat immer wieder auf, und gemeinsam mit Werner Lamberz versuchten wir, ihn möglichst abzufangen und somit zu verhindern, daß sich Angst und Unsicherheit in den Redaktionen verbreitete. Im vertrauensvollen Umgang miteinander sah ich den einzigen Weg für eine schöpferische journalistische Arbeit, deren politische Begleitung und Lenkung auch in meiner Verantwortung stand.

Die eigentliche Schaltstelle des politisch-ideologischen Einflusses auf Aussagen in den Medien lag beim Allgemeinen Deutschen Nachrichtendienst ADN. Chefin war Deba Wieland, eine kluge und mutige Frau. Verantwortung im täglichen Nachrichtensystem trugen Chefs vom Dienst, die schichtweise arbeiteten. Wo der CvD bei einer Meldung Probleme sah, holte er sich für die Freigabe der Nachricht die Zustimmung aus dem Zentralkomitee, also bei Werner Lamberz oder mir. Eine abgestimmte Hierarchie existierte nicht. Vieles lag in der Entscheidung des jeweiligen Chefs. Einer nahm mehr auf seine Kappe, ein anderer weniger; einer wollte sich zur eigenen Beruhigung beim höheren Chef absichern, ein anderer wiederum hütete sich, die letzte Instanz bei jeder Gelegenheit zu stören. Dieses Spiel ging rund um die Uhr, und der Chef vom Dienst des ADN wußte, wann er wen von uns wo erreichen konnte – und alles funktionierte übrigens ohne Handy.

Der Umgang Erich Honeckers mit Walter Ulbricht nach dessen Abberufung als Parteichef schlug sich auch in der Nachrichtengebung nieder. Als wichtigster Mann der Partei über Nacht aus allen Schlagzeilen zu verschwinden, ist für den betreffenden gewiß nicht leicht zu verschmerzen. Aber noch war Ulbricht ja Staatsoberhaupt, und ihn auch in dieser Funktion praktisch totzuschweigen, mußte schon als gröbste Unanständigkeit bezeichnet werden. Aber Honecker wollte es so. Einige Male rief mich Lotte Ulbricht an, um die Freigabe von Meldungen, ihren Mann betreffend, über mich zu erreichen. Nur mit großen Schwierigkeiten gelang es, in dem einen oder anderen Falle zu intervenieren und Informationen über Aktivitäten des Staatsoberhaupts, die beim ADN auf Eis lagen, zu veröffentlichen. Meistens traf Erich Honecker selbst die Entscheidung über eine Ulbricht-Meldung, und da von knallharter Zensur und von Verbotswillkür zu sprechen, ist leider nicht untertrieben.

Das politische Bestreben nach Weltoffenheit führte zu einem Netz von Korrespondenten, das die wichtigsten Zentren der Erde erfaßte. Leider barg unsere Staatskasse zu wenig Geld, um alle Wünsche an Ausweitung dieses Netzes zu erfüllen oder die Büros selbst so auszustatten, daß sie nicht nur den Eindruck eines Provisoriums machten. Das betraf vor allem die westlichen Staaten. Schauspieler Dieter Mann meinte einmal mit Seitenblick auf seinen Bruder Otto Mann, seit 1973 ständiger ADN-Korrespondent in Tokio, nun würde wohl bald die Popularität des Journalisten die des Schauspielers übertreffen. Der Mann vom Deutschen Theater konnte beruhigt sein: Bei allem Einsatz des Bruders, den ich während meiner Japan-Reisen kennen und schätzen lernte – die publizistische Widerspiegelung der westlichen Hemisphäre in DDR-Medien erlangte aus politischer Vorsicht und materieller Einschränkung nie Weltniveau. Unsere Korrespondenten durften nicht mit offenen Augen, sondern mußten größtenteils mit einem weltanschaulichen Sieb durchs jeweilige Land ziehen. Im Sog der Wendezeichen des VIII. Parteitages wollten wir diesen Zustand ändern, die Enge überwinden, uns großflächiger und großzügiger zeigen. Es ist jedoch nie so recht gelungen. Wer als Journalist ins Ausland ging, signalisierte Einverständnis mit dem Auftrag, ein gewisses Gefühl von Kenntnis der ferneren Welt zu vermitteln und DDR-Leser oder -Zuschauer dennoch so uninformiert zu halten, daß Fernweh, bitte schön, nicht überschwappte. Das mußte größtenteils mißlingen, weil der Mensch zwischen den Mauern, geschlagen mit der Unmöglichkeit, ein aus eigener Erfahrung gewonnenes Urteilsvermögen zu erwerben, besonders sensibel auf journalistische, literarische Beschreibungen des Unerreichbaren reagierte.

Mit dem Journalisten Otto Mann und auch seinem Nachfolger in Tokio, Andreas Kabus, verbindet mich eine konfliktfeste Freundschaft. Otto ging in den achtziger Jahren nach Peking, wo er noch heute als freischaffender Korrespondent für deutsche und österreichische Zeitungen tätig ist. Wenn es um China geht, streiten wir mitunter; besonders bei der Frage der Menschenrechte und ihrer Einhaltung durch Peking sieht er größere Defizite als ich. Ich betrachte vieles, was mich von dort als schreckliche Nachricht der Dissidentenverfolgung erreicht, als einen aufgebauschten antikommunistischen Reflex; ich kann mich also bei der medialen Wahrnehmung mancher aus diesem gigantischen Land vermeldeten Unmenschlichkeit nicht trennen von der alten Frage »Cui bono?« Das meint nicht die Geringschätzung des einzelnen Falls, sondern die Proportion der journalistischen Abbildung, das Verhältnis von Konkretum und Verallgemeinerung. Andererseits weiß ich um die Methoden sozialistischer Propaganda; Otto und ich sind uns darin einig, daß sich bei der chinesischen Führung ein wachsendes Rechtsverständnis durchsetzt.

Noch ein Wort zum Verband der Journalisten in der DDR, dessen Arbeit ebenfalls mein Ressort tangierte: Seine Daseinsberechtigung wurzelte meiner Ansicht nach nicht in der Sorge um die sozialen Interessen des Berufsstandes – dies sollte Aufgabe der Gewerkschaften sein –, sondern in der Schaffung einer geistig anregenden und durchaus auch beruhigenden Heimstatt, in der Journalisten unter sich sind und inmitten eines strengen Mechanismus der politisch-geistigen Disziplin nicht ihre Offenheit, ihre Diskussionskraft und ihre Solidarität verlieren. Im Presseklub am Bahnhof Friedrichstraße sah ich stets eine gute Adresse, um einander zu treffen, Themen zu diskutieren, über höhere Qualität zu streiten und zu überlegen, wie man die Spielräume des Berufes erweitern könne. Harri Czepuck, damals Vorsitzender des Verbandes, setzte sich für eine solche Funktionsweise des Verbandes sehr ein, stieß aber stets auf den Widerstand einiger Chefredakteure vom Schlage eines Joachim Herrmann. Also auch hier: rudern im kleinen Beiboot auf großem Ozean.

Es brach damals die Zeit an, da »Wochenpost«, »FF Dabei«, »Junge Welt« und Bezirkszeitungen in die sogenannte Stopauflage kamen, das heißt: endgültige Begrenzung der Auflage wegen Papiermangels – bei gleichzeitigem Wachsen eines anderen Papierstapels, denn den Staatsrat erreichten mehr und mehr Eingaben über die Unmöglichkeit, gewünschte Zeitungen und Zeitschriften zu abonnieren. Nur das ND geriet nicht in

Schwierigkeiten, es hatte sich bei täglich etwas über einer Million Exemplaren eingepegelt, und dabei blieb es. Als Tageszeitung konnte später die »Junge Welt« fast 1,6 Millionen täglich verkaufte Exemplare erreichen; diese Zahl hörte man in bestimmten Büros nicht gern, denn schließlich galt als ungeschriebenes Gesetz, daß das Zentralorgan die wichtigste, also auch zahlenmäßig stärkste Bastion der Agitation zu sein hatte.

Die polygraphische Industrie der DDR bezog eine Spitzenstellung, gerade auch auf dem westlichen Markt überzeugte ihre Exportfähigkeit. Sicher trug dies dazu bei, daß sich Anfang der siebziger Jahre die materiell-technische Basis der Medien im Lande doch erheblich verbesserte. Das »Neue Deutschland« beispielsweise zog in ein eigenes Gebäude und bekam eine große Druckerei, in der auch andere Erzeugnisse im Mehrfarbdruck hergestellt werden konnten. Auch am Alexanderplatz wurde, für mehrere Redaktionen von Zeitungen und Zeitschriften, ein neues Verlagshaus errichtet; es entstand noch unter Walter Ulbrichts Intention, gerade am zentralsten Platz der Hauptstadt für eine auch am späten Abend lichtüberglänzte Atmosphäre zu sorgen. Was sollte dafür besser geeignet sein als ein Haus der bis in die Nacht in neonlichthellen Büros geschäftig arbeitenden Redakteure vieler Zeitungen und Zeitschriften! Auch der ADN bezog, ein paar Meter weiter, ein modernes Quartier, mit den für damalige Verhältnisse besten technischen Ausrüstungen, darunter vielen Eigenentwicklungen aus den Rationalisierungswerkstätten der ZENTRAG. Natürlich sah sich auch das Fernsehen als Nutznießer dieser materiellen »Spritze«. Kameras wurden aus dem Westen importiert, und wieder ging der Hauptweg der Modernisierung über den Rationalisierungsmittelbau, in diesem Fall der Deutschen Post, die Eigentümerin der Technik von Rundfunk und Fernsehen war; für Ausrüstung und Produktion zeichneten also jeweils andere Betriebe verantwortlich.

Aber bei allem Stolz über den technischen Schub – wir konnten freilich nicht die allergrößten Sprünge tun. Die Situation damals wurde gern mit jener selbstironisch gefärbten Anekdote begleitet, nach der eine Delegation von Fernsehleuten aus Japan die Studios in Berlin-Adlershof besucht, und nach dem Rundgang sagt der Leiter dieser Delegation: »Sie haben ein wunderbares Museum für Fernsehsendungen – können Sie uns nun noch zeigen, wo sie ihr eigentliches Programm produzieren?«

Meine Abteilung verantwortete auch die Ausbildung des journalistischen Nachwuchses an der Karl-Marx-Universität in Leipzig. Werner Lamberz dachte eigentlich daran, eine eigene Ausbildungsstätte in Berlin zu schaffen; sie sollte, nach Auszug der Redaktion des »Neuen Deutschland«, in der Mauerstraße untergebracht werden. Da aber bald eingesehen werden mußte, daß die Idee aufgrund fehlender finanzieller und materieller Voraussetzungen chancenlos blieb, unternahmen wir gemeinsam mit Emil Dusiska, dem Dekan, die bislang separat »residierende« Fakultät Journalistik in Leipzig im Neubau der Universität unterzubringen.

Es ist auch heute nicht übertrieben festzustellen, daß die DDR ihren Journalisten eine qualifizierte Ausbildung gewährleistete. Die Selbstzensur, die politische Fremdbestimmung, der besonders unter Joachim Herrmann vorangetriebene geistige wie sprachliche Verarmungsprozeß – dies alles steht auf einem anderen Blatt, und diese parteiregulierte Denunziation des Berufes soll mit meiner Behauptung von der soliden Ausbildung nicht bagatellisiert werden. Aber solide handwerkliche Grundlagen, ein auf sozialem, humanistischem Empfinden und guter Allgemeinbildung basierendes Berufsethos sind bei vielen Journalisten, die durch DDR-Schulen gingen, nicht zu leugnen. Ich glaube, daß eine der wichtigsten, vielleicht auch umstrittensten Qualitäten, die ehemalige DDR-Journalisten ins heutige kühle, vielfach quotengehetzte und zum Auflageschaufeln verurteilte Mediengeschäft einbringen, darin besteht, daß ihnen bei allem Glücksempfinden über die abgestreiften Fesseln eine anerzogene Suche nach dem Leser oder Zuschauer nach wie vor viel bedeutet. Daß ihnen die Verbindlichkeit gegenüber Gesprächspartnern nicht abhanden kam. Daß sie ein Verhältnis bewahren wollen zu denen, für die und über die sie schreiben und senden. Das geläufige Wort vom Job, das oftmals Einverständnis mit der Trennung von Arbeit und Leben signalisiert, kommt Redakteuren aus der DDR inzwischen vielleicht über die Lippen, aus der Seele kommt es vielen noch nicht.

Und was die Zensur betrifft: Es gibt keinen Abstrich von der Kritik an einer Propaganda, die all jene Andersdenkenden kriminalisierte, deren Geist den offiziell herrschenden politischen Auftrag störte. Aber gibt es heute etwa keine Zensur, keine politisch motivierten Einengungen und Interessenlenkungen? Es gibt Arbeitgeber und Arbeitnehmer, es gibt Redaktionsphilosophien und Redakteure, die sich nach diesen Philosophien zu richten oder zu gehen haben. Meine Zuständigkeit für Zensur in der DDR wird zu Recht eingefordert, und ich muß mich dem stellen. Wer fordert aber jene Medienvertreter in die Schranken, die heute mit stur bleibendem Antikommunismus ein gerüttelt Maß an Verantwortung dafür tragen, daß sich der Gegensatz zwischen West und Ost in der Bundesrepublik vergrößert? »Nie wieder Lüge!« stand auf Transparenten am 4. November auf dem Alex in Berlin, freudig in die Luft gereckt von dämmesprengenden DDR-Journalisten. Nun, da der Markt den Geist lenkt, bin ich geneigt zu sagen, es handelt sich um eine durchaus aktuelle Losung, aber sie wird nicht mehr überall laut und befreit hochgehalten. Sie ist einer anderen Art von notwendigem Realismus und Anpassungsvermögen gewichen.

Wenn ich über (Selbst-)Zensur nachdenke, fällt mir als Beispiel Jugoslawien ein. Von Beginn an wurde der Zerfall des Landes von den durchschnittlichen, also wenig eigenständigen Journalisten in der Bundesrepublik – und derer gibt es sehr viele – mit derbem, primitivem Vorbehalt gegen die Serben begleitet. Alte antikommunistische Klischees standen Pate. Selbst einem weltbekannten Dichter wie dem Österreicher Peter Handke schlug publizistische Wut ohnegleichen entgegen, als er 1996 seinen Text »Gerechtigkeit für Serbien« veröffentlichte. Man warf ihm vor, er schaue in dieser Reportage mit »den Scheuklappen selektiver Wahrnehmung« auf dieses Land. Das bürgerliche Feuilleton schäumte, weil er FAZ-Korrespondenten und andere Journalisten als »Haßleitartikler« bezeichnete und über die landläufige bundesdeutsche Berichterstattung (»eingefahrene Heroldsberichte«) schrieb: »Was weiß man, wo man vor lauter Vernetzung und Online nur Wissensbesitz hat, ohne jenes tatsächliche Wissen, welches allein durch Lernen, Schauen und Lernen, entstehen kann? Was weiß der, der statt der Sache einzig deren Bild zu Gesicht bekommt oder, wie in den Fernsehnachrichten, ein Kürzel von einem Bild, oder, wie in der Netzwelt, ein Kürzel von einem Kürzel? ... Nichts gegen so manchen – mehr als aufdeckerischen – entdeckerischen Journalisten, vor Ort (oder besser noch: in den Ort oder die Menschen des Orts verwickelt), hoch diese anderen Feldforscher! Aber doch einiges gegen die Rotten der Fernfuchtler, welche ihren Schreiberberuf mit dem eines Richters oder gar mit der Rolle eines Demagogen verwechseln und, über die Jahre immer in dieselbe Wort- und Bildkerbe dreschend, von ihrem Auslandshochsitz auf ihre Weise genauso arge Kriegshunde sind wie jene im Kampfgebiet.«

Wie soll man, um ein anderes Beispiel zu nennen, die monopolisierte Berichterstattung der USA über den Irak-Krieg anders nennen als perfekte Form der Zensur? Einige Wochen lang gab es den sauberen Fernseh-Krieg – mit Abstand und unbeirrbarem Bestehen auf Vernunft aber erweist sich auch dieser Krieg als schmutziges Gemetzel. So wie in Vietnam werden verkrüppelte Kinder geboren werden, in den Wüsten strahlt es tödlich. Was mit den Opfern geschieht, wie ihr Leben zerstört wurde – darüber informiert heute keine einzige Schlagzeile, und journalistisches Ethos erweist sich als ein Ding mit raschem Verfallsdatum.

Aber man muß ja nicht erst auf den Balkan oder den fernen Irak verweisen; ich finde, der Bundesrepublik geht mehr und mehr eine kritische Öffentlichkeit verloren. Wir leben in der Schule der Geläufigkeit: Die Entpolitisierung schreitet voran, Kohl platzt fast, wenn ihm ein Journalist eine kritische Bemerkung präsentiert. Da ein geplatzter Kohl eine böse Sache wäre, stellt keiner mehr wirklich kritische Fragen.

Die Situation ist deshalb so lächerlich, weil sie mich ans Politbüro erinnert. Publizist Günter Gaus hat recht: »Die Freiheit einer Ordnung ermißt sich für mich daran, ob sie den Leuten die Nische erlaubt – ohne daß sie ein Lippenbekenntnis ablegen müssen, sie seien gar nicht in einer Nische, sondern ununterbrochen tätig, bei der Stärkung des deutschen Nationalbewußtseins oder der sozialistischen Gesellschaft. Im Moment habe ich das Gefühl, der heimliche, aber stetig öffentlicher werdende Zwang zu nationalen Lippenbekenntnissen wird wieder größer.« Das schrieb der Mann 1985, in seinem Buch »Die Welt der Westdeutschen«, und über die so vielfach beschworene Pressefreiheit steht dort zu lesen, sie sei »der Teufelskreis des modernen Pluralismus, in dem das Ideal des nicht gegängelten Menschen zur Rechtfertigung dafür geworden ist, das Publikum auszuliefern an eine geleugnete, verschwiegene, schwer nachweisbare, aber folgenreiche Manipulation durch vielerlei Medien, die um so wirksamer sind, je anspruchsloser sie sich feilbieten: die Manipulation, die angeblich schon deshalb keine ist, weil man sich ihr durch die Freiheit der Wahl, zum Beispiel durch die Abstimmung am Zeitungskiosk, entziehen kann.«

Kalter Krieg und Menschenbild

In den Kreuzworträtseln, die meine Frau Annemarie heute häufig löst, wird die Frage, was ein Agitator sei, mit Volksverführer beantwortet. Darauf will ich nicht mit Leninschen Argumenten antworten, vielmehr befrage ich mich tastend selber: Was strebten wir mit unserer Agitation an, was erreichten wir? Waren wir wirklich Verführer? War ich selbst ein Verführer?

Mögen diejenigen, die mich aufgrund gravierender politischer Differenzen sogar hassen, diesen Haß einmal mehr bestätigt finden, indem ich nun, gegen ihr Urteil und gegen ihre Erfahrung, sage: Nein, ich war kein Verführer.

Meine Gedanken gehen noch einmal weit zurück: Was mußte eigentlich nach 1945 getan werden?

Die Volksverführer im faschistischen Deutschland hatten sich natürlich nicht Agitatoren genannt; sie waren von oben bis unten »nur« Führer und dazu berufen, das Volk, ganz besonders jene Generation, zu der auch ich gehörte, reif für die Lust am Krieg zu machen. Dieser Krieg sollte die Schmach von Versailles beseitigen. Die angeblichen Feinde, die dem kräftig atmenden Deutschland keinen Lebensraum gestatteten, mußten gleichsam aus ideologisch feinfühlig eingeimpftem Notwehrempfinden heraus zerschlagen werden. Da im weitflächigen Osten nur slawische »Untermenschen« lebten, kam es einer Kulturtat gleich, jenes »unwerte Leben« dort zu verdrängen oder, noch besser, zu vernichten.

Was sollte mit mir und den vielen anderen Millionen, die durch diese faschistische Ideologie kriegsverblendet waren und russenhaßdurchtränkt, nach Ende des Infernos geschehen?

Von 1918 bis 1933 waren es 15 Jahre und von 1933 bis 1945 gerade 12 Jahre, vom Ende des Ersten Weltkrieges bis zum Beginn des Zweiten ganze 21 Jahre. Da mußte, um künftige Kriege zu vermeiden, rasche Aufklärung erfolgen. Sehr rasche Aufklärung. Und vor allem: zwanghafte Aufklärung. Nur mit nötigem Nachdruck, der wehtut, sind Deutsche offenbar vor sich selber zu schützen.

Ich gehörte zu denjenigen, die, nach der Kriegsgefangenschaft, Zugang bekamen zu den Argumenten der sowjetischen Siegermacht. Ein Zufall. Aber dieser zufällige Ausgangspunkt bestimmte ganze Lebensläufe; von da aus entwickelten sich Biographien, die andere Geisteskraft in Bewegung setzten, anderen Lebensplänen folgten, andere Überzeugungen auslösten und andere Erfahrungen brachten als das Leben derer, die, vielleicht ebenso zufällig, in ein entgegengesetztes Grunderlebnis und von daher in die Gegnerschaft zu dieser neuen Ordnung hineingestellt wurden. Vielleicht ist doch vieles Schicksal in unserem Leben; der eine trifft diese Menschen, der andere jene; der eine wird mit Fragen konfrontiert, die einem anderen halt nicht gestellt werden. Unvorhersehbare Begegnungen, der Chaostheorie folgende Konstellationen, ein aus welchen Gründen auch immer unterbliebenes oder geführtes Gespräch in einem bestimmten Moment – und schon teilen sich Lebenswege, Weltsichten, Handlungsräume. Wer will sich von da aus ein Urteil darüber anmaßen, was richtiges Leben ist und was falsches ...

Propagandisten und Agitatoren der antifaschistischen Künftigkeit waren mir also schon im Kriegsgefangenenlager begegnet, als Vertreter des Antifa-Komitees. Es brauchte seine Zeit, bis ich ihnen wirklich zuhören konnte. Das eigene Gehirn war noch zu sehr verkleistert. Der verhaßte Osten kam da auf mich zu, mit kommunistischen Wortführern. Es war gefährlich, fremd, eigentlich erschreckend, was uns, eben noch Mitläufern des osten- und russenhassenden Systems, plötzlich zugemutet wurde. Im Osten sollte ein gewaltiger Umbruch erfolgen, mit hohen Barrieren gegen den Geist des faschistisch Vergangenen und doch noch Lebendigen, zugleich aber mit Milde und Toleranz gegenüber dem Großteil jener Menschen aus der Nazizeit, die letztlich doch den verwerflichen, zu tilgenden Geist erst geschaffen und mit gebildet hatten. Ein mühsames Unterfangen, ein quälender Weg. Sympathie und Herzlichkeit gegenüber der Sowjetunion sollten sich im neu organisierten Osten Deutschlands entwickeln – deren Völker bis gestern als Erzfeinde und »bolschewistische Untermenschen« galten. Diese Feindschaft war tief in die Herzen gedrungen, war in Fleisch und Blut übergegangen – wie nun würde sich dieses Verhältnis ändern können? Ganz ohne jene Ingredienzien, die es den Westdeutschen leicht machten, ihre Besetzer, die US-Amerikaner, zu mögen: Kaugummi und Schokolade, Marshallplan, Verzicht auf Reparationsleistungen. Diese Leistungen hatte der Osten zu erbringen. Freundschaft zur Sowjetunion glich also einer Kampfaufgabe; Kampf aber und Freundschaft, das paßt so schwer zusammen. So täuschten wir uns wohl letztlich über die Tiefe dieser Freundschaft. Daß wir den Bruderbund mit der Sowjetunion zum Verfassungsbestandteil erhoben, erfüllte die Aufgabe eines wichtigen politischen Signals, es war ein schöner Wunschtraum, eine ehrlich gemeinte Wiedergutmachung, wir banden unser Schicksal gleichsam an Moskau – aber individuelle Verbindungen kamen nie in dem großen Maße zustande, das wir Kommunisten ersehnten.

Der Frieden im Westen Deutschlands dagegen wartete mit Sprechern der alten, gewohnten Formation auf, da fiel es vielen leichter, sich zurechtzufinden, sich dem gewogen zu zeigen, was beide Seiten die neue Zeit nennen würden. Die Jugendliteratur meiner Generation war noch die von Karl May, Rolf Torring, Bill Jenkins gewesen – nun kamen im Osten Anna Seghers, Willi Bredel, Erich Weinert und die sowjetische Literatur dazu. Im Westen hielten sich die Landserhefte, und nach wie vor wurden die »deutschen Helden« der See und der Luft in den Schlachten des Zweiten Weltkrieges propagiert; Helden, deren Namen über den Toren der Nachkriegskasernen standen und die also unbeschadet das geistige Klima bestimmen durften. Wenig Wandel, wenig Bruch mit verhängnisvoller Tradition. So wurde es dort leicht, den neuen Zeitgeist zu verbreiten; denn es durfte vielfach der alte bleiben.

Machen die Rückschläge auf dem weit schwierigeren Weg, den wir unter den baldigen drei Buchstaben DDR einschlugen, den historisch neuen Ansatz in seiner europäischen Bedeutung völlig kaputt? Nein. Ich kann wirklich nur verächtlich lachen, wenn bundesdeutsche Geschichtsschreibung eine millionenfache Verschonung von faschistischen Mitläufern in der DDR anprangert und dabei geflissentlich übersieht, daß die BRD Nazis en gros in höchsten staatlichen Stellen hofierte. Wir gingen davon aus, daß eine neue Gesellschaft nur mit den Menschen aufzubauen sei, die da waren. Unser verhängnisvoller Fehler blieb, das große edle Ziel der gesellschaftlichen Entwicklung, einen umfassenden und dauernden Antifaschismus, bereits als gesicherten Ausgangspunkt zu »verkaufen«. Wir ersetzten die öffentliche Meinung, das Nervensystem der Demokratie, durch propagandistischen Druck. Aber nur die ehrlich gesuchte und geförderte öffentliche Meinung kann im wilden Gewoge der miteinander streitenden Freiheitsversuche das eigentlich Legitimierende sein, die Rechtfertigungs-Quelle für alle Politik. Das ist die Lehre, die aus dem Untergang der DDR zu ziehen ist. Sie treibt sozialistisches Denken nicht in den Unnutz, aber sie stellt Warnschilder in die historische Landschaft, die wir, gewöhnt an den Gebrauch unbesieglicher Wahrheiten, nicht übersehen dürfen.

Im Jahre 1971 sollte ein neuer Abschnitt in der Nachkriegsgeschichte beginnen, indem mit dem Westberlin-Abkommen der vier Siegermächte der Hauptquell für Spannungen beseitigt und der Weg für eine wirkliche Entspannungs- und Annäherungspolitik freigelegt wurde. Die Zeichen der Zeit, so meinten wir, forderten uns ein Überdenken von Agitation und Propaganda ab. Es entstand die Idee einer Konferenz des Zentralkomitees, die sich ausschließlich diesem Thema widmet. Vorgesehen war, von nun an kräftiger an die traditionelle Agitation der Arbeiterbewegung anzuknüpfen. Bestanden die Grundelemente der Propagandaarbeit seit den fünfziger Jahren unverändert aus Parteizirkeln, Schulungssystem, Vorträgen und Selbststudium, so verfügte die Agitation kaum über eine differenzierte inhaltliche Konzeption. Vieles war im Platten, Dogmatischen versandet. Gerade hier meinten wir Veränderungen herbeiführen zu müssen, um die Partei den Massen näherzubringen. Der Agitator sollte wieder von der Parteileitung bestimmt und in einer Versammlung der Mitglieder bestätigt werden. Der Agitator nicht als innerparteilicher Räsoneur, sondern als Aufklärer unter den Menschen »draußen«.

Im DDR-Deutsch gab es den Begriff der Massenkommunikationsmittel, ein Wortungeheuer, mit dem Presse, Rundfunk, Fernsehen, Filme, Bücher, Schallplatten, Tonbänder, Plakate, Flugblätter und andere Formen der Information zusammengefaßt wurden. Sie alle standen im Dienst der Politik, zuvörderst der SED, und ihre Anwendung und Verbreitung waren unzweifelhaft durch die bestehenden gesellschaftlichen und Besitzverhältnisse geprägt. Die Konferenz nun zielte auf eine bevölkerungsnahe politische Arbeit. Andere sagten: Diese Tagung signalisiere die »Kapitulation« der SED vor dem Publikumsgeschmack. Wie dem auch sei: Erneut sollte ideologische Simplifizierung abgebaut werden; aber die Tragik unserer Geschichte lag ja stets darin, daß sie das, was es abzubauen galt, nur verfestigte.

Ich sehe mich mit dem, was die erwähnte Konferenz zu Agitation und Propaganda im Jahre 1972 strategisch ausarbeitete, in der Mitverantwortung – Mitverantwortung für das, was wir in den Köpfen ausrichteten, aber auch anrichteten. Dennoch sei die Frage wiederholt: Sind die Medien in der kapitalistischen Gesellschaft nicht ebensolche Agitationsmittel? Über allem steht der Markt; er trägt diejenigen, die ihn predigen; und er wird von denen getragen, die etwas davon haben. Die Redner der Parteien nennen sich nicht Agitatoren, aber sie zielen, Einfluß erhoffend, auf das Denken und Fühlen der Menschen. Sei es, um eine Wählerstimme zu erhalten, eine Spende oder einen Wehrdienstwilligen. Oder einen Antikommunisten mehr. Alles im Dienste der freiheitlich-demokratischen Ordnung, versteht sich.

Aber Freiheit ist immer, wenn ein Agitator es verwendet, ein gefährliches Wort. Auch die bundesrepublikanische Gesellschaft ist unter einem dünnen Mantel von Pluralität weithin geprägt von den Zeichen eines geschlossenen Weltbildes. Noch einmal Günter Gaus in seinem Text »Die Welt der Westdeutschen«, geschrieben 1985, als es noch die DDR gab: »Die Bundesrepublik ist mehrheitlich eine ideologische Gesellschaft – also gerade das, was sie voller Furcht, Abscheu und Arroganz immer nur drüben, im anderen deutschen Staat, sieht. Die Inhalte und Formen, natürlich, sind verschieden. Die westdeutsche Gesellschaft tendiert ideologisch zu einer Volksgemeinschaft, in der die alten Klassenschranken vermeintlich aufgehoben sind und die nicht nur ihre materiellen Werte aus dem – angeblich – freien Spiel der Kräfte am Markt bezieht. Weniger anstößig formuliert – der Begriff der Volksgemeinschaft hat noch immer einen nationalsozialistischen Beigeschmack –, ist genau dies das Ziel, das in Reden führender Bonner Politiker für das Bewußtsein und das Verhalten des westdeutschen Staatsvolks angestrebt wird.«

Gaus sieht darin das Bemühen eines kapitalistischen Systems, beim Eintritt in eine Zeit neuer produktionstechnischer Bedingungen und deren schwerwiegender sozialer Folgen die verschärften Interessengegensätze in Gemeinschaftsgefühlen zu ertränken. Was er vor zwölf Jahren notierte, ist eine Nachricht aus unmittelbarer Gegenwart.

Über viele Jahrzehnte bestimmte der Kalte Krieg auf beiden politischen Seiten die Inhalte der medialen Beeinflussung, und auch dieser Krieg brauchte und förderte, was jeder Krieg braucht und fördert: Haß. Der Kalte Krieg ist vorbei. Es gibt keine zwei einander feindlich gegenüberstehende Seiten mehr. Nur in der offiziellen Geschichtsschreibung und in bestimmten Medien geht dieser Krieg weiter; die DDR wird verteufelt, die Bundesrepublik geradezu heiliggesprochen. Es kommt keine Ruhe ins Land. Das Jahr 1999 bildet die Chance, einen Schritt aus diesem Teufelskreis zu tun: Fünfzig Jahre sind dann seit der Gründung beider deutscher Staaten vergangen. Ein Zeichen könnte gesetzt werden für die Versöhnung. Ein Schlußstrich unter die politisch-juristische Verfolgung von DDR-Verantwortungsträgern, sei es nun durch Schlußgesetz oder Amnestie, wäre dabei nicht gleichzusetzen mit einem Ende der geistigen Auseinandersetzung über die Vergangenheit beider deutscher Staaten.

Ich bin kein Vertreter der Palmwedelfraktion. Nicht dem Abwürgen von Zuständigkeiten rede ich das Wort, denn vorauseilende moralische Absolution behindert die ehrliche, auch auf uns selbst zielende Aufklärung über das Scheitern des sozialistischen Systems. Aber diese Aufklärung wird nur in einem Klima möglich sein, das frei von jenem zweifelhaften juristischen Druck ist, der nicht Einsichten fördert, sondern Trotz und falsches Märtyrertum.

Mit Egon Bahr hatte ich 1992 eine Diskussion über Menschenbilder, und seine Kritik richtete sich besonders auf unsere Vorstellungen von der möglichen Erziehung und Herausbildung eines neuen Menschen in der DDR, ausgehend von einer grundlegenden Veränderung der sozialen Verhältnisse. Damals bestätigte ich ihm, was eine wesentliche Schlußfolgerung aus dem Scheitern unseres Staates war: Unsere Versuche basierten auf einem verhängnisvoll einfachen, linearen Geschichts- und Politikverständnis. Marx – das ist eine Lehre aus vorpsychologischer Zeit, und mit der Psychologie des einzelnen Menschen behielten wir ein System lang unsere Schwierigkeiten. Das Unwägbare, Unberechenbare als Beeinflussungsgröße auch und gerade bei politischen Entscheidungen des einzelnen haben wir nie richtig ernstgenommen, das, was der Franzose Montaigne als das »Hin- und Herschaukeln« von Welt und Mensch bezeichnet. Unser Verhaftetsein in besagter linearer Vorstellung von Fortschritt hat viel an menschlicher Kraft zerstört, weil die feste Gewißheit, den richtigen Weg zu gehen, dazu führte, andere, abweichende Überlegungen rasch zu kriminalisieren.

Und dennoch: Die Lebensverhältnisse in beiden Staaten sind über 45 Jahre hinweg nicht ohne Wirkung geblieben, und auch sozialistische Ideologie und sozialistische Erziehung wirkten beträchtlich mit bei der Heranbildung von Millionen anständiger, arbeitsfreudiger, humanistisch denkender Menschen. Wenn es heute um die Identität ehemaliger DDR-Bürger geht, um die Wahrung, den erlittenen Verlust oder die mehr oder weniger komplizierte Neubestimmung dieser Identität, so steht fest, daß die Kommunikationsmittel des Sozialismus bei der Ausformung dieser Identität über Jahrzehnte hinweg Spuren hinterließen, nicht nur, indem sie Feinde schufen. Sondern auch, indem viele Menschen gerade jetzt bewußte Sozialisten bleiben oder »unbewußte Sozialisten« geworden sind, wie es der Publizist Peter Bender formulierte.

Nicht alle jedenfalls sind jener Hölle DDR entronnen, die von einigen in schlimmen Farben gezeichnet wird. Mit dem Abstand der Jahre geraten einigen sogenannten Chronisten und Zeitzeugen diese Farben immer gräßlicher, und ich fühle mich bei einigen Schwarzmalern an den Satz erinnert, daß jeder eines Tages die Geschichte erfindet, die er für sein Leben hält.

Bezirk — Dresden

Beginn mit Irritation

Im Jahre 1973 galt ein Großteil der Arbeit, auch im ZK der SED, der Vorbereitung der Weltfestspiele der Jugend und Studenten, die im Sommer in Berlin stattfinden würden.

Das bevorstehende Ereignis weckte Erinnerungen und schürte berechtigte politische Hoffnung. Im Jahre 1951 hatten die III. Weltfestspiele – Austragungsort ebenfalls Berlin – viel dazu beigetragen, das internationale Ansehen der DDR zu kräftigen und so kurze Zeit nach dem Krieg den Gedanken von Freundschaft und Solidarität weltweit zu verbreiten. Nun, im Jahre 1973, war unsere diplomatische Ausgrenzung durchbrochen, die westlichen Staaten nahmen diplomatische Beziehungen zu uns auf, die DDR war gleichberechtigt mit der Bundesrepublik Deutschland Mitglied der Vereinten Nationen geworden. Die Weltfestspiele sollten die gewachsene Geschichtskraft unseres Staates demonstrieren, gesellschaftliches Selbstbewußtsein für Gäste aus aller Welt transparent und bei dieser Gelegenheit Erich Honecker als großen Freund und Förderer der Jugend weit über die Grenzen der DDR bekannt und beliebt machen.

Selbstverständlich ließen sich die Festspiele für diesen pragmatischen Nutzeffekt der Staatsräson benutzen; aber zu reduzieren waren sie auf den kultischen Nebeneffekt keinesfalls.

Das zweifellos euphorische Erlebnis Berlin 1973 erwuchs aus dem gemeinschaftlichen Gedanken vieler junger Menschen, daß es möglich sein müsse, sich zusammenzuschließen – im Kampf für das löbliche Ziel eines besseren, imperialismusbefreiten Lebens. Es galt Einfluß zu nehmen auf das unübersichtliche Geflecht der Geschichte. Und weil der einzelne dieses Geflecht nie zu übersehen vermag, bot sich zu diesem Zweck die erdumspannende Organisation der ungeteilten Solidarität an. Angesichts des massenhaften Elends auf Erden, der blutigen Wirren, mußte es als Ehre gelten, sich einer Gemeinschaft anzuschließen oder zu vergewissern, die den Ausweg aus bisheriger in eine alternative Geschichte zu weisen vermochte. So gesehen, war Berlin 1973 ein schönes Symbol maßloser Eröffnung – und nur wenige Wochen später, im September 1973, als Chiles Volksregierung unter Salvador Allende von Pinochet und seinen US-Helfern niedergeputscht wurde, zeigte sich auf tragische, zornsteigernde Weise, auf wie wenig Milde und Toleranz der sozialistische Gedanke bei denen rechnen darf, die Demokratie und Menschenrechte einzig und allein an die Unantastbarkeit eigener Macht binden.

Wenige Tage vor Beginn der Weltfestspiele wurde ich zu Erich Honecker bestellt. Was er mir eröffnete, kam für mich höchst unerwartet. Denn zunächst dachte ich, letzte Absprachen hinsichtlich des Jugendtreffens seien das Thema. Aber als Grund der »Vorladung« stellte sich die Klärung einer Kaderfrage heraus, und erneut vollzog sich das, was zu erledigen war, mit gewohnter Kühle sowie der unausgesprochenen Erwartung, die getroffene Entscheidung möglichst nicht durch Fragen, Zweifel und unangemessene Erkundigungen zu blockieren. Ohne Umschweife fragte mich Honecker, ob ich bereit sei, als 1. Sekretär der Bezirksleitung der SED in Dresden zu arbeiten. Eine wirkliche Begründung für diesen Vorschlag gab er nicht, lediglich einen Hinweis darauf, daß Werner Krolikowski, der bisherige 1. Bezirkssekretär, künftig in der Zentrale tätig sein und daher ein Nachfolger gebraucht werde. Meine Erfahrungen auf mehreren Ebenen der politischen Arbeit seien eine gute Grundlage, die vorgesehene Funktion zu übernehmen.

Nun muß ich ehrlicherweise hinzufügen, daß mir Erich Honecker zum Schluß doch noch Bedenkzeit anbot – und nunmehr ich es war, der den gewährten Aufschub der Entscheidung ablehnte. Obwohl mir die Arbeit mit Werner Lamberz und die Tätigkeit als Leiter der Abteilung Agitation im ZK inzwischen wider alles Vorurteil gefiel – es lag nicht in meiner Art, in solcher Situation das, was mir ein Generalsekretär vorgab, in Bedächtigkeit abzuwägen; das wäre mir fast überheblich vorgekommen. Insofern traf die Umgangsart des Apparats, die ich kritisiere, stets auf eine subjektive Bereitschaft, sich dieser Umgangsart zu beugen und tiefere Gefühle weithin unartikuliert zu lassen. Es sei wiederholt: Jahrelange Gewöhnung an Parteiaufträge schuf Verständnis dafür, als Auftragsobjekt behandelt zu werden. Aber was auf den ersten Blick als willige Vollstreckung erscheinen muß, hatte ja mit einem sehnlichst erwarteten Zuwachs an Verantwortung zu tun, dem Gegenteil also von rein disziplinarischer Willigkeit und gedankenlosem Gehorsam. Ich traute mir zu, einen Bezirk politisch zu führen und erklärte mein Einverständnis, nach Dresden zu gehen.

Der Wechsel von der Spree an die Elbe sollte Anfang Oktober 1973 erfolgen. Da mein Kadergespräch im Sommer stattfand, wurde Stillschweigen vereinbart. Werner Lamberz, mit dem ich natürlich über den Ortswechsel sprach, bedauerte mein Ausscheiden, sah aber aus dem Betrachtungswinkel einer Parteikarriere für mich gute Aufstiegschancen. Für 1. Sekretäre einer Bezirksleitung sei der spätere Weg in die unmittelbare Parteiführung, also ins Politbüro, leichter als für ZK-Abteilungsleiter. Das hörte ich mir verwundert an, derartige Spekulationen sind mir stets fremd geblieben. Verantwortung wollte ich wahrnehmen, aber ein Mann des Apparates, der sehnsüchtig und kalkulierend nach oben blickt, wollte ich keineswegs sein.

Der Start im neuen Lebensabschnitt verlief etwas eigenartig. Die erste Fahrt von Berlin nach Dresden erfolgte im »Tschaika« (Möwe), jenem großen Wagen sowjetischen Typs, den damals die Mitglieder des Politbüros als Dienstwagen benutzten. Ich fuhr an der Seite von Werner Krolikowski nach Dresden. Ihm stand der Sinn bereits nach Berlin, wo er statt Günter Mittag als Sekretär des Zentralkomitees für Wirtschaft eingesetzt werden sollte. Mit mir unterhielt sich Krolikowski während der Fahrt wenig; statt dessen führte er seine Kumpelhaftigkeit gegenüber Kraftfahrer und Begleitern vor. Ich bekam Unterricht in berufsbedingter Volkstümlichkeit. Über Dynamo Dresden wurde gestritten, Namen von Fußballern, die ich nicht kannte, purzelten nur so – was jedoch mich in Dresden erwarten könnte, spielte kaum eine Rolle. Als bestünde gewöhnliches Leben eines Parteisekretärs nicht aus bewußt gesuchten, strittigen Erfahrungen mit Menschen, sondern sei zuvörderst Sache der Aufstellung von elf Fußballern. Es war eine Autofahrt, die nicht gerade dazu beitrug, pathetisch-freudige Vorsätze für einen neuen Lebensabschnitt zu festigen.

Um bis zum 7. Oktober, dem Jahrestag der DDR, alle notwendigen Bürodinge abzuwickeln, war Eile geboten. In der Bezirksleitung Dresden angekommen, wurde ich freundlich von Elfriede, der Sekretärin, begrüßt. Rasch waren ein paar Würstchen heiß gemacht, Brötchen geschmiert und der Hunger des alten sowie des bald neuen 1. Sekretärs gestillt. Auf meine ersten vorsichtigen Fragen und mein Angebot für künftige gute Zusammenarbeit eröffnete mir die Sekretärin, daß es sich doch wohl um einen Irrtum handele: Sie gehe schließlich »mit Werner nach Berlin«. Ich muß ziemlich irritiert aus der Wäsche geschaut haben, so daß sich Elfriede schleunigst bemüht sah, mich vor weiteren Illusionen zu bewahren: Sofort wies sie daruf hin, daß auch die persönlichen Mitarbeiter des 1. Sekretärs Dresden verlassen würden. Kraftfahrer und Begleiter waren vom Ministerium für Staatssicherheit – das Büro hatte sich damit aufgelöst. Genosse Stammnitz, der 2. Sekretär, so wurde ich getröstet, werde später alles klären, was mich betraf. Elfriede lächelte.

Mir fiel Lächeln schwer, und geradezu magisch zog es mich hinaus. Mit Uwe Bartmann, meinem Fahrer in den ZK-Jahren, schaute ich mir Dresden an, um etwas Atem von meiner ersten Irritation zu schöpfen.

Die Sitzung der Bezirksleitung zur Entlastung und Neuwahl fand in Anwesenheit von Politbüromitglied Kurt Hager statt, am 5. Oktober 1973. Hager betonte ausdrücklich, der Vorschlag für meine Wahl sei vom Generalsekretär und dem Politbüro gekommen; damit waren Vertrauen und Zustimmung gleichsam von Berlin aus gesetzt. An Parteidisziplin gewöhnt, stellte die Versammlung keine Frage an mich, und es gab keine Gegenstimme. Mit gewohnter Einmütigkeit wurde ein 1. Sekretär einer Bezirksleitung der SED gewählt.

Nun galt es, sich zurechtzufinden. In der Nachfolge eines Politbüromitgliedes verlief Eingewöhnung nicht ohne Tücken. Erschwerend für mich wirkte allein schon, daß ich ein Mann von außerhalb war. Ein Fremder, nicht Eingeweihter; einer, dem gegenüber man vorsichtig sein mußte, wenn es um »Innereien« ging. Was würde sich abspielen zwischen 1. und 2. Sekretär? Letzterer befand sich bereits über ein Jahrzehnt im Amt. Warum war nicht er für den frei gewordenen Führungsposten vorgeschlagen worden? Was sich in der Wahlversammlung als rituelle Glätte gezeigt hatte, schwelte nun als Problem im Hintergrund. Weitere Gerüchte besagten, eigentlich habe jemand anders aus dem Politbüro diesen so bedeutsamen DDR-Bezirk übernehmen sollen, Inge Lange oder Günther Kleiber. Beide jedoch hätten sich geweigert. Dichtung oder Wahrheit? Ich weiß es bis heute nicht, und ich versuchte nie, etwas Genaueres darüber zu erfahren. Aus dem Kreis der Alten im Politbüro haben sich zwei mir gegenüber ehrlich geäußert: Friedrich Ebert sprach sich gegen meinen Dresdner Einsatz aus, weil er Überforderung fürchtete; und Alfred Neumann meinte, schon Walter Ulbricht habe gewußt, wenn die DDR Schnupfen habe, sei in Dresden schon der Husten ausgebrochen. Ich möge vorsichtig, wachsam und nicht leichtgläubig sein.

Später erfuhr ich, daß für die Wahl Erich Honeckers zum Generalsekretär auf dem VIII. Parteitag 1971 eine Auseinandersetzung zwischen Werner Krolikowski und Alfred Neumann im Sekretariat der SED Dresden eine wichtige Rolle für Krolikowskis Aufstieg ins Politbüro gespielt haben soll. Honecker sah in Neumann bekanntlich einen Gegner; daß sich Krolikowski mit Neumann – der schon im Politbüro war – stritt, bedeutete also kein Risiko für Krolikowski, es schien mehr ein Liebesdienst für Honecker zu sein, und der zeigte sich für solcherart Dienste stets dankbar: Krolikowski kam ebenfalls bald ins Politbüro. Verständlich, daß später im Ministerrat zwischen den beiden ersten stellvertretenden Vorsitzenden Neumann und Krolikowski das Arbeitsklima nicht das beste war. Und die Meinung Neumanns über Krolikowski ist bis heute nicht die beste.

Lotte Ulbricht sagte bei meinem Dresdner Start fast salomonisch weise und in bemerkenswertem Klartext zu mir: Wer am Hofe nicht gern gesehen sei, lebe als Teilfürst fern vom Hofe besser. Sie wünschte mir Glück und Erfolg.

Wer von Sachsen nach Berlin geht, hat es leichter als jemand, der von Berlin nach Sachsen zieht. Wer von der Zentrale kommt, muß mit wohlfeiler Distanz rechnen. Ich hatte es mir nach dem häufigen Wechsel von Funktionen im Jugendverband zum Prinzip gemacht, weder über den Vorgänger große Nachforschungen anzustellen noch zu versuchen, den Stil seiner Arbeit zu ergründen und womöglich zu kopieren. Nur meinem eigenen Stil würde ich vertrauen können. Was vorher war, interessierte mich nicht. Diese Auffassung bildete auch die Grundlage für meine erste Begegnung mit Lothar Stammnitz, der für die nächsten 16 Jahre, wie schon bei Werner Krolikowski, der 2. Sekretär der Bezirksleitung blieb. Auch wechselte ich nicht mit einem ganzen Stab aus Berlin nach Dresden; Leibeigenschaft für Mitarbeiter gibt es nicht, das ist ungesunder Schutzburgenbau. In Dresden, so sagte ich mir, würde es nur einen guten Anfang geben, wenn sich Menschen fänden, die sich auf ihrem Gebiet auskennen und bereit sind, mit mir die Zusammenarbeit zu wagen. Vertrauen, ist es ehrlich gemeint, wird mit Vertrauen beantwortet.

Bärbel Otto, Werner Kaulfuß und Siegfried Dieringer – dies waren jene Menschen im engsten Kreis, die mir Vertrauen entgegenbrachten; Lothar Stammnitz, der sie auserwählt hatte fürs Büro, erwies sich in dieser Frage als guter Ratgeber. In den insgesamt 16 Jahren gab es im Büro Modrow keinen Wechsel. Leider zeigte sich der Ratgeber Stammnitz später nicht mehr so loyal und kameradschaftlich mir gegenüber. Erich Honeckers personelle Unangefochtenheit, verbunden mit wachsender Veränderungsfurcht, schuf im Apparat der Partei eine Hörigkeit und disziplinarische Selbstbeugung, die in alle Sekretariate drang und heimliches Mißtrauen zwischen den Mitarbeitern säte. Zum IX. Parteitag der SED übrigens schlug ich vor, Lothar Stammnitz zum Kandidaten des Zentralkomitees zu wählen. Politbüromitglied Horst Dohlus, verantwortlich für Parteiorgane, lehnte ab. Zum X. Parteitag dann wählte man Stammnitz gleich zum Mitglied des ZK; meine Meinung war da schon nicht mehr gefragt.

In der ersten Sitzung des Sekretariats der Bezirksleitung stand der Beratungstisch voller Mikrophone, in der Mitte zwischen den im Rechteck aufgestellten Tischen befand sich eine Tonbandanlage. Nachdem ich mich von diesem Anblick erholt hatte, fragte ich nach dem Sinn des technischen Monstrums. Wir waren hier doch nicht bei der UNO! Mir wurde mitgeteilt, vor allem diene die Anlage dazu, im nachhinein noch einmal die zusammenfassenden Bemerkungen des 1. Sekretärs genau verfolgen, auswerten und archivieren zu können. Ich ordnete Aufräumen an; meine Zusammenfassungen sollten einzig für die jeweilige Beratung gelten, nicht für eine ominöse Partei-Ewigkeit. Außerdem hielt ich eine offene Diskussion, die zugleich auf Tonband festgehalten wird, für absurd. Dies Beispiel mag eine Äußerlichkeit illustrieren, aber es ist ein Blick in die traurige sozialistische Wesentlichkeit, gemeinsame Willens- und Meinungsbildung zur Aufführung zu degradieren und statt Mut zur Meinung eine biedermeierliche Selbstzufriedenheit in den Führungsetagen der Partei des Volkes zu installieren.

Für meine Familie waren mit dem Beginn der Dresdner Tätigkeit zunächst Monate der Trennung verbunden. Tamara, unsere älteste Tochter, befand sich in der Ausbildung zur Kindergärtnerin, sie lebte im Internat in Berlin. Irina, die Jüngste, mußte neu eingeschult werden. Sie versuchte, als »Preußin« in Sachsen Boden zu gewinnen. Nach drei Monaten sächselte sie, als hätte sie nie vorher in Berlin gelebt. Annemarie, meine Frau, wechselte von der Kreisschule der SED im Stadtbezirk Berlin-Friedrichshain als Lehrerin an die SED-Bezirksparteischule nach Dresden.

Anfangs wohnte ich im Gästehaus der SED-Bezirksleitung, versuchte allerdings, wenigstens einige Wochenenden in Berlin zu sein. Reisen zwischen beiden Städten absolvierte ich in der Regel per Bahn. Meinem Fahrer wollte ich die häufigen Fahrten nicht zumuten, außerdem kam man im Zug mit Leuten ins Gespräch, konnte lesen und Papiere durcharbeiten.

Daß der Bezirk Dresden politisch als harte Nuß galt, war mir vor Antritt meiner Funktion durchaus bewußt; wie hart diese Nuß aber für mich wirklich sein würde, sollte sich erst herausstellen.

Als 1952 die Länder in der DDR aufgelöst worden waren und die staatlich-zentralistische Struktur der Bezirke geschaffen wurde, erhielt jeder dieser Bezirke aufgrund einer bestimmten Konzentration der Produktion eine wirtschaftliche Kennung, die sich im Sprachgebrauch niederschlug. Cottbus etwa avancierte zum Energie-, Halle zum Chemie- und Magdeburg zum Schwermaschinenbaubezirk. Dresden ließ sich in keine solche Struktur einordnen. Fast alle Wirtschaftszweige – wie Maschinenbau, Elektrotechnik, Elektronik, Kohle, Energie, Textilien, Lebensmittel, ja selbst zwei kleine Werften an der Elbe – waren in diesem Bezirk vorhanden. Die Landwirtschaft gehörte zu den am intensivsten produzierenden Bereichen, und in der Konzentration von wissenschaftlichen Einrichtungen und Hochschulen kam Dresden gleich nach Berlin. O. F. Weidling, über viele Jahre einer der besten, weil bissigsten Entertainer und satirischen Conferenciers, sagte einmal: »Berlin wird Hauptstadt der DDR genannt; kein Mensch sagt: Dresden, Kunststadt der DDR!« Man mußte es auch nicht sagen, man wußte es, und die Dresdner fühlten sich in dem Punkt aller preußischen Glanzsucht sehr wohl überlegen. Dieses Selbstbewußtsein schien ein so heiliger wie heimlicher Protest gegen jenen Urgrund des praktizierten Zentralismus zu sein, alle Traditionen zurückzudrängen, die mit den einstigen Ländern, zum Teil über Jahrhunderte, verbunden waren. Leider hatte dieser mentale Eindämmungsversuch regionaler Regungen fatale Folgen: Erst zu spät fiel uns auf, daß wir so Heimatlosigkeit und damit Gleichgültigkeit produzierten. Man sollte sich nicht mehr als Sachse, Brandenburger oder Mecklenburger fühlen, denn damit war angeblich althergebracht-reaktionäre Föderation verbunden, sondern sich mehr als Einwohner des jeweiligen Bezirkes empfinden. Jener Teil von Heimat, der sich aus Vergangenem bildet, geriet in Mißkredit. Ideologische Zugehörigkeit legte sich über natürliche Verwurzelungen.

Mit diesem Problem wurde auch ich konfrontiert, alldieweil ich bisher wenig mit Sachsen assoziierte. Zwar hatte ich seit längerem mit dem Gedanken gespielt, in einen Bezirk zu gehen, aber stets war meine Sehnsucht auf Rostock gerichtet gewesen. Dort sah ich gefühlsmäßige Anknüpfungspunkte, es existierte eine Nähe, gewachsen aus Kindheit und damit verbundenem Lebenstakt. Nun hatte mich »die Sache« unvermittelt nach Sachsen verschlagen.

Bindung zur Region schufen sich meine Frau und ich mittels der Kunst. Die alten und neuen Meister der Gemäldegalerien standen ganz vorn an, aber auch Theater und Konzerte bekamen bald einen festen Platz in unserem neuen Leben. Zu den Fußballspielen von Dynamo Dresden mußte ich allerdings allein gehen, eine Fan-Familie sind wir nie geworden. Auch maß ich dem Fußball nicht jene gern beschworene psdeudophilosophische Bedeutung bei, die sportlich-taktische Finessen zu Sinnbildern des Lebens erhebt, in den Tiefen des Raums schwelgt, Sturmläufe zu ästhetischen Abenteuern hochstilisiert und aus beinharter Verteidigung die kleine schadenfrohe Menschenfreude an der Zerstörung ableitet. Auch mußte ich den Fußballplatz nicht als Blitzableiter für angestaute Aggressionen benutzen. Was mich stets interessierte und amüsierte, war der gewisse Überbau-Eifer, mit dem Fußball betrieben, vorbereitet, kalkuliert und einstudiert wurde – und der in wunderbaren Konflikt geriet mit jener Unberechenbarkeit, die den Ball übers Spielfeld trieb. Insofern bildete der Sport mit seinen Angeboten des Unerwarteten für mich einen angenehmen Ausgleich zu einem Leben der politischen Plangrößen und der zu Beschlüssen festgezurrten Abläufe.

Eines Tages zogen wir ins zehnte Geschoß eines Plattenbaus. Darin sah ich keine inszenierte Volksnähe, und mich bewegte auch nicht, daß der eine oder andere in der Partei, in diese Richtung denkend, die Nase rümpfte. Solcherart Wohnen gehörte seit eh und je zu unserem Leben, in den großen Häusern der Karl-Marx-Allee in Berlin hatten wir uns wohl und aufgehoben gefühlt. Beziehung zu eigenem Besitz hatte ich nie. Wenn wir schon das geschichtliche Experiment einer Gesellschaft angegangen waren, die den Gemeinschaftsgedanken gegen den materiellen Egoismus zu setzen versuchte, so wollte ich leben und wohnen wie die meisten, denen ich als Funktionär diese Gesellschaft »schmackhaft« zu machen gedachte. Bei jedem Funktionswechsel achtete ich darauf, mich nicht zur Verfeinerung meiner Lebensgewohnheiten verführen zu lassen. Die Abstufungen zwischen Ideal und Realität, die von vornherein wie eine schwere Hypothek auf unserer Geschichte lasteten, durften nicht, so dachte ich, zusätzlich vergrößert werden durch leichtfertige Genossen, die mit hochgestochenen Definitionen von Sozialismus und Macht des Volkes um sich warfen und selber längst nicht mehr lebten wie normale Bürger.

Im Wald ein Grundstück, vorm Grundstück ein Auto, ums Grundstück ein Zaun, im Grundstück eine Villa, in der Villa ein Mensch, im Menschen ein Herz, im Herzen die Liebe zum Sozialismus. Nein, danke.

Später sagte mir Heinrich Toeplitz, der Vorsitzende des Obersten Gerichts der DDR, allein mit meiner Lebensweise sei ich eine »Provokation für die Obrigkeit in Berlin« gewesen. Mag sein. Bewußt gesucht habe ich diese Provokation nie. Ich hatte halt mein Verständnis von der Daseinsart derer, die Verantwortung im Sozialismus trugen. Andere hatten ein anderes Verständnis, am Scheitern der Idee tragen nun alle gemeinsam.

Parolen und kleine Gartengrills

Der Beginn meiner Dresdner Zeit fiel in die bereits erwähnte Orientierung des VIII. Parteitages, Wirtschafts- und Sozialpolitik als eine Einheit zu betrachten. Wie gesagt, von diesem Beschluß ging anfangs eine politische Triebkraft aus, die mich mit Elan und großer Hoffnung an die Arbeit gehen ließ. Zunächst legte ich besonderen Wert auf das Gespräch mit den Sekretären und dem Vorsitzenden des Rates des Bezirkes. Die Funktion des 2. Sekretärs bedeutete auch hier ein spezielles Problem. Er sollte mich vertreten, wenn ich nicht im Amt war, jedoch ansonsten in der Beziehung zu den anderen Sekretariatsmitgliedern nicht so etwas wie ein ständiger »Obersekretär« sein. Der Weg zum »Ersten« hatte nicht über den »Zweiten«, sondern direkt zu erfolgen. Mein Prinzip lautete: Zusammenarbeit da, wo es die Aufgaben erforderten, aber keine Cliquenbildung.

Nun hatte Werner Krolikowski seit dem VIII. Parteitag, im Vorgriff auf seine künftige Arbeit, des öfteren in Berlin zu tun; Lothar Stammnitz mußte ihn, man kann schon sagen, über Gebühr vertreten. Jetzt aber stand fest, der Aktionsradius des 2. Sekretärs würde wieder eingeschränkt werden. Stammnitz und ich sprachen uns aus, es schien kein Problem zu geben mit der Gewöhnung an andere Arbeitsmethoden und neue inhaltliche Überlegungen. Zudem: Krolikowski ging, je näher seine Abfahrt in die Zentrale rückte, schneller als erwartet auf Distanz zu seinem langjährigen treuen »Zweiten«; auch das half mir im Bemühen um vorurteilsfreie Tuchfühlung. Natürlich war mir bewußt, was ich für die Mitglieder des Sekretariats und die Spezialisten im Bezirk bedeutete: ein Mann, der bisher vorwiegend Agitation und Propaganda betrieben hatte – kenntnislos, unerfahren, nur mit fraglicher Kompetenz ausgerüstet. Menschen begegneten mir, deren Namen im Bezirk eine sichere Größe waren – nur mir sagten sie nichts. Ich tastete mich voran wie ein Anfänger, war gleichsam, ehe ich selber den Mund aufmachte, ein Horcher in eigener Sache.

Beim ersten Versuch, mir ein Bild vom bisherigen Stil der politischen Arbeit zu machen, stieß ich – auf eine Fülle von Parolen. Raumgreifend, bestimmend und scheinbar äußerst logisch tönte mir von überall entgegen: »Wo ein Genosse ist, da ist die Partei« – der wesentlich im Büro Krolikowski entstandene Kodex, die führende Rolle der SED als Erziehungsmodell auf jedes einzelne Parteimitglied aufzuschlüsseln. Als Basisträger dieser Losung war die Parteiorganisation des VEB Elektroanlagenbau »Otto Buchwitz« auserkoren worden. Einmal an die Öffentlichkeit gelangt, trat die Losung ihren »Siegeszug« als landesweite Kampagne an. Gleichsam kein Lebensbereich blieb von ihr verschont. Mit dieser Parole ging das Individuum zur Gänze im System auf. Jedes Ego wurde der unentrinnbaren gesellschaftlichen Pflicht übereignet. Wer sich die Parole zu eigen machte, quittierte die totale Selbstbeteiligung am großen Werk. Wer es nicht tat, so suggerierte der Satz, schadete der Sache.

Die Last des großen Wortes wurde der Genossin Ihlow aufgebürdet, die auf Aktivtagungen wieder und wieder dazu sprechen mußte – bis sich der Inhalt der Losung, eh schon erdrückend ehern, verselbständigte. Die Urheberin des Schlagwortes, wie viele andere an der Wiege solcher Aktionen, geriet erst in einen publizistischen Strudel, dann ins Zwielicht des Mißbrauchs, schließlich in rettende Vergessenheit. Ja, oft wurde den Genossinnen und Genossen, die sich geradezu treuherzig in den katalysatorischen Dienst einer solchen Losung stellten, schlichtweg geschadet: Aus dem Willen zu guter und besserer Arbeitsleistung wurde die ermüdende und dem Betreffenden fremde Pflicht, von Tagung zu Tagung, von Präsidium zu Präsidium zu ziehen und, statt zu arbeiten, übers Arbeiten nur noch zu palavern. Lediglich wenige Initiativen blieben über Jahrzehnte im öffentlichen

Bewußtsein und verbanden sich auf Dauer mit ihren Initiatoren. Etwa Adolph Hennecke und Frida Hockauf. Ihre Namen standen nicht nur für politische Losungen, sondern für wirklich erbrachte Leistungen in der Produktion. Das machte den Unterschied. Dennoch mag man streiten über den generellen Sinn solcher impulsgeberischer Devisen, mit denen Menschen politisch verschlissen und zu Propagandafaktoren degradiert wurden. An Versuchen, Schichtleistungen etwa von Hennecke und Hockauf in Zweifel zu stellen, fehlt es ja auch heute noch immer nicht. Daß gerade diese beiden fleißige, ehrliche und überzeugte Sozialisten waren, wird jedoch niemand bestreiten und bis heute widerlegen können.

Mit der Methode, politische Losungen an Stelle eines wirklichen sozialistischen Wettbewerbes zu setzen, wurde die Gewerkschaft in den Hintergrund gedrängt, und die Partei machte sich mehr und mehr zum alleinigen gesellschaftlichen Zentrum der Betriebe. Es war von mir schlichtweg opportunistisch, keine klärende Diskussion in dieser Frage herbeizuführen, die Monopolisierung des Denkens zuzulassem und statt dessen den Weg des geringsten Widerstandes zu gehen. Sicher beförderte auch ich als 1. Sekretär manche dieser Losungen, aber jenseits tagesaktueller Geschäftigkeit sah ich, wie viele andere, letztlich durch sie hindurch und vertraute darauf, daß sich die meisten dieser politischen Anleitungen schnell erledigen würden. Dem Kurs der Einheit von Wirtschafts- und Sozialpolitik noch aktiv folgend, sah ich meine erste und wichtigste Aufgabe nicht im ideologischen Schützendienst, sondern im Engagement in Industrie und Landwirtschaft sowie bei der Verwirklichung des Wohnungsbauprogramms.

Der Wirtschaftssekretär Hans Barthel machte zunächst kein Hehl daraus, daß er sich noch immer mit Werner Krolikowski verbunden fühlte, die Freundschaft zu ihm auch nicht aufgeben werde und ich, als Mann der Agitation, wohl kaum ein richtiger Partner für ihn sein könne. Dieses Verhalten forderte meinen Ehrgeiz heraus, abgesehen von der Tatsache, daß ich ja aufgrund meiner Ausbildung genau in der Wirtschaft das politische Feld sah, auf dem ich mich am meisten zu Hause fühlte. Denn, wie gesagt, ich betrachtete Sozialismus nicht als rein ideologisch geprägtes System, nicht als Erziehungsprodukt, sondern zuvörderst als eine Chance humaner Wirtschaftlichkeit. In diesem Sinne, so dachte ich, standen die Zeichen der Zeit günstig; und tatsächlich schwanden die Vorbehalte Barthels, und wir fanden zu einer guten Zusammenarbeit.

Eines Tages hatte es einen Hinweis von Gerhard Grüneberg gegeben, ZK-Sekretär für Landwirtschaft, daß von Berlin eine grundlegende Umgestaltung im Dresdner Kombinat Robotron erwartet würde. Die prononcierte, einseitige Entwicklung der Rechentechnik sei einst eine Idee Walter

Ulbrichts gewesen, Erich Honecker dagegen sähe in der Produktion von Konsumgütern einen entscheidenden Schub für eine die Menschen überzeugende Sozialpolitik. Der neue Besen hatte zu kehren begonnen, und wie so oft beim politischen Führungswechsel fragte der Wille zur Neuerung nicht nach dem, was trotz allem zu bewahren sei.

So befaßte ich mich zuerst mit dem Kombinat Robotron. Ein neuer Generaldirektor hatte gerade seine Arbeit aufgenommen, Wolfgang Siebert, ein Mann mit großem Ehrgeiz und ebensolcher Fähigkeit zu strategischem Denken. Wir trafen uns zunächst unter vier Augen, um über die Berliner Erwartungen zu sprechen. Sie standen im Gegensatz zu meinen eigenen Vorstellungen von einer weiterhin notwendigen Entwicklung der Rechentechnik, und so suchten wir nach Kompromissen, nach realem Spielraum für die Perspektive des Kombinates. Gefordert war bereits damals in einem Anflug von prinzipieller Starre, jedes, aber auch jedes Kombinat müsse mindestens fünf Prozent seiner Erzeugnisse als Konsumgüter herstellen. Produkte also, die der Bevölkerung direkt zugute kamen. Auf diese Weise begannen Schwermaschinenbetriebe, kleine Gartengrills zu produzieren! Diesem Schema zu entweichen, machte keinen Sinn; aber wir mußten es uns irgendwie zunutze machen. Bei dem gewaltigen Volumen des Kombinates, mit über 60 000 Beschäftigten, mußte es möglich sein, mehr als 10 Prozent Konsumgüter zu produzieren, worunter wir besonders die naheliegende Produktion von Fernsehgeräten und Radios verstanden. So konnten wir den unsinnigen Druck gegen die Rechentechnik abfangen.

Das Kombinat Robotron war langfristig in Konzeptionen der Sowjetunion eingebunden und somit ein wichtiges Glied im einheitlichen System elektronischer Rechentechnik des Rates für Gegenseitige Wirtschaftshilfe. Diese Tatsache schärfte meine Einsicht in unsere wissenschaftlichen Grenzen, bedingt durch die Isolierung des östlichen Marktes und die fehlende Einbeziehung in die internationale Arbeitsteilung. Besuche in Japan, ab 1972, vertieften diesen Eindruck. Ob bei Sharp, Nissan oder Nippon Steel – ich sah den hohen Stand wissenschaftlich-technischer Entwicklung und konnte vergleichen. Aber das Resultat dieses Vergleichs war keineswegs Ratlosigkeit. Nicht Resignation überkam mich, sondern der Ehrgeiz: Das muß doch zu packen sein! Einen Weg sah ich darin, alle Möglichkeiten technologischer Innovation im Dresdner Raum gründlich zu analysieren und vor allem die Kontakte in die Sowjetunion anzukurbeln.

Zur Pflicht eines neuen 1. Sekretärs gehörte ohnehin ein rascher Antrittsbesuch in Leningrad, dem wichtigsten internationalen Partner des Bezirkes. Zwischen Werner Krolikowski und Grigori Romanow, der dem Politbüro der KPdSU angehörte, hatte es so etwas wie eine Gleichstellung gegeben, beide zählten zur Spitze der jeweiligen Partei. Man besuchte einander mit Sonderflugzeug. Mit mir war das anders: Ich kam mit einer Linienmaschine und hatte keine Begleiter.

Lediglich mein Mitarbeiter Werner Kaulfuß trug mit mir die seltsame Last einer ersten Begegnung mit einem Genossen, der gänzlich andere protokollarische Höhen gewohnt war.

Einen kleinen Vorteil gegenüber Werner Krolikowski hatte ich jedoch: Meine russischen Sprachkenntnisse boten die Möglichkeit, auch mal ohne Dolmetscher ein Gespräch zu führen. Das erste Zusammentreffen mit Romanow im Februar 1974 bleibt in meiner Erinnerung ein Besuch bei Hofe. Fürstlich, ritenbewußt, von ausgedehnter Traditionstreue. Der Smolny wurde besucht, in dem das Gebietskomitee der KPdSU seine Räumlichkeiten hatte und wo sich auch ein Lenin-Museum befand. Obwohl ich es als Student der Komsomolhochschule mehr als gründlich in Augenschein genommen hatte, wurde alles noch einmal absolviert. Es fand ein offizielles Gespräch statt, das äußerst formale Züge trug und von sowjetischer Seite wenig Engagement erkennen ließ. Die Tischrede beim Abendessen galt kaum mir, sie war gespickt mit ausgiebigen Dankesworten für bisherige gute Zusammenarbeit für den nicht anwesenden Werner Krolikowski. Für diese Geste hatte ich Verständnis. Aber was zur künftigen Zusammenarbeit gesagt wurde und also sehr mit mir zu tun hatte, schien mir sehr abwartend, distanziert, sogar etwas hohl zu sein. Vielleicht hegte ich auch zu große Erwartungen in diesen Besuch; möglicherweise hatte ich zu sensibel reagiert. In jedem Falle hinterließ das erste Treffen in Leningrad nicht die besten Eindrücke bei mir; ja, wenn ich soeben über den Ehrgeiz und die Dringlichkeit schrieb, unsere im Verhältnis zum internationalen Niveau komplizierte Wirtschaftslage verbessern zu helfen, war diese Reise sogar eine bittere Enttäuschung. Gerade Parteifunktionäre mußten doch Kräfte organisieren und mobilisieren, statt sich in politische Posen der Selbstgerechtigkeit zu werfen.

Es ergab sich während des Aufenthalts in Leningrad die Möglichkeit, mit Boris Aristow, dem 1. Sekretär der Stadtleitung, in die Sauna zu gehen. Die Sauna schafft natürliche Gleichheit, sie öffnet ja nicht nur Poren, sondern auch Herzen und Zungen – ein politisches Rezept, das der langjährige finnische Staatspräsdident Urho Kekkonen bekanntlich zur europäischen Legende erhob. Gegenüber Aristow sprach ich offen über meine Empfindungen in puncto Romanow. Es war eine Grundsünde des Sozialismus, daß wir Strukturen zuließen, innerhalb derer sich einzelne mit der Partei gleichsetzen, eine ganze Korporation in der Gestalt von Funktionären aufgehen konnte und sich an ihrem Maß messen lassen mußte. Oft bildete der Blick in den Spiegel das wesentliche Kriterium für eine politische Befähigung. Boris wich mir nicht aus und sagte: Du erlebst Grigori Romanow zwei Tage, ich muß jeden Tag mit ihm zusammenarbeiten. Was jedoch nicht mehr lange andauern sollte. Da Aristow Mitglied des ZK der KPdSU war, konnte Romanow über seinen Einsatz nicht allein entscheiden – aber eine Versetzung aktiv betreiben, das konnte er allemal. So wurde der unbequeme Boris bald als Botschafter der Sowjetunion in Polen eingesetzt, wo ich ihn in Warschau Ende der siebziger Jahre noch einmal besuchte.

Romanow selbst blieb für die Parteiführung der SED immer ein Problem. Er stand im Ruf, vor allem von Gerhard Grüneberg verbreitet, kein guter Freund der DDR zu sein – obwohl ich sagen muß, unser beider Verhältnis änderte sich Mitte der siebziger Jahre. Romanow besuchte für drei Tage Dresden und hatte dabei, wie er selber sagte, den Eindruck gewonnen, ich mache meine Sache gut. Als Romanow in der DDR weilte, mußte er als Mitglied des Politbüros des ZK der KPdSU auch von der Parteiführung der SED empfangen werden, möglichst vom Generalsekretär. Da sich Erich Honecker im Urlaub befand und in seiner Vertretung Paul Verner die Amtsgeschäfte innehatte, übernahm der das fällige Gespräch. Romanow und ich flogen mit der sowjetischen Sondermaschine von Dresden nach Berlin. Im Flugzeug wollte Grigori Wassiljewitsch meine Auffassungen über das zu erwartende Gespräch hören. Ich deutete ihm an, daß es bei einem kürzlichen Treffen mit Grüneberg in Leningrad wohl ein paar Probleme gegeben haben müsse, denn das Echo in Berlin sei nicht gerade gut gewesen. Ohne Umschweife erzählte Romanow: Sie hätten beide offenbar zu viel getrunken, und Grüneberg habe ständig versucht, ihn mit dem Verweis auf die »großen Erfolge der DDR« zu belehren. Wahrscheinlich seien seine Erwiderungen auf die Anwürfe des SED-Politikers nicht immer sachlich gewesen, eines jedoch habe er Grüneberg sehr deutlich gesagt: Den Sieg über das faschistische Deutschland erkämpfte vor allem die Rote Armee, und die DDR habe nicht wenig Unterstützung von der Sowjetunion erhalten. Dem Siegervolk gehe es heute jedoch schlechter als den Bürgern der DDR, weil die Sicherung des Friedens und die internationale Solidarität erneut von den Menschen der Sowjetunion getragen würden. Das möge der SED-Politiker bedenken und seine Überheblichkeit zügeln.

Romanow schwieg, und ich schwieg auch.

Das Gespräch mit Paul Verner blieb, vielleicht wegen des Streits mit Grüneberg, im Rahmen offizieller Höflichkeiten, es hatte keinerlei inhaltliche Substanz, und Romanow merkte man an, daß er lediglich einen aufgeschlossenen Eindruck hinterlassen wollte.

Ich mußte also weiter mit den Konflikten leben, die es in der Parteiführung der SED zu Leningrad und speziell zu Romanow gab, und zugleich bemühte ich mich, ehrliche Beziehungen mit den führenden Leuten an der Newa aufrecht zu halten. Nicht nach dem pauschalen Motto »Von der Sowjetunion lernen, heißt siegen lernen« wollte ich verfahren, aber freilich war ich davon überzeugt, daß ohne Freundschaft mit der Sowjetunion nichts in der DDR laufen würde. Heute mag eine solche Haltung naiv erscheinen, mir war sie damals Teil meines politischen Credos.

Das Beziehungsgeflecht zu diesem Staat Sowjetunion bildete die entscheidende Lebensader unseres Landes, und ich empfand dies nicht vordergründig als Abhängigkeitsverhältnis, das, administrativ herbeigeführt, zwangsläufig einer historischen Erschöpfung entgegenleben mußte. Den von der Geschichte vollzogenen Bund auf den Trümmern Nazideutschlands sah ich als Chance einer östlichen Gemeinschaft neuen, friedlichen Charakters. Eine Zusammenarbeit, die nur aus Berechnung besteht, kam deshalb für mich, für den Bereich, den ich zu verantworten hatte, nicht in Frage. Meine Offenheit im Umgang mit der sowjetischen Seite ergab sich aus dem Wissen um deren Opfer für ein friedliches Europa und die auch nach dem Krieg nicht nachlassende Verantwortung dieses Vielvölkerstaates für den mühsam erreichten Frieden. So waffenstarrend und gefährdet dieser Frieden auch immer sein mochte, es war nicht nur Nachkriegszeit. Diese Anerkennung sowjetischer Verantwortung vermochte ich nicht aufs politisch Handwerkliche wie Machterhalt und Machtausdehnung, Großmachtstreben und Herrschaftspläne zu reduzieren, nein, dies schien mir die Sprache des Feindes zu sein, die meinen Gefühlen und Überzeugungen, die Sowjetvölker betreffend, zuwiderlief. Ich mochte die sowjetischen Menschen; das »Dank Euch, Ihr Sowjetsoldaten« sprach mir aus dem Herzen, und meine Sozialisierung in der DDR sah ich stets im Zusammenhang mit der Befreiung unseres Volkes vom Hitlerfaschismus – und vom Kapitalismus.

In der Führung der SED, nicht zuletzt bei Erich Honecker, stieß mein absolut untaktisches, offenes Verhältnis zu Leningrad auf Mißtrauen. Dieses Mißtrauen sollten auch sowjetische Genossen hier im Lande zu spüren bekommen. Für Moskaus Generalkonsul, Lapin, gehörte neben Karl-Marx-Stadt und Dresden auch Gera zu den Bezirken seines Verantwortungsbereiches. Als er Mitte der siebziger Jahre kritische Fragen zur wirtschaftlichen Entwicklung der DDR stellte, erfolgte über den 1. Bezirkssekretär der SED von Gera sofortige Information an Erich Honecker. Das trug dazu bei, den Aufenthalt Lapins in der DDR zu verkürzen, und ich wurde gelegentlich darauf hingewiesen, daß merkwürdige Fragen des sowjetischen Generalkonsuls doch wohl auch von mir hätten gemeldet werden müssen. Ich hätte sozusagen, da diese Meldungen unterblieben waren, meine Sorgfaltspflicht gegenüber der Parteiführung verletzt. Lapins Nachfolger, meinem Freund Juri Barmitschew, gab ich die Empfehlung, in Gera nur gut abgewogene Fragen zu stellen. Es wurde kalt auf der Brücke der Freundschaft Berlin – Moskau; und es kam die Zeit, da ich nicht mehr mit Wagen vor der sowjetischen Botschaft in Berlin vorfuhr, sondern mich vorsichtshalber woanders mit den Freunden traf.

»Ohne Gott und Sonnenschein ...«

Der Zentralismus galt zwar für alle wirtschaftlichen Bereiche, und doch gab es wesentliche Unterschiede seiner Wirkungskraft. Die Industrie war in zentral und örtlich geleitete Betriebe unterteilt, die Landwirtschaft jedoch dem jeweiligen Rat des Bezirkes unterstellt. Das Ministerium für Landwirtschaft übte die Kontrolle aus und verfügte die Zuteilung der verschiedenen materiellen Fonds – von Maschinen bis zum Futter. Ein Spielraum für eigene Initiativen jenseits ministerieller Kontrolle verblieb vor allem durch den genossenschaftlichen Charakter der landwirtschaftlichen Betriebe.

Die Entwicklung der DDR-Landwirtschaft fiel auch aus dem allgemeinen Rahmen der anderen sozialistischen Länder. Anfang der siebziger Jahre hatte sich die Trennung von Pflanzen- und Tierproduktion in jeweils spezialisierte LPG vollzogen. Ein umfangreiches Vertragswerk ermöglichte (und erschwerte!) die Vernetzung der voneinander abhängigen Betriebe und somit die mühsame Aufrechterhaltung des im Grunde ja einheitlichen landwirtschaftlichen Kreislaufes. Um für die Landwirtschaft eine gesicherte Perspektive bis in die achtziger Jahre zu erreichen, bat ich Gerhard Grüneberg im Frühjahr 1974 um eine Konsultation in Dresden. Wir hatten eine gründliche Analyse erarbeitet und gleichsam mit Stabskultur auf verschiedenen Karten die Produktionsstandorte, vor allem der tierischen Produktion, eingezeichnet. Bodenqualität und Erträge hatten wir in dieser Analyse zueinander in Beziehung gesetzt, die Standorte der Stallanlagen in den verschiedenen Kreisen je nach Futterart festgelegt. Unser Hauptanliegen bestand darin, den Transport des Futters zu den Anlagen zu verbessern – kurz: Uns schien das Ganze eine gut durchdachte, betriebswirtschaftlich optimierte Konzeption zu sein.

Siegfried Neubert, Leiter der Abteilung Landwirtschaft des Rates des Bezirkes, später Sekretär für Landwirtschaft in der Bezirksleitung der SED, sollte als Fachmann die Konzeption begründen. Gerhard Grüneberg aber hörte nicht lange zu, sondern griff uns sofort scharf und entschlossen an. Ich wurde zunächst mit dem Attribut versehen, und es sollte wohl schonend wirken, ich sei neu im Bezirk, und in einer Industrieregion wäre es ja wohl auch normal, wenn der 1. Sekretär weniger Ahnung von der Landwirtschaft habe. Da ich mich nicht einschüchtern ließ und mich statt dessen aktiv einmischte in die Diskussion, bekam ich die gleichen »Noten« wie die anderen: Wir seien im Denken höchstens Mittelbauern und hätten die Perspektive der sozialistischen Landwirtschaft mit ihren Großbetrieben noch immer nicht begriffen. Nicht die Entfernung zwischen Futterort und Stallanlage, um ein Beispiel zu nennen, sei wichtig; was zähle, seien die Arbeitskräfte; die industriemäßige Produktion werde auch diese Frage recht schnell lösen helfen. Denn was hieße hier optimale Standortverteilung – je mehr Arbeitskräfte, desto weniger Sorgen! Der redete, als sei die DDR China. Bei der gesellschaftlichen Entwicklung, so Grüneberg, habe es höchstens einen einzigen Fehler gegeben, man habe die Maßstäbe zu klein angelegt. Wir könnten nur mit weitgesteckten Zielen und großen Rahmenbedingungen vorwärtskommen. Phrasen.

Zum Glück wurde die weitere Arbeit an der Konzeption an das Ministerium für Landwirtschaft verwiesen, womit zunächst eine Atempause eintrat. Im Bezirk waren wir uns darin einig, besser reale Mittelbauern zu sein, als zu utopischen sozialistischen Großbauern aufgebauscht zu werden und den Bezirk zugrunde zu richten.

Wir versuchten eigene Wege zu gehen, indem wir die wissenschaftlich-technischen Möglichkeiten des Bezirkes und der Industrie prüften, um Kapazitäten für die landwirtschaftliche Entwicklung zu erschließen. Auch dabei kollidierten zentrale und bezirkliche Vorstellungen. Wieder ein Beispiel: In den sogenannten Zweitausender Milchviehanlagen wurde auf einem Milchkarussell eine gleiche Futterration an alle Kühe gegeben, egal welche Milchleistung sie jeweils brachten. Die Technische Universität Dresden entwickelte ein Projekt, bei dem Futter je nach Milchleistung differenziert verteilt wurde. Grüneberg griff wieder ein. Ohne Diskussion und Prüfung der Forschungsergebnisse ordnete er die Einstellung dieser Forschungsarbeit an; die Anlage, die eine nicht zu vertretende Konkurrenz zum »Milchkarussell« des Kombinats Fortschritt und damit eine eklatante Planbehinderung des Betriebes sei, mußte demontiert und verschrottet werden. Das zentralistische Diktat hatte die demokratische Initiative besiegt.

Ende der siebziger Jahre spannte Grüneberg den Bogen zu weit, seine Ignoranz, sein Dilettantismus und die Großmannssucht kannten keine Grenzen mehr. Er schlug seinem sowjetischen Partner vor, die Produktion von Mähdreschern voll auf die DDR zu spezialisieren; die Maschinen der DDR seien leistungsfähiger, und die sowjetische Landwirtschaft könne so zu höheren Erträgen kommen. Es bedurfte nicht sehr großer ökonomischer Kenntnisse, um die Sinnlosigkeit eines solchen Vorschlages zu begreifen. Die DDR hätte jährlich 25 bis 30 000 Mähdrescher an die Sowjetunion zu liefern gehabt und damit die gesamte Leistung des Kombinates Fortschritt einsetzen müssen. Ein Signal der Maschinenbauer an die entsprechende Fachabteilung in Moskau half, dieses eine Unheil zu verhindern. Aber derartige Unsinnigkeiten spielten sich des öfteren ab im RGW, und nicht immer siegte die Vernunft. Der volkswirtschaftliche Schaden, auch für die DDR, war mitunter groß und steigerte das Gewicht des schließlich Irreparablen.

Natürlich drängt sich im nachhinein die Frage auf, ob eine sozialistische Landwirtschaft überhaupt denkbar, geschweige denn machbar gewesen ist. Die volle Vergenossenschaftlichung in der DDR im Jahre 1960 war mit politischem Druck verbunden. Der propagierte freiwillige Zusammenschluß in Produktionsgenossenschaften fand eigentlich nie statt. Aber wenn etwas vom Leninschen Genossenschaftsplan wirksam wurde, dann doch die spätere, mählich wachsende Überzeugung vieler Genossenschaftsbauern, daß es sich in größeren Betrieben doch effektiver und solidarischer wirtschaften ließ.

Neue Wege übrigens in der Tier- und Pflanzenproduktion, die Gemeinsamkeit wissenschaftlicher und praktischer Arbeit, die Verbindung von Forschung und Erfahrung, mit den Jahren befreit von ideologischer Fessel und widernatürlicher Anmaßung (»ohne Gott und Sonnenschein fahren wir die Ernte ein«) – all dies trug zur Persönlichkeitsentwicklung vieler Genossenschaftler bei. Ob Minister oder andere Vertreter der Landwirtschaft der Bundesrepublik – stets, wenn sie die DDR besuchten, waren sie des Lobes voll über das hohe Niveau unserer Landwirtschaftskultur. Nur Höflichkeit? Nur Lüge? Oder doch der Respekt von Fachleuten für Fachleute?

In der Gesetzgebung der BRD wurde Anfang der neunziger Jahre nichts unversucht gelassen, um durch steuerliche Benachteiligung und Beharren auf (unverschuldete) Schuldenbelastung der Betriebe die Genossenschaften auf dem Gebiet der DDR zu zerschlagen. Der erhoffte Erfolg ist jedoch nicht eingetreten: Mehr als die Hälfte der Fläche in den neuen Bundesländern wird weiter genossenschaftlich bewirtschaftet, und bei wirklicher Förderung wäre der Anteil sogar noch größer. Genossenschaftlichkeit, so meine ich, bleibt eine Alternative zur privaten Produktion, selbst unter den Bedingungen der kapitalistischen Marktwirtschaft.

Auch für meinen Start im Bezirk Dresden galt, was ich bereits an anderer Stelle als Prinzip meines politischen Lebens benannt habe: Sozialistischer Aufbau bedeutet vor allem Gestaltung der Wirtschaft – in konsequenter Verbindung mit Wissenschaft und Technik. Auf dieser Erkenntnis hatte ich meine Ausbildung aufgebaut. Die Vertrautheit mit der Gesellschaft sollte aus der Kenntnis ihrer Probleme erwachsen, weniger aus Zuneigung zu ideologischer Proklamation.

Um den wissenschaftlich-technischen Fortschritt mehr als bisher durchzusetzen, sah ich trotz der zentralisierten, also immer mit einer gewissen übergordneten Starre verbundenen Planung gute Möglichkeiten. Erst später, mit jener mehr und mehr auf Propaganda und immer weniger auf ökonomischen Rationalismus bedachten Einheit von Wirtschafts- und Sozialpolitik bekam ich wachsenden Zweifel an wirklicher Innovationsfähigkeit unseres Systems. Aber noch saß die Gewißheit, eine neue Ökonomie installieren zu können, sehr tief, es reichte für Vorschüsse, zu entrichten in Vertrauen. Auch das Prinzip des Vorrangs der Abteilung 1, das heißt der Produktionsmittelindustrie, gegenüber der Abteilung 2 der Wirtschaft, nämlich Konsumgüter zu produzieren, war mir auf den ersten Blick logisch erschienen. Mußte doch die DDR, aufgrund der Spaltung und der geographisch unproportionalen industriellen Standorteverteilung, zunächst eine eigenständige Montan- und Schwerindustrie aufbauen. Da hatten Konsumgüter halt objektiv eine nachgeordnete Rolle.

Wer das Personal wechselt, wer enteignet, wer neue Eigentümerschaften bestimmt, wer mitten im Mangel die Zukunft nicht nur prophezeit, sondern verspricht – der sah selbst über die Irrationalitäten des eigenen Handelns hinweg; die neue Wirklichkeit mochte noch nicht richtig sein; vorhanden jedoch war sie. Diese Emphase des Anfangs, immer wieder zu hören in den Erinnerungen der Gründergeneration, galt leider zu lange als beruhigendes Argument auch für uns Nachfolgende. Denn stets und zu einschneidend richteten sich ökonomische Entscheidungen gegen unmittelbare Lebensbedürfnisse der Bevölkerung; wir verbrauchten mehr, als wir erwirtschaften konnten, und je mehr ich mich mit der Wirtschaft des Bezirkes beschäftigte, desto problematischer erschien mir die Art, in der wir die Angelegenheiten angingen.

Jährlich fanden sogenannte Komplexberatungen statt; ein Stellvertreter des Ministerratsvorsitzenden kam in den Bezirk gefahren, und debattiert wurde das nächste Planjahr. Die Zentrale wollte keine Widersprüche zwischen Bezirksplänen und Auflagen der jeweiligen Ministerien zulassen und deshalb die Verflechtung der bezirklichen Wirtschaftspläne so reibungslos wie möglich organisieren. Zentrale Planung als Versuch, Konflikte und Diskussion, also Lebendigkeit, aus der Ökonomie zu verbannen. In meinen ersten Jahren in Dresden leitete Günther Kleiber diese Beratungen, und zwar in einer fürchterlich formalen und oberflächlichen Art, die nicht mal einen Hauch von Verbindlichkeit und Ideenkraft besaß. In der zweiten Hälfte der siebziger Jahre gelang es mir, den Ministerpräsidenten Willi Stoph zu überzeugen, diese Sitzungen selbst zu leiten, denn schließlich war Dresden sein Wahlkreis für die Volkskammer.

Gesagt, getan. Allerdings mußte ich einsehen, daß die Sache so einfach, wie ich sie mir vorstellte, dennoch nicht werden würde. Der spürbare Zuwachs an Autorität, den diese Beratungen fortan bekamen, hatte seine Kehrseite. Auch Stoph liebte keinen offenen Widerspruch; zu seinen »Leitungsmethoden« gehörte es, alle wichtigen Fragen im Vorfeld klären zu lassen, damit er nicht vor Publikum in die Zwangslage kam, aus einem Konflikt heraus, unmittelbar in Konfrontation mit mehreren Alternativen, eine Entscheidung treffen zu müssen. Damit entstand eine neue komplizierte Situation. Der Stellvertretende Vorsitzende der Staatlichen Plankommission, Richard Müller, mußte in Berlin Vorgespräche mit den Ministern führen, und diese waren natürlich nicht daran interessiert, irgendwelche Streitfragen in die Komplexberatungen nach Dresden zu tragen, um dort mit Willi Stoph ins Gehege zu kommen. Kam es doch einmal zu Konflikten zwischen Zentrale und Bezirk, war also Stoph unerwartet gezwungen, eine Entscheidung zu fällen, so geschah dies meistens zugunsten der Zentrale. Hierarchiedenken setzte sich nicht selten über Kompetenz und regionale Anforderung hinweg.

Die größten Widersprüche entstanden auf zwei Gebieten. Einmal zeigte sich der Bau im Bezirk permanent überfordert, und die Dienstleistungen blieben ständig hinter den Anforderungen der Bevölkerung zurück. Zum anderen: In der Landwirtschaft besaßen wir hohe Tierbestände und sollten mit dem geringsten Anteil an staatlich importierten Futterfonds dennoch sehr hohe Erträge in der tierischen Produktion sichern. Nach den natürlichen Bodenbedingungen lag der Bezirk an fünfter Stelle, in den Leistungen der landwirtschaftlichen Produktion jedoch durchschnittlich an dritter. Die Zuckerrübenproduktion hatte sogar, bezogen auf Hektarbeträge, den ersten Platz. Das Ganze glich einem Teufelskreis, aus dem wir einen Ausweg suchten.

Natürlich sperrte sich niemand von uns der Notwendigkeit, im Bezirk höhere wirtschaftliche Leistungen zu bringen. Für mich aber stets ein Spagat zwischen politischer Mobilisierung der Parteiorganisationen, dem sozialistischen Wettbewerb und der Einflußnahme auf die Konzeption der wissenschaftlich-technischen Entwicklung, letzteres hieß vor allem: Erzeugniserneuerung und Modernisierung durch Investitionen. In Leningrad, unserem

Partnerbezirk, hatten wir ein Konzept einer komplexen territorialen Planung und Entwicklung kennengelernt. Sollten wir nicht versuchen, so etwas auch bei uns einzuführen?

Wir wählten für das Experiment den Kreis Riesa aus. Hier hatte das Rohrkombinat den Hauptteil seiner Produktion, hier entwickelte sich in einem Werk des Kombinates Robotron die Mikroelektronik relativ rasch, auch um die Konsumgüterproduktion stand es nicht schlecht, und die Landwirtschaft nahm gleichfalls einen guten Platz ein. Hier könnte eine wirtschaftlich rentable Verknüpfung verschiedener für das Territorium lebenswichtiger Prozesse in Gang kommen.

Recht bald äugte die Zentrale mißtrauisch. Konsultation und Beratung bei der Staatlichen Plankommission – ja. Zuweisung zusätzlicher Fonds aus der Zentrale – nein. Für so etwas nicht! Hier bahnte sich für Berlin eine Aushebelung zentralistischer Vorgaben an. Das höchste der Gefühle war die Bereitschaft, eine bestimmte Konzentration von Leistungen des Bezirkes im Kreis Riesa wenigstens zu tolerieren. Das war natürlich mager, wir hatten mehr erwartet. Aber immerhin ein Freiraum, den es zu nutzen galt. So beschleunigten wir zum Beispiel den Wohnungsbau in Riesa und waren entschlossen, auch einige Hochhäuser mit 16 Etagen zu errichten. Dieser Plan sorgte im Ministerium für Bauwesen für bedenkliche Gesichter, und als die Sache bis zu Günter Mittag gelangte, quietschten die Bremsen: Hochhäuser mit Fahrstühlen gehören nicht nach Riesa. Auf der alljährlich traditionellen Beratung der Ersten Kreissekretäre griff auch Erich Honecker die Sache auf; Wolfgang Hirsch, der »Erste« von Riesa, wurde heftigst in die Mangel genommen – gemeint war mit der Kritik die politische Leitung des Bezirkes, also ich.

Ein kleines Beispiel für die fatale Ideenproduktion durch Zentralismus: Immer mehr Phantasie und Partisanenmentalität wurden benötigt, um Vorgaben zu unterlaufen. O Paradoxon: Zentralismus sollte dem Volke nützen, aber nur das Unterlaufen vorgegebener Starre sicherte oft erst ein Minimum des angestrebten Nutzens.

Aus den Erfahrungen des Kreises Riesa sowie den wachsenden Widersprüchen zwischen notwendigen Dienstleistungen wie Handel und Gesundheitswesen und dem Zwang, Akkumulation und Leistungsentwicklung der Industrie weiter zu sichern, leiteten wir die Idee ab, eine umfassende volkswirtschaftliche Analyse des Bezirkes zu fertigen. Um nicht in den Verdacht zu geraten, nur egoistisch an Dresden zu denken, schlug ich der Zentralen Plankommission vor, eine solche Analyse auch für die Bezirke Halle, Leipzig und Karl-Marx-Stadt auszuarbeiten. In diesen vier Bezirken spielten sich etwa 50 Prozent der industriellen Produktion der DDR ab. Zugleich verschlechterten sich gerade in diesen Regionen die Reproduktionsbedingungen ständig, und schon war der Zeitpunkt überschaubar, da für die volkswirtschaftliche und soziale Umverteilung die Ressourcen ausgehen würden.

Richard Müller von der Plankommission ließ eine entsprechende Analyse ausarbeiten, die ich leider nie zu Gesicht bekam. Sie landete in einem Panzerschrank. Müller sagte mir lediglich, ich hätte zwar völlig recht mit meinen Bedenken, aber Entscheidungen zur Veränderung der von mir angedeuteten Lage hätten einen so weitgehenden Charakter, daß dies der Parteiführung nicht vorgelegt werden könne.

Damals glaubte ich, bereits mit der Initiative für eine solche Analyse weiter gegangen und demnach verantwortlicher gehandelt zu haben als andere. Aber was nützte Initiative, die in Panzerschränken verschwand? Opportunistisch beruhigte ich mich mit mir selbst. Das Thema jedoch hätte – unabhängig davon, welche persönlichen Folgen es für den Boten der alarmierenden Nachricht brächte – auf eine Tagung des Zentralkomitees gehört. Dort jedoch schwieg ich. Mehr und mehr verloren wir die Kraft, wirklich komplexe Fragen zu diskutieren – bis wir nicht mehr komplex denken konnten und den Verlust dieser Fähigkeit kaum noch bemerkten.

Wie hoch Borniertheit gegen volkswirtschaftliche Vernunft siegen konnte, mußte ich 1978 erleben. Konrad Naumann, Mitglied des Politbüros und 1. Sekretär der Bezirksleitung Berlin, wurde Ende November 50 Jahre alt und erzählte allen, die ihm gratulierten, die Parteiführung habe den Import von einer Million Jeanshosen für den Weihnachtsverkauf beschlossen. Als Parteisekretär eines Textilbezirkes fragte ich, warum man für die dafür notwendigen Valuta-Mittel nicht lieber Maschinen gekauft habe, um Stoffe in der DDR zu produzieren und die Hosen hier zu nähen. Zunächst keine Antwort von Naumann. Die kam einige Tage später von Erich Honecker persönlich, der mit Nachdruck meinte, er würde mit mir als Generalsekretär der SED sprechen, denn meine Position richte sich gegen die Parteiführung. Alle Versuche, mich zu erklären, schlugen fehl. Erst später konnte ohne Führung aus Berlin, im Zusammenwirken mit dem Generaldirektor des Textilkombinates, Siegfried Reinhold, dieses Problem mit Vernunft und volkswirtschaftlichem Nutzen gelöst werden.

Ein großes Problem im Bezirk bildete der Bergbau. Das Kraftwerk »Völkerfreundschaft« in Hagenwerder bei Görlitz wurde aus der nahegelegenen Grube Bertsdorf mit Braunkohle versorgt. In absehbarer Zukunft sollte die Grube Olbersdorf am Rande der Stadt Zittau aufgeschlossen werden. Geologische Erkundungen ergaben, daß die gesamte Stadt Zittau auf Braunkohle steht und das Kohlebecken über die Grenze nach Polen hinausreicht. Die Staatliche Plankommission erklärte ihre Bereitschaft, dem Politbüro eine Vorlage zum Abbau der Kohle und zu allen damit verbundenen Folgeentscheidungen vorzulegen, gemeinsam mit dem zuständigen Ministerium und der Bezirksleitung der SED. Ein Teil des Ortes Olbersdorf wurde zum Abriß freigegeben und dafür ein Wohnungsstandort am Rande der Ortslage beschlossen und errichtet. Ein Wohnungsstandort für etwa 10 000 Einwohner wurde für die Gegend westlich der Stadt Zittau vorgesehen; der Kern der Stadt sollte erhalten bleiben. Das ständige Hinauszögern der Entscheidungen löste über das Ende der DDR hinweg schließlich sogar etwas Positives für das gesamte Gebiet um Zittau und Görlitz aus: Die Modrow-Regierung konnte von einer geänderten Energiekonzeption ausgehen; sie wollte den Kohleabbau von 320 Millionen Tonnen auf 240 Millionen Tonnen absenken und damit die Förderung im Revier Zittau/Olbersdorf beenden.

Der mit dieser Region verbundene Umweltschaden ist unbestritten. Selbst Bemühungen um einen höheren Schornstein im Kraftwerk »Völkerfreundschaft« und die Modernisierung von Filteranlagen bedeuteten keine wirkliche Verbesserung der Lage. Wir wollten stets mehr als zentral geplant für den Umweltschutz tun, aber am Ende blieben es Tropfen auf einem heißen Stein: Im realen Sozialismus zerbrach die Konsequenz, auf diesem Gebiet Entscheidendes zu tun, an der sogenannten volkswirtschaftlichen Rechnung. Wo ständig mehr verbraucht als produziert wurde, kein Wunder.

Die in diesem Zusammenhang auch gegen die Landwirtschaft der DDR pauschal erhobenen Vorwürfe nach der sogenannten Wende halten jedoch einer Prüfung nicht stand. Auch wenn es auf einzelnen Standorten Verletzungen durch Übergüllen gab – die Genossenschaftsbauern wirtschafteten mit großer Verantwortung und mit nicht weniger Empfinden für Boden und Tier als die Bauern in der Bundesrepublik. Schon im Jahre 1992 mußten eilfertig in Umlauf gesetzte, diffamierende Zweckmeldungen über die Verseuchung der Böden auf dem Gebiet der DDR zurückgenommen werden. Dafür kam die Zeit der europäischen Brache: 15 Prozent der Bodenfläche im Osten Deutschlands verloren ihren Nutzungssinn. Eine Umweltbarbarei anderer Art.

Die Belastung der Umwelt in der DDR will ich keinesfalls beschönigen und kleinreden: Sie nahm mit den Jahren beträchtliche Ausmaße an und wurde aus gutem Grund zum Staatsgeheimnis erhoben. Die kostenfressende Behauptung einer irrealen Einheit von Wirtschafts- und Sozialpolitik koppelte die Ökonomie verhängnisvoll von den Erfordernissen des Umweltschutzes ab. Wir gestanden uns nicht ein, daß diese Einheit ein Phantom bleiben mußte. Jeder Versuch im Bezirk, Belastungen abzubauen, geriet zu einem politischen Kampf gegen die Oberen. Die Bereitschaft des Ministers für Umweltfragen, Hans Reichelt, an der Lösung von Problemen mitzuwirken, war dabei weit größer als der Wille der Staatlichen Plankommission, bestimmte Projekte zum Umweltschutz überhaupt in ihre Planvorstellungen aufzunehmen.

Ökonomische Grenzen behinderten auch die Baukapazitäten des Bezirkes. So lieferten die DDR-Bauzeiten ständig eine kleine Ahnung von dem, was sich der Mensch unter der Ewigkeit vorstellt. Die Verwirklichung der meisten Projekte gestaltete sich zu einem Jongleurakt zwischen optimaler Lösung und genialer Improvisation, zwischen Planzwang, Materialmangel und Bauarbeiterehrgeiz. Das galt besonders für die 1987 begonnene Abwasserreinigung in Dresden-Kaditz und das Wasserwerk an der Elbe in Hosterwitz.

Elektrotechnik und Elektronik bildeten das Kernstück der Industrie im Bezirk. Dieser Zweig blieb in der DDR ständig umstritten. Hier tobte sich der Widerspruch zwischen Wollen, Können und Dürfen am krassesten aus. Unter Erich Honecker gab es nur zwei Tagungen des Zentralkomitees, die sich mit wirklichen Entwicklungsproblemen beschäftigten, eine zum Bauwesen und eine zur Mikroelektronik. Zu programmatischer Klarheit fand letztere nicht. Alles blieb eine Angelegenheit persönlichen Engagements in den jeweiligen Betrieben.

Die Kombinate Robotron Dresden und Mikroelektronik Erfurt sowie Carl Zeiss Jena im Bezirk Gera standen im Zentrum der Strukturentwicklung. Während Carl Zeiss auf eine große wissenschaftlich-technische und soziale Tradition setzen konnte, wurden Robotron und Mikroelektronik aus dem Boden gestampft. In der Partei trafen, wenn es um dieses Thema ging, drei sehr unterschiedlich geartete Bezirkssekretäre aufeinander. Für Herbert Ziegenhahn aus Gera bildete der Zentralismus ein Heiligtum; und er nutzte seine Hörigkeit nach oben, um für Carl Zeiss stets gut Wetter zu machen und Wolfgang Biermann, den Generaldirektor (ein sehr ungleiches Paar!) somit ans Sekretariat der Bezirksleitung zu binden. Biermann kannte ich noch aus Berlin, er arbeitete damals als Werkleiter eines großen Maschinenbaubetriebes. Ein Arbeitstier, aber mehr als ehrgeizig und rücksichtslos gegenüber vielen Mitarbeitern. Es gab keine Initiative in der Volkswirtschaft, bei der Biermann nicht nach einer Spitzenposition strebte. Ziegenhahn war glücklich.

Anfang der achtziger Jahre kam es zu einer Entscheidung von strategischer Bedeutung. Das Kombinat Mikroelektronik verfügte in Dresden über ein Entwicklungsinstitut für elektronische Bauelemente. Hier wurde entwikkelt, und im Kombinat Mikroelektronik Erfurt erfolgte die Überleitung in die Produktion. Ein ständiges Hin und Her, wenn es um Schuldzuweisung bei auftretenden Problemen ging. Der Generaldirektor des Erfurter Kombinates, Heinz Wedler, erwies sich als ein besonderer Meister, wenn wieder einmal kritische Fingerzeige in Richtung Dresden anstanden. Menschlich schien mir vieles verständlich, denn der Erfurter 1. Bezirkssekretär, Gerhard Müller, wollte der erste und der beste 1. Sekretär unter den 1. Sekretären sein. Da Günter Mittags Wahlbezirk justament Erfurt hieß, begann ein unaufhaltsamer Aufstieg: Gerhard Müllers Ziel war der Sprung nach oben, und so landete er, von den Leuten im Bezirk mit dem schönen Namen Eisen-Müller versehen, im Politbüro. Wir waren Mitglieder einer Partei – die eine Gemeinschaft Gleichgesinnter sein wollte. Doch kameradschaftliche Zusammenarbeit zwischen 1. Sekretären von Bezirksleitungen gab es nicht. Falscher Ehrgeiz, lokaler Egoismus und die Denunziation von Meinungsstreit als Fraktionsbildung verhinderten jede wirkliche Kooperation.

Manchmal meinte es das Schicksal gut mit uns, und es gab Lichtblicke der Planung. Für Günter Mittag schien es offenbar wichtig zu sein, eine Konkurrenz zwischen dem Kombinat Zeiss Jena und dem Kombinat Mikroelektronik zu entfalten. Für die Entwicklung eines 1-MB-Prozessors sah er bessere Bedingungen, wenn sich das entsprechende Forschungsinstitut in der Nähe der Chipfabrik befände. Das entsprach auch meinen Überlegungen. Das Institut in Dresden wurde erweitert, bei uns auch ein neues Werk für die Herstellung von Mikroprozessoren gebaut sowie ein Wohnungsstandort ganz in der Nähe des Werkes errichtet. In solcher Komplexität, inklusive Kooperation mit der Technischen Universität sowie entsprechenden Instituten der Akademie der Wissenschaften, sah ich das, was man landläufig als bessere Ausnutzung sozialistischer Möglichkeiten bezeichnete.

Als ich über ein solch vernetztes Herangehen an den wissenschaftlich-technischen Fortschritt in Dresden einmal mit Klaus von Dohnanyi sprach, damals Erster Bürgermeister in Hamburg, muß ihn das sehr überzeugt haben. Denn er meinte, darüber müsse ich unbedingt vor interessierten Vertretern von Wirtschaft und Wissenschaft in Hamburg sprechen. Dazu kam es nie, was kein Schaden ist. Zum Schaden jedoch geriet in späterer Zeit das wendehalsige Verhalten von Dohnanyi in der Treuhand: Er engagierte sich eifrig bei der Aneignung der DDR-Wirtschaft und gehörte bald zu jenen Gewinnern der Einheit, die politischen Einflußverlust im Westen mit zweiter Karriere und Wirtschaftsmillionen im Osten ausgleichen konnten.

Bei einem seiner Besuche in Dresden hatte ich den Chef des Mikroelektronischen Zentrums Selenograd bei Moskau, Iwanow, kennengelernt. Wir wollten die Kooperation zwischen beiden Städten vertiefen. Eine Gelegenheit bot sich im Sommer 1987 während eines Urlaubs, den ich auf der Krim verbrachte. Inzwischen hatte ich auch Iwan Kolesnikow, den Minister für Mikroelektronik, kennengelernt und ihn gebeten, mir die Erlaubnis für einen Besuch in Selenograd zu geben. Er verband den gemeinsamen Besuch mit einer einzigen Bedingung: ohne Dolmetscher zu kommen.

Dieser Besuch war für mich äußerst interessant. Er nahm mir einige Illusionen und brachte mir unsere verfahrene Situation noch deutlicher ins Bewußtsein. Wenige Tage vor mir hatte der zuständige Sekretär des ZK der

KPdSU Selenograd besucht, und zu diesem Zwecke war eine spezielle Ausstellung aufgebaut worden. Sie offenbarte unser technologisches Dilemma. Unterschiedliche Farben kennzeichneten auf einem Modell jene Ausrüstungen, die für die Herstellung von Mikrochips eingesetzt wurden. Ein Teil kam aus eigener Produktion (in der Sowjetunion etwa ein Drittel), ein zweites Drittel aus der DDR und anderen sozialistischen Ländern, das letzte Drittel schließlich kam aus dem – wie wir es damals nannten – nichtsozialistischen Wirtschaftsgebiet. Aber diese Mengenverteilung sagte natürlich nichts über die Qualität der Ausrüstungen aus. Die wichtigsten Teile mußten außerhalb der sozialistischen Staaten gekauft werden. Wir diskutierten, ob nicht auch für diesen schwierigsten Teil in der technologischen Kette eine Art Kooperation zwischen unseren Ländern denkbar sei. Der traurige Schluß: Wünschenswert wäre es schon, aber es ist leider nicht machbar. Jedes unserer Länder war froh, einen Partner in der kapitalistischen Welt zu haben, der bis an die Grenze jener Embargobestimmungen der Cocom-Listen zu gehen bereit war (oder auch mal darüber hinaus), die die US-Amerikaner ihren Partnern aufgedrängt hatten. Angesichts dessen blieb es eine taktische Unmöglichkeit, noch einen Dritten ins Spiel zu bringen.

Gewiß, diese Handlungsweise ist Bestandteil des Kalten Krieges gewesen. Wenn aber heute Prozesse gegen Verantwortliche der DDR-Wirtschaft wegen Verstoßes gegen diese Embargobestimmungen vor allem nach dem Militärratsgesetz § 53 der westlichen Besatzungsmächte angestrebt werden, so frage ich mich: Welchen Sinn soll diese Verfolgung haben, da die Cocom-Bestimmungen keine Gültigkeit mehr besitzen? Die zu ahnenden Taten sind nicht wiederholbar und nach DDR-Gesetzen nicht strafbar.

Das Unternehmen Selenograd unterlag der völligen Geheimhaltung und war ausschließlich auf die Verteidigungsindustrie ausgerichtet. Verbunden mit dem Unternehmen war eine Stadt für etwa 100 000 Einwohner, die gleichfalls als Sperrzone galt. Iwan Kolesnikow sah den Ausweg aus der technologischen Klemme des Landes im Bau eines zweiten Komplexes ähnlicher Struktur für die allgemeine Elektrotechnik, nicht jedoch in einer raschen Überleitung von Technologie aus dem industriell-militärischen Komplex in den zivilen Bereich. Wie sollte die Sowjetunion das schaffen!

Wir kamen auch auf Wolfgang Biermann zu sprechen, und Iwan Kolesnikow meinte, der würde die russische Seele überhaupt nicht begreifen, sei überheblich, und er würde die Obrigkeit, je nach Bedarf, mißbrauchen oder vorschieben. Was Iwan vor Augen hatte, begriff ich erst Wochen später: Bei der Eröffnung einer DDR-Ausstellung in Moskau, zum 70. Jahrestag der Oktoberrevolution, übergab Erich Honecker den 1-MB-Prozessor von Carl Zeiss als Weltspitzenerzeugnis an Michail Gorbatschow. Ein Pilotmodell besaß die Sowjetunion auch, nur war sein Einsatz im militärisch-industriellen Komplex an absolute Geheimhaltung gebunden. Da überreichte Honecker mit dem pädagogisch getränkten Triumph des Oberlehrers also etwas, das der angebliche Schüler, der zum Staunen bestellt war, selber längst produziert hatte.

Dresden, als Standort der Mikroelektronik, brachte uns noch andere Probleme ins Haus. Die Scheiben, auf denen die Chips aufgetragen werden, sind aus Reinstsilizium, und dieses wird aus speziell gezüchteten Silizium-Einkristallen geschnitten. Deren Produktionsstätte befand sich an der Bergakademie in Freiberg im Pilotstadium. Für diese Produktion benötigte man Trichlorsilan, einen chemischen Rohstoff, der im Chemiewerk Nünchritz bei Riesa hergestellt und mit Spezialfahrzeugen per Straße nach Freiberg geliefert wurde. Ein Vorgang, der seit vielen Jahren lief. Zum Problem geriet die Angelegenheit, als ein Reinsiliziumwerk in Dresden-Gittersee errichtet werden sollte.

Warum ausgerechnet Dresden-Gittersee? Der international bekannte Spion der Sowjetunion in der englischen Kernwaffenentwicklung, Professor Fuchs, lebte als Leiter des Kernforschungsinstituts Rossendorf in Dresden und hatte als Standort für ein Reinsiliziumwerk Nünchritz vorgeschlagen – um damit den Transport von Trichlorsilan zu vermeiden. Denn als gefahrlos konnten diese Fuhren keinesfalls betrachtet werden: Die Verbindung von austretendem Trichlorsilan mit Sauerstoff führt zur Bildung von Giftgasen. Ich hielt dieses Argument für sehr vernünftig und nahm also ganz selbstverständlich an, in der Zentrale auf Verständnis für den Vorschlag Nüncheritz zu stoßen, und ebenso naiv nahm ich an, Gittersee damit kippen zu können. Aber Mittag hatte durch einen Beschluß des Sekretariats des Zentralkomitees bereits Tatsachen geschaffen, und die Regierung war längst beauftragt worden, das Werk für Reinsiliziumherstellung in Gittersee zu errichten. Punkt.

In kirchlichen Kreisen begann nun eine Diskussion über die mit der Giftgasgefahr verbundenen Risiken, die in einer Havarie des Werkes am Rande der Stadt und damit in einer unübersehbaren Katastrophe für viele Menschen gipfeln konnten. Diese Diskussion nahm ich zum Anlaß, noch intensiver eine Änderung der zentralen Konzeption herbeizuführen. Von seiten der Regierung wurde Karl Nendel vom Ministerium Elektrotechnik/Elektronik aktiv. Wir kannten uns seit vielen Jahren, und trotz manchen Streits hatte ich ihn als konstruktiven Partner für die Lösung komplizierter Situationen in Erinnerung. Jetzt erlebte ich einen ausschließlichen Vollstrecker von Mittags Willen. Gegen jede Vernunft. Es hieß bald, dieser lästige Widerstand in der Kirche sei in Dresden nur deshalb möglich, weil Modrow sich bereitwillig hinter diesem Protest verstecke, um eigene Absichten durchzusetzen. Ich forderte ein Gespräch mit Günter Mittag unter vier Augen. Mit dem Resultat: Gittersee wurde nicht zurückgenommen! Das einzige, was sich tat: Die Sicherheitskosten für den Transport zwischen Nünchritz und Dresden wurden weiter aufgestockt. Dies sollte signalisieren, man nehme Hinweise ernst, und zugleich verschleiern, daß man nicht bereit war, so ohne weiteres regionalen Überlegungen zu folgen.

Mit Bischof Hempel sprach ich offen über dieses Thema und erklärte ihm, nach allen bisherigen Interventionen nun nichts mehr tun zu können. Auch ein anderer Versuch, die Sache noch zu wenden, brachte keinen Erfolg. Professor Dieter Klein von der Humboldt-Universität informierte mich über seine Kontakte zum Chemiewerk Nünchritz, und wir vereinbarten eine Eingabe an die Regierung, unterzeichnet von einem Experten des Werkes. Sie wurde von Günther Kleiber, dem Ersten Stellvertreter des Ministerrates, wutschnaubend zur Kenntnis genommen. Wieder kam Karl Nendel mit Sonderauftrag zu mir nach Dresden.

Die letzte verbindliche Entscheidung über das Reinsiliziumwerk in Gittersee traf meine Regierung. Sie legte fest, den Bau dieses Werkes einzustellen. Das war im November 1989.

Heute weiß ich besser als damals, daß nicht nur schädlicher Subjektivismus uns zerstörte; wir hebelten den Markt aus und legten die wirtschaftliche Rechnungsführung lahm; so unterhöhlten wir, im geduldigen Dienst an der zentralistischen Planwirtschaft, unsere Ökonomie und damit das gesamte System.

Nicht weniger verheerend wirkten statistischer Ehrgeiz, irrelevante Vorgaben und Schönfärberei. Schon bei Wettbewerben in den FDJ-Jahren retuschierten wir, was den Höhenflügen nicht entsprechen wollte. Die Wirtschaftsstatistik der DDR leistete Artistisches: Mechanisierung und Automatisierung standen hoch im Kurs, und die Zahl der eingesetzten Roboter stieg und stieg. Die DDR erreichte bald Weltspitze – bei einer Zählweise, die lächerlicherweise jeden Melkautomaten zum Roboter erklärte.

Dieser Betrug wurde nach dem Ende der DDR durch einen anderen Betrug ersetzt: Nun war auch im Bezirk Dresden plötzlich alles, aber auch alles »marode« – obwohl zum Beispiel Robotron gerade eine vollautomatisierte Leiterplattenfabrik installiert hatte, deren Ausrüstungen auch mit Hilfe Schalck-Golodkowski aus dem nichtsozialistischem Wirtschaftsgebiet importiert worden waren. In Planeta Radebeul waren gerade ganze Teile von Druckmaschinen automatisiert worden, mit Rechnern aus Japan. Mit Schönfärberei betrog die DDR-Führung sich selbst und das Volk. Die Aufdeckung dieses fatalen Mißbrauchs von Staatslenkung vermochten diejenigen, die danach kamen, leider nicht an dem Punkt zu stoppen, da tausendfach Identität zerstört und Lebensleistung in den Schmutz getreten wurde. Als sei der

Ostler faul und arbeitsunwillig und müsse nun unter wiederholter öffentlicher Bekundung, Besserung zu geloben, erst einmal ein paar Verzichtsrunden lang über sein eigenes ruinöses Geschichtsfeld getrieben werden.

Aber noch einmal zurück zur DDR: Ihr Untergang, ich wiederhole es auch hier, ist nicht nur unter der Agonie der Herbsttage 1989 zu sehen. Vieles hat sich über Jahre entwickelt. Die Entfremdung selbst der Gutwilligsten von den über ihnen stehenden Mächten, die angeblich alle vorsozialistischen Gesellschaftsformen bestimmt, hat unser Sozialismus vielfach erst zu ihrer wahren traurigen Größe gebracht.

Realitätsblindheit führte oben zur glücklichen Zufriedenheit, unten zum Gefühl, immer stärker betrogen zu werden. Auf falschen Angaben beruhende Analysen – deren Zahl wuchs – verbauten mehr und mehr Wege zu richtigen volkswirtschaftliche Entscheidungen. Die Stagnation erhielt mit dem Kurs der Einheit von Wirtschafts- und Sozialpolitik ihr fest umrissenes Programm. Die Statistik wurde voll zentralisiert. Was in Bezirk und Kreis auszusagen war, unterlag einer von oben festgelegten Richtlinie. Es wurde so immer komplizierter, sich auf die Seite der Realitäten zu schlagen. Kritik an der Führung galt nicht als vertrauensvoller Hinweis zur Prüfung bestehender Umstände, sondern wurde denunziert als Disziplinlosigkeit und fehlendes Parteivertrauen.

Unzählige Beratungen hat es in meinen Dresdner Jahren mit Wissenschaftlern und Praktikern gegeben. Ich sah darin einen wichtigen Schlüssel zur Kooperation und mich dabei vor allem als Lernenden. Auf keinem Gebiet des wissenschaftlich-technischen Fortschritts war ich ein Fachmann, aber gemeinsame gesellschaftliche Interessen führten uns zusammen. Der materielle Anreiz für Ideenfindung war beinahe Null – auch darin lag ein Teil der Fehlkonstruktion unseres realen Sozialismus. Um so mehr achte ich den Einsatz und die wissenschaftlichen Leistungen solcher Wissenschaftler wie Prof. Liebscher, Prof. Knöner, Prof. Jakobs als Rektoren der Technischen Universität Dresden, von Prof. Fuchs und Prof. Flach als Direktoren des Rossendorfer Kerninstituts der Akademie der Wissenschaften, von Prof. Merkel von Robotron, von Kombinatsdirektoren wie Bernhard Thieme vom Landmaschinenbaukombinat, Erich Ansorge vom Rohrkombinat Riesa oder Günter Kretschmer, dem Generaldirektor des Kombinats Luft- und Kältetechnik. Nicht zuletzt sei Prof. von Ardenne genannt, der weit über die finanziellen Interessen seines Institutes hinausdachte und Kooperation nicht ausschließlich vom Gewinn abhängig machte.

Die Genannten waren und sind nicht weniger qualifiziert als ihresgleichen aus der Bundesrepublik. Es ist nicht ihre Schuld, wenn wissenschaftliche Ergebnisse nicht mit dem möglichen wirtschaftlichen Effekt zum Einsatz kamen. Dafür tragen Leute wie ich eine Verantwortung. Wir gingen zu wenig und zu spät den Weg einer Umgestaltung des Systems. Aber streitbar bleibt, wie weit dieses System überhaupt für höchste volkswirtschaftliche Effektivität taugte.

Wohnungen und Semperoper

Die Geschichte der Menschheit ist auch eine Geschichte ihrer Bauwerke – deren Errichtung wie deren polemischer Tilgung. Die großen europäischen Städte erzählen von der Sehnsucht nach steinerner Ewigkeit; sie erzählen von Lust am Reichtum ebenso wie von der Lust, Reichtum zu zerstören. Ob Monarchie, Diktatur oder wie immer geartete Demokratie – stets diktiert der waltende Zeitgeist, was zu stehen und was zu fallen hat. Die Architektur als Spiegel jeweils herrschender Mächte. Die Botschaften der Geschichte haben es immer schwer, interpretationsfrei bewahrt zu werden. Berlin wird in diesem Sinne bald sehr stark von den Preußen und Helmut Kohl geprägt sein. Das, was die sich gottgewollt gebenden »Tausendjährigen« errichtet hatten, wurde vom Krieg zerstört, und was an Bauleistung mit Ulbricht und Honekker verbunden ist, steht auf dem Index oder wurde bereits abgerissen. Und die Wiederaufbauleistungen der DDR in den historischen Gebäuden Unter den Linden in Berlin oder am Zwinger sowie der Semperoper in Dresden kommen in heutiger Geschichtsschreibung nicht mehr vor.

Da Bauen vor allem eine öffentliche Sache ist, waren die Bauleistungen der Nachkriegszeit immer auch Teil der Auseinandersetzungen zwischen den beiden deutschen Staaten. Als wir die Karl-Marx-Allee errichteten, trug sie noch den Namen Stalins. Im Westen galt sie als Kopie des Baustils der Moskauer Gorkistraße. Keiner der »Experten« drüben machte sich die Mühe zu prüfen, ob in den Türmen von Prof. Hermann Henselmann am Frankfurter Tor nicht vor allem Berliner Bautraditionen zu finden sind, ähnlich wie in anderen Teilen der Allee. Es ging gerade in der Kritik an dieser Allee prononciert um Politik, nicht um Architektur.

Natürlich war auch Politik im Spiel, als die Mieten für die damalige Stalinallee festgelegt und die Listen der künftigen Bewohner beschlossen wurden. Aber immerhin war es eine bessere Politik als jene, die heute hohe Mieten produziert und viele Bewohner der Karl-Marx-Allee und der Frankfurter Allee im hohen Alter zwingt, ihre Wohnungen zu verlassen.

In Dresden trug ich Mitverantwortung für das Bauprogramm des Bezirkes. Der Wohnungsbau war das Herzstück, aber auch Industrie- und Gesellschaftsbau besaßen beträchtliche Bedeutung. Die abfälligen Bewertungen über den Plattenbau der DDR, die es gleich nach deren Anschluß an die Bundesrepublik gab, verstummen langsam und haben sich mit der Steigerung der Mieten gerade in solchen Häusern als sehr demagogisch erwiesen. Was angeblich keinen Wert hat, wird nun teuer verkauft oder mit hohen Mieten belegt.

Es hat keinen Sinn, bestimmte Standorte des sogenannten komplexen Wohnungsbaus oder die oft weder ausgereiften noch ausgereizten Technologien des Plattenbaus zu verteidigen. Aber alles hatte zu tun mit Raum und Zeit. Walter Ulbricht orientierte den Wohnungsbau auf die Zentren der Städte: Sie sollten Gesicht haben, von ihnen sollte ausgehen, was man den Nerv und die Struktur einer Stadt nennt. Neubrandenburg, Suhl, Cottbus und andere Orte gewannen so an Profil und auch Attraktivität. Aber es kam die Zeit, da die Aufwendungen ins Unerschwingliche stiegen und zugleich der Bedarf an Wohnungen schneller wuchs, als er mit dem Bau der Stadtzentren befriedigt werden konnte.

Nun hinterließ der industrielle Wohnungsbau sicher in aller Welt seine schädlichen Spuren, überall verschärfte er den Gegensatz zwischen Architektur und Zweckmäßigkeit. In den Ländern des realen Sozialismus freilich wirkten eine Reihe spezifischer Faktoren mit: Alles Gebaute – ob Wohnungen, Schulen, Gaststätten, Kaufhallen, Clubs oder Polikliniken – gehörte, so es nicht genossenschaftliches Eigentum wurde, dem Staat. Die Ausrüstungen der für den Plattenbau notwendigen Werke kam aus der Sowjetunion. Nur für Berlin existierte eine Sonderregelung: Ausrüstungen aus Finnland. Uns vom »Rest« der DDR kostete es geraume Zeit, um vom sowjetischen Standard loszukommen, eigene technologische Auslegungen zu schaffen und damit den Plattenbau flexibler einsetzen zu können. In Dresden läßt sich diese Entwicklung zwischen der einstigen Straße der Befreiung, die heute Hauptstraße heißt, und dem Platz der Einheit, heute Albertplatz, gut ablesen. Der eine Teil wurde 1979 zum 30. Jahrestag der DDR übergeben, der andere zum 40. Jahrestag.

Mit dem erwähnten Wohnungsbauprogramm entschied sich die DDR für eine geradezu unverschämte soziale Zielsetzung, die weit über die vom Renommeezwang diktierte Belebung von Innenstädten hinausging. Aber von Beginn an herrschte ein krasses Mißverhältnis zwischen Zielsetzung und kümmerlichen Ressourcen: Nur 9 Prozent aller Beschäftigten waren im Bauwesen tätig, es fehlte an Materialien und Ausrüstungen. Die Schere zwischen wachsendem Bedarf an Wohnungen und der Zahl des Gebauten öffnete sich mehr und mehr. Das Ziel der DDR, bis 1990 das Wohnungsproblem als soziale Frage zu lösen, geriet so zu einer Art Zwangsjacke. Die Altbauten, bei denen es sich in Dresden und anderen Städten um bis zu 60 Prozent Privateigentum mit eingefrorenen Mieten von 1936 handelte, konnten mit dem erwirtschafteten Geld nicht einmal erhalten, geschweige denn rekonstruiert werden. Für den Wohnungsbau mußte das Land »auf der grünen Wiese« herhalten, jede nur verfügbare Fläche kam unter die Bagger. Je größer der Standort, um so mehr Handelseinrichtungen, Dienstleistungskapazitäten, kulturelle Möglichkeiten. Daher war es nicht blindwütig örtlichem Drang nach Expansion geschuldet, wenn große Satelliten-, bald Schlafstädte genannt, aus dem Boden schossen. Sie ergaben sich zwangsläufig aus dem Planungssystem des Wohnungsbaus, denn nur auf größeren Standorten waren bestimmte infrastrukturelle Extras überhaupt durchzusetzen. Da für die Modernisierung, Erhaltung und Rekonstruktion der Altbauten innerhalb der Städte fast kein Geld blieb, mußte zu einem Trick gegriffen werden: Geplant wurden Rekonstruktion und Modernisierung der besseren Kategorie, aber gebaut wurde eine billigere Variante. Die eingesparten Beträge flossen (heimlich) in Häuser der Stadtzentren.

Zur Geschichte sozialistischen Bauens gehören die festliegenden niedrigen Mieten, die nichts einbrachten, um wirklich instand halten oder rekonstruieren zu können. Der sozialistische Staat meinte, mit diesem System das Wertgesetz nahezu außer Kraft setzen zu können, und er schuf im innerstädtischen Raum katastrophale Verhältnisse.

Letztlich scheiterten wir an unserer eigenen forcierten Ideologie: Es gab einen wachsenden Bedarf an neuen Wohnungen, für den kein Regulativ Zahlungskraft gab, und zunehmend riefen unsere großen Beschlüsse und unsere lauthalse Propaganda rigorose, aber berechtigte Ansprüche der Bürger auf den Plan. Bei Diskussionen auf dem Theaterplatz im Oktober 1989 attackierten junge Frauen die SED nicht wegen fehlender Bananen oder mangelnder Reisemöglichkeiten, sondern wegen fehlender Wohnungen. Auf diesem Gebiet offenbarten sich Leistung und zugleich Tragödie der DDR.

Wenn alle diese Zusammenhänge beachtet werden, erscheinen manche großartige Bauleistungen in einem anderen Licht; sie gleichen waghalsigen Unternehmungen, trotzigen Überlistungsversuchen und waren in jedem Falle beachtenswerte Improvisationen. Wer fragt heute noch danach, wie das historische Blockhaus am Fuße jener Dimitroffbrücke entstand, die, von »verordnetem« Antifaschismus befreit, nun wieder Augustusbrücke heißt.

Wir wollten aus der Ruine den Bau in alter Schönheit wieder erstehen lasen, und er sollte zugleich etwas Symbolisches sein – ein Haus der Deutsch-Sowjetischen Freundschaft. Dafür gab es jedoch keine Mittel, und im Plan erschien dafür eine Wohngebietsgaststätte, als Teil des komplexen innerstädtischen Wohnungsbaus. Das Wohnungsbaukombinat mit seiner industriemäßigen Technologie jedoch konnte eine solche Ruine nicht ausbauen. Wir gewannen daher die Bezirksdirektion der Deutschen Reichsbahn für den Plan, mit ihrem Baubetrieb den Wiederaufbau des Blockhauses in Angriff zu nehmen – im Gegenzug erhielt die Reichsbahn eine entsprechende Anzahl von Wohnungen, die sie an Eisenbahner vergeben würde. Die politische Patenschaft über das Projekt teilten sich Manfred Scheler, der Vorsitzende des Rates des Bezirkes, und ich.

Groß war unsere Freude, als auch Pjotr Abrassimow, der sowjetische Botschafter, zur feierlichen Eröffnung nach Dresden kam. Aber diese Freude sollte nicht lange anhalten. Obwohl die Medien erschienen waren, darunter das Fernsehen der DDR, teilte man uns kurz mit, Informationen über die Eröffnung des Blockhauses werde es nicht geben, da es sich um einen Schwarzbau handle.

Scheler und ich behielten die barsche Nachricht aus Berlin für uns und meinten: Nur gut, daß sie erst jetzt kommt; man hätte sonst die ganze Sache verhindern können. Der fertige Bau war schließlich nicht mehr zu beseitigen – auch eine später eingesetzte Überprüfungskommission konnte nichts mehr ändern.

Mit Manfred Scheler erlebte ich Jahre kameradschaftlicher Zusammenarbeit in Dresden. Daß sich unsere Wege trennten, hat etwas mit dem System und obwaltendem Subjektivismus zu tun. Ein Vortrag in der Parteihochschule beim ZK der SED schien ihm zum Verhängnis zu werden: Er hatte den Sinn zentraler Entscheidungen angezweifelt, besonders den Bau der Bob- und Schlittenbahn in Altenberg. Hanna Wolf, die Direktorin, informierte Kurt Hager, ihren Chef im Politbüro, und dieser meldete die Sache Erich Honecker. Der versäumte die Gelegenheit nicht und hielt mir den Vorgang im Sekretariat des Zentralkomitees vor. Manfred Scheler befand sich zur Kur in der ČSSR und konnte an der betreffenden Sitzung des Sekretariats nicht teilnehmen. Der gesamte Vorgang wurde an die Bezirksleitung verwiesen, und hier setzte Lothar Stammnitz, der 2. Sekretär, die Zeichen auf Sturm: Jemand hatte gewagt, die Führung anzugreifen. Stammnitz ließ nun seinen Vorbehalten gegenüber Manfred Scheler, unter Deckung der Obrigkeit, freien Lauf. Im persönlichen Gespräch kamen Manfred Scheler und ich leider auf keinen gemeinsamen Nenner. Er sah vor allem seine Situation, wollte sich verständlicherweise irgendwie retten, und ich bekam das dumpfe Gefühl: Gegenüber Erich Honecker würde auf jeden Fall ich der Hauptschuldige bleiben. Nachdem Manfred Scheler in einem Brief an den Generalsekretär gebührende Selbstkritik geübt und genug Schuldbekenntnisse abgelegt hatte, wurde der ursprüngliche Plan, ihn als Botschaftsrat »abzuschieben«, geändert: Er avancierte zum leitenden Sekretär der Vereinigung der Gegenseitigen Bauernhilfe. So stieg er bis zum Mitglied des Volkskammer-Präsidiums auf. Der mit seinem einstigen Auftreten verbundene Makel blieb letztlich nicht bei ihm hängen, sondern kam, auf längere Sicht, auf meine Rechnung.

Als ich mein Leben als 1. Sekretär in Dresden begonnen hatte, hing in meinem holzvertäfelten Arbeitszimmer eine Fotowand vom Modell des Stadtzentrums. Ich fand es geschmacklos, wollte aber nicht gleich mit Abräumen beginnen. Ein Jahr später, nachdem ich mich mit der Konzeption des Stadtmodells vertraut gemacht hatte, kam ich zur Überzeugung, daß diese Konzeption falsch war. Der historische Teil Dresdens bildete nicht den Ausgangspunkt der Planung, sondern blieb Randthema. Bindende Entscheidungen über den Wiederaufbau des historischen Zentrums gab es nicht. Die Denkmalpfleger, allen voran Prof. Nadler, atmeten auf, als sie von meinen Überlegungen hörten. In interessanten Debatten, an denen bald Gerhard Schill, der Oberbürgermeister der Stadt, sehr bestimmend mitwirkte, entschlossen wir uns, einen Plan zum Wiederaufbau der historischen Gebäude in Dresden auszuarbeiten. Der erste Schritt: Wiederaufbau der Semperoper. Wenn das klar sein würde, wollten wir Festlegungen für alle anderen historischen Gebäude erreichen.

Schon Werner Krolikowski hatte mir die Semperoper sehr ans Herz gelegt. Sie aufzubauen, nahm inzwischen den Charakter eines Politikums an, denn die BRD hatte eine Spende von 30 Millionen DM ins Gespräch gebracht. Es sollte sogar schon ein Projekt vorliegen, das bei näherer Betrachtung aber mehr eine Studie war und sich im wesentlichen – wie ich später feststellen mußte – an der Konzeption für den Wiederaufbau der Oper in Frankfurt am Main orientierte.

Bevor unsere eigene Diskussion begann, überraschten uns Leningrader Künstler, vor allem der international bekannte Kammersänger Stokolow, mit einer neuen Überlegung. Anläßlich eines Gastspiels der Kirow-Oper aus Leningrad im Oktober 1974 in Dresden saßen wir ungezwungen bei einer Tasse Kaffee, und plötzlich fragten die Leningrader: Dresden habe seinen Kulturpalast, warum solle nun ein zweiter – so tatsächlich eine unserer Überlegungen – in das Operngebäude eingebaut werden?

Wir luden Theo Adam, Peter Schreier und andere Künstler der Dresdner Oper ein, stellten die sich an Frankfurt/Main anlehnende Studie vor, legten die Meinung der Leningrader dar und baten um Diskussion. Fazit: Architekten-Klausur und Suche nach einer ganz eigenen unverwechselbaren Idee. Sie wurde gefunden: Die Semperoper wird in ihrer historischen Gestaltung erhalten, und alle funktionellen Teile, die der Oper seit eh und je fehlten, sollten in einem quadratischen Anbau untergebracht werden, auf Höhe der Bühne mit zwei Übergängen verbunden. An dem Modell wurde noch eine Weile gefeilt, und eines endlichen Tages begann der Weg durch die Instanzen. Das Projekt mit allen Teilobjekten war mit ca. 240 Millionen Mark berechnet. Gerhard Schürer, Vorsitzender der Plankommission, zeigte Bereitschaft nur für 145 Millionen Mark. Nicht, daß er die Gesamtsumme bezweifelte. Nur schien ihm, sie insgesamt zu benennen, würde in der Parteiführung identisch sein mit dem Todesurteil für den Wiederaufbau. Dieses Kalkül sah ich ein und unterschrieb.

Der Wiederaufbau bleibt mir als sehr schöne Zeit in Erinnerung. Über die damit verbundenen politischen Probleme wird noch zu schreiben sein. Übergabe und Eröffnung der Semperoper wurden zu einem internationalen Ereignis. Auch die Einweihung von Schauspielhaus und neuem Friedrichstadtpalast in Berlin konnten uns die Partie nicht vermiesen. Denn auf Initiative, in diesem Falle wohl Intrige, vom damaligen 1. Sekretär der SED-Bezirksleitung Berlin, Konrad Naumann, mußten erst die Berliner Kunststätten eröffnet werden, bevor Dresden dran war.

Der erzwungene Aufschub brachte einen Zugewinn und die Bestätigung der alten Erkenntnis: In allem, was geschieht, muß man etwas Gutes sehen. Nun fand die Wiedereröffnung der Oper nämlich am 13. Februar 1985 statt, am 40. Jahrestag der Zerstörung Dresdens während des Zweiten Weltkrieges, einem stark beachteten historischen Datum – und zugleich hatten wir mehr als ein halbes Jahr Zeit gewonnen, um den gesellschaftlichen Akt mit vier Theaterpremieren verbinden zu können.

Der Gesellschaftsbau mit seinen Bauleuten und Künstlern vollbrachte ein gemeinsames Werk, das ungeachtet aller Systemveränderungen ein Teil der Geschichte Dresdens ist und bleiben wird. Der Bauleiter der Semperoper ist heute beim Wiederaufbau des Dresdner Schlosses tätig; aber den Gesellschaftsbau selbst gibt es nicht mehr.

Auch das Hotel Bellevue bleibt mit diesem Gesellschaftsbau verbunden. Für die Reise Erich Honeckers 1981 nach Japan wurde ein Großauftrag gebraucht. Wie sich die Bilder gleichen: Auch Helmut Kohl ist, wenn er in den pazifischen Raum reist, undenkbar ohne große Schar von Wirtschaftsleuten, die Angebote machen sollen.

Damals also fiel die Wahl auf Dresden – mit einem Hotelbau. Als Auftragnehmer trat das weltbekannte Bauunternehmen Kajima in Erscheinung, das heute auch am Potsdamer Platz arbeitet.

Wir entschieden uns für den Bau eines solchen Hotels am Elbufer. Der Platz war gut, aber hier stand noch ein historisches Gebäude aus dem 18. Jahrhundert, inzwischen mehr eine Ruine. Beim Architekturwettbewerb für das Hotel votierten die einen für Abriß, die anderen für Erhalt und Einbeziehung des historischen Gebäudes. Diese Variante vertrat auch ich, aber da gab es zwei Probleme: Die Japaner zeigten sich aufgrund der ohnehin gigantischen Kosten nicht bereit, im Rahmen der Bauleistungen auch das historische Gebäude in den Hotelkomplex einzubinden. Und einbinden hieß:

neu und historisch getreu wiedererrichten. So entschieden wir uns, alle bedeutenden historischen Details aus dem Gebäude abzubauen, um sie an anderer Stelle an einem Haus anzubringen. Eigentlich sollte dies noch vor Weihnachten 1982 geschehen, um die Sprengungen zu vollziehen und Baufreiheit für die Errichtung des Hotels zu schaffen. Die Denkmalpfleger entdeckten nun aber ständig neue historische Details, und Gerhard Schill bat um Verschiebung der Sprengungen. So geschah es auch.

Zwischen Weihnachten und Neujahr verbrachte ich meinen Urlaub in Oybin und war gerade auf Strecke; 10 Langlaufkilometer lagen vor mir. Da meldete sich Günter Mittag und forderte meinen sofortigen Rückruf. Ein sehr freundliches Telefonat; erst gute Wünsche zum neuen Jahr, dann der Hinweis auf einen Brief der Schauspielerin Anne-Kathrin Bürger an Erich Honecker, in dem sie sich, im Zusammenhang mit dem Bau des Hotels Bellevue für den Erhalt des historischen Gebäudes einsetzte. Mittag forderte mich auf, einen sachkundigen Mann nach Berlin zu schicken, der ihn am 2. Januar über alle Zusammenhänge informieren solle. Wir einigten uns darauf, daß Gerhard Schill der richtige Partner sei.

Als der von Berlin zurückkam, sah die Situation trübe aus, und gar nicht mehr so freundlich. Wir standen plötzlich als Idioten da, die nicht begriffen hatten, was der Abriß eines historischen Gebäudes in Dresden bedeutet; und Anne-Kathrin Bürger habe doch völlig recht: Man müsse unter allen Umständen erhalten, was vom Krieg nicht zerstört worden sei. Damit lief man offene Türen bei uns ein, und in einem Gespräch mit der Schauspielerin waren wir uns schnell einig. Anne-Kathrin Bürger betonte, sie habe sich nicht gegen die Dresdner wenden, sondern eigentlich die Verantwortung der Berliner Zentrale für historische Bauten auch in anderen Städten lenken wollen.

Für den Wiederaufbau des Schlosses, des Japanischen Palais und anderer historischer Gebäude gab es weder Geld noch Bauleistungen, und das Blockhaus war – wie bereits beschrieben – zum Schwarzbau erklärt worden. Jetzt plötzlich wurde über Nacht die Summe von 20 Millionen DM beschlossen. Welch ein Wunder! Aufgrund des Briefes einer Schauspielerin. Wir waren bereit, die politischen Beschimpfungen hinzunehmen. Hauptsache, dem Projekt eröffneten sich neue Chancen. Auch die japanischen Auftragnehmer begriffen sehr schnell die neu entstandene Situation, sahen sie doch jetzt plötzlich die Chance, ein Referenzobjekt für Gesamteuropa zu gestalten; moderne Hotels entstanden in der ganzen Welt; aber mit einem solchen historischen Baukörper verbunden, bildete das Bellevue eine beachtenswerte Besonderheit.

Sehr betroffen freilich machten mich Bemerkungen Kurt Hagers: Ausgerechnet mir als 1. Sekretär der Bezirksleitung fehle der Sinn für die historischen Gebäude Dresdens. Er empfahl mir, nach Budapest zu reisen und mir dort das Hilton-Hotel anzusehen – ein Angebot, das ich bei einem Familienausflug gern annahm. Hager hatte nur übersehen, daß es sich dort um eine Fassade handelte und nicht um das Einfügen eines gesamten historischen Baukörpers in die Funktionalität eines Hotels.

MfS, Komplott, Internierungslager

Ein Rückblick auf die DDR unter dem Eindruck heutiger offizieller Bewertung ergäbe ein fein gesponnenes Netz durchtriebener und allgegenwärtiger Staatssicherheit, in dem alles Leben ersticken mußte oder zu Heuchelei verurteilt war.

Ohne die Durchtriebenheit und Allgegenwärtigkeit dieses Staates im Staate beiseite lassen zu wollen – die DDR ist nicht auf jenes Ministerium für Staatssicherheit zu reduzieren, das sich für eine Republik der zu Observierenden eine weitere Republik der Observierer hielt, der wiederum, um ihrer Zuverlässigkeit gewiß zu sein, eine Republik der Wächter beigegeben war. Solcherart Kurzschlüssigkeit der Charakterisierung verführt stets zur Gegenfrage: Wann führt Entrüstung über die Unkontrolliertheit eines Sicherheitsapparates made in DDR dazu, aus Gründen gleicher Moralität die Akten des westdeutschen Geheimdienstes offenzulegen? Der Bundesnachrichtendienst ist ebenso ein Produkt und Statusbewahrer des Kalten Krieges gewesen wie das MfS; eine auf DDR-Sicherheitsorgane abgewälzte Einseitigkeit notwendiger »Abrüstung« war also nichts weiter als Arroganz von Siegern. Und die Öffnung der MfS-Akten, bereitwillig betrieben, wenn ein Journalist seine Personen-Liste aufmacht, stößt schnell auf Grenzen, wenn jemand aus diesen Akten etwas über die Tätigkeit des BRD-Geheimdienstes wissen möchte. Bei aller parlamentarischen Kontrolle dieses bundesdeutschen Dienstes: Was er leistet und was er sich leistet, geschieht weiterhin in sorgfältig bewahrter Abschirmung – während man nicht abläßt, dem Ministerium für Staatssicherheit den faulen Mythos einer sadistisch betriebenen Maschinerie zuzudichten.

Die Behauptung eines »guten« Geheimdienstes im Westen und eines »bösen« im Osten hat mit Wahrheit wenig zu tun; und diese Behauptung hilft nicht, Geschichte zu begreifen. Wenn nach dem Plutonium-Skandal 1995 Politiker der Bundesrepublik ihre Unkenntnis beteuern, hege ich daran kaum Zweifel. Wie soll denn ein Geheimdienst funktionieren, wenn -zig Leute über die Details seiner Arbeit informiert sind. Auch die vielgepriesene demokratische Kontrolle durch das Parlament in der Bundesrepublik funktioniert nicht, wenn der zuständige Staatssekretär als Auftraggeber im Bundeskanzleramt seine Hand mit im Spiele hat. Ein Sonderausschuß ist schon Jahre bemüht, Licht ins Dunkel zu bringen. Aber da helfen weder Scheinwerfer noch Laternen. Die Zahl der Ecken ist zu groß, die ausgeleuchtet werden müßten.

Geheimdienste haben den hohen Begriff der Aufklärung zu einem wahrlich weit niedriger anzusetzenden Wort pragmatischen Staatsschutzes gemacht. Aufklärung im geheimdienstlichen Sinne wurde so zu einem Element politischen Behauptungswillens, aber das traurige Paradoxon besteht darin, daß jede mit diesem Apparat hergestellte und bewahrte Sicherheit zugleich einen Keim der Selbstzerstörung legt. Da macht kein System einen Unterschied. Freilich waren wir mit einem unvergleichlich größeren Anspruch von Humanität und Weite in die Geschichte getreten als alle vor uns. Zwischen der Überzeugung von Menschen und ihrem Opportunismus liegen unendliche Übergänge – just sie gerieten zum Feld einer innerstaatlichen Überwachungspraxis, die uns mit aufgefressen hat, weil sie millionenfach Vertrauen auffraß. Auch das ist Teil der Schuld, für die ich Zuständigkeit fühle. Aber daraus die Frage abzuleiten: Wie konntet ihr nur? suggeriert, sich von Beginn an sehend in den Dienst eines Systems gestellt zu haben, das aus einem kleinen Land eine Schreckenskammer zu machen gewillt war. Das degradiert jeden, der sich für die DDR engagierte, zu einem moralischen Versager von Beginn an, zu einem blutleeren und herzlosen Pflichtmenschen, den angeblich wahrlich nur wenig trennt von jenen, die sich der nazistischen Idee verschrieben hatten. Auf diese Weise wird Millionen rechtschaffenen SED-Mitgliedern gesagt: Ihr habt nicht so gelebt, wie ihr empfunden habt, zu leben. Wir belegen euch jetzt, was DDR-Leben war: den einfachen Menschen eine einzige Qual, den Funktionären ein einziges kaltes Karrieremachen wider besseres Wissen und wider jede Anständigkeit.

Nein, eine solche Betrachtungsweise, die noch immer gängige Praxis vorherrschender Propaganda ist, empfinde ich als schamlos und einheitsschädigend.

Dreimal im Bundestag überprüft, ist meine Staatsnähe mit einer sogenannten Strafrente belegt und meine Nähe zum MfS aktenkundig. Diese Nähe beginnt in den fünfziger Jahren mit meiner Tätigkeit im Jugendverband und bleibt später auch mit der Funktion des 1. Sekretärs einer SED-Bezirksleitung bestehen. Die Nähe zum MfS hatte mindestens drei Ebenen.

Mit der Funktion eines 1. Sekretärs der Bezirksleitung der SED war laut Beschluß des Nationalen Verteidigungsrates auch der Vorsitz der Bezirkseinsatzleitung verbunden. Sie war das militärische Organ eines Bezirkes zur

Vorbereitung auf den Verteidigungszustand im Falle eines Krieges. Diesem Gremium gehörte der Leiter der Bezirksverwaltung des MfS mit Sitz und Stimme an. Der war aber zugleich auch Mitglied in der Bezirksleitung der SED, freilich zählte er lange Zeit nicht, wie noch in den fünfziger Jahren, zum engeren Leitungskreis. Das galt erst ab 1976 wieder für die zentrale Ebene, dann, als Erich Mielke ins Politbüro gewählt wurde.

Von 1967 bis 1976 war meine Nähe zum MfS etwas enger, da mich die alphabetische Sitzordnung bei Tagungen des Zentralkomitees der SED zum Nachbarn von Erich Mielke machte. Der war ein freundlicher, aber schweigsamer Nachbar, und in den Pausen führte er seine Gespräche nicht mit mir. Dennoch: Diese zufällige Nachbarschaft sorgte immerhin dafür, daß ich später relativ unkompliziert mit dem Politbüromitglied Mielke reden konnte.

Die dritte Ebene meiner MfS-Kontakte war mit Einschränkungen meines politischen Einflusses verbunden. Es handelte sich um die Unterstellung der Parteiorganisation der Bezirksverwaltung (des MfS) unter die Bezirksleitung der SED. Aber im Gegensatz zu anderen unterstellten Bereichen fiel die Berichterstattung dieser Parteiorganisation vor dem Sekretariat der Bezirksleitung weg; die politische Kontrollfunktion der SED im Bezirk gegenüber dem MfS war aufgehoben.

Nun muß ich gestehen, daß mir dies als Kardinalproblem nicht deutlich war. In meinen ersten Dresdner Jahren leitete Rolf Markert das MfS im Bezirk. Er hatte im Konzentrationslager Buchenwald gesessen, war dort Mitglied des illegalen Lagerkomitees gewesen und nahm damals an der Selbstbefreiung der Häftlinge teil. Besprochen wurde zwischen uns nur, was Markert für erforderlich hielt, und dies war wenig genug. Aber ich fragte auch kaum. Ich sah in Markert einen Menschen, bei dem sich biographischer Antifaschismus auf glückliche Weise mit dem selbstlosen Willen verband, den neuen Staat, ein Erbe auch seines Kampfes, mit allen nur möglichen Mitteln gegen feindliche Angriffe – die bei weitem kein Phantom waren – zu sichern und damit die friedliche Aufbauarbeit vieler Menschen zu schützen. Vielleicht waren es Markerts Geradlinigkeit und taktikfremde Rechtschaffenheit, die bei Mielke mehr und mehr auf Widerstand stießen. Nun konnte er allerdings nicht ganz so walten und schalten, wie er wollte, denn Rolf Markerts Biographie bildete einen nicht zu unterschätzenden Schutzschild. So mußte Mielke warten; erst Ende der siebziger Jahre setzte eine Kritik ein, gegen die kein Kraut gewachsen schien: Rolf Markert wurde wegen »Überforderung und nachlassender Spannkraft« abberufen – direkt durch Erich Mielke. Kaderfragen des MfS liefen an der Nomenklatur der Bezirksleitung vorbei.

So erfolgte auch der Einsatz von Nachfolger Horst Böhm (damals noch ein Oberst) ohne Abstimmung mit mir. Ich hatte diesen Vorgang lediglich kommentarlos zur Kenntnis zu nehmen. Ebenso zur Kenntnis nahm ich, daß Böhm durch Erich Honecker relativ rasch zum Generalmajor befördert wurde. Nun setzte eine ganz andere Art von Geschäftigkeit des MfS ein. Etwas salopp formuliert: Plötzlich hatten die ihre Finger aber auch überall drin. Ob sich dieser Funktionswandel in den achtziger Jahren in allen Bezirken vollzog oder dort schon früher in Gang gesetzt worden war, weiß ich nicht. Denn zu den Merkwürdigkeiten unseres innerparteilichen Umgangs gehörte auch der Umstand, daß wir im Kreis der Bezirkssekretäre kaum über solche Themen redeten. Was sich nach außen als »Kampfgemeinschaft« präsentierte, krankte im Grunde an gestörter Kommunikation.

Die grundsätzliche Forderung nach staatlicher Sicherheit und damit verbundener Maßnahmen stand für mich nie in Frage. Mit der überall eindringenden Aktivität des Horst Böhm bekam ich jedoch zunehmend Probleme. Die Zahl der Informationen stieg an, sie erfaßten ganze Bereiche wie Handel, Gesundheitswesen und andere. Es wurde so viel, daß es mir zu viel wurde; ich kritisierte die Menge und erhob die Forderung nach qualifizierten Aussagen. Gab es früher noch Mitteilungen über enttarnte westliche Spione, schien sich nun die gesamte Arbeit des MfS auf die inneren Verhältnisse des Bezirkes zu konzentrieren. Aber alles zusammengenommen, ergab sich lediglich ein warnendes Bild der Zustände in meinem Verantwortungsbereich. Hinweise auf mögliche Ursachen wurden jedoch nicht gegeben. Es schien, als hielte Böhm mir ständig einen Spiegel vor, und er sagte dazu: Gut steht es nicht um dich, mein Freund. Während ich mich bemühte, in meinen Berichten an Erich Honecker neben der Darstellung positiver Ergebnisse unserer Arbeit auch jene Probleme des Bezirkes nicht zu verschweigen, die zentrale Lösungen erforderten, herrschte bei den Informationen des MfS beträchtliche Enthaltsamkeit in dieser Frage. Er lenkte offenbar alles auf rein bezirkliche Fehler, und er machte aus politischen Konflikten kriminelle Vorgänge. Ich machte Böhm darauf aufmerksam, es dürfe durch solch denunziatorische Analyse und Anschwärzung keine Unsicherheit in den staatlichen Organen geschürt werden. Sachlichkeit in der Informationstätigkeit sei oberstes Gebot, denn immerhin sei das MfS auch ein Untersuchungsorgan, und wie schnell könne eine Information zum juristischen Vorgang werden. Das sei in vielen Fällen unverantwortlich. Böhm hielt sich aufrecht dank seines Widerstandes gegen eine Feindseligkeit, die er allüberall sah. Hätte diese Feindseligkeit plötzlich aufgehört, wäre er gewiß umgefallen wie ein Gegenstand, der keine Stütze mehr hat. Also sorgte er dafür, daß die Feindseligkeit ihre Allgegenwart nicht verlor – indem sein Apparat sie zu einem großen Teil selbst produzierte.

Als Sascha Anderson, ein junger Schriftsteller aus dem Bezirk Dresden, mit Lesungen seiner kritischen Gedichte in den Kirchen zum politischen

Problem für uns wurde, kam General Böhm eines Tages auf mich zu und meinte, augenscheinlich mit Zufriedenheit, der zöge jetzt nach Berlin, »den Ärger sind wir los«. Mit dem heutigen Wissen, daß Anderson inoffiziell für das MfS arbeitete, könnte ich von einem Vertrauensbruch Böhms sprechen; er heuchelte Distanz zu Anderson. Aber in innere Strukturen waren wir »von der Politik« gar nicht eingeweiht, da herrschte Geheimdienstverständnis, das wohl überall auf der Welt so funktioniert.

In einer Diskussion im Auswärtigen Ausschuß des Bundestages über die Lage in Afrika wurde mir von einem Abgeordneten der CDU der Vorwurf gemacht, daß die Geheimdienste der DDR in afrikanischen Ländern Beraterfunktionen ausgeübt hätten. Das ist zunächst eine Tatsache, denn ich weiß, Rolf Markert arbeitete eine gewisse Zeit in Afrika. Gewiß verwerflich, wenn man sich entscheidet, generall sämtliche geheimdienstliche Tätigkeit, ob Ost oder West, ob damals oder heute, zu verwerfen und vom reinen moralischen Standpunkt aus abzulehnen. In diesem Sinne alles aufzudecken und die Folien unterschiedlicher Bewertungen von solchen Diensten abzuziehen, wäre ein wahrhaft revolutionärer ethischer Schritt. Ob es je geschehen wird, ja geschehen kann, da habe ich meine Zweifel. Aber das eine aufdecken und verurteilen, das andere zudecken und loben, dies kann nur die Fortsetzung alten Unrechts sein.

Wenn heute über den flächendeckenden Charakter der MfS-Tätigkeit gesprochen wird, stelle ich mir die Frage: War ich denn blauäugig? Hätte ich bei dem, was ich nun mit dem Abstand der Jahre über Horst Böhm und die zerstörerische Informationswut des MfS schreibe, nicht schon damals energischer nachstoßen und Widerstand leisten müssen? Fürchtete ich, bittere Zusammenhänge zu Ende zu denken?

Wahrscheinlich dachte ich nicht zu Ende, weil ich die Probleme und Konflikte nicht als etwas ansah, was mit der Substanz dessen zu tun hatte, dem ich mein politisches Leben, ja: gewidmet hatte. Mir war es eine schöne Selbstverständlichkeit, am großen Werk des Geschichtswandels teilzunehmen, jener historischen Wende zum Besseren, zu einem friedlichen und humanen Miteinander. Es war eine sich epidemisch ausbreitende Geschichtsauffassung, und dank ihrer wußte man mit der Sicherheit eines Schlafwandlers, daß der jeweils aktuelle Moment mit seinen Problemen und Komplikationen irgendwann in die »wahre« Menschheitsgeschichte übergehen würde. Zweifel größeren Ausmaßes wurden da schnell wegargumentiert, unterdrückt, verdrängt. Tröstungen wurden verteilt, des Inhalts, man müsse eben mit den Menschen arbeiten, die da sind, man müsse von der vorgefundenen Situation ausgehen, müsse grassierende Vorurteile und Widerstände überwinden, wenn nötig, mit ein wenig Gewalt – zu der ein aktiver äußerer Feind, behend und hinterhältig in unser Inneres drängend, zusätzlich provozierte. Zum Beispiel: Erkundigungen über Menschen, die in den Westen fuhren, und die Bestätigung von Reisekadern hielt ich angesichts der häufigen Republikflucht von Bürgern der DDR für berechtigt. Ob westdeutsche Politiker ihren ständigen Druck auf mehr Reisefreiheit ganz ohne Seitenblick auf eine damit mögliche Reizung des Sicherheitsbedürfnisses der DDR ausgeübt haben, wage ich zu bezweifeln. Die westlichen Geheimdienste sahen doch ebenso wie die östlichen den unberechenbaren doppelten Boden, der sich da auftat. Je mehr Reisende, desto mehr Chancen für Anwerbungen, aber zugleich größere Gefahren der Unterwanderung durch die andere Seite. Der Kalte Krieg hatte hier seine eigenen Spielregeln. Sie gefielen mir nicht, aber es gab sie doch. Eine moralische Verurteilung und kritische Bewertung der eigenen Verantwortlichkeit innerhalb der politischen Strukturen will ich nicht mit dem Verweis auf die Gegenseitigkeit der Unmoral abwiegeln. Aber diese Parallelität der Unmoral auf beiden Seiten läßt sich halt auch nicht ausklammern.

Im Bundestag gab es bei meiner Überprüfung drei Feststellungen. Ich hätte in der DDR Verantwortung getragen, die auch Verantwortung für die Tätigkeit des MfS einschlösse. Eine Tatsache, die ich nicht bestreite. Es wurde zweitens meine Bemühung um politische Schadensbegrenzung erwähnt und schließlich drittens die Feststellung getroffen, es seien in der DDR auch geheimdienstliche Methoden gegen meine Person angewandt worden.

Wenn ich das hier erwähne, so keinesfalls in der Anmaßung, auch nur im geringsten den Eindruck eines Opfers zu erwecken. Aber diese drei Feststellungen zeigen auf lakonische Weise Sprünge und Brüche, Logik und Unvereinbarkeiten innerhalb einer politischen Laufbahn in der DDR.

So wurde mir in den achtziger Jahren mehr und mehr bewußt, daß bestimmten Kräften in Berlin meine engen Kontakte zur Sowjetunion nicht mehr schmeckten, ich habe es bereits geschildert; ich spürte, daß man sich heftig dafür interessierte, wie ich diese Kontakte pflegte und was dabei besprochen wurde. Schon Ende der siebziger Jahre zog ich es vor, bei abendlichen Treffen mit Juri Manschosow, dem Parteisekretär für die Mitglieder der KPdSU in diplomatischen und wirtschaftlichen Bereichen in der DDR, auf keinen Fall mit dem eigenen Dienstwagen aus Dresden in der Botschaft in Berlin vorzufahren. Ich stieg in einiger Entfernung in einen Lada und fuhr durch den hinteren Eingang ins Botschaftsgebäude Unter den Linden. Juri und ich gingen dann gemeinsam in die Sauna und diskutierten über die Situation in der DDR. Es waren ehrliche Diskussionen, im Gegensatz zu der häufiger werdenden Praxis, bei offiziellen Zusammenkünften gerade auch mit Vertretern der sowjetischen Bruderpartei miteinander zu reden, ohne etwas zu sagen. Konflikte im Zusammenhang mit Glasnost und Perestroika wurden behandelt wie ein Gerücht, daß man durch vorgetäuschtes Nichtbeachten auszutrocknen versucht. Gespräche mit den 1. Sekretären von Leningrad – Romanow, Saikow und Solowjow – tauchten deshalb vorsichtshalber nur in allgemeinster Form in meinen Berichten auf. Individuelle Vermerke gab es nie. Nur einmal, als Pjotr Abrassimow wieder als Botschafter in die DDR kam und den Bezirk Dresden besuchte, regte er an, Erich Honecker ganz persönliche Eindrücke über unsere Gespräche zu übermitteln. Die Aussagen, die zu machen seien, schlug er gleich selbst vor.

Wenn es um die Nähe zum MfS geht, wird von Betroffenen häufig, Selbstschutz suchend, Wert auf die Feststellung gelegt, niemandem persönlich geschadet zu haben. Bei der Überprüfung im Bundestag wurde mein Verhalten in dieser Sache gleichfalls untersucht. Sicher sind eindeutige Antworten schwer zu geben. Wer weiß schon, welche Reaktion welche Information auslöste? Es existieren unendlich indirekte Wege und Verknüpfungen, die eine schädigende Handlung auslösen können. Lineare Rückschlüsse von Aktennotiz auf Schädigung gibt es ebensowenig wie eine Schuldbefreiung bei fehlender MfS-Registratur. Freilich existieren auch klare, aufschlüsselbare Zusammenhänge. Vorgehalten wurde mir zum Beispiel ein Vermerk, in dem ich das Ministerium für Staatssicherheit zur Nachprüfung des Verhaltens einer Person aufgefordert habe. Den Vorgang zweifelte ich nicht an, ich kann mich sogar noch gut daran erinnern. Es handelte sich um einen Konstrukteur für neue Maschinen aus dem Kombinat »Fortschritt«; er hatte an der Entwicklung eines Mähdreschertyps mitgearbeitet und war von einer Dienstreise nicht wieder in die DDR zurückgekehrt. Der Parteisekretär des Betriebes hatte darüber informiert, und ich hielt es für notwendig zu klären, ob Konstruktionsunterlagen verschwunden seien und möglicherweise Werkspionage mit im Spiel gewesen sein könnte. Ein Vorgang, der in allen Ländern unter Anklage steht. Warum sollte nicht auch die DDR sich in dieser Frage schützen dürfen?

Meine Kontakte zum MfS spielen bei der Legende von einem Komplott zum Sturze Erich Honeckers eine besondere Rolle. Mitte Juni 1987 besuchte Wladimir Krjutschkow, damals Chef der Auslandsaufklärung des sowjetischen Geheimdienstes, Prof. Manfred von Ardenne in Dresden. Der Wissenschaftler stellte dem Gast nicht nur sein Institut vor, sondern machte auch aus seiner kritischen Sicht auf die DDR keinen Hehl. Ich war bei dieser Begegnung nicht dabei, aber ich kannte die Auffassungen Ardennes, und er wiederum wußte: Ich teilte seine Kritik. In einem Brief vom 7. Februar 1997 hatte er mir geschrieben: »Über Ihre Glückwünsche zu meinem 90. Geburtstag habe ich mich sehr gefreut. An die Zusammenarbeit mit Ihnen, den ich stets als Gegner der Honecker-Politik kennengelernt habe, erinnere ich mich mit freundlichen Gedanken. Ich hoffe sehr, daß man Ihnen und Ihrem Wirken in der DDR zunehmend mehr Gerechtigkeit entgegenbringt.«

Markus (Mischa) Wolf hatte damals angefragt, ob ich mich nicht mit ihm und Krjutschkow bei einem Abendessen treffen könnte. Ein »Komplott« gegen Honecker heckten wir dabei keineswegs aus; dieses Gerücht zu behaupten und zu pflegen, blieb die Neurose bestimmter abgehalfteter Publizisten, die in Verschwörungstheorien eine letzte Chance sahen, verschlissene Bedeutsamkeit wenigstens für einen marginalen Leserkreis neu aufzupolieren.

Freilich: Durch die Blume wurde an diesem Abend auch nicht gesprochen. Um über Schönwetter an der Elbe zu plauschen, schien mir die Lage der DDR zu kompliziert und die Verantwortung des Mannes aus Moskau zu groß.

Die alte Freundschaft zu Koni (Konrad) Wolf, gefestigt schon in den fünfziger Jahren im Jugendverband, übertrug sich in den achtziger Jahren auch auf Mischa. Er kam damals nach Dresden, um meine Zustimmung für ein paar Zeilen des Buches »Die Troika« zu erhalten, die er über meine Beziehung zu Koni notiert hatte. Später wurden in einer Rezension der »Frankfurter Allgemeinen Zeitung« gerade diese Zeilen mit der Auslegung erwähnt, Wolf nenne in seinem Buch Modrow vor allem deshalb, weil er in ihm – analog zu Gorbatschow – einen Nachfolger Honeckers sehe. Da wurde mir bewußt, weshalb Mischa unbedingt meine Zustimmung zu diesen Zeilen einholen wollte. Ich konnte ihm nur sagen: Sieh zu, daß das Buch so schnell wie möglich erscheint!

Die Arbeit der Bezirkseinsatzleitung spielte, vom zeitlichen Aufwand her, eine geringe Rolle in meiner Tätigkeit: viermal im Jahr ein Vormittag, einmal im Jahr eine zwei- bis dreitägige Schulung im Bezirk (mit den nachgeordneten Kreiseinsatzleitungen) und alle zwei bis drei Jahre eine dreitägige zentrale Stabsübung, die sich »Meisterschaft« nannte. Die Übungen »Meisterschaft« fanden im Ausbildungsgelände des Ministeriums für Nationale Verteidigung in Strausberg bzw. in Streganz statt. Es galten dort militärische Prinzipien, vom Tragen einer Generalsuniform ohne Schulterstücke, über Lagemeldungen anhand der Karte an den Minister für Nationale Verteidigung bis hin zur Information über die Erfüllung der Aufgaben der jeweiligen Bezirkseinsatzleitungen – im simulierten Übergang vom Friedens- in den Verteidigungszustand, bei dem von beiden Seiten auch Kernwaffen zum Einsatz kamen. Den militärischen Prinzipien konnte ich nichts abgewinnen, aber der Ernst der Lage, sollte es zu einer militärischen Konfrontation kommen, sowie die fürchterlichen Folgen eines Krieges für die Menschen wurden mir bei diesen Übungen sehr wohl bewußt, wissend, daß dabei eigentlich nur in fast lächerlichen Ansätzen der Ernstfall simuliert wurde.

Auch die großen Manöver »Waffenbrüderschaft« der Staaten des Warschauer Vertrages in den achtziger Jahren an der Ostsee sowie auf den Truppenübungsplätzen Nochten und Magdeburg – ich nahm als Beobachter teil – hinterließen bei mir tiefe Eindrücke. Das waren keine ausgedachten Sandkastenspiele; diese Manöver erwuchsen vielmehr aus den Strategien der beiden bisher höchstgerüsteten militärischen Blöcke in der Geschichte der Menschheit, der NATO und des Warschauer Vertrages. Kleiner ist die Geschichte dieser Zeit nicht zu haben, auch wenn gerade diese Wahrheit bei der politisch-juristischen Verfolgung von Verantwortungsträgern der DDR, besonders von Angehörigen der Nationalen Volksarmee und auch der Mitglieder des Politbüros, mit Gerichtsprozessen und durch prononcierte Kriminalisierung ausgetrieben werden soll.

Der Eintritt in den Verteidigungszustand hätte den Abbruch aller Beziehungen zwischen den kriegführenden Staaten bedeutet. Angehörige der gegnerischen Staaten, die sich bei Kriegsausbruch im Inland befanden, müßten also sofort zu ihrer eigenen Sicherheit, aber auch aus DDR-Sicherheitsgründen unter Kontrolle gebracht werden. Nach geltenden internationalen Bestimmungen konnten sie in sogenannten Internierungslagern zusammengefaßt werden. Für den Verteidigungsfall war auch die Evakuierung von Kindern aus den Städten vorgesehen, um sie im Falle eines Kernwaffenangriffs zu schützen.

Internierungslager, wofür wir im Bezirk Ferienheime der Gewerkschaften auswiesen, blieben stets nur eine Plangröße. In der Realität wurde nichts vorbereitet, nichts Entsprechendes installiert. Anders verhielt es sich mit der Bereitstellung von Technik und Ausrüstungen der Betriebe für den militärischen Ernstfall. Bei Mobilmachungsübungen wurden nicht nur Reservisten einberufen, sondern auch Lkw, Kräne und andere Geräte aus der Industrie, dem Bauwesen und der Landwirtschaft für mehrere Tage abgezogen. Mit dieser Tatsache war ein ständiger Streit verbunden. Die Betriebe baten verständlicherweise um schnellste Rückführung, und die Volksarmee kritisierte häufig das arg fortgeschrittene Alter der gelieferten technischen Ausrüstungen. Ich nutzte diesen Widerspruch, um die Verantwortlichen der Nationalen Volksarmee dafür zu gewinnen, sich für eine raschere technologische Erneuerung in Industrie, Landwirtschaft und Bauwesen einzusetzen.

Bei den erwähnten Übungen, an denen ich teilnahm, wurde die Problematik von sogenannten Isolierungslagern, die offensichtlich auch die Inhaftierung von Oppositionellen einschloß, niemals behandelt. Nach dem politischen Zeitenwechsel in der DDR kam dieses Problem an die Öffentlichkeit. Auch ich erfuhr erst in diesem Zusammenhang von solchen Plänen. Obwohl seit 1967 angeblich ein Befehl des Ministers Mielke existierte, ist dieser

Auftrag innerhalb des MfS geheimgehalten und nicht im Rahmen der Einsatzleitung zum Thema gemacht worden. Wenn Vertreter der einstigen Bürgerbewegung diese Lager scharf verurteilen, habe ich dafür volles Verständnis. So übel die gesamte Angelegenheit jedoch ist, und ich sehe das heute sehr klar und muß eingestehen, daß dies einen weiteren, sehr finsteren Schatten auf uns wirft: Auch die NATO-Staaten, einschließlich der Bundesrepublik Deutschland, übten, als Erfahrung aus dem Zweiten Weltkrieg, den Umgang mit »Fünften Kolonnen«; im Kriegsfall würden die Geheimdienste sehr wohl gegen linke, kommunistische Kräfte mobilisiert. Weshalb werden denn die Pläne der NATO-Manöver, die bis 1989 gingen, nicht in allen Einzelheiten offengelegt, wenn es nichts zu verbergen gibt? Und Vertreter der Bürgerbewegung sollten auch klar und deutlich sagen, ob sie in ihrem Zorn und Haß auf das DDR-Regime nicht bereit gewesen wären, den Konzepten der NATO zu folgen und sich im Falle eines Krieges auf die feindliche Seite zu schlagen. Also wäre staatliche Vorsorge gegen mögliche gegnerische Zuarbeit nur gerechtfertigt gewesen. Wie gesagt, ich rede dieser Maßnahme nicht von heute aus das Wort; ich versuche nur, sie aus damaliger Gegnerschaft zu erklären. Es wurde davon ausgegangen, daß fremde feindliche Kräfte auf dem Gebiet der DDR abgesetzt und mit »subversiven Kräften« aus der Republik Kontakt aufnehmen und im Rücken der Front militärisch handeln würden.

Eingebunden in eine unerbittliche politische Realität, ist es nahezu unmöglich, absolut und in ganzer Reinheit moralisch zu handeln. Immer bedeutet die Wahrung eines Interesses die Behinderung anderer Interessen. Ich höre hier schon wieder das althergebrachte Argument, die alten Feindbilder lebten noch, ich würde nichts dazugelernt haben, bliebe halt ein Betonkopf. Nein, das war und bin ich nicht. Aber wer heute Feindbilder abschaffen will, muß konstatieren, daß es im Kalten Krieg Feindschaft auf beiden Seiten gab. Eine Feindschaft, bei der jede Seite meinte, die humanen Argumente, die bessere Moral und die historische Legitimation für den Haß auf die andere Seite zu besitzen. Es war auf beiden Seiten die Bereitschaft vorhanden, den Krieg unter bestimmten Umständen zu führen und dabei eben auch Kernwaffen einzusetzen. Daß es dazu nicht kam, ist letztlich beiden Frontenbildnern gleichermaßen zu verdanken. Also nicht nur uns und ebenso wenig nur der westlichen Seite!

Nun hat die Geschichte das Urteil über diese Epoche der unerbittlichen Feindschaft gesprochen, und ehrliche Konsequenzen aus diesem Frieden zu ziehen, bedeutet in meinen Augen, die NATO nicht nach Osten hin zu erweitern, sondern sie aufzulösen. Sicherheit muß heute, nach einem historischen Einschnitt, den viele gern als revolutionär bezeichnen, ebenfalls auf revolutionäre Weise geschaffen werden. Politische Wahrheiten um ihrer selbst willen zählen nichts. Sie sind nur nützlich, wenn sie für Zwecke in Dienst genommen werden können. Und welchen höheren Zweck könnte es geben als jenen, der, als es den Warschauer Pakt noch gab, tagtäglich laut und in höchstmoralischem Ton in unsere Richtung proklamiert wurde: Schwerter zu Pflugscharen!

Kirche und eine bittere Erkenntnis

Meine ersten bewußten Begegnungen mit der Kirche verliefen eher prosaisch, auf jeden Fall ohne Konflikte. In Jasenitz wohnten wir in einem Gebäude, das sich zwar Schloß nannte, jedoch in seinem Ursprung ein Kloster der Zisterzienser gewesen war. Zum Schloß avancierte es, als die Königin Luise von Preußen, die im 19. Jahrhundert zeitweilig in Stettin lebte, hier die Sommermonate verbrachte. Als wir dort wohnten, war die Zeit der Herrschaftlichkeit lange vorbei; in dem großen Gebäudekomplex lebte nunmehr ein knappes Dutzend kinderreicher Familien. Die Modrows lagen da mit ihren vier Kindern an der unteren Grenze; die »Norm« des Familiennachwuchses bewegte sich zwischen sechs und acht Sprößlingen. Pastor und Kirchendiener brauchten stets Hilfe, wenn es um das Geläut der beiden Glocken und das Treten des Blasebalgs an der Orgel ging. Da wurde weniger nach regelmäßigem Besuch von Gottesdiensten gefragt, sondern nach Kraft, Zuverlässigkeit und Einsatzbereitschaft für den Dienst in der Kirche. So entwickelte ich mich zwar nicht zum Gläubigen, half aber oft bei der Gestaltung des kirchlichen Alltags und hatte vor allem keinen bewußt anerzogenen Vorbehalt gegenüber religiösen Riten.

Anders war die Situation freilich in den fünfziger Jahren während meiner Tätigkeit in der FDJ. Im Sommer 1949 hatte ich in Potsdam eine Aufforderung erhalten, meine Kirchensteuer zu bezahlen, was mich sehr verwunderte. Eine Konfirmation habe ich nicht gehabt, und daß ich getauft oder mit Geburt automatisch vom Pfarrer registriert worden war, vermochte ich nicht zu bestätigen. Auf jeden Fall erklärte ich aufgrund der eingegangenen Zahlungsaufforderung umgehend meinen formalen Austritt aus der Kirche.

Da die FDJ mit aller Entschiedenheit den Standpunkt vertrat, die einheitliche und einzige Jugendorganisation im Lande zu sein, gab es heftige Auseinandersetzungen mit der Jungen Gemeinde. In den Reihen der FDJ befanden sich auch Vertreter der CDU, bis hin zur Spitze des Jugendverbandes, und so argumentierten wir forsch, damit würden die Interessen der jungen Christen ausreichend vertreten. Das jedoch ist leider nicht geschehen. Fehlende Souveränität in dieser Frage hat die FDJ, hat den Staat zänkisch gemacht und uns zu fortdauernder Diskriminierung Andersdenkender verleitet. Viele junge Menschen, die gern am Aufbau der neuen Ordnung mitgearbeitet hätten, trieben wir mit unserem doktrinären Atheismus in den Konflikt mit ihrem Glauben und schlossen sie damit vom gemeinsamen Werk aus. Lebenswege sind so behindert, ja zerstört worden. Zugleich bildete sich auch auf diesem Wege jenes DDR-typische Klima heraus, das künftig die politischen Fronten so diffus machen und einfach gestricke Täter-Opfer-Konstellationen ad absurdum führen sollte: Drohende Ausgrenzung ließ die einen zu Befolgern der festgelegten Spielregeln werden, ohne daß sie zu bewußten Mit-Tätern im System aufstiegen; andere wurden in die Rolle von Opfern gedrängt, ohne daß sie wirklich Oppositionelle sein wollten.

Später, als Bezirkssekretär der SED in Berlin, nahm ich an den Rahnsdorfer Treffen der Nationalen Front mit Pastoren und anderen Vertretern der Kirche sowie mit Lehrkräften der Theologischen Fakultät der Humboldt-Unversität teil und war bemüht, meine Jugendsünden radikaler Ausgrenzung von Mitgliedern der Jungen Gemeinde für mich zu »korrigieren«. Aber längst war unser damaliges rigides Handeln in der FDJ ebenfalls als Gewicht auf jener geschichtlichen Waagschale wirksam geworden, die sich schließlich gegen uns neigen sollte. Trotzdem, als persönliche Lehre aus einstiger Unbedenklichkeit, bemühte ich mich im Laufe meines politischen Lebens mehr und mehr um Toleranz und Anstand, um Achtung anderer Daseins- und Glaubensvorstellungen.

Als ich meine Tätigkeit als 1. Bezirkssekretär in Dresden aufnahm, spielte die Kirche in meinem unmittelbaren politischen Blickfeld zunächst kaum eine Rolle. Aber zwei Momente waren es, die sehr bald auf eine Veränderung dieser Situation und auf aktive Kontakte drängten. Das Wort von der »Kirche im Sozialismus« erschien mir richtig und erforderte nach meiner Auffassung, über den Rahmen notwendiger administrativer Absprachen zwischen Staat und Kirche hinaus eine umfassendere Verbindung zu halten.

Zum zweiten: Über den Vorsitzenden der Jüdischen Gemeinden in der DDR, Genossen Aris, der Mitglied der SED war, bekam ich bald engen Kontakt mit der Jüdischen Gemeinde in Dresden. Auf einer Veranstaltung dieser Gemeinde im Jahre 1981, an der auch der Landesbischof der Evangelisch-Lutherischen Kirche Sachsen, Dr. Hempel, teilnahm, machte man uns miteinander bekannt, und wir vereinbarten ein baldiges Treffen. Es fand im Januar 1982 statt und vollzog sich nicht frei von Zwängen. Die Junge Gemeinde hatte für den 13. Februar, den Jahrestag der Bombardierung Dresdens durch anglo-amerikanische Verbände 1945, zu einer Veranstaltung auf dem Altmarkt aufgerufen – ohne Absprache mit der Kirchenleitung, aber auch ohne Anmeldung bei den staatlichen Organen. Beide Seiten sahen sich in einer Zwangslage. Wir suchten nach einem Ausweg. Ich hätte es in dieser Situation als falsch empfunden, sich im Gespräch lediglich auf den Druck der Lage zu beziehen; reine Sachlichkeit hätte auch Frostigkeit bedeutet; betonte Distanz wäre einem Ausheben neuer Gräben gleichgekommen. Wer hätte das dann wieder rückgängig machen können! Nein, wir mußten offen miteinander reden und, so widernatürlich es auf den ersten Blick klingen mochte, just die eingetretene Konfliktsituation als geradezu willkommene Gelegenheit sehen, einen guten Umgang miteinander zu finden.

Bischof Hempel ließ erkennen, daß der 13. Februar als Tag des Gedenkens an die Zerstörung Dresdens nicht zu Spannungen führen dürfe und ein Verbot der Veranstaltung ein fatales, falsches Zeichen setze. Die Lösung des Problems sahen wir in einer Einladung des Landesbischofs zum Gespräch in der Kreuzkirche und einer anschließenden Prozession der kirchlichen Kundgebungsteilnehmer von der Kreuz- zur Ruine der Frauenkirche, um hier im stillen Gedenken, während des traditionellen Geläutes der Dresdner Kirchenglocken, Kerzen abzustellen. Später bezeichnete der am Gespräch beteiligte Landeskirchenpräsident Dr. Domsch dieses Ereignis als ein erstes Zeichen gemeinsamen Willens zu Gewaltlosigkeit. Das schien mir eine sehr berechtigte Wertung, denn an diesem Abend standen im Hof des Volkspolizeikreisamtes in der Schießgasse, unweit der Ruine der Frauenkirche, Sicherheitskräfte und Wasserwerfer. Bereit zu einem Einsatz, der zum Glück unterblieb. Man darf nicht den psychologischen Faktor unterschätzen: Für Volkspolizei und Mitarbeiter des MfS entstand mit der verordneten Ruhe eine völlig neue, weil in ihrem Verständnis absolut defensive Situation. Die hätte leicht zu unkontrollierten Aktionen führen können. Auch die Vertreter westlicher Medien, die nach Dresden kamen, waren mit ganz anderen Erwartungen angereist. Und sicherlich gab es auch unter den Prozessionsteilnehmern den einen oder anderen, dem eine Eskalation gut in den Kram der gesicherten und abrufbereiten Vorurteile gepaßt hätte. Der Abteilungsleiter für Sicherheitsfragen der Bezirksleitung, Edmund Geppert, war Ohrenzeuge, als jugendliche Teilnehmer sich unterhielten und meinten, die Sache sei doch recht eigenartig und geradezu provokant in ihrer Widersprüchlichkeit: Landesbischof Hempel habe in der Kreuzkirche vom ersten Friedensbrot gesprochen, das er 1945 von den Russen erhielt, und an der Ruine der Frauenkirche sei kein Polizeiaufgebot zu sehen. Wie passe das zusammen? In westdeutschen Zeitungen war am anderen Tag zu lesen, der 1. Sekretär der SED und der Landesbischof hätten aus Furcht und mit realpolitischer Kühle in letzter Minute einen Deal ausgehandelt, nur deshalb seien keine Polizeikräfte zum Einsatz gekommen. Das klang wie ein Bedauern; ein Krawall in Dresden hätte diesen Betrachtern wahrscheinlich besser ins Bild gepaßt.

Auch heute noch schwirrt durch manche retrospektive Darstellung jener Prozession das Wunschbild, sie sei gegen den Widerstand der Staatsmacht zustande gekommen, ja, sie sei damit gar als ein erstes Fanal des Aufstandes wider die SED zu werten. Denen, die das so sehen müssen, aus welchen Gründen auch immer, kann ich ihren schönen Wahn nicht ausreden. Mit der Wahrheit hat dieses Wunschbild nichts zu tun. Entstellung ist halt einfacher, als zu akzeptieren, daß bei den politisch Verantwortlichen damals der ehrliche Wille zu umsichtigem, bedachtem Handeln Pate stand. Auch wenn ich noch einmal betonen will, die allgegenwärtige, erdrückende Erfahrung grobschlächtiger Behandlung Andersdenkender durch SED und Staat mußten dieses überraschende Dresdner Ereignis bei manchem tatsächlich in einem sehr unwirklichen Licht erscheinen lassen.

Landesbischof Hempel hatte zum Abschluß unserer ersten Begegnung seine Zufriedenheit gezeigt, meinte im übrigen aber, daß weitere Gespräche nicht sinnvoll wären, da sie mißverstanden werden könnten und bald womöglich, was unbedingt zu vermeiden sei, jeder Pfarrer das Gespräch mit jedem Parteisekretär suchte.

In größeren Abständen, sogar mit einer gewissen Regelmäßigkeit, sprachen wir dennoch miteinander und debattierten offener, als mir dies innerhalb der SED möglich war. Ab Mitte der achtziger Jahre diskutierten wir über die Perestroika in der Sowjetunion und waren uns darin einig, daß auch in der DDR eine Umgestaltung notwendig sei. Mir ist bewußt, daß sich das heute schneller hinschreibt, als es damals gerade von mir, leise, ausgesprochen wurde. Und es besteht auch ein Unterschied zwischen der Anerkennung der Tatsache, daß die Dinge dringlich zu ändern seien, und der Fähigkeit, Lösungen innerhalb jener als verkrustet erkannten Strukturen zu finden – die doch schließlich die Strukturen meines eigenen politischen Handelns waren.

Besonders kritisch sahen Landesbischof Hempel und Landeskirchenpräsident Domsch die fehlenden Mühen der SED, Moral und Ethik zu entwikkeln. Die felsenfest beschworene, in den Medien bis zur Unerträglichkeit strapazierte Politik der Einheit von Wirtschafts- und Sozialpolitik würde nach ihrer Ansicht mehr den Egoismus anstacheln, die Gleichgültigkeit fördern und die Arbeits- und Leistungsbereitschaft einschränken, als die Einstellung zur Arbeit zu kräftigen und Impulse für die gewünschte Verantwortung gegenüber der Gesellschaft zu fördern. Es gab wohl kein Treffen zwischen uns, in dem nicht, im Hinblick auf die Erziehung friedensfähiger, toleranter und herzensgebildeter junger Menschen, auf einen Meinungsaustausch zwischen Kirche und Ministerium für Volksbildung gedrängt wurde. Für solche Gespräche jedoch öffneten sich keine Türen, schon gar nicht direkt in das genannte Ministerium. Dabei verstand ich das Anliegen der Kirche sehr gut: Soweit eine Religion Träger einer Kultur und in sich stabil ist, verkörpert sie ethische Prinzipien und Normen, die das Zusammenleben der Menschen humanisieren, ein Zusammenleben, das ja im Alltag immer wieder, wie wir wissen, zwangsläufig von der Erfahrung des Unheils und also der Verletzung dieser Prinzipien und Normen ausgesetzt ist. Die Kirchenvertreter verstanden daher nicht, wieso sich der Staat dieser Beihilfe zur Humanität verweigerte.

Bis heute betrachte ich es nicht als Mißbrauch gewachsenen Vertrauens, wenn ich Erich Honecker über Probleme aus den geschilderten Gesprächen mit kirchlichen Verantwortungsträgern informierte. Ich ging davon aus, daß diese Fragen geradezu zwingend auf den Tisch des ersten Mannes im Staat gehörten; auch verband ich diese Berichte mit der leisen Hoffnung, im Sinne der Kirche in Dresden ein wenig nützlichen Druck in Berlin ausüben zu können. Es mißlang größtenteils. Aber wenigstens konnte ich auf diese Weise Konflikte unserer Entwicklung anbringen, die mich selbst bedrückten. Was an Kritik aus Dresden kam, galt gewöhnlich als Angriff auf die Zentrale; wo ich diese Kritik an ein Gesräch mit Kirchenverantwortlichen binden konnte, blieben mir, auch wenn sich nichts änderte, wenigstens direkte persönlich gemeinte Zurechtweisungen erspart. Was ich Honecker freilich nicht mitteilte, war der hohe Grad an Offenheit, der in diesen Gesprächen mit dem Landesbischof stets geherrscht hatte; Mißtrauenszeichen Honeckers gegen mich gab es schließlich schon genug, ich wollte die Situation nicht überreizen.

1993 in Dresden, während meines ersten Prozesses wegen Anstiftung zur Wahlfälschung, begegnete ich noch einmal dem Landesbischof, und dieses Gespräch weitete sich zu einer Art Bilanz unserer früheren Treffen. Er hatte inzwischen seine MfS-Akte gelesen, und darin fanden sich Hinweise wieder, die im MfS für die damaligen Gespräche mit mir erarbeitet worden waren. Meine Frage, ob es auch direkte Berichte über unsere Gespräche oder ob es zwischen den Hinweisen und den geführten Gesprächen eine Übereinstimmung gegeben hätte, mußte er verneinen. Ich weiß nicht, ob es in der direkten Umgebung des Landesbischofs einen Informellen Mitarbeiter gab. Hempels Betroffenheit nach dem Lesen der Akte verstand ich, und ich schwieg. Was ich nicht teilte, waren seine Bemerkungen über Gefühle, die er damals mit unseren Begegnungen verbunden haben wollte: Ich sei für ihn vor allem der Mann der fremden Macht gewesen, und er hätte insgeheim doch manche Befürchtungen gehabt und beibehalten.

Ehrlich gesagt, dieses Urteil überraschte mich, und mir fehlte das Verständnis für Hempels Äußerung. Ich war enttäuscht. Seine Furchtbehauptung klang, als wolle er unsere Gespräche im nachhinein um den von mir doch stark empfundenen Charakter der Gleichheit und des Vertrauens berauben. Er zog sich gewissermaßen als Aktivposten aus diesen Gespräch zurück. Aber wenn es um Macht und Selbstbehauptungskraft ging, war die Kirche in der DDR keinesfalls so kraftlos, wie es jetzt anklang, denn sie wußte ihre politische Potenz auch durchaus einzusetzen und zu nutzen. So absolut fremd stand sie mitunter der Macht nicht gegenüber. Nicht zuletzt hatte der Kirchentag in Dresden mit etwa hunderttausend Teilnehmern im Großen Garten einen Beweis dafür geliefert.

Aus meiner Enttäuschung in diesem Moment machte ich gegenüber Bischof Hempel keinen Hehl. Das Wort von der »Kirche im Sozialismus« hatte für mich bedeutet, ihren Anspruch auf gesellschaftliche Mitverantwortung für Glieder der Gemeinden anzuerkennen, und die Kirche stand doch zu dieser Mitverantwortung. Fremde Macht? Welchen Sinn als den einer gemeinsam getragenen Verantwortung sollten denn Bemühungen um Gespräche mit dem Ministerium für Volksbildung damals gehabt haben? Ich versuchte noch einmal, Landesbischof Hempel meine ehrlichen Beweggründe plausibel zu machen. Einmal mehr mußte ich erkennen, wie schwer es mitunter in der Politik ist, subjektives Wollen von dem allgemeinen, abträglichen Erscheinungsbild einer politischen Kraft zu trennen, die man vertritt. Weder habe ich das Recht noch Gründe, mich als Oppositionellen in der SED zu sehen; schon gar nicht kann ich erwarten, daß andere beim 1. Sekretär einer Bezirksleitung eine solche Position erahnten. Aber ich habe mich ehrlich für das Gespräch mit den Kirchen interessiert und eingesetzt, und nun mußte ich einsehen, daß es offenbar fast unmöglich war, aus dem Erbe einer halt als fremde Macht gesehenen SED und den damit verbundenen Urteilen auszusteigen.

In dem Zusammenhang ist es auch nicht ganz exakt, wenn Vertreter der katholischen Kirche heute erklären, sie hätten mit der SED keine Gespräche geführt und sich stets nur mit dem Allernotwendigsten an die Vertreter des Staates gewandt. Im Vorfeld des Katholikentreffens 1987 in Dresden hatte ich zwei Begegnungen mit Bischof Schaffran, den ich dabei als einen selbstbewußten und warmherzigen Mann kennenlernte. Es war unser Anliegen, für dieses Treffen Freiräume für wirklich alle Anliegen der Kirche zu schaffen und den Teilnehmern das Gefühl zu vermitteln, sie seien als gläubige Bürger ihres Landes willkommene Gäste in Dresden. Auch mit Schaffrans Nachfolger Bischof Reinelt habe ich mich noch im Oktober 1989 getroffen, um just in der politisch immer komplizierter werdenden Situation in Kontakt zu bleiben.

Fehler und Versagen im Verhältnis zur Kirche sehe ich bei mir in den schweren Tagen Anfang Oktober 1989 in Dresden. Wir hätten gerade da die

Kraft haben müssen, beizeiten, also weit früher aufeinander zuzugehen und zu gemeinsamem Handeln nicht erst am 8. Oktober abends und in den nachfolgenden Tagen zu kommen – bei jenen Informationsveranstaltungen in den Kirchen mit über 20 000 Teilnehmern, auf die ich später noch zurückkommen werde. Erst unter dem Druck der Straße kam der Dialog in Gang, aber Druck behindert halt immer die Souveränität. Es ist schwer, rechtzeitig zur Handlungskorrektur zu finden, wenn die Standorte zwischen den handelnden politischen Kräften eines Tages so entgegengesetzt sind, wie sie sich in den unberechenbaren Herbsttagen 1989 zwischen Staat und SED und andererseits der Kirche, als Sammlungsort für die unzufriedene Bevölkerung, nun einmal entwickelt hatten. Wenn Korrekturen des gestörten Verhaltens nicht im zweckfreien Raum vorgenommen werden können, sondern eingedämmt werden vom handfesten politischen Interessenstreit, dann fragt keiner mehr nach Erfahrungs- und Erkenntnisgewinn für beide Seiten. Nur noch unfruchtbare militärische Kategorien zählen: Vormarsch und Rückzug, Sieg und Niederlage.

Es hat fast etwas Ironisches: Unsere Partei, die sich die menschlichste aller Utopien auf die Fahnen geschrieben hatte, setzte Kräfte frei, die dieses Leben für die Utopie denn auch einklagten. Gegen die SED! So daß unsere Kennzeichnung der angeblichen Feinde eine Brandmarkung vieler Bündnispartner war: Zu unseren Gegnern erklärten wir viele, die doch die Botschaft des Sozialismus sehr wohl verstanden hatten. Viele also, die sich gegen uns wandten, blieben dennoch (zunächst jedenfalls) ans System gebunden, und zwar freiwillig. Die seltsame Lage, so schrieb der Dresdner Dichter Thomas Rosenlöcher, »machte hier sehend, dort blind, in einem aufmüpfig und anpassungsfähig«. Wahrscheinlich waren wir Verantwortlichen in der SED zu tief vom Bedürfnis nach einem Feindbild durchsetzt und sahen nicht, daß diejenigen, die wir ungeprüft in Feindesnähe rückten, ein viel differenzierteres Bild ihres eigenen Alltags hatten. Vielleich brachten es jene Kirchenleute aus dem Greifswalder Bistum auf den Punkt, die ich im Februar 1992 in Zinnowitz traf. »Ich habe die DDR nicht geliebt, aber ich habe gerne in der DDR gelebt«, sagte einer von ihnen. Ein anderer ergänzte: »Man mußte nicht zu allem Ja sagen, aber es war auch nicht so, daß man zu allem Nein sagen mußte.«

Bei einem Podiumsgespräch im Januar 1997 lernte ich die Oberkirchenrätin Lewek kennen. Sie machte mir den Vorwurf, an jenem Abend stets nur von den Männern in der Kirche in der DDR zu sprechen; auch Frauen hätten dort ihren kämpferischen Platz. Mit tiefer Bewegung registrierte ich Frau Leweks Feststellung, die Kirchen in Ost und West seien einander nie so fremd gewesen wie heute. Dabei fiel mir wieder ein Gedanke ein, über den ich mit Friedrich Schorlemmer schon 1990 gesprochen habe: Die Kirche setze zu sehr auf einen eingleisigen Weg von der Schuld zur Sühne. Es müsse aber auch der Weg zum Verständnis und zur Versöhnung gesucht werden. Gewiß, dies ist kein leichter Weg; und die Versöhnung der Opfer mit den ehemaligen Verantwortungsträgern der DDR ist nicht ohne vorherigen Mut dieser Verantwortlichen zur unbequemen Wahrheit über sich selbst zu haben. Gemeint ist jene unbequeme Wahrheit, an der Austreibung der sozialistischen Idee mitbeteiligt gewesen zu sein. Das ist das eine; das andere aber ist die Verhinderung neuer Ausgrenzung. Der Weg zur Selbsterkenntnis, mit SED-Politik die sozialistische Idee behindert zu haben, braucht seine Zeit. Vor Gerichtsschranken kehrt sich die Hoffnung auf solche Selbsterkenntnis in ihr Gegenteil, gerät zu Verstocktheit, betoniertem Trotz und Selbstgerechtigkeit. Und Selbstgerechtigkeit, wie wir wissen, kennt nur Freisprüche.

Immer, wenn ich über Versöhnung nachdenke, kommt mir Altbischof Gottfried Forck in den Sinn. Ich glaube, er ist diesen Weg gegangen, ohne anbiederndes Vergessen, ohne voreilige Attest-Gesten, aber als Mensch, dessen Würde und Weitherzigkeit gerade jenen ein Beispiel geben konnte, denen es früher in der DDR aufgrund ihrer politischen Tradition und Funktion an Würde und Weitherzigkeit mangelte. Als ich mit der Trauergemeinde in der Berliner Marienkirche Abschied von Forck nahm, dachte ich an die Hoffnung, die mit dem Leben dieses Christen verbunden bleibt: daß andere Menschen seinem Beispiel praktizierter Versöhnung und seinen Bemühungen um humane Verbindlichkeit im Zusammenleben von Gläubigen und Nichtgläubigen folgen. Nur dann wird auch die Kirche, ob lutherisch-protestantische oder katholische, jene Kraft aufbringen können, um ähnlich ihrer Wirkung in den letzten Jahren der DDR einen gestalterischen Part im Prozeß der Vereinigung beider deutscher Staaten auszufüllen. Es ist dies ein Prozeß, der noch weit über das Jahr 2000 hinausgehen wird.

Die Kunst, Kunst zu verstehen

Womit beginnen? Wie die Vielfalt der Eindrücke wiedergeben, die Großzahl der Begegnungen und die Wucht der Debatten? Auf welche Weise soll ich die guten Erfahrungen und die Mißerfolge, den Streit und die Zerwürfnisse schildern? Alles in allem ein schweres Unterfangen. Als Politiker hat man einen anderen Blick auf die Kunst als die Künstler selbst. Man ist mit einem Grundzug von Subversivität konfrontiert, der die praktische Politik auf jeden Fall stört; diese Subversivität der Kunst wirkt auf die Gegenwart, aber entzieht sich doch gleichzeitig dem, was Politik immer wieder versucht: alles Gedachte und Gefühlte in nutzbare Aktualität aufzulösen. Das ist der Widerspruch, in den Künstler und Politiker gemeinsam verstrickt sind: Immer ist Kunst Kompensation dessen, was einer Gesellschaft fehlt; immer erliegt Politik der Gefahr, diesen auf künstlerische Weise bewußt gemachten Mangel, ausgerechnet mittels der Künstler, schönfarbig übermalen zu wollen.

Als ich nach Dresden ging, war mir die Rolle der Stadt, neben Berlin und München eines der drei kulturellen Zentren Deutschlands, mehr oder weniger bekannt. Was ich wußte, war das, was wohl jeder wußte: Die Stadt etablierte sich einst als Sitz von Königen, und das hatte seine hochkarätige Wirkung auf Kultur und materielle Bedingungen. Aus dieser Tradition ergab sich ein Anspruch der Bewahrung und Pflege gerade an sozialistische Kultur. Aber daß just dieser propagandistisch gern und laut postulierte Trägergedanke kräftig mit einer zur Vernachlässigung tendierenden praktischen Kulturpolitik kollidierte – dies mußte ich erst noch begreifen. Doch ich begriff es schnell.

Da ich nicht nur für die Stadt, sondern für den gesamten Bezirk Dresden Verantwortung trug, galt es zunächst, sich viel Neues zu erschließen. Da war die Kultur der Sorben, da war eine sächsische Landschaft mit ihren vielfältigen kulturellen Einflüssen, also auch den tief ins Leben der Menschen eingreifenden Grenzziehungen, wenn ich etwa an Görlitz oder das Osterzgebirge denke. Was Sport bedeutete, war mir bekannt – was jedoch eine Fußballhochburg sein kann und wie gerade der Fußball den Herzschlag einer Region antreiben oder lähmen kann, das erlebte ich mit Dynamo Dresden erst in dieser Stadt.

In Dresden hatten auch die periodischen Kunstausstellungen der DDR ihre Heimat. Die Stadt war in dieser Hinsicht mehr als ein repräsentativer Ort, sie galt seit jeher und mit Recht als eine Heimstatt gerade der bildenden Kunst. Mit Gerhard Bondzin als Präsidenten des Verbandes der Bildenden Künstler und Lea Grundig, die Mitglied des ZK der SED war, prägten von den sechziger bis zur Mitte der siebziger Jahre Persönlichkeiten das Bild der Kunst, die – ohne in ihrer Arbeit im negativen Sinne staatshörig zu sein – doch unmittelbaren politischen Einfluß ausübten. Lea Grundig verstarb leider bald. Gerhard Bondzien verlor an Bedeutung in der bildenden Kunst der DDR; seine künstlerische Kraft hielt mit der Willi Sittes, Wolfgang Heisigs, Gerhard Kettners und anderer nicht mehr Schritt.

Als Willi Sitte zum Präsidenten des Verbandes Bildender Künstler gewählt wurde, vollzog sich eine Neuprofilierung der Kunstausstellung: Der Verband selbst entschied mit einer Fachjury über die auszustellenden Werke. Damit wurden diese Expositionen offener, vielseitiger und umstrittener. Ob die Auswahl auch innerhalb des Verbandes demokratischer als vorher verlief, vermag ich nicht zu beurteilen; Diskussionen darüber ebbten auch nach dem Ende der DDR nicht ab. Ich kann nur sagen: Auf Weisung der Partei wurde kein Werk in die Kunstausstellung gehängt; auch kein Gemälde vom Präsidenten Willi Sitte kam auf Anordnung der SED zur öffentlichen Ansicht.

Die Eröffnung einer DDR-Kunstausstellung war ein Akt von hohem politischem Rang. Erich Honecker nahm als Generalsekretär der SED stets daran teil, auch Walter Ulbricht vor ihm verpaßte kaum eine Eröffnung dieser zyklisch alle fünf Jahre stattfindenden Gesamtschau bildender Kunst. Der hohe protokollarische Stellenwert schuf sein eigenes Ritual. Vor dem Rundgang der Partei- und Staatsführung gab es eine Rede des Kulturministers; auf dem anschließenden Weg durch die Exposition war vorbestimmt worden, mit welchen ausgewählten Künstlern die Politiker ins Gespräch kommen würden. Ich erinnere mich, daß im Jahre 1982 in einem Punkt des strengen Protokolls abgewichen wurde. Zum Mittagessen im Kreise des Politbüros war neben Kulturminister Jochen Hoffmann und dem 1. Sekretär der Bezirksleitung auch der Präsident des Verbandes Bildender Künstler mit seiner Gattin eingeladen worden. Für Willi Sitte eine Stunde der Gunst, die er im Interesse der bildenden Künstler nicht verpassen wollte. So ging das Tischgespräch bald über die Ausstellung hinaus, es wurde allgemein über den Platz der Kunst in der Gesellschaft gesprochen. Auch auf die Notwendigkeit von Reisen ins Ausland, zumal in das westliche, kam die Rede. Künstler sollten Museen besuchen dürfen und an klassischen Stätten der Kunst impulsgebende Eindrücke gewinnen können. Nicht zuletzt sprach Sitte materielle Probleme an, die Palette der Wünsche reichte von der Bereitstellung von Leinwänden über Pinsel bis zu Farben. Während Sittes Frau mit ihrem Charme beeindruckte, erntete ihr Mann eher unfreundliche Blikke. Denn das fehlte noch! Da lädt man einen Künstler an den hohen Tisch, und der läßt seinen Forderungskatalog vom Stapel!

Die Sache hatte ein Nachspiel mit Langzeitwirkung. Bei der nächsten Ausstellung im Jahre 1987 mußte der Kulturminister sein eigenes Essen für ausgewählte Künstlerinnen und Künstler veranstalten; das Politbüro verbat sich Problemdiskussionen und hielt am Mittagstisch lieber Gericht über die Bezirksleitung Dresden, vor allem über ungebührliche kulturpolitische Vorstellungen des 1. Sekretärs. Zunächst dachte ich, zum Thema würde der kritische Spielplan des Staatsschauspiels erhoben; aber worauf ich eigentlich gefaßt war, kam gar nicht zur Sprache. Zum Zankapfel geriet der von uns angeregte Wiederaufbau des Dresdner Schlosses. Günter Mittag wurde vorgeschickt, um mir klarzumachen: Es gebe nur einen einzigen akzeptablen Schwerpunkt, und das sei der Wohnungsbau. Erich Honecker legte nach: Ich wolle also das Schloß bauen, während die Menschen vielleicht in Katen leben sollten – mit solchem Verständnis von Kulturpolitik zerstöre ich das Ansehen der Partei im Volk. Solchem Geschütz konnte mit Argumenten kaum etwas entgegengesetzt werden. Trotzdem hielt ich dagegen: Die Dresdner würden nach dem vollzogenen Wiederaufbau der Oper eine Fortsetzung des Aufbaus historischer Gebäude erwarten, und international habe sicher niemand Verständnis dafür, wenn die zehntstärkste Industriemacht der Welt so viele Jahre nach dem Ende des Krieges ausgerechnet ihrer Verantwortung für die historische Kultur Dresdens nicht umfassend nachkäme. Die Summe, die wir verbauen müßten, sei zudem mit zehn Millionen Mark pro Jahr nicht zu groß. Die spezialisierten Baugewerke, die mit dem Bau der Oper entstanden waren, dürften außerdem nicht wieder zerfallen; es gäbe also eine weiterführende Pflicht zur Effizienz. Ein in ungewisse Zukunft aufgeschobener Aufbau des Schlosses käme uns viel teurer zu stehen. Ich merkte, ich redete mich in Rage.

Honecker und Mittag hörten sich an, was ich zu sagen hatte; zu einer Bewegung ihrer Ansichten rangen sie sich jedoch nicht durch. Wir gingen mit unterschiedlichen Auffassungen auseinander; was aus der Sicht der Führung bedeutete, ich müsse wohl meine Grundhaltung zur Partei wieder mal kräftig überdenken. Ohne die Arbeit am Schloß an die große Glocke zu hängen, bauten wir in Dresden mit stiller, wohlwollender Duldung des Bauministers weiter. Gemäß unserer gemeinsamen Grundüberzeugung, daß die europäische Stadt eine lebendige, aktive Kulturform ist. Stadtarchitektur, ihre Neuschaffung wie ihre Bewahrung, bedeutet ein hervorragendes Material für die Erforschung kollektiven Bewußtseins, aber auch des kollektiven Unterbewußtseins.

Im Sommer 1989 waren wir dabei, mit dem Nachfolger von Willi Sitte, Professor Claus Dietl, darüber zu diskutieren, Teile des Schlosses in die Kunstausstellung 1992 einzubeziehen – wer ahnte damals schon, daß es eine nächste Kunstausstellung der DDR nicht mehr geben würde. Es bleibt für mich aber eine schöne Erinnerung, darüber nachgedacht zu haben, städtebauliche Erinnerungen mit aktueller Kunstdiskussion zu verbinden. Beruht doch jede tiefere, intime Kommunikation zwischen Mensch und Milieu, Mensch und Stadt, Mensch und Mensch gerade auf der wortlosen Sprache auch der historischen Symbole, die unser Leben umgeben.

In der Kunsthochschule Dresden vollzog sich 1987 ein mutiger Schritt: Johannes Heisig, der sich mit einer Berufung als Dozent nach Dresden aus den Fußstapfen seines Vaters in Leipzig gelöst hatte, wurde zum Rektor berufen und versuchte, die Dresdner Malschule mit neuen Elementen zu beleben. Änderungen bahnten sich auch bei Schauspiel und Oper an, angestrebt wurde eine Trennung beider Häuser sowie, damit verbunden, die Herausbildung zweier eigenständiger Ensembles.

Für das Schauspiel konnten wir zunächst Horst Schönemann als Chefregisseur gewinnen, kurz danach dann Gerhard Wolfram als Intendanten. Sie schienen zwei Unzertrennliche zu sein. Ihr gemeinsamer Weg verlief vom Maxim-Gorki-Theater Berlin zum Theater in Halle und zurück nach Berlin, an die Spitze des Deutschen Theaters. Nun kamen sie beide, etwas zeitversetzt, nach Dresden. Am Deutschen Theater waren sie in Ungnade gefallen, besonders über Gerhard Wolfram hatte die politische Führung den Stab gebrochen. Die Berliner Bezirksleitung, vor allem Konrad Naumann, setzte mit Duldung von Erich Honecker und Kurt Hager den Kulturminister unter Druck, um Wolfram von der Spitze des traditionsreichen Reinhardt-Hauses zu entfernen, wenige Tage vorm 100. Geburtstag der Bühne, vor der Neueröffnung also, und kurz vor Wolframs eigenem, 60. Geburtstag. Es war sein zweiter Sturz. Zunächst war er, nach Ablauf einer früheren Wahlperiode als Kandidat des ZK der SED, nicht wiedergewählt worden; er hatte sich für Hacks' »Moritz Tassow« an der Volksbühne Berlin stark gemacht, nach dem berüchtigten 11. Plenum 1965 blieb ihm nur die sogenannte Provinz, und nun sollten also auch die Tage an einem der berühmtesten Theater Europas gezählt sein.

Mit Zustimmung von Jochen Hoffmann, dem Kulturminister, gelang es mir, Gerhard Wolfram für Dresden zu begeistern. Er war, wie die Schauspieler sagten, kein politischer Durchpeitscher, aber freilich, so hat es sein langjähriger Freund Kurt Böwe beschrieben, ein Mensch, der, gebeugt von Erfahrung, nach Kompromissen suchte. Ich war mir sicher, ein vielseitiger und mutiger Spielplan mit hohen künstlerischen Anforderungen würde unter seiner Leitung in Dresden entstehen. Das ging nicht ohne ein offenes politisches Klima, wenigstens sollte es offener als an vielen anderen Theatern der DDR sein. Noch einmal Kurt Böwe, der, als Wolfram 1991 starb, in seiner Trauerrede am Deutschen Theater nicht ohne Bitterkeit sagte, nun habe Wolfram zurückkehren dürfen ans DT, als Sprachloser: »Wolfram verstand sich als Diplomat zwischen Theatermachern und Machthabern, zwischen Kunst und Politik und berief sich dabei auf Beispiele preußisch-deutscher Intendantur des 19. Jahrhunderts, wo in seltenem besten Fall an der Spitze solcherart Vermittler standen, Köpfe von hoher geistiger und politischer Natur, subtile Kenntnisse beider Unvereinbarkeiten in sich vereinend und divergierend und dirigierend.«

Als 1987 eine Arbeitsgruppe des Zentralkomitees die politische Situation am Dresdner Staatstheater überprüfte, sagte Gerhard Wolfram, er habe schon viele solcher Überprüfungen erlebt, aber erstmalig fände er den 1. Sekretär der Bezirksleitung auf seiner und nicht auf der Seite der Überprüfer. Uns beide verband eine tiefe persönliche Freundschaft, aber nicht das war der springende Punkt: Ich stand mit ein für den kritischen Spielplan des Theaters, und da gab es für mich auch kein Ausweichen, wenn die Situation kompliziert wurde.

Für die Oper in Dresden konnten wir Professor Joachim Herz engagieren, der trotz seiner Abberufung als Intendant der Komischen Oper Berlin dort noch als Regisseur arbeitete. Nach einem gemeinsamen Besuch der von ihm inszenierten Oper »Mahagonny« trafen wir uns im Hotel Unter den Linden zum Abendessen und vereinbarten den Wechsel von Berlin nach Dresden, wo er als Chefregisseur an der Semperoper berufen werden sollte. Auch dies war, wie man so sagt, ein äußerst guter Griff. Seine Handschrift hat über viele Jahre das Profil der Dresdner Oper geprägt. Professor Herz sah mich nach unserem Berliner Gespräch in ständiger Verantwortung für sich und sein künstlerisches Schaffen. Zu all unseren Treffen kam er exakt vorbereitet, hatte sich Notizen zu jedem Problem angefertigt und scheute sich nie, einen Blick auf seinen Zettel zu werfen. Auch ich schäme mich nicht, in Gesprächen ab und zu auf einen vorbereiteten Zettel zu »schmulen«, selbst wenn ich spöttische Blicke derer registriere, die hemmungslos frei reden. Politik ist für mich nicht Entertainment und Schauspiel, es geht nicht um perfekt gelernte Texte, sondern darum, sich gut vorzubereiten und in der Diskussion nichts Wesentliches zu vergessen. Wobei ein Zettel mit Notizen wunderbar helfen kann.

Die Kontakte zwischen Joachim Herz und mir haben nie aufgehört, auch nach dem Ende der DDR nicht. Ich gehöre praktisch noch heute zu seinem »Verteiler«, er informiert mich über vieles, sei es ein Leserbrief an die »Sächsische Zeitung«, in dem er gegen die Sozialpolitik der Kohl-Regierung protestiert oder die Chronik über die Inszenierung einer Mozart-Oper am Bolschoi-Theater in Moskau im Jahre 1995.

Leider gingen damals nicht alle kulturpolitischen Pläne auf. Meine Absicht, den Komponisten Udo Zimmermann bei seiner Bewerbung als Intendant der Dresdner Staatsoper zu unterstützen, scheiterte völlig. Kurt Hager hatte ihn bei einem Gespräch in Dresden nicht ohne Hoffnung gelassen, sich aber später ziemlich entschieden gegen eine Berufung ausgesprochen. Der Versuch, einen Termin für Udo Zimmermann bei Erich Honecker zu erreichen, ging über Frank-Joachim Herrmann, den Leiter von Honeckers Büros, nicht hinaus. Mir wurde klar und eindeutig gesagt, der Komponist käme dort nicht über die Schwelle. Da half kein Nationalpreis und auch nicht seine internationale Anerkennung. Mit der Zeit bekam ich den Eindruck, je mehr ich für Zimmermanns Berufung eintrat, desto geringer wurden unsere gemeinsamen Chancen. Über die Ursachen dieser strikten Ablehnung wurde mit mir nicht gesprochen, aber es war wohl die Weltoffenheit Zimmermanns, die störte und als Unsicherheitsfaktor galt. Aber der Druck durch Leistung und internationales Renommee blieb, er weichte die Fronten allmählich auf – noch zu DDR-Zeiten wurde Udo Zimmermann zum Chef der Leipziger Oper berufen.

Intendant in Dresden wurde schließlich Professor Gerd Schönfelder, der von der Musikhochschule Dresden kam und in Berlin offenbar jenes Vertrauen genoß, das Zimmermann so sehr fehlte. Aber dieses Berliner Vertrauen ließ sich nicht ohne weiteres auf Dresden übertragen. Erst als ich offen mit Schönfelder über meine vorhergehenden Bemühungen um Zimmermann geredet hatte, fanden wir zu einem guten Miteinander, das nie von dem Verdacht getrübt wurde, ich sähe in ihm nur zweite Wahl. In beiden Häusern haben meine Frau und ich kaum eine Premiere verpaßt, was auch für die großen Konzertabende der Dresdner Staatskapelle im Kulturpalast Dresden gilt. Wir genügten damit keiner Protokollpflicht, nein, Theater- und Konzertbesuche waren in Dresden ein wichtiger Teil unseres Lebens geworden.

Politik verführt leider dazu, sich vierundzwanzig Stunden verfügbar zu machen und verfügbar zu halten. Da hat man keine Zeit für die Kunst und neigt schnell zu überheblichen Urteilen. Vielleicht wären wir, prinzipiell gesehen, bessere Sozialisten gewesen, wenn wir statt unzähliger Vorlagen mitunter ein Buch mehr gelesen hätten, und wenn wir, statt stolz darauf zu sein, vor lauter Revolution keine Zeit zu haben, des öfteren ins Theater gegangen wären. Und zwar nicht, weil wir zu repräsentieren wünschten, sondern aus dem Gefühl heraus, sonst eine wichtige Dimension des Lebens zu versäumen. Ich verdanke der Kunst viel, und sicher wäre es nicht zu guten Kontakten mit den Familien Adam, Schreier, Zimmermann und Wolfram gekommen, wenn diese Künstler lediglich das Gefühl gehabt hätten, hier gehe es um politisches Schönwettermachen.

Die alten und die neuen Meister in Dresden waren uns schon aus der Berliner Zeit bekannt, die anderen Museen und Sammlungen mußten meine Frau und ich uns erst langsam erschließen. Mit Professor Manfred Bachmann lernte ich einen Wissenschaftler kennen, der seine Lebensaufgabe darin sah, den Ruf der Dresdner Kunstsammlungen, deren Direktor er war, in die Welt zu tragen. Er ließ nichts unversucht, um die Repräsentation der Sammlungen im eigenen Haus ständig schöner zu gestalten. Er sah sich dabei in der Tradition von Max Seydewitz, der vor ihm die Ausstellungen leitete und im Auftrag der DDR einst von der sowjetischen Seite jene Kunstschätze übernahm, die aus der Sowjetunion zurückkamen. Wenn heute so viel über die Rückgabe der Beutekunst aus Rußland gesprochen wird, dann möge man daran denken, was die Faschisten an Kunstschätzen aus dem fremden Staat herausschleppten, Schätze, die unweigerlich für das damals gequälte, überfallene Land verloren waren.

Es bleibt ein unvergeßliches Erlebnis für mich, als ich Ende der siebziger Jahre in Tokio mit dem Außenminister Miyazawa sprach, der Schirmherr der japanischen Porzellansammlung aus Dresden war, und dann in Fukuoka auf der Insel Kiushu im Süden des Landes erlebte, wie das japanische Porzellan aus Dresden Hunderttausende begeisterte. Liebevoll hatten die japanischen Freunde diese Ausstellung »Die Heimkehr der Tochter in das Elternhaus« genannt. So wurde Dresden mit seinen Kunstsammlungen – und auch den Gastspielen der Staatskapelle – eine kulturvolle Brücke zwischen der DDR und Japan, mit politischen Wirkungen für unsere Stadt, die im Großen Haus in Berlin nicht gern gesehen wurden.

Der Bezirk Dresden – das war auch sorbische Kultur. Der Platz der sorbischen Nationalität ließ sich aber keinesfalls auf die Förderung der Kultur beschränken. Dagegen sprachen allein schon die Probleme, die es anläßlich der Kongresse der Domowina, der Organisation der Lausitzer Sorben, mit dem Apparat des Zentralkomitees gab. Die notwendige Vertretung der Sorben in der Volkskammer, ihr Platz in der Gesellschaft, das Kulturleben in den zweisprachigen Gebieten, die doppelte Amtssprache, die materiellen Bedingungen für die Förderung des Sprachunterrichts und der Kultur – viele Fragen spielten eine Rolle, und nicht zuletzt gab es eine Art Konkurrenz zwischen den Bezirken Cottbus und Dresden; sie prägte die Lage weit mehr als eine wirkliche gemeinsame Kooperation. Leider ist Werner Walde, Cottbus' 1. Bezirkssekretär, den ich sehr schätzte, über Barrieren, die von oben errichtet wurden, nie gesprungen, und da die Domowina ihren Sitz in Bautzen hatte, mußten alle Streitigkeiten wir selbst austragen, Bezirksleitung oder Rat des Bezirkes Dresden. Während dann bei dem alle vier Jahre stattfindenden Festival der sorbischen Kultur alle bemüht waren, besonders die Vertreter des Politbüros Horst Sindermann und Kurt Hager, als die eigentlichen Freunde und Förderer zu erscheinen. Im Stillen habe ich dabei Jurij Gros bewundert, den Vorsitzenden der Domowina, der jedes Festival und jeden Kongreß nutzte, um den Interessen der Sorben noch eine Nische, noch einen Aufmerksamkeitspunkt zu verschaffen.

Dresden konnte mit jährlich drei kulturellen Festivals in den siebziger und achtziger Jahren seinen Ruf als ein internationales Zentrum der Kultur beachtlich ausbauen. Die Musikfestspiele hatten Oswin Forker und ich ausgedacht. Das Dixieland-Jazzfestival entsprang vor allem seinen Intentionen, der selbst einmal eine Unterhaltungskapelle geleitet hatte. Mit Udo Zimmermann habe ich gegenüber Berlin das Festival der zeitgenössischen Kunst vertreten. Das Ministerium für Kultur mit Minister Jochen Hoffmann und seinen Stellvertretern gab uns alle nur mögliche Unterstützung. Diese Zusammenarbeit war frei von taktischen Zügen, während es gegenüber der Abteilung Kultur des ZK nicht ohne Berechnung, Vorsicht und Hintersinn ging. Deren Leiterin Ursula Ragwitz spielte gern Schicksal in Personalfragen. An inhaltlichen Diskussionen nahm sie möglichst nicht teil, um bei Auseinandersetzungen unbeteiligt zu bleiben. Wenn heute die drei erwähnten Festivals weiterbestehen und nach wie vor erheblich zum kulturellen Ruf Dresdens beitragen, so stimmt mich das froh. Da stört es mich auch nicht wesentlich, wenn die nun politisch Herrschenden allzu gern und sehr eifrig vergessen machen wollen, auf welcher Tradition sie da eigentlich fußen. Es bleibt dennoch zu hoffen, daß es bestimmten Historikern – die speziell an der Technischen Universität Dresden dabei sind, Geschichte nicht nur zu schreiben, sondern tüchtig umzuschreiben – nicht gelingen wird, künftigen Generationen ihre Lügen in Sachen Dresdner Kultur aufzutischen. Um das erfolgreich zu verhindern, sei auch auf den Mut der deutschen wie sorbischen Kulturschaffenden selbst gesetzt, sich vorurteils- und anpassungsfrei zu erinnern.

In der Unterhaltungskunst sorgte Dresden ebenfalls immer wieder für Wirbel. Ich erinnere mich der vergeblichen Versuche des MfS, ein absolutes Auftrittsverbot von Hansgeorg Stengel durchzusetzen. Unbeliebt bei der Parteiführung war besonders der Dresdner Conferencier und Kabarettist O. F. Weidling. Bei der Eröffnung des neuen Berliner Friedrichstadtpalastes hatte er Witze präsentiert, die einigen Politbüromitgliedern zu weit gingen. Das Fernsehen strich ihn aus seinem Programm. Von unserer SED-Bezirksleitung wurde die Dresdner Konzert- und Gastspieldirektion daraufhin angehalten, ihm unbedingt und verläßlich Veranstaltungen und Auftrittsmöglichkeiten zu besorgen. Als er bereits todkrank war, erhielt er einen Brief, in dem ihm Erich Honecker mitteilte, er könne die Humorlosigkeit einiger Funktionäre nicht verstehen. Dem vorausgegangen war ein Brief des Bezirksvorsitzenden der NDPD – Weidling war Mitglied dieser Partei –, den ich angeregt hatte. Dieser Brief beschwerte sich über den Umgang mit dem beliebten und couragierten Künstler; und solch direkter Anfrage konnte Honecker nicht ausweichen.

Doping und pathetische Gefühle

Schließlich noch ein Wort zum Sport: Er war und ist ein Teil meines Lebens. Ich weiß, es gibt unterschiedliche Auffassungen, und justament die Begriffswelt des Sports polarisiert wie kaum eine andere: Disziplin, Wille,

Ausdauer, Ertüchtigung, Charakterbildung, Siegesdrang – jeder positiv gemeinte Begriff provoziert, sofort auch das Gegenteil mitzudenken. Aus Disziplin wird Unterwerfung, aus Wille militärisch besetzter Durchhaltedrill, aus Ausdauer wird stupider Wiederholungszwang. Ich bleibe dabei, daß Sport den Charakter in einem Maße bildet, das in Einheit mit anderen gesunden Arten zu leben menschliche Freude am Dasein erhöht – und verlängert.

Ob es bei mir bis zum Leistungssport gereicht hätte, ist eine andere Frage. Sport getrieben habe ich jedoch seit meiner Kindheit. Daraus ist ein ständiges Engagement gewachsen, das in Dresden besonders gefordert war. Der Platz auf der Tribüne bei Spielen des Fußballklubs Dynamo entglitt mir, wie beim Theater, nie zur Äußerlichkeit. Debatten über die Mannschaft und ihre Aufstellung waren nicht mein Ding, aber an Diskussionen mit dem trainierenden Hitzkopf Eduard Geyer über mehr Wissenschaftlichkeit im Fußball kann ich mich gut erinnern. Dabei ging es auch gegen Auffassungen von Manfred Ewald, dem Präsidenten des DTSB, für den die Athletik sehr weit vor dem Spiel stand – während Trainer Geyer die Philosophie von Kampf und Spiel bevorzugte. Ein Problem sah ich vor allem in der Motivation der Spieler, die in der DDR – bei aller Bevorzugung etwa beim Kauf eines Pkw – doch niemals mit den Möglichkeiten der westlichen Profis gemessen werden konnte. Unser Ideal einer Gesellschaft, die nicht auf ökonomischen Erstwerten aufbaut und trotzdem Wohlstand zu schaffen sucht, zeigte gerade im Fußball ihre Grenzen. Man konnte noch so motivieren – der neidische Blick unserer schwitzenden, jagenden Spieler auf die Profis blieb; die heimliche Trauer manches DDR-Fußballers darüber, daß das eigene Talent im Vergleich zu manchem Bundesligaspieler nicht kleiner, aber weit geringer bezahlt wurde, wirkte lähmend; und letztlich wuchs aus solcher Unzufriedenheit das Einverständnis, die DDR mit zu begraben.

Zum Sport im Bezirk Dresden gehörten auch die Biathleten, die in Altenberg in der Weltspitze kämpften. Der DTSB drängte auf medaillenreiche Sportarten, und so mußte in Altenberg noch eine Bob- und Schlittenbahn mit einem entsprechenden Leistungsgefüge geschaffen werden. Die Sportvereinigung Dynamo mit Erich Mielke an der Spitze setzte dafür alle Mittel und Möglichkeiten ein, bis hin zur Bereitstellung eines Baubataillons. Die erste Rinne der Hochleistungsanlage mußte dann wegen der Gefährlichkeit der Bahn abgerissen werden, erst nach Umprojektierung wurde eine zweite gebaut. Insgesamt konnte die Altenberger Bob- und Rennschlittenbahn international jedem Vergleich standhalten. Sie half, Bob und Schlitten der DDR über viele Jahre an der Weltspitze zu halten. Rapporte auf dieser Baustelle verstand ich als meine Pflicht, und Erich Mielke in Krisenphasen des Bauens nach Altenberg einzuladen, hielt ich für notwendig, um sozusagen gleich von vornherein die beste Lösung für anstehende Probleme parat zu haben. Daß er nicht nur seine Offiziere anraunzte, sondern auch vom Bezirk mehr Unterstützung forderte und ich das über mich ergehen ließ, lag in der Bandbreite meines Verständnisses und meiner taktisch motivierten Gelassenheit. Die Bildung eines Parteiaktivs auf der Baustelle gehörte zum sozialistischen Weg beim Bauen in der DDR: Was Prämien nicht erreichten, sollte mit Bewußtsein ausgeglichen werden. Ein Ehrenbanner – ich sage es mit etwas Ironie, aber auch sehr viel Realismus – hat auf hochpolitischen Baustellen so manches Mal Wunder bewirkt, so auch in Altenberg.

Mein Ehrgeiz bestand übrigens darin, wenigstens eine einzige Fahrt mit dem Rennschlitten auf dieser Altenberger Bahn selbst zu erleben. Es war Thomas Köhler, Gewinner von Goldmedaillen bei Olympischen Spielen, der mir diesen Wunsch mit einer Fahrt auf dem Doppelsitzer in einer späten Abendstunde bei Flutlicht erfüllte.

Wenn heute von DDR-Leistungssport geredet wird, setzt ein Reflex ein, der von Pawlow bei seinen Experimenten mit Hunden keineswegs vorbestimmt worden war, aber diese Modifikation des Pawlowschen Reflexes übertrifft die Originale bei weitem: Unser Leistungssport wird nahezu identisch gesehen mit Doping. Oft fällt dabei der Namen des Zentrums der Sportmedizin in Kreischa. Es ist mir nicht unbekannt. Für seine Erweiterung reichten die Baukapazitäten nie; dies galt auch zum Zeitpunkt, da der Plan entstand, in diesem Zentrum das heute so umstrittene Dopingzentrum zu errichten. Jährlich machte ich meinen eigenen Leistungstest in Kreischa, lief also auf Band und Velomed. Vielleicht war auch ich etwas zu blauäugig, wenn ich den Platz des Zentrums genau da sah, wo Grenzen gegen Doping gesetzt werden sollten. Ich meinte, daß Human- und Sportmedizin gerade durch engere Partnerschaft ihre Einheit stärken könnten – gegen den Mißbrauch leistungsstimulierender Mittel. Deshalb förderte ich diese Partnerschaft – die leider auch benutzt wurde, um Mißbrauchsgrenzen nach unten zu versetzen. Die jetzt laufenden Prozesse gegen Sportfunktionäre, Trainer und Ärzte können also auch mich noch einholen. Schließlich forderte ich auf Beratungen des Parteiaktivs zu hohen Leistungen auf. Und auf meine Idee geht es zurück, daß im Bezirk Dresden spezielle Konferenzen zur Entwicklung der sportmedizinischen Betreuung stattfanden, an denen ich gewöhnlich teilnahm. Menschen und Prozesse – warum sollte da nicht auch die führende Rolle der Partei vors Gericht gehören ...

Natürlich schreibe ich diese Sätze mit einem seltsamen Gefühl zwischen Sarkasmus und Zorn. Denn: Für eine kritische Betrachtung des Sports der DDR stehe ich mit ein, und ich bin bereit, die Verantwortung dafür mitzutragen. Aber im Wesen der Sache geht es denjenigen, die nun Gerichtsverfahren anstreben, doch gar nicht um eine kritische Aufarbeitung. Sportler, Sportfunktionäre, Sportärzte und Trainer sollen kriminalisiert und der gesamte Sport der DDR verurteilt werden. Denn Sportler und Offizielle des untergegangenen Staates sahen ihre Verantwortung und ihr Engagement stets im Geiste der Olympischen Idee. Ich behaupte, eine wesentliche Stimulanz für den Sporter ist neben dem eigenen Körper-Ehrgeiz auch jene zweite Wahrnehmung: daß da Leute jubeln, daß da eine Flagge aufgezogen wird, daß da ein übergeordnetes Pathos ins Spiel kommt. Das hat nichts mit Chauvinismus zu tun, sondern mit dem Ziel gesellschaftlicher Anerkennung, einer der Urgründe des sportlichen Wettkampfes. Das heißt: Auch zur Ehre der Deutschen Demokratischen Republik haben sich Sportler eingesetzt (es sei denn, sie haben, um ins Ausland zu kommen, entsetzlich ausdauernd gelogen), und diese Erinnerung an ein hohes Ziel ist es, die von bundesdeutscher Geschichtsschreibung getilgt oder zumindest mit dem Anstrich der rückwirkenden Anrüchigkeit markiert werden soll.

Von Freunden und Nachbarn

In den Jahren meiner FDJ-Tätigkeit und durch die Parteiarbeit in Berlin hatte ich die östliche wie auch westliche Hemisphäre schon ein wenig kennengelernt. Weltoffenheit, in der DDR das Privileg von Dienstreisenden, trug dazu bei, Probleme des eigenen Landes in anderem Lichte zu sehen und zugleich aber, indem man dieses Eigene mit dem Fremden in Beziehung setzte, das Selbstgefühl zu erhöhen. Man mag ja noch so weit fahren – es gibt kein Entkommen aus den eigenen Lebenskoordinaten. Aber der Blick von draußen schärft und objektiviert; er hilft, Ängstlichkeiten, Schüchternheiten und jene Ungelenkigkeiten abzubauen, die aus dauerhaftem Aufenthalt in erzwungener Enge erwachsen. Mir ist bewußt, daß ich mit dem Verweis auf die Trennung von Funktionärs- und Bevölkerungserfahrung eine der Gründe anspreche, die das Ende der DDR herbeiführten. Wir etablierten mit ganzer Kraft soziale Menschenrechte, und auch ich dachte lange Zeit, dies könne den aus politischen Zwangslagen und neurotischen Ängsten resultierenden Fehl an persönlichen Menschenrechten – und dazu gehört Reisefreiheit – kompensieren. Die Rechnung ging nicht auf. Der – wie wir es nannten – Besuch in Freundesland hat zwar millionenfach stattgefunden, aber weil viele Menschen nicht in alle Welt konnten, traten sie, zwischen Resignation und trotziger Findigkeit, eine Reise zu jenem Ort an, den Günter Gaus die Nische nannte. Die Befriedigung jener Lust auf Entfernung vom zugewiesenen Ort, der eine deutliche Grenze gesetzt war, vollzog sich also am Ort selbst. Diese massenhafte Bewegung war auf den ersten Blick nicht sichtbar, sie vollzog sich in Köpfen und Seelen, und sie konnte durchaus in Verbindung stehen mit äußerlich vorgetragener Loyalität – die wir mit innerer Zustimmung zu verwechseln bereit waren. Auch so »gelang« es uns, uns über den realen Zustand der eigenen Gesellschaft hinwegzutäuschen. Als die Dämme brachen, war alles zu spät.

Was meine außenpolitische Arbeit betrifft: In Dresden ergaben sich neue Verantwortlichkeiten auch in dieser Sache. Partnerbeziehungen verbanden den Bezirk im sozialistischen Lager mit dem Gebiet Leningrad in der Sowjetunion, Nordmähren mit dem Zentrum Ostrava in der ČSSR, mit der Wojewodschaft Wrocław in Polen sowie, im Westen, mit der Föderation Florence in Italien und dem Elsaß in Frankreich. Später kamen Silistra in Bulgarien, die Republik Mazedonien in Jugoslawien und 1988 die Provinz Guandong im Südostens Chinas hinzu. Die Beziehungen zur DKP in Baden-Württemberg hatten zwar einen spezifischen Charakter, aber wenn ausländische Gäste zu Feiertagen eingeladen wurden, gehörten die westdeutschen Kommunisten dazu. Schließlich galt auch die Bundesrepublik als Ausland.

Kurz vor Dienstantritt als 1. Sekretär in Dresden reiste ich nach Kuba, wo ich mit dem damaligen Präsidenten Dorticos sprach, und nach Japan. Dort ging es um Gespräche zur Aufnahme diplomatischer Beziehungen mit der DDR. Ich redete mit Vertretern aller Parteien des Parlaments, vor allem mit der regierenden liberal-demokratischen Partei Japans, mit dem Präsidenten des Oberhauses, Kenyo Kono, der auch Präsident des Nationalen Olympischen Komitees war. Japan würde, das ahnte ich freilich noch nicht, in meinem politischen Leben auch zukünftig eine große Bedeutung zukommen. Mit diesem Land verbinde ich seit jeher freudige Empfindungen, aber damals überkamen mich oft auch Gefühle des Neids – doch dazu später.

Die Beziehungen zum Leningrader Gebiet trugen nie jenen formalen Charakter, der deutsch-sowjetische Kontakte mitunter belastete und für viele Menschen aus dem Verfassungsauftrag Freundschaft leider eine abzuhakende Pflichtaufgabe machte. Gewiß hatte ich mit charakterlichen Eigenschaften des Leningrader Parteichefs Grigori Romanow, bis zu seinem Weggang nach Moskau, meine bereits beschriebenen Probleme. Er war ein Fürst. Doch die von ihm verfolgten Ziele bei der Gestaltung der sozialistischen Wirtschaft wertete ich schon Ende der siebziger Jahre als einen interessanten Versuch, aus der Starrheit des Systems herauszukommen, flexibler zu werden und neue Freiräume für den wissenschaftlich-technischen Fortschritt zu erreichen. Alle Anstrengung in Industrie und Landwirtschaft sollten seiner Ansicht nach auf die Intensivierung der Produktion gerichtet sein und weg von der ressourcenfressenden extensiven Entwicklung führen. Nachdem Grigori Romanow 1982 Leningrad verlassen hatte, waren Konflikte in Moskau programmiert. Als es mit dem Tode Andropows und Tschernenkos um den dritten Wechsel an der Parteispitze nach Breshnew ging, meldete er wohl Leningrader Ansprüche an. Die Lobby dafür fehlte jedoch im Kreml. Kurz nach dem Antritt Michail Gorbatschows als Generalsekretär vermeldete TASS offiziell Romanows gesundheitliche Instabilität. Die gibt es bis heute nicht, denn Grigori Wassiljewitsch lebt noch immer in seiner alten Wohnung in Moskau und erfreut sich im hohen Alter bester Gesundheit.

Es ist müßig, im Kaffeesatz lesen zu wollen: Was wohl wäre anders verlaufen, wenn Romanow statt Gorbatschow Generalsekretär der KPdSU geworden wäre. Einen höheren Sinn für die Umgestaltung der Wirtschaft hätte es auf jeden Fall gegeben. Was der Mann, der im Sekretariat des ZK der KPdSU für den militärisch-industriellen Komplex verantwortlich zeichnete, jedoch auf diesem seinem eigentlichen Gebiet getan hätte, ist nicht zu beantworten.

Mit Romanows Leningrader Nachfolger Saikow bin ich nie warm geworden. Da half auch nicht der Versuch, unter vier Augen auf seine Mentalität einzugehen und einmal ein derartig ausuferndes Besäufnis über mich ergehen zu lassen, daß mir hinterher übel wurde, weil mein Magen berechtigterweise gegen meinen Unverstand rebellierte. Erst mit Juri Solowjow begann wieder eine Phase sachlicher, freundschaftlicher Zusammenarbeit. Sie trug den Charakter einer gewissen Gleichheit und des gegenseitigen Vertrauens.

Diese Partnerschaft löste in der zweiten Hälfte der achtziger Jahre wachsende Sorge in der Berliner Zentrale aus. Die Gespräche zwischen Juri Solowjow und mir beschränkten sich längst nicht mehr nur auf die Erörterung unmittelbarer Beziehungen Dresdens zu Leningrad, sie weiteten sich mehr und mehr zu grundsätzlichen Diskussionen über Ursachen und Folgen des wachsenden Abstandes, den die SED-Führung gegenüber der offiziell und traditionell engsten Bruderpartei, der KPdSU, einnahm. So wußte ich sehr früh um die wachsenden Befürchtungen in Moskau, die DDR würde modernen politischen Anforderungen nicht mehr gewachsen sein. Offen sprachen wir über notwendige Vorsicht bei der Behandlung dieses Themas. Die sowjetischen Genossen warnten mich geradezu; für unsere geheimnislosen Beziehungen wäre es nicht günstig, würden meine Konflikte mit Berlin zur Entfernung aus der Funktion führen. Das durfte auf keinen Fall geschehen. Wobei ich, um auch hier Mißverständnisse zu vermeiden, wiederholend hinzufügen muß: Ich war keineswegs ein Dissident im eigenen Lager, war kein Widerständler, Fraktionsbildner oder Abweichler. Mich brachten wachsender Formalismus auf, mich stieß protokollarischer und propagandistischer Eifer mehr und mehr ab, und ich hatte nach wie vor kein Gefühl für Intrigen. Aber jederzeit arbeitete ich auf Grundlage gefaßter Beschlüsse; auf eher stille Weise versuchte ich, ehrlich und berechenbar zu sein sowie einigen moralischen Grundsätzen meines Lebens treu zu bleiben. Aber schon das reichte aus, um in Berlin, auf höherer Ebene, Modrows Biederkeit zu belächeln und bei jeder Gelegenheit unterschwellig kundzutun, daß einem wie mir das Profil für »höhere Weihen« eindeutig und offenkundig fehle. Aus solcher Lage bricht der eine aus, der andere resigniert. Ich versuchte den Kompromiß, orientierte mich weiterhin an meinen Idealen, verhielt mich diszipliniert und trotzig zugleich. Sich selbst angehören, sagt Theodor Fontane, ist der einzige begehrenswerte Lebensluxus. Nach dieser Devise habe ich stets gelebt und gearbeitet, aber ich vermochte mein Selbst nie zu trennen vom Willen, mich für eine sozialistische Gesellschaft, für eine Welt der sozialen Gerechtigkeit einzusetzen. Ohne Pathos, aber dennoch mit Leib und Seele. Ohne Funktionssucht, aber dennoch mit Willen zur Verantwortung. Mit Zweifeln, aber dennoch mit Überzeugung, auf einer guten Seite zu sein.

Es schien jedenfalls kein Wunder, wenn das Sicherheitsorgan der DDR angehalten wurde, meinen Beziehungen zur KPdSU eine etwas größere Aufmerksamkeit zu schenken. Ich spürte das an kritischen Bemerkungen Erich Honeckers über meine »überschwenglichen« Kontakte zu Leningrad, die mir angeblich einen kritischen Blick auf die Sowjetunion und die Perestroika verstellen würden. Woher wußte er, was ich wo gesagt hatte? Woher die Sicherheit seiner zurechtweisenden Einschätzung? Ich zog Schlußfolgerungen. Als mir der in Karl-Marx-Stadt tätige Generalkonsul der Sowjetunion, Valentin Kiporenkow, 1988 immer eindringlichere Fragen zur DDR, zum Sozialismus stellte, gab ich ihm unverblümt zur Antwort, daß es von nun an in meiner Auskunftsbereitschaft Grenzen gebe, da nicht mehr überschaubar sei, ob meine Wertungen und Bemerkungen in Moskau verblieben oder auf seltsame Weise nach Berlin zurückflössen.

Persönliche Wertungen über Funktionäre der KPdSU oder Diplomaten der Sowjetunion fallen mir heute schwer. Die Liste derer, die ich kennenlernte, ist groß. Sie reicht von Funktionären des Komsomol, die bis ins Politbüro aufstiegen, über Diplomaten, die viele Jahre in der DDR tätig waren, bis hin zu den Partnern im ZK der KPdSU und der Regierung, besonders während meiner Zeit als Ministerpräsident der DDR. Viele dieser Menschen scheinen inzwischen in alle Winde zerstreut zu sein. Manche von ihnen arbeiten heute noch in Politik und Diplomatie, und einige verbreiten den Eindruck, wichtige Teile ihres bisherigen sozialistischen Lebens hätten nicht stattgefunden. Kürzlich hörte ich einen Moskauer sagen, die wahren Kommunisten von einst seien heute in der großen Schar der Parteilosen zu finden, die falschen wären Mitglieder der KPRF geworden.

Der Untergang der Sowjetunion, dieses sang- und klanglose Zerbrechen, tut mir noch immer weh. Mir waren dieses Land und seine Völker stets sehr nah. Das Leben dieser Menschen, ihr Kampf und ihr Leiden bleiben mit einem bisher nie dagewesenen geschichtlichen Aufbruch verbunden, dessen Impuls auch anderen Völkern neue soziale Horizonte aufriß. Von dieser Gewißheit lasse ich nicht ab.

Die Idee des Sozialismus ist letztlich das Versprechen einer endgültigen Rücknahme der Entzweiung zwischen den Menschen. Es ist der Einspruch gegen scheinbar schicksalhafte Bedingungen unseres Hierseins auf Erden. Dieser Einspruch richtet sich gegen jene, die da meinen, Welt und Mensch seien nicht veränderbar. Bezeichnenderweise kommen solche abwiegelnden Bemerkungen ja meist aus dem Munde derer, denen es besser geht als Millionen anderen. Ich glaube daran, daß es schon aus Gründen kultureller Selbsterhaltung unerläßlich bleibt, Strategien gegen die Verrohung zu entwickeln. Auch jetzt, da alle Erfahrung gegen sozialistisches Denken zu sprechen scheint. Und zu diesem Glauben gehört für mich auch die Gewißheit: Wer für das neue Jahrtausend Frieden will, darf Ursachen und Zusammenhänge der beiden von Deutschland ausgegangenen Weltkriege im zu Ende gehenden Jahrhundert nicht verfälschen, sondern muß Mut zur Wahrheit finden und behalten. Zu dieser Wahrheit gehört der Untergang des Sozialismus, ja, aber ebenso zählt, was da an alternativer Kraft im Ansatz versucht und erreicht wurde.

Veteranen der Sowjetarmee, das erlebte ich in zahlreichen Begegnungen nach 1989, sind am stärksten vom Untergang der Sowjetunion betroffen. Sie kämpften gegen den Hitlerfaschismus, für den Erhalt der eigenen Heimat und für die Befreiung der Völker Europas. Ihr Weg führt sie heute an die Gräber ihrer gefallenen Genossen, ob auf dem Gebiet der ehemaligen Sowjetunion, in Moskau zum Friedhof Nowodewetschi, auf dem viele Helden und militärische Führer beigesetzt sind, oder in den Osten der Bundesrepublik, wo die Pflege der Gräber und Denkmale trotz der Verpflichtungen der Bundesregierung im Vertrag 2+4 nicht unproblematisch verläuft. Oft also ist der Weg an die Traditionsstätten ein arger Weg in die Erkenntnis, daß bereits ein Hauch des Vergessens über diesen Mahnmalen liegt. Das aus Spenden von Soldaten der Roten Armee in Dresden geschaffene Denkmal zum Beispiel wurde aus dem Zentrum verbannt und steht nun abseits vom Strom der Touristen. Es bleibt nur noch denen ein Besuchsbedürfnis, die sich zur Befreiung durch die Rote Armee bekennen. Dresdens Stadtväter beteuern eifrig – als rege sich da doch noch ein Rest schlechten Gewissens –, man habe für den Abtransport des Mals die Zustimmung der russischen Seite erhalten. Dies jedoch ist nur ein Eingeständnis dessen, daß sich die in Rußland politisch Herrschenden genauso von der eigenen Geschichte lösen, wie es, vom Westen fremdbestimmt, einige Politiker im Osten Deutschlands längst auch getan haben.

In nachhaltiger Erinnerung habe ich die Partnerbeziehungen mit Nordmähren, besonders zu den Maschinenbauern des Kombinates Vitkovice, dessen Generaldirektor Rudolf Peschka hieß. Er gehörte zu jenen Menschen, die ich am meisten achtete. Seine Jugend verbrachte Rudolf in der Sowjetunion, in den Reihen der Roten Armee kämpfte er für die Befreiung seiner Heimatstadt Ostrava. Er gehörte dem ZK der KPTsch an, »sein« Unternehmen Vitkovice hatte über 65 000 Beschäftigte. Eigene Flugzeuge und Monteure, die in alle Welt Ausrüstungen brachten und überall schnell Serviceleistungen boten, gehörten zum Standard dieses Kombinates. Mit den höchsten Orden des Landes geehrt und auch von der Sowjetunion ausgezeichnet, blieb Rudolf dennoch stets bescheiden. Ein Mensch, der sich durchsetzen konnte, aber trotzdem im Hintergrund blieb, unauffällig fast. Im Frühjahr 1995 haben wir uns in Ostrava zum letzten Mal getroffen. Mit einem Blumengebinde ehrten wir am Grabmal jene Männer, mit denen Rudolf Peschka in den Zweiten Weltkrieg gezogen war. Zurückhaltend wie immer erzählte er von den Geschäften, die er, mit hoher Provision, zwischen der Ukraine und den USA hatte vermitteln können. Seine Frau war zwei Jahre zuvor verstorben; die Tochter, was ihn besonders glücklich machte, hatte Arbeit. Er selbst, so Rudolf, habe keine Ansprüche mehr, daher sei die Provision aus besagter Geschäftsvermittlung an die Veteranen seines Regimentes gegangen, mit denen er in der ukrainischen Front gemeinsam gegen den Faschismus gekämpft hatte. Im frühen Herbst 1996 starb Rudolf Peschka, der auch den Rang eines Oberst der tschechoslowakischen Armee bekleidete. Ich habe einen guten Freund verloren, der in aller Stille beigesetzt wurde – ohne Ehrenbezeugung durch eine Gesellschaft, deren Taktschlag von Kühle, unmoralischer Geschäftigkeit und zunehmender Erinnerungslosigkeit geprägt ist.

Die Beziehungen mit Ostrava hatten noch eine besondere Seite, die sie von allen anderen Partnerschaften unterschied. Die Ereignisse am 17. Juni 1953 hatten in der DDR zur Bildung der Kampfgruppen der Arbeiterklasse geführt, denen auch ich in den ersten Jahren angehörte. Wir absolvierten damals noch eine schlichte militärische Ausbildung, mit Gewehr und Dienst im Gelände. Später wurden die Kampfgruppen mit gepanzerten Fahrzeugen sowie teilweise mit Flak- und Panzerabwehrwaffen ausgerüstet. Damit sie im Falle eines Verteidigungszustandes als militärische Kräfte eingesetzt werden konnten. In meinem Verständnis rechtfertigte der Kalte Krieg diese Aufrüstung. Als 1. Sekretär der Bezirksleitung Dresden trug ich gemeinsam mit dem Chef der Volkspolizei die Verantwortung für die Ausbildung der Kampfgruppen. Im Verteidigungsfall wäre ich der militärisch Verantwortliche für jenen Teil der Kämpfer geworden, die nicht direkt der Nationalen Volksarmee unterstellt worden wären. Die ČSSR unternahm nach den Ereignissen des Jahres 1968 verstärkte Anstrengungen zur Bildung und Ausbildung der Volksmilizen. Die gegenseitige Teilnahme an Übungen und der Erfahrungsaustausch zwischen Kommandeuren und Einheiten bildete einen Teil der Partnerbeziehungen. Damit wuchsen Freundschaften, die über die Auflösung dieser militärischen Einheiten hinaus zum Teil bis heute erhalten blieben. Man könnte von Seilschaften sprechen, aber darum geht es nicht. In beiden Ländern wurden aufgrund des politischen Umschwungs die ehemaligen Kommandeure der Kampfgruppen in verächtlichmachender Art gesellschaftlich und sozial ausgegrenzt. Was sich nun vollzieht, ist ein trotzig-solidarisches Verhalten, das durch herrschende Politik in beiden Ländern ausgelöst wurde. Denn nicht nur in der Bundesrepublik wird »gegauckt«, sondern auch in der Tschechischen Republik und, verstärkt, auch in Polen. Joachim Gauck ist für beide Länder offenbar gern Konsultant und Ratgeber, so trägt er nach meinem Verständnis Zwietracht über die Grenzen, aber sein christliches Gewissen, soweit ich das überblicken kann, plagt ihn in keiner Weise.

Viele Erinnerungen sind für mich mit Polen verbunden. Das »P« auf der Bekleidung der polnischen Bürger, die im Dorf meiner Kindheit bei den deutschen Bauern arbeiten mußten, steht mir noch immer vor Augen. Ein Gefühl der Schuld gegenüber diesem Volk verließ mich nie, auch daraus resultierte jenes spätere Empfinden von Zuständigkeit für das Knüpfen freundschaftlicher, friedensverheißender Kontakte zum östlichen Nachbarland. Die Weltfestspiele der Jugend und Studenten 1955 in Warschau brachten das große Erlebnis des Wiederaufbaus der historischen Altstadt, dazu, im gewaltigen Kontrast, den Anblick des von der Sowjetunion errichteten Kulturpalastes. Gern denke ich an die Abende im Łażenki-Park und an den einmaligen, bewegenden Blick aufs Chopin-Denkmal. Später führte mich meine Doktorarbeit für eine Woche nach Warschau; die Soziologie hatte in Polen bereits einen wesentlich höheren Rang als in der vorsichtigen, sowjetisch durchschulten DDR.

Die Entwicklung Polens schien mir mit Beginn der Ära Edward Giereks von beeindruckender Stabilität. Nur die Rede vom »Zweiten Polen« brachte die Situation bald zum Übersteuern. Der Plan, gleichsam alle sozialistischen

Errungenschaften, etwa Industrie und Schulen, extensiv auszuweiten, alles Geleistete zu verdoppeln, und zwar auf Kosten sozialer Leistungen, löste bei vielen unverständliches Kopfschütteln aus. Die Hybris würde Unsummen verschlingen. Ludwig Drozdz, 1. Sekretär der Wojewodschaft Wrocław, sagte mir, die mit dem wahnwitzigen Plan verbundene unsoziale Politik sei nicht mehr vertretbar; der Riemen solle zu eng geschnallt werden, da würden die polnischen Menschen nicht mitspielen. Er sollte recht behalten. Ende der siebziger Jahre überschlugen sich die Ereignisse. Die Ära Gierek ging zu Ende, Kania wurde zum 1. Sekretär gewählt. Ludvig Drozdz wurde abgewählt und aus der Partei ausgeschlossen. Er kam mit vielen anderen, mir gut bekannten polnischen Parteifunktionären in ein Internierungslager. Zu seinem Nachfolger wurde Professor Tadeusz Porebski gewählt, bis dahin Direktor des Polytechnikums in Wrocław.

Unser erstes Zusammentreffen datierte vom Dezember 1979. In Moskau tagte gerade der Politische Beratende Ausschuß der Staaten des Warschauer Vertrages, und alle Vertreter äußerten in scharfer Form ihr Mißfallen über die Politik Kanias. Ein polnischer Dubček etwa? Höchst mißtrauisches Beäugen. Das Protokoll dieser Tagung habe ich später gelesen. Breshnew hatte die Beratung eröffnet, Kania war zur Stellungnahme aufgefordert, und dann fielen alle mehr oder weniger scharf über ihn her. Es gab für ihn keine Chance der Entgegnung.

Wie immer man über die Ereignisse in Polen denken mochte – diese Umgangsform mißfiel mir, sie konnte kein Vertrauen in einer komplizierten Situation schaffen. Sie weckte Erinnerungen an finsterste Zeiten.

Ein späteres Treffen mit Tadeusz Porebski und Jerzy Golic, dem 1. Sekretär von Jelena Gora, fand in Görlitz statt. Beide sprachen deutsch und russisch; es war also möglich, die Sprachbarriere zu überschreiten. Es bedeutete nicht etwa Taktik, wenn ich zunächst meine Gefühle für Polen darlegte, von einer gemeinsamen Sorge sprach und die Frage stellte, was wir gemeinsam tun könnten und was die polnischen Freunde von uns erwarteten. Ich wollte ehrlichen Herzens alles vermeiden, was nach oberlehrerhafter Beeinflussung und anmaßender Erziehungspose aussah. Dieses Görlitzer Treffen legte Grundlagen für eine feste Verbindung, die bis auf den heutigen Tag Bestand hat. Besuche und Briefwechsel haben nie aufgehört.

Bald stieg damals aus Moskau der Druck auf die polnischen Kommunisten, Kania abzuwählen. An die Parteien der Nachbarstaaten erging die Aufforderung, diesen Druck zu unterstützen. Die Lösung sollte so wie in der ČSSR 1968 erfolgen, aber mit friedlichen Mitteln. So wurde uns von Berlin aus die Order gegeben, mit Mitgliedern und Kandidaten des polnischen Zentralkomitees zu sprechen und zu empfehlen, einen neuen 1. Sekretär zu wählen. Favorit Moskaus war der ehemalige Außenminister Olszowski. Der Name Jaruzelskis, des Mannes, der dann gewählt wurde, fiel noch nicht. Der Generalkonsul der DDR in Wrocław, Franz Fransen, ein alter Freund von mir aus dem Landesvorstand der FDJ Mecklenburg, besaß hohes Ansehen und Vertrauen bei den polnischen Freunden. Entsprechend seiner Einladung kamen Wrocławs drei Mitglieder des ZK ins Generalkonsultat, wo ich mit ihnen über die Lage in der polnischen Partei sprechen konnte und sie bat, Einfluß auf personelle Veränderungen an der Spitze zu nehmen. Um keinen Vertrauensbruch zu begehen, informierte ich Tadeusz Porebski über diese Gespräche.

Die Forscher um Professor Manfred Wilke an der Freien Universität Berlin erheben im Zusammenhang mit den Vorgängen in Polen gegen mich den Vorwurf der Einmischung in innere Angelegenheiten des Landes. Dieses Urteil beziehen sie vor allem aus einem Vermerk in Papieren des Ministeriums für Staatssicherheit. Den Tatsachen entspricht, daß der 1. Sekretär von Jelena Gora um Kontakte der polnischen Sicherheitskräfte mit der Bezirksverwaltung des MfS Dresden bat; ich übermittelte diesen Wunsch. Die Befehlsstruktur im MfS erforderte die Zustimmung des Ministers für eine solche grenzüberschreitende Kontaktaufnahme; also fragte Dresdens General Böhm, sich auf meine Vermittlung berufend, bei Erich Mielke an. Der seine Zustimmung für einen solchen Kontakt erteilte. So kam mein Name in MfS-Akten.

Vom Gespräch mit Jerzy Golic und Tadeusz Porebski, Ende November 1981 in Dresden, existiert kein Vermerk, aber gerade diese Begegnung offenbarte die unterschiedlichen Vorstellungen darüber, wie die komplizierte Lage in Polen zu entspannen sei. Jerzy war der Auffassung, daß sich die Situation weiter rasch zuspitzen würde und ein militärisches Eingreifen der Warschauer Pakt-Truppen erforderlich sein könnte. Die Lage sah Tadeusz nicht anders, aber er schloß jede Einbeziehung fremden Militärs aus. Die gesamte Verantwortung sah er beim »General«, wie Jaruzelski genannt wurde und auch noch heute genannt wird. Wir wurden uns schließlich einig, auch im Hinblick auf die Erinnerung an Prag 1968: Jede militärische Aktion von außen würde unweigerlich zu einer gefährlichen Konfrontation in Europa führen und nicht zu behebende Spannungen im Warschauer Vertrag auslösen.

Ob es in den Stäben des Warschauer Vertrages Pläne zur Vorbereitung eines Eingriffs gab, ist bis heute nicht bewiesen. Militärs wie Generaloberst Gribkow, Chef des Generalstabs des Warschauer Vertrages zu jener Zeit, und Fritz Streletz, Chef des Hauptstabes der NVA, erklären, daß Stabsübungen stattfanden. Es handelte sich jedoch um Routinemaßnahmen. Die neuen Geschichtsschreiber der Bundesrepublik, so auch Rainer Eppelmann und

Manfred Wilke, wollen das nicht akzeptieren, sie lechzen nach dem Beweis des geplanten Säbelrasselns. Sie können die Geschichte zwar nach ihrem Maß bemessen und im Rahmen ihres dämonisierten Sozialismusbildes die historischen Vorgänge zurechtstutzen – der Wahrheit kommen sie damit nicht näher.

Einige Tage nach der Verkündung des Ausnahmezustandes in Polen besuchte ich die Braunkohlengrube Turow und das dortige Kraftwerk. Ein Oberst war als militärischer Kommandant eingesetzt, dem der Betriebsdirektor als Verantwortlicher für die Produktion zur Seite stand. Es schien, daß die Produktion und das gesellschaftliche Leben auf der Grube den gewohnten und stabilen Verlauf nahmen.

Den Vorschlag übrigens, Wojciech Jaruzelski zum 1. Sekretär der PVAP zu wählen, hatte Tadeusz Porebski auf dem ZK-Plenum unterbreitet. Bald nach der Verkündung des Ausnahmezustandes wurde Tadeusz zum Sekretär des ZK gewählt und übernahm die Verantwortung für die Arbeit der Parteiorgane. Aber neben dem General hatte der sensible Professor bald keinen Platz mehr, er wurde verantwortlich für Wissenschaft und Bildung, um schließlich als Botschafter nach Jugoslawien zu gehen. Heute, nach zwei Jahren Arbeitslosigkeit, ist Tadeusz wieder als Hochschullehrer in Warschau tätig.

Gänzlich neu für mich waren die Partnerbeziehungen Dresdens zu Italien und Frankreich. Welchen Sinn konnten sie haben, wenn sich nur die Funktionäre der befreundeten Parteien trafen? Welche Ziele sollten verfolgt werden, nachdem die DDR von beiden Staaten diplomatisch anerkannt worden war?

Zunächst: Unsere finanziellen Mittel für Städtepartnerschaften schmolzen merklich zusammen. Es ging zwar noch an, Gäste zu empfangen, aber die Gelegenheit etwa, von Riesa oder Zittau nach Frankreich oder Italien zu reisen, schien rasch vorüber zu sein. Unser Bemühen richtete sich nun aus politischen Erwartungshaltungen heraus auf die Städtepartnerschaft zwischen Dresden und Florenz sowie Strasbourg. In Florenz erwies sich die Sache als wenig kompliziert: Bürgermeister Gambociani gehörte der IKP an. Auch in der Provinz und in der Region Toscana waren die Kommunisten in den Exekutivorganen mehrheitlich oder in Koalitionen vertreten. In der Zeit des Eurokommunismus und der Ereignisse in Polen diskutierten und stritten wir sehr viel mit den italienischen Genossen über Demokratie, Zentralismus und Moskautreue; auch unterschiedlichste Standpunkte hielten uns nicht davon ab, im Herbst 1982 Festtage unter dem Motto »Dresden am Arno« in der Toscana zu gestalten.

Die Städtepartnerschaft zwischen Dresden und Florenz hatten wir noch in den siebziger Jahren in aller Form vereinbart. An den Festtagen beteiligten sich die Province Florenz und die Region Toscana. Die Italiener übernahmen alle Kosten, die in den Städten der Toscana anfielen, einschließlich Übernachtung und Aufenthalt. Die DDR-Seite trug die Reisekosten, druckte die Plakate, brachte Ausstellungen, Künstler oder Sportgruppen zur Gestaltung des Festes mit in den warmen Süden. Nachdem wir Dresdner alle wesentlichen Absprachen geführt und auch die Liga für Völkerfreundschaft verständigt hatten, ergriff plötzlich die ZK-Abteilung Auslandsinformation mit ihrem Leiter Manfred Feist die Initiative: Mit einem Male sollten es Tage der DDR werden, und es hieß bald: nicht kleckern, sondern klotzen. Wir Dresdner wurden per Beschluß des Sekretariats des Zentralkomitees gleichsam zu großzügig mitgenommenen Begleitern »degradiert«. Auf dem Flug nach Rom sprachen Heinrich Toeplitz, als Vorsitzender der Freundschaftsgesellschaft DDR-Italien der Delegationsleiter, und ich uns offen aus und einigten uns darauf, daß Dresdens Oberbürgermeister Gerhard Schill und ich die vereinbarten Reden in Florenz halten sollten. Wir durften unsere Partner vor den örtlichen Parlamenten, die schließlich die Finanzierung auf der Basis der Städtepartnerschaft beschlossen hatten, nicht in Schwierigkeiten bringen. Aber wenn zentrale Macht waltete, konnten die »Kleinen« aus den Bezirken nur noch Schadensbgrenzung betreiben.

In Frankreich war die Situation eine völlig andere. Die FKP hatte im Elsaß nur einen geringen Einfluß. Dafür arbeitete in Strasbourg eine sehr aktive Freundschaftsgruppe France – RDA mit Madame Heusch als Vorsitzender und René Hartmann als Generalsekretär. Madame Heusch, eine christlich gebundene, wohlhabende und warmherzige Frau, besaß auch zu kirchlichen Kreisen der DDR Kontakte und scheute sich als parteilose Frau nicht, sich mit dem Mitglied der KPF René Hartmann öffentlich und engagiert zu zeigen. Nur Oberbürgermeister Plümlin, ein Vertreter konservativer Kräfte, blockierte alles, was mit Dresden verbunden war. Erst als es den Sozialisten Mitte der achtziger Jahre gelang, mit Madame Catherine Lalumière den Posten der Oberbürgermeisterin zu erobern, änderte sich die Situation. Dresdens Oberbürgermeister Wolfgang Berghofer sollte es noch vergönnt sein, die Partnerschaft zwischen Dresden und Strasbourg 1989 offiziell zu vereinbaren und eine größere Ausstellung in der französischen Stadt zu präsentieren.

Besuche in Strasbourg erfolgten via Paris, da wir keine Zustimmung des Zentralkomitees für Fahrten durch die Bundesrepublik erhielten. Ich lernte mit Francis Wurtz einen jungen Nachwuchsmann der FKP kennen, der als Europaparlamentarier für verantwortlichere Positionen vorbereitet wurde. Seit einigen Jahren ist er als Internationaler Sekretär des ZK bzw. heute als Mitglied der Nationalleitung auf internationalem Gebiet tätig. Auf Initiative von Wurtz kamen meine ersten Begegnungen mit dem Europaparlament zustande. Bei einem Besuch in Strasbourg im Jahre 1988 vermittelte er ein Gespräch mit dem Generalsekretär und weiteren Parlamentariern linker Parteien. Da es sich schließlich nicht um ein Geheimtreffen handelte, erschien eine Meldung in den Medien. Sie führte dazu, daß sich der Präsident der Volkskammer, Horst Sindermann, über Einmischung in mir nicht zustehende parlamentarische Geschäfte mokierte.

Die Partnerbeziehungen des Bezirkes Dresden erweiterten sich in den siebziger Jahren auf den Bezirk Silistra in Bulgarien und auf die Republik Mazedonien in der Jugoslawischen Föderation. Bei einem Besuch Todor Shiwkows in der DDR enthielt das Aufenthaltsprogramm die Besichtigung eines Maschinenbaubetriebes in Karl-Marx-Stadt und einer Schweinemastanlage im Kreis Meißen. Der hohe Gast fuhr mit einem Sonderzug; es mußte eine Mastanlage besucht werden, die an die Bahnstrecke angebunden war. Durch den schnellen zusätzlichen Bau eines provisorischen Bahnsteigs konnte dem Anspruch eines hohen Staatsbesuchs genügt werden. Shiwkow interessierte sich sehr für die Landwirtschaft und wollte von mir wissen, ob Dresden einen Partnerbezirk in Bulgarien hätte, was ich verneinte. Beim abschließenden Gespräch in Berlin drängte er auf solche Beziehungen. Sofia erhob daraufhin Silistra mit seinen etwa 150 000 Hektar landwirtschaftlicher Nutzfläche zum Partnerbezirk. Als die Freunde aus Silistra bei ihrem ersten Besuch in Dresden feststellten, daß es sich bei uns eigentlich um einen Industrie- und weniger um einen Landwirtschaftsbezirk handelte, stellten sie natürlich die Frage, ob sie den richtigen Partner gefunden hätten. Das alles hielt uns jedoch nicht davon ab, Freundschaft zu schließen. Die Meinung Shiwkows, Bulgarien dürfe kein Tomatenland bleiben, sondern müsse ein Land der Mikroelektronik werden, brachte den Bulgaren Freud und Leid. In Silistra entstand ein Leiterplattenwerk, zum Teil mit technologischen Ausrüstungen aus Japan, das mit für jene Zeit moderneren Methoden arbeitete als unser Kombinat Robotron in Dresden. Als aber Obstplantagen der schematisch durchgepeitschten Shiwkow-Linie zum Opfer fielen, entstand Schaden für Bulgarien, der nicht wiedergutzumachen war.

Die Partnerschaft mit Mazedonien erwuchs aus der Brücke der Solidarität: Diese war nach dem Erdbeben in Skopje im Jahre 1967 zwischen den Flughäfen Dresden und Skopje, über die die Hilfsgüter der DDR geflogen wurden, entstanden. Da Jugowslawien von der DDR wie ein kapitalistisches Land behandelt wurde, ist diese Partnerschaft, stets gebunden ans starre zentrale Erlaubniswesen, über Polittourismus nicht hinausgewachsen.

Japan und ein seltsamer Rückflug

Japan! Meine erste Reise dorthin verdankte ich eigentlich dem stets überlasteten Chefredakteur des »Neuen Deutschland«, Joachim Herrmann. Sein Flug war schon beschlossen, irgendein innenpolitischer Termin aber, der propagandistisch begleitet, abgesichert und in die Zeitung gebracht werden mußte, hinderte ihn am Antritt der Reise. Da sie dem Bereich Agitation zugesprochen worden war, schlug Werner Lamberz vor, ich solle die dreiköpfige Delegation leiten, zu der Professor Herbert Häber und Lutz Kleinert als Dolmetscher gehörten. Aufsuchen würden wir die Sozialistische Partei Japans, die 1972 unter ihrem Vorsitzenden Narita eine linke Orientierung mit starker marxistischer Sektion verfolgte. Sie verhielt sich bei unseren Bemühungen um diplomatische Anerkennung solidarischer als die Kommunisten Japans.

Da wir nur geringe Kenntnisse über Japan besaßen, landeten wir in Moskau zwischen, konsultierten uns mit der Internationalen Abteilung des ZK der KPdSU und baten um Vermittlung eines Treffens mit dem Botschafter der Sowjetunion in Japan. Da wir zufällig an einem 9. Mai in Tokio eintrafen und für den Nachmittag kein Termin im Programm stand, lud uns Moskaus Botschafter Trojanowski in seine Residenz ein. Der Tag des Sieges bedeutete einen Feiertag auch für das Botschaftspersonal. Trojanowski weihte uns in die Strukturen der regierenden Liberaldemokratischen Partei ein; er riet uns, Bemühungen um politisches Verständnis für die DDR nicht auf Beamte dieser Partei im Außenministerium zu richten, sondern ohne Umschweife Mitglieder der Parteiführung aufzusuchen. Das Treffen mit den Vertretern der Liberaldemokraten erwies sich denn auch für die Aufnahme der diplomatischen Beziehungen zwischen der DDR und Japan von entscheidender Bedeutung. Der damalige Internationale Sekretär der LDP und spätere Außenminister Kosaka trat uns mit großer, fast staunenswerter Offenheit entgegen, freilich zeigten sich dabei auch – so ähnlich, wie es uns umgekehrt mit Japan ging – beträchtliche Unkenntnisse über unser Land. Das Meinungsbild der japanischen Politiker über die DDR war durch die Bundesrepublik Deutschland geprägt. Man glaubte, bei uns sei im Zuge einer totalen Vergesellschaftung sämtliches Privateigentum abgeschafft, und es wurden sogar Vermutungen laut, wir hätten womöglich unsere Anzüge, speziell für die Reise nach Japan, in Westberlin kaufen müssen.

Unser Vorschlag, über die Anerkennung der DDR in einem dritten Land zu verhandeln, in Verantwortung der dort bestehenden Botschaften – wir hatten Moskau dabei im Auge –, fand Aufmerksamkeit und schließlich Zustimmung. Die abschließende Bemerkung Kosakas, unsere kleine Delegation könne für sich in Anspruch nehmen, den ersten Schritt zur Aufnahme diplomatischer Beziehungen eingeleitet zu haben, klang für uns ermutigend und angenehm. Die avisierten Gespräche in Moskau kamen bald in Gang.

Es kam auch zu einem Treffen mit dem Auswärtigen Ausschuß des japanischen Parlaments. Bei dieser Gelegenheit lernte ich Herrn Nabeshima kennen, der sich zu meiner Verwunderung sehr eindringlich nach Tharandt bei Dresden und der dortigen Forstfachschule erkundigte. Es stellte sich heraus, sein Vater hatte hier von 1912 bis 1914 studiert; der Ausbruch des Ersten Weltkrieges zwang ihn zum Abbruch seiner Ausbildung in Sachsen. Nabeshima äußerte den sehnlichen Wunsch, diese Station im Leben seines Vaters, der einer bedeutenden Adelsfamilie Japans entstammte, selbst einmal kennenzulernen. Mir erschien die Zusage für einen solchen Besuch unproblematisch zu sein; sie entsprach unserem politischen Auftrag, alles nur Erdenkliche für die Beförderung diplomatischer Beziehungen zu tun. Noch im Herbst 1972 besuchte Nabishima mit seiner Frau Dresden, und wir konnten sogar eine gemeinsame Initiative für die Bildung von parlamentarischen Freundschaftsgruppen im Japanischen Oberhaus bzw. der Volkskammer der DDR vereinbaren. Er wurde zum Vorsitzenden einer solchen Gruppe im Oberhaus gewählt, während ich das Mandat im Rahmen der interparlamentarischen Gruppe der Volkskammer erhielt.

Meinem ersten Besuch in Japan folgten zu DDR-Zeiten weitere fünf; inzwischen besuchte ich das fernöstliche Land insgesamt dreizehnmal, und ich muß gestehen, ein wenig hängt mein Herz an der Region. Es schlägt schon höher, wenn ich die Weiten Sibiriens überfliege und dann den glanzlosen Schild des Ozeans erlebe. Von oben sieht Japan, dieses irdene Geheimnis, winzig klein aus. Eine sich im Wasser hindehnende Inselkarawane; es ist immer wieder schwer, sich vorzustellen, daß auf dieser Hügelkette hundert Millionen Menschen mitsamt ihren Häusern, Pagoden und Reisfeldern Platz finden.

Jeder meiner Japan-Besuche entwickelte seine Eigenarten, über einige soll daher noch etwas gesagt werden. Dreimal erlebte ich das Land in Begleitung des jeweiligen Präsidenten der Volkskammer. Einmal noch mit Gerald Götting, später mit Horst Sindermann. Leute, die es genauer wissen mochten, hatten mich vor Frau Götting gewarnt. Sie sei von auffälligem, kaum zu bremsendem Eigensinn und zudem von der Mission gepackt, unbedingt politischen Einfluß auf ihren Mann ausüben zu müssen. Was ich statt dessen erlebte, war eine schöne, harmonische Reise. Gerald Götting bestand darauf, sich in allen politischen Aussagen, die getroffen werden sollten, mit mir zu beraten. Und seine Frau übte nur ein einziges Mal den so befürchteten Einfluß auf das Verhalten ihres Gatten aus – was mir jedoch sehr gefiel. Götting scheute sich nämlich, mit Stäbchen zu essen, und die japanische Kost war seine Welt auch nicht. Er schickte sich an, den ziemlich unpassenden Wunsch nach europäischer Speise laut werden zu lassen. Was seine Frau zur energischen, zurechtweisenden Bemerkung veranlaßte, er sei doch hier nicht in der Kantine der Volkskammer. Auch wenn es ihm schwerfiel, er machte gute Miene zum asiatischen Essen – was vor allem unsere Gastgeber erfreute, die sich allergrößte Mühe gaben, uns die Kunst der japanischen Küche zu erschließen.

Mit Gerald Götting und später auf der ersten Reise mit Horst Sindermann wohnten wir im Akasaka-Palast, dem ehemaligen Kronprinzensitz. Heute dient das Gebäude der Regierung Japans zur Bewirtung und Unterbringung höchster Staatsgäste. Während der erste Besuch mit Sindermann unter dem Eindruck eines neuen Erlebens ziemlich ungezwungen verlief, habe ich den Aufenthalt 1988 in politisch kaum erfreulicher Erinnerung. Die Begegnung im Hauptquartier der Kommunistischen Partei verlief nervös, die fast rituell sanften Grenzen japanischer Gesprächskultur waren rasch durchstoßen, es trat eine unangenehm verkrampfte Situation ein, der wir ziemlich hilflos gegenüberstanden.

Wenige Monate zuvor hatte der japanische Ministerpräsident Nakasone einige europäische Staaten bereist, darunter auch die DDR. In unserer Presse fand dieser Besuch nicht nur die übliche große Beachtung, Nakasone wurde zudem als Friedenspolitiker hoch gewürdigt. Auf diese Wertungen nun spielte Fuwa, der Vorsitzende des Sekretariats der Kommunistischen Partei, an. Er benannte zwar die SED nicht, sprach aber fortwährend von falschen europäischen Urteilen über die Politik Nakasones. Horst Sindermann fiel ihm sehr bald ins Wort und meinte, die KPJ würde die von der DDR und der SED vertretene Politik der friedlichen Koexistenz offenbar nicht richtig verstehen und zu würdigen wissen. Man möge doch offen sagen, wer mit der geübten Kritik gemeint sei. Fuwa blieb allgemein und geradezu provozierend höflich, ließ sich nicht herauslocken, wiederholte aber seine prinzipielle Kritik an der Einschätzung des japanischen Premiers während dessen Europareise.

Nach der Rückkehr in unser Hotel weigerte sich der erzürnte Sindermann, eine Meldung über das Gespräch mit der KPJ zu veröffentlichen, zumal dieses Treffen nicht zum eigentlichen Programm des Parlamentspräsidenten gehörte. Aber da ich nicht riskieren wollte, das ohnehin kühle Verhältnis zu den Kommunisten zusätzlich zu belasten, drängte ich weiter und erhielt schließlich die Erlaubnis, mit dem Korrespondenten des ADN eine kurze Notiz für die Medien abzusprechen und sie auf eigene Verantwortung freizugeben. Der sonst so freundliche Horst Sindermann konnte, wie man sah, nicht mehr die leiseste Kritik an der Politik der SED-Führung vertragen, und da die Beziehungen zwischen beiden Parteien bereits seit längerer Zeit getrübt war, bahnten sich nun neue Belastungen an.

Über viele Jahre verband mich mit Horst Sindermann, den ich noch als Leiter der Abteilung Agitation im ZK kennengelernt hatte, ein fast kameradschaftliches Verhältnis. Wie sehr die Wärme einer sich schnell ausbreitenden Abkühlung gewichen und wie tief der Gegensatz zwischen uns geworden war, bemerkte ich so richtig erst auf dem Rückflug in der Sondermaschine. Sindermanns Platz befand sich im vorderen Salon der IL 62, und er lud mich zu einer Tasse Kaffee ein. Scheinbar unvermittelt sprach er über den guten Stand innerer Versorgung und die daraus ableitbare Zufriedenheit der Bürger in der DDR. Zunächst schien es nur um eine Detaildebatte zu gehen. Sindermamn brachte einen Lobgesang auf die Kaufhallenbäckereien aus, die im Bezirk Potsdam in größerer Zahl für eine sogenannte Frischversorgung gebaut worden waren. Er übte Kritik am Bezirk Dresden, der unverständlicherweise einer solchen Initiative nicht gefolgt war. Ich kannte das Problem; mit großer Mühe hatten wir versucht, eine solche Bäckerei an einer Kaufhalle in Dresden zu errichten. Aber unser Konflikt bestand darin, daß wir große Probleme mit der Brotversorgung in weiten Teilen des Bezirkes hatten. In Pirna beispielsweise fehlten Backkapazitäten für die Versorgung der Bevölkerung mit Brot, und Bautzen hatte völlig verschlissene Ausrüstungen in der Brotfabrik.

Als ich Sindermann diese Probleme zu schildern versuchte, wurde er prinzipiell und drohte mit einer Information an Günter Mittag. Ich bat ihn, dies unbedingt zu tun, aber fügte hinzu, dies hätte nur Sinn, wenn Initiativen der Zentrale für den Bezirk Dresden heraussprängen.

Sindermann fühlte sich düpiert. Er schlug einen schnellen Bogen zu den Problemen in der Sowjetunion; deren Entwicklung bliebe doch augenscheinlich weit hinter der in der DDR zurück. Das müsse ich sehen! Selbstzufriedenheit klang aus seinen Worten, aber sie hatten auch etwas Lauerndes. Es sah so aus, als habe er mich auf eine längst fällige Probe gestellt, und nun stand fest, ich hatte nicht bestanden. Ich betonte noch einmal, daß die innere Versorgung der DDR überhaupt nicht gut und demnach Anlaß für eine wachsende Unzufriedenheit vieler Menschen sei, und man blicke im Lande mit beträchtlicher Erwartung auf die Demokratisierungsprozesse in der Sowjetunion. Jetzt wurde Horst Sindermann deutlich: »Du setzt dich nicht genügend für die Menschen ein, du erfüllst deine Pflicht als Kommunist nicht.« Die Sowjetunion, meinte er, würde ich mit der falschen Brille betrachten.

Manchmal kann es quälend lange dauern, bis eine kleine Tasse Kaffee ausgetrunken ist.

Daß ich die Lage in der DDR realistischer sah als die Parteiführung in Berlin, habe ich mir nie ausreden lassen. Daß ich freilich die Dinge in der Sowjetunion tatsächlich mit falscher Brille gesehen hatte – wenn auch in ganz anderem Sinne, als Sindermann meinte –, dies stellte sich für mich erst später heraus. Bei Genossen wie Sindermann überwogen von Anfang an die Vorbehalte gegen Gorbatschow, sie erwuchsen aus der sich mehr und mehr verkrampfenden und realitätsblinden Überzeugung, allein die SED-Führung steuere den richtigen Kurs. Mein Irrtum lag gewiß darin, daß ich das gleiche Maß an Unverständnis über das politische Handeln des SED-Politbüros auf die Hoffnung übertrug, mit der in Moskau Glasnost und Perestroika betrieben wurden. Je größer das Unverständnis hier, desto größer die Gewißheit, Gorbatschow gehe den rettenden Weg. Der letzte Generalsekretär der KPdSU erwies sich jedoch »nur« als Held der Auflösung, nicht der Lösungen.

Aber ich habe kein Recht, mich als Richter aufzuspielen. Gorbatschow handelte in einem politischen Raum, der gefährlich eng geworden war, und in gesellschaftlichen Strukturen, die zur Sprengung drängten oder zur Implosion. Was immer in jener kurzen geschichtlichen Spanne Ende der achtziger Jahre zu entscheiden war – wie sollte der Knoten gelöst werden, der sich über die Jahre der sozialistischen Verengungen und Mißbräuche, der objektiven Zwänge und der subjektiven Maßlosigkeiten immer fester zugezogen hatte? Wer heute zu Recht zornig oder enttäuscht das Ende bedauert, das mit Gorbatschow eingeleitet wurde – was hat derjenige, in jeweiliger eigener verantwortlichen Position, dazu getan, die fast missionarisch anmutende Erscheinung dieses Parteiführers »neuen Typs« gar nicht erst notwendig zu machen? Gorbatschows revolutionäre Leistung, sagte der Dramatiker Heiner Müller in seiner boshaft wahren Lakonik, bestand in folgendem: Er hat ausgesprochen, was wir schon vierzig Jahre lang wußten – wer zu spät kommt, den bestraft das Leben! Nicht mal zehn Worte, die die Welt erschütterten. Ein Selbstporträt des Sozialismus, das waren diese acht Worte; ein Spiegel, in den wir nach wie vor schauen müssen. Wir, die wir den Sozialismus reformieren wollten, sind zu spät gekommen. Die Menschen sprachen ihr Urteil gegen uns. Es wäre verflucht einfach, nun am einstigen Hoffnungsträger Gorbatschow sein Mütchen zu kühlen.

Wenn also heute von enttäuschten Sozialisten eilfertig und mitunter fast hämisch vom Unvermögen Gorbatschows gesprochen wird, so kann ich mich einer solchen Auffassung nicht undifferenziert anschließen. Es bleibt Verdienst dieses Politikers, reale Schritte zur atomaren Abrüstung eingeleitet und der Menschheit bewußt gemacht zu machen, daß ein Atomkrieg ihr

Ende bedeutet. Auf außenpolitischem Felde folgte er beispielgebend tieferer Einsicht. Kein anderer als er selber hat die Notwendigkeit definiert, der er sich unterwarf, und dem Unabwendbaren die Schleusen geöffnet. Mag sein, daß alles, was sich in jener Zeit des Umbruchs vollzog, seit langem in der Luft lag. Doch war es Gorbatschow, der die Dinge zu Politik verdichtete und in Realität umschmiedete. In diesem Sinne bleibt mit ihm ein historischer Prozeß verbunden, der freilich nicht sein alleiniger Verdienst ist. Die sowjetischen Militärs trugen die Abrüstung mit und ebenso eine gravierende Änderung der eigenen Doktrin – was beträchtliche Folgen für das historisch gewachsene Großmachtgefühl Moskaus und den Status der Warschauer Vertragsstaaten nach sich zog. Auch die militärische Führung der DDR wirkte mit eigenen Konzeptionen am Prozeß dieser weltverändernden Arbeit mit.

Dem Reformer Gorbatschow läßt sich gleicher Rang nicht so ohne weiteres bescheinigen. Was Würdigung und Respekt verdient, ist mehr der Anstoß als das Ergebnis. Wenn Michail Gorbatschow heute den Wandel in Rußland, mit Ausnahme der Entstellung dieses Wandels durch einen Boris Jelzin, als Ziel seiner Perestroika erklärt, bleibt ein großer Widerspruch: Stets war von der Umgestaltung des Sozialismus, von mehr Demokratie die Rede, nicht jedoch davon, daß auf dem Boden Rußlands und anderer Völker wieder ein Kapitalismus mit Manchesterzügen erstehen soll. Mir scheint, die Schöpfer von Glasnost und Perestroika wollen sich nicht eingestehen, daß sie Opfer eines Selbstbetrugs wurden.

Die entscheidende Unzulänglichkeit lag auf dem Feld der Wirtschaft. Von Ökonomie verstand Gorbatschow nichts. Sein erstes Buch »Perestroika« widmete ganze 25 von 333 Seiten wirtschaftlichen Problemen – und dabei, wie »Die Zeit« bemerkte, »bewegte der Autor sich auf dem Fußgänger-Niveau des Ideologen«. Andererseits: Mußte Gorbatschow nicht an der Last der russischen Geschichte scheitern, an der schieren Größe der Aufgabe? Kein anderes Gemeinwesen hatte je ein solches Bündel von Aufgaben gleichzeitig anzupacken. Auch dies will bedacht sein. Gorbatschow »übernahm« den Despotismus der Autokraten, die Selbstherrlichkeit der Büro-Fürsten, das kontrollose Walten der Geheimpolizei, das riesige stehende Heer, das Brodeln in den Unionsrepubliken ... Und wir, die wir uns als Anhänger der Perestroika sahen, müssen uns ebenfalls kritisch befragen: Fehlte uns in unserer Begeisterung der Blick für die Realitäten? Folgten wir in unserem Sowjetunionbild einer Vorstellung, die mit dem, was sich real in diesem Vielvölkerstaat vollzog, nur sehr wenig zu tun hatte? Immerhin: Des letzten KPdSU-Generalsekretärs Wort von mehr Demokratie entsprach meinen Vorstellungen, und eine Umgestaltung, die in der Wirtschaft beginnt und nach dem Prinzip der dezentralen Verflochtenheit die gesamte Gesellschaft erfaßt, schwebte auch mir vor. Noch heute gehöre ich nicht zu jenen, die jeglichen Sozialismus aufgrund der menschlichen Natur für unmöglich erklären und bisherige Experimente in Richtung einer sozial grundierten Gesellschaft als entwicklungsblinden Unfall der Geschichte betrachten. Wer so redet, ist einem der bittersten, weil wirksamsten Rezepte der Geschichtsbetrachtung erlegen: Gegen alte Dogmen werden einfach neue gesetzt. Natürlich: So wenig man Freiheit als Gratispräsent erhält, genauso wenig bringt einem ein bestallter Animateur das irdische Himmelreich ins Haus. Aber das einzige, was man erwarten könne, sei, so weit wie möglich eigene Grenzen auszuschreiten – ohne Bezug zu gesellschaftlich weitergreifenden Verpflichtungen? Das Grundrecht des Menschen sei es, nichts zu bedeuten? Erst die Gewißheit des Scheiterns mache wirklich frei, und dies sei nicht zynisch, sondern eine Befreiung von untragbarer Last? Nein, so kann ich auch nach bitterer Erfahrung einer verlustig gegangener Heimat nicht denken.

In diesem Zusammenhang bin ich auch nicht der Ansicht, wie von einigen PDS-Politikern zu hören, daß das Projekt Sozialismus überhaupt erst durch den Untergang der DDR eine Chance erhalten habe. Das setzt auf undialektische Verurteilung. So werden – ausgerechnet in der PDS! – die wesentlichen Züge eines demokratischen Sozialismus nicht herauszuarbeiten sein; wer es sich so einfach macht, verharrt bei der Trostlösung eines reformierten Kapitalismus, stempelt unsereinen zum weltfremden Träumer und adelt sich selbst mittels ahistorischer Arroganz zum politischen Gestalter – der aber nichts anderes ist als eine spätkapitalistische Spielart des Mitläufers.

Der nunmehr übriggebliebene Kapitalismus hätte den real existierenden Sozialismus wirklich besiegen können, indem er er Soll und Haben des gescheiterten Systems differenziert geprüft und sich selbst – unterm Zuwachs von fast siebzehn Millionen Menschen, ihren Biographien und Erfahrungen – ebenfalls der Prüfung unterzogen hätte, wandlungsbereit und neugierig. Dies ist nicht einmal im Ansatz geschehen – außer jener Einführung des grünen Pfeils an Ampelkreuzungen, für die fünf Bundesländer in einen dauernden Dankbarkeitskniefall ausbrechen sollen. Die soziale Krise vertieft sich. Die gesellschaftlichen Gegensätze wachsen, und der sogenannte Transformationsprozeß von der Plan- zur Marktwirtschaft hinterläßt Spuren eines sozialen und polithygienischen Zerfalls, begleitet von militärischen Auseinandersetzungen, die man mit Ende des Kalten Krieges für nicht mehr möglich hielt. Die politische Klasse des »neuen Deutschlands« übt sich in selbstzufriedenen Lügen. Sie triumphiert, indem sie mauert, sie glaubt, der Zukunft durch Aussitzen Herr zu werden. Die Kunst des Rückzugs aus alberner Siegespose ist ihr fremd. Sie hat noch viel von uns zu lernen.

Es ist wahr: Was mit der Oktoberrevolution als Hoffnung in die Geschichte trat, ist nach siebzig Jahren gescheitert, von deutschem Boden gingen im zu Ende gehenden 20. Jahrhundert zwei verheerende Weltkriege aus. Aber der Kapitalismus erwies sich trotz seiner Überlegenheit nicht als die Gesellschaft, mit der reale Hoffnungen auf Gerechtigkeit, Gleichheit, Brüderlichkeit und Freiheit ins nächste Jahrhundert getragen werden könnten.

Übrigens: Bei aller Distanz zu Erich Honecker, bei allen Konflikten, die ich mit ihm hatte, bei aller Ablehnung seiner starren Rückwärtsgewandtheit: Sein Verhältnis zur Perestroika sollte gerade aus heutiger Sicht sehr differenziert betrachtet werden. Er verfügte durchaus über ein sensibles Empfinden dafür, daß mit der Perestroika eine Eruption begann, die von ihren Erfindern, Michail Gorbatschow vornweg, zwar mit Verve und fast Heiterkeit ausgelöst wurde, aber sehr bald nicht mehr beherrscht werden konnte.

Doch zurück zu Japan. Für mich sind gerade Gespräche mit Politikern aus diesem Lande mit der zentralistischen Zurechtweisung aus dem ZK der SED verbunden, Außenpolitik werde nicht in Dresden, sondern in Berlin gemacht. Als ich auf Einladung der japanischen Liberaldemokraten im Jahre 1986 nach Japan reiste, gab man mir in Berlin warnend zu verstehen, allerhöchstens könne ich dort mit dem Außenminister ein Gespräch führen. Ein Ministerpräsident jedoch sei nicht die Protokollebene, die für meinesgleichen in Frage käme. Was ursprünglich nicht vorgesehen war, kam über Nacht in Tokio doch ins Programm: ein Treffen mit Ministerpräsident Suzuki. Da blieb mir als persönliche Schlußfolgerung aus dieser kleinlichen protokollarischen »Besitzstandswahrung« nur der angenehme Gedanke: Erfolg bekommt man geschenkt, Neid muß man sich erarbeiten.

Einen ähnlichen Ausrutscher gab es auch mit der Koreanischen Volksdemokratischen Republik. Präsident Kim Il Sung hatte die DDR besucht und dabei zum Abschluß in Gorisch bei Dresden eine zweitägige Ruhepause eingelegt, die mich, den zuständigen »Bezirksfürsten«, zum Gastgeber werden ließ. Die gewissermaßen handelsübliche Dampferfahrt mit dem bald hundertjährigen Schaufelraddampfer »Dresden«, den wir für den hohen Besuch extra etwas aufgemotzt hatten, beeindruckte Kim Il Sung ganz besonders. Er wollte die technischen Zeichnungen eines solchen Schiffes sehen, damit man derartige Dampfer auch in Korea bauen könne. Er war so begeistert, daß er mich nach Pjöngjang einlud; ich müsse unbedingt die Schönheiten des Diamantengebirges kennenlernen. Diese Berge seien gewiß ebenso schön wie die Sächsische Schweiz. Nun hatte ich dergleichen einladende Floskeln bereits bei anderen Gästen gehört und hielt sie stets für pure Höflichkeit, auf die nichts weiter zu geben sei. Doch die schriftliche Einladung kam prompt, und die Führung in Berlin zeigte sich nicht sonderlich begeistert. Ihre Absicht, das Ganze auf der Ebene einer Studiendelegation laufen zu lassen, scheiterte: Der Präsident bestand darauf, mich als persönlichen Gast zu empfangen. Aber Staatsbesuch und Modrow? Zentrales Naserümpfen.

Mit gemischten Gefühlen fuhren wir, zu dritt, in den Norden des Landes. Im Gebirge der Schönen Morgenröte nördlich der Hauptstadt Pjöngjang besuchten wir auch das Museum, in dem alle Geschenke an Kim Il Sung ausgestellt sind. Der durch Stalin übergebene Pkw aus den SIL-Werken Moskau steht dort genauso wie die Matrjoschka-Puppe aus einem sowjetischen Kolchos. In der DDR-Abteilung lag der kleine Meißener Porzellan-Teller, den die Bezirksleitung der SED Dresden überreicht hatte, neben den fast ein Dutzend Jagdwaffen aus Suhl, die Erich Honecker im Laufe der Jahre schenkte. Die große Meißener Vase, von Walter Ulbricht überreicht, konnte man gleich in der Eingangshalle besichtigen.

Die plötzliche Mitteilung der Koreaner, es käme zu einer Begegnung mit Kim Il Sung, wurde uns wie eine Auszeichnung übermittelt. Der Leiter der Internationalen Abteilung des ZK erschien in unserer Unterkunft, bat uns in das Empfangszimmer und erklärte feierlich, der große Führer werde uns am nächsten Tag zu Gespräch und Mittagessen empfangen. Da wir eine längere Fahrt vor uns hätten, sei unverzüglicher Aufbruch vonnöten. Am späten Abend, nach einer Auto- und längeren Überfahrt mit einer großen Yacht auf einem See, hielten wir in einem Gästehaus. An das Abendessen schloß sich im Kinosaal die Besichtigung eines Filmes über den Besuch Kim Il Sungs in der DDR an. Just in den Tagen unseres Besuches – so sagte uns Botschafter Karl-Heinz Kern – sei dieser Film zum 17. Mal im Fernsehen gezeigt worden.

Das Gespräch mit Kim Il Sung am anderen Tag zog sich über eine Stunde hin und war vor allem auf die Chancen einer Vereinigung des Landes mit dem koreanischen Süden gerichtet. Beim anschließenden Mittagessen überraschte mich die unerwartet unverkrampfte Atmosphäre, die fast etwas Persönliches annahm. Der Besuch in Korea löste bei mir erneutes Nachdenken über den Personenkult und darüber aus, wie weit er Bestandteil eines Systems ist, welche Rolle die Persönlichkeit in der Geschichte spielt und wie einzelne versuchen, ihre Rolle aus Zufällen und Glücksumständen heraus bewußt zu gestalten. Nicht viele Staatsmänner in unserem Jahrhundert haben sich das Attribut »groß« verdient. Bei einigen spiegelte die »Größe« bloß die Dimension ihrer Schurkerei: Hitler und Stalin ragen in dieser Kategorie heraus. Manche waren groß im Beharren und Widerstehen, andere verrieten Größe im Neubeginn, wieder andere wurden zu Zerstörern, deren brutale Praxis den menschheitsbeglückenden Anspruch ihrer Ideen dementierte und demontierte.

Auf dem XX. Parteitag der KPdSU hatte Nikita Chruschtschow die Untaten Stalins angeprangert und den Personenkult mit aller Entschiedenheit verurteilt. Gleiche Untaten sind über Kim Il Sung nicht bekannt geworden. An gigantischen, in ihrer Dimension wahrlich nichtmenschlichen Standbildern, die den kleinen gedrungenen Mann wie einen Gott verherrlichten, hat es im Lande freilich nicht gefehlt. Wo immer er seinen Fuß hinsetzte, entstanden gleichsam Lehrpfade. Aus fremder Sicht kannte der Kult um seine Person keine Grenzen, alle historischen und gegenwärtigen Prozesse in der Geschichte Koreas wurden auf ihn zugeschnitten, und ein Volk geriet zum verzückten Befehlsempfänger eines kommunistischen Messias.

Fest steht allerdings: In allen Systemen bestehen nach meinen heutigen Erkenntnissen Gefahren und Quellen des Personenkultes. Wie hätte es einen Kult um Napoleon geben können, wenn ihn das System, trotz der großen Französischen Revolution, nicht nach oben getragen hätte? Auch heute lebt in der Grande Nation das Kultische um ihn. Warum gab es zur Leipziger Frühjahrs- und Herbstmesse alljährlich in stupider Regelmäßigkeit die vierzig und mehr Fotos von Erich Honecker im »Neuen Deutschland« – obwohl doch kaum jemand außerhalb des Politbüros dafür Verständnis hatte? Das Umfeld sorgt nicht unwesentlich für die Ausformung des Personenkults; wer das Gefühl hat, den Mächtigen mit Lobhudeleien gefallen zu können, natürlich nicht zuletzt zum eigenen Vorteil, der wird diesen Kult betreiben und ihn mit ideologischer Argumentation rechtfertigen. Es gehört zu den bitteren Erkenntnissen des sozialistischen Fehlschlags, daß Abschaffung von demokratischer Kontrolle zur moralischen, geistigen, seelischen Verarmung führt. Aber eine lediglich sozialistische Abart von Politik ist diese Methode keinesfalls. Selbstverständlich kann man den Kult um Kim Il Sung nicht mit den politischen Gepflogenheiten in einer westlichen Demokratie vergleichen, aber auf seine spezielle Weise hat auch die Lobhudelei um Helmut Kohl ihre zunehmende Unappetitlichkeit. Und die steigt mit der Genüßlichkeit, mit der der Kanzler selbst von sich begeistert ist. Mancher seiner Kritiker zahlte für ein offenes Wort mit dem Verlust eines weiteren Aufstiegs in Partei oder Regierung. Helmut Kohl ist nicht Kim Il Sung. Die frohen rosa Bäckchen der Selbstzufriedenheit aber ähneln einander sehr.

»Verbotene« Außenpolitik

Auch meine zweite China-Reise 1988 entsprang nicht den Absichten des sogenannten Großen Hauses in Berlin. Der Besuch Zhao Ziyangs, des Ministerpräsidenten und amtierenden Generalsekretärs der chinesischen Kommunisten, im Jahre 1987 in der DDR erbrachte eine Einladung an mich, verbunden mit der Absicht der chinesischen Seite, zwischen dem Bezirk Dresden und der Provinz Guangdong eine Partnerschaft zu vereinbaren. Der Plan mußte nicht nur aufgrund der unterschiedlichen politischen Strategien in beiden Ländern formal bleiben; in der Provinz Guangdong lebten über 80 Millionen Menschen – welches Gewicht konnte der Bezirk Dresden mit seinen etwa 1,5 Millionen Einwohnern da schon haben?

Ein Besuch in der Freihandelszone von Shenzhen löste allerdings bei mir, bezogen auf die sozialpolitische Entwicklung Chinas, regelrechte Begeisterung aus. Einer Tradition folgend, hatte ich mit der »Wochenpost« die Veröffentlichung eines Reiseberichtes vereinbart. Bereits über Japan und Peru hatte ich in der Zeitschrift Reportagen publiziert. Mir blieb nach Rückkehr aus der Volksrepublik China nur ein einziges Wochenende zum Schreiben, da ich am darauffolgenden Montag in Urlaub fahren wollte. Ich schrieb und fuhr in die Ferien. Als ich nach einiger Zeit zurückkehrte, wartete eine Überraschung auf mich. Der Chefredakteur der »Sächsischen Zeitung«, Hannes Schulz, hatte während meines Urlaubs mit der »Wochenpost« vereinbart, den China-Artikel in der Regionalzeitung vorab zu veröffentlichen. Dies war inzwischen geschehen. Die Angelegenheit wäre in Berlin gewiß niemandem aufgefallen, wenn die »Frankfurter Allgemeine Zeitung« nicht mit einem Leitartikel darauf reagiert hätte. Und da das Politbüro seine wahre Hellhörigkeit stets nur beim Studium der Westpresse bewies, blieb ihm nicht verborgen, was die FAZ feststellte: »Modrow schreibt über China und meint die Perestroika.« Alle Warnglocken läuteten. Da Sommerzeit herrschte, Erich Honecker im Urlaub war und Egon Krenz amtierte, rief dieser mich an und teilte mir mit, mein Artikel in der »Sächsischen Zeitung« könne auf keinen Fall auch noch in der »Wochenpost« veröffentlicht werden. Im Klartext: Perestroika sei kein Gegenstand von Darstellungen in der DDR-Presse. Da er bei diesem Telefonat prononciert um mein Verständnis bat, ging ich davon aus, daß er einen Auftrag erhalten habe, den er nun ausführen müsse.

Mehr und mehr spürte ich, daß sich dunkle Wolken über Dresden zusammenzogen. Ab und zu schrieb die Westpresse, Modrow sei so etwas wie der Gorbatschow der SED. Wert auf diese Beurteilung legte ich wahrhaftig nicht; aber aufgrund jener merkwürdigen Anfälligkeit der Berliner Führung für Kommentare in BRD-Medien war denen im Westen eine gute Gelegenheit gegeben, DDR-Funktionäre gegeneinander auszuspielen. Je mehr mich Westzeitungen hochstilisierten, desto kruder und abfälliger gerieten im Großen Haus die Urteile nicht nur über mich, sondern wie bereits angedeutet, auch über diese Medien: Daß die Modrow hochjubelten, beweise ja nur, wie wenig Ahnung die von den SED-Innereien wirklich hätten.

Ja, die Bewertungen der westdeutschen »Politastrologie« waren selbstredend auch, hinter meinem Rücken, Urteile über mich. Froh stimmte mich diese Situation nicht.

In den achtziger Jahren häuften sich Begegnungen mit Politikern der Bundesrepublik. Willy Brandt sagte mir bei unserem ersten Treffen am 13. Februar 1990, abends in Bonn: Er habe von seinen skandinavischen Freunden über Gespräche mit mir in Dresden gehört; diese Treffen seien auffällig offen gewesen, im erheblichen Unterschied zu denen in der Berliner Zentrale. Die deutschen Sozialdemokraten hätten daher bei Besuchen in der DDR immer häufiger den Wunsch geäußert, Dresden zu besuchen. Das sei in Berlin zwar mißtrauisch beäugt worden, aber nicht abzuweisen gewesen. Mir war es nur recht. So lernte ich Oskar Lafontaine kennen, Gerhard Schröder reiste an, und Klaus von Dohnanyi nutzte für ein Zusammentreffen ein Gastspiel der Hamburger Oper. Die Verwandtschaft seiner Frau mit Gret Palucca führte auch Björn Engholm Mitte der achtziger Jahre oft nach Dresden, genau um die Weihnachtszeit herum. Ich erinnere mich gern an mehrere ausführliche Gespräche an Kaffee-Nachmittagen. Nachdem Klaus von Dohnanyi sein Amt als Erster Bürgermeister nicht mehr antrat und statt seiner Henning Voscherau in der Hansestadt regierte, erhielt die Partnerschaft zwischen Dresden und Hamburg einen noch höheren politischen Stellenwert. Ein Friedensforum in Dresden bot Gelegenheit, Egon Bahr einzuladen, damals Chef des Friedensinstituts der Hamburger Universität. An dieser Diskussion nahmen Lehrer der Dresdner Militärakademie teil. Sie zeigten die Bereitschaft der DDR, an der Ausarbeitung einer neuen Militärdoktrin mitzuarbeiten, die auf nukleare Abrüstung und gegenseitige Berechenbarkeit zwischen den militärischen Blöcken orientierte. Im Mai 1989 besuchte Hans-Jochen Vogel als Vorsitzender der SPD Dresden, und es kam zu einem vorurteilsfreien Meinungsaustausch über notwendige Veränderungen in der DDR. Was er an Kritischem über unsere Politik anführte, tat mir weh, natürlich, aber ich konnte kaum widersprechen, ich spürte die Zuspitzung der innenpolitischen Situation; ich begriff, daß es keine Flucht mehr vor den eigenen Problemen geben durfte, und es würde nicht mehr länger möglich sein, unsere Konflikte gewissermaßen als vertrauliche Verschlußsache zu behandeln.

Zwischen seiner Zeit als Regierendem Bürgermeister von West-Berlin und dem Amt des Bundespräsidenten besuchte Richard von Weizsäcker im Sommer 1982 gemeinsam mit seiner Frau die DDR und die ČSSR. Er machte auch in Dresden Halt, und in einem längeren Gespräch lernte ich ihn als einen still-überlegenen, warmherzigen und klugen Menschen kennen, dessen geistige Kultur auf europäischen Brückenbau zielte. Frau von Weizsäcker reduzierte ihre Anwesenheit nicht auf artig-passives Zuhörern, aber sie war auch keine vorlaute »First Lady«; nein, sie nahm am Gespräch in einer Weise teil, die von tiefen Einsichten und engagiertem Beteiligtsein zeugte. Wir ahnten nicht einmal, welche Bedeutung dieses Treffen mit der späteren Vereinigung der beiden deutschen Staaten noch einmal bekommen sollte.

Falscher Trost auf dem Flugplatz

Im November 1984 erhielt ich einen Anruf von der Abteilung Agitation des Zentralkomitees, in dem mir mitgeteilt wurde, ein Herr Tanner von der »New York Herald Tribune« habe die Bitte geäußert, mit mir ein Gespräch zu führen, und da der Mann keinen schlechten Ruf habe – was heißen sollte, er sei nicht durch Voreingenommenheit gegenüber der DDR negativ aufgefallen –, gebe es Zustimmung. Besagter Mr. Tanner meldete sich auch bald und besuchte mich in Dresden. Es war die Zeit, da Erich Honecker schon Hinweise aus Moskau erhalten hatte, seine Reise in die BRD doch möglichst zu verschieben. Ob Tanner mir nun deshalb auf den Zahn fühlen wollte oder es einfach nur zur großen Zahl seiner Fragen gehörte: Er wollte auf jeden Fall meine Auffassung über die Außenpolitik der DDR und die Beziehungen zur BRD kennenlernen, und ich ahnte, er würde sich kaum – wie im Großen Haus erwartet – auf wohlwollende Informationen über die innere Entwicklung der DDR beschränken. Da es um die Außenpolitik ging, sprach ich mich gegen eine einseitige Fixierung auf die BRD aus und gab dem Umgang der DDR als einem souveränen Staat mit allen westlichen Ländern den Vorrang. Das schien mir dem Charakter eines selbstbewußten Landes zu entsprechen: Wenn die DDR an internationalem Gewicht gewänne, würde sich das positiver auf die Beziehungen zu Bonn auswirken als aufdringliche oder gar verkrampfte Bilateralität.

Diesmal war es »Die Welt«, die den Artikel aufgriff und meinte: »Modrow kommentiert die Politik Erich Honeckers.« Das Ganze geschah kurz vor Weihnachten, und wie es das Schicksal wollte, oder wer sonst für unglückliche Fügungen zuständig sein mag: Erich Honecker kam von einer Auslandsreise zurück, die Maschine konnte wegen schlechter Wetterbedingungen nicht in Berlin landen und ging daher – in Dresden nieder. Während einer Beratung in einem Betrieb erreichte mich diese Nachricht, verbunden mit der Aufforderung, Honecker auf dem Flugplatz zu begrüßen, was auch geschah. Da die aus Berlin herbeigerufenen Fahrzeuge noch nicht eingetroffen waren, blieb etwas Zeit, und ich nutzte die Gelegenheit, unter vier Augen mit Honecker über jenen Artikel zu sprechen, der für etwas Wirbel gesorgt hatte. Er kannte den Text und meinte, die von mir getroffene Aussage könne ihn nicht erregen. Aus seiner Sicht seien mit diesem Zeitungsbeitrag keine Probleme verbunden. Damit hakte ich die Sache für mich ab, merklich beruhigt, das will ich zugeben. Aber sehr bald wurde ich wieder, und zwar unsanft, auf den Boden der Tatsachen gezogen.

Mitte Januar 1985 forderte mich der Sekretär des Zentralkomitees Joachim Herrmann zu einer Stellungnahme auf. Er kritisierte in der ihm eigenen naßforschen Art meine Äußerungen, die sich zu allem Überfluß auch noch in den westlichen Medien wiederfänden. Ich hätte mich gegen die Parteiführung gestellt, was ich mir denn eigentlich denken würde! Das klang schon anders als noch im Dezember auf dem Dresdner Flugplatz.

Ende Januar lag dem Sekretariat des Zentralkomitees der Entwurf eines Beschlusses über den ebenfalls schon erwähnten Wiederaufbau des Dresdner Schlosses vor. Gemeinsam mit Bauminister Wolfgang Junker hatte ich die Vorlage eingereicht. Mir bedeutete die Rekonstruktion des Schlosses sehr viel. Die Wiedereröffnung der Semperoper, die für den 13. Februar 1985, dem 40. Jahrestag der Zerstörung Dresdens im Zweiten Weltkrieg, beschlossen war, hatte internationale Aufmerksamkeit ausgelöst. Mir schien es wichtig zu sein, daß Gerüste am Schloß möglichst schnell von unserem ehrlichen Willen künden, auch weitere im Krieg zerstörte historische Gebäude der Stadt in neuem Glanze erstrahlen zu lassen. Wolfgang Junker hatte von diesem Vorhaben zunächst abgeraten, das Klima dafür, so meinte er, sei im Großen Hause nicht gerade gut. Mir war das, schlichtweg gesagt, ziemlich egal; hingen derartige Bauvorhaben mehr und mehr von den Launen bei Hofe ab, stand es schlimm um uns. Also reichten wir den Beschlußentwurf ein und harrten der Dinge, die da womöglich kommen würden.

Bei der Beratung in der Berlin erteilte Erich Honecker mir als erstem das Wort. Ich begründete unser Papier und bedankte mich zum Abschluß meiner Bemerkungen für die Gelegenheit, das Projekt hier so ausführlich beraten zu können. Honecker sah gar nicht erst auf, als er erwiderte, mit dem Dank solle ich doch etwas warten und nicht voreilig sein. Für mich ein Hinweis besonderer Art, für andere Redner wohl ein deutliches Signal. Und tatsächlich: Das Schloß rückte rasch an den Rand der Debatte, eine weitaus größere Rolle spielte plötzlich eine disziplinarische Auseinandersetzung mit mir. Klare Worte fielen. Haupttenor: Die Linie des Zentralkomitees gelte auch für mein Handeln und mein politisches Auftreten als Funktionär, wo auch immer und wann auch immer. Obwohl der Beschluß zum Dresdner Schloß bestätigt wurde – über Dresden lag fortan ein bedrohlicher Schatten.

Hans mit Hans: Hans Modrow mit Neffen Hans Scheefe, Mitte der dreißiger Jahre

Hans Modrow im Wandel der Zeiten

Lehrfach Zukunft I: Antifa-Schule 2040 im litauischen Ogre, 1948.
Hans Modrow in der 2. Reihe Mitte

Lehrfach Zukunft II: An der Komsomolhochschule Moskau, 1953.
Herbert Bartoschak, Hans Modrow, Georg Paczulla, Werner Lamberz (v. l. n. r.)

Auf dem V. Parlament der FDJ in Erfurt, 1955. Komsomol-Vorsitzender Semitschastny, Walter Ulbricht, Erich Honecker, Hans Modrow (v. l. n. r.)

Aufgeregt: Hans Modrow als 1. Sekretär der FDJ-Bezirksleitung von Berlin auf dem V. Parteitag der SED, 1958

Mit Walter Ulbricht, 1962

Mit FDJlerin Annemarie im Zeltlager in Schweden, 1950

Mit Ehefrau Annemarie, 1952

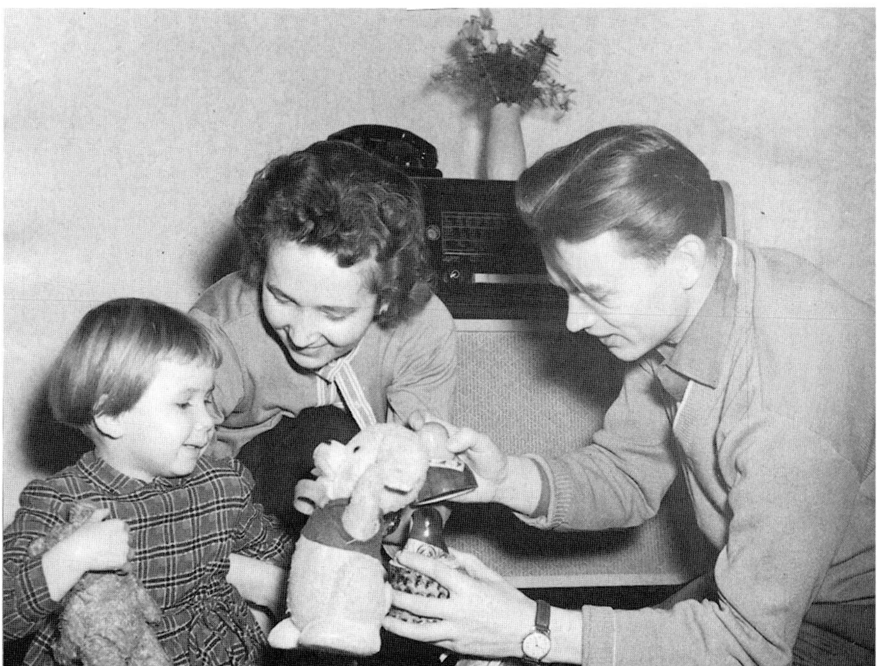

ADN-Foto im Wahlkampf 1958: Spitzenkandidat in Familie –
Hans Modrow mit Frau Annemarie und Tochter Tamara

Mit Annemarie auf der Schneekoppe, 1985

Mit den Töchtern Irina und Tamara, Sommer 1984

Wiedervereinigung privat: mit Bruder Franz, erstes Treffen nach dem Mauerfall

Enkel-Pyramide – von unten nach oben: Florian, Tobias, Sebastian;
die Söhne Tamaras

Militärische »Gesamtstaatliche Schulungsmaßnahme« mit den 1. Bezirkssekretären, 1985

Die Kampfgruppen am 1. Mai 1955 auf dem Berliner Marx-Engels-Platz.
Hans Modrow 1. Reihe, 3. v. r.

Dresdner Zeit: Bau auf, bau auf ...

Mit einer ZK-Delegation in Trier

Kunststadt Dresden: Geburtstagsgratulation für Gret Palucca

Herbst 1989: SED-Demonstration in Dresden

Herbst 1989: Montagsdemonstration in Dresden

Herbst 1989: Hans Modrow (2. v. l.) und Wolfgang Berghofer (rechts, Mitte) im Dialog auf dem Dresdner Theaterplatz

Herbst 1989: Hans Modrow spricht zu den Demonstranten auf dem Dresdner Theaterplatz

Abschied aus Dresden im November 1989:
Hans Modrow auf einer SED-Kundgebung

Herbst 1989: »Wir sind das Volk!«

Vor Beginn einer Volkskammertagung mit Vertretern des Erfurter Bürgerkomitees

DDR-Ministerpräsident Modrow spricht zu denen, die die ehemalige MfS-Zentrale in Berlin-Lichtenberg stürmen wollen, 15. Januar 1990

Der Runde Tisch – Moderator Martin Ziegler erstmals mit Glocke

Der DDR-Ministerpräsident im Februar 1990 in Bonn

Lichtblick in Bonn: Gespräch mit Richard von Weizsäcker, Februar 1990

Mit Friedrich Schorlemmer und Igor Maximytschew
im Berliner Haus der sowjetischen Kultur, 1990

Treffen mit Künstlern im Ministerrat: Christa Wolf, Klaus Wischnewski

TV-Diskussion in Adlershof: Ingrid Köppe, Hans Modrow, Moderator Lutz Renner, Helmut Schmidt, Georg Sterzinsky (v. l. n. r.)

Mit Antje Vollmer in Bonn, Februar 1990

Stunden der Kälte: Helmut Kohl und Hans Modrow am 13. Februar 1990 in Bonn

Doppeltes Spiel? Besuch im Kreml – bei Michail Gorbatschow, 1990

Aufmunternd: Mit François Mitterrand, Dezember 1989

Österreichs Premier Franz Vranitzky in Berlin, November 1989

Kein Anlaß für Volksfeste: Öffnung des Brandenburger Tores
am 22. Dezember 1989, Kohl, Modrow, Momper

Noch Ministerpräsident: Stimmabgabe am 18. März 1990 im Berliner Wahllokal
Heinrich-Hertz-Oberschule

Gemeinsamkeit, nicht konfliktlos: Hans Modrow und Gregor Gysi,
PDS-Parteitag, Februar 1990

Erinnerung an 1968: Auf der Prager Burg bei Vaclav Havel, Februar 1990

4+2 oder 2+4? Mit US-Außenminister James Baker in Potsdam, Dezember 1989

Projektionen: In Davos beim Weltwirtschaftsforum, neben Hans Modrow
Wojciech Jaruzelski, Februar 1990

Hans Modrow: »Die Nachdenklichkeit ist gewachsen«

In den sechzehn Jahren meiner Tätigkeit als 1. Bezirkssekretär fanden vielleicht ein halbdutzendmal Telefonate zwischen Erich Honecker und mir statt. Angesichts dessen mußte der Anruf am 10. Februar 1985 schon etwas Besonderes bedeuten. Honecker äußerte sich besorgt über die winterliche Kälte, er wolle die Kundgebung auf dem Theaterplatz am historischen 13. Februar absagen, denn seiner Ansicht nach müsse das Wetter viele Menschen von einer Beteiligung an der Demonstration abhalten und die Veranstaltung so zu einem Mißerfolg werden lassen. Ob wirklich nur diese Überlegung ihn trieb oder noch andere Bedenken bestanden, ist schwer zu sagen. Mir gelang es jedenfalls, ihn davon zu überzeugen, daß seine Absage nicht mit dem Wetter zu begründen wäre, und ich versprach ihm, einen »vollen Erfolg« zu garantieren.

Kein noch so kritischer Umgang mit Geschichte kann die historische Bedeutung dieser Kundgebung am 13. Februar 1985 mit Honecker leugnen. Wie unterschiedlich auch immer die Zerstörung Dresdens in jener Februarnacht 1945 bewertet wird – völlig zu Recht wies der DDR-Staatschef darauf hin, daß der Krieg, der von Deutschland ausgegangen war, auf Deutschland zurückschlug. Das war die eiserne, die fürchterliche Logik der Geschichte.

In der Nacht des 12. Februar hatten 770 englische »Lancaster-Bomber« rund 3 000 Tonnen Phosphor-Flammenstrahlen-Sprengbomben und schwere Luftminen auf die Stadt niederregnen lassen. Ihnen folgten am nächsten Tag 310 US-amerikanische »Fliegende Festungen«, die das Vernichtungswerk vollendeten. General Arthur Harris hatte als Zentrum der Zerstörung die überfüllte Altstadt Dresdens bestimmt.

Nach der Kundgebung hatte ich noch eine kurze Begegnung mit Erich Honecker in seiner Suite im Hotel Bellevue; alle zwischen uns bestehenden Probleme blieben unausgesprochen; das Gespräch konzentrierte sich lediglich auf den Erfolg der Kundgebung und den Ablauf der abendlichen Veranstaltung in der Semperoper. Joachim Herz hatte die Oper »Der Freischütz« von Weber inszeniert; dieser überaus herzlich aufgenommenen Aufführung folgten drei weitere Premieren zur Eröffnung der Semperoper.

Invasion der Kontrolleure

In der Sowjetunion begann mit dem April 1985, der Verkündung der Perestroika auf dem Plenum des Zentralkomitees der KPdSU durch Michail Gorbatschow, ein neuer Abschnitt der Entwicklung. Obwohl dieses Wort »Perestroika« Eingang in die verschiedensten Sprachen der Erde fand – in der DDR wurde es schnell ein regelrechtes Unwort. Wenn es nicht zu umgehen war, griff die offizielle Sprachregelung zur »Umgestaltung«. Dieser Krampf berührte mich kaum. Was Gorbatschow in der Sowjetunion verkündete, war mir nie ein Anlaß für die Projektion eines Abziehbildes auf die DDR. Aber ich sah auch keinen Grund, das in jener lächerlich polemischen Art zu betonen, die jeglichen Umgestaltungsgedanken weit von sich wies. Reformen in der DDR hielt ich für höchst notwendig, wobei es vor allem um die Volkswirtschaft, um mehr Eigenständigkeit der Betriebe, um eine partielle Entflechtung der Kombinate und um eine inhaltliche Ausfüllung dessen gehen sollte, was sich Volkseigentum nannte. Einige Elemente des einstigen Neuen Ökonomischen Systems der Planung und Leitung aus den sechziger Jahren hielt ich noch immer für befragenswert; meine Intentionen gingen in Richtung einer konsequenten Anwendung von Prinzipien der Eigenerwirtschaftung, verbunden mit demokratischer Kontrolle und Mitbestimmung durch die Belegschaft.

Doch nichts von dem kam in der DDR in Bewegung. Über kleine Ansätze zur Eigenerwirtschaftung von Mitteln wurde nur intern gesprochen. Aber als wir im Kombinat Robotron darüber in eine größere Diskussion eintreten wollten, zog die Abteilung Planung und Finanzen im Zentralkomitee sehr entschlossen die Bremse. Nichts blieb unversucht, um Neues zu verhindern. Wir stagnierten, mit Stolz im Blick. Wir sprachen vollmundig von Kontinuität und verletzten mit dem Brustton der scheinbar wissenschaftlichen Überzeugtheit jenes Grundgesetz der Dialektik, das Kontinuität in untrennbaren Kontext zu Diskontinuität stellt. Mit Widersprüchen gingen wir um, indem wir sie umgingen.

Die später oft erwähnten produktiven Vorstöße des Vorsitzenden der Staatlichen Plankommission, Gerhard Schürer, hatten nichts mit einer generellen Umgestaltung der Wirtschaft zu tun. Sie zielten, berechtigterweise, auf eine Veränderung der Subventionspolitik und führten freilich ebenfalls zur Konfrontation mit den Vorstellungen Erich Honeckers über die Einheit von Wirtschafts- und Sozialpolitik. Schon in den siebziger Jahren hatte es im Hause des ZK eine Diskussion mit den 1. Sekretären der Bezirksleitungen über Fragen der Subventionierung gegeben. Ausgangspunkt damals waren die Benzinpreise während der Erdölkrise. Eine Mehrheit von uns votierte für eine Erhöhung dieser Preise, um volkswirtschaftliche Entlastung zu erreichen. Honecker jedoch sprach sich entschieden dagegen aus. Er sah in einer Preiserhöhung die Beschädigung eines Lebenswerkes, das von der Unverletzlichkeit sozialer Grundsicherungen ausging. Die Tragik der DDR blieb immer: Wir wollten eine Gesellschaft sein, in der nicht das Wert- und das Gesetz des Marktes über den Wert des Menschen bestimmt, aber erreichen wollten und mußten wir unsere Ziele innerhalb einer Welt, in der nun mal die Produktion und Konsumtion von Waren wesentlichste Einflüsse auf Mensch und Gesellschaft ausüben.

Welche klägliche Rolle der angeblich große Wirtschaftsexperte der DDR, Günter Mittag, in Fragen der unterbliebenen wirtschaftlichen Umgestaltung spielte, ist für die Geschichte nicht unwichtig. Er hatte eine ausgeprägte Fähigkeit, Diener seines Herren zu sein; und er steigerte sich zum geradezu brutalen Unterdrücker, wenn er sich in dieser seiner Lieblingbeschäftigung von jemandem gestört sah. Nach meiner Auffassung war er kein strategisch denkender Wirtschaftler, sondern ein Praktiker und Taktiker, der ein Loch stopfte und dabei drei weitere aufriß. Nach meinen Vorstellungen mußte eine Umgestaltung der DDR vor allem darauf gerichtet sein, endlich nicht mehr nur von der Hand in den Mund zu leben und die Akkumulationsrate konsequent so zu gestalten, daß der wissenschaftlich-technische Fortschritt vorangetrieben und vor allem finanzierbar werden konnte. Zumeist hatte Fortschritt bei uns doch nur das Format einer Parole, und unsere propagandistischen Fahnen ließen wir flattern, daß man glatt meinen könnte, der Wind sei ihretwegen erfunden worden. Bei Robotron wurde einiges versucht, es gab ein Gespräch mit Wolfgang Biermann von Carl Zeiss Jena, um die Entwicklung der Mikroelektronik in vertiefter Wissenschaftskooperation mit der Akademie der Wissenschaften und dem Hochschulwesen voranzutreiben. Teilergebnisse, die erzielt wurden, konnten keine wirklichen Veränderungen schaffen.

Selbst opportunistische Versuche einer Lobbybildung halfen uns nicht. Denn die Technische Universität Dresden entschloß sich, an Günter Mittag, anläßlich seines 60. Geburtstages, die Würde eines Ehrendoktors zu verleihen – mit dem Ergebnis, daß ein zusätzlicher 32-Bit-Rechner bereitgestellt und aus zentralem Fonds bezahlt wurde. Die Hoffnung jedoch, mit dieser Aktion sei bei Mittag ein Impuls für wirklich wissenschaftliches Nachdenken verbunden, zerstob. Während irgendeines Pausengespräches gelang es mir lediglich, eine Strafmission gegen Dresden zu entschärfen. Denn wieder einmal war aus der Summe Tausender Eingaben aus dem Bezirk an die Zentrale ein einziges Schreiben aus einem Dorf im Kreis Löbau herausgezogen worden, das den Zerfall des großen Saales in der Dorfgaststätte sowie fehlende Kindergartenplätze anprangerte. Überprüfungen an Ort und Stelle, angestellt von Mitarbeitern der Zentrale, erbrachten hilfloses Schulterzukken. Gern hätte Mittag eine Lektion in hartem Durchgreifen, schneller Beseitigung der Mängel und konsequenter Leitungstätigkeit gegeben, aber er mußte wohl erkennen, daß auch ein großer Saal in einem kleinen Dorf letztlich an materiellen Möglichkeiten und politischen Entscheidungen hing, die mehr mit seiner, Mittags, zentralen Arbeit als meiner im Bezirk zu tun hatte. So kam es in dieser Angelegenheit zur stillen Beilegung – im Unterschied zu Eingaben aus den Kreisen Bischofswerda und Zittau, die jeweils mit Pauken und Trompeten, mit Warnschüssen und Vergatterungen im Sekretariat des ZK ausgewertet worden waren.

Die beiden Fälle Bischofswerda und Zittau hätten bei realer Einschätzung der Dinge für die Führung Gelegenheit geboten, Nachdenken über die wirkliche Lage auszulösen. Aber genau darum durfte es nicht gehen. Bewiesen werden sollte mit einem durchorganisierten Exempel gegen mich die absolute Richtigkeit der Politik Honeckers. Deshalb mußte zur Mahnung für alle Bezirke die Unfähigkeit vor allem des 1. Sekretärs der Bezirksleitung in Dresden herausgearbeitet werden, diese goldrichtig vorgegebene Linie umzusetzen. Auch so ist jene Atmosphäre im Lande entstanden, in welcher der Chef nur erfährt, was den Filter, der ihn schützen soll, passiert. Man umgibt sich, je höher der Aufstieg erfolgt, mit immer zuverlässigeren Mitarbeitern, die die Führung immer zuverlässiger gegen unliebsame Informationen abschirmen. Nur zu natürlich, daß immer öfter der Bote bestraft wird, der schlechte Nachrichten aus der Realität bringt.

Was war geschehen, in Bischofswerda und in Zittau? Eine Eingabe der Frauenkommission aus dem Lederwerk in einer Gemeinde des Kreises Bischofswerda kritisierte scharf Mängel in der Fleischversorgung und in der Bereitstellung von Wohnungen für die Beschäftigten. Eine Arbeitsgruppe des Zentralkomitees kam nach Sachsen und recherchierte. Bei der Auswertung ihrer Überprüfungen im Sekretariat des Zentralkomitees wurden Bezirks- und die Kreisleitung scharf kritisiert; zentrale Maßnahmen zur Veränderung der Situation, die ja auch aufgrund von übergeordneten Planungsentscheidungen und Mittelverteilungen entstanden war, wurden jedoch nicht getroffen. Der Bezirk mußte nunmehr seine eigenen Fonds zugunsten der beschwerdeführenden Gemeinde umverteilen, mit dem Nebeneffekt, daß dieser Ort von den Menschen der Umgebung, unter Anspielung auf die ungerechte Bevorteilung der Hauptstadt, den Beinamen »Klein-Berlin« erhielt. Ein knappes Jahr später lag im Zentralkomitee eine ähnlich gelagerte Eingabe auf dem Tisch, von Belegschaftsangehörigen aus einem Betrieb des Textilmaschinenbaukombinates in Großschönau, Kreis Zittau. Flugs preschten wieder die reitenden Boten der Zentrale heran, um nach dem Rechten zu sehen. Die ordnungschaffende Arbeitsgruppe nahm jedoch keinerlei Einschätzung der Ausrüstungssituation im Kombinat vor, dann hätte sie erfahren, daß es rundum Betriebe mit noch größeren Rückständen gab. Es erfolgte auch keine Analyse der Versorgungssituation des Kreises oder gar des Bezirkes. Erneutes Fazit: Die Politik der Führung ist richtig, die aufgetretenen Probleme tragen regionalen Charakter und zeugen von fehlender politischer Überzeugungsarbeit unter Führung der Bezirksleitung.

In einer alten Metapher, die auf römische Quellen zurückgeht, erscheint die menschliche Gesellschaft als ein Körper, an dem Haupt und Glieder säuberlich zu unterscheiden sind. Wer in diesem Modell das Sagen hatte, verstand sich ganz von selbst. Nicht auszudenken, wenn dieser soziale Körper anfinge, ein Eigenleben zu führen und sich über die Weisungen aus der Zentrale hinwegzusetzen, gerade so, als wäre er auf sein selbsternanntes Großhirn, die Meisterdenker und Meistermacher, nicht unbedingt angewiesen. Das bedeutete letztlich eine Demokratie, die sich beim Wort nähme, und dies hätte eine erhebliche Verminderung der Häuptlinge zur Folge gehabt. Ein solches Los hat noch keine gesellschaftliche Gruppe zum Frohlokken gebracht, auch die Führung eines sozialistischen Systems nicht. Wobei ich hinzufügen will, daß es durchaus real wäre, meine unguten Empfindungen gegenüber dem Zentralismus mit den Gefühlen jener Menschen in der Hierarchie zu vergleichen, für die bereits die Bezirksleitung das »Politbüro« war. Ich will mich also keineswegs außerhalb eines politischen Raumes stellen, in dem ich, unabhängig davon, wie ich mich selbst sah, als regionaler Stellvertreter Honeckers gelten mußte. Ich blickte wütend nach »oben«, und dieses »oben« war für manche im Bezirk – ich. Und der Zorn war vielleicht ebenso groß.

Ihren Höhepunkt erreichte die dirigistische Schuldzuweisung an uns Anfang 1989, zu Beginn des vorletzten Jahres der DDR. Im monatlich abgeforderten Bericht, der jedesmal als Brief des 1. Sekretärs der Bezirksleitung an den »Lieben Genossen Erich Honecker« getarnt wurde, fehlte es zunächst nicht an einer Aufzählung guter Ergebnisse. Zugleich jedoch verwiesen wir in jenem Januar auf Probleme, die eine Planerfüllung in den Betrieben der zentralgeleiteten Wirtschaft unmöglich machten und die selbstverständlich verschlechternd auf die Stimmung der Belegschaften drückten. Ich teilte dem Generalksekretär mit, es sei schwer, die notwendigen Aufgaben für die Entwicklung des Bezirkes, ob in der Industrie oder im Wohnungsbau, zu erfüllen. Sollte die Einhaltung dieses Plans jedoch gewährleistet werden, könne der Bezirk Dresden 1989 die für Berlin geforderten Bauleistungen nicht auch noch erbringen. Die entsprechenden Auszüge aus dem Bericht versah Günter Mittag mit kritischen Kommentaren, er formulierte zu jedem Punkt eine Gegenposition, und das Papier kam auf den Tisch des Politbüros.

An der Beratung darüber mußte ich teilnehmen; meine Stellungnahme verfehlte wahrscheinlich die gewünschte Absicht, denn ich wiederholte den bereits schriftlich vorliegenden Standpunkt. Erich Honecker schlug eine Überprüfung im Bezirk Dresden unter Leitung Günter Mittags vor. Als ich

Mittag nach dieser Sitzung von Dresden aus anrief, wollte er sich zum Charakter und zum Umfang der beschlossenen Arbeitsgruppe nicht äußern. Das Sekretariat des Zentralkomitee würde darüber entscheiden. Am nächsten Tag meldete sich Günter Mittag telefonisch bei mir und forderte die Einberufung einer Sitzung des Sekretariates der Bezirksleitung, an der die Arbeitsgruppe unter seiner Leitung teilnehmen würde. Zu Beginn sollte ich zur Lage des Bezirkes sprechen. Die Sekretäre wären gleichfalls aufgefordert, zur Berichterstattung beizutragen. Er selbst würde anschließend den Auftrag seiner Arbeitsgruppe darlegen.

Als wir in Dresden die Zusammensetzung dieses Untersuchungsorgans erfuhren, ging uns schnell ein Licht auf, wohin der ungeheuerliche Vorgang zielte. Aus dem Apparat des Zentralkomitees waren unter anderem die Abteilungen Parteiorgane, Planung und Leitung, Gewerkschaften, Gesundheitswesen und Handel mit ihren jeweiligen Abteilungsleitern vertreten; ein großer Teil der Fachministerien sowie Sekretäre des Bundesvorstandes des FDGB und des Zentralrates der FDJ waren einbezogen. Es handelte sich um etwa 25 Leiter, die wiederum eigene Untersuchungsgruppen einsetzten – insgesamt flog die Parteiführung über hundert Leute ein, die den Bezirk auf Vordermann bringen sollten. Es wurde ein spezieller Führungsstab unter Leitung von Fritz Brock, Leiter der Abteilung Gewerkschaften, gebildet, um die Koordinierung der eingesetzten Kräfte zu gewährleisten. Auch der Chef der Bezirksverwaltung des MfS, General Böhm, wurde von Günter Mittag engagiert, um Material über feindliche Stimmungen im Bezirk zusammentragen zu können. Ein Kriegsschauplatz war ausfindig gemacht worden, eine Frontlinie gezogen, ein Heer ausgeschickt, um die Begradigung vorzunehmen.

Nach der Einweisung dieser Kontroll-Karawane, die sich lawinenartig über den Bezirk ergießen würde, blieben Bauminister Wolfgang Junker und Gerhard Trölitzsch, der Abteilungsleiter Bauwesen des ZK, in der Bezirksleitung zurück. Der offiziell angegebene Grund: Man müsse noch mit dem Wirtschaftssekretär letzte Einsatzfragen besprechen. Die wahre Absicht bestand in einem vertraulichen Gespräch mit mir. Beide Funktionäre betonten, diese inquisitorische Kommission stünde in engem Zusammenhang mit der allgemeinen Situation im Lande; es handele sich um eine fast aggressive Trotzreaktion der SED-Spitze, und nicht auszuschließen sei, daß die ganze Sache mit meiner Abberufung ende.

Dieses grobe Konzept klang bei Günter Mittag durch, und zugleich verband sich mit der möglichen personellen Konsequenz eine zweite Absicht: Fieberhaft suchte man innerhalb einer spürbarer werdenden taumelnden Bewegung nach Stützkräften. Das sauber geregelte, übersichtliche, aber eben unbewegliche Führungsgefüge sendete seine Warnsignale aus. In Mittag personifizierte sich das Auftrumpfen eines Geistes, der meinte, den gewachsenen Unsicherheiten sei mit personalem Austausch abzuhelfen. Dieses Verhalten folgte der inzwischen prinzipiell gewordenen Unmöglichkeit, gesellschaftliche Prozesse vorherzusehen, einzuschätzen, sie einem allgemein nützlichen Kalkül zu unterwerfen und von oben her zu beherrschen. Mit der Berichterstattung des Bezirkes Dresden sollten rotleuchtende Zeichen für alle anderen gesetzt werden, die zuviel von Umgestaltung redeten und zu wenig schweigsame Beschlußtreue offenbarten.

Nach Ablauf des mehrwöchigen Herumstocherns im Bezirk erschien noch einmal, wie ein Deus ex machina aus dem Theaterhimmel, Günter Mittag in Dresden, um uns auf die kritische Abschlußberatung im Politbüro einzustimmen. Der Bericht seiner Arbeitsgruppe umfaßte mehr als 80 Seiten; er übte scharfe Kritik an der politischen Führung im Bezirk und führte alle Mängel auf das Versagen just dieser Führung zurück.

Wir fuhren verbittert nach Berlin zur Sitzung. Im Politbüro schlossen sich die Redner Horst Sindermann, Günther Kleiber, Horst Dohlus und Egon Krenz den einführenden, schneidenden, besserwisserischen Worten Günter Mittags an, und Erich Honecker brachte die Sache auf den phraseologischen Punkt: Die Partei sei für das Volk da und nicht das Volk für die Partei. So denke und handele das Politbüro zu jeder Zeit, aber für den 1. Sekretär der Bezirksleitung Dresden treffe das offenbar nicht zu. Horst Sindermann hatte mich vorher des ausgeprägten Skeptizismus bezichtigt; unter meinem Einfluß habe der Zweifel auch erfahrene, bewährte Kämpfer ergriffen, was moralisch besonders verwerflich sei. Werner Kolikowski stellte fest, ich sei unfähig, die Menschen zu mobilisieren. Da lag die konsequente Schlußfolgerung geradezu in der Luft, und ich wartete folgerichtig nur noch auf die Abberufung durch Honecker.

Dieser letzte Schritt aber erfolgte nicht. Dagegen sprach nicht die innere Lage – auf die nahm unsere Parteiführung längst keine Rücksicht mehr –, sondern eher ein außenpolitisches Kalkül. Die wie auch immer motivierte Aufmerksamkeit, die mir im Westen als sogenanntem Hoffnungsträger geschenkt wurde, hatte die Parteiführung vorsichtig gemacht. Honecker wollte in dieser Phase keine mißverständlichen politischen Signale nach außen senden, und wenn es stimmt, was Michail Gorbatschow in seinen Erinnerungen schreibt, dann hat man auch von Moskau aus nachgeholfen und Berlin bewogen, mich auf keinen Fall in die »die Wüste zu schicken«.

Die beabsichtigte Wirkung, mit der Berichterstattung Dresdens Einfluß auf andere Bezirke zu nehmen, wurde im wesentlichen erreicht. Wir in Sachsen gerieten in eine merkliche Isolation, aus anderen Bezirksleitungen kamen keine Signale, Veränderungen in der Politik der Partei- und Staatsführung endlich auf die Tagesordnung zu setzen. Auf der ZK-Tagung im Juni 1989 hob der turnusmäßige Berichterstatter, Joachim Herrmann, die Kritik des Politbüros an den Unzulänglichkeiten in der politischen Überzeugungsarbeit der Bezirksleitung Dresden noch einmal deutlich hervor. Ich selbst habe auf dieser Tagung des Zentralkomitees der SED das Wort nicht ergriffen. Einerseits wollte ich nicht, wie von mir gefordert, Selbstkritik üben; und zum anderen kam ich mir mit meinen Ansichten selbst im Kreis der eigenen Genossen derart abwegig vor, daß ein kritisch-selbstbewußtes Auftreten keinerlei unterstützende Wirkung im Plenum gehabt hätte.

Natürlich klingt das jetzt ein wenig opportunistisch; als richtig erkannte moralische Maximen sind ja für den, der sie öffentlich äußert, meistens geradezu untrennbar gebunden an eine Minderheitserfahrung. Das Einstehen für die richtige Moral an mehrheitliche Unterstützung zu knüpfen, trägt den Keim des Verrats immer in sich. Aber ich muß einfach sagen, nach diesen entnervenden Wochen der Kontrolle und des Prüfens, des Mißtrauens und der Demütigung fehlten mir Kraft und Motivation. Ich hatte bei meinem Schweigen, wieder einmal, »die Sache« im Blick, weniger die Furcht vor der Antastbarkeit persönlicher Moralität und Würde.

Wenn ich im folgenden einige Passagen aus dem einer Anklageschrift gleichenden Bericht zitiere, so weiß ich um die Zumutung dessen. Es ist ein Dokument unserer verkorksten, verkniffen unkonkreten Sprache, ein anmaßendes Dokument der auftrumpfend-trockenen Realitätsferne und zahlengeschmückten Blindgläubigkeit in die Phrase. Da war nichts von dem, was einst Jean Paul zwar auf die Dichtkunst bezog, was aber ebenso für gute Politik gilt: Jeder Gedanke sei Nachbar eines Gefühls, und jede Gehirnkammer stoße an eine Herzkammer. Der Blick auf Mittags Werk, mit dem Abstand der Jahre, ist unabhängig von seinem Spitzenwert an Entsetzlichkeit auch ein schreckhaftes Erinnern daran, daß unser Berichtswesen generell den wachsenden Kommunikationsverlust anzeigte, mit dem wir einen Gutteil unserer Menschennähe einbüßten.

»... im konstruktiven Zusammenwirken mit der Bezirksleitung Dresden hat die Arbeitsgruppe durch eine umfassend-operative Arbeit in Parteiorganisationen, in differenzierten Gesprächen mit Leitungskadern und Werktätigen die Lage gründlich analysiert, das Niveau der Führungstätigkeit und Parteiarbeit eingeschätzt, in Betrieben, Kombinaten und Einrichtungen Wege gewiesen und konkrete Entscheidungen vorbereitet und wo möglich getroffen, um im Bereich der Bezirksparteiorganisation Dresden mit größerer Entschlossenheit, mit Kämpfertum, höherem Tempo und Eigenverantwortung noch bessere Ergebnisse bei der Verwirklichung der Politik der SED zu erreichen ...

... die Rede des Generalsekretärs des ZK der SED, Genossen Erich Honekker, auf der 7. Tagung des ZK hat eine mobilisierende Wirkung. Die bisher durchgeführten 12 330 Seminare mit den Parteimitgliedern und Mitgliederversammlungen der Großbetriebe trugen dazu bei, das Parteiaktiv politisch und kämpferisch für die komplexe Erfüllung der Beschlüsse des Zentralkomitees wirksamer zu formieren ...
... höhere Zielstellungen finden ihren Niederschlag ...
... die Bezirksleitung aktiviert ihre Beziehungen zu den Kreisleitungen und verstärkt die Einflußnahme auf Schwerpunkte ...
... vorhandenen Auffassungen, daß im Bezirk zur Lösung ökonomischer und sozialer Aufgaben nicht immer ausreichende materielle Voraussetzungen gegeben seien (Bauwesen, örtliche Versorgungswirtschaft, Verkehr) und bestimmte Besonderheiten im Bezirk überbetont werden, ist energisch entgegenzutreten ...
... so ist angesichts von Zweifeln an der Erfüllbarkeit des Wohnungsbauprogramms im Bezirk stärker nachzuweisen, daß durch die Mobilisierung aller gesellschaftlichen Kräfte, mit der Aktivierung von Leistungsreserven und der Verallgemeinerung der Erfahrungen der Besten diese Zielstellung erfüllt wird ...
... die Kollektivität und Einzelverantwortung im Sekretariat der Bezirksleitung ist stärker auszuprägen und zu sichern, daß die Beschlüsse des Zentralkomitees ohne Wenn und Aber an allen Abschnitten erfüllt werden ...
... entscheidende Reserven zur Qualifizierung des Arbeitsstils liegen im konstruktiveren Herangehen an die praktische Durchführung der Beschlüsse. Die Parteierziehung im Sekretariat ist bezüglich der Komplexität aller Seiten der Führungstätigkeit, der tieferen ideologischen Durchdringung beschlossener Aufgaben und der strafferen Parteikontrolle über ihre Lösung deutlich zu verstärken. In der Sekretariatsarbeit ist das Verhältnis von konzeptioneller Arbeit und beharrlichem Dranbleiben an den Schwerpunkten ausgewogener zu gestalten ...
... während der durchgeführten Karnevalsumzüge in Geising am 5. 2., in Bad Schandau am 4. 2., Ortsteil Postelwitz am 11. 2. 1989 kam es zu politischen Provokationen und feindlichen Angriffen auf die Politik der SED und des Staates. Auf Transparenten, Trageelementen und bei gestalteten Fahrzeugen wurden in Losungen unsere erfolgreiche Wirtschafts- und Sozialpolitik verleumdet, Glasnost auch in der DDR, Veränderungen in der Reisetätigkeit in das westliche Ausland gefordert ... und Fragen des Umweltschutzes mit politischen Forderungen verbunden ...

... die politische Tragweite solcher massenwirksamer Veranstaltungen wurde nicht ernstgenommen und mit ungenügender persönlicher Einstellung behandelt ...
... die Vorschau der Betriebsdirektoren für die Planerfüllung Februar 1989 sah eine Erhöhung der Rückstände vor. Im Ergebnis der Arbeitsgruppe wurde eine Verbesserung um 4,4 Millionen Mark Nettoproduktion und 1,8 Millionen Mark Produktion für die Bevölkerung erreicht ...
... problematisch ist, daß im Bezirk Dresden im Zeitraum von 1985 bis 1988 über 750 Pädagogen in andere Bereiche der Volkswirtschaft und in die nichtarbeitende Bevölkerung abgewandert sind. Darunter befanden sich über 320 Diplomlehrer. Ursachen für die Fluktuation sind u. a. fehlende Bereitschaft oder Fähigkeit, sich den politischen und pädagogischen Forderungen zu stellen ...
... einen Schwerpunkt bilden die Wartezeiten auf planbare Operationen, die bei Gallenblasenoperationen gegenwärtig 18 bis 20 Monate betragen ...
... im Bezirk gibt es mit Stand Ende Januar 1989 ca. 14 000 Rezepte, die nur teilweise oder gar nicht beliefert werden konnten ...
... beginnend bei den staatlichen Leitern aller Ebenen reicht das Verständnis für die gesundheitspolitische Strategie der Partei als Bestandteil der Gesamtpolitik nicht aus. Die beschlossenen Aufgaben werden immer noch vorrangig aus rein fachlicher Sicht erläutert und nicht aus den Prinzipien unserer Sozialpolitik abgeleitet. Damit werden die Möglichkeiten, auch am Beispiel unserer Gesundheitspolitik politische Grundhaltungen zu festigen, unzureichend genutzt ...
... wurden mehr als 40 Millionen Mark geplanter Bauleistungen nicht erfüllt ...
... bei wichtigen Maschinen und Geräten kann eine stabile Verfügbarkeit und damit hohe Auslastung nicht mehr gewährleistet werden ...
... im kreisgeleiteten Bauwesen ist die Anzahl der technologischen Linien und Spezialbrigaden gegenüber 1985 um 40 Linien zurückgegangen ...
... insgesamt kann eingeschätzt werden, daß auch im Bezirk Dresden die Wohnungsfrage als soziales Problem bis 1990 gelöst werden kann ...
... überall die feste Überzeugung zu schaffen, daß das Gesellschaftskonzept unserer Partei richtig ist und sich seit fast zwei Jahrzehnten unverrückbar bewährt ...
... trotz vieler Aktivitäten ist ein weiterer Anstieg der Anträge auf ständige Ausreise und provokatorisches erpresserisches Auftreten von besonders hartnäckigen Antragstellern zu bemerken. Die Gründe sind komplexer Natur. In Gesprächen zeigten sich als hauptsächlichste: Die politisch-ideologischen Grundfragen unserer Zeit werden nicht offensiv und tiefgründig genug geklärt ...

... Einflußmöglichkeiten terrestrischer UKW- und Fernsehrundfunksender der BRD (ARD I und III und ZDF) bestehen aufgrund der Reichweiten der westlichen Sender im Bezirk Dresden nur in den nördlichen Kreisen Riesa, Großenhain, Kamenz und Bautzen für ca. 5 bis 10 Prozent der Bevölkerung des Bezirkes. Damit sind die Einflußmöglichkeiten der gegnerischen Medien im Bezirk im Vergleich zu den anderen Bezirken der DDR wesentlich geringer ...
... in Verwirklichung der Beschlüsse des XI. Parteitages der SED gibt es in der Bezirksparteiorganisation einen Zuwachs an Kampfkraft und Ausstrahlung der Mehrheit der Parteiorganisationen und größere Bemühungen bei der stärkeren Ausrichtung des innerparteilichen Lebens auf die marxistisch-leninistische Bildung, die kommunistische Erziehung und ein vorbildliches Verhalten der Mitglieder und Kandidaten. Dafür sprechen auch die im Ergebnis einer gezielten individuellen Arbeit mit den Genossen übergebenen 152 038 Parteiaufträge, die 42 973 ›Initiativen der Genossen‹ und das Wirken von 32 650 Genossen als Agitatoren in den Arbeitskollektiven ...«

Rückblick – nicht im Zorn

Selbst ein notwendig kritischer Rückblick hebt das Glück der sechzehn mit Dresden verbundenen Jahren meines Lebens nicht auf. Es fällt mir schwer, ein distanziertes und ausbalanciertes Verhältnis zu dem zu finden, was man den berühmten Alltag der DDR nennt. Ich bin Funktionär gewesen, ich habe das Dasein eines Funktionärs gelebt, diese DDR sah ich mit den Überzeugungen eines SED-Mitglieds, ich habe damit zwangsläufig eine andere DDR erfahren als andere Menschen in anderer Lage. Meine Erinnerungen können meinen Existenzort nicht revidieren, ich kann mich rückblickend also nicht um die Schilderung einer DDR bemühen, die ich nicht lebte. Was ich versuchen kann, ist, Einblick in meine Sicht der Dinge zu geben und damit Begründungen zu liefern, warum ich so und nicht anders gehandelt habe. Auch wenn ich selbst das Wort vom »Bezirksfürsten« nicht gebraucht habe – mein Verteidiger Friedrich Wolff bezog es in den Dresdner Prozessen auf meine Person; und ich weiß, daß ich als Parteichef eines Bezirkes vielfach mit sehr kritischen Augen gesehen wurde. Wichtig ist letztlich also nicht nur, wie ich mich selbst betrachtete, sondern auch, wie mich andere erlebten und bewerteten. Meine eigene Reflexion möge diesem Bild beigegeben werden und helfen, das Gewesene differenzierter zu betrachten.

Angezeigt und verurteilt hat mich die bundesdeutsche Justiz in Dresden wegen Anstiftung zur Wahlfälschung und wegen eines sogenannten Meineides. In beiden Fällen wurden jeweils zwei Urteile gefällt. Beim ersten Wahlfälscherprozeß erhielt ich eine Verwarnung, die die Staatsanwaltschaft in Dresden nicht akzeptieren wollte, und die auch vor dem Bundesgerichtshof nicht bestand. Für das zweite Verfahren war damit eine Vorgabe erfolgt, und das Gericht verhielt sich entsprechend: Das Urteil belief sich auf neun Monate Gefängnis, die auf zwei Jahre Bewährung ausgesetzt wurden.

Im Zusammenhang mit einem Rückblick auf Dresden denke ich ein weiteres Mal über die Geschichte der Wahlen nach, die eine der schwärzesten Seiten der DDR darstellt; sie wirft tiefe Schatten auf das, was sich Sozialismus nannte. Ausgangspunkt war die Auffassung vom Klassenkampf, von Machteroberung und -erhalt, von revolutionärem Sieg, der durch das unwägbare Moment »freier Wahlen« niemals wieder gefährdet werden durfte. Dieses Prinzip stand über allem, kein Land des realen Sozialismus blieb bis Mitte der achtziger Jahre hinter der Sowjetunion mit ihren berühmten 99 Prozent Wahlbeteiligung zurück. Moskau gab die Marschrichtungszahl vor. Was in den fünfziger und sechziger Jahren noch mit ideologischen Bemühungen und propagandistischen Großeinsätzen verbunden war, verkam zur kalt gehandhabten Rechengröße. Damit verbunden war ein Massenaufgebot der »vorauseilenden Kreise und Bezirke«, und diese übten den gewünschten Druck aus. Der sich in Prozenten überstürzende Gehorsam geriet mehr und mehr zum Selbstläufer. Am 7. Mai 1989 war es genau dieser Mechanismus, der alle Realitäten wegdrängte. Schon um acht Uhr morgens (acht Uhr morgens!) sollten im Kreis Apolda und anderen Kreisen des Bezirkes Erfurt 45 Prozent der Bevölkerung gewählt haben – mehr als um diese Zeit in den Kasernen der Nationalen Volksarmee! An jenem 7. Mai gab es gegen 12.30 Uhr eine Beratung im Roten Salon der Bezirksleitung Dresden. Ich wollte, daß wir uns weniger »blauen Dunst« vormachen. Aber der schwebte schon so dicht über uns, daß es kaum noch möglich war, Wesentliches zu ändern. Es sei denn, ich hätte den Bettel hingeschmissen und wäre ins Freie gestürzt. Das habe ich ebenso wenig getan, wie es Funktionäre heutiger Parteien tun, auch wenn sie die Strukturen und Mechanismen gegenwärtigen Politikergeschäfts heftig kritisieren. Die Konflikte der DDR-Endzeit waren Konflikte mit einer demokratisch stark eingeschränkten Gesetzlichkeit. Gewiß muß ich mich fragen, wäre es nicht richtiger gewesen, in den Maitagen ein ganzes Stück weiter zu gehen und die offene Konfrontation zu suchen. Läßt man alle konkreten Bedingungen außer Betracht, so war es ohne Zweifel Dummheit, in der sich enorm zuspitzenden politischen Situation noch immer die alte Melodie mitzusingen.

Mir persönlich brachten die Prozesse von 1992 und 1995 einen einschneidenden Abstand zu Dresden. Die Stadt, die mir ein Zuhause gewesen war, ist mir nicht fremd geworden, aber ein wenig in die Ferne gerückt ist sie mir schon. Ich hatte plötzlich Empfindungen grenzenloser, bedrückender Fremdheit; ich fühlte mich erniedrigt.

Etwa zwölf Monate hatten wir in den siebziger Jahre gebraucht, um in Sachsen heimisch zu werden und zu vergessen, daß unmittelbare Heimat bis dahin mit der Berliner Karl-Marx-Allee verbunden war. Es war »mein« Fahrer Siegfried, der, nachdem wir spätabends, von einer Tagung des Zentralkomitees in Berlin kommend, Dresden erreichten, so ganz beiläufig im Auto die Bemerkung machte: Hans, wir sind wieder zu Hause. Ich weiß noch heute, wie ich zum ersten Mal, kurz nickend und von Herzen, zustimmte.

Wir lebten in einem ziemlich bunt zusammengewürfelten Haus mit 40 Familien, die sich in ihrer Mehrheit als Hausgemeinschaft verstanden. Unsere Nachbarn waren die Familie Braune, ein Rentnerehepaar, das seine jährliche Reise in die BRD machte. Der Wohnungsschlüssel der Modrows war während eines jeden Urlaubs bei Braunes gut aufgehoben. Ein Offizier des MfS wohnte genauso im Haus wie zwei Angehörige der Nationalen Volksarmee und, gleich nebenan, der christlich gebundene Dozent der Technischen Universität. Im Hause lebten Bauarbeiter, eine Ingenieurin für Wasserwirtschaft und die Lehrerin, die an der Schule im Wohngebiet unterrichtete. Alles verlief in der Pfotenhauerstraß 22 in der Johannstadt Dresdens so normal und unauffällig wie in jedem anderen Haus.

Für mich lag diese Wohnung auch in einem anderen Zusammenhang geradezu ideal: Ich mußte nur etwa 300 bis 400 Meter bis zum Ufer der Elbe zurücklegen, wo ich, wie es in der Familie hieß (und noch heute heißt), »auf Strecke ging«. Hier konnte ich unter guten natürlichen Bedingungen – der Boden, die Luft, rundum etwas Natur – meine jeweils acht bis zehn Laufkilometer absolvieren. Bis heute finde ich beim Laufen einer langen Strecke mehr Entspannung und Erholung als bei einem Mittagsschlaf.

Zum gemeinsamen Familienverständnis gehörte auch, daß unsere Tochter Tamara, wenn sie mit ihren Kindern nach Dresden kam, sehr genau darauf achtete, daß wir nicht sagten, sie sei zu Besuch; die elterliche Wohnung galt allen stets als Zuhause – selbstverständlich auch unseren drei Enkeln, mit denen ich so manches Mal am Elbufer ein Fußballspiel austrug.

Die Privilegien eines Mitglieds des Zentralkomitees der SED waren auch die meinen. Den Urlaub verbrachten wir in einem der ZK-Heime oder, im Rahmen des Austausches mit anderen Parteien, im Ausland. Wenn es die Ärzte des Regierungskrankenhauses empfahlen, waren auch Kuren möglich. Solange unsere Töchter noch im Haushalt lebten, nutzten wir das Urlaubsprivileg, um an der Ostsee im »Soja-Kosmodemjanskaja-Heim« in Ahlbeck die Ferien zu verbringen. Das neu erbaute ZK-Heim im Baabe auf Rügen nutzten wir nur zweimal. Dort hatten wir den Eindruck, fehl am Platze zu sein. Es schien, daß Kinder und Enkel höhergestellter Funktionäre sich mokierten: Es sei ja nicht schlecht hier – wenn nur die Alten aus Kreisen und Bezirken nicht da wären. Später, als meine Frau Annemarie und ich unseren Urlaub ohne Kinder verbrachten, nahmen wir am Austausch mit Bruderparteien teil, fuhren nach Italien, Frankreich und auf die Krim in der Sowjetunion. Stets nutzte ich die Gelegenheit, durch Gespräche mit Funktionären die dortigen Parteien und andere Organisationen besser kennenzulernen. Mag also sein, daß ich nicht wirklich abzuschalten verstand; aber entscheidend ist das, was die eigene Psyche fordert, gegen die kann auch im Urlaub keiner mit wirklichem Erfolg anrennen. Da hat die Änderbarkeit des Menschen wirklich seine Grenzen.

Im Sommer 1989 erlebten wir auch einen Urlaub in der Volksrepublik China. Durch die traurigen Ereignisse im Zusammenhang mit der blutigen Niederschlagung des Studentenaufstandes auf dem »Platz des Himmlischen Friedens« in Peking war diese Ferienreise zunächst abgesagt worden. Die Mitglieder des Zentralkomitees, die ebenfalls zu der geplanten Reisegruppe gehörten, hatten sich bereits nach Erholungszielen in anderen Ländern umgesehen. Annemarie und ich entschlossen uns, den Urlaub nunmehr in der DDR zu verbringen.

Plötzlich meldete sich die chinesische Botschaft: Die Reise würde doch stattfinden, aber es seien nur Mitarbeiter des Zentralkomitees gemeldet; gut wäre, wenn ein Mitglied des ZK diese Gruppe leiten würde – ob ich das nicht tun könne. Die chinesischen Genossen spielten auf meine Reisen von 1959 und 1988 an und meinten, ich hätte viele gute Freunde in China, die mich erwarteten. Wie so oft in solchen Situationen: Mein Wille, jeden Affront zu vermeiden, obsiegte; zumal hatte sich meine Frau auf China gefreut, also stellten wir politische Zweifel am richtigen Zeitpunkt dieser Reise zurück und fuhren.

Für mich war und ist damit keine Rechtfertigung der Ereignisse auf dem Tiananmen-Platz verbunden. Diese entsetzlichen Vorgänge werden ein tragischer Teil chinesischer Geschichte bleiben, aber allein davon das Verhältnis zur Volksrepublik China abhängig zu machen, scheint mir zu einfach.

Wir besuchten damals neben Peking mit seinen Palästen und der Verbotenen Stadt auch die Große Mauer, Xian, Nanjing und Xiamen, die Freihandelszone, wir lernten wichtige Stätten der chinesischen Kultur kennen, die einem den Blick heben aus der kleinen Gegenwart in das große Rund jahrtausendealter Geschichte. Der Atem wird ruhiger. Trotz der noch immer gültigen Ausgangssperre fuhr ich zu meinem Freund Otto Mann, dem Journalisten und ADN-Korrespondenten, und am letzten Abend unseres Aufenthaltes diskutierten wir bis weit über Mitternacht in seiner Pekinger Wohnung über die inneren Konflikte und Spannungen in der chinesischen Volksrepublik und deren politischer Führung. Es waren vor allem zwei, deren Auffassungen konfrontativ aufeinandertrafen – Deng Xiaoping und Zhao Ziyang. Der eine galt als Vater der Reformen, der andere über Jahre hinweg als derjenige, der sie verwirklichte. Nun aber standen sie sich in tiefster Ablehnung gegenüber. Der eine wurde inzwischen, nach einem Zeremoniell höchster Ehrerbietung, eingeäschert, seine Asche hat man im Meer verstreut. Dem anderen wurde die Teilnahme an der Trauerfeier, auch jener im kleinsten Kreis, verweigert; er lebt isoliert, ohne Prozeß und rechtmäßiges Urteil, in einer der vielen versteckten Villen in der Umgebung Pekings.

Am Abend bei Otto Mann meldete sich kurz vor Mitternacht unser Botschafter Rolf Berthold und teilte mir mit, die Urlaubergruppe werde den Rückflug in jener Sondermaschine antreten, mit der Günter Schabowski mit Sohn und persönlicher Begleitung zum Urlaub nach China gebracht worden sei. Ohne vorher mit den anderen Familien unserer Gruppe überhaupt zu sprechen, lehnte ich sofort entschieden ab. Beim Frühstück am anderen Morgen wurden wir alle uns rasch einig, uns nicht als Feigenblatt für solcherart Urlaubsflüge mißbrauchen zu lassen. Günter Schabowski erfuhr davon, selbstredend war er erfahren und klug genug, meine Motive auf sich beruhen zu lassen und keine weiteren »Überzeugungsversuche« zu starten. Aber ich nehme an, auch dieses Detail trug mit dazu bei, und sei es nur im Unterbewußtsein, unser beider Verhältnis kühl und reserviert zu halten; so hatte selbst mein China-Urlaub Einfluß auf die weitere Verfrostung des Klimas zwischen Berlin und Dresden.

Zu meinen Dresdner Erinnerungen gehört unbedingt meine Liebe zu den Wäldern im Zittauer und im Osterzgebirge. Mit innerer Bewegung nahm ich einige Male an Jagden teil, jedoch bin ich nie ein Jäger im Sinne des in der DDR verbreiteten Wortes gewesen. Das Hochgefühl dessen, der, noch mit geschulterter Waffe, zum »Sieger«foto seinen Fuß auf das erlegte Tier legt und sich zu Hause an den Geweih-Enden erfreuen kann, konnte ich nie nachvollziehen. In all den Jahren schoß ich nur zwei Hirsche; was mich begeisterte, war die Atmosphäre der Pirsch, dieses alles vergessenmachende Eintauchen in den Kreislauf und die Stille der Natur, das Feiern dann abends in der Hütte, gemeinsam mit den anderen Jägern.

Wenn ich an Wälder, an Natur und Entspannung denke, dann freilich vorwiegend im Zusammenhang mit meinen Läufen: Vom Hochwald über den Töpfer bis Johnsdorf und zur Lausche habe ich einige hundert Kilometer zurückgelegt. Das Laufen ist mir stets eine wichtige psychische und physische Prüfung geblieben: sich überwinden, Ausdauer zeigen bis zur wunderbaren Leere im Kopf.

Wir leben in einer Gesellschaft, in der Besitz zum wichtigsten Schutz der Persönlichkeit gemacht wurde. Hast du was, bist du was! Ich kann da nur bilanzieren: Zu Reichtümern sind wir nicht gekommem, auch wenn Annemarie 45 und ich 50 Berufsjahre verbrachten. Das soll nicht heißen, daß wir etwa ohne Ersparnisse in die Währungsunion am 1. Juli 1990 gegangen seien. Aber diese Rücklagen waren wiederum nicht so hoch und auffällig, daß es bei der Umstellung unserer Konten Probleme gegeben hätte. Nie haben wir für Geld gelebt, und nie hat finanzieller Zugriff zu etwas eine wichtige familiäre oder berufliche Entscheidung maßgebend beeinflußt.

Zum Rückblick eines SED-Funktionärs gehört angesichts unserer Geschichte und der damit verbundenen Verantwortung die Frage, ob ich jemandem geschadet oder gar einen Menschen hinter Gittern gebracht habe. Wer kann da in meiner einstigen Position innerhalb der Parteihierarchie schon schlicht und schnell, entschieden und zweifelsfrei mit Nein antworten! Bewußt jedenfalls habe ich es nicht getan, und ich glaube, es ist auch nicht geschehen. Aber Macht setzt unmittelbare Aktionen wie auch sehr indirekt wirkende Prozesse frei; Verknüpfungen, die sich aus politischer Entscheidungsgewalt ergeben, sind im nachhinein nicht bis ins letzte aufzuschlüsseln. Jedenfalls gibt es bis heute niemanden, der gegen mich direkt Schadensvorwürfe erhob; an meiner maßgeblichen Zuständigkeit für SED-Politik ändert dies nichts, und diese Zuständigkeit schließt Scham darüber ein, Entartungen des sozialistischen Grundgedankens zugelassen zu haben und zu lange still und einsichtig gewesen zu sein. So trage ich Verantwortung dafür mit, daß der Sozialismus vielen Menschen schlichtweg vergangen ist. Einige Male wurde ich als »rote Socke« beschimpft, aber mich sprachen auch Menschen an und erkundigten sich, wie ich all die Versuche politischer Angriffe und Verleumdungen denn verkrafte.

Für mein politisches Wirken im Bezirk Dresden stehe ich ein, mit allen Problemen und Konflikten, die damit verbunden sind. Es waren Jahre harter Arbeit, Jahre, in denen ich das Gefühl hatte, etwas im Interesse der Menschen zu tun. Jahre, die mich selbst in vielfältiger Weise prägten. Jahre, die ich für mich und meine Familie als gut und schön und lebenswert bezeichnen möchte.

Herbst
—
1989

Drahtseilakte

Mit den Jahren kommt der Abstand zum Erlebten; was aus größerem Rückblick erinnert wird, hat den Reiz der Authentizität verloren. Das ist einerseits nützlich, weil damit jene Gedanklichkeit wächst, die sich klärend zwischen die Emotionen schiebt. Andererseits verführt Distanz nicht selten dazu, bei der Erinnerung das Wissen darüber mitzudenken, wie es inzwischen weiterging. Dies wiederum hat zur Folge, daß man den Eindruck gewinnt, es hätte gar nicht anders kommen können – weil die Entwicklung den für alle sichtbaren Verlauf genommen hat ...

Was bleibt vom Oktober 1989, von jenem Herbst, dem Millionen Menschen einen Frühling wünschten? Die Fakten sind bekannt, Legendenverfasser und Enthüller gingen beizeiten an ihr Werk, das Heulen der Reißwölfe haben wir gehört, die Tagebücher der wirklichen und falschen Helden sind veröffentlicht, die Kommissionen gaben Bericht, einige Gräben von damals konnten zugeschüttet werden, andere ziehen sich als Zeichen der Unversöhnlichkeit auch durch die neue deutsche Landschaft.

Im geschichtlichen Fluß, der ungerührt weitergeht, bleibt die Erinnerung an eine Zehntelsekunde Aufruhr, die letztlich einen Staat stürzte: Es wurde etwas weggewischt, von dem heute seltsamerweise viele sagen, daß es doch schon zum Zeitpunkt seines Verschwindens längst nicht mehr existent war. Alles ging sehr schnell. Je mehr wir uns historisch von jenem Herbst entfernen, desto größer wird die Zahl derer, die aktiv dabeigewesen sind beim großen Umsturz; ihn wirklich erlebt haben weit weniger.

Was war ich? Ein Diener der Partei, in verzweifelter Mühe, ein Diener des Volkes zu sein. Als die Zeichen für uns politisch Verantwortliche auf Sturm standen, brauchte der, dem Selbstverteidigung genügte, nur die alten probaten Feindbilder abzurufen. Es gab Situationen, da besaß unsereins nicht mehr als die Kraft, Schutz zu suchen in diesen Feindbildern. Weil ihre

Aufrechterhaltung zugleich die Aufrechterhaltung der Idee und jenes Staates zu sein schien, der doch die Idee verkörpern sollte. Wer mehr wollte als nur Selbstverteidigung, mußte sich öffnen, wußte aber nicht, wie weit, und auch ich erlebte in diesem Spannungsfeld den besagten Herbst wie einen Schock. Auch ich bin im Oktober/November 1989, als die DDR zu ihrem letzten Kapitel anhub – es war auch eine kurze Zeit in schönem Abendlicht –, nicht wie Phönix aus der Asche gestiegen.

Am 20. März 1990 fragte mich Günter Gaus in seiner Sendung »Zur Person«, damals noch ausgestrahlt im Fernsehen der DDR, nach meinen möglichen Verstrickungen in den volkspolizeilichen »Knüppeleinsatz« im Oktober 1989 gegen Demonstranten und andere Bürger Dresdens. Unmittelbare »Verstrickung«? Nein. Ich antwortete Gaus: »Weil ich in keiner Weise in Befehlsstrukturen dieser Art eingegriffen habe, auch nicht einbezogen war. Das sind Dinge, die immer in den jeweiligen Bereichen und Strukturen entschieden wurden – ob es die Polizei war oder andere Kräfte, die zum Einsatz kamen. Ich habe in keiner Weise irgendwelche Weisungen und Befehle gegeben. Denn das ist überhaupt nicht meine Möglichkeit, meine Verantwortung gewesen. Und ich war nie Polizeioffizier, sondern ich bin immer in politischer Verantwortung gewesen.«

»Herr Modrow«, so Gaus weiter, »ich konnte bei der Vorbereitung dieses Interviews alles nur bis zu einem gewissen Grad überprüfen. Ich frage Sie jetzt: Das Selbstzeugnis, das Sie sich jetzt ausgestellt haben – zu dem werden Sie stehen?«

Ich antwortete: »Zu dem Zeugnis werde ich stehen.«

Zu diesem Zeugnis stehe ich auch heute noch. Aber je mehr ich versuche, Sommer und Herbst 1989 in meine Erinnerung zu holen, um so unwirklicher erscheinen mir viele Dinge. Abstand schafft Befreiung. Dennoch bleibt es kompliziert, mit den Einzelheiten und der eigenen Verantwortung umzugehen. Als lägen sie bereits in einer anderen, sehr, sehr fernen Epoche. Objektivität ist nicht möglich. Auslegungen und Betrachtungen haben zu sehr mit dem Standort zu tun, von dem aus ich damals die Ereignisse sah, von ihnen getrieben wurde oder sie selber ein wenig mit vorantrieb.

Im Sommer 1989, mit der Öffnung der Grenze Ungarns nach Österreich, eskalierte die innenpolitische Lage: Zehntausende DDR-Bürger verließen über den Wunderort des zerschnittenen Stacheldrahtes in Ungarn das Land. Der DDR-Außenminister protestierte in Budapest, die sowjetische Seite schwieg, und die BRD führte geheime Verhandlungen. Als kurz darauf Meldungen über günstige Kredite Bonns für Budapest verbreitet wurden, ging die Rede vom ungarischen Verrat an der DDR und am Warschauer Vertrag. Die Führung der SED hüllte sich weiter in hartnäckiges Schweigen und zeigte gegenüber der Bundesrepublik nur eine einzige wirkliche Reaktion – als nämlich Volkskammerpräsident Sindermann der SPD-Fraktion im Bundestag, die im September unter Leitung Horst Ehmkes Berlin besuchen wollte, eine Absage erteilte. Den Sozialdemokraten wurde vorgeworfen, sich mit Äußerungen zum Massenexodus in der DDR in deren innere Angelegenheiten eingemischt zu haben. Es galt demnach der Politbüro-Grundsatz: Wenn wir schon sprachlos sind, solltet ihr es auch sein. Was freilich nicht funktionieren konnte.

Der Vorsitzende des FDGB, Harry Tisch, sagte während einer Reise nach Stuttgart gegenüber der Presse, befragt nach seiner Meinung zur Lage, an Schlammschlachten würde er sich nicht beteiligen. Allen Ernstes erwiderte er auf Anfrage zum sozialistischen Mitspracherecht, zu Meinungs- und Gedankenfreiheit: Wenn Bürger der DDR Fragen zur Gewerkschaft hätten, brauchten sie ja bloß zu ihm ins Büro zu kommen. Düsterer Verteidigungsenthusiasmus, der in unfreiwillige Satire umkippte. Aber in der Tiefe unseres Herzens trugen wir noch jene fundamentalistische Heilige Einfachheit, die das Komplizierte einer Situation einfach nicht sehen wollte und zu einem merkwürdigen kollektiven Egozentrismus neigte, der die Realität nicht mehr zur Kenntnis nahm.

Durch Kontakte zum Landesvorsitzenden der SPD Baden-Württemberg, Ulrich Maurer, der im August 1989 mit seiner Frau Dresden besucht hatte, war meine Gegenvisite für Ende September in Stuttgart vereinbart worden. Die erforderliche Bestätigung, daß ich justament jetzt in die BRD fahren konnte, war im Politbüro erfolgt. Hermann Axen verband sie mit einer politischen Einweisung unter vier Augen. Ich hörte den üblichen Vortrag über Fragen der Einmischung, gerade auch der SPD, in unsere inneren Angelegenheiten. Axens Rede gipfelte im beruhigenden Hinweis, die Lage würde sich mit dem 40. Jahrestag der DDR rasch stabilisieren; der Besuch zahlreicher internationaler Gäste, besonders Michail Gorbatschows, wirke garantiert besänftigend. Pressegespräche seien deshalb von mir in Stuttgart auf keinen Fall zu führen, sie dienten nur der Irritation, der Hochstilisierung der momentanen, vorübergehenden Komplikationen; alles, was ich tue, solle mit Vorsicht und Bedacht darauf gerichtet sein, den Kontakt zur SPD nach der Ausladung Ehmkes nicht völlig abreißen zu lassen. Scharf abweisend reagierte Axen auf meinen Einwand, daß Pressegespräche unvermeidbar seien, schließlich würden die bundesdeutschen Journalisten nicht freiwillig darauf verzichten, Fragen zum massenhaften Wegrennen aus der DDR zu stellen. Ob Hermann Axen selbst noch von dem überzeugt war, was er von mir forderte, oder ob er sich nur eisern diszipliniert verhielt, ist schwer zu sagen. Den kleinen Mut, wenigstens unter vier Augen ein persönliches Wort zu sagen, hatte er in dieser Situation leider nicht.

Als die Reisevorlage im Sekretariat des Zentralkomitees behandelt worden war, hatte man den ZK-Abteilungsleiter Johannes Hörnig hinzugezogen, in Vertretung von Kurt Hager. Im Hinblick auf das in der Sitzung Beschlossene vertraute er mir danach an, ich solle gut überlegen, wie ich mich in der Bundesrepublik verhalte. Es sei im Sekretariat tatsächlich die unverschämte Erwartung ausgesprochen worden, daß ich mit dieser Reise möglicherweise »ins offene Messer laufen würde« – und daraus könne man dann endlich lang ersehnte personelle Konsequenzen gegen mich ziehen.

Der komplizierte Charakter dieser Reise in den Westen war nicht nur mir, sondern offenbar auch Ulrich Maurer bewußt. Wir verabredeten daher – über ein Funktelefon, das sich im Mercedes befand, mit dem wir an der Grenze abgeholt wurden – vor Beginn des offiziellen Programms ein Gespräch unter vier Augen im Landtag. Maurer sprach offen davon, daß die SPD-Spitze in Bonn meinen Besuch befürworte. Das Programm sei entsprechend gestaltet worden, meine Gesprächspartner, auch aus anderen Parteien, würden von entsprechendem Rang sein: Erhard Eppler, Herta Däubler-Gmelin, Lothar Späth, Manfred Rommel. Auch Wirtschaft und Wissenschaft zeigten sich interessiert, daher würde es ein Treffen an der Technischen Universität Karlsruhe und eine Begegnung mit Edzard Reuter bei Daimler-Benz geben. Bei der Landtagsfraktion der SPD werde ein Vortrag von mir erwartet, zur Lage in der DDR und zu den weiteren Beziehungen zwischen den beiden deutschen Staaten sowie zwischen SPD und SED.

Ein Drahtseilakt, diese Reise. Auf meinen Wunsch hin wurde ein Treffen mit Dieter Keller, dem Vorsitzenden der DKP, in das Programm aufgenommen. Damit wollte ich gegenüber der SPD ein Zeichen setzen: Die DKP bleibt für die SED der engste Partner in der Bundesrepublik. Und für Dieter Keller wollte ich unterstreichen, daß es unser gemeinsames Anliegen sein muß, bei der weiteren Gestaltung der Beziehungen zwischen DDR und BRD neue Wege zu gehen. Mir waren die Schnittpunkte unterschiedlicher Interessen, in die ich da geriet, ziemlich bewußt. Die SPD wollte mit diesem Programm Politiker der CDU in ihr eigenes Handeln einbeziehen, aber dabei natürlich selbst die Initiative behalten. Auch wenn ich nur die bezirkliche Ebene vertrat, waren mit meinem Namen Spekulationen über einen möglichen Führungswechsel in Berlin verbunden; und im Hintergrund standen nach Ansicht der SPD in dieser Frage sogar Erwartungen Moskaus. Für die Sozialdemokraten schien ich zudem ein berechenbarer Partner zu sein; wie ich mit dieser Ehre, die angesichts der aktuellen Tatbestände in der SED-Spitze als fragwürdig gelten mußte, nach meiner Rückkehr in die DDR umgehen sollte, war mein Problem und nicht das der SPD.

Zunächst ging ich davon aus: Je höher die Gesprächsebene in der Bundesrepublik und je vielseitiger die Kontakte während dieser Reise, desto weniger bin ich in Berlin angreifbar, ohne daß politischer Schaden durch kommentierende Öffentlichkeit entstünde. Ein solches vollgepacktes, sozusagen hochangebundenes Programm ließ nun freilich den Ausschluß der Medien überhaupt nicht mehr zu. Ich versuchte, sämtliche Gespräche mit möglichst großer Offenheit zu führen, in den Aussagen vor den Medien den Bogen nicht zu überspannen, aber bei der Bewertung der gegenwärtigen Lage jenen nun einmal bestehenden Meinungsunterschieden zur offiziellen Berliner Sicht nicht auszuweichen.

Die in der Bundesrepublik tätigen DDR-Medienvertreter kamen zwar ebenfalls nach Stuttgart, aber ihre Berichte hatten in der DDR keine Chance, plaziert zu werden. So wurde meine Reise im eigenen Land nahezu totgeschwiegen; im Westen dagegen erschienen ausführliche Beiträge über den »Hoffnungsträger« Modrow.

Später dachte ich darüber nach, ob ich nicht diese erneute brüskierende Verfahrensweise der Führung mir gegenüber hätte endlich zum Anlaß nehmen müssen für eine klare Auseinandersetzung mit Honecker. Wie weit sollte meine Disziplin denn noch gehen! Aber bereits die Reise selbst entsprach einem Verständnis des sanften Fortschritts, das sowohl von mir als auch von der sozialdemokratischen Seite geteilt wurde. Die Vertreter der SPD wollten wie ich – allerdings aus gänzlich anderen Interessen heraus – eine sich friedlich vollziehende Umgestaltung unseres Landes. Dafür waren gegenseitige Akzeptanz und vor allem innere staatliche Stabilität der DDR die Voraussetzungen. Vorsicht schien (wieder einmal!) besser als Vorprellen. Wenn man in diesem Stadium der Entwicklung, da wir innenpolitisch zum Handeln gezwungen wurden, überhaupt noch von Vorprellen reden konnte, egal, wie mutig sich einer nunmehr, in der Zwangslage, in Widerspruch zur feststehenden Disziplin brachte. Aber Vorsichtigkeit schien auch Lothar Späth für das richtige taktische Mittel zu halten; er sprach bei unserem Zusammentreffen, an Dresden denkend, über sein Konzept der regionalen Kontakte, die er von Baden-Württemberg aus mit Ungarn und anderen Ländern zu entwickeln bemüht war. Es fiel bei meinem BRD-Besuch nicht einmal andeutungsweise ein Wort von Vereinigung; stets wurde von »der konstruktiven Gestaltung der Beziehungen zwischen beiden Staaten« gesprochen.

Zurückgekehrt in die DDR, traf mich bald, was ich erwartet hatte: Erich Honecker meinte noch am 3. Oktober, ich hätte der DDR politischen Schaden zugefügt, und Erich Mielke zeigte völliges Unverständnis, daß ich bei einem der Gespräche in Stuttgart gänzlich ohne Not meine Freundschaft zu dem der Führung suspekt gewordenen Mischa Wolf herausgestrichen hätte. War mir eh die Lust vergangen, an den zentralen Veranstaltungen zum 40. Jahrestag der DDR in Berlin teilzunehmen, so verlosch mein letztes Fünkchen Dienstpflicht, als ich derart heruntergeputzt wurde. Das »Gespräch« mit Honecker fand bezeichnenderweise unmittelbar nach seinem traditionellen Treffen mit den Aktivisten der ersten Stunde und den antifaschistischen Widerstandskämpfern statt. Er schwelgte in Gefühlen der Selbstbestätigung. Die Zeit war für ihn ein paar Stunden zurückgedreht worden; die DDR glich in diesen Feiermomenten wieder dem, was sie vor vierzig Jahren war: ein schöner, verpflichtender Traum. Was störte da die Realität: ein Staat der hängenden Köpfe, der schweren Augenlider, der zugeschnürten Kehlen, der gelähmten Zungen, der gekrümmten Schultern. Als sei zwischen Fassungsvermögen und Realität eine Glaswand hochgezogen. Was störten da vor allem jene Flüchtlinge, die es in Honeckers Lesart, in einem ND-Kommentar, nicht wert waren, daß man ihnen auch nur eine Träne nachweint.

In Dresden hatten wir lange an der Gestaltung des bevorstehenden 40. Jahrestages »gebastelt«. Das allgemeine Ritual stand mit dem zentralen Programm fest. An erster Stelle: die Auszeichnung von Betrieben mit einem Ehrenbanner des Zentralkomitees der SED, der Regierung und des Bundesvorstandes des FDGB, verbunden mit der Übergabe sogenannter Automatisierungsvorhaben. Ministerpräsident Willi Stoph hatte für den 2. Oktober die Auszeichnung des VEB Mikromat übernommen, eines hochspezialisierten Betriebes des Maschinenbaus. Das Ganze verlief in einer eigenartigen Atmosphäre. Es sollte nicht nur eine Betriebsbegehung und eine größere Versammlung zur Übergabe des Banners stattfinden, sondern auch ein Gespräch mit ausgewählten Vertretern der Belegschaft. Diese Begegnung hinterließ einen gespenstischen Eindruck. Zur Sprache kamen Vorbehalte gegen die Politik der Parteiführung, Versorgungsfragen, kritische Anmerkungen zur Organisation der Produktion und zum allgemeinen politischen Klima im Lande. Stoph starrte vor sich hin, argumentierte kaum und wies alle Probleme mürrisch und kurz angebunden ans Kombinat zurück.

Während er vor den Arbeitern ungebrochen die Politik Erich Honeckers verteidigte, gab es mit seinem persönlichen Mitarbeiter am Rande eine Debatte über die Freigabe der Auszeichnungsrede für das »Neue Deutschland« und die Nachrichtenagentur ADN. Es ging um zwei Sätze, die nicht als Kritik formuliert waren, aber doch indirekt zu Erneuerung und Veränderung aufforderten. Diese beiden Sätze sollten unbedingt erscheinen und ein wenig Distanz zur völligen Negation anstehender Probleme durch Erich Honecker und das Politbüro zum Ausdruck bringen. Im »Neuen Deutschland« erschienen sie nicht, die »Sächsische Zeitung« hingegen druckte sie ab. Diese beiden Sätze mußten als große Überwindungsleistung Willi Stophs gewertet werden. Denn in der öffentlichen Diskussion war er bis zur Selbstleugnung bereit, die Politik Honeckers zu verteidigen. In persönlichen Gesprächen, die wir führten, ging er dagegen nicht selten auf Distanz zum Generalsekretär. Auch als ich Stoph in einigen Fragen widersprach, beim Treffen mit den Vertretern der Belegschaft von Mikromat, rührte ihn das nicht. Als wir beide nach der Veranstaltung in seinem Wagen ins Gästehaus der SED-Bezirksleitung fuhren, zeigte er Verständnis für mein Verhalten. Was ihn wiederum im darauffolgenden Gespräch mit mir, Dresdens Oberbürgermeister Wolfgang Berghofer und Werner Moke, dem 1. Sekretär der SED-Stadtleitung, nicht davon abhielt, alle Ursachen für Mängel in der Versorgung und Rückstände beim Wohnungsbau erneut unerbittlich und geradezu aggressiv auf uns abzuwälzen. Wir sollten gefälligst im Wahlkreis des Ministerpräsidenten größere Anstrengungen für ein gutes politisches Klima unternehmen, schließlich sei er in der Stadt Dresden in die Volkskammer gewählt worden. Das sei eine Verpflichtung – für uns.

Das alles spielte sich kurz vor sehr kritischen Tagen in Dresden und gerade zwei Wochen vor dem Rücktritt Erich Honeckers ab. Mir scheint bis heute, daß Stoph zwar Erich Honecker als Generalsekretär nicht mehr für tragbar hielt, aber zum Handeln gegen ihn geradezu geschoben werden mußte. Ich selbst jedoch besaß bei ihm offenbar nicht das notwendige Vertrauen für die Mitarbeit beim Erneuerungsprozeß.

Wie weit unsere Vorstellungen voneinander getrennt waren, sollte sich wenig später zeigen, am 18. Oktober nämlich, beim erwähnten Rücktritt des SED-Generalsekretärs. Vor der Tagung des ZK gab es ein Treffen des Politbüros mit den 1. Bezirkssekretären – um uns über den bevorstehenden Rücktritt Erich Honeckers und die Wahl von Egon Krenz zu informieren. Auf dieser Beratung vertrat ich die Position, die Ämter des Generalsekretärs und des Vorsitzenden des Staatsrates müßten getrennt sein, und ich verwies auf die seit Jahren bestehende Ordnung in der ČSSR. Harry Tisch trat dem besonders entschieden entgegen und unterstellte mir, ich wolle wohl selber Generalsekretär werden. Nein, ich war wirklich weit davon entfernt, mich einem Kreis aufdrängen zu wollen, der mich seit eh und je abstieß. Aber mir schien es wenig glaubwürdig, von Erneuerung zu sprechen und gleichzeitig alte Strukturen unangetastet zu lassen.

Harry Tisch stand nicht allein mit seiner Ansicht, auch Stoph wandte sich gegen mich, und so nahm das Schicksal seinen Lauf: Egon Krenz wurde nicht nur Generalsekretär, sondern übernahm wenig später auf Beschluß des ZK auch die Funktion des Vorsitzenden des Staatsrates und des Nationalen Verteidigungsrates.

Zurück nach Dresden. Der 40. Jahrestag der DDR war in einer Weise vorbereitet worden, als gebe es keine inneren Probleme im Land. Das galt letztlich auch für unseren Bezirk, obwohl ich mir einredete, mit vielfältigen Kulturveranstaltungen und einem großen Volksfest an diesem Tage könne tatsächlich als überwiegendes Wirkungsmoment die Verbundenheit der Bürger mit ihrem Land zum Ausdruck gebracht werden.

In den Zeitungen des Bezirkes wurden in alter Tradition die Erfolge gemeldet; Brigaden, Wissenschaftler, Künstler betonten, ebenfalls in alter Tradition, ihr Bekenntnis zum Sozialismus. Minister Kurt Singhuber hatte noch am 3. Oktober dem Rohrkombinat Riesa den Namen »Karl Marx« verliehen, und Jugendbrigadier Bernd Schönfeld aus dem Rohrwerk Zeithain erklärte, mit diesem Namen dürfe man, was den Plan betrifft, nicht einfach durchhängen.

Bei solchen Schlagzeilen, die ein wenig wieder das alte, Gemeinschaftssinn stiftende Grundgefühl von Macht ausübender Arbeiterklasse wachriefen, übersah ich wohl eine andere Pressemeldung – über das Gespräch des Leiters der Ständigen Vertretung der DDR in Bonn mit Kanzleramtsminister Seiters am 2. Oktober. Horst Neubauer hatte sich im Namen der Regierung der DDR dagegen verwahrt, daß die Bundesregierung, entgegen getroffener Vereinbarungen, bewußt falsche Darstellungen verbreitet hätte, und zwar über den Ablauf der Aktionen am 30. September und 1. Oktober, im Zusammenhang mit der Ausweisung ehemaliger DDR-Bürger in den Botschaften der BRD in Prag und Warschau. Die DDR habe aus eigenem Entschluß und nicht unter Druck aus New York oder anderswo gehandelt, und Herr Genscher, der auch am Gespräch mit Seiters teilnahm, würde sich falschen Ruhm an seine Fahnen heften. Horst Neubauer kritisierte die Regierung der BRD, die gegen internationale Normalität verstoße, und er betonte, daß vernünftige Lösungen gerade bei schwierigen Fragen nur bei gegenseitigem Vertrauen und gegenseitiger Verläßlichkeit zu finden seien.

Wie sollte man dieser verklausulierten, Information verbergenden und dennoch nicht lügenden Nachricht das entnehmen, was zwei Tage später geschehen würde? Es ging um jene Durchfahrt von Zügen aus Prag durch Dresden, die unter dramatischen Bedingungen verlief, und die also die Bundesregierung und die Regierung der DDR gemeinsam vereinbart hatten. Ohne uns, die Verantwortlichen am Ort des geplanten Geschehens, auch nur ein einziges Mal konsultiert zu haben.

An jenem 4. Oktober sprach ich auf einer kurzen festlichen Veranstaltung zum 40. Jahrestag der Volksrepublik China; eine Ausstellung »Schätze Chinas in den Museen der DDR – 4 000 Jahre Handwerk und Kunst« wurde im Japanischen Palais eröffnet. Wolfgang Berghofer war bei der Eisenbahnerfamilie Funke zu Gast, die in der 75 000. Wohnung, die seit 1971 in

Dresden gebaut worden war, ihr neues Heim gefunden hatte. Am selben Tag hatte ich der Technischen Universität, ihrem Rektor Prof. Hans-Jürgen Jakobs und dem Parteisekretär Rudi Voigt auf einer Festveranstaltung noch ein Ehrenbanner von Partei und Regierung überreicht. Wir retteten uns in einen Schnelldurchlauf der Aktivitäten, hofften im Wechseltakt von Dehnung fälliger Entscheidungen und Hektik irgendwie auf die Zeit. Wir hofften vergebens; gerade dieser 4. Oktober sollte kein festliches Ende nehmen.

Während wir eine Veranstaltung nach der anderen absolvierten, fertigte man in Berlin Beschlüsse des Politbüros aus, von denen uns lediglich ein lapidares Fernschreiben Erich Honeckers erreichte. Darin teilte er kurz und bündig mit, daß aus Prag Züge über Dresden kommen, mit denen ehemalige Bürger der DDR in die Bundesrepublik fahren würden. Alle damit in Verbindung stehenden Probleme seien in Berlin zu entschieden.

Daß die Grenze zur ČSSR geschlossen würde, erfuhren wir über die Medien; natürlich verbreitete der Westen, daß besagte Züge von Prag über Dresden fahren. Ein Signal für alle, die ebenfalls die DDR verlassen wollten: Sie strömten zu Tausenden in die Stadt, um mit einem Stop der Züge im Dresdner Hauptbahnhof zu versuchen, mittels eben dieser Waggons in die Bundesrepublik auszureisen. Als ich gegen Abend in die Bezirksleitung der SED kam, informierte mich der Leiter der Abteilung Sicherheit, Eddi Geppert, über eine ständig wachsende Zahl von Menschen vor und im Dresdner Hauptbahnhof.

Über jene Dresdner Nacht sind viele Untersuchungen angestellt und unterschiedliche Aussagen gemacht worden. Mir wurde im Zusammenhang mit den Ereignissen in jenem Herbst bei einem Prozeß vor dem Dresdner Landgericht versucht, einen Meineid anzuhängen. Ausgangspunkt für die Anklage war eine Aussage im Untersuchungsausschuß des Sächsischen Landtages im April 1992. Es ging dort um die Frage, ob in den Herbsttagen 1989 unter meiner Leitung noch Sitzungen der Bezirkseinsatzleitung durchgeführt wurden, der Instanz des Nationalen Verteidigungsrates auf Bezirksebene –, ob ich also eine militärische Lösung der Konflikte zwischen Staat und aufgebrachter Bevölkerung angestrebt hätte. Denn Sitzungen dieser Einsatzleitung bedeuteten in der Außenreflexion automatisch: Waffen raus! Solche Sitzungen fanden unter militärischen Bedingungen, also auch im militärischen Ton statt, und zwar meistens im Wehrbezirkskommando. Politische Diskussionen wären da kaum möglich gewesen. Deshalb setzte ich in jenen Tagen keine Sitzung der Bezirkseinsatzleitung mehr an, denn ich wollte alles andere als eine Lösung mit Waffen. Was ich freilich wollte, war eine Einbindung der militärisch Verantwortlichen in den politischen Entscheidungsprozeß dieses heißen Herbstes. Deshalb mußte man klar unterscheiden zwischen Sitzungen der Bezirkseinsatzleitung, die ich nicht mehr einberief, und Beratungen bei mir, an denen selbstverständlich Militärs und andere Sicherheitskräfte teilnahmen.

Ich sagte also vorm Untersuchungsausschuß des Sächsischen Landtages am 22. April 1992 aus, daß die Bezirkseinsatzleitung Dresden in jenen Herbsttagen nach meiner Auffassung keine Sitzung mehr durchgeführt hätte. Später aber fand sich das Protokoll einer Zusammenkunft vom 4. November 1989. Das hat mich getroffen wie ein Blitz. Ich konnte mich nur erinnern, am 4. November 1989 nahezu ganztägig vorm Fernseher gesessen und die Übertragung der Demonstration auf dem Berliner Alexanderplatz verfolgt zu haben. Eine Sitzung der Bezirkseinsatzleitung an diesem Tag? Das könnte ich, so wunderlich es klingen mag, bis heute nicht beschwören. Interessanterweise ging es anderen Befragten ebenso. Da jedoch ein Papier darüber existiert, muß ich diese verdrängte Tatsache schlichtweg akzeptieren.

Egon Krenz hatte am 3. November, wie ich heute aus Dokumenten weiß, als Vorsitzender des Nationalen Verteidigungsrates an die bewaffneten Kräfte den Befehl erteilt, bei Demonstrationen auf keinen Fall Schußwaffen einzusetzen. Dies war mir offenbar entfallen, denn auf der Grundlage just dieses Befehls traf die Bezirkseinsatzleitung Dresden eigene Festlegungen. Aber so sehr war in meinem Gedächtnis die Gewaltlosigkeit jener Tage und Wochen als Selbstverständlichkeit verankert, daß ich mich für eine längere Zeit nicht mehr an die Notwendigkeit erinnern konnte, ihre Garantie auf staatlicher Seite per Sonderbefehl flankieren zu müssen. Eine folgenreiche Erinnerungslücke.

Wegen dieser falschen Aussage also fand ich mich Jahre später vorm Landgericht Dresden wieder. Ich hätte mich, so der Richter abschließend, bei meinen damaligen Aussagen 1992 vorm Untersuchungsausschuß halt wirklich mehr anstrengen müssen, um alle, wirklich alle Einzelheiten der zur Diskussion stehenden Zeit abrufen zu können. Der Mann hatte gewiß recht. Allein: Welche Gründe sollte die partielle Gedächtnismüdigkeit gehabt haben? Ich sehe kein plausibles Motiv für eine bewußte Lüge. Möglicherweise brachte mich in diesem Untersuchungsausschuß die vorherrschend feindliche Atmosphäre der Vernehmung in eine verhängnisvolle Blockadewut. Die Leute, die mir gegenüberstanden, waren gar nicht erst bereit zu besagter Differenzierung zwischen Sitzungen der Bezirkseinsatzleitung und jenen politischen Beratungen, an denen auch Militärs teilnahmen. Ich fühlte mich vorm Ausschuß, angesichts einer Welle des Hasses und der Hysterie – so jedenfalls habe ich die Situation empfunden –, unter psychischen Druck gesetzt. Um einen Vergleich zu versuchen: Was sich im Dezember 1996 mit dem Übertritt von Vera Lengsfeld, Angelika Barbe und Günter Nooke zur CDU vollzog, war in jenem Untersuchungsausschuß schon im Denken des Landtagsabgeordneten Arnold von Bündnis 90 sowie seines Mitarbeiters Stefan bestimmend. Es erhob sich für mich die Frage, ob diese Leute nicht schon im Herbst 1989 ganz andere Motive hatten, als jene Zehn- ja, Hunderttausende, die in Dresden, Leipzig und anderswo riefen: »Wir sind das Volk!« Daß Wolfgang Berghofer und ich in den Tagen nach dem 8. Oktober mit Zehntausenden Dresdnern demonstrierten und auf der Straße Gespräche führten, die gewaltfrei verliefen – das wollte man im April 1992 im Ausschuß des Sächsischen Landtages schon nicht mehr hören. Feindlichkeit beherrschte das Klima, und ich reagierte mit einem wütenden, in die Enge getriebenen Trotz, dem sich wohl auch der Erinnerungswille unterordnete.

Noch einmal: Es wäre nach den Gesetzen der Deutschen Demokratischen Republik nie ein Verstoß gegen Recht und Gesetz gewesen, in den Oktobertagen in Dresden auch »pure« Sitzungen dieser Einsatzleitung durchzuführen. Solcherart Gesetzesschutz verführte mich nicht, die Gewehre laden zu lassen. Die ausschließliche Mobilisierung eines militärischen Organs erschien mir für meine Vorstellungen von Konfliktbereinigung völlig ungeeignet. Nie jedoch habe ich politisch-operative Beratungen in Frage gestellt, an denen Mitglieder der Bezirkseinsatzleitung teilnahmen. Bereits lange vor dieser Vernehmung im Ausschuß des Sächsischen Landtags berichtete ich öffentlich über solche Zusammenkünfte. Selbstverständlich gab es derartige Konsultationen zum Beispiel auch in jener dramatischen Nacht vom 4. zum 5. Oktober, als die umstrittenen Züge durch Dresden fuhren. Solche politisch-operativen Beratungen können aber nicht so ohne weiteres in den Rang einer Sitzung der Bezirkseinsatzleitung erhoben werden. Wenn nun die Oktoberberatungen mit den Militärs kraft eines Gerichtsspruches dennoch zu Tagungen der Bezirkseinsatzleitung gemacht wurden, dann darf dieses Organ auch nicht aus dem herausgelöst werden, was im Ergebnis der von mir geleiteten politischen Beratungen geschah und beschlossen wurde; dann muß also in der Logik dieser Unterstellung akzeptiert werden, daß niemand anders als ausgerechnet die Bezirkseinsatzleitung wesentlich dazu beigetragen hat, einen politischen Dialog zu initiieren, den es so wie in Dresden in keiner anderen DDR-Stadt gab. Daß per Gerichtsbeschluß damalige Beratungen bei mir im Büro zu Sitzungen der Einsatzleitung umfunktioniert wurden – möglicherweise begünstigt durch meinen Erinnerungsfehler in bezug auf jene eine Novembersitzung –, ließe dann auch den Schluß zu, just diese Bezirkseinsatzleitung habe das Konzept einer Konfliktlösung mit Hilfe jener auf der Straße entstandenen Bürgergruppe der 20 beschlossen, ihr also den Auftrag erteilt, den politischen Dialog auf den Großveranstaltungen im Oktober zu führen. Dem sächsischen Landtagsausschuß im April 1992 eine solche Version über die gleichsam wohltätige Arbeit einer Bezirkseinsatzleitung anzubieten, wäre wohl zu Recht als Provokation aufgefaßt worden. 1996 aber wurden politisch operative Beratungen kurzerhand in Sitzungen der Bezirkseinsatzleitung umfunktioniert – um mir, wenn schon nicht Meineid, so doch wenigstens eine Falschaussage zu »beweisen«. Diese Verfahrensweise entspricht den Zielen der politisch-juristischen Verfolgung von ehemaligen Verantwortungsträgern der DDR in der heutigen Bundesrepublik Deutschland. Ohne einen solchen juristischen Kunstgriff des Oberlandgerichts Dresden wäre es nicht möglich gewesen, mich zu verurteilen.

Eine möglichst gerechte Bewertung der Oktobertage in Dresden erfordert, nicht im nachhinein die Grenzen zu sprengen, innerhalb derer man damals handelte. Offenbar ist das jedoch für manche schwer. Nur mühsam löst sich ihr Blick von heutigen politischen Interessen, und immer wieder werden damalige Ereignisse benutzt, um gegenwärtiges Denken und Tun in eine gequälte Kontinuität zu zwingen. Daß uns 1989 der Druck der Straße zum Wandel zwang, ist richtig. Daß SED in jenem Herbst undifferenziert Gewalt und Uneinsichtigkeit bedeutete, ist und bleibt falsch.

... kostete kein Menschenleben!

Damals im Herbst 1989 war ich mit anderen in der Verantwortung der Macht, heute in der Bundesrepublik zähle ich zu denjenigen, die politisch möglichst ausgegrenzt werden sollen. Ich will nicht leugnen, daß ich mir mitunter Mühe geben muß, um nicht verbittert zu sein. Aber Mühe und also Selbstbeherrschung sind nötig, denn ich möchte weiterhin versuchen, differenziert über mein damaliges Verhalten und Denken öffentlich zu sprechen und zu schreiben. Andere, die sich damals in der Opposition sahen, wie etwa die Minister Steffen Heitmann und Arnold Vaatz oder der Oberbürgermeister von Dresden, Wagner, sind heute Teil der Macht. Das muß ich akzeptieren. Was ich jedoch nicht akzeptieren kann, ist der Versuch, Umbewertungen der damaligen Ereignisse so vorzunehmen, daß ein haßerfülltes emotionales Klima aufrechterhalten wird, welches heutiger Machtfestigung dient.

In der Enquête-Kommission des Bundestages hieß es später zu den Vorgängen jener Nacht vom 4. zum 5. Oktober: »Partei- und Staatsfunktionäre haben häufig, wenngleich in sehr unterschiedlichem Ausmaß, Spielraum für begrenzt eigenständige Entscheidungen genutzt ... Ehemalige Funktionäre haben als Zeitzeugen vor der Enquête-Kommisson ausführlich über die Nutzung solcher Spielräume zugunsten von Bürgern berichtet.«

Ich selbst sagte in der Enquête-Kommission aus: »Ich bekam ein Fernschreiben des Generalsekretärs, das der 1. Sekretär Karl-Marx-Stadt und der 1. Sekretär Dresden erhielten, und zwar mit der nackten Mitteilung: Es werden Züge aus Prag in die Bundesrepublik geleitet. Wir möchten euch darüber in Kenntnis setzen. Erich Honecker. – Das war alles.

An diesem Abend habe ich dann mit dem Verkehrsminister Arndt telefoniert. Er erklärte mir am Telefon: Die letzte Instanz hat entschieden, und wir beide müssen sehen, wie wir damit fertigwerden. Da habe ich gesagt: Otto, können wir noch etwas ändern? Kannst du die Züge nicht noch zurücknehmen, so daß sie direkt über Bad Brambach in die Bundesrepublik gehen? Da sagte er: Das geht auch nicht mehr, die Züge stehen an der Grenze zur DDR, vor Bad Schandau, sie sind überfüllt; wenn diese Züge anders gelenkt werden, wird es in den Zügen schon zur Katastrophe kommen, wir können es beide nur noch verantworten, daß die Züge durch Dresden gehen.

Daraufhin habe ich mich dann auch mit engagiert, nachdem der Polizeichef mich anrief und sagte, seine Kräfte reichten nicht aus, um den Bahnhof so frei zu halten, daß die drei Züge durchfahren können, ohne daß 10 000 Menschen auf dem Bahnsteig stehen, die Züge anhalten und versuchen, dort hineinzukommen. Daraufhin bat er mich, den Verteidigungsminister Keßler anzurufen, seiner Bitte zu entsprechen, die er dem Chef des Hauptstabes Streletz übermittelt hatte, hier Unterstützung zu geben. Das geschah so, daß der Leiter der Paradetruppen, die den 40. Jahrestag zu absolvieren hatten, Generalleutnant Gehmert, nach Dresden abkommandiert wurde. Ich habe dann mit Arndt den sogenannten – das war mir ein neuer Begriff – Blockabstand besprochen, den wir einhalten mußten. Das heißt, die Züge können in einem Minimum von 5 Minuten Abstand fahren. Dieser Blockabstand wurde vereinbart, so daß 15 Minuten der Bahnhof frei sein mußte, wenn nicht auf diesem Bahnhof ein menschliches Chaos ausgelöst werden sollte.

Ich stehe zu dieser Haltung, weil ich der Auffassung bin, daß es an diesem Abend keine andere Möglichkeit gegeben hat.«

Die Nacht vom 4. zum 5. Oktober 1989 war nach meiner Überzeugung mit der Gefahr verbunden, daß Menschen in den Zügen oder auf den Bahnsteigen in Dresden ihr Leben verlieren. Daraus erklärte sich mein Handeln und letztlich meine Befürwortung, bewaffnete Kräfte am Bahnhof zu konzentrieren. Ich bleibe dabei, daß sie nicht eingesetzt wurden, um etwa vorsätzlich friedliche Demonstranten zu bedrohen, sondern um Menschenleben zu schützen.

Aufgrund der zu erwartenden Ereignisse am Hauptbahnhof wurde vom Vorsitzenden des Rates des Bezirkes in einem Fernschreiben am 4. Oktober angewiesen, daß »operative Gruppen zur ununterbrochenen Führung in den

Verantwortungsbereichen zu bilden und einzusetzen sind, daß konkrete Maßnahmen zur stabilen Versorgung der Bevölkerung im Hinblick auf den Transportbedarf einzuleiten sind, und besonders wird noch einmal darauf hingewiesen, daß abgestimmte Maßnahmen mit den örtlichen Organen, der VP, dem MfS und der Partei zur Verhinderung jeglicher Störung der Infrastruktur auf dem Territorium einzuleiten sind.«

Stabile Versorgung. Früher hieß das nur Versorgung. Aber als es noch so hieß, war die Versorgung stabiler.

Zorn und Angst brachen sich an diesem Abend und in der Nacht des 4. Oktober Bahn. Eine erste Besichtigung der Schäden noch in der gleichen Nacht ergab erschreckende Bilder. Zerstört wurden 320 Quadratmeter Fensterglas, also 200 Scheiben in der Nordhalle, 88 große Scheiben und 44 kleine in den Erdgeschoß-Büroräumen am Leninplatz, alle Innentüren der Mittelhalle, alle Außentüren einschließlich der Alu-Rahmen, alle Schaukästen, 35 Quadratmeter Leuchtstofflampen, sämtliche Fahrkartenautomaten einschließlich Drucker, Uhren und vieles andere mehr.

Aber die Nacht kostete kein Menschenleben!

Von vielen Dresdner Ereignissen jener Oktobertage erfuhr ich erst im nachhinein, in Berichten. Es herrschte Kopflosigkeit. Kirchliche Amtsträger, mit Superintendent Christoph Ziemer von der Kreuzkirche an der Spitze, hatten sich tagelang bemüht, jede Gewalt zu verhindern. Als bekannt wurde, daß man Ziemer ein Gespräch mit dem VP-Einsatzleiter verweigerte und er des Platzes vor dem Hauptbahnhof verwiesen wurde, legte Oberbürgermeister Berghofer Protest beim Chef der VP-Bezirksbehörde ein.

Ziemer war einer jener Männer, die in jenen Tagen und Nächten Wichtiges leisteten für diejenigen, die uns Gegner waren. Was Leute wie er taten, war: Erschrecken anhören, Betroffenheit auffangen, Beistand vermitteln, Mut geben für den notwendigen Weg in die Ämter. Vor allem: immer wieder die Gewißheit pflanzen, daß der erfahrenen Gewalt, trotz alledem, einzig und allein nur Gewaltlosigkeit entgegengesetzt werden darf; die ausgestreckten leeren Hände, der gesenkte Kopf sollten unter allen Umständen die Insignien dieser friedlichen Veränderungsarbeit auf der Straße bleiben.

Vom 2. bis 5. Oktober sammelten sich Antragsteller auch aus anderen Bezirken in Dresdner Kirchen, um eine sofortige Ausreise zu erreichen. So befanden sich in der Kreuzkirche 54, in der Dreikönigskirche 32 und in der Kathedrale 31 Bürger. Die Festlegungen Berlins lauteten ursprünglich, die kirchlichen Amtsträger durch Gespräche zu veranlassen, diese Bürger aus den Räumen zu verweisen und sie der Volkspolizei zu übergeben. Diese Festlegung wurde negiert: Dresdner Bürger erhielten die gewünschten Ausreiseunterlagen sofort.

Dennoch: Die Tage nach dem 4. Oktober muß ich für mich sehr kritisch betrachten. Ich brauchte zu viel Zeit, um in Anbetracht und Analyse der Ereignisse um den 40. Jahrestag der DDR herum zu einer politischen Handlungskraft zu finden, die Gewalt verhindert, die den Dialog mit der Opposition schnell und förderlich zustandebringt und damit ein wirklich demokratisches Miteinander erreicht. Unsere Bereitschaft zu einer politischen Kräfteteilung wuchs nur langsam; nur allmählich kräftigte sich unsere Erkenntnis, daß ein Konsens zwischen dem Staat und der Opposition möglich sein würde und müßte. Obwohl die Vorstellungen über notwendige Veränderungen in der DDR sehr unterschiedlich blieben.

Die Zerrissenheit, in der ich mich befand, zeigte sich in solchen Entscheidungen für Ausreiseantragsteller ebenso wie in Maßnahmen, die in die andere Richtung zielten. So ging am 5. Oktober ein Fernschreiben der Bezirksleitung der Partei an alle Kreisleitungen, in dem auf »die besondere Lage« aufmerksam gemacht und gefordert wurde, »die Genossen der Sicherheitsorgane bei der Erfüllung ihres Auftrages allseitig und aktiv zu unterstützen«. Die 1. Sekretäre und andere Mitglieder der Sekretariate sollten »den eingesetzten Genossen und den anderen gesellschaftlichen Kräften persönlich besondere politische Aufmerksamkeit schenken, sie in ihrer Einsatzbereitschaft stärken und ihnen für die aufopferungsvolle Pflichterfüllung danken«. In diesem Fernschreiben wurde auch versucht, die Einschränkung der Reisemöglichkeiten zur ČSSR zu rechtfertigen. Die politische Fähigkeit eines Genossen wurde daran gemessen, inwieweit er in der Lage sei, »die erforderlichen Reiseeinschränkungen allen Bürgern einsichtsvoll zu erläutern und die Bürger von deren Richtigkeit zu überzeugen«. An alle Stadtbezirksbürgermeister erging eine Weisung zur politischen Arbeit in der Stadt Dresden. Als besonderer Schwerpunkt wurde die Verstärkung des politisch-ideologischen Einflusses auf die Jugend genannt; öffentliche Gebäude, Straßenzüge, Handelseinrichtungen und Wohngebiete seien in Vorbereitung des 40. Jahrestages unverzüglich zu schmücken, der 7. Oktober sei zu einem Feiertag des Volkes zu gestalten. In Zusammenhang mit den Volksfesten, die am Feiertag stattfanden, ergaben sich wie immer superlative Berichtszahlen. Soundsoviel Kollektive, soundsoviel Solisten, soundsoviel Besucher. Über 120 000 Bürger. Erst im nachhinein: Meldungen über den vorzeitigen Abbruch der Feste, weil es zu »Zusammenrottungen« kam. Noch immer der alte Berichtsstil, der nicht zur Kenntnis nahm, was nicht sein durfte und statt dessen die alte Wunsch-DDR weiterzuschreiben suchte. Aber: In Lagebesprechungen wurde auch mitgeteilt, aus Diskussionen mit Bürgern beim Einkaufen, in der Straßenbahn und beim Bummel durch die Volksfestzentren sei zu entnehmen gewesen, daß die überwiegende Mehrheit der Einwohner Dresdens die Vorkommnisse der letzten Tage ablehne und von den staatlichen Organen »ein härteres Vorgehen zur Gewährleistung von Ruhe, Ordnung und Sicherheit« erwarte. Es wurde ferner eingeschätzt, daß die angebotenen Volksfest-Programme und Veranstaltungen zum Republikgeburtstag vor allem »wegen der schlechten Witterung nur zögernd angenommen« worden seien.

Natürlich darf man nicht vergessen, daß viele Menschen aus einem Friedensbedürfnis heraus auf Seite der Staatsmacht standen. Als die Ereignisse im Oktober auf einen Massenausbruch aus der DDR hinsteuerten, die Geschehnisse in den BRD-Botschaften eskalierten, die Prager Züge durch Dresden fuhren und die Auseinandersetzungen vor dem Hauptbahnhof die Stadt erschütterten, überwog bei vielen tatsächlich noch der Eindruck von Gewalttätigkeit, die durch staatliche Organe einzudämmen sei. Die Menschen lehnten Ausschreitungen und Botschaftsbesetzungen ab; der politische Hintergrund mancher Proteste wurde vom Schrecken über die Form dieses Protestes verdrängt.

Beginn des Dresdner Dialogs

Aber am 7. Oktober klärte sich die Situation. Der Nebel der interpretatorischen Zweideutigkeiten verzog sich. Jetzt mußte sich etwas ändern, der Druck forcierte den Umschlag in eine neue politische Qualität. Am Abend des Republikgeburtstages war ich im Festsaal des Rathauses beim offiziellen Empfang unserer Bezirksleitung. Dieser Protokolltermin fand zeitgleich mit der Premiere des »Fidelio« in der Semperoper statt. Damit hatten wir eine Begründung geschaffen, die Festlichkeit zum DDR-Geburtstag vom Kunstereignis zu trennen. Das gab es bis dahin nicht, Semperopern-Premieren galten bisher geradezu als heilig. Aber in diesem »Fidelio« hätten wir Stacheldraht auf der Bühne gesehen; im Prinzip schuf die Inszenierung ein künstlerisches Abbild der gegenwärtigen DDR-Situation.

Zum Empfang selbst waren etwa 400 Leute gekommen, viele Ausländer, aber, so ich die Szene überblicken konnte, kaum ein Künstler, kaum ein Geistesschaffender. Ein Stehbankett. Dresdens Städtepartner aus Strasbourg waren anwesend, aus Leningrad, Wrocław, Ostrava. Alle wohnten übrigens im Hotel Newa, viele mit Blick auf die Prager Straße – besser hätten sie nicht mitverfolgen können, was zwischen 6. und 8. Oktober in der Stadt geschah ...

Den Satz Gorbatschows, der in Berlin fiel – »Wer zu spät kommt, den bestraft das Leben«! –, kannten wir zu jener Stunde noch nicht.

Gegen 20 Uhr schoben wir zufällig eine der schweren Gardinen an den großen Fenstern des Festsaales ein wenig zur Seite: Über den Rathausvorplatz auf die Leningrader Straße ging in relativ schnellem Schritt eine größere Menschenmenge, geordnet, völlig lautlos, man sah im Bildausschnitt weder rechts noch links das Ende. Nun kamen auch andere Festgäste ans Fenster. Peinlichkeit. Wachsende Unruhe. Entsetzen. Der Empfang war quasi zu Ende. Jetzt plötzlich drangen Rufe herein: »Wir sind das Volk!«, »Schämt euch!«

Am 8. Oktober versammelten sich die Menschen erneut. Wieder führte der Marsch quer durch die Stadt, er endete auf der Prager Straße, und wieder wurde alles mit einem gewaltigen Polizeikontingent abgeriegelt. Die Menschen setzten sich auf die kalten Steinplatten. Viele Polizisten verbargen nicht länger ihre Unsicherheit. Aber alle Aufforderungen über Lautsprecher, die Demonstration aufzulösen, fruchteten nicht. Von den Bürgern, die von Kirchenvertretern begleitet wurden, kam die Forderung, mit Partei- und Staatsfunktionären zu verhandeln.

So begann am 8. Oktober der Dresdner Dialog und die Wahl der »Gruppe der 20«. Diese Gruppe war gleichsam auf der Straße entstanden, spontan, ausgewählt von Tausenden; unter den zwanzig: Lehrlinge und Studenten, Ingenieure und Arbeiter, Handwerker und Krankenschwestern – der Jüngste 17, der Älteste fast 50.

An jenem 8. Oktober hatte Superintendent Ziemer ein Megaphon genommen und auf der Prager Straße erklärt: »Ich bin Superintendent Ziemer von der Kreuzkirche, an meiner Seite steht unser Landesbischof, Bruder Hempel. Der Oberbürgermeister, Herr Berghofer, hat es mir im Ergebnis eines Gesprächs ermöglicht, zu Ihnen zu sprechen. Das ist ein Neubeginn. (Beifall.) Er hat uns erklärt, daß er morgen um 9 Uhr mit den von Ihnen bestimmten 20 Bürgern im Rathaus sprechen wird. (Beifall.) Ich habe die Zusicherung erhalten, daß, wenn Sie friedlich nach Hause gehen, die VP Ihnen dazu den Weg freigibt. Ich bitte Sie deshalb, daß Sie jetzt nach Hause gehen. Über das Ergebnis des morgigen Gesprächs werden wir Sie nicht hier, aber in der Kreuzkirche, in der Kathedrale, in der Versöhnungskirche und in der Christuskirche morgen um 20 Uhr informieren. Es ist schon spät, laßt uns den heutigen Tag beenden, gehen wir friedlich nach Hause.«

Die Demonstration löste sich nach der Ansprache Ziemers innerhalb weniger Minuten friedlich auf. Damit war eine Entscheidung von weitreichender Bedeutung getroffen worden. Sie erfolgte im Interesse der demonstrierenden Bürger und stand zugleich im Widerspruch zur politischen Lageeinschätzung und den praktischen Schlußfolgerungen der SED-Zentrale, die für uns noch Gültigkeit besaßen und von denen wir mit der Zustimmung für das Auftreten der Kirchenleute schon abgerückt waren.

Am 9. Oktober, um 9 Uhr, begann im Dresdner Rathaus das erste Gespräch mit den spontan auf der Prager Straße ausgewählten 20 Demonstranten. Wolfgang Berghofer und ich hatten uns vorher getroffen und uns darüber verständigt, daß wir nun auf eigene Faust handeln müßten, um die »Gruppe der 20« in die Arbeit der Stadtverordneten einzubeziehen und die eigenen Spielräume voll auszuschöpfen. Von der »Gruppe der 20« wurden Forderungen gestellt, die Dresdens »Regierung« so ohne weiteres nicht erfüllen konnte, so etwa, das Neue Forum sofort anzuerkennen, alle Inhaftierten freizulassen sowie Demonstrations- und Pressefreiheit zu gewährleisten. Auch der Forderung, das Ergebnis des Dialogs auf einer Kundgebung im Zentrum oder im Kulturpalast bekanntzugeben, konnte nicht entsprochen werden. Die Angst vor Ausschreitungen war zu groß; aber vielleicht war es auch nur die Angst, gegen Dinge einschreiten zu müssen, die man zu einem gewissen Teil inzwischen schon selbst unterschreiben würde. Noch erließen wir Anordnungen »zur weiteren Gewährleistung eines hohen Niveaus der staatlichen Leitung bei der Sicherung von Ruhe und Ordnung, der allseitigen Erfüllung der Plan- und Versorgungsaufgaben und zur Vereitelung weiterer von bestimmten Kreisen der BRD inspirierter Provokationen«.

Welche Fragen bewegen die Menschen in diesen Tagen?

In der DDR gibt es eine reale politische Opposition, warum setzen wir uns nicht damit auseinander und lassen es statt dessen zu Demonstrationen kommen? Es wird Kritik geübt an der Handhabung der sozialistischen Demokratie, an der Einführung des Visumzwanges für Reisen in die ČSSR – warum haben wir nicht rechtzeitig Aktivitäten ausgelöst zum Kampf gegen sozialismusfeindliche Kräfte? Warum dürfen Jugendliche keinen Gorbi-Anstecker tragen? Welche Schlußfolgerungen sind aus den Demonstrationen zu ziehen? Warum werden Jugendliche, die von einer Jugendtourist-Reise kamen, zum Verhör mitgenommen? Warum gibt die Volkspolizei nur ungenügend Auskunft über Menschen, die inhaftiert worden waren?

Fragen über Fragen. Wir haben keine Antworten gefunden, die die Lage hätte retten können. Es waren Fragen, die ich erst sehr spät als wirklich wichtige Fragen akzeptierte.

Die Ausreisewelle allein in Dresden nahm immer größere Formen an. In Straßenbahnen wurden Flugblätter für das Neue Forum gefunden. Der Großhandel meldete fast jeden Tag Auslieferungsrückstände von fast 100 Tonnen »Waren des täglichen Bedarfs«. Gewerkschafts- und Parteiaustritte häuften sich. In der öffentlichen Sprechstunde der Abteilung Wohnungspolitik/Wohnungswirtschaft des Rates des Bezirkes und in den Kreisen kam es plötzlich zu einem erheblichen Andrang. 5 000 Bürger sprachen vor, doppelt so viel wie sonst. Viele Menschen kamen wegen einer ADN-Meldung, nach welcher Wohnungen von in die BRD Ausgereisten an DDR-Bürger vergeben werden. Keiner wußte etwas Genaues. Ein propagandistischer Schnellschuß aus der Allianz Honecker/Herrmann – und wir ruderten hilflos herum.

»Die nehmen keine Steine«

Eine besondere Rolle in den Dresdner Ereignissen spielt der 16. Oktober. An diesem Montag, 17 Uhr, hatte ein weiteres Gespräch zwischen dem Oberbürgermeister und der »Gruppe der 20« begonnen, für 20 Uhr war die erste Pressekonferenz zu den Ergebnissen des Dialogs angesetzt. Aber die Verhandlungen zogen sich hin. Der Tag schien wie zugenagelt. Die Nervosität stieg. Plötzlich standen Tausende vor dem Rathaus. Rhythmisches Klatschen. Immerhin: eine kulturvolle Art, sich bemerkbar zu machen, weit entfernt von jenen infernalischen Lynchrufen, wie sie zu gleicher Zeit und von Montag zu Montag greller auf anderen Demonstrationen im Lande zu hören waren.

Vor Berghofers Gespräch mit der »Gruppe der 20« hatte ich ein Fernschreiben an Egon Krenz und Joachim Herrmann geschickt, in dem des Oberbürgermeisters Aufgaben und Vollmachten klar definiert waren.

»Werte Genossen! Hiermit informieren wir und bitten um Zustimmung, daß der Oberbürgermeister der Stadt Dresden, Genosse Wolfgang Berghofer, am Montag, dem 16. Oktober, ein Pressegespräch mit Teilnehmern des vereinbarten zweiten Rathausgespräches durchführt.

Zielstellungen:

- Verstärkung der politischen Offensive der SED und des sozialistischen Staates im Sinne der Erklärung des Politbüros
- Festigung des Vertrauens in die Dialogbereitschaft und Dialogfähigkeit der SED und der sozialistischen Staatsmacht
- Festigung des Bündnisses der in der Nationalen Front vereinigten Parteien und Organisationen entsprechend der Beratung E. Honeckers vom 13. 10.
- Stabilisierung von Ruhe, Ordnung und öffentlicher Sicherheit
- durch breite Öffentlichkeitsarbeit soll Bestrebungen zu Kundgebungen entgegengewirkt werden.

Es ist vorgesehen, daß im Pressegespräch zu Anliegen, Inhalt und Ergebnissen des 2. Gespräches Erklärungen des Oberbürgermeisters, des Superintendenten und des Vertreters der Bürgergesprächsgruppe abgegeben werden und für die Medien Möglichkeiten zur Anfrage bestehen.

Sollten Vertreter von Medien der BRD Kenntnis von diesem Pressegespräch erhalten und die Bitte äußern, daran teilzunehmen, wäre ein gesonderter Verfahrensweg festzulegen. Von unserer Seite aus verweisen wir auf die gesetzlichen Bestimmungen und den Weg über das MfAA.«

Wie verlief an diesem 16. Oktober das Gespräch mit der Bürgerbewegung? Der klassizistische Rathausneubau, bewacht von zwei steinernen Löwen, war keine Hürde mehr für das Volk.

Wenn im folgenden einige der letzten Gesprächspassagen noch einmal zitiert werden – es waren bereits Stunden mühseliger Verhandlungen vergangen –, so deshalb, um die Zerissenheit auf SED-Seite zu belegen, eine Zerrissenheit zwischen Bejahung des Volksprotestes und Gläubigkeit in ein sozialistisches Demokratieverständnis nach unserer Lesart. Die zwei Seelen, die da (noch) in Berghofers Brust wohnten – sie widerspiegelten jene Stimmungslage, so vermute und behaupte ich, die viele von uns bewegte, die mit der Lage unzufrieden waren, aber die DDR nach wie vor, ja vielleicht mehr denn je als ihren, verteidigungswerten Staat ansahen.

BERGHOFER: *Herr Ziemer, wenn wir uns jetzt nicht darüber einigen werden, daß die Gruppe keinen eigenen Status einfordern kann, dann müssen wir unser Gespräch beenden. Ich hoffe, ich habe mich deutlich ausgedrückt. Mit Ihren Forderungen sprengen Sie meinen Spielraum, Sie wissen, in welche Verantwortung Sie mich bringen, die Folgen beherrschen wir beide nicht mehr.*

OPPOSITION *(nur wegen der Vereinfachung wähle ich im folgenden diesen Begriff. Am Gespräch waren mehrere Personen, Vertreter der Kirche und der Dresdner Bürgerbewegung, beteiligt): Nun, Herr Oberbürgermeister, ich denke, Sie haben sich zum Dialog bekannt, und der ist es bisher noch nicht geworden. Sie haben etwa eine Dreiviertelstunde monologisiert, jetzt muß doch erst mal Gelegenheit sein, sich zu äußern. Sie haben doch schließlich auch nur Forderungen gestellt und gesagt, bis hierher und nicht weiter.*

BERGHOFER: *Die Forderungen, die jetzt hier vorgetragen werden, kenn' ich doch schon, da haben wir uns doch schon dreimal drüber unterhalten ...*

OPPOSITION: *Wir haben Zuschriften erhalten, von Bürgern der Stadt Dresden, die uns ihren Schriftwechsel zusandten, den sie in den zurückliegenden Jahren mit verschiedenen staatlichen Institutionen, der SED und auch mit gesellschaftlichen Organisationen geführt haben, ohne daß ihre sachlichen Hinweise, Vorschläge, Kritiken in deren Arbeit Berücksichtigung fanden. Eine Gewerkschaftsgruppe wollte das Gesprächsangebot von Harry Tisch wahrnehmen, das er in der BRD gegenüber Bürgern unserer Republik geäußert hatte; sie konnten das Gewerkschaftshaus in Berlin nicht einmal betreten. Und so meinen wir, daß Vertrauen nur durch erhebliche personelle, strukturelle und inhaltliche Veränderungen in den bestehenden staatlichen Organisationen wiederhergestellt werden kann. Es darf doch nicht wahr sein: Eben dieselben verantwortlichen Personen, die noch bis vor einer Woche nicht bereit waren, auch nur die Tapete zu wechseln, wollen nun die Erneuerung des gesamten Gebäudes verantwortlich leiten. Wir können es nicht akzeptieren, nur als Einzelpersonen, als Bürger der Stadt Dresden zu gelten und auf existierende oder zu bildende Arbeitsgruppen verteilt zu werden, die von Abgeordneten bestimmt werden, die seit Jahren die Möglichkeit hatten, Veränderungen einzuleiten, die das aber bis zum heutigen Tage nicht geschafft haben. Wir sind nicht bereit, diese Strukturen zu unterstützen. Wir möchten auch darauf hinweisen, im Namen der Gruppe, daß es einzelne Gruppenmitglieder gibt, bei denen Recherchen angestellt worden sind, seitens der Staatssicherheitsorgane. Ich nenne die Namen der Betreffenden: Andreas Bartsch, Frank Neubert, Maik Miersch, Markus Kindscher, Dieter Brandes. Das ist entweder im Betrieb passiert oder im Wohnbereich. Bei Steven Richter in Pirna hat der Heimleiter dazu aufgefordert, den Spind zu durchsuchen. Dialog aber auf der Basis der Angst ist unmöglich, und der Dialog ist zu Ende, wenn Menschen aus Angst ausscheiden aus dieser Gruppe. Und das ist passiert. Deswegen muß das Ziel sein, keinerlei Benachteiligung und Beobachtung, und es ist nötig, daß die Arbeit der Polizei und der Sicherheitsorgane einschließlich der Staatssicherheit überschaubar und überprüfbar wird – damit diese Angst rauskommt aus dem Dialog.*

BERGHOFER: *Ich will Ihnen jede Möglichkeit eröffnen, soweit meine Autorität reicht. Wenn der Punkt kommt, daß Sie kein Vertrauen in den Oberbürgermeister mehr haben, muß ich die Vertrauensfrage stellen. Ich kann den Weg nicht gehen, Ihnen einen unabhängigen Status zu gewährleisten, das überschreitet die Grenze der legalen Möglichkeiten. Wenn Sie sagen, der Weg mit mir ist für uns nicht gangbar, dann endet an dieser Stelle der gemeinsame Weg. Ihnen einen Status zu verleihen, der auf der Straße geschaffen wurde, das kann ich nicht. Das lassen weder die Verfassung noch das Gesetz über die örtlichen Volksvertretungen zu.*

OPPOSITION: *Wissen Sie, wie massiv in der Bevölkerung das Mißtrauen gegenüber den bisher existierenden Strukturen ist? Das Mißtrauen ist so groß, daß wir bei der Auskunft, der Oberbürgermeister wolle Arbeitsgruppen bilden, ausgelacht werden! Die Bürger sind permanent enttäuscht worden. Sicher, wir können Ihre Angst verstehen, Ihre Bedenken teilen wir, und sicher möchte jetzt niemand Bürgermeister der Stadt Dresden oder SED-Funktionär sein ...*

BERGHOFER: *Noch einmal, ich sitze hier mit Bürgern der Stadt, das ist das einzige Mandat, zu dem ich legitimiert bin. Eine Gruppe, eine Vertretung, die nicht entsprechend der legalen Gesetzlichkeiten entstand, ist für mich nicht Gesprächspartner, verstehen Sie denn nicht meine Lage?!*

OPPOSITION: *Herr Oberbürgermeister, wir verstehen Ihre Lage sehr gut. Aber hier handelt es sich um einen außergewöhnlichen Vorgang, der außergewöhnliche Mittel verlangt. Sie haben sich als SED-Mitglied darauf eingelassen, den Dialog zu beginnen, nun muß er fortgeführt werden – wenn nicht wieder alles ins Indifferente abgleiten soll. Das ist unsere eigentliche Sorge.*

BERGHOFER: *Meine Partei, die SED ist momentan auf dem Weg zu einem Plenum, bei dem ich davon ausgehe, daß prinzipielle Dinge zur Disposition stehen. Diesen Weg will ich nicht belasten, weder mit einer mißlungenen Demonstration noch mit irgend etwas, was weder Recht noch Gesetz entspricht. Das ist mein Problem.*

OPPOSITION: *So, wir sollten endlich zu einer Entscheidung kommen, vor dem Rathaus stehen Leute, Tausende, sie stehen dort, weil sie erfahren haben, daß heute um 20 Uhr eine Pressekonferenz stattfindet. Die Ansicht, daß wir vor dem Rathaus etwas organisierten, ist und bleibt eine Unterstellung! Die Leute kommen, weil sie eine Information wollen und nichts anderes. Und wir haben seit Tagen gebeten, die Möglichkeit einer breiten Information zu klären.*

BERGHOFER: *Die Frage ist für mich geklärt. Da sitzt die komplette Presse der DDR.*

OPPOSITION: *Ja, Herr Oberbürgermeister, für Sie ist die Frage geklärt. Aber Sie haben Dialogpartner vor sich. Sie haben das allein entschieden.*

BERGHOFER: *Das ist nicht wahr. Wir haben das heute früh vereinbart, um 8 Uhr in dem Gespräch. Der Dialog kann doch nicht so sein, daß Sie mir ständig Demonstranten vor die Nase setzen, das ist doch kein Dialog.*

OPPOSITION: *Macht doch keiner. Das will die Gruppe verhindern, verhindern durch offizielle Informationen. Sie schätzen die Situation falsch ein.*

BERGHOFER: *Die schätze ich überhaupt nicht falsch ein. Im Gegenteil. Der Unterschied zu Ihnen: Ich bedenke die Konsequenzen. Wenn Sie das ehrlich meinen, dann gehen Sie hin und sagen, heute ist vereinbarungsgemäß keine Information vorgesehen, gehen Sie bitte nach Hause.*

OPPOSITION: *Kommen wir denn noch zu einem ordentlichen Ergebnis, so daß wir runtergehen und dort laut und deutlich etwas verkünden können? Wenn wir kein Ergebnis haben, sollen etwa wir runtergehen und dort sagen, also, der Herr Oberbürgermeister macht uns dafür verantwortlich, daß Sie jetzt hier sind? Wer trägt denn die Konsequenzen für das, was dann dort unten passiert? Wir müssen vielleicht mal so fragen: Worüber haben wir uns eigentlich konkret verständigt? Wir haben uns darüber verständigt, wie die weitere Arbeit aussehen könnte, im Groben. Aber über die anderen Punkte, die uns eigentlich erst Legitimation geben würden, weiter mit den Leuten in Kontakt zu bleiben, da haben wir keine Ergebnisse. Und da verbauen Sie, Herr Oberbürgermeister, sich selbst den Weg!*

BERGHOFER: *Ich kann Ihnen und werde Ihnen eine solche Legitimation nicht geben. Wenn Sie die Kirche benutzen, um die Bürger zu informieren, das habe ich schon vorige Woche gesagt, ist das nicht meine Entscheidung, dagegen ist nichts einzuwenden. Wir sind heute und morgen nicht bereit – ich habe versucht zu erklären, warum – zu einer Kundgebung oder ähnlichen demonstrativen Handlungen. Das kann nächste Woche anders aussehen. Das gilt für jetzt. Ich habe heute konkrete Vorschläge unterbreitet in Erwiderung auf das, was Sie eingebracht haben. Wir haben vieles von Ihren Vorschlägen aufgegriffen, inhaltlich versucht, den Weg zu formulieren, den man gemeinsam gehen könnte. Darauf haben Sie mir keine Antwort gegeben. Sie machen immer das eine vom anderen abhängig, fordern alles oder nichts. So kommen wir nicht weiter. Jetzt verlangen Sie sogar eine Kundgebung, die aus meiner Sicht nicht geht.*

OPPOSITION: *Wir haben keine Kundgebung organisiert. Die Leute sind aus eigenem Antrieb gekommen. Sie werden nicht nur heute dastehen, sie werden morgen, übermorgen, überübermorgen wiederkommen!*

BERGHOFER: *Also noch einmal: Demonstrationsdruck ist und bleibt für mich kein Mittel, politische Lösungen zu finden und den Dialog zu führen. Sie wollten Öffentlichkeit, das haben wir mit der Presse heute Abend realisiert. Sie wollten den Dialog, er hat stattgefunden; ich bleibe in meinem Wort, wir können ihn unter den durch mich bekanntgegebenen Bedingungen fortsetzen. Sie suchten einen Kompromiß, ich habe einen angeboten, die Stadtverordnetenversammlung wird Entscheidungen treffen, die eine breite, konsensfähige kritisch-konstruktive Mitarbeit und Entscheidungsfindung möglich macht. Ich habe Ihnen gesagt, ich biete Ihnen die Tribüne der Stadtverordnetenversammlung an. Sie können dort reden. Ich bin nicht bereit, Sie als Institution zu akzeptieren, Ihnen einen Status zu verleihen, Ihnen besondere Arbeitsmöglichkeiten zu geben, über die übrigens nicht einmal die Stadtverordneten verfügen. Ich biete die Arbeitsmöglichkeiten, die im Rahmen der legitimen Volksvertreter für alle vorhanden sind. Wenn Sie in einer Arbeitsgruppe mitwirken, gibt es selbstverständlich auch eine Sekretärin, Papier und einen Sitzungsraum. Es gibt eine große Chance, unsere gemeinsame Verantwortung für Dresden im Konsens weiter zu gestalten. Weiter will ich und kann ich nicht gehen.*

Opposition: *Was ist mit den 10 000, die draußen stehen? Wir müssen informieren, wir brauchen eine »Flüstertüte«. Man kann doch die Leute nicht draußen stehen lassen.*

Berghofer: *Sollen die Steine nehmen? Sollen die das Rathaus einwerfen? Ja, man muß was machen.*

Opposition: *Die nehmen keine Steine.*

Berghofer: *Also, ich bin dabei, mich erpressen zu lassen, Entschuldigung, wenn ich das so sage. Ich schlage jetzt vor, den Leuten draußen zu sagen: Erstens wird durch die Presse informiert, und zweitens wird morgen abend in bestimmten Kirchen Dresdens ebenfalls über unser Leitungsgespräch informiert. So, und wer spricht jetzt nach draußen?*

Opposition: *Also, Herr Berghofer, wir fänden es nicht gut, wenn Sie das der Gruppe überließen. Sie hat die Situation nicht veranlaßt.*

Berghofer: *Hab' ich das gewollt? Nein. Aber wir müssen uns der Situation stellen. Wir wollen versuchen, sie im Griff zu behalten, sie nicht ausufern zu lassen. Akzeptieren Sie doch bitte mal, daß in so fundamentalen Fragen nicht in zwei Gesprächen der Sozialismus verändert werden kann. Da braucht man Zeit. Hier ist eine Demonstration zustande gekommen ...*

Opposition: *Herr Oberbürgermeister, so geht's nicht, wir haben sie doch nicht hergeholt, die Leute.*

Berghofer: *Ich auch nicht.*

Opposition: *Aber Sie hätten es verhindern können. Wir halten es jetzt für sinnvoll, daß ein Vertreter der Gruppe das sagt, aber richtig wäre, daß neben ihm ein Vertreter der Stadt steht.*

Berghofer: *Wir besorgen jetzt die entsprechende Technik, ich weiß noch nicht, wie machen wir's am besten. Wer wird denn der Sprecher sein?*

So weit dieser Dialogversuch am 16. Oktober im Dresdner Rathaus, der für die weitere Entwicklung in der Stadt und wohl auch in der DDR eine Schlüsselfunktion hatte.

Was weiter geschah, las sich in der »taz« vom 18. Oktober dann so:

»Im zweiten Stock bewegt sich eine Gardine. Sofort strahlt eine Taschenlampe das Fenster an. Die da oben fühlen sich ertappt, machen das Licht an, öffnen das Fenster. Die Menge draußen lacht, klatscht, freut sich.

Einer von den Verhandlern im Rathaus tritt mit Megaphon ans Fenster. ›Wir möchten Sie über das Ergebnis der Gespräche morgen in der Kirche informieren.‹ Die Menge unten: ›Heute. Wir bleiben hier.‹ Einer aus der Menge: ›Eine Frage.‹ Der Verhandler oben, der vor einer Woche noch Demonstrant war: ›Wir können jetzt mit dem Megaphon keine Fragen beantworten.‹ Eine Frau lacht: ›Den haben sie schon klein gekriegt, in einer Woche.‹

Endlich tritt der Bürgermeister ans Fenster. Die ganze Zeit muß er schon im Schatten, unsichtbar für die Menge, die Szene beobachtet haben. Unsicher fängt er an: ›Ich begrüße Sie.‹

Lachen unten. Oberbürgermeister Berghofer weiter: ›Wir wollen den Dialog im Sinne der Gewaltlosigkeit weiterführen. Wir werden Sie in der Presse morgen ausführlich informieren‹, fährt er fort. Damit ist unten niemand mehr einverstanden: ›Heute!‹

Der Bürgermeister tritt ab, überläßt das Fenster dem Superintendenten Ziemer: ›Es war offen geblieben, wie informiert werden soll. Umfassend kann hier nicht ohne Verstärkeranlage informiert werden. Wir brauchen etwas Zeit, um das Gespräch zu verarbeiten, laßt uns morgen in der Kirche reden.‹ Das Volk unten, genervt, ungeduldig: ›40 Jahre.‹

An diesem Abend will die Menge die Bedingungen des Dialogs auf dem Rathausplatz direkt mitdefinieren. Es ist eine vorrevolutionäre Situation, wenn auch nur für einen Abend. Der Verhandler darf dann noch die Themen aufzählen, über die im Rathaus dikutiert wird: Verhältnis von Ökonomie zu Ökologie (Beifall unten), Reise- und Ausreisemöglichkeiten (Jubel von unten), Verbesserung des öffentlichen Nahverkehrs (sehr mäßiger Beifall), Wahlen (Jubel). Verhandler ab.

Oben geht das Licht aus, das Fenster wird geschlossen. Einer fordert die Versammelten auf, nach Hause zu gehen. Die Menge ruft: ›Morgen hier!‹«

Als sich in Dresden die »Gruppe der 20« gebildet hatte, standen vor allem Wolfgang Berghofer und ich vor einer völlig neuen Situation. Für Berlin hatten wir mit dieser Anerkennung einer oppositionellen Gruppe quasi als Verhandlungspartner eine Schlacht verloren und ein wichtiges politisches Feld preisgegeben. Von nun an hatte die Opposition der Straße ihr Büro im Rathaus, sie wirkte mit in den gewählten Ausschüssen des Stadtparlaments, und die Gespräche des Oberbürgermeisters mit der Gruppe wurden vor Zehntausenden in den Dresdner Kirchen ausgewertet. Wir stellten uns dieser Situation und versuchten, sie als demokratischen Zugewinn zu begreifen. Das geschah Wochen vor Etablierung der Runden Tische.

Die meisten, die damals in der »Gruppe der 20« dabei waren, wollten Mittler zwischen Staat, SED-Institutionen und der Bevölkerung Dresdens sein – um mit dafür Sorge tragen, daß es zu deutlich erkennbaren Veränderungen an der Basis der sozialistischen Gesellschaft kommen konnte.

Fünf Kirchen, ein Wille

Am nächsten Abend fanden in fünf Dresdner Kirchen Veranstaltungen statt, auf denen verabredungsgemäß ausführlicher informiert wurde. Ich habe mir auch die Berichte just dieser Begegnungen noch einmal angesehen, die auf meinen und den Tisch des Oberbürgermeisters kamen. Sie offenbaren, im Detail, das Charakteristische der gesamten Vorgänge in jenem Herbst: Die Umwälzung der DDR erfolgte nicht durch deren absolute Gegner, sondern durch oppositionelle Insider. Jene Oktobertage gestatteten, gegen die Führung Front zu machen, ohne wirklich Feind zu sein. Das wird später auch der Grund sein, warum die überraschende, fast chaotische Grenzöffnung am 9. November so reibungslos und wunderbar friedlich vonstatten gehen kann: Diejenigen, die opponieren, können bei den Verteidigern des herrschenden Systems an ein (ehemals) gleiches Bewußtsein appellieren, an gleiche Ideale und Hoffnungen, ja, letztlich auch an gleiche Enttäuschungen und Verletztheiten (so man sie nun endlich laut zugibt). Die Aufrührer konnten viele Funktionäre erreichen und bewegen, weil sie plötzlich wie deren schlechtes Gewissen wirkten. Ohne eine solche »Vermischung«, schreibt der Theaterregisseur Adolf Dresen in einem Essay zur sogenannten Wende, gab es noch nie eine Revolution. »Ein Linker konnte weder im Westen noch im Osten jemals eindeutig gegen die DDR sein. Das führte zu vielen Zwielichtigkeiten und Zweideutigkeiten. Aus diesen aber, nicht aus reinen Prinzipien, kam dann der Aufstand.«

So wurden auch wir, die Beschützer der Klassenverhältnisse, aus einem langsam wachsenden Grundkonsens mit vielen Menschen heraus, peu à peu zu Auflösern dieser Verhältnisse. Dieser Grundkonsens war es, der Egon Krenz zu dem freilich zu weit gehenden, verhängnisvollen Satz animierte, die Partei habe die Wende eingeleitet. Aber genau hier lag ein wesentlicher Unterschied zur KPdSU: Dort bestand auch innerhalb der Partei eine große Kraft, die anstehende und eingeleitete Reformprozesse zu behindern wußte. Diese Kraft gab es als ausschlaggebende Größe unter den Mitgliedern der SED nie. Was sich massenhaft ausgeprägt hatte, waren stilles Leiden an zerbrochenen Hoffnungen sowie persönliche Resignation. Den Reformprozeß, als er denn über uns kam, beeinträchtigten nicht ideologische Plattformen, sondern höchstens Gerangel um Privilegien und Intrigen und deren Erhalt. Die Zerstörung der Politbürokratie hinterließ letztlich ein Vakuum, in dem es gelang, den Reformkräften in der SED (ich schließe mich ein) das Heft aus der Hand zu nehmen. Aber die neue Demokratie erwies sich als zu schwach, um selbst zu führen. Dies geriet zur eigentlichen Prämisse für die Wiedervereinigung.

Aber bis dahin sollte es noch ein Stück Weges guter Hoffnungen und großer Aufregungen geben. In den Kirchen Dresdens herrschte am Abend des 17. Oktober Aufbruchstimmung.

Kathedrale: 5 000 Menschen. Bischof Reinelt begrüßt die Teilnehmer und verweist darauf, daß es sich nicht um eine kirchliche Veranstaltung handele. Die katholische Kirche möchte den Dialog unterstützen. »Mancher wird sagen, das ist nur ein Tropfen auf den heißen Stein. Aber jeder Weg beginnt mit einem solchen Tropfen.« Er beteuert, daß der Rat der Stadt keine Räume zur Verfügung gestellt habe. Ein Student der Verkehrshochschule schildert, daß die Gruppe öffentliche Plätze für die Durchführung einer Kundgebung gefordert habe, aber vom Staat hingehalten worden sei. Es werden Berichte von Personen verlesen, die von Sicherheitskräften mißhandelt wurden.

Es wird darüber informiert, der OB habe zugesagt, eine Kommission unter Mitwirkung der »Gruppe der 20« zu bilden, um VP-Übergriffe auf Demonstranten zu untersuchen. Entgegen der Sicht des Staates, sie seien Einzelpersonen, sehe sich die Gruppe als Vertreter der Bevölkerung. Der OB halte, so wird mitgeteilt, große öffentliche Kundgebungen im Moment für nicht sinnvoll. Eine Frau aus Leipzig ist verwundert, daß die Dresdner noch so ruhig seien. Sie sagt: »Warum trefft ihr euch montags nicht – zufällig – zu einem Schweigemarsch in der Stadt?«

Forderung: Wenn sich Modrow, Honecker, Stoph und Berghofer nicht als Diener des Volkes, sondern als Diener des Staates betätigen, müssen sie abgelöst werden.

Kreuzkirche: 5 000 Menschen. Die Veranstaltung wird durch Superintendent Ziemer eröffnet, der betont, daß die Kirche nicht viel mehr als ein bequemes Alibi sei. Viel Beifall erhalten die sich ständig wiederholenden Aufforderungen zu Demonstrationen. Der OB habe dazu gesagt, daß Demonstrationen nicht genehmigt sind, aber das könne nächste Woche schon ganz anders aussehen. Die »Gruppe der 20« informiert, daß sie Kontakt zu den Stadtverordneten haben wird. Sie fordert aber auch Kontakte zu Modrow.

Es wird eingeschätzt, daß der OB nicht die Bewegungsfreiheit habe, die ihm als gewählter Volksvertreter gebührt.

Ein Vertreter aus dem staatlichen Großhandelsbetrieb Schuhe-Lederwaren Radebeul spricht von einer Stacheldrahtpolitik in der DDR. Man müsse nun die Tore in alle vier Himmelsrichtungen öffnen. Da es in unserem Staat die Bespitzelung nach innen gibt, fordert er die Senkung der Ausgaben für innere und äußere Staatssicherheit. Es wird die Forderung aufgemacht, die Betriebsleiter künftig frei zu wählen. Wenn Honecker das

Flüchtlingsproblem bestreite, könne er den Staat nicht führen. Funktionäre wie Modrow und Berghofer sollten die Gelegenheit bekommen, die Führung des Staates zu übernehmen.

Versöhnungskirche: 5 500 Menschen. Pfarrer Horn beginnt mit den Worten: »Ich habe den Eindruck, daß wir beschwichtigt werden sollen.« Er gibt bekannt, daß die Kirche zum letzten Mal der Ort für solche Veranstaltungen sei. Er verstehe die Gereiztheit der Massen, bitte aber darum, die Information ruhig entgegenzunehmen. Die Gruppe vertraue auf den Dialog, sei aber über den Kompromiß nicht glücklich. Horn informiert weiter darüber, daß das Gespräch mit dem OB mehrmals kurz vor dem Abbruch stand. Man wolle den Dialog nicht um jeden Preis, deshalb bleibe man auch bei den Forderungen der Prager Straße. Die Dialoggespräche hätten aber auf dem Rechtsgebiet große Erfolge gebracht. Die »Gruppe der 20« erwarte jetzt von allen Geduld, denn der Oberbürgermeister hätte keine Regierungsvollmachten. Die Gruppe sehe sich als Mittler zwischen der Bevölkerung und dem Staat. Sie habe bei den Bürgern die Hoffnung geweckt, daß ein Dialog auf der Basis des Sozialismus möglich sei. Sie wolle keine Partei bilden, aber Arbeitsgruppen; sie fordere eine Anerkennung ihrer Tätigkeit als gesellschaftliche Arbeit. Ihr nächstes großes Ziel sei eine große öffentliche Kundgebung.

Christuskirche: 2 000 Menschen. Während der Veranstaltung werden von Studenten der Hochschule für Film und Fernsehen Aufnahmen für einen Dokumentarfilm gemacht. Ein Vertreter der »Gruppe der 20« betont auch hier, daß der OB sie als Gruppe nicht anerkenne, sondern sie als Einzelpersonen betrachte, um der Gruppe nicht den Status der Opposition zuzugestehen. Der OB habe aufgefordert, sich gesellschaftlichen Organisationen anzuschließen und aktiv mitzuarbeiten. Die Verhandlung mit der SED sei sehr schwierig.

»Wollt ihr, daß der Dialog zwischen der Staatsmacht und dem Volk weitergeführt wird?« Große Zustimmung.

Von den Teilnehmern wird gefragt, ob der Dialog nur durch den OB oder auch durch Modrow geführt würde. Durch das Westfernsehen sei die Teilnahme Modrows an den Gesprächen angekündigt worden. Es wird geantwortet, daß dies nicht möglich sei, da Modrow in Berlin weile. Lachen. Man würde, so ein Vertreter der »Gruppe der 20«, sich gern mit ihm an einen Tisch setzen, da er wahrscheinlich die Möglichkeit hätte, mit »anderen Höheren« ins Gespräch zu kommen. Es folgt die Frage nach dem Spitzenkandidaten für Dresden – damit meint man wahrscheinlich Stoph – und fordert, daß dieser in die Stadt komme. »Gruppe der 20« : »Wir verfolgen momentan noch die Politik der kleinen Schritte und sind zufrieden, überhaupt mit der SED im Gespräch zu sein.«

Martin-Luther-Kirche: 2 000 Menschen. Superintendent Bergmann bedauert in seinen einleitenden Bemerkungen, daß staatliche Stellen für diese nichtkirchlichen Veranstaltungen keine Räume zur Verfügung stellen. Dann informiert ein Mitglied der »Gruppe der 20« über das Gespräch mit dem OB. Für die weitere Arbeit wird vorgeschlagen, Arbeitsgruppen zu bilden. Zwei Probleme seien besonders wichtig: 1. Zurückdrängung bzw. Einschränkung der Tätigkeit der Staatssicherheit; 2. Die SED könne nur vom Führungsanspruch reden, wenn dieser vom Volk akzeptiert würde. Es wird die Notwendigkeit der Teilnahme von Modrow an weiteren Gesprächen hervorgehoben.

Systemkritik von innen – aber wie,warum und wo?

Wie dachte ich damals? Druck auf Berlin war erforderlich, ja, er mußte sogar unbedingt verstärkt werden. Aber die Diskussion über Veränderungen sollte sich innerhalb der SED entfalten; die Partei selbst, die der Veränderung im Wege stand, sollte Hauptkraft dieser Reformierung bleiben. Diese Haltung erklärte mein widersprüchliches Verhalten in einer Diskussionsveranstaltung am 17. Oktober im Staatsschauspiel. Verhandelt wurden die gewaltsamen Übergriffe auf Demonstranten und willkürlich herausgegriffene Bürger. Kritik an der Volkspolizei, bezogen auf diese Übergriffe in der Stadt, wies ich nicht zurück; denn in Auswertung dieses Abends kam es wenige Tage später zu einer Diskussion, erneut im Staatstheater, mit dem Chef der Bezirksbehörde der Volkspolizei, Generalleutnant Willi Nyffenegger.

Aber: Selbstredend kamen auf dieser Veranstaltung auch generelle Fragen zu Staat und SED zur Sprache. Kritik an den gesellschaftlichen Prozessen in der DDR wollte ich in dieser großen Runde jedoch nicht auf Personen bezogen austragen; ich wollte bei bevorstehenden Auseinandersetzungen in Berlin – und diese Auseinandersetzungen sah ich auf uns zukommen – den Rücken frei haben und nicht dem Vorwurf ausgesetzt werden, Probleme der Partei außerhalb ihrer Gremien klären zu wollen. Daher lavierte ich. Ich bestätigte geäußerte Kritik und versuchte gleichzeitig, nicht zu weit zu gehen. Allerdings sehr wohl wissend, daß ich nicht überzeugen würde.

Ich weiß, daß die Dresdner PDS-Politikerin Christine Ostrowski mein Verhalten von damals anders sieht, es nur unter dem Diktum der Rückversicherung, der Feigheit und meiner starren Illusion betrachet, das Volk mit Hinhaltetaktik schon irgendwie wieder in den Griff zu bekommen. Als Parteisekretärin des Schauspiels war Christine Ostrowski mit dem Ensemble am 6. Oktober vor den Vorhang getreten und hatte im Namen des Theaters Veränderungen in der DDR gefordert. Eine Aktion, die von anderen Bühnen der DDR übernommen wurde. Ein entschlossener und mutiger Schritt. Warum Christine Ostrowski heute aber so viel Distanz zu denen hat, die damals im Theater mit dabei waren, warum sie heute so enormen, auf den eigenen Wandlungsprozeß konzentrierten Populismus betreibt, und warum sie Angriffe gegen jene führt, die der »alten Idee« treu bleiben – ich weiß es nicht.

Christine Ostrowski gab 1994 in einem Buch zu Protokoll: »Hans Modrow war auch in der Endzeit so etwas wie eine letzte Instanz für Vernunft. Er stellte sich hinter uns, als wir Christoph Heins ›Ritter der Tafelrunde‹ inszenieren wollten, im Frühjahr 1989. Das Stück beschrieb die alten Männer, die Tapferes und Heroisches in ihrer Jugendzeit vollbracht hatten, aber nicht mehr in der Lage waren, den Staat zu regieren. Den Gral hatten sie niemals gefunden, die jungen Leute liefen ihnen davon. Das Stück bündelte geradezu die Situation in der DDR, und Kurt Hager untersagte die Aufführung. Wir riefen die Parteileitung zusammen und faßten den Beschluß, die Inszenierung dennoch herauszubringen. So erhielt das Ensemble eine aus der SED kommende moralische Unterstützung gegen die offizielle Kulturpolitik der Partei. Das politische Kräftemessen dauerte bis zur Generalprobe, dann wurde die Genehmigung erteilt. Wer weiß, ob unser Intendant die Zerreißprobe hätte bestehen können, wenn Modrow umgefallen wäre. Zur Premiere blieb die Reihe der Ehrengäste leer. Das Publikum zeigte sich begeistert und betroffen. Die Inszenierung wurde ein voller Erfolg.

Kurz vor dem 40. Jahrestag der DDR entschlossen sich die Mitglieder des Staatsschauspiels, mittels einer Resolution endgültig aus ihren Rollen herauszutreten und dem Publikum klipp und klar zu sagen: Eine Parteiführung, die ihre Prinzipien nicht mehr auf Brauchbarkeit untersucht, ist zum Untergang verurteilt. Wieder informierten wir Hans Modrow. Der brüskierte ja die zentrale Festveranstaltung in Berlin und erzürnte damit Honecker über Maßen. Er war über unsere Resolution nicht gerade beglückt, aber er sagte: Macht es, wenn ihr meint, es machen zu müssen. Am 6. Oktober traten über hundert Ensemblemitglieder nach der Vorstellung auf die Bühne, ein Schauspieler verlas den Text, das Publikum erhob sich schweigend. Am darauffolgenden Tag erhielt der Intendant die Weisung, ein weiteres Verlesen der Resolution zu verhindern. Wir wollten ihn nicht in die Zwickmühle bringen. Regisseur Wolfgang Engel schlug vor, auf die Bühne zu gehen und zu schweigen. Das Publikum würde schon verstehen. Wir schwiegen, und das Publikum verstand. Im Hintergrund heulten Polizeisirenen.

Nach dem 40. Jahrestag der DDR fand im Theater eine öffentliche Mitgliederversammlung statt. Etwa 350 Gäste drängelten sich auf der Probebühne. Hans Modrow erlitt eine beschämende Niederlage: Er verteidigte die Polizeigewalt gegen die Demonstranten. Er, der Intendant und ich entschieden (das war blanke Feigheit), nichts über diese Versammlung in der ›Sächsischen Zeitung‹ zu veröffentlichen.

Hans Modrow heute ausschließlich als Reformpolitiker darzustellen, geht genauso fehl, wie ihn pauschal als Träger der politischen Macht zu charakterisieren. Beides war in ihm vereint und lag wohl im Konflikt miteinander. Auf die Frage, ob er in der SED zu feige war, antwortete er einmal: ›Nein, aber ich war nicht mutig genug.‹«

Es gab damals Hinweise aus der Bautzener Straße (wie die Dienststelle des MfS in Dresden umschrieben wurde), von Seiten der Bezirksleitung der SED endlich politisch gegen Genossen des Schauspielensembles vorzugehen. Dies ist nicht geschehen. Und ich meine, es ist auch dem Umstand zu danken, daß ich die Auseinandersetzung (spät genug!) Mitte Oktober erst auf zentraler Ebene suchte und eben nicht schon vorher außerhalb des Zentralkomitees deutlich sagte, daß diese Führung nicht länger tragbar sei.

Die Vorbehalte, die mir in der Zentrale entgegengebracht wurden, hätten bei einer ungebremsten Reaktion meinerseits in der damaligen Situation in Dresden nur schädlich für die Entwicklung sein können – in der ich mich, das will ich gern gestehen, nicht nur als Individuum sah, das für sich handelte, sondern als Politiker, der Verantwortung trug und sich nicht plötzlich aus ihr verabschieden wollte. Es war eine Verantwortung innerhalb der Partei und für sie. Man darf bei der Betrachtung der Ereignisse nicht vergessen, wie zählebig, wie hartnäckig sich auf oberer Ebene der SED bis zuletzt das verkrustete Denken hielt, obwohl draußen gleichsam alles loderte. Wie groß die befürchtete Abneigung gegen mich im Politbüro war, sollte ich ganz deutlich noch einmal auf jener ZK-Sitzung am 18. Oktober spüren, auf der nicht Erich Honeckers Ablösung gefordert, sondern ihm der Rücktritt gestattet wurde.

Aber jeder, der damals zu den politisch Verantwortlichen zählte, steht aus heutiger Sicht in der Kritik, und so muß auch ich mit den kritischen Bemerkungen Christine Ostrowskis über mich leben. Freilich muß ich sie nicht unwidersprochen lassen.

Feige oder mutig sein – es hat immer etwas mit Raum und Zeit zu tun. Als Christine Ostrowski vor den Vorhang trat, war sie nicht allein, sie war sich auch meiner Rückendeckung sicher. Als ich im ZK auftrat, war in dieser Sitzung von niemandem Rückendeckung zu erwarten, und sie kam auch von niemandem, mit Ausnahme von Moritz Mebel.

Christine Ostrowski zeigte auch nach den Umbrüchen der Zeit öffentlich registrierten Mut – wenn es zum Beispiel um die Verteidigung von Klaus Bartl ging, der als 17jähriger eine Verpflichtung zum Schutz der Grenze unterschrieb und damit IM wurde. Als es aber in gleicher Frage um öffentliche Angriffe gegen Mitglieder des Schauspiels ging, gab es keine Reaktion von Christine Ostrowski; da schien ihr der Zeitgeist näher zu sein als Solidarität stiftende Erinnerung an jene, die einst mit ihr vor den Vorhang gingen.

Sich selbst treu zu bleiben, ist eine der schwersten Probleme des Lebens – weil oft erst sehr viel Leben verstreichen muß, ehe man sehr sicher weiß, was es denn in einem selber ist, dem man unbedingt treu bleiben sollte ...

Mein Versuch, auf jenem Plenum des Zentralkomitees am 18. Oktober eine offene Diskussion zu erreichen, schlug fehl. Ich blieb der einzige, der ans Rednerpult ging, um die Debatte anzufachen. Manfred Ewald und Moritz Mebel ergriffen das Wort wenigstens von ihren Plätzen aus und sprengten damit ein (auch von mir) jahrzehntelang durchgehaltenes Ritual der Diskussionslosigkeit auf ZK-Tagungen. Mebel forderte eine schonungslose Problemdebatte, Ewald dagegen wollte spontan seinen Dank an Honecker, Herrmann und Mittag loswerden. In dieser Sitzung war es ausgerechnet der so oft gedemütigte Kulturminister Joachim Hoffmann, der immer wieder rief: Wir brauchen jetzt keine Diskussion, Egon muß ins Fernsehen! So half er kräftig mit, die Debatte über entscheidende Fragen im Plenum abzuwürgen.

Gerade Hans-Joachim Hoffmanns überraschendes Verhalten weist auf jene Kompliziertheit im Verhalten von Funktionären hin, die man Menschen außerhalb des Systems, die ihre klaren Urteile von Gut und Böse haben, so schwer erklären kann. Weil es einen erheblichen Unterschied macht, ob man ein System von innen oder von außen kritisiert. Das betrifft die Beziehung von Oppositionellen zum Staat DDR, aber das betraf ebenso die Beziehung von Genossen zur eigenen Partei. Außerhalb, so schrieb einmal der Theaterregisseur Adolf Dresen, kann man in eine öffentliche Meinung eingebettet sein, innerhalb einer Struktur aber braucht man Mut zum Widerspruch. Es gehöre mitunter schon Mut dazu, zu etwas nicht Stellung zu nehmen oder einen kleinen »Verrat« zu begehen, um einen größeren zu verhindern. Was man in der DDR (oder eben in der SED) tun konnte, war von Fall zu Fall zu entscheiden; es gab keine Verhaltensnormen, und das konnte von glücklich Außenstehenden so leicht als charakterloses Lavieren abgetan werden. Dresen schrieb 1992 zum Beispiel über Hans-Joacheim Hoffmann: »Ich war Direktor vom Schauspiel Frankfurt am Main und wollte den Minister um Genehmigung bitten für das Engagement eines DDR-Schauspielers. Zu meiner Überraschung begann mir der Minister – ich war mit ihm allein – in scharfen Worten vorzuwerfen, ich hätte bei der Goethe-Ehrung in der Frankfurter Paulskirche die DDR verleumdet. Während er mir predigte, schob er mir, gewissermaßen um seine Worte zu belegen, eine Akte ins Blickfeld, blätterte darin und ließ auch mich blättern – es war offenbar ein Konvolut Spitzelberichte über mich an die Adresse des Politbüros, von wo man nun Rechenschaft forderte. Ich konnte die Namen der Unterzeichner lesen – mindestens einen kannte ich. Neben dem, was der Minister, womöglich in Richtung Wanzen, mir vorhielt, wurde mir da also mitgeteilt: Paß auf, du wirst bespitzelt, von dem und dem, Adresse Politbüro. Es war der amtierende Minister selbst, der das tat – tat er es absichtlich? versehentlich? war es eine Panne? Das war dem Vorgang selbst nicht anzumerken. Nur unter dieser Bedingung war er überhaupt möglich. Wer im Westen lebt und gewöhnt ist an die Aufschneidereien und Selbstdarstellungen in den Medien, der bemerkt dergleichen kaum noch. Die ständig geblendeten Augen nehmen solche Taten im Dunkeln nicht mehr wahr.«

In meinem Diskussionsbeitrag auf dem Plenum verwies ich darauf, daß im »Neuen Deutschland« eine Überschrift enthalten sei, die nach wie stur behaupte, die Partei habe immer recht. Zwischenruf von Werner Krolikowski: Diese Aussage sei einer Arbeiterin der Leuna-Werke zuzuschreiben, nicht der Redaktion. Heinz Keßler rief, außerdem stimme es ja letztlich, wir hätten trotzdem die Wahrheit! Daß Keßler mir ins Wort fiel, quittierte ich mit der Bemerkung, die Zeit sei vorbei, da uns jemand aus dem Präsidium vorschreibe, was gesagt werden müsse.

Auch Joachim Herrmann und Günter Mittag sollten auf der ZK-Tagung am 18. Oktober nur »entlastet« werden; es bedurfte im Zentralkomitee der lauten, emotionsgeladenen Forderung Moritz Mebels, eine klare Aussage zu ihrem Versagen zu treffen und letztlich ihre notwendige Ablösung zum Beschluß zu erheben.

Am 18. Oktober war Erich Honecker dann zwar aus seiner eigenen Politik zurückgetreten, und Generalsekretär Egon Krenz stand nun an der Spitze der »Trümmerverwaltung« – aber die neue Führung stocherte nach wie vor, im Sinne der nebulösen, unkonkreten Erklärung des Politbüros vom 11. Oktober, nur im Nebel herum; diese Erklärung geht als Zeugnis der Unsicherheit und Überforderung in die Geschichte ein, nicht als Signal des Aufbruchs. Sie widerspiegelte lediglich die sich zum erneuten Dauerzustand verfestigende Hilflosigkeit der Zentrale. Die Macht, die Egon Krenz nun innehatte, floß schnell von ihm ab, weil er sie nicht in eine neue Qualität politischen Handelns umsetzen konnte. Der von ihm am 18. Oktober im Fernsehen unternommene Versuch, gleichsam mit der Wiederholung seiner Rede am gleichen Tag auf der ZK-Tagung die SED zur Initiatorin der Wende zu erklären, war völlig fehlgeschlagen. Diese Rede des neuen Generalsekretärs stieß weithin, selbst in wohlwollendsten Kreisen, auf Unverständnis und Widerstand. Die Zeichen der Zeit wurden nicht begriffen – noch am 8. November mußte das ZK sich gegen die Wiederwahl eines größeren Teils der alten Führung wehren. So stürmisch wie auf den Straßen ging es in der 2. Etage des ZK-Gebäudes also nicht zu.

Nun ist bekannt, daß Ereignisse ruhen müssen, ehe sie ihren Erkenntniswert zeigen können. Die Ereignisse freilich, das muß man relativierend sagen, ließen uns keine Ruhe; es gelang dem Politbüro nicht, die eigenen Umbruchsdeutungen freizulegen von Kalkablagerungen vergangener Denkweisen. Der Innendruck in der SED wuchs. Auch wenn die Welle der Parteiaustritte erst kommen sollte – es begann schon mächtig im Gebälk zu knistern. Ein Teil der Mitglieder wartete ab; andere begannen sich vorsichtshalber oder enttäuscht von der Partei zu lösen; und jene, die eine Veränderung wollten, wurden immer unzufriedener, weil die Parteiführung in Berlin selbstzufrieden im Schneckenhaus saß. Es ging darum, Veränderungen von unten zu beginnen, Schluß zu machen mit dem Warten auf Verkündigungen von oben.

Wir entwarfen in Dresden, sozusagen wieder auf eigene Faust, einen ersten vagen Standpunkt zur Umgestaltung des Sozialismus. Die SED sollte sich zuallererst selbst verändern, um mit verändern zu können. Bestätigt sah ich mich bei dieser Konzeption in den Forderungen großer Teile der Bürgerbewegung, nicht die SED zu zerschlagen, sondern lediglich ihr Machtmonopol zu brechen.

Zu diesem Thema führten wir im Edelstahlwerk »8. Mai« Freital eine Diskussion mit Vertrauensleuten der Gewerkschaft. Diese Debatte, im Blick auf die Stimmung der Belegschaft, in einem Parteiaktiv der SED einzuberufen, schien uns wenig glaubwürdig.

Das Edelstahlwerk war nicht zufällig ausgewählt: Hier hatte ich oft mit Arbeitsbrigaden gesprochen und an Zusammenkünften mit Minister Kurt Singhuber teilgenommen; ich hoffte, in diesem Betrieb von einem bestimmten Maß an Vertrauen ausgehen zu können. Ich gestehe, ich brauchte in den Turbulenzen jener Tage wenigstens ein Quentchen dieses Vertrauens, und meine Hoffnung bestätigte sich bei den Stahlwerkern. Unser Standpunkt fand Zustimmung, und wir konnten ihn in der »Sächsischen Zeitung« veröffentlichen.

Die Aussage des neuen Generalsekretärs am 18. Oktober, daß alle Probleme in unserer Gesellschaft politisch lösbar seien, blieb schon hinter den Erfordernissen zurück, bevor sie überhaupt verkündet war. Einen solchen Einschätzungsfehler wollten wir in Dresden nicht wiederholen, und doch zeigte sich einmal mehr, wie sehr man sich mühen und wie wenig man doch über seinen angewachsenen Schatten springen kann. Was mir an gutem Kontakt in Betrieben und wissenschaftlichen Einrichtungen noch gelang, ging in einer FDJ-Versammlung an der Romain-Rolland-Schule in Dresden völlig daneben. Die FDJ hatte längst alles Vertrauen verloren, ich aber drängte noch immer auf eine Diskussion mit der Jugend innerhalb der FDJ! Noch immer hatte ich nicht begriffen, daß die FDJ dazu nicht mehr fähig war. Auch deshalb gingen vor allem junge Menschen demonstrierend – auf die Straße. Dort erreichten wir sie mit unseren Argumenten kaum. Besser gesagt: Wir mußten erkennen, gar keine mehr zu haben.

Am 19. Oktober forderte ich vor über 2 000 SED-Parteiaktivisten des Bezirkes Dresden einen tiefen Wandel in der DDR, an dem alle Klassen und Schichten, vor allem die Jugend und auch die Christen beteiligt sein müßten. Es gehe dabei um Erneuerung und Reform in Produktion, Wissenschaft, Gesellschaft, Kunst und Kultur. Die Kritik gegen die Parteiführung verschärfe sich, in den eigenen Reihen wachse die Ratlosigkeit, Funktionen würden niedergelegt – keine Überraschung sei es daher, daß von außen die Forderung laut werde, die in der Verfassung festgelegte führende Rolle der Partei aufzugeben. Die Partei selbst habe diese Führungsfunktion verspielt.

Am 20. Oktober besuchte eine Abordnung der Fraktion der FDP im Bundestag mit ihrem Fraktionsvorsitzenden Wolfgang Mischnick die DDR und auch Dresden. Es ging nicht nur um die Heimatgefühle des gebürtigen Sachsen Mischnick, sondern auch um ein Gespräch mit dem 1. Sekretär der Bezirksleitung der SED. Zum Treffen mit mir erklärte Mischnick danach: »Ich gehe davon aus, daß Modrow künftig der oberen Führungsspitze der DDR angehört und ins Politbüro einrückt. Sein Gewicht ist schon jetzt sehr groß. Es wird eher noch viel stärker. Ich halte ihn für einen sehr zielbewußten Mann, der genau weiß, was er will; der seine Gesamtpolitik darauf ausreichtet, daß sie um der Menschen willen betrieben wird.« Der FDP-Vorsitzende, Otto Graf Lambsdorff, meinte am 23. Oktober, man solle von Ratschlägen aus Bonn an die DDR Abstand nehmen. Sie seien weder nützlich noch erbeten. Gedanken, an die der Graf heute sicher nicht mehr erinnert werden möchte; schon gar nicht, wenn es nach wie vor darum geht, sich der CDU anzudienen und auf die Sozialdemokraten wegen ihrer Haltung in jenen Oktobertagen 1989 einzudreschen. Auch Hellseher Mischnick vermied später im Bundestag jede Berührung mit mir. Diese Feigheit bundesdeutscher Politiker hatte auf den Vereinigungsprozeß gewiß keine positive Wirkung.

Wolfgang Berghofer und ich hörten bei einem Spaziergang im Umfeld des Rathauses am Abend des 23. Oktober, wie eine Frau zur Teilnahme an der jetzt stattfindenden Kundgebung mit Hans Modrow auf dem Theaterplatz aufforderte. Auf unsere Frage, woher sie dies wüßte, sagte sie, gerade in der Kreuzkirche davon gehört zu haben. Diese Frau war nicht wenig überrascht, als sie uns erkannte und unsere Unkenntnis von einer solchen Kundgebung registrierte. Wir überlegten kurz, was nun zu tun sei und entschlossen uns, sofort zum Theaterplatz zu gehen. Jedes Zurückweichen vor einem offenen, öffentlichen Dialog würde sich gewiß schädlich auswirken. Jetzt war auch die Chance gegeben, aus der Kirche herauszutreten und selbst an dem geforderten öffentlichen Dialog teilzunehmen, den Wolfgang Berghofer noch am 16. Oktober verweigert hatte. Der Theaterplatz war schon ziemlich gefüllt, als wir ankamen. Auf dem Sockel des prunkvollen Reiterstandbildes hatte sich eine junge Frau mit Megaphon postiert; sie verlas einen in diesen Tagen schon oft vorgetragenen Brief zu jenen Übergriffen auf zahlreiche Bürger, derer sich Angehörige der Volkspolizei nach der »polizeilichen Zuführung« schuldig gemacht hatten. Ich kletterte auf den Sockel des Denkmals, um mich zu dem verlesenen Brief zu äußern; ich erklärte meine Bereitschaft, auf Fragen zu antworten. Ein unmögliches Unterfangen. Auf dem Platz hatten sich inzwischen über 50 000 Menschen versammelt, niemand konnte mich hören, die Unzufriedenheit wuchs. Wir forderten die Volkspolizei auf, sofort einen Wagen mit starkem Lautsprecher auf den Platz zu bringen. Die Bitte wurde rasch erfüllt. Nun hatten wir – Wolfgang Berghofer, der 1. Stadtsekretär Werner Moke und ich – die Möglichkeit, uns den Fragen der Bürgerinnen und Bürger zu stellen. Kein Thema blieb ausgeklammert. Bis weit nach 21.00 Uhr dauerte diese Veranstaltung. Danach zogen noch etwa 25 000 Menschen friedlich durch die Innenstadt.

Die Montagsdemonstration wurde auch in Dresden bald zur Dauereinrichtung. Berghofer als Oberbürgermeister und ich sind einmal an der Spitze einer solchen Demonstration mitgezogen, untergehakt, vom Altmarkt bis zum Fucikplatz. Es war eine gewisse Schizophrenie: Einerseits spürten wir Sympathie, andererseits stand der Zug unter der Losung »Weg mit der SED!« Das nahezu Wahnwitzige bestand darin, daß wir auf diesen Kundgebungen auch noch Reden gehalten haben.

Stunden voller gemischter Gefühle. Aber nur die gemischten sind die echten Gefühle.

In Auswertung der Ereignisses entschieden wir uns, das heißt alle Parteien des Stadtparlaments, zu einer großen Dialogveranstaltung am 26. Oktober auf der sogenannten Cockerwiese, in der Nähe des Hygienemuseums. Über 100 000 Teilnehmer erlebten eine Kundgebung, wie sie Dresden (und wohl auch die DDR) bisher nicht kannte, außer den Berliner Sonntagsgesprächen und Leipziger Gewandhausbegegnungen. Vier Stunden heftige, erbitterte, ehrliche Kontroverse. Es hagelte scharfe persönliche Angriffe. Als Moderator des Abends fungierte der Chefdirigent der Dresdner Philharmonie, Jörg-Peter Weigele. Wolfgang Berghofer begann seinen Bericht über die Arbeit der Stadtverordnetenversammlung und die gemeinsamen Bemühungen mit der »Gruppe der 20« mit den Worten: »Ich bin Mitglied der SED, und dazu bekenne ich mich auch in schweren Zeiten.«

Wir hatten nicht nur auf der Tribüne, sondern auch auf dem Platz zwei Mikrophonsprechstellen eingerichtet. Über 20 Redner machten davon Gebrauch. Wer meinte, etwas sagen zu können oder zu müssen, konnte die Gelegenheit nutzen. Arnold Vaatz, heute Minister in Sachsen, sprach für die »Gruppe der 20« und verwies auf die Tagung der Stadtverordnetenversammlung. Dort sei viel nachgedacht worden über die Ursachen der Gewalt, aber die Dinge seien nicht beim Namen genannt worden. Nach seiner Auffassung würde die Heuchelei dort beginnen, wo auf SED-Seite von Demokratie die Rede sei, aber keine Verurteilung der Ereignisse in China erfolge. Daher hätten die Menschen Furcht und würden weiter die DDR verlassen. Und jene, die hierblieben, seien leider nicht automatisch davon überzeugt, damit den besseren Weg gewählt zu haben. Oft verhindere nur Resignation den Schritt aus dem öden Kreis.

Den Zwischenruf: Wir resignieren nicht, wir wollen kämpfen, daß es besser wird! ließ Herr Vaatz unbeantwortet.

Als 1996 über 20 000 Lehrer und Eltern vor den Landtag in Sachsen zogen und im Februar 1997 über 5 000 Bauarbeiter in Dresden von Politikern Antwort auf bedrängende soziale Fragen einklagten, gab es keine Mikrophonstellen auf dem Platz. Hinter verschlossenen Türen wurde verhandelt. Vorbei ist die Zeit Zehntausender, die in den Kirchen Demokratie einklagten. An wirklich eingreifende Politik auf der Straße ist nicht mehr zu denken. Inzwischen haben wir es auch mit vielen Politikern in der Bundesrepublik Deutschland zu tun, die aus den Kirchen kommen und sich mit einer Oppositionshaltung schmücken, die man damals im Herbst 1989 gar nicht so recht bemerkte. Jetzt betreiben ehemalige Pastoren fleißig die Demontage des sogenannten Sozialstaates, und in rückwärts gerichteter Demagogie werden jene führenden Frauen und Männer der Kirche gescholten, die sich damals nicht schnell genug bereiterklärt hatten, die DDR zu zerschlagen.

Damit sich der Dialog in jenem Herbst nicht im Selbstzweck verlor oder auf größere Veranstaltungen beschränkte, hatte die Stadtverordnetenversammlung zum Zwecke einer demokratischen Umgestaltung auf allen Gebieten 14 Arbeitsgruppen gebildet, in denen interessierte Bürger, Experten und Vertreter der »Gruppe der 20« mitarbeiten sollten. Die »Sächsische Zeitung« gab die damals von mir bezogene Position mit den Worten wieder: »Hans Modrow analysierte die vergangenen stürmischen Ereignisse. Das Tempo der politischen Veränderungen sei groß, und Kräfte seien in das öffentliche Geschehen getreten, die von sich sagen, sie wollten nun vertreten, was bisher unter Schönfärberei verdeckt und durch lediglich formale Gestaltung des Sozialismus zu gering beachtet worden sei. Über Ursachen und Verantwortung für eingetretene Verzerrungen der sozialistischen Gesellschaft in unserem Lande werde noch zu sprechen sein, sagte Modrow. Es sei in erster Linie ein Anspruch an die SED, verlorengegangenes Vertrauen zurückzugewinnen. An Zweifler gewandt, meinte er, daß ein Prozeß, wie er in diesen Tagen in der DDR ausgelöst wurde, revolutionären Wandel herausfordern werde. Aber nötig sei, dieses Werk in Ruhe, mit großer Verantwortung und in der Gewißheit, daß ständige Erneuerung gewährleistet sei, zu vollbringen.«

Superintendent Ziemer von der Kreuzkirche sagte in jenen Tagen: »Dresden ist für mich besonders charakteristisch hinsichtlich der Bewegung, die aus der Diffusität in eine klarere Programmatik hinüberwächst; was sicher auch an der großen Chance lag, daß in unserer Stadt jedenfalls im Ansatz gekämpft werden konnte, aufgrund des recht zeitigen Einlenkens von Modrow und Berghofer. Diese Stadt hat nicht nur im wirtschaftlichen, materiellen, sondern auch im kulturellen Bereich, durch alle Zerstörungen aller Zeiten und Regimes hindurch, ihr Gesicht und ihr Herz bewahrt. Dresden – das ist Durchlässigkeit, Transparenz, Offenheit für eine glaubenserhaltende, glaubensstiftende Geistigkeit.«

Ich habe einen mühsamen, langen Weg gebraucht, um jenen 26. Oktober 1989 auf der Cockerwiese zu erreichen und ihn als wirkliche Befreiung zu begreifen, bei der Erkennen und Handeln, Wissen und praktische Konsequenz zu einer lebbaren Annäherung gelangen. Am 6. November nahmen noch einmal 70 000 Menschen an einer Demonstration teil, zu der die Stadtverordnetenversammlung und die »Gruppe der 20« aufgerufen hatte. Sie endete mit einer Veranstaltung am Fucikplatz. Nachdenken, Zuhören, Umdenken – unter diesem Motto legten 18 Redner aus den Parteien und der Bürgerbewegung, Arbeiter, Wissenschaftler und Künstler ihre Vorstellungen über den weiteren Weg der DDR dar. Die »Sächsische Zeitung« schrieb am 7. November: »Hans Modrow vertrat den Standpunkt, daß die demokratische Bewegung im Lande nun spürbare Ergebnisse bringen müsse. Er sagte, die inzwischen zahlreichen Vorschläge werde er mit zur bevorstehenden ZK-Tagung nehmen. Auf seinen Vorschlag, auch in Sachsen an Dienstbefugnisüberschreitungen der Schutz- und Sicherheitsorgane unvoreingenommen heranzugehen, nicht von vornherein ohne genaue Untersuchungen zu richten, reagierten viele der Kundgebungsteilnehmer mit Pfiffen. Auf die Erneuerung im Staatsapparat eingehend, sagte er, daß unser Land für einen Ministerrat mit 42 Mitgliedern wohl doch zu klein sei, und für die herrschende Stille in der Volkskammer sei es auf den Straßen zu laut.«

Es könnte für Herrn Dr. Wagner, den heutigen Oberbürgermeister von Dresden, nützlich sein, sich an das zu erinnern, was er selbst an jenem Abend sagte: Die Forderung nach friedlicher Demonstration sei Realität geworden, aber manche werden Angst haben vor der Veränderung, weil sie fürchten, in das gesellschaftliche Aus gestellt zu werden. Diese Angst sei unnötig, denn er und die »Gruppe der 20« wollten dafür wirken, daß viele Menschen wieder produktiv werden könnten.

Das »gesellschaftliche Aus«, von dem Wagner wie von einer völlig unbegründeten Angst sprach, ist heute traurige Realität für viele Menschen. Wachsende Arbeitslosigkeit läßt auch in Sachsen das viel und laut beschworene »produktiv werden« für Hunderttausende nicht mehr zu.

Ich vergleiche nicht DDR und Bundesrepublik in der blinden Anmaßung, Äpfel mit Birnen vergleichen zu wollen. Was mich frappiert und aufstört, ist die Unverzüglichkeit, mit der Oppositionelle in der DDR zu einem Konsens mit dem jetztigen Politikapparat fanden. Vieles an Zivilcourage scheint mir mit in die Vergangenheit des Staates gerissen worden zu sein, an dem sich diese Courage rieb. Widerstandswille wurde aufgesogen von parteitaktischem Kalkül und propagandistischer Schönrednerei, vom Festhalten an einer früher strikt abgelehnten »Politik der kleinen Schritte« und dem Beschwören eines in der DDR doch so sehr gehaßten Politpsychologismus der gehätschelten »positiven Beispiele«, die man vor Augen haben müsse, ehe man »nach hinten diskutiert«.

Protokolle und ein Brief

»Zuführung«. Ein Wort aus jenem Herbst, das schmerzt. Zwischen dem 3. und 9. Oktober 1989 wurden in Dresden, so spätere Statistiken, insgesamt 1 303 Menschen »zugeführt« – das heißt: Sie wurden von Straßen und Bahnhöfen gegriffen, aus Straßenbahnen und Gatststätten herausgeholt, und es wurde gegen sie, per Vordruck, wegen »Zusammenrottung« ermittelt.

Gedächtnisprotokolle dieser Festgenommenen sind in jenen Herbsttagen ein brisantes öffentliches Gut geworden. Literatur der Wende. Im Dresdner Staatsschauspiel, in Kirchen, am Deutschen Theater Berlin und anderen kulturellen Orten wurden sie verlesen. Der öffentliche Druck, die allgemeine Entrüstung schufen sich gegen unsere Umgangsart Raum; Kommissionen wurden eingesetzt, um unmittelbar Verantwortliche zur Rechenschaft zu ziehen. Die Angst unseres Apparates hatte zur Entgleisung geführt; in jenen Abenden und Nächten ist vielerorts ein Haß gewachsen, von dem ich heute weiß, daß er ein letzter entscheidender Grund für tausendfache Abkehr vom Sozialismus wurde.

Ich fühle mich, so ich über den Herbst 1989 nachdenke, verpflichtet, in Auszügen noch einmal Gedächtnisprotokolle jener »Zugeführten« zu zitieren, die zwischen 6. und 8. Oktober in Dresden auf die Straße gingen und auf Weisung meiner Partei und Befehl meines Staates eingesperrt wurden. Ich möchte im folgenden zwei jener Gedächtnisprotokolle, die damals veröffentlicht wurden, in meine Erinnerungen aufnehmen. Es sind Dokumente aus jenem Raum und jener Zeit, über denen meine politische Verantwortung lag. Der Originalton ist mir an dieser Stelle wichtiger als Reflexionsversuche aus der Feder eines 1. Bezirkssekretärs der SED, der, als jene schon im Schmutz lagen, noch Schlips und Kragen trug. Nicht daß ich jede Beobachtung und jede Wertung teile. Nicht daß ich im nachhinein mit einer Geste glänzen will. Nicht daß ich mich freizusprechen versuche von Gebundenheit an die Seite der bewaffneten Kräfte. Nein, aber so, wie alles Immaterielle unsere Wirklichkeit ebenso prägt wie die anfaßbaren Dinge, so ist jenes andere Gedächtnis Teil meiner Zeit. Mögen diese Protokolle, geschrieben vielleicht aus unterschiedlichen Motiven und in jeweils anderer Erinnerungskraft, in meiner Lebensbilanz wie Findlinge in einer verlassenen Landschaft stehen.

Wenn sich der Mensch erinnert, dann muß er auch den Mut haben, in die Asche zu sehen, die manche Jahre zurücklassen. Ein Gedanke des Thüringer Dichters Hanns Cibulka.

Uwe M.:
»Auch mit Abstand zu den Ereignissen: Ich bin enttäuscht«

Am 06. 10. 89 begab ich mich gegen 21.45 Uhr von Dresden-Klotzsche mit Bus und Straßenbahn ins Stadttheater.

Am Dr.-Külz-Ring stieg ich aus der Straßenbahn aus und begab mich zu Fuß in Richtung Leninplatz. Da die Prager Straße zu diesem Zeitpunkt durch Polizei abgesperrt war, lief ich die Straße hinter den Hotels »Lilienstein – Königstein – Bastei« entlang, ohne daß ich auf eine Absperrung stieß.

An diesem 06. 10. 89 kam ich erst nachmittags aus dem Wehrlager zurück, welches in Sebnitz durchgeführt wurde, so daß ich von den Ereignissen in Dresden nur gerüchtehalber Kenntnis hatte.

Als ich mich fast in Höhe der Grünanlagen am Lenindenkmal befand, merkte ich, wie VP-Angehörige den gesamten Platz abriegelten und somit kein Rückweg freiblieb.

Über Lautsprecher hörte ich plötzlich den Aufruf an die Bürger, den Leninplatz und Umgebung zu räumen.

Ich versuchte dem Aufruf der VP Folge zu leisten, wurde aber am Verlassen des Platzes durch VP-Angehörige, die mit langen Schlagstöcken, mit Helmen und Schilden ausgerüstet waren, auf brutale Weise gehindert. Das geschah folgendermaßen:

Durch einen Hieb mit dem Schlagstock wurde ich zu Fall gebracht. Danach wurden mir durch zwei VP-Angehörige beide Arme auf den Rücken gedreht, und ich wurde unter Androhung von weiteren Schlägen zu den bereitstehenden Lkw gezerrt. Durch einen der Verantwortlichen wurde ich angeschrien, daß ich meinen Personalausweis zu zeigen hätte. Ich erklärte ihm, daß ich meinen Personalausweis nicht mit hätte. Danach versuchte er, mir mit dem Schlagstock auf meinen Genitalbereich zu schlagen, was ich durch Abblocken mit dem Arm verhindern konnte. Danach wurde ich auf den Lkw »verladen«.

Ich habe in keiner Weise Widerstand geleistet, da ich mir dem Ernst der Lage durch das brutale Verhalten der Polizei bewußt war.

Nach ca. 4 bis 5 Minuten befanden sich ca. 12 bis 14 Festgenommene auf dem Lkw. Die Festgenommenen mußten auf dem Boden des Lkw, mit Händen hinter dem Nacken verschränkt, eng aneinandergepfercht sitzen.

Unter den Festgenommenen befand sich auch eine Frau, die ca. 25 bis 30 Jahre alt war. Sie war blond, mit gewelltem halblangem Haar. Ich versuchte, aus meinem stark eingeengten Blickwinkel festzustellen, wie die VP-Begleiter sie belästigten. Mit den Schlagstöcken durchwühlten sie das Haar, fuhren mit den Stöcken an ihrem Hals entlang und beschimpften sie. Warum nur?

Nach ca. 10 bis 12 Minuten war unser Transport, der mit Blaulicht und Martinshorn begleitet wurde, zu Ende. Ich und die anderen Festgenommenen wurden vom Lkw heruntergezerrt. Erst jetzt merkte ich, daß wir uns auf der Dr.-Kurt-Fischer-Allee im Gelände der VP-Bereitschaftspolizei befinden mußten.

Ich konnte mich an das Gelände wegen einer Besichtigung der VP-Bereitschaftskaserne während meiner Schulzeit erinnern. Nachdem ich den Lkw verlassen hatte (unter »Anwendung des Schlagstocks«), wurden ich und die anderen gegen ein Stahltor gedrückt, wo wir ca. 60 bis 90 Minuten mit der Stirn an der Stahltür gelehnt – wiederum die Hände im Nacken verschränkt, Beine breit auseinander abgewinkelt – stehen mußten.

Danach mußte jeder einzelne die Kleidungstaschen ausleeren und die Inhalte auf den Boden werfen. Danach wurden wir nochmals untersucht. Nach etwa zehn Minuten war diese Aktion beendet, wir durften die Taschentücher wieder aufheben und einstecken.

Danach wurden wir in eine Garage gezerrt, den Ausmaßen nach war es eine Lkw-Garage. Mittlerweile waren 20 bis 25 Festgenommene in der Garage. Ein VP-Angehöriger saß an einem Tisch, und ca. 10 VP-Angehörige liefen zwischen den Festgenommenen hin und her und provozierten.

Nach der Aufnahme meiner Personalien, die ich mündlich übergab, da ich ja keinen Ausweis mithatte, wurde ich vom Tisch weggezerrt und von einem Offiziersschüler (mit S auf den Schulterstücken) aufgefordert, meine Schuhe auszuziehen. Bei dem Versuch, die Schnürsenkel zu öffnen, bekam ich plötzlich einen Tritt, zum Glück konnte ich meinen Fall noch mit den Händen abmildern.

Danach wurde ich vor eine nichtabgeputzte Mauer innerhalb der Garage gestoßen, mit dem Gesicht zu dieser Wand. Neben mir sah ich ebenfalls einen Jugendlichen, der vorher Schläge mit dem Schlagstock und Fußtritte bekommen hatte.

Von der Mauer mußte ich in einem Abstand von ca. 1 Meter stehen. Nach einiger Zeit kam ein anderer Offiziersschüler, trat vor mich, griente mich an und griff nach meinem Brustbeutel. Ich hatte noch die Hände im Nacken und die Beine noch breit. Er griff nach meiner Nase und drehte sie brutal herum. Ich habe nicht versucht, mich zu wehren. Danach stieß er mich zweimal in die Lebergegend, was einen sehr starken Schmerz verursachte. Danach mußten sich die Festgenommenen in Gruppen zu 8 Personen formieren und im Laufschritt unter weiterer Anwendung von Tritten in ein nebenstehendes Gebäude begeben. In meiner Gruppe befand sich ein älterer Herr, der schon ständig gerufen hatte, daß er unschuldig sei. Beim Laufen in das Gebäude sah ich, wie dieser ältere Herr stürzte. Ich konnte aber nicht mehr sehen, was mit ihm weiter geschah, da ich weiterrennen mußte.

Im Gebäude angekommen, mußten wir uns auf einem Gang mit dem Gesicht und den Händen an der Wand aufstellen. Da man in einer solchen Situation kein Zeitgefühl hat, kann ich nicht sagen, wie lange wir dort auf dem Gang stehen mußten. Gespräche waren strikt untersagt. Ich hörte, wie ein Mann den Verantwortlichen der Aktion sprechen wollte, da seine Frau hochschwanger war und daß er unbedingt nach Hause müsse. Dieser Bitte wurde nicht entsprochen, man reagierte nicht darauf. Am Geräusch hörte ich, daß ein weiterer Festgenommener zusammenbrach; vorher hatte er mehrfach gerufen, daß er nicht mehr stehen können. Er wurde daraufhin von irgendwem als Waschlappen bezeichnet.

Nach einer unbestimmten Zeit wurde ich durch einen VP-Angehörigen – Arme auf dem Rücken – in ein größeres Zimmer geführt. In diesem Zimmer mußten wir warten. Wir wurden von zwei Offiziersschülern bewacht. Sie schlugen manchmal mit ihren Schlagstöcken an die Stiefelschäfte oder in die offenen Handflächen. Wir mußten hier längere Zeit warten, ohne daß man uns gesagt hatte, was weiterhin geschieht. Festgenommene, die vor Erschöpfung einschliefen, wurden wachgeschrien. Sie mußten dann wieder an der Wand stehen.

Nach unbestimmter Zeit wurden ich und die anderen namentlich aufgerufen. Ich wurde durch einen VP-Angehörigen durch mehrere Gänge und über mehrere Treppen in ein Zimmer geführt. In diesem Zimmer saß ein Zivilist, ca. 45 Jahre alt. Ich schloß aus seinem Zivil, daß er Angehöriger der Kriminalpolizei war. Da ich keinen Ausweis hatte, fragte er mich nach meinen Personalien. Ich antwortete ihm höflich, da ich merkte, daß man mit ihm reden konnte. Bestürzt mußte ich aber feststellen, daß er sich genauso benahm wie die anderen VP-Angehörigen, indem er mich verhöhnte. Er nahm ein Protokoll auf, in welchem die Gründe meines Aufenthaltes am Leninplatz festgehalten wurde.

Danach wurde ich in das größere Wartezimmer durch VP zurückgeführt. Nach einiger Zeit wurde ich einer Gruppe von 18 Personen zugeordnet, die untereinander mit Handschellen – immer in Zweiergruppen – gesichert waren. Danach wurden wir in einen Gefängniswagen Typ W 50 gepfercht. Es wurden keine Angaben gemacht, wohin man uns transportierte. Auf Fragen von Festgenommenen hin teilten die Bewacher mit, daß wir das schon sehen werden.

Nach längerer Fahrtzeit stoppte der W 50, man hörte Hunde und Stimmen. Im Wagen nahm man uns die Handschellen ab, und wir wurden aufgefordert, im Laufschritt auszusteigen und ein Gebäude zu betreten. Danach mußten wir wieder an einer Wand Aufstellung nehmen, und wir wurden erneut untersucht. Unter den Festgenommenen waren Spekulationen durchgesickert, daß man uns nach Bautzen gebracht hat; anhand der Farbe des Gebäudes, welches gelb war, wurde dieses indirekt bestätigt. Bis zu diesem Zeitpunkt wurden wir im unklaren über unseren Aufenthaltsort gelassen.

Wir wurden nach der Durchsuchung aufgefordert, im Laufschritt mit im Nacken verschränkten Armen einem VP-Angehörigen zu folgen. Wir wurden in eine offene Zelle, wo ca. 40 Betten (20 Doppelstockbetten) standen, gedrängt. Nach Schließung der Zellentür versuchte jeder, ein Bett zu bekommen, und erst hier stellten wir fest, daß unsere Gruppe aus 63 Personen bestand.

Beim Verlassen des Gefängnisfahrzeugs sah man, daß es draußen bereits hell war, also mußte es inzwischen Sonnabend, der 07. 10. 89, der Republikgeburtstag, gewesen sein.

In der Zelle, die mit 23 Personen überbelegt war, herrschte Chaos.

Es waren 5 Waschbecken nebeneinander an der Wand befestigt; nur kaltes Wasser war vorhanden. Neben dem Waschbecken befanden sich 2 WC in unhygienischem Zustand. Die WC waren durch eine Pappwand von der übrigen Zelle getrennt. Sie war ca. 1,60 Meter hoch. Der jüngste Festgenommene war erst 15 Jahre, der älteste 60 Jahre alt.

Am späten Nachmittag bekamen wir die erste Mahlzeit, es gab Kartoffeln, Suppe und Staudensalat.

Vom Betreten der Zelle an brannte zwei Nächte lang ununterbrochen das Licht – zwei Doppelneonlampen. Bis zu diesem Zeitpunkt lief auch bis auf wenige kurze Momente, in denen vielleicht Nachrichten kamen, das Radio über Lautsprecher – Jugendradio DT 64. Das empfand ich als Psychoterror.

Nach einiger Zeit kamen Strafvollzugsangehörige und brachten noch fehlende Stahlbetten, die wir selbst aufrichten und aufstellen mußten. An einer Wand war eine »Hausordnung« befestigt. Erst dadurch bestätigte sich der Verdacht, daß wir uns in Bautzen befinden, denn das Blatt war als Hausordnung der Strafvollzugsanstalt Bautzen 1 ausgedruckt. Nach dem Bettenaufbau versuchte jeder der Festgenommenen zu schlafen, trotz Licht und Radiomusik.

Am Montag, dem 09. 10. 89, wurde ich durch einen Strafvollzugsbeamten über den Hof der Anstalt in ein anderes Gebäude geführt. Mit mir wurden weitere 5 Gefangene abgeführt.

In einem kleinen Vorraum mußten wir warten, ingesamt ca. 18 Festgenommene. Einzeln wurden wir dem Haftrichter vorgeführt. Mich selbst vernahm eine Frau, die sich mit dem Familiennamen – ja, tatsächlich! – Mielke vorstellte. Im Raum war noch eine jüngere Protokollantin.

Als erstes teilte mir Frau Mielke mit, daß vom Kreisgericht Dresden-Mitte gegen mich ein Haftbefehl erlassen wurde, in welchem mir vorgeworfen wurde, daß ich der Zusammenrottung und der Teilnahme an Ausschreitungen dringend verdächtig sei. Ich teilte ihr daraufhin mit, daß die Angaben im Haftbefehl in keiner Weise den Tatsachen und meinen gemachten Aussagen entsprechen. Sie erwiderte, daß das alle sagen, ich hätte mir meine Handlungen vorher überlegen sollen. Ich schilderte ihr das brutale Vorgehen der Polizei, worauf sie entgegnete, ich sei selber schuld. Sie billigte mir zu, daß ich nur aus Neugierde am Ereignisort war, aber sie sagte, daß Neugierde in einem solchen Falle ebenfalls bestraft wird. Ich entgegnete ihr, daß die Menschheit schon immer neugierig war, sonst würden wir noch mit dem Faustkeil arbeiten. Daraufhin Frau Mielke: »Lassen Sie Ihre blöden Sprüche!« Frau Mielke machte mich noch darauf aufmerksam, daß ich innerhalb einer Woche Beschwerde gegen den Haftbefehl einlegen könne.

Am nächsten Tag erhielten wir auf unsere Bitte hin vom zuständigen Kalfaktor Schreibpapier und Stift. Leider konnte nicht jeder von uns eine Beschwerde verfassen, denn das Papier reichte nicht aus. Neues Papier gab es nicht.

Ich selbst habe schriftlich Beschwerde gegen meinen Haftbefehl eingelegt.

Am nächsten Tag, Dienstag, dem 10.10. 89, teilte mir abends ein Strafvollzugsbeamter mit, ob ich wüßte, was er für einen Personalausweis in der Hand hielte. Der Ausweis war zugeklappt, so daß ich es nicht erkennen konnte. Er sagte daraufhin, daß meine Mutter in Bautzen am Gefängnis vorgesprochen und den Ausweis abgegeben hat. Weiterhin ließ er mich wissen, daß meine Mutter einen Antrag auf Besuch gestellt habe, dem vom Kreisgericht leider nicht stattgegeben werden konnte. Laufendes Verfahren. Ich war deprimiert und ließ den Beamten einfach stehen. Ich war nervlich jetzt am Ende.

Die nächsten zwei Tage verliefen für mich grauenvoll, denn ich gab langsam die Hoffnung auf eine Aufklärung meiner Unschuld auf. Bestärkt in meiner Hoffnungslosigkeit wurde ich noch durch den Ausspruch eines anderen Strafvollzugsbeamten, der uns wörtlich in der Zelle sagte: »Ihr braucht gar nicht erst auf Recht und Gesetz pochen, ihr habt Recht und Gesetz mit Füßen getreten, jetzt kommt die Rechnung – ihr seid keine Staatsbürger mehr.«

Am Donnerstag, dem 12. 10. 89, wurden die Insassen unserer Zelle auf andere Zellen aufgeteilt, da inzwischen nur noch 15 Personen übrig waren. Die anderen Personen von den ursprünglich 63 waren im Laufe der Tage aus der Zelle geholt und vielleicht freigelassen worden. Nach welchem Prinzip? Ich verstand das nicht. Ich war mürbe.

Nach der Aufteilung in den Verwahrraum 1/6, in welchen ich eingewiesen wurde, brachte man uns Bettwäsche, Unterwäsche, Schuhe, Wasch- und Rasierzeug. Man teilte uns mit, daß heute Dusch-Tag in Bautzen sei. Der Großteil der Festgenommenen verweigerte die Annahme der Sachen, sie wollten lieber ihre zivilen Sachen anbehalten, weil dadurch noch Hoffnung bestand sich nicht ganz und gar als Häftling zu fühlen.

Am Donnerstag nachmittag wurde ich aufgerufen, ich mußte meine persönlichen Sachen mitnehmen, wurde in die Effektenkammer geführt und bekam meinen Schlüssel, die Geldtasche und Brusttasche gegen Unterschrift ausgehändigt. Danach wurde ich mit zwei weiteren 17jährigen in einen Raum geführt, wo wir ca. 30 Minuten warten mußten. In diesem Raum habe ich gehofft, daß unsere Entlassung bevorsteht. Wir wurden über den Gefängnishof geführt und kamen in ein weiteres Gebäude. Auf dem Weg dorthin sagte ein Vollzugsbeamter, daß wir uns hier lieber nicht mehr sehen lassen sollen.

Die Äußerung gab uns wieder Hoffnung.

Anschließend wurden wir drei und weitere vier Festgenommene mit einem W 50 nach Dresden gebracht. Man sagte uns in Bautzen kurz vor der Abfahrt, wohin es geht. In Dresden angekommen, konnten wir durch das nun nicht mehr verhängte Fenster des Transporters sehen, daß wir zum Volkspolizeikreisamt gebracht wurden. Wir wurden in der Untersuchungshaftanstalt, Zelle 31, zu viert vorläufig untergebracht. Auf meine Bitte an einen Beamten, daß ich rauchen möchte, bekam ich sofort anstandslos vier Zigaretten und Streichhölzer. Minuten danach wurden wir mit einer warmen Mahlzeit versorgt.

Danach wurde ich aus der Zelle geholt und einer VP-Beamtin übergeben, die mir meinen Entlassungsschein ausstellte und mir aushändigte. Danach konnte ich mich allein, ohne Bewachung, im Zimmer 26 melden, wo mir der Entlassungsschein wieder abgenommen wurde.

Danach durfte ich mit meiner Mutter, die auf dem VPKA auf meine Entlassung wartete, nach Hause gehen.

Bei meiner Entlassung vom VPKA Dresden ließ man uns im unklaren, warum ich plötzlich wieder frei bin. Ich wurde nicht darüber informiert, ob der Haftbefehl aufgehoben sei, ob das Ermittlungsverfahren eingestellt oder ob ich freigesprochen wurde.

Nach meiner Freilassung erfuhr ich von meiner Mutter: Sie hatte eine Vermißtenanzeige am Sonntag, dem 08. 10., bei der Polizei aufgegeben. Nach Auskunft der VP sollte sie bis Montag eine Auskunft erhalten, was aber nicht geschah. Mit der Post am Montag erhielt sie aber ein Schreiben des Staatsanwalts der Stadt Dresden – Vordruck über Mitteilung über Inhaftnahme von Angehörigen –, daß sich ihr Sohn in der Untersuchungs-Haftanstalt Dresden befände und Post an das PSF 102, Dresden 8012 zu richten sei.

Mein Lehrbetrieb wurde ebenfalls durch den Staatsanwalt über meine Inhaftierung informiert, diese Mitteilung erfolgte sogar früher, denn meine Mutter hatte im Betrieb nachgefragt und dort erfahren, was los war.

Abschließend möchte ich folgendes erklären:

Mit Abstand von den Ereignissen bin ich nach wie vor enttäuscht über die außerordentliche Brutalität der eingsetzten VP-Kräfte. Es fanden Mißhandlungen statt, die man nicht vergessen kann. Ich hoffe, daß man an zuständiger Stelle die Verantwortlichen für die Ausuferungen der VP-Kräfte findet und sie bestraft. Ich wünsche mir sehr, daß meine und die Erfahrungen anderer, die wir machen mußten, an die Öffentlichkeit kommen. Es ist für mich fast erschütternd, wie unsere Massenmedien über Knüppeleinsätze kapitalistischer Polizei berichten und über die Vorgänge in Dresden, die ähnlich gelagert waren, nichts berichten. Nach meiner Rückkehr habe ich sehr intensiv die »SZ« gelesen und mußte feststellen, wie Bürger sich öffentlich bei der VP bedanken, die Ruhe und Ordnung angeblich wieder hergestellt hat. Hätten diese Bürger die gleichen Erfahrungen gemacht wie ich, hätten sie bestimmt auf ihren Dank verzichtet.

Ich bin weder von Angehörigen der Strafvollzugsanstalt in Bautzen, von der Untersuchungs-Haftanstalt in Dresden noch von einer anderen Behörde aufgefordert worden, über meine Eindrücke und Erfahrungen zu schweigen. (14. Oktober 1989)

—

Regine S.: *»Wir wissen nicht mehr, was wir denken sollen«*

Am Vorabend des 7. Oktober trafen wir uns bei Freunden, um mit ihnen einen netten Abend zu verbringen. Gegen 23.45 Uhr begaben wir uns in Richtung Haltestelle 72/76 Juri-Gagarin-Str. Dort stellte mein Mann fest, er ist seit 17 Jahren bei den Dresdner Verkehrsbetrieben beschäftigt, daß der nächste Bus 0.22 Uhr ab Winckelmannstraße eingesetzt wird. So begaben wir uns in Richtung Hauptbahnhof und gesellten uns zu den etwa 15 wartenden Fahrgästen Richtung Luga, da wir in Prohlis wohnen. Es war ruhig, es wurde nicht geschrien oder randaliert. Polizisten und Armee standen unter der Unterführung, Rowdys bemerkten wir nicht. Mir fiel auf, daß einige der Wartenden sehr gut gekleidet waren und vornehm wirkten. Ich dachte mir, daß sie sicher von einer Feier anläßlich des 7. Oktober kommen würden.

Auch auf der gegenüberliegenden Haltestelle des Busses in Richtung Coschütz standen ca. 15 bis 20 Fahrgäste.

Plötzlich nahmen wir wahr, daß aus dem hinteren Teil des Bahnhofes Soldaten in Laufschritt und Zweierreihe stürmten, ausgerüstet mit Helm und Gummiknüppel. Verwundert versuchten wir zu ergründen, was das Ziel dieser Soldaten sei. In Sekundenschnelle wurde der Haltestellenbereich, für uns völlig unverständlich, abgeriegelt und wir wie Vieh, ohne ein Wort, auf die andere Straßenseite, Haltestelle 72/76 Richtung Coschütz, getrieben.

Plötzlich öffnete sich der Ring an einer Stelle, und Polizei, ausgerüstet mit Schild, Schlagstock, Helm und Visier, stand vor uns. Die Polizisten ergriffen uns und zwangen uns brutal, uns auf den Bauch auf den Asphalt der Straße zu legen. Ein junger Mann bekam nach der Äußerung »Ich hab doch gar nichts gemacht« kräftig den Schlagstock zu spüren.

Wir lagen wehrlos, schockiert, entsetzt, deprimiert und tief betroffen am Boden, als der Befehl kam, die Hände über dem Nacken zu verschränken, die Beine zu spreizen und das Gesicht auf die Straße zu legen. Ein älterer Herr, etwa 65 Jahre alt, durfte sitzen.

Meine Gefühle waren furchtbar, die Situation, in der wir uns völlig überrumpelt befanden, war menschenunwürdig. Ich möchte an dieser Stelle auf Artikel 30, Absatz 1 und 2 der Verfassung der DDR verweisen, in der von der Unantastbarkeit der Persönlichkeit und Freiheit jedes Bürgers die Rede ist. Da von uns keine strafbare Handlung begangen wurde, fühlten wir uns tief verletzt und gedemütigt.

Einem neben mir liegenden jungen Mann wurden zwei Flaschen Bier aus der Tasche genommen und neben uns »aufgeklatscht« so daß Splitter und Bier nur so herumflogen. Dann bekam er auch noch einen Schlag, weil er mich beruhigen wollte. Mein Mann erhielt einen Stiefeltritt in die Wade, mit den Worten: »Der Alte mit der Glatze müßte doch vernünftig sein.«

Noch immer ist mir, als berichte ich über etwas, das unwirklich gewesen ist.

Nachdem wir etwa 20 Minuten gelegen hatten, wurde uns gesagt, daß wir jetzt mit Lkw abgeholt würden. Die Aufforderung zum Aufstehen erfolgte durch Berühren mit dem Schlagstock; auf das Auto wurden die Menschen durch zwei Soldaten »geschmissen«.

Als ich an der Reihe war, zitterte ich stark und verfiel in einen Weinkrampf. Einer der Offiziere, wahrscheinlich durch meine Hilflosigkeit unsicher geworden, forderte in einem barschen Ton unsere Ausweise und ließ uns dann gehen.

Mein Name ist Regine S., geb. 1951, erlernter Beruf Krippenerzieherin, im Gesundheitswesen tätig. Ich habe mir noch nie etwas zuschulden kommen lassen. Wir wollten nie die Republik verlassen und haben unsere beiden Kinder zu ordentlichen Menschen erzogen. Mein Mann ist als KOM-Fahrer tätig, höflich, zuverlässig, pünktlich, kein »Krankmacher«.

Dieser »Überfall« hat uns in Konflikte gebracht. Wir wissen nicht mehr, was wir denken sollen.

Die Jugend verläßt scharenweise die DDR, die »Alten« liegen nachts flach im Straßenschmutz und werden gedemütigt.

Daß diejenigen, die Gewalt anwenden, bestraft werden müssen, ist uns sehr verständlich. Doch müßte man sich die Bürger, die man entwürdigt, vorher ansehen. Wir hatten leider den Eindruck, daß man uns mit Freude so behandelte, und wir protestieren mit Nachdruck! Oder sind wir hier gar unerwünscht?

(11. Oktober 1989)

Die »Sächsische Zeitung«, noch immer ein Organ der SED, veröffentlichte im Oktober 1989 den Brief eines Bereitschaftspolizisten an seinen Seelsorger. Er traf wohl die Empfindungen junger Männer, die in ihrem Grundwehrdienst, in den Absperrketten auf der Prager Straße, in einen unerwarteten Gewissenskonflikt gerieten.

»Aufgrund der Ereignisse der letzten Tage hier in Dresden möchte ich Dir schreiben.

Ich stehe ja nun wegen meiner Inkonsequenz vor der Einberufung als Christ auf der anderen Seite. Glaube mir, daß sich die Sache so entwickelt, wollte niemand von uns Wehrpflichtigen. Wir sind nur leider die, die den Kopf hinhalten müssen. Für uns gibt es nur zwei Möglichkeiten, entweder die Befehle ausführen, oder für lange, für sehr lange Zeit nach Schwedt ins Militärgefängnis zu gehen. Am Mittwoch und am Donnerstag war die Situation auch eine ganz andere. Dort standen uns Leute gegenüber, die die Polizei mit Steinen, Brandflaschen und Säureflaschen bewarfen. Unser Zug war am Mittwoch mit dabei, als der Hauptbahnhof belagert wurde, und am Donnerstag auf der Prager Straße. Uns holte man erst relativ spät und stellte uns zuerst dorthin, wo es am gefährlichsten war. Wir hatten nur Angst. Auf unsere Schilde prasselten Steine, vor uns schlugen Brand- und Säureflaschen auf den Asphalt. Zwei Mann von uns kippten um. Steine hatten ihre Visiere durchschlagen.

Danach wurden wir aus der ersten Reihe herausgenommen und mußten unsere Schilde ablegen. Dann wurden wir in Fünfergruppen aufgeteilt und wurden in die Massen reingejagt, um die Steinewerfer rauszuholen. Unsere Offiziere, die Schutzpolizei und die Stasi blieben in sicherem Abstand hinter der Sperrkette.

In diesen Minuten hatte ich das erste und bis jetzt das einzige Mal in meinem Leben das Gefühl von Todesangst.

Vor uns die wütende Menschenmasse und hinter uns Offiziere, Stasi und in der Kaserne der Militärstaatsanwalt. Das, was wir dort drinnen (in der Menschenmenge) gemacht haben, taten wir aus Angst und einfach aus Überlebenswillen.

Was sich aber in den letzten Tagen, und auch schon vorher von bestimmten Gruppen der Schutz- und Sicherheitsorgane praktiziert, abspielte, ist für jeden noch normal denkenden Menschen abstoßend und erschütternd. So werden unbeteiligte Zuschauer und gewaltlos demonstrierende Menschen von ›Leuten‹ des Strafvollzugs in der Kaserne genau so ›empfangen‹ wie die Leute, die mit Brandflaschen geworfen haben. Besonders erschütternd ist, wie von diesen ›Leuten‹ (es können keine Menschen mehr sein) Frauen,

Mädchen oder ältere Menschen geschlagen werden. Nicht nur bei mir schwindet langsam im Angesicht solcher Aktionen die Angst vor dem Staatsanwalt. Das ist auch der Grund, warum ich Dir diesen Brief schreibe. Ich bitte Dich bloß um eins: Bete für mich und vergib mir, wenn Du kannst.

Verlies diesen Brief bitte in der Jungen Gemeinde und zeige ihn jedem, der wissen möchte, wie es in uns Wehrpflichtigen aussieht, die zu solchen, einem sozialistischen Staat unwürdigen Aktionen gezwungen werden.

(Zu den Ereignissen am 4. und 5. Oktober 1989 in Dresden)«

Ende Februar 1990 sagte einer der höchsten Dresdner VP-Offiziere, die zwischen dem 3. und 9. Oktober im Einsatz waren, vor der Unabhängigen Untersuchungskommission zu den Übergriffen der Justiz- und Sicherheitsorgane aus: »Im Zentralen Zuführungspunkt ZZP lebten wir wie auf dem Mond.« Ihm und seinen Genossen sei unbekannt gewesen, was im Stadtzentrum geschehen sei, ihnen seien Lkw-Transporte mit »Gewalttätern und Rädelsführern« angekündigt worden, die versucht hätten, den Staat umzustürzen.

Warum die betroffenen Bürger oft weit über die gesetzlich erlaubten 24 Stunden hinweg festgehalten wurden? Das hänge mit der zu geringen Zahl von Bewachern zusammen, so der Offizier. Warum jene unnatürliche Körperhaltung, in der manche der »Zugeführten« viele Stunden zubringen mußten? Das sei ein notwendiges Mittel der Disziplinierung gewesen. Ja, der diensthabende VP-Arzt habe ihn auf mögliche gesundheitliche Schäden aufmerksam gemacht, und zwei periphere Armlähmungen mußten behandelt werden. Daraufhin habe er, der Offizier, Bewegungsübungen veranlaßt. Warum die Eingesperrten am Schlaf gehindert wurden? Warum sollte es ihnen besser gehen als den sich Tag und Nacht im Einsatz befindlichen Genossen der Volkspolizei.

Diese Auskünfte des VP-Offiziers seien hier dokumentiert, um die gefährliche Zuspitzung der Lage zu belegen: Wie schneidend scharf waren die Geister noch geschieden. Wie tief noch die Fronten. Wie verwirrend hatten sich Gewalt und Gegengewalt (denn freilich gab es Gewalttäter und Rädelsführer!) ineinandergeschoben. Bei vielen Genossen in Uniform gab es auch ehrliche Besorgnis, ja Angst, die Grundlagen dieses Staates könnten zerstört werden. Wie tief aber hatten wir auch Wurzeln geschlagen in einem undifferenzierten Feindbild, das unbedingt aufgebrochen werden mußte; ohne Feindbild kein Selbstbewußtsein. Das Gewissen nahm Wechselbäder: Freiheit empfand ich in dem, was von uns abfiel; unseren verkarsteten Strukturen fehlte plötzlich, um sie zu ertragen und mitzutragen, die schützende

Ausrede der Utopie. Zugleich rettete sich ein Teil vom eigenen Ich dennoch ins Ressentiment gegen das Neue.

Jene Stunden im Herbst waren gekennzeichnet von einer Überforderung der Gefühle und Handlungsfähigkeiten. Ehe ich begriff, daß es sich bei den täglichen als »zugeführt« Gemeldeten um Hunderte von Verhafteten handelte und also etwas nicht stimmen konnte – es brauchte leider Tage! Meine Forderung an Bezirksstaatsanwalt und Richter, unbedingt für die Einhaltung des Rechts einzutreten, wirkte wie ein Befreiungsschlag, der mich selber erlöste.

Wir hatten die Macht der Arbeiter und Bauern, der wir uns verpflichtet fühlten, bedroht gesehen, und der Staat war zunächst bereit, möglicherweise Gewalt zum Erhalt dieser Macht einzusetzen. Der Abend des 8. Oktober setzte in Dresden endgültig Politik an deren Stelle. Er befreite jene, die von der Macht eingesetzt worden waren, von der großen Angst, gewalttätig werden zu müssen. Und: Er gab jenen Raum, die ohne Furcht ihren Wunsch ausleben wollten, eine Weile lang Stimme des Volkes zu sein.

Am Anfang des Sommers 1989 stand etwas, was sein frappierendes Gleichnis in den Sätzen des Jakob Ben Moses Ha-Lewi aus dem 14. Jahrhundert hat, zu lesen in einer jüdischen Synagoge in Prag: »Plötzlich um Mitternacht erhob sich ein entsetztes Geschrei inmitten des großen Heeres Edom (Kreuzfahrer), das seine Zelte in einer Breite von drei Meilen neben der Stadt Zatec in Böhmen, zehn Meilen von Cheb, aufgestellt hatte. Und alle des Heeres flohen, aufgescheucht vom Geräusch eines fallenden Blattes, ohne daß ein Mensch sie verfolgt hätte. Und sie ließen all ihren Reichtum und ihr Vermögen liegen und taten dem Land keinen Schaden mehr.«

Das Geräusch eines fallenden Blattes: »Wir sind das Volk!« Und das aufgescheuchte Überlebte hob ein entsetztes Geschrei, dankte ab und tat »dem Land keinen Schaden mehr«.

Übergangs — Regierung

Ein Hirn wäscht das andere

Ab Mitte Oktober hatten wir in Dresden beginnen müssen, über neue, hoffentlich stabilisierende Elemente einer sozialistischen Entwicklung nachzudenken. Wir wollten – so es uns die Geschichte gestattete – noch einmal versuchen, einen gesellschaftlichen Zustand herzustellen, in dem der Staat seinem einstigen, lange erträumten Anlaß entsprach: ein demokratisches Gebilde zu sein. Wir, die Führenden, mußten plötzlich lernen, was die Straße sagte: Ein Hirn wäscht das andere.

Ideologie hatte uns gelehrt, wenn nötig, ohne störende Erfahrungen anderer gut auszukommen. Einer ernsthaften dialektischen Interpretation unser eigenen Wirklichkeit waren wir ausdauernd ausgewichen. Nun zwang uns die Situation, Erfahrungen zu machen; und wir mußten einsehen: Sie sind nicht handhabbar wie Wahlergebnisse, sie tun weh. Denn daß die immer stärker anschwellende Kritik vieler Menschen am starren Ämtersozialismus eine Veränderung der herrschenden Strukturen notwendig machte, daß sie ein neues wirtschaftliches Herangehen und ein gänzlich anderes Demokratieverständnis forderte, welches weltöffnende Maßnahmen wie Reisemöglichkeiten für alle einschloß – dies bedurfte keiner weiteren »Lektion« mehr, um als Gebot einer Stunde begriffen zu werden, die wir noch einmal, wie vor 40 Jahren, zur Geburtsstunde zu erklären hofften. Und nicht als Augenblick der Grablegung sehen wollten.

Nur: Wie sollte all das, was sich chancenträchtig in alle Wünsche hineindrängte, praktisch aussehen? Wir lebten schließlich nicht in einer Zeit, in der allein das Wünschen wieder half.

Das quälende Suchen nach einer Antwort war bei mir mit einer wachsenden Erkenntnis ganz anderer Art verbunden: Ich würde Dresden wohl bald verlassen müssen.

Bevor das geschah, hatte ich am 2. November noch ein Gespräch mit Henning Voscherau, dem Ersten Bürgermeister der Freien und Hansestadt Hamburg. Im Mittelpunkt standen Umweltfragen, insbesondere Maßnahmen, um die schwere Verschmutzung der Elbe zu reduzieren. Die Hansestadt gab Zusagen, sich mit 3,3 Millionen DM für den Ankauf von Entsorgungsausrüstungen an der Säuberung zu beteiligen. Offen, in gegenseitiger Achtung und, wie sich später zeigte, auch großem Vertrauen führten wir unser Gespräch, in dem die Zukunft der DDR nicht ausgeklammert blieb. Über sieben Jahre später, am 24. Dezember 1996, also nach dem sogenannten Meineidsprozeß gegen mich, schrieb mir Henning Voscherau: »Für 1997 wünsche ich Ihnen Gesundheit, Glück und Gerechtigkeit. Ich weiß nicht, welche Organe im Oktober 1989 getagt haben, doch erinnere ich mich sehr wohl, Anfang November in Dresden den Eindruck gewonnen zu haben, daß der Bürger einen Unterschied machte zwischen Ihnen und Ostberlin, und daß Sie für friedliche Rahmenbedingungen eintraten.« So können Erlebnisse von damals mithelfen zu gestalten, was Willy Brandt wohl meinte, als er am 20. Dezember 1990 im Reichstag bei der Konstituierung des Bundestages zum Ausdruck brachte: »Die Mauern aus Beton sind niedergerissen, die in den Köpfen der Menschen werden wir in schwerer Arbeit abbauen müssen.«

An dieser Stelle will ich versuchen, noch einmal im kurzen Überblick jene Entwicklung zu schildern, die mit der Abberufung Erich Honeckers im Oktober 1989 verbunden ist. Zunächst noch einmal die Fakten: Auf Initiative von Egon Krenz erhielten die Mitglieder des Politbüros am 9. Oktober, für ihre turnusmäßige Sitzung am nächsten Tag, eine Erklärung zur Lage in der DDR. Das Politbüro beriet diesen Bericht, um ihn am 12. Oktober der Presse und der gesamten Öffentlichkeit zu übergeben; zugleich wurde an diesem Tag gemeinsam mit den 1. Sekretären der SED- Bezirksleitungen über das Krenz-Papier befunden. Am 13. Oktober traf sich Erich Honecker, ebenfalls turnusmäßig, wie immer in den letzten Jahren, mit den Vorsitzenden der befreundeten Parteien und erhielt für die Erklärung des Politbüros auch deren, wie es hieß, »volle Zustimmung«. Bei allem Konfliktstoff, der sich angesammelt hatte, schien die Beratungsnormalität wieder hergestellt worden zu sein.

Das Politbüro traf sich am 17. Oktober, auch dies im gewohnten Rhythmus. Da ich nicht wußte, was sich in Berlin konkret vollzog – obwohl es ein Gespräch mit Egon Krenz am 12. Oktober gab, auf das ich noch zu sprechen komme –, entschloß ich mich, Honecker telefonisch um ein Gespräch zu bitten. Dies geschah am 17. Oktober gegen 9.50 Uhr, kurz vor der Politbürositzung. Der vereinbarte Termin für das Gespräch sollte der 19. Oktober und der Ort das Zentralkomitee der SED sein. Da Erich Honecker aufgrund unseres Telefonats mit einigen Minuten Verspätung ins Politbüro kam, teilte er den Anwesenden den Grund der Verzögerung mit, nämlich meinen Anruf. Meine Absicht war es, bei dem bevorstehenden Gespräch mit Honecker über notwendige personelle Veränderungen zu sprechen, die mehr als seinen Rücktritt umfassen sollten. Er jedoch legte mein Telefonat und den von mir geäußerten Gesprächswunsch später als Rückzug von meinem kritischen Auftreten am 12. Oktober während der Beratung mit den 1. Bezirkssekretären aus. Aber genau dies ist falsch. Auch Günther Jahn hatte auf dieser Beratung problembewußt gesprochen und als einziger auf Personalfragen verwiesen – daran wollte ich im Gespräch unter vier Augen anknüpfen.

In jener Politbürositzung am 17. Oktober stellte Willi Stoph gleich zu Beginn die Frage nach einem Rücktritt Erich Honeckers, ein überraschender Vorstoß, der mit Egon Krenz abgestimmt gewesen ist. Alfred Neumann forderte im Verlauf der Diskussion, ohne Absprache mit anderen, die Ablösung von Günter Mittag und Joachim Herrmann, um den engsten Kreis von Anhängern Honeckers gleichfalls aus dem Politbüro zu entfernen.

Egon Krenz, so einigte sich das Politüro, soll als Generalsekretär gewählt werden und auch die beiden anderen Ämter – Vorsitzender des Staatsrates und des Nationalen Verteidigungsrates – übernehmen. Für den 18. Oktober wurde das Zentralkomitee eingeladen, um über diese Vorschläge zu entscheiden. Vor dieser Tagung gab es wiederum ein Treffen des Politbüros mit den 1. Sekretären der Bezirksleitungen. In dieser Beratung, und nicht, wie Günter Schabowski später erklären wird, irgendwann in der Pause der ZK-Sitzung, verwies ich auf eine notwendige Teilung der Macht zwischen Generalsekretär und Vorsitzendem des Staatsrates und kassierte den ungehaltenen, vorwurfsvollen Zwischenruf Harry Tischs, ich wolle wohl einen der vakant werdenden Posten besetzen.

Im Gegensatz zum Politbüro wollte ich auf der bevorstehenden Tagung des Zentralkomitees eine Diskussion zum Problem des Führungswechsels; immerhin standen Dinge an, die es lange nicht mehr in der Partei gegeben hatte, vieles stand auf dem Spiel; wann war die vielbeschworene kollektive Weisheit nötiger als jetzt? Heinz Keßler, Werner Krolikowski, Harry Tisch und Joachim Herrmann lehnten gegenüber den 1. Bezirkssekretären eine Diskussion entschieden ab. Damit war der Anfang vom endgültigen Ende eingeläutet; das gewählte Zentralkomitee hielt sich selbst ein letztes verhängnisvolles Mal von seiner eigentlichen Aufgabe ab: wirklich zu führen. Jeder im Politbüro blieb auf das Überleben in der Funktion oder auf einen guten Abgang fixiert.

Es gereicht Egon Krenz zur Ehre, wenn er Erich Honecker anders behandeln wollte, als dieser es mit Walter Ulbricht getan hatte. Er war jedoch politisch gehemmt; Loyalität blieb seine Tugend, am Ende wurde sie ihm geradezu zum politischen Verhängnis.

Eine noch immer fehlende Bereitschaft zur offenen Aussprache, zur innerparteilichen Demokratie konnte nunmehr nur noch das baldige Ende der sogenannten Parteiführung bedeuten. Erst als alles zu spät war, erfolgten die Rücktritte. Szenen der Unwilligkeit und des Unverständnisses. Horst Sindermann, den man auch los sein wollte, sträubte sich. Er sprach noch immer trotzig von »bewährter Politik« und vom »Siegeszug der sozialistischen Demokratie«; erst der Druck der FDJ-Fraktion der Volkskammer löste die längst fällige Konsequenz aus.

Wie Günter Schabowski allerdings schon am 4. November 1989 auf die Idee gekommen sein will, mit Mischa Wolf über eine Mitarbeit in einer sogenannten Modrow-Regierung gesprochen zu haben, ist mir völlig schleierhaft. Denn auch Willi Stoph verweigerte die Räumung seines Postens, und erst am 7. November trat er zurück, nachdem sich ihm die gesamte Regierung verweigert hatte. Der Gedanke, mich als Ministerpräsidenten vorzuschlagen, konnte daher erst in letzter Minute entstanden sein; noch am 1. November waren Krenz und Gorbatschow in ihrem Mokauer Gespräch von einer weiteren Amtsführung Willi Stophs ausgegangen und hatten damit den Starrsinn des noch amtierenden, aber praktisch kaum regierenden Premiers bestärkt.

Was im Zusammenhang mit den damaligen Ereignissen noch heute durch manche Köpfe geistert, ist für mich schwer nachvollziehbar. Die Legende eines Komplotts durchzieht das Raunen, und es scheint alles, blickt man heute zurück, nur ein heftiges Gerangel um Posten gewesen zu sein. Mitunter tauchen auch Interpretationen auf, die von geradezu diabolisch-psychologischer Intrige der SED gegen »die Straße« künden: »Systematisch wurde der propagandistisch als ›Premier‹ betitelte Modrow aufgebaut ... Der Aufsteiger in der SED sollte als vertrauenerweckender Biedermann nun in der Maske des Staatsmannes Sicherheit und Zuversicht ausstrahlen.« So Erhart Neubert in seinem Buch »Geschichte der Opposition in der DDR 1949-1989«. Ralf-Georg Reuth und Andreas Bönte setzten eine Lüge in die Welt, die inzwischen ebenfalls als Wahrheit kolportiert wird: Ein Komplott zum Sturz Erich Honeckers sei demnach am 18. Juni 1987 durch Manfred von Ardenne, Mischa Wolf, Hans Modrow – im Bunde mit Wladimir Krjutschkow – gestartet worden. Beide Journalisten, einer von der »Frankfurter Allgemeinen Zeitung« der andere vom ARD-Magazin »Report« wollen wissen, daß wir uns an jenem Tag in Dresden trafen und uns den Sturz ausdachten. Erich Honecker ist in seinen »Moabiter Notizen« dieser Ente genauso aufgesessen wie Schabowski in seinem Buch »Der Absturz«. Letzterer bietet noch eine eigene Version: Er sieht sich gemeinsam mit Egon Krenz und

Siegfried Lorenz als Stürmer der Tyrannenbastion Politbüro und betrachtet Mischa Wolf und mich als die Nutznießer einer fremden Heldentat. Besonders mir habe der Sturz Honeckers nicht ausgereicht, ich sei auch auf die Ausschaltung von ihm, Schabowski, und Krenz ausgewesen. Es gebe Beweise dafür: Während Günter Schabowski mit Werner Eberlein in der Sitzung des Politbüros, nach dem 10. November, darüber stritt, daß nun endlich die ehemaligen Kollegen aus dem Honeckerschen Politbüro wegen Amtsmißbrauch und Privilegien verfolgt und zur Verantwortung gezogen werden müßten, hätte ich betont teilnahmslos in meinen Akten geblättert. Diese meine Passivität im Politbüro belege, wie sehr mich nur die eigene Goldwäsche interessierte, ich hätte den Sturz des eben gewählten Politbüros geradezu herbeigesehnt. Der sei erfolgt, nun interessiere mich nicht mehr, was weiter mit den Genossen der ehemalig Führung zu geschehen habe.

Diese geistige Welt der Unterstellungen und intriganten Hysterie ist nie die meine gewesen, leider hat sich das Politbüro durch eine geradezu mystische Mißtrauenskultur immer wieder selbst blockiert, schon in den Zeiten Walter Ulbrichts. Stets ging es um Personen; nicht an Inhalten der Erneuerung wurde gearbeitet, sondern krampfhaft und verbissen darüber nachgedacht, wie man sich selbst zum Erneuerer schlagen und an der Macht bleiben kann; dieser Gesichtspunkt bildete die wichtigste Prämisse der jeweiligen Koalitionsbildungen. Was für Ulbricht zutraf, gestaltete sich bei Erich Honecker und in der Ära Krenz nicht anders.

Wann zeigten sich mir die ersten Anzeichen, daß die Zeit in Dresden beendet sei? Egon Krenz hatte bereits unmittelbar nach dem 40. Jahrestag der DDR den Kontakt zu mir gesucht. Wir sprachen am 8. Oktober per Telefon über den Text jener Erklärung, die er dem Politbüro vorlegen wollte. Nach der Beratung Erich Honeckers mit den 1. Bezirkssekretären am 12. Oktober forderte mich Krenz auf, in sein Arbeitszimmer zu kommen. In dieser Situation machte ich einen Fehler, den mir Günter Schabowski wohl nicht verzieh. Er hatte mich schon in der Mittagspause um ein Treffen nach der Sitzung mit den 1. Bezirkssekretären gebeten, doch ich bin trotz Zusage nicht erschienen. Das hatte nichts mit Ablehnung zu tun; nur schien mir das Gespräch mit Krenz wichtiger, und ich wollte nicht hektisch wie ein Diener zweier Herren von einem zum anderen hetzen. Es war Vergeßlichkeit und nicht Unhöflichkeit, daß ich mich bei Günter Schabowski nicht entschuldigte. Nur kann dieser marginale Fauxpas nicht die Ursache für den Haß sein, den mir Schabowski heute entgegenbringt. Er wird mit anderen Mitgliedern des Politbüros in der Bundesrepublik politisch-juristisch verfolgt, und so hat er trotz aller Vorbehalte, die ich gegenüber diesem doppelt gewendeten Mann habe, meine Solidarität. Ich weiß, sie ist ihm nichts wert. Ich frage mich nur: Warum muß man, wenn man sich von Marx und Erich abwendet – beides ist keine Schande –, umgehend dem Helmut und dem Theo so in den Hintern kriechen?

Mitunter werden große Gestalten von einst so klein, daß man sie gar nicht mehr wahrnimmt.

Günter Schabowski vertrat Parteipolitik mit cholerischer Kraft und im Brustton der Überzeugung. Er hat seine Vergangenheit abgeschüttelt, er hat moralische Schuld bekannt, er hat abgeschworen. Es ist gar nicht dies, was mich so abstößt. Vielleicht ist es nur die Tatsache, daß er zwar alles abgelegt hat, aber eben nur nicht, wie es Alexander Osang von der »Berliner Zeitung« bemerkte, diesen aggressiv gebliebenen Brustton der Überzeugung. Seine Tragik besteht darin, daß er intellektuellen Ehrgeiz hat und sich aus Furcht, zu verkümmern, zweifelhaften Leuten andient. Politischen Pragmatikern verzeiht man vieles; aber Leute, die jetzt mit auffällig klugen Worten abrechnen, müssen sich eher als andere die Frage gefallen lassen, wo denn diese Klugheit früher war und warum sie diese so lange und so sorglich verheimlicht haben. Heutige Klugheit wird zum Bumerang, wenn sie enthüllt, daß man früher, als es um Posten und Präsenz ging, vor allem eines war: schlau.

Im übrigen kann ich mich noch gut erinnern, wie ein Journalist der »Berliner Zeitung« wegen eines Interviews mit mir zum neuen SED-Medienzar Schabowski zitiert wurde. Das Gespräch erschien am Tag, da ich zum Ministerpräsidenten gewählt wurde. Vorwurf an den Redakteur: zu viel Populismus. Man solle den Modrow nicht populärer machen, als der schon ist. Und man müsse ein Interview mit dem künftigen Ministerpräsidenten auch nicht beginnen mit dem Satz »Willkommen in Berlin!«

Zu dem Gespräch bei Egon Krenz: Mit mir zusammen ging Siegfried Lorenz zu ihm. Bei Krenz wartete bereits Günther Kleiber. Warum der dort saß, war mir zunächst unklar. Rasch zeigte sich, es hatte mit der nachfolgenden Debatte nichts zu tun; Kleiber wollte sich wohl schon für die Zukunft absichern; er sprach mit Krenz Dinge ab, die eigentlich Sache des Generalsekretärs waren – der damals noch Honecker hieß. Ein vorsorglicher Mensch, dieser Genosse Kleiber.

Als Kleiber das Zimmer verlassen hatte, meinte Egon Krenz fast scherzhaft: »Siggi, hör' mal weg!«, und dann sagte er offen, es müsse alles getan werden, um Erich Honecker abzulösen.

Ein gründliches Gespräch über neue Inhalte der Politik oder eine Aufforderung an mich zur Mitarbeit in der künftigen Parteiführung gab es zu diesem Zeitpunkt noch nicht. Erst später, im Vorfeld seines Besuches in der Sowjetunion am 1. November 1989, sprach Egon Krenz mit mir über eine mögliche Mitgliedschaft im Politbüro. Von einer Konzeption aber war dabei ebenfalls nichts zu erkennen. Es ging ihm wohl mehr um den technischen Vorgang, ganz oben offene Stellen zu besetzen, als darum, etwa unbedingt mich für die Ausarbeitung und Umsetzung reformierter Politik zu gewinnen. Ich hatte den Eindruck, er wollte vor allem auf eine Frage Michail Gorbatschows zu meiner Person vorbereitet sein. Ob es sich dabei mehr um seine Vermutung handelte oder ob bereits vor seiner Reise konkrete Hinweise aus Moskau vorlagen, weiß ich bis heute nicht. Einmal mehr aber sei gesagt: Spekulationen über einen aus Moskau eingeleiteten, gar über mich als Schaltstelle führenden »Putsch« gegen Honecker sind blanker Unsinn. Solche Denkspiele sind nichts weiter als neurotische Reflexe einiger Leute, denen die DDR im nachhinein als ein vom KGB unterwandertes Gebilde nachspukt. Unverständlicherweise ernähren solche Gespenstergeschichten noch immer ihren publizistischen Mann.

Was jedoch zweifellos wahr ist: Als Egon Krenz nach Moskau fuhr, stellte ihm Michail Gorbatschow tatsächlich die Frage nach meiner künftigen Mitarbeit in der SED-Führung. Für mich eine Bestätigung der Langzeitwirkung von guten Kontakten speziell zu Leningrad. Auch vom sowjetischen Botschafter Wjatscheslaw Kotschemassow muß es wohl Empfehlungen gegeben haben. Aber wie gesagt: kein Anlaß für Verschwörungstheorien, höchstens Bestärkung meiner Ansicht, daß meine Referenz für plötzliche Führungsaufgaben weniger dem unbedingten Willen jener entsprach, die sich um Egon Krenz gruppiert hatten, sondern weit mehr das Zugeständnis war an einen Wunsch von »Freunden«.

»Die Wende ging von der Straße aus«

Was meine künftige Mitarbeit in der Zentrale betraf, so hatte ich Egon Krenz gegenüber zwei Varianten angeführt. Zum einen: eine möglichst eigene, vom Politbüro nicht direkt abhängige Verantwortung; ich dachte dabei an den Präsidenten der Volkskammer, nicht an einen Regierungsposten. Denn Willi Stoph schien mir nach seiner aktiven Rolle beim Sturz Erich Honeckers am 18. Oktober im momentanen Gefüge der Führung unanfechtbar zu sein. Eine andere Möglichkeit für mich sah ich darin, eventuell als Sekretär für Landwirtschaft im Zentralkomitee der SED zu arbeiten. Wieder hör(t)e ich die Politastrologen tuscheln: Modrow denkt an die Parallelität in der Karriere Gorbatschows und sieht sich wohl schon als Nachfolger von Krenz! Nein, ich wollte Werner Krolikowski von dieser Funktion des

Landwirtschsaftssekretärs entfernt wissen; und nicht der Egoismus trieb mich, sondern die Kenntnis von dessen mangelnder Eignung. Die Lage in der Landwirtschaft schien mir damals zudem noch am stabilsten; vielleicht könnte ich etwas tun, diesen nicht unwesentlichen Zustand zu halten. Bei dieser Überlegung sprach aus mir schlichtweg der Mensch vom Dorf, der aus seiner Herkunft ein Stück Selbstbewußtsein zog; und Selbstbewußtsein, das sich auf Realem zu gründen vermochte, war zu jener Zeit Mangelware in den Führungsetagen der SED.

Wie ich später im Bericht von Egon Krenz über das Moskauer Gespräch mit Michail Gorbatschow lesen konnte, fielen dort, was die Zukunft der SED betraf, eigentlich nur zwei Namen: der von Willi Stoph, der weiter im Amt bleiben sollte, und meiner; ich sollte ins Politbüro einbezogen werden. Damit war klar, auf der nächsten Tagung des Zentralkomitees würden Entscheidungen über eine neue SED-Führung fallen.

Der Begriff der Reformsozialisten machte nun auch in der desolaten DDR die Runde. Wenn ich ihn in bezug auf meine Person hörte, so gilt mir jetziges Nachdenken darüber nicht als nachträgliches Heraufbeschwören eines Anlasses für Eitelkeit. Der Begriff regt an, über die Brauchbarkeit in der Politik nachzudenken.

Brauchbarkeit ist ja keineswegs eine harmlose Kategorie. In der Politik aber, so seltsam es zunächst klingen mag, hat sie ihren Sinn.

Die unterschiedlichen Beeinflussungspotentiale, die in jenem Herbst auf mich wirkten, im jeweils schnell wechselnden geschichtlichen Augenblick, empfand ich bei allem Schmerz auch als abenteuerlich. Ich gehöre zu den Menschen, die glauben, daß wir nicht zurück können. Ich habe keinerlei Beweis für diesen Glauben. Er stammt aus einem Gefühl, das bei mir in der Arbeit entstanden ist: Weiter, weiter! Was übrigens, wie ich aus meinen Fehlern weiß, nicht unbedingt immer Fortschritt heißen muß. Ich spürte damals eine deutliche Ambivalenz in meinem Handeln: Plötzlich galt eine bestimmte Unbeirrbarkeit des Standpunkts nichts mehr, Flexibilität jedoch alles; aber darin sah ich keine Beschränkung, sondern eine Ressource. Ich sah mich konform und zugleich nonkonform agieren; das Festhalten an und die Trennung von Lebenswahrheiten und Lebenslügen, Mut und Disziplin standen – mit einem Mal geradezu körperlich spürbar! – in widersprüchlicher Symbiose zueinander. Was bisher oberstes Moralprinzip des SED-Politikers zu sein schien, Prinzipienfestigkeit und Beharrung, geriet zum größten Hindernis wirklicher Moralität. Eine Offenheit, die in landläufiger marxistischer Programmgläubigkeit als Verrat gebrandmarkt werden müßte, wurde plötzlich zur Qualität, die aus hilflosen Staatsdarstellern Politiker machte, die ihren Aktionsradius vergrößerten. In diesem Sinne entdeckte ich an mir jene Brauchbarkeit für die Situation, die mir ein Handeln ermöglichte, zu dem ich auch heute noch stehen kann. Da war zunächst nichts bewußt organisiert; dieses Verhalten konnte man nicht abrufen, wie man einen Lichtschalter betätigt. Von der Straße erzwungen, stellte sich ein Gefühl ein: Man möchte etwas sagen, etwas ganz anderes als bisher, und etwas Folgerichtiges tun. Wie soll man diesen auftauchenden neuen Lebensgedanken fassen? Ruhig sein inmitten des Chaos. Dem, was verschwinden will, nicht nachrennen. Nicht tendenziös sein wollen. Sich brauchbar fühlen. Verzichten können als Voraussetzung, um noch ein Stück des Weges unverzichtbar zu sein.

Der Sozialwissenschaftler Sven Vollrath von der Freien Universität Berlin schrieb 1997 über »Reformsozialisten in Zeiten des Umbruchs«, dieser »Elitetypus« produziere Werte- und Normbildungen, »die insbesondere in seiner eigenen sozialen Gruppe wirkten und den Ideologiekoloß des Systems und damit das System selbst mit zum Einstürzen brachten. Der Spezialist für die Demontage beweist seinen moralischen Mut, indem er diese Zweideutigkeit auf sich nimmt, sagt Hans Magnus Enzensberger. Den eigenen Leviathan politisch, ideologisch oder auch militärisch zu entwaffnen und aus dem Alptraum in die Normalität zurückzufinden, sei seine große historische Leistung. Aus dem bisherigen Mangel der politischen Kultur, diese Zweideutigkeit als emanzipatorische Ressource zu würdigen, erfahren Personen jenes Elitetypus mit dem transitorischen Ereignis das Mißtrauen der Demokraten. Sie sind Figuren des Übergangs. Den politischen Kräften, die sie durch ihr Agieren objektiv mit zu entfesseln halfen, sind sie oft nicht mehr gewachsen. Ihre Tätigkeit vor Eintritt in den Systemwechsel zeigt nur eine erodierende Wirkung, die selbst vor den eigenen Dienststellungen nicht halt macht. Die Regel ist, daß sie durch die politische Entwicklung aus ihren Ämtern hinfortgespült werden. Enzensberger spricht davon, daß sie in ihrem Erfolg untergehen.«

Zurück zu den Ereignissen im November 1989. Auf einen kurzen Nenner gebracht: Was Egon Krenz in Moskau mit Gorbatschow besprochen hatte, war schnell überholt. Das friedvolle Ende eines Bruderbundes: noch ein letztes Mal zwei Generalsekretäre, Lächeln, Handschlag. Der Rest nur eine Pressemeldung. Mattes Phantom dessen, was gestern noch Geschichte hieß.

Der 2. November wurde zum Tag der Rücktritte. Der Vorsitzende des FDGB, Harry Tisch, hatte noch beim Abgang Erich Honeckers eine verzweifelt aktive Rolle gespielt und mußte nun selbst die Konsequenzen ziehen. Auf Einladung der sowjetischen Gewerkschaften in Moskau weilend, schwang auch er sich noch in den Schatten Gorbatschows (Lächeln, Handschlag, der Rest wieder nur eine Pressemeldung), aber kaum zurückgekehrt in die fauchende DDR, sah er sich um den Nutzen der Glasnost-Reverenz geprellt: Auf Versammlungen in Betrieben, in die er wohl recht selbstbewußt gegangen war, stieß er auf hemmungslose Ablehnung. Ließen sich die meisten Mitglieder des Politbüros in den Betrieben gar nicht erst sehen, sah sich Tisch wenigstens in der Pflicht, Rede und Antwort zu stehen. Aber der Vorsitzende einer Organisation, die Arbeiterinteressen zu vertreten hatte, wirkte, zum Kontakt mit den Massen gezwungen, wie ein Fremdkörper.

Auch in den Bezirken rollte die Rücktrittslawine. In Suhl ging Hans Albrecht und in Gera Herbert Ziegenhahn. Beide hatten noch am 12. Oktober, quasi fünf nach zwölf, ein Bekenntnis zu Erich Honecker abgegeben, das wie Hohn auf alle klingen mußte, die sich in der Partei um Neuerung mühten.

Der 4. November setzte neue Zeichen. Die Massenkundgebung auf dem Berliner Alexanderplatz, vielfach beschrieben als legendäres Fest der Revolution, der transformatorischen Heiterkeit, des argumentativen Lichts und der fröhlichen wie bissig-satirischen Abrechnung, schien für eine geschichtliche Zehntelsekunde aufblitzen zu lassen, was Demokratie und Res Publica sein könnten. Unter der Voraussetzung freilich, daß alles so unwirklich und vom politischen Pragmatismus unberührt bliebe, wie es an diesem 4. November der Fall war.

Die Liste der Rednerinnen und Redner auf dem Alex signalisierte Koalitionswille, der auch bei den Abertausenden zu spüren war, die zuhörten. Günter Schabowski erfuhr, für unsere Partei sprechend, daß auch Pfiffe zur Demokratie gehören. Die Schauspielerin Steffie Spira wollte, daß aus Wandlitz ein Altersheim werde, in dem die Politbüromitglieder verbleiben sollten. Markus Wolf hatte den Mut, für eine differenzierte Sicht auf die Mitarbeiter des Ministeriums für Staatssicherheit einzutreten.

Die Initiative für diese Kundgebung hatte die Künstlerschaft Berlins ergriffen. Dies erforderte viel Mut und noch mehr Verantwortungsgefühl. Dem stets in der Geschichte des Sozialismus drohten Kurs- und Führungswechsel in polizeilich und militärisch bedrohte Ereignisse auszuarten; nun eine solche Massenkundgebung wenige Kilometer von der Mauer entfernt durchzuführen, setzte ein Vertrauen in die Menschen voraus, das uns lange fehlte. Vielleicht bestand in diesem Selbstbewußtsein der Veranstalter, auf die Menschen zu vertrauen, das für die bisherigen Staatslenker beschämendste Ereignis an diesem 4. November.

Auch wenn es während der Kundgebung manche Haßrufe auf Vertreter der »alten Ordnung« gab – Forderungen nach einem »einig Vaterland« gab es nicht. Besonnenheit regierte die Stunde. Ein Blutvergießen stand also nicht am Beginn des Kurswechsels in der DDR – das bleibt für mich das Bedeutsamste, das Menschlichste jenes Tages.

Am 8. November, dem Mittwoch darauf, fand eine Tagung des Zentralkomitees der SED statt. Da die heillos-hilflose Regierung Willi Stophs einen Tag zuvor ihren Rücktritt erklären mußte, war eine neue Situation entstanden. Das Zentralkomitee hatte mit der Wahl des Politbüros auch über eine neue Kandidatur für den Ministerpräsidenten zu entscheiden. Der innere Druck in der SED begann zudem weiter zu wachsen; jetzt schlug dem obersten Gremium der Partei nicht nur der Zorn der Bevölkerung entgegen, sondern immer stärker auch der derbe Unmut der eigenen Genossen. Das alte Politbüro hatte sich für einen gemeinsamen Rücktritt entschieden, aber zugleich den Vorschlag einer neuen Zusammensetzung unterbreitet.

Neue Zusammensetzung? Gefährliche Halbherzigkeit! Zwar stellten sich Kurt Hager, Erich Mielke, Alfred Neumann und Erich Mückenberger nicht wieder zur Kandidatur, aber man merkte ihnen den Unmut über den erzwungenen Verzicht an. Auch Werner Krolikowski sah für sich kaum noch Chancen. Ansonsten jedoch sollte ein größerer Teil der »bewährten Kader« im Politbüro verbleiben, und einige »Ergänzungen« würden erfolgen. Da es sich bei den Neuzugängen zum Teil auch um Nichtmitglieder des ZK handelte und eine Kooptierung in das Zentralkomitee in dieser Situation nicht gerade als demokratisch erschien, wurde der Weg zur Bildung von Kommissionen beschritten. Klaus Höpcke würde die Kommission für Kultur und Gregor Schirmer die für Wissenschaft und Bildung leiten; auf diese Weise wurden beide in die Parteiführung einbezogen.

Die Wahl des neuen Politbüros geriet zum Eklat.

Ich forderte eine individuelle Prüfung der Kandidaten, denn die Liste erschien mir gar zu abwegig. Wie wollte man damit Vertrauen in der Partei wiedergewinnen! Vor allem: Wie wollte man wirklich die Partei führen und in den neuartigen politischen Prozessen im Lande bestehen, wenn man dazu Leute heranzog, deren Führungsunfähigkeit klar auf der Hand lag! Auch wenn Egon Krenz endlich zaghaft seine beschwichtigende und Honecker nach wie vor schonende Linie der ZK-Tagung vom 18. Oktober verließ, auch wenn er nun also »schon« kritische Töne gegenüber dem ehemaligen Generalsekretär anschlug – es fehlte noch immer sehr viel an einer wirklichen Analyse der Lage, und es mangelte an klarer Position zum Versagen der SED-Führung. Aber wie sollte diese Klarheit in einer Runde zustande kommen, die zu beträchtlichem Teil aus den Versagern bestand!

Allein die Idee, Horst Dohlus als Vorsitzenden der Zentralen Parteikontrollkommission vorzuschlagen, zeugte von der Ignoranz jener Gemüter, die sich so etwas einfielen ließen. Längst zeichnete sich ab, daß bisherige Politbüromitglieder gleichsam vor ein parteiinternes Tribunal geladen würden – und diesen Prozeß der Überprüfung sollte nun ausgerechnet Horst Dohlus leiten. Ihn, bisher verantwortlich für Parteiorgane, konnte man zwar keinesfalls als »Scharfmacher« bezeichnen; auch in den Sitzungen des Politbüros bzw. des Sekretariats des Zentralkomitees, in denen ab 1985 in unschöner Regelmäßigkeit ich zur Diskussion stand, erlebte ich ihn nicht als solchen. Aber er diente sich über Jahre stillschweigend hoch, hielt sich durch Anpassung und Schweigen, und dies durfte in der jetztigen Situation doch kein Ausweis für neuerliche Führungschancen sein.

Das Zentralkomitee lehnte Dohlus ab und wählte Werner Eberlein an die Spitze der Parteikontrollkommission; eine Aufgabe, die sich als äußerst undankbar und kompliziert erweisen sollte. Eberleins einsame Funktion: Er mußte die Ausschlußverfahren gegen Erich Honecker und andere Politbüromitglieder einleiten und zum Teil vollziehen. Auch die Rehabilitierung ausgeschlossener und juristisch verfolgter Funktionäre war unverzüglich in Angriff zu nehmen. Es gehörte viel Charakterstärke dazu, sich einer solchen Aufgabe zu stellen. Ich bin bis heute davon überzeugt, daß Werner Eberlein – der Mann, dessen Vater, der deutsche Kommunist Hugo Eberlein, unter Stalin ermordet wurde – der einzige in diesem Politbüro war, der mit seiner Persönlichkeit eine solche Verantwortung glaubhaft und von allen respektiert übernehmen konnte.

Auf dieser Tagung sagte ich: »Die Wende ist von der Straße ausgegangen, und wir dürfen das Leninsche Prinzip nicht vergessen, daß eine Partei, die ihre Fehler nicht erkennt und anerkennt, die Kraft zur Führung verliert. Wenn unser Nachdenken wieder erst den Druck der Straße braucht, unser Mut nicht aus uns selbst wächst und unser Platz nicht mitten im Dialog des Volks ist, dann haben wir weder die Kraft noch das Recht noch das Vertrauen, künftig die Zustimmung der Partei und der Menschen zu gewinnen.«

Ob ich übrigens der einzige Kandidat für den Ministerpräsidenten gewesen bin, weiß ich bis heute nicht genau. Es wurde später erzählt, Wolfgang Junker und Alexander Schalck-Golodkowski hätten ebenfalls zur Diskussion gestanden. Eines erfuhr ich inzwischen von Egon Krenz: Er habe sich damals mit Siegfried Lorenz und Günter Schabowski beraten, und dabei sei die Entscheidung für mich gefallen. Es sprachen wohl drei Dinge dafür: Die sowjetische Führung erhob keine Einwände, ich gehörte nicht zum belasteten alten Politbüro, und der politische Gegner in der BRD hatte für meine Popularität mehr gesorgt, als es Erich Honecker lieb gewesen war.

An dieser Stelle möchte ich noch einmal Sven Vollrath und seinen Text über »Reformsozialisten in Zeiten des Umbruchs« zitieren, denn gerade die eben angeführte Lobpreisung in den BRD-Medien erfuhr wenig später, als ich dann in »herbeigeschriebener« Funktion war, eine merkwürdige Umkehrung, die auch Vollrath beobachtete: »Doch im Zuge der Systemtransformation änderte der politische Diskurs des Westens die Synonyme für jene Reformsozialisten. Offenbar als Ausdruck einer veränderten Politik verließ sie ihre ›zauberhafte‹ Qualität. Besaß der Begriff vor diesem Ereignis eine positive assoziative Bedeutung und drückte das sprachliche Umfeld seiner Verwendung die Hoffnung auf Veränderung, eine Anerkennung ihrer Politik oder doch wenigstens anerkennendes Staunen aus, so begleitete ihn nach dem Zusammenbruch zumeist eine negative Konnotation. Er stand nun als Terminus für politische Zurückgebliebenheit, rückwärtsgewandtes Denken oder den Mangel an Politikunfähigkeit schlechthin.«

Wie schon gesagt: Wenn schon in der Führung, wenn schon gar als Ministerpräsident, so wollte ich von Beginn an eine eigenständige Verantwortung übernehmen und kein Anhängsel des Politbüros sein; zu sehr wirkte in mir nach, was ich in dieser Hinsicht als Dresdner 1. Bezirkssekretär erlebt hatte. Aber eine Regierung nicht unmittelbar abhängig von der Parteiführung – das hatte es bisher nicht gegeben.

Mielkes Auftritt

Den Vorschlag für die Funktion des Premiers machte mir Egon Krenz kurz vor Beginn der Tagung des Zentralkomitees. Ich erinnerte mich an frühere Kadergespräche und deren etwas rigide Gesetzlichkeit. Aber diesmal war Bedenkzeit wahrlich ein Luxus, der Zeit gekostet und einem politischen Vakuum mit womöglich schwer kalkulierbaren Folgen Vorschub geleistet hätte.

Diese Tagung des Zentralkomitees stellte das Prozedere einer jahrzehntelangen Gewöhnung auf den Kopf. Personalfragen standen plötzlich an erster Stelle. Es schlug für viele die Stunde einer politischen Neugeburt: Fragen wurden gestellt, Bedenken geäußert, Ablehnungen erteilt. Eine geschlossene Gesellschaft reckte ein wenig die eingeklemmten Glieder.

Die Liste der vorgeschlagenen Politbüromitglieder geriet so völlig durcheinander. Horst Dohlus, wie bereits angedeutet, fiel schon im im ersten Wahlgang durch. Hans-Joachim Böhme, 1. Sekretär der Bezirksleitung Halle, Werner Walde, 1. Sekretär der Bezirksleitung Cottbus, und Johannes Chemnitzer, 1. Sekretär der Bezirksleitung Neubrandenburg, wurden zwar noch gewählt, mußten aber schon nach 24 Stunden zurücktreten, da sie in ihren Bezirken mit Beschluß der dortigen Bezirksleitung abgelehnt wurden.

Johannes Chemnitzer, der ursprünglich nicht auf der Liste von Egon Krenz stand, hatte ich als ZK-Sekretär für Landwirtschaft vorgeschlagen. Seine Zurückweisung im eigenen Bezirk konnte ich mir nicht erklären. Er war am 12. Oktober, bei der Beratung mit den 1. Bezirkssekretären, kritisch gegen Erich Honecker aufgetreten, galt als bescheiden und schien mir auch beliebt zu sein. Später hörte ich, es seien beim Votum gegen ihn Intrigen unter den Sekretären der Neubrandenburger Bezirksleitung mit im Spiel gewesen.

So wurde die Verantwortung für die Landwirtschaft an Helmut Semmelmann, bislang Abteilungsleiter im Zentralkomitee, übertragen. Ein Fachmann, der in der Sowjetunion studiert und seit über 20 Jahren in der Abteilung des Zentralkomitees und zeitweilig im Ministerium für Landwirtschaft gearbeitet hatte.

Bei meiner Wahl stellte Günther Jahn aus Potsdam die Frage, ob es denn stimme, daß ich im Oktober an Demonstrationen in Dresden teilgenommen habe, auf denen Rufe gegen Egon Krenz laut geworden wären. Die Frage klang, als hätte ich eine solidarische Pflicht verletzt; ich hätte wahrscheinlich die Demonstration verlassen oder gegen die Rufer einschreiten müssen. Ich verstand Günter nicht: Auf diese Weise stellte er meine Loyalität gegenüber Krenz in Frage und wollte wohl andeuten, eine Wahl Modrows bedeute Gefahr für den Generalsekretär. Ich bestätigte die Rufe gegen Krenz; im Oktober gab es schon allerorts eine politische Ablehnung des neuen Parteichefs. Das war seiner Rolle als »Kronprinz« Honeckers geschuldet sowie der fortgesetzten personellen Machtkonzentration. Die löste ungute Erinnerungen aus. Ihren Gipfelpunkt hatten die Proteste gegen Egon Krenz am 4. November auf dem Berliner Alexanderplatz erfahren.

Obwohl die alte Garde des Politbüros zurückgetreten war, nahmen diese Genossen als Mitglieder des Zentralkomitees noch an der Sitzung teil. Während Alfred Neumann mir eine gute Hand als Ministerpräsident wünschte, gab es mit dem verbitterten Willi Stoph nicht ein einziges Zeichen der Verständigung.

Am aktivsten wirbelte plötzlich Erich Mielke. Er mußte erfahren haben, daß ich Bedenken wegen einer nahtlosen Weiterarbeit des Ministeriums für Staatssicherheit angemeldet hatte und wollte mir nun verständlich machen, daß es auf keinen Fall eine Auflösung dieses Ministeriums geben dürfe. Ich hörte zu und versuchte, reglos zu bleiben. Mielke machte übrigens auf dieser Tagung des Zentralkomitees keinesfalls einen isolierten Eindruck. Er, sein Stellvertreter Rudi Mittig und andere führten ständig irgendwelche vertraulichen Gespräche.

Kennengelernt hatte ich Erich Mielke schon vor längerer Zeit in Berlin, ich war Sekretär der Bezirksleitung. Überhaupt meine erste Begegnung mit dem Minister für Staatssicherheit fiel ins Jahr 1952, als sich die Landesvorsitzenden der FDJ gemeinsam mit Erich Honecker in der Normannenstraße mit Wilhelm Zaisser trafen. Es ging um die Werbung von Nachwuchskadern für jenes Ministerium, das sich noch im Aufbau befand und gerade bei der FDJ um Verständnis für seine wichtigen, komplizierten Aufgaben warb. Von Wilhelm Zaisser, der später wegen angeblicher Fraktionsbildung aus der SED ausgeschlossen wurde, hatte ich schon etwas auf der Antifa-Schule in der Sowjetunion gehört: ein General, der in Spanien kämpfte und in die Sowjetunion zurückkehrte. In Krasnogorsk legte er mit den Grundstein für das Netz von Antifa-Schulen für Kriegsgefangene. Als Beleg seiner Ruhe und Besonnenheit erzählte man, daß ein Kursant beim Aufräumen seines Zimmers eine große Porzellanvase zerschlug; Zaisser, der etwas eingenickt war, blickte auf und sagte bedächtig: »Das hätten Sie auch etwas leiser tun können.«

Erich Mielke war von ganz anderem Temperament. Ich erlebte ihn auf einer Jahrestagsfeier in der Berliner Verwaltung seines Ministeriums. Er sonnte sich im Mittelpunkt der Veranstaltung. Auf Kosten anderer machte er seine Späße, forderte pausenlos zu Trinksprüchen auf. Mit markigen Sätzen über die Tschekisten und mit einer derben Clownerie schmückte er seine Auftritte. Während politische Trinksprüche gewöhnlich mit dem Begriffspaar »Für Frieden und Sozialismus« endeten, gipfelten sie bei Mielke anders: »Für Sozialismus und Frieden«. Sozialismus galt ihm mehr als Frieden. Ein Beleg seiner eisernen Haltung.

In meiner Dresdner Zeit vollzogen sich Kontakte mit Mielke häufiger und auch etwas enger. Da er sich als Besitzer des Sportvereins »Dynamo« fühlte, lagen die Berührungen zunächst auf dieser Ebene. Beim Fußball galt Dynamo Berlin als sein liebstes Kind. Aber einige Mal lief Dynamo Dresden den Berlinern den Rang ab, sei es in der Meisterschaft oder im Kampf um den FDGB-Pokal. So mußte Mielke als Vorsitzender der Sportvereinigung zur Siegesfeier an die Elbe kommen. Er hielt aber auch bei Gratulationen für Dresden mit seiner Meinung nicht hinter dem Berg und bedauerte, daß die Berliner es nicht geschafft hätten. Aber da der Sieg letztlich in der Sportvereinigung Dynamo geblieben sei, wäre die Sache nicht ganz so schlimm. Leider unterschätzten wir, daß auch die »Kleinigkeit« einer oftmaligen Bevorteilung der hauptstädtischen Dynamo-Mannschaft durch Oberliga-Schiedsrichter unterschwellig den Zorn der Menschen auf die »Mielke-Truppe« und damit ihre Wut auf die Führung beträchtlich erhöhte. Es ist im übrigen Egon Krenz gewesen, der als ZK-Sekretär, zuständig für Sport und Sicherheit, mit Wolfgang Herger einen Zivilisten zum Abteilungsleiter Sicherheit erhob und mit Hilfe der Jungen Welt polemische Attacken gegen die manipulative Unart von Schiedsrichtern in Gang setzte. Beides waren Maßnahmen, die eine von Belang, die andere eher marginal, um ausufernde Selbstgefälligkeiten eines Staats im Staate einzudämmen.

Da nun einmal der Name Mielke gefallen ist, noch einmal einige Bemerkungen über meine Kontakte zur Bezirksverwaltung Dresden des MfS: Solange sie der antifaschistische Widerstandskämpfer Rolf Markert leitete, blieb eine gewisse Zurückhaltung gegenüber meiner, der politischen Leitung bestehen. Markert beeindruckte durch besonnene Stärke, und er ließ diese Eigenschaft wohl auch Mielke spüren. Markert ruhte gleichsam in seiner Biographie. Kurz nach seinem 65. Geburtstag, es war in den siebziger Jahren, kam die Abberufung. Mielke, um Jahre älter, ließ mitteilen, der Nachwuchs müsse herangeführt werden. Ich habe es in einem früheren Kapitel beschrieben. Das stieß bei Markert zwar nicht auf direkten Widerstand, aber zum ersten Mal hörte ich abwertende Bemerkungen über das Verhalten des Ministers.

Den Dresdner Nachfolger suchte Erich Mielke persönlich aus. Wie sich bald zeigen sollte, war Horst Böhm, der aus Karl-Marx-Stadt kam, nicht nur ein Mann seines Vertrauens, sondern in mancher Hinsicht auch eine Kopie Mielkes – besonders dann, wenn es um ein stereotyp-dreifaches »Hurra« auf die Tschekisten ging oder um die Bevormundung der beiden anderen Chefs bewaffneter Kräfte im Bezirk, der Volkspolizei und des Wehrbezirkskommandos der Nationalen Volksarmee.

Als ich Mitte der achtziger Jahre Erich Mielke bat zu prüfen, ob die Besetzung dieser Funktion mit einem Mann wie Böhm die richtige sei, erntete ich brüske Ablehnung. Weil Horst Böhm von meinen Ansichten über ihn erfuhr, baute sich, bei gleichbleibend friedlich scheinendem öffentlichen Bild, ziemliche Spannung zwischen uns auf. Da eine Akte Modrow beim Ministerium für Staatssicherheit verbürgt ist, schien verständlich, daß Erich Mielke keinen Wechsel an der Dresdner MfS-Spitze wollte. Diese Akte ist verschwunden. Ob sie später von den Vertretern der sowjetischen Aufklärung oder von Horst Böhm selbst beseitigt wurde, konnte bisher nicht ermittelt werden. Ich gehe davon aus, daß sie in Moskau ist.

Es steht jedoch fest, daß diese Akte vor allem meine Beziehungen nach Leningrad und zur sowjetischen Botschaft in Berlin dokumentierte und kommentierte. Mein Verhältnis zum MfS trug unter diesen Bedingungen einen etwas differenzierten Charakter.

Wie sehr Erich Mielke am Ende in seiner Funktion überfordert war, zeigte sich am 13. November 1989 in jener unglücklich-komischen, geradezu tragischen Rede vor der Volkskammer (»ich liebe euch doch alle«), über die später noch zu reden sein wird. Über Nacht verschwand alle von Furcht durchsetzte Autorität, die es ihm gegenüber jahrzehntelang in den Dienstbereichen des MfS gegeben hatte: Führende Mitarbeiter verwandelten sich in aufatmende und zugleich peinlich berührte Kritiker.

Was freilich die Justiz der BRD mit Mielke anstellte, bleibt in meinen Augen mehr als eine Farce. Gestützt auf Untersuchungen gegen ihn, die in die Zeit des Hitlerfaschismus zurückführten, verurteilte man den MfS-Minister wegen Mordes an einem Polizisten im Jahre 1931. Ein Beamter aus Moabit sagte mir: Wie immer man zu diesem Mann stehen möge – mit keinem der faschistischen Führer ging die bundesdeutsche Justiz so betont konsequent um wie mit ihm.

Kein Kommentar.

Zurück zur Regierungsbildung: Was das MfS betraf, schwebte mir eine Veränderung der Struktur und der Aufgabenstellung des Ministeriums vor; dem Willkürgebaren dieses Bereiches, auf den sich der Volkszorn konzentriert hatte, mußte ein Riegel vorgeschoben werden. Ich überlegte auch, ähnlich wie in Polen oder der Tschechoslowakischen Republik ein Staatssekretariat im Ministerium des Innern zu bilden, das für Sicherheitsfragen zuständig sein sollte. Dieser Gedanke wurde von Lothar Ahrendt, dem designierten Innenminister, scharf abgelehnt. Er befürchtete einen zusätzlichen, die Lage weiter gefährdenden Druck auf die Organe der Staatssicherheit und auf das gesamte Innenministerium. So erfolgte, in Absprache mit der Abteilung Sicherheit des Zentralkomitees der SED, die Bildung eines Amtes für Nationale Sicherheit. Mit Wolfgang Schwanitz, einem der Stellvertreter Erich Mielkes, an der Spitze.

Die eine wie die andere Überlegung sollte sich bald als falsch erweisen.

Aber grundsätzlich: Eine Regierung ohne Sicherheitsorgan, das muß ich gestehen, konnte ich mir nicht vorstellen. Das galt übrigens für alle an der Regierung der großen Koalition beteiligten Parteien – keine von ihnen hatte bei den Koalitionsgesprächen die Bildung eines solchen Amtes abgelehnt.

In die ersten konzeptionellen Überlegungen der neuen Staatsführung fiel der 9. November. Über die Öffnung der Grenze – ich habe sie fassungslos am Bildschirm miterlebt – ist bereits viel gesprochen und geschrieben worden. Es gibt kaum noch etwas zu ergänzen. Bis heute frage ich mich allerdings, wie wir so naiv sein konnten bei der Lösung eines Problems, an dem das Schicksal der DDR – und der Frieden! – wie an einem seidenen Faden hingen.

Der 9. November

Die Öffnung der Grenzen sollte planmäßig am 10. November erfolgen. Die entsprechende Meldung für die Öffentlichkeit war mit der Sperrfrist vom 10. November 1989, 4.00 Uhr, versehen. Die Volkspolizei hatte den Auftrag erhalten, ab 10.00 Uhr aktiv zu werden, die Übergänge an der Grenze sollten sich in den nächsten Tagen langsam und gleichsam in der Art eines geordneten »Rückzuges« auf einen wachsenden Strom der Ausreisenden und Besucher einstellen. Mag sein, daß der Plan dieser Gelassenheit im eklatanten Widerspruch zum Begehren von Millionen Menschen stand – er war jedenfalls die Ursache dafür, sich auch Zeit zu lassen für die Information innerhalb der Partei. Die Devise hieß: nichts überstürzen.

Trotz der sich bald überschlagenden Ereignisse am Abend des zufällig historisch gewordenen 9. November erhielt Michail Gorbatschow von Egon Krenz erst am Vormittag des 10. November ein entsprechendes Telegramm, in dem offiziell über den Mauerfall informiert wurde. Mit Bundeskanzler Kohl telefonierte Krenz sogar erst am 11. November zum ersten Mal, und beide zeigten Übereinstimmung: Alles müsse geschehen, um Ruhe und Friedlichkeit dieser weltverändernden Situation zu gewährleisten. Absprachen mit Substanz erfolgten jedoch nicht. Lediglich über ein möglichst baldiges Zusammentreffen fielen ein paar verständigende Worte. Während Helmut Kohl sich Jahre später, 1996, abfällig über diesen Anruf und zur Person von Egon Krenz äußerte, schreibt der damalige Kanzlerberater Horst Teltschik Anfang 1991 – er war Zuhörer dieses Telefonats –, das Gespräch habe einen Tonfall gehabt, wie er zwischen alten Bekannten üblich sei, nahezu loyal und völlig unaufgeregt.

Es ist nicht anzunehmen, daß der Kanzler das bessere Gedächtnis hat. Er hat nur ein zweckdienlicher funktionierendes, auftrumpfendes Gedächtnis.

Die eigentlichen Schlagzeilen jener Stunden machte jene legendäre Pressekonferenz mit Günter Schabowski, an der auch Gerhard Beil und Helga Labs als Mitglieder des ZK teilnahmen. Dieser Pressetermin am 9. November gegen 18.00 Uhr ging zunächst ziemlich harmlos über die Bühne des Internationalen Pressezentrums in der Mohrenstraße. Bis Schabowski sich nicht mehr als Herr der Lage zeigte und etwas tat, das er, in dem Moment, da er es tat, selbst wohl am allerwenigsten begriff.

Die Aufgabe, alle Medien über Regierungsentscheidungen zu informieren – und um eine solche handelte es sich bei der Nachricht über die Grenzöffnung –, war seit dem 7. November auf den Regierungssprecher Wolfgang Meyer übergegangen. Er hatte sich auch auf eine Pressemitteilung zur Klärung der Grenzfrage vorbereitet. Schabowski kam ihm zuvor: unkundig, lässig, mit dem immer krasser hervortretenden Ehrgeiz des Egoisten (»ich habe die Grenze geöffnet!«). Letztlich also: verantwortungslos. Denn was hätte geschehen können, wenn an diesem 9. November auch nur ein einziger Offizier der Grenztruppen, überrascht vom Ansturm der Massen, seit Jahren eingeschworen auf die konsequente Verteidigung der Grenze, ausgerüstet mit einem tief verinnerlichten Feindbild, zur Waffe gegriffen hätte. Die Befehlslage war an diesem Abend auf allen zuständigen Ebenen – begonnen beim Ministerium für Nationale Verteidigung – nicht eindeutig geklärt. Wäre es zu einem Zwischenfall gekommen, zu einer einzigen, womöglich mit Blutvergießen verbundenen Unbesonnenheit – es gehört nicht viel Phantasie dazu, sich das ganz andere Urteil vorzustellen, mit dem Günter Schabowski in die Geschichte verabschiedet worden wäre.

Ironie dieser Geschichte: Die Souveränität des Volkes, die Gewaltlosigkeit der Massen waren es, die einen Vertreter der verhaßten Machtzentrale zum unfreiwilligen, kurzzeitigen Helden dieses Volkes werden ließen.

Die Grenze jedenfalls wäre auch ohne Günter Schabowski und seine unglücklich gestammelte Erklärung geöffnet worden, zwar zehn Stunden später, aber nicht so spektakulär und auch nicht mit dem gönnerhaften Begleitkommentar der die Sensation des Moments auskostenden Westmedien. Moskau und Bonn wären als Partner in den komplizierten Vorgang einbezogen gewesen. Für die zukünftige Politik auch meiner Regierung sicherlich eine andere Grundlage, als sie durch die Unbesonnenheit Schabowskis entstand. Es darf auch nicht unbeachtet bleiben, daß die sowjetische Armeeführung in Wünsdorf in den ersten Stunden des geschichtlichen »Überraschungsangriffs« nur über kaum ausreichende Informationen verfügte. Viel ist dem ruhigen Handeln des Oberkommandierenden der Westgruppe der sowjetischen Streitkräfte, Armeegeneral Snetkow, zu verdanken.

Schabowski hin, Schabowski her: Geschichte ist halt in vielen Fällen Wildwuchs. Der Massenrausch, plötzlich ganz in der Nähe der Freiheit zu sein, brauchte vielleicht einen Schabowski statt einer bürokratisch geregelten Ordnung zum wohlgefällig-übersichtlichen Wechsel der Standorte. Lang ersehnte Welterfahrung des Volkes als Wettersturz, als Blitz aus mutig herbeidemonstriertem heiteren Himmel.

Daß an der Grenze niemand ausrastete, daß kein Offizier und kein Soldat unkontrolliert, panisch oder eisern verbohrt reagierte – es hat freilich auch damit zu tun, daß selbst bis in die treuesten Reihen der Partei hinein eine Sehnsucht nach Veränderung gedrungen war. Die Leistung der Bürgerrechtler besteht darin, mit ziviler Courage den Zusammenbruch der alten Strukturen unumkehrbar gemacht zu haben; ihre Tragik besteht darin, daß ihr Signal, einmal ausgesandt, sofort übergriff, die SED selbst erfaßte und alles innerhalb der sozialismustreuen Gefolgschaften bisher nur unterschwellig und heimlich Erhoffte an die Oberfläche trieb, in aktives Tun verwandelte. Im Strom der Millionen, die die Wende urplötzlich zu ihrer eigenen Sache erhoben, verschwanden jene einzelne, die als kleine, unscheinbare, belächelte, geduldige Quelle fungiert und die Höhlung des Steins begonnen hatten.

Mitte November fuhr ich noch einmal nach Dresden, um mich für die nächsten Wochen von meiner Frau zu verabschieden und die nötige Bekleidung für Berlin mitzunehmen. Es war ein Sonntag. Bezirks- und Stadtleitung der SED hatten anläßlich meines Weggangs zu einer Kundgebung aufgerufen. Meine Überraschung konnte ich nicht verbergen: Über 50 000 Dresdnerinnen und Dresdner waren gekommen, mir Glück zu wünschen. Direkt vor der Tribüne fiel mir ein Transparent auf: »Unser Hans, der kann's«.

Nun gut, die Euphorie der Symbolik überschätzte ich keineswegs: Aber ich gestehe, nach all den Monaten zermürbender Konflikte und auch quälerischer Selbstprüfung, nach all den Erkenntnissen und Anwürfen, die die bisherige Sinngebung von Leben und Arbeit arg ins Wanken gebracht hatten, tat mir die Anwesenheit dieser vielen Menschen schlichtweg gut. Natürlich packte mich Unruhe, wenn ich an die bevorstehenden Aufgaben dachte – angesichts offener Grenze und im Wissen um die zahlreichen Unwägbarkeiten im Apparat der SED. Die jüngste Sitzung des Zentralkomitees hatte noch immer die Neigung der Parteiführung offenbart, sich so ängstlich wie aggressiv gegen Abweichungen des weithin geschlossenen Weltbildes abzuschirmen. Welche Plagen würden also auf die Regierung zukommen? Nun, die Dresdner Kundgebung war von der SED initiiert worden, das verpflichtete zum Optimismus, und Optimismus in jenen Tagen bedeutete: Hoffnung besitzen, daß eine langfristig demokratische Umgestaltung der DDR möglich sei.

Wenige Tage später noch einmal Dresden: Ich hielt es für meine Pflicht, bei meiner offiziellen Abwahl dabei zu sein und dem neuen 1. Sekretär der Bezirksleitung meine Solidarität zu erweisen. Professor Hansjoachim Hahn, Professor an der Technischen Universität, war bis vor kurzem Generaldirektor des Volkseigenen Kombinates Elektromaschinenbau gewesen. Ein Mann von hoher Sachkenntnis; offensichtlich völlig überrumpelt, stimmte er seiner Wahl zu. In seinen Antrittsworten sagte er: »Aber, Genossen, ich warne euch, ich bin kein Asket, ich habe ein Haus und besitze ein Auto ...« Es war damals üblich geworden, jeden, der ein Haus und ein Auto besaß, als korrupt zu bezeichnen ...

Leider erwies sich Hansjoachim Hahn bald als ein Wendehals, der mit Wolfgang Berghofer den Marsch in die SPD antreten wollte. Aber daraus wurde nichts. Bis Ende Januar 1990 in der Partei, trat er dann aus der SED-PDS aus und verschwand sang- und klanglos von der politischen Bühne.

Durch die über mich »gekommenen« Verpflichtungen in Berlin blieb mir keine Zeit für eine ordentliche Übergabe in der Bezirksleitung. Selbst von meinen engsten Mitarbeiterinnen und Mitarbeitern konnte ich mich nicht so verabschieden, wie es der Anstand und die gewachsene Nähe zwischen uns geboten hätten. Mit Bärbel Otto, meiner Sekretärin, konnte ich mich gerade noch über das Aufräumen meines Arbeitszimmers verständigen. Da ich weder Dokumente sammle noch geheime Papiere lagere, war das Zimmer schnell von meinen Spuren befreit. Kraftfahrer Siegfried Dieringer, mit dem ich 16 Jahre lang über Tausende von Kilometern im Pkw verbracht hatte, zeigte sich hin- und hergerissen: Mit nach Berlin gehen oder in Dresden bleiben? Schließlich entschied er sich für Dresden, was ich respektierte und angesichts der unsicheren Lage für vernünftig hielt. Es entsprach auch meiner Grundhaltung, nicht mit einem Troß an den jeweils neuen Arbeitsort umzuziehen, sondern jeden Neuanfang mit anderen Mitarbeiterinnen und Mitarbeitern zu wagen. Ich bin kein hierarchischer Traditionalist.

Der kurze Weg zur Macht

Der eigentliche Auftrag zur Bildung einer Regierung konnte erst auf Beschluß der Volkskammer erfolgen. Es schien mir jedoch nützlich und für das Vertrauensverhältnis zwischen den Parteien notwendig, bereits unmittelbar nach Beschlußfassung des Zentralkomitees der SED, mich mit dem Amt des Ministerpräsidenten zu betrauen, ein erstes Koalitionsgespräch aufzunehmen. Laut Verfassung lag die Regierungsverantwortung noch immer bei Willi Stoph. Daher zögerte ich, besagtes Koalitionstreffen im Ministerrat durchzuführen. Ich bat Egon Krenz, uns das Staatsratsgebäude zur Verfügung zu stellen. Ein Wagnis. Denn Krenz würde an diesem Koalitionsgespräch nicht etwa als Hausherr teilnehmen, sondern »nur« als Vertreter der SED, gleichberechtigt neben den Vorsitzenden der anderen Parteien.

Manfred Gerlach, Chef der Liberal-Demokratischen Partei, schreibt in seinen Erinnerungen, er habe bereits bei dieser Begegnung den Eindruck einer Animosität meinerseits gegenüber Egon Krenz gehabt. Aber nicht darin bestand das Problem. Ich ging von einer wirklichen Regierung der großen Koalition aus; das hieß: von vornherein klar erkennbarer Abschaffung der SED-Dominanz. Dieses Herangehen stand im deutlichen Widerspruch zum Platz, den früher Willi Stoph in der SED eingenommen hatte. Vielleicht ergab sich Gerlachs Eindruck aus meinem Bemühen, diese angestrebten neuen Umgangsformen innerhalb einer Regierung, dieses neue Verhältnis zur SED geradezu polemisch-programmatisch vorzuführen, und zwar gleich beim ersten Koalitionsgespräch. Unklarheiten über die nun geltenden Verhältnisse sollten gar nicht erst aufkommen.

An diesem ersten Treffen nahm also Egon Krenz als Vertreter der SED teil. Die CDU war durch einen Abteilungsleiter vertreten, da die Partei am gleichen Tag eine neue Leitung wählte, mit Lothar de Maizière als Vorsitzendem. Günter Hartmann, der als Vorsitzender an die Stelle seines langjährigen Vorgängers Heinrich Homann getreten war, repräsentierte die NDPD. Manfred Gerlach stand für die LDPD und Günther Maleuda für die DBD.

Da ich eine Regierung der großen Koalition bilden wollte und dabei von wirklich gemeinsamer Verantwortung aller Parteien ausging, mußte die Regierungserklärung logischerweise die Standpunkte aller Parteien berücksichtigen. Ein schwieriges Unterfangen, aber für den Plan, den wir von der Zukunft schmiedeten, die einzig realistische Variante.

In Dresden hatte ich bereits mit Vertretern vom Neuen Forum Gespräche geführt und dabei den Eindruck gewonnen, daß sich die neuen politischen Kräfte noch keinesfalls so gefunden und programmatisch formiert hatten, um nun unmittelbar in Regierungsarbeit eingebunden werden zu können. Ich gebe zu, bei der komplizierten Lage in der eigenen Partei wollte ich zudem nicht mit einem Experiment beginnen, bei dem möglicherweise Konfrontation statt reibungslose Koalition die Oberhand gewonnen hätte. Mögen es die einen Feigheit, die anderen Opportunismus und altes Denken nennen: Ich gestehe meine Vorsicht – die aber nicht aus Ignoranz gegenüber Bürgerrechtlern erwuchs, sondern aus der Last der Verantwortung, der ich Herr werden mußte. Den Dialog mit den Bürgerbewegungen bzw. der Opposition, wie sie sich noch immer nannten, hatten wir in Dresden zu führen gelernt. Aber gerade die Einbeziehung der »Gruppe der 20« in die parlamentarische Arbeit der dortigen Stadtverordnetenversammlung hatte sich auch als kompliziert erwiesen; der einsetzende, kräftezehrende Differenzierungsprozeß innerhalb der Bürgerbewegungen brachte Gefahren neuer Instabilität mit sich, die ich auf Regierungsebene nicht riskieren wollte. So muß ich mit dem Anwurf der Opposition leben, meine Regierung habe die Mitarbeit der wahren Demokraten zunächst verhindert; was ich initiiert hätte, sei nichts anderes gewesen als die Flucht der delegitimierten SED in den Staat.

Um das Vertrauen aller Partner zu gewinnen, sprach ich beim ersten Koalitionsgespräch zunächst, vom Stand meiner Erkenntnisse aus, zur wirtschaftlichen Lage der DDR und betonte, die künftige Regierung sei lediglich der Volkskammer und nicht mehr nur einer einzigen Partei gegenüber rechenschaftspflichtig. Schon gar nicht dem Politbüro. Das Parlament müsse endlich seine in der Verfassung festgelegte Funktion bekommen und der Staatsrat dürfe keine Überregierung mehr sein. Der Ministerrat sollte von 48 auf 28 Mitglieder reduziert werden. Weiter: Aus der Regierung scheiden alle Nebenämter aus, und im Wirtschaftsbereich beginnt ein Prozeß der Konzentration, verbunden mit der Eingliederung von ehemaligen Ministerien sowie der konsequenten Reduzierung des zentralen Apparates samt Abschaffung seiner administrativen Methoden.

Es wurde vereinbart, den Entwurf der Regierungserklärung, nach meiner Berufung durch die Volkskammer, an alle Parteien zur Einsicht und Ergänzung zu geben.

Ein heikles Problem blieb, trotz aller Übereinkünfte, der Ablauf der bevorstehenden Tagung der Volkskammer am 13. November 1989.

Wie sollte der Rücktritt der Regierung Stoph vor der Volkskammer erfolgen? Wie der Rücktritt und die Neuwahl des Volkskammerpräsidenten?

Die Neuwahl eines Präsidenten der Volkskammer konnte, da noch immer der von allen Parteien respektierte Demokratische Block existierte, nur gemeinsam innerhalb des Blocks geschehen. Dieses Problem bewegte mich weniger als das der Regierung. Wir einigten uns schließlich auf eine Art »Rechenschaft« des Kabinetts Stoph am 13. November, um die nachfolgende Tagung zur Regierungsbildung bereits mit etwas freierem Blick nach vorn gestalten zu können.

Ein derart kurzer Weg zur Macht, wie ich ihn durchschritt, war mehr als außergewöhnlich für die Geschichte der DDR. Mir als Ministerpräsidenten verblieben nur vier Tage zwischen dem Auftrag der Partei für die Etablierung einer neuen Regierung und der Berufung zum Ministerpräsidenten durch die Volkskammer. Das Rasen der Geschichte hatte etwas Atemberaubendes. Nach der ersten Koalitionsrunde glaubte ich, wir würden es schaffen, wirklich eine deutsche demokratische Republik zu etablieren.

Rechenschaft der alten Regierung

Mehr als dreißig Jahre war ich als Abgeordneter in der Volkskammer tätig und Kandidat beziehungsweise Mitglied des Zentralkomitees der SED. Man müßte annehmen: Zeit genug, um sich im politischen Geschäft, dann besonders, wenn Verantwortung wächst, ein gewisses Grundgefühl der Sicherheit anzueignen. Aber den Umstand, plötzlich Ministerpräsident zu werden, konnte ich für mich zunächst nur in dem so banalen wie einleuchtenden Vergleich mit jenem Nichtschwimmer fassen, den man gnadenlos ins Wasser wirft. Ich mußte versuchen, sehr schnell schwimmen zu lernen – gegen das Tempo, in dem uns die Felle wegschwammen.

Informationen über die reale Lage in den Bezirken erreichten mich nur tröpfchenweise. Die einzige bittere Gewißheit: Überall brodelte es. Ideen aber für eine verläßliche, von möglichst vielen Menschen getragene Umgestaltung der DDR lagen nicht auf jener Straße, von der es inzwischen hieß, sie regiere das Land. Auch in den verschiedenen wissenschaftlichen Einrichtungen der SED und des Staates, seit Jahrzehnten mit Zukunft beschäftigt und nun wie alle SED-Funktionäre von ihr überrascht, waren solche verläßlichen Ideen dünn gesät.

Der 13. November: Volkskammertagung. Eine riesige Last wälzte sich über die von Opposition aufgebrachte, von bisherigen gesellschaftlichen Strukturen nur notdürftig zusammengehaltene, nach Atem ringende Szene.

Die Wahl des Präsidenten der Volkskammer und selbst die Berufung des Regierungschefs schienen, wie bereits angedeutet, unkompliziert zu werden. Aber wie würde sich die Rechenschaft der bisherigen Regierung gestalten? Althergebrachte Tonlagen am Rednerpult, die gewißlich befürchtet werden mußten, glichen zu jener Stunde dem berühmten Streichholz, das man in einen Strohschober wirft.

Der Demokratische Block hatte sich zwei Tage vorher vor allem über die Neuwahl des Volkskammerpräsidenten verständigt. Denn während die Verfassung regelte, daß für den Staatsratsvorsitzenden und den Ministerpräsidenten die stärkste Partei des Parlamentes das Vorschlagsrecht besitzt, war dies für das Amt des Volkskammerpräsidenten nicht der Fall – es stand daher allen Fraktionen frei, einen Kandidaten aufzustellen.

Der öffentliche Druck gegen den noch amtierenden Präsidenten Horst Sindermann hatte inzwischen eine bedenkliche Stärke angenommen; er würde nicht mehr zu halten sein. Besonders die FDJ-Fraktion forderte Sindermanns Rücktritt, und nur widerwillig räumte das Politbüromitglied seinen Stuhl. Er witterte Verrat und grassierende Charakterlosigkeit um sich herum. Die Kaderschmiede der Partei, der Jugendverband, nun als eiserner Besen? Eine verrückte Zeit.

Die Volkskammer der DDR hatte in ihrer gesamten Geschichte bis dahin nur drei Präsidenten: Johannes Dieckmann, Gerald Götting, und – als es innerhalb der SED Probleme bei der »gerechten« Machtverteilung unter den Parteispitzen gab – schließlich Horst Sindermann. Die Entscheidung geht auf jene Zeit zurück, da es Erich Honecker drängte, als Parteichef auch noch den Vorsitz des Staatsrates zu übernehmen; er folgte damit dem Beispiel der Sowjetunion. Also mußte Willi Stoph weichen, der nach Walter Ulbricht Vorsitzender des Staatsrates geworden war; er kehrte auf seinen ursprünglichen Posten, den des Ministerratsvorsitzenden, zurück. Dort allerdings saß gerade Horst Sindermann, an dessen liberalem Arbeitsstil ohnehin schon manche Kritik geübt worden war. So lobte man ihn hinauf ins Amt des Volkskammerpräsidenten und schlug damit zwei Fliegen mit einer Klappe:

Sindermann war zufriedengestellt, und auch diesen Posten hatte die SED, als stärkste Partei, unter ihren Fittichen. Der bisherige Präsident, Gerald Götting von der CDU, entschied sich, ein anderes präsidiales Angebot anzunehmen – in der Liga für Völkerfreundschaft. Seine bekannt heftigen Wünsche nach Auslandsreisen würden sich mit der neuen Funktion endlich erfüllen, so fiel ihm der Abschied vom Amt des Volkskammerpräsidenten nicht ganz so schwer. Alles hatte sich rasant gedreht – und doch blieb alles still und letztlich beim alten. Kaderpolitik vom Feinsten.

Horst Sindermann hatte ich 1958 kennengelernt, als er im ZK der SED Abteilungsleiter für Agitation im ZK der SED war – ohne damals zu ahnen, daß ich selbst einmal diese Funktion übernehmen würde. Mit dem V. Parteitag der SED, im gleichen Jahr, begann sein Aufstieg in das Politbüro; zunächst ging er als 1. Bezirkssekretär nach Halle. Dort machte er sich einen guten Namen als Förderer von Kunst und Literatur; speziell die Entwicklung des Landestheaters Halle als dem Zentrum eines neuen, kritischen Volkstheaters unter Gerhard Wolfram, Horst Schönemann und Armin Stolper bleibt mit seiner politischen Ära an der Saale verbunden.

Engere Kontakte zu Horst hatte ich in der Volkskammer bekommen, als Vorsitzender der Parlamentarischen Freundschaftsgruppe für Japan. In dieser Funktion, das gehörte zu den protokollarischen Gepflogenheiten, begleitete ich den Volkskammerpräsidenten, wenn ihn der Weg in den fernen Osten führte. In den siebziger Jahren, wie bereits geschildert, war ich schon einmal mit Gerald Götting nach Tokio geflogen; in den achtziger Jahren erfolgten zwei Reisen mit Sindermann. Zunächst verstanden wir uns gut, meine Informationen über die Verhältnisse in Japan nahm er neugierig auf, meine Auskünfte über führende Persönlichkeiten des Landes nahm er ernst. Dann kam jene ebenfalls bereits beschriebene Reise 1987, auf deren Rückflug mir Sindermann, während einer Tasse Kaffee, die politischen Leviten las. Zwischen uns wuchsen Mauern, und zwar so rasch, daß man regelrecht zusehen konnte, wie es Stein auf Stein voranging.

Horst Sindermann, und daran mußte ich bei seinem Abgang vor der Volkskammer erneut denken, hatte sich mit der Zeit kolossal gewandelt. Aller Realitätssinn schwand. In der Partei- und Staatsführung, deren Teil er war, sah er gönnerhaft agierend und Dankbarkeit erheischend eine unfehlbare Institution. Am Ende verstand er die Welt nicht mehr, die sich von ihm abkehrte.

Für die Volkskammertagung nun, die einen neuen Präsidenten wählte, erhob zunächst die LDPD ihren Anspruch und schlug dafür Parteivorsitzenden Manfred Gerlach vor. In der Begründung durch Hans-Dieter Raspe hieß es, die Liberaldemokraten hätten die meisten Initiativen für demokratische

Veränderungen in der DDR vorgebracht, und kein Politiker sei in den letzten Wochen so entschlossen für einen Wandel eingetreten wie eben Manfred Gerlach. Für mich stand das außer Zweifel. Er hatte, als sich Erich Honecker noch im Amt befand, wahrlich dessen Zorn auf sich gezogen. Manche Kritiker meinen bis heute, vor allem der persönliche Ehrgeiz habe Gerlach getrieben; im Machtstreben sei sein Hauptmotiv zu suchen, die führende Rolle der SED anzugreifen; der plötzliche demokratische Impetus dieses Politikers sei der eines Weißwäschers gewesen. Ich halte dieses Urteil für abwegig und kleinlich. Manfred Gerlach wollte nach meiner Auffassung die DDR als souveränen Staat bewahren, einen größeren Platz für liberale Kräfte erstreiten und eine grundlegende Umgestaltung in Wirtschaft und Gesellschaft mit in Gang setzen, ohne die sozialistische Entwicklung grundsätzlich anzuzweifeln. Er stellte sich dieser Verantwortung später, als amtierender Vorsitzender des Staatsrates. Aber das liegt noch in einer für damalige Zeitverhältnisse fernen Zukunft.

Die bevorstehende Kandidatur Manfred Gerlachs durch die LDPD war bereits Tage vor der Volkskammersitzung bekanntgegeben worden. Vier weitere Nominierungen machten das Rennen spannend: Die DBD schlug ihren Vorsitzenden Günther Maleuda vor; von der NDPD kam der Vorschlag, Prof. Mühlmann zu wählen; die CDU benannte Christine Wieynk. Sie war übrigens über viele Jahre Mitglied des Büros des FDJ-Zentralrats der FDJ und gehörte zu jenen Funktionären in den Blockparteien, die wie Manfred Gerlach und Gerald Götting ihre politische Laufbahn im Jugendverband begonnen haben. Die Fraktion des Kulturbundes schlug schließlich Prof. Günter Drefahl vor, einen parteilosen Wissenschaftler, einst Rektor der Jenenser Universität. Anfang der sechziger Jahre hatte ich, Vorsitzender des Jugendausschusses der Volkskammer, ihn kennen- und schätzengelernt – ein Mann, der sich der DDR zutiefst verbunden fühlte, aber nie, etwa aus Karrieregründen, der SED beitrat.

Würde keiner der Kandidaten die absolute Mehrheit erreichen, käme es zu einer Stichwahl; die SED würde dann ihre – ausschlaggebende – Stimme Manfred Gerlach geben. Da mit absoluter Mehrheit niemand rechnete, stand also fast schon fest, daß der Nachfolger Sindermanns Gerlach hieß.

Aber alles kam ganz anders, entgegen Absprachen, entgegen Erwartungen.

Schon während der Blocksitzung hatte nämlich die neue Vorsitzende des FDGB, Annelies Kimmel, plötzlich für Günther Maleuda argumentiert. Sie zählte die bisherigen Präsidenten und deren Parteizugehörigkeit auf: Johannes Dieckmann – LDPD, Gerald Götting – CDU, Horst Sindermann – SED. Nach der Logik der Dinge sei nun die Demokratische Bauernpartei an der Reihe. Demnach: Günther Maleuda.

Ihn kannte ich mehr vom Namen als von der Person her. Was verband mich eigentlich mit der DBD? Ein Mitschüler der Antifa-Schule, Berthold Rose, war für einige Jahre deren Generalsekretär und wollte mich 1949 unbedingt als Jugendsekretär für diese Partei gewinnen – was ich damals jedoch strikt ablehnte. Den langjährigen DBD-Vorsitzenden Ernst Goldenbaum habe ich sehr geachtet. Er kam aus Mecklenburg, wo er im Kreis Parchim 1. Sekretär der Kreisleitung der SED war, bevor er den Auftrag erhielt, als Vorsitzender die DBD zu gründen. Den Weg seines Nachfolgers Ernst Mecklenburg verfolgte ich mit Bedauern. Er scheiterte an seinem Ungeschick für das zentrale Protokoll: Eines Tages wollte er als stellvertretender Vorsitzender des Staatsrates an Veranstaltungen teilnehmen, zu denen eigentlich nur das Politbüro der SED eingeladen war. Das nahm man übel, und so dauerte es bis zum Funktionswechsel nicht allzu lange.

Der DBD-Vorschlag auf der Sitzung überraschte vor allem die SED, die doch unbedingt für Gerlach votieren wollte. Eine Mehrheit für ihn war aber nur zu erreichen, wenn unsere Partei nun auch ihre Mitglieder in den Fraktionen der Massenorganisationen »auf Kurs« brachte. Die Parteigruppe der SED erhielt den Auftrag, in diesem Sinne in den verschiedenen Fraktionen aktiv zu werden. Aber die Parteidisziplin bröckelte: Als die Stichwahl ausgezählt wurde, entfielen auf Manfred Gerlach 230 und auf Günther Maleuda 246 Stimmen. Großer, ausdauernder Beifall im Sitzungssaal. Als wolle man demonstrativ eine SED-Niederlage feiern.

Nun begann die Rechenschaftslegung der Regierung, und sie steigerte sich zur erwarteten, befürchteten Anklage. Mir ist schon vor Beginn der verbalen Attacken durchaus bewußt gewesen, daß eine säuberliche Trennung von scharfer Sach- und differenzierter Personalkritik nicht möglich sein würde. Dennoch tat mir die pauschale Ablehnung fast aller Regierungsmitglieder weh. Zumal ausgerechnet Willi Stoph von den Abgeordneten, trotz ihres Zorns, mit Zurückhaltung bedacht wurde, während die Wellen bei den einzelnen Ministern hoch und höher schlugen.

Gewissermaßen Orkanstärke war gleich bei Finanzminister Höfner angesagt. Schärfste Fragen zur Staatsverschuldung. Leider hatten wir gerade dieses Problem nie mit gebotener Gründlichkeit bedacht; auch in meiner eigenen Regierungszeit ließen wir es schleifen. Für uns bedeutete der Geldkreislauf, der Umgang mit Krediten in Banken und Sparkasse, stets eine unaufgeregt hingenommene Normalität, die sich ja immer innerhalb volkseigener bzw. staatlicher Einrichtungen vollzog. Zinsen zählten nicht als hohe Last; aber wenn die Spareinlagen nicht aktiviert wurden, machten sie eben auch im sozialistischen Wirtschaftssystem keinen Sinn. Die Angelegenheit fand auch später beim Einigungsvertrag der beiden deutschen Staaten keine

Klärung und belastet, über sogenannte »Altschulden« mit Zins- und Zinseszins in beachtlicher Höhe, die Städte und Gemeinden bis heute. Gewonnen haben in einer geschichtlich einmaligen Weise, die Banken und Versicherungen der BRD.

Das Auftreten des Ministers für Staatssicherheit, Erich Mielke, geriet bekanntlich zu Tragödie und Trauerspiel gleichermaßen. Daß er die Abgeordneten mit Genossinnen und Genossen ansprach, löste einen gewaltigen Proteststurm aus, der zur völligen Verwirrung des Redners führte. Weder kühler Schauspielerei noch zynischer Kühle ist der oft belachte und auch schon von mir in diesem Buch zitierte Satz »Ich liebe alle, ich liebe euch doch alle!« geschuldet. Er ist Beleg dieser geistigen Betrübung, die einen machtgewohnten, in seiner staatlich sanktionierten Unangreifbarkeit beinahe schon schlummernden Mann urplötzlich aus den Angeln der Selbstsicherheit riß. Nie ist deutlicher geworden, auf welch zerstörerische Weise, in freiwilliger Selbstpreisgabe an Klasse und Klassenkampf, an Verdrängen und Vereinfachen, ein Politbüromitglied Täter und Opfer zugleich war. Erich Mielke: Protagonist einer rasenden Maschinerie, die in vielen Fällen menschliche Moral und Würde ihrer überzeitlichen Qualität beraubte und funktional bestimmte. Und den nun die Rechnung, die auf ihn zukam, mehr als irritierte. Mischa Wolf berichtete später, in einem Anruf Mielkes wenige Tage nach der Volkskammertagung habe ihm dieser gesagt: Vor der Sitzung habe er leider auf den Rat anderer gehört und eine Pille eingenommen; daher sei ihm der Fehler unterlaufen, die Abgeordneten als »Genossen« anzureden.

Da stand dieser Mann hilflos am Rednerpult und wurde ausgelacht. Wie nur ist das Phänomen zu erklären: Den großen Zorn der Menschen gerade auf dieses Ministerium konnte ich nachvollziehen und verstand ich – und doch bildete ich mir ein, das grobe, ungehemmte Lachen träfe und meinte auch mich, weil es die Partei meinte, deren führendes Mitglied Mielke war.

Der Auftritt des als geschäftig und eitel geltenden Ministers, peinlich registriert von seinen engsten Mitstreitern, führte zu deren resoluter Abkehr vom gestern noch heiligen Mannes. So teilte Mielke das Schicksal Honekkers, und diese Distanzierung vom MfS-Chef veranlaßte wahrscheinlich dessen Nachfolger Wolfgang Schwanitz, in polemischer Abgrenzung von leeren Panzerschränken zu sprechen, die er von Erich Mielke übernommen habe.

Wie hoch sich die Dossiers und Denunziationspapiere stapelten, wie viele Kilometer Akten das Ministerium für Staatssicherheit in seinen Dienststellen doppelt und dreifach angelegt und aufbewahrt hatte – kein Außenstehender hat es ahnen können. Vielleicht wußten sogar viele, die in diesem Ministerium arbeiteten, selbst nur wenig oder nichts über die Ausmaße und den (Un-)Sinn der wuchernden Observation. An der Reaktion der Volkskammer auf Mielke spürte ich einmal mehr, wie sehr die Geschichte unserer staatlichen Sicherheit alle künftige Politik dieses Landes beeinflussen und wie eine schwere, kaum tilgbare Hypothek auf unseren Bemühungen um Reform und zugleich Stabilität liegen würde. Bei jedem Schritt nach vorn würden wir gezwungen werden, uns den geistigen Weg bis an jene Abzweigung zurückzudenken, der von der Idee der Gerechtigkeit zum Mißbrauch führte.

Dennoch: Zum ersten Mal in der Geschichte der Volkskammer gab es eine offene, herausfordernde Diskussion der Abgeordneten über die Tätigkeit der Regierung. Ein Durchbruch, eine Verpflichtung, eine Hoffnung. Ja, eine Hoffnung: Die Redner aller Fraktionen gingen, bei höchst kritischer Betrachtung des Bisherigen, von einer notwendigen und möglichen Umgestaltung sowie der Bewahrung der DDR als sozialistischem Staat aus. Weder CDU, LDPD noch die anderen Parteien und Massenorganisationen wichen an diesem Tag von dieser Überzeugung ab. Oder aber sie heuchelten.

Auf der Suche nach einem Kabinett

Mit schien nach dieser Tagung der Volkskammer der Weg für die Regierungsbildung und die Arbeit an der Regierungserklärung frei zu sein. Mit Harry Möbis, dem Staatssekretär in der Regierungskanzlei, fand ich schnell eine gemeinsame Sprache. Er übernahm als Leiter der Staatlichen Revision auch die Aufgaben von Kurt Kleinert, der die Kanzlei Willi Stophs geleitet hatte, sich aber als Alkoholiker einer Entziehungskur unterziehen mußte.

Mein Lebensort zunächst: das Gästehaus des Zentralkomitees der SED, direkt an der Spree gelegen, am Märkischen Ufer. Hier, in einem Zimmer in der dritten Etage, hatte ich seit Jahren während der Tagungen des ZK meine Bleibe gehabt. Neben Schlafzimmer und Bad stand mir ein kleines Arbeitszimmer zur Verfügung, mit vier Sitzplätzen, wenn man den Stuhl vom Schreibtisch noch herüberzog. In der 1. Etage, wo sonst am Nachmittag Kaffee gereicht wurde, hatte Harry Möbis unser Büro eingerichtet.

In Dresden arbeiteten besonders Werner Kaulfuß und Johannes Schulz in meiner Nähe, gute, verläßliche Schreiber und Berater. Nun galt es, neue Helfer zu suchen. Zunächst stellte ich mir die Frage nach einem persönlichen Mitarbeiter, der bereit war, sein Schicksal mit dem meinen zu verbinden. Das hört sich pathetisch an, aber man darf nicht vergessen, daß die politische Situation nach wie vor ungewiß und es keinesfalls gefahrlos war, sich offen an die Seite eines SED-Politikers zu stellen. Mich belastete die Verantwortung, die ich auf mich nahm, indem ich Menschen an mich band.

Aus der langjährigen Tätigkeit in Berlin kannte ich Karl-Heinz Arnold, den stellvertretenden Chefredakteur der »Berliner Zeitung«. Ihn bat ich um Mitarbeit an der Regierungserklärung und fiel bei der Gelegenheit sofort mit der Tür ins Haus: Er möge zugleich überlegen, ob er nicht mein wissenschaftlicher Mitarbeiter werden wolle. Karl-Heinz forderte keine lange Bedenkzeit, bestand jedoch auf eine klare Abgrenzung zwischen seiner Tätigkeit und den notwendigen Arbeiten der Kanzlei-Administration. Die endgültige Bestätigung für ihn erfolgte durch Günter Schabowski, der nun als Sekretär des Zentralkomitees über den Einsatz der führenden Journalisten wachte.

Für die Grobkonzeption der Regierungserklärung beriet ich mich zunächst mit Ministern, die mein Vertrauen hatten und mit denen ich zum Teil in der neuen Regierung weiter arbeiten wollte: etwa Gerhard Beil, Oskar Fischer und Gerhard Schürer. Auch Wolfgang Junker, den ehemaligen Bauminister, bat ich um Rat und Mitarbeit. Wir beide waren über viele Jahre meiner Tätigkeit in Dresden eng miteinander verbunden gewesen; Wolfgang unterstützte mich in vielen Situationen, in denen es aufgrund zentraler Bedrängung und Bevormundung eng für mich wurde; mitunter bewahrten mich seine Umsicht und taktische Cleverneß, Ausdruck seiner Anständigkeit mir gegenüber, vor größerem Schaden.

Ich werde nie vergessen, wie Wolfgang Junker auf der Volkskammertagung an jenem 13. November, mit Tränen in den Augen, kritisch und selbstkritisch über seine Arbeit in der Regierung sprach. Ein Leben auf dem Prüfstand. Wenig später traf es ihn besonders hart: Der Untersuchungsausschuß der Volkskammer erhob gegen ihn und Staatssekretär Karl-Heinz Martini den Vorwurf, für die Kinder von Günter Mittag, Werner Krolikowski und andere Spitzenfunktionäre Häuser gebaut zu haben – ohne rechtliche Grundlagen. Aber nicht die Auftraggeber wurden zuerst und konsequent zur Rechenschaft gezogen, sondern die Ausführenden. Es war die Staatsanwaltschaft der DDR, die Klage erhob und eine vorübergehende Inhaftierung durchsetzte. Nach kurzer Zeit erfolgte zwar die Entlassung aus der Haft, Wolfgang Junker sah sich jedoch in untilgbarer Schande und setzte seinem Leben selbst ein Ende. Karl-Heinz Martini verlor alle Lebenskraft.

Aber wer fragt heute schon nach solchen Schicksalen der sogenannten Wende?

Jeder Mensch kommt aus den Frauen, geht ein wenig aufrecht und dann in den Acker. Günther Weisenborns erschreckend lakonischer Satz fällt mir wieder ein. Nein, auch im letzten Schritt eines Menschen, wie ihn Wolfgang

Junker vollzog, muß, so bitter es klingt, ein Sinn stecken, den der Betroffene selber setzt. Diesen Sinn anzuerkennen, sind wir demjenigen schuldig, um den wir trauern: Ein Mensch geht seiner wichtigsten Sehnsucht nach, der Einführung der Stille. Ja, es geht nicht um Selbstmord, alle Theorien des Selbstmordes sind wahrscheinlich falsch, es geht um die Einführung, um die Neuerfindung der Stille! Daß eine solche Sehnsucht mit tödlicher Konsequenz wächst – es bleibt eine Frage an uns Lebende.

Wichtig für die Arbeit meiner künftigen Regierung war mir eine geistige Vergewisserung durch Professor Dieter Klein von der Humboldt-Universität Berlin. Wußte ich doch seit geraumer Zeit um eine Forciertheit seines Umgestaltungsdenkens, die ich in den wirtschafts- und gesellschaftswissenschaftlichen Einrichtungen beim Zentralkomitee der SED vermißte. Auch wenn es in diesen Institutionen selbstverständlich ebenfalls Kräfte gab, die andere Überlegungen anstellten, als sie bisher vom Politbüro gefordert waren.

Für den Lauf der Dinge zitierte Dieter Klein gern Heinz Kahlau: »Wir leben in einem Haus, an dem immer gebaut werden muß, damit es bewohnbar bleibt. Einen Einsturz können wir uns nicht leisten, wir haben nur dieses Haus. Also bauen wir täglich, sorgsam, manchmal überängstlich, selten übermütig, Steinchen für Steinchen – immer aber nach oben.« Später schrieb Klein: »Meine Hoffnungen haben mich getäuscht, das Haus war auch durch stetigen Bau nicht reformierbar, die Grundstatik stimmte nicht, das Haus brach zusammen.«

Zunächst aber glaubte auch der Wissenschaftler Klein an die Umgestaltung des Sozialismus. In der späteren Regierungserklärung war noch nicht die inzwischen überstrapazierte und für meine Begriffe etwas diffuse Rede vom modernen Sozialismus oder von der sozialistischen Moderne; nein, die Regierungserklärung zielte auf den existierenden realen Sozialismus in der DDR. Obwohl die Perestroika uns Denkanstöße gegeben hatte – als Modell hatten wir sie keinesfalls verstanden; wir versuchten, eine eigene Konzeption zu formulieren. Daß die Rolle des Marktes in der DDR unterschätzt wurde, war in der Rede Erich Honeckers zur Vorbereitung des XII. Parteitages im Dezember 1988 ein letztes Mal auf krasse Weise deutlich geworden; nun wollten wir auf eine sozialistische Marktwirtschaft orientieren. Wer damals einwandte, ein bißchen schwanger gehe aber nicht, hatte gewiß recht. Es gab jedoch längerfristige Überlegungen, die neben Personalentscheidungen und neuen Gedanken für die Planung und Leitung der Wirtschaft eine ständige wissenschaftliche Reformgestaltung vorsahen.

Wie schnell sich die Gruppe von Wissenschaftlern um Dieter Klein an der Humboldt-Universität von der Gewißheit einer möglichen Umgestaltung der DDR entfernte, vermag ich nicht einzuschätzen. Mein Eindruck von damals entspricht jedenfalls nicht dem, der heute mitunter skizziert wird. Mir scheint, moderne Sozialisten wie Michael und André Brie, Rainer Land und andere möchten die Überzeugungen von einer reformierbaren DDR bereits eher abgelegt haben, als dies wirklich geschah. Viele Reformer verbreiten gegenwärtig, bereits weit vor 1989 auf Positionen gestanden zu haben, die sie heute vertreten. In meinen Augen ein untauglicher Weg, der auf fahrlässige Weise mit Erfahrungen spielt. Dieter Klein, so mein Empfinden, versucht freilich als einer der wenigen ein ausgewogenes Verhältnis zwischen radikalem Traditionsbruch im Denken und bewahrender Erinnerung an frühere Bewußtseinslagen.

Die Regierungserklärung vom November 1989 scheint mir bis heute ein wesentlicher Fortschritt zu anderen vor der Volkskammer dargelegten Konzepten dieser Art gewesen zu sein, abgesehen von jenen ersten Regierungserklärungen, die Otto Grotewohl abgab, unter den Bedingungen der Staatsgründung und der ersten Entwicklungsjahre der DDR als antifaschistisch-demokratische Ordnung.

Ein strategischer Gedanke der Regierungserklärung ist mit der Zeit streitbarer geworden, als er es damals gewesen ist. Ich meine die Feststellung, daß die Vereinigung der beiden deutschen Staaten nicht auf der Tagesordnung stehe. Tagesordnung – dieser Begriff meinte den gesamten Komplex von Interessensrichtungen, in dem die Auffassungen der DDR selbst sozusagen nur einen einzigen Moment unter mehreren bildeten.

Worauf stützt sich meine Feststellung? Helmut Kohl hat am 28. November 1989 dem Bundestag in einer Erklärung 10 Punkte unterbreitet und dabei unsere Initiative einer Vertragsgemeinschaft als einen wichtigen Schritt benannt. Auch an ein Gespräch mit Valentin Falin dachte ich. Egon Krenz und mir erklärte er, bei einem Gespräch in der sowjetischen Botschaft, unter Teilnahme von Wjatscheslaw Kotschemassow, die sowjetische Führung würde sogar schon den Schritt zu einer Vertragsgemeinschaft als sehr weitgehend betrachten. Er selbst aber beginne, wie Falin sich ausdrückte, schon mal laut zu denken – und er sprach in Erinnerung an die fünfziger und den Anfang der sechziger Jahre von einer möglichen Konföderation. Mir scheint bis heute, daß er wirklich nur seine persönlichen, fast privaten Gedanken äußerte und nicht bereits einen ausdiskutierten offiziellen Standpunkt der sowjetischen Führung. Margaret Thatcher und François Mitterrand schließlich lehnten eine Vereinigung der beiden deutschen Staaten ziemlich entschieden ab.

Die Feststellung, daß die Vereinigung nicht auf der Tagesordnung stehe, war zum Zeitpunkt meiner Regierungserklärung am 17. November 1989 also keineswegs falsch, wie inzwischen vielfach behauptet wird.

Wer nun sollte Mitglied der neuen Regierung sein? Es blieben nur wenige Tage zur Auswahl. Die Anzahl der Minister, die von jeder Partei zu stellen war, löste zunächst heftige Debatten seitens der LDPD aus. Manfred Gerlach wollte die Parlamentsniederlage gegen Günther Maleuda durch ein entsprechendes Gewicht seiner Partei in der neuen Regierung ausgleichen. Dafür zeigte ich Verständnis. Die Zahl der Stellvertreter des Ministerpräsidenten wurde in Übereinstimmung mit allen Parteien auf drei begrenzt; der »Zuschlag« ging an SED, CDU und LDPD. Es blieb in jedem Fall Sache der jeweiligen Partei, wen sie vorschlägt. Absprachen mit der SED erfolgten nicht.

CDU und LDPD hatten jeweils noch drei Minister im Kabinett, während NDPD und DBD mit je zwei Ministern ihre Interessen als gewahrt betrachteten. Mit Hans Reichelt (DBD), Manfred Flegel (NDPD) und Hans-Joachim Heusinger (LDPD) verblieben drei der früheren Stellvertreter des Ministerratsvorsitzenden in der Regierung. Reichelt amtierte weiter als Minister für Umweltschutz, Heusinger als Minister für Justiz, Fflegel übernahm das schwere Amt des Ministers für Handel.

Die eigentlichen Probleme bei der Regierungsbildung gab es mit der SED, meiner eigenen Partei.

Günter Böhme, der nach langjähriger Vorbereitung an die Stelle von Klaus Sorgenicht als Abteilungsleiter des Zentralkomitees für Staat und Recht getreten war und davor im Sekretariat des Zentralrats arbeitete, unter Egon Krenz, übergab mir die Vorschläge der SED – mit der Bemerkung, sie seien von Krenz bestätigt und mit allen Abteilungen im Großen Hause abgestimmt. Wie brüchig diese Abstimmung war, bemerkte ich bereits während einer ersten Zusammenkunft mit jenen Ministern der alten Regierung, die ins neue Kabinett übernommen werden sollten. Als erster erklärte Hans-Joachim Hoffmann, er halte seinen Verbleib in der Regierung für ein falsches Zeichen; mit ihm sei darüber auch gar nicht gesprochen worden. Zudem ließe seine Gesundheit eine Fortsetzung der Arbeit nicht zu. Er habe jedoch, um nicht nur destruktiv zu sein, einen neuen Vorschlag: Dietmar Keller. Die Idee resultiere aus dem Umstand, daß der sicherlich Bessere, Klaus Höpcke, bereits in einer Parteifunktion tätig sei. Keller kannte ich nur sehr flüchtig, während mich mit Klaus Höpcke schon über viele Jahre ein vertrauensvolles Verhältnis verband. Dies hing nicht zuletzt mit seinen Jahren in der FDJ zusammen.

Nicht um es der LDPD schwer zu machen bei ihrem Anspruch auf den Außenminister, sondern aus dem unbedingten Willen heraus, mit Oskar Fischer zu arbeiten, bat ich diesen, in der Regierung zu verbleiben. Gegen Fischer allerdings wollte Manfred Gerlach nicht anftreten, und so kam es zum

Verzicht der LDPD auf dieses Amt. Gerlach legte aber Wert darauf, daß Peter Moreth als Stellvertreter des Ministerpräsidenten für die Anleitung und Zusammenarbeit mit den örtlichen Organen der Staatsmacht berufen wird.

Wir trachteten danach, eine größere Zahl von Frauen in das Kabinett aufzunehmen, mußten uns aber damit abfinden, daß im Moment keine der anderen Parteien dazu etwas beitragen könnte. Auf den Verfassungsauftrag Gleichberechtigung war plötzlich niemand vorbereitet. So blieb nur die SED: Ich wollte unbedingt Christa Luft als meine Stellvertreterin in die Regierung haben, aber da vom ZK wiederum nichts vorbereitet worden war, oblag es mir selbst, sie für die Funktion zu gewinnen.

Zu unserem Gespräch kam sie mit der Bereitschaft, der Regierung zu helfen – als ständige Ratgeberin und mittels wissenschaftlicher Zuarbeit an der Hochschule für Ökonomie. Wir sprachen lange miteinander, denn natürlich genügte mir das nicht. Es war ein sehr persönliches Gespräch, und schließlich erklärte sie ihre Bereitschaft, meinem Wunsch zur Mitarbeit in der Regierung zu entsprechen. Mir fielen mehrere Steine vom Herzen. Ich hatte die Gewißheit, eine Mitstreiterin gewonnen zu haben, die das Profil der Regierung mitbestimmen und eine fordernde wissenschaftliche Arbeit für die nötige Wirtschaftsreform leisten würde. Christa Luft ist eine gebildete Frau, von tiefer Ernsthaftigkeit und völlig frei von der inzwischen zeitgeistigen Attitüde, Politik als spielerischen Job mit Unterhaltungswert zu betrachten. Sie ist heute, lange nach dem Ende der DDR, vielleicht eine der wenigen Persönlichkeiten, die genau genommen deshalb nicht mehr in die modernistische Politikszene passen, weil sie keine Entertainer sind. Aber – Lob und Fluch des Spagats – genau das ist auch der Grund, warum eine Frau wie Christa Luft in der Politik unbedingt ihren verpflichtenden Platz hat.

Als Ministerin für Finanzen und Preise fungierte Uta Nickel. In einem sich als unbegründet erweisenden juristischen Vorgang gegen den Ratsvorsitzenden des Bezirkes Leipzig, Opitz, wurde sie durch eine Zeugenaussage selbst belastet und legte ihr Amt nieder. Es ging um Zahlungen aus der Staatskasse für eine private Hausrekonstruktion. Uta Nickel wollte, wie sie mir sagte, die Regierung nicht belasten, und war wohl selbst zu der Auffassung gekommen, Tätigkeit in einer DDR-Regierung lohne keine große Mühe mehr. Später, im Jahre 1993, sollten sie und ich als Zeugen in einem Verfahren zwischen Gregor Gysi und der »Berliner Zeitung« vor einem Hamburger Gericht aussagen. Leider erschien Uta Nickel nicht. Sie hatte einem Journalisten der betreffenden Zeitung gesagt, Gysi habe am 3. Dezember 1989 an der sogenannten Krisenberatung teilgenommen, nachdem Alexander Schalck-

Golodkowski die DDR verlassen hatte. Das ist falsch, denn erst am Abend des 3. Dezember traf ich Gregor Gysi zum ersten Mal in jener Arbeitsgruppe, die die SED zur Vorbereitung eines Parteitages gebildet hatte – nachdem das Zentralkomitee zurückgetreten war. Uta Nickel lebt heute in der Nähe von Leipzig, und ihr Schicksal ist eines von vielen dieser deutschen Zwischenzeit der schnell wechselnden Besetzungszettel, einer Zwischenzeit, in der Politiker aufkamen und wieder verschwanden, im Spannungsfeld von Karriere und Kreativität, Zufall und Berufung.

Als Ministerin für Arbeit und Soziales stand die Vorsitzende der Berliner Plankommission auf der Liste; sie sah sich überfordert und lehnte eine Mitarbeit in der Regierung entschieden ab. Darauf bat ich Erhard Krack, den Oberbürgermeister von Berlin, ob ich den Versuch unternehmen dürfe, seine Stellvertreterin Hannelore Mensch zu fragen. Hannelore kannte ich schon aus den sechziger Jahren, als sie die Abteilung Landwirtschaft in der Bezirksleitung der SED Berlin geleitet hatte. Nicht daß wir uns schnell einig wurden, aber es gab eine gemeinsame Auffassung: daß man einer bestimmten Verantwortung, so sie nun einmal auf einen zukommt, nicht ausweichen dürfe.

Sehr bald begann die Berliner Staatsanwaltschaft mit der juristischen Untersuchung des sogenannten Wahlbetrugs. Ein Vorwurf, dem Hannelore Mensch ausgesetzt wurde und der mich, im April 1990, ebenso traf wie den Minister für Bauwesen, Prof. Baumgärtel, ehemals Oberbürgermeister von Weimar. Wir drei wurden später von Gerichten in der Bundesrepublik Deutschland – mit Staatsanwälten und Richtern aus dem Westen – verurteilt.

Hannelore Mensch hat ihre Regierungs-Aufgaben mit großem Einsatz, mit Kompetenz und Feingefühl in Angriff genommen. Sie muß sich heute unter harten Bedingungen durchschlagen. Hannelore besitzt ohne Einschränkung meine Achtung. Besonderen Mut bewies sie – darauf ist später noch einmal einzugehen – bei der stark umstrittenen Entscheidung, Mitarbeitern des Ministeriums für Staatssicherheit ein Übergangsgeld zu zahlen. Wir beide waren uns einig darin, daß bei der raschen Entlassung einer großen Zahl von MfS-Angehörigen soziale Konflikte entstehen würden; wir strebten eine angemessene finanzielle Lösung unter Ausschöpfung der geltenden gesetzlichen Möglichkeiten an. Wolfgang Schwanitz hatte sich schon krank gemeldet, als Hannelore unser Vorgehen von Rechtsexperten der Humboldt-Universität prüfen ließ, um den Vorwurf besonderer Bevorteilung der Mitarbeiter des MfS zurückweisen zu können. Aber wir mußten schließlich, was diese Übergangslösungen für die MfS-Mitarbeiter betrifft, dem politischen Druck des Runden Tisches weichen und gegen die Gesetze der DDR entscheiden. Unserem Bemühen verweigerten sich auch die etablierten Parteien. Ein Vorgang der bewußten Ausgrenzung, den die Bundesrepublik später, gleichfalls unter Rechtsbruch, politisch fortgesetzt hat.

Mit der neuen Regierung sollte auch ein Signal in Richtung Jugend ergehen. So wurde Wilfried Poßner, bisher Vorsitzender der Pionierorganisation und Sekretär des Zentralrats der FDJ, als Bildungsminister vorgeschlagen. Erst nach Abschluß der Koalitionsverhandlungen kam über die Volkskammer-Fraktion der CDU Widerspruch zu diesem Vorschlag der SED. Die Christdemokraten banden eine Mitarbeit ihres Parteivorsitzenden als stellvertretender Ministerpräsident an die unbedingte Akzeptanz ihres Einspruchs. Da mich dieser Einspruch erst nach Abgabe der Regierungserklärung am 17. November erreichte, blieb keine Chance für neue Verhandlungen mit der CDU; das leidige Problem mußte auf dem Rücken von Wilfried Poßner gelöst werden. Mir tat er leid; es ging so demokratisch zu, daß ich mich miserabel fühlte.

Über Nacht wurde der Rektor der Bergbauakademie Freiberg, Prof. Emons, gebeten, das Amt des Bildungsministers zu übernehmen. Wilfried Poßner bat ich, das neu gebildete Staatssekretariat für Jugend und Sport beim Ministerpräsidenten zu leiten. Nach einem längeren Gespräch erklärte er seine Bereitschaft.

Am 15. November fand nach Schlußredaktion der Regierungserklärung die abschließende Koalitionsberatung statt. Die Minister standen ebenfalls fest. Trotz knapper Zeit wollte ich die Erklärung, die alle Parteien kannten, noch einmal durchgehen. Ich brauchte die nötige Sicherheit für die Tagung der Volkskammer. Hinweise zu Formulierungen und Teilfragen waren aber gering, so daß nur noch wenig Arbeit verblieb.

Man kann wohl davon ausgehen, daß so zum ersten Mal in der Geschichte der DDR eine Regierungserklärung abgegeben wurde, die alle Koalitionsparteien bestätigten und die zur Beschlußfassung nicht dem Politbüro der SED vorlag. Für mich kein formaler Vorgang, sondern der Übergang in eine wirklich demokratische Arbeit.

Für den 16. November war die Übergabe der Geschäfte mit Willi Stoph vereinbart. Eine eigenartige Situation, für beide. Ich gehe gewiß nicht fehl darin, daß Willi Stoph mich zuallerletzt als einen möglichen Nachfolger in seinem Amt sah; überhaupt band er wohl den Gedanken eines Funktionswechsels, wie im realen Sozalismus üblich, an sein Lebensende.

Was die Situation psychologisch für mich noch komplizierter machte: Gemäß dem Statut der SED waren bisher die 1. Sekretäre der Bezirksleitungen eigentlich einzig und allein dem Generalsekretär unterstellt. Aber durch die Wahlkreise der Politbüromitglieder und die damit verbundene ständige Teilnahme an den Bezirksdelegiertenkonferenzen bildete sich ein besonderes Verhältnis heraus. In den Jahren meiner Tätigkeit in Dresden hatte sich also eine Art Unterstellungsverhältnis zu Willi Stoph ergeben, dessen Wahlkreis ja Dresden war.

Wie bereits dargestellt, wurde diese gewisse Bindung zu Stoph noch durch jene jährliche Komplexberatung der Regierung ergänzt, die er auf meine Bitte hin ab 1976 gleichfalls in Dresden durchführte. In den achtziger Jahren kam es daher zu einer gewissen Offenheit zwischen uns, die sogar dazu führte, daß Stoph eigene persönliche Empfindungen und Urteile äußerte. Vor allem machte er des öfteren seinem Herzen Luft über Günter Mittag, und ich vermeinte früh zu spüren, daß da auch leise Distanz zu Erich Honecker mitschwang.

Nie jedoch öffnete sich Willi Stoph so weit, daß man ihm das Verlassen der offiziellen Linie nachsagen könnte. Im übrigen war er ein Mensch, der selbst außerhalb der offiziellen Beratungen Zuhörer brauchte; vielleicht liegt auch hier ein Grund für seine Anflüge von Vertraulichkeit. Er machte Menschen in gewissem Maße dadurch gefügig, daß er sie zu geduldigem Publikum degradierte. Zuhören konnte er allerdings nicht; wehe aber, er hatte den Eindruck, seinen eigenen Auslassungen würde nicht aufmerksam gefolgt.

Nie werde ich einen Streit mit unserem Dresdner Sekretär für Landwirtschaft, Hans Krone, vergessen, der alles andere als ein Rechthaber war. Es ging um eine Detailfrage, den Anbau von Kartoffeln, und die Frage stand, ob die Zentrale die Menge der zu produzierenden Kartoffeln oder aber eher die Größe der Anbaufläche vorgeben solle. Wir plädierten im Bezirk für eine Mengenbeauflagung und wollten hohe Erträge erreichen, um die Fläche zum Anbau von Kartoffeln zugunsten von größeren Futterflächen reduzieren zu können. Willi Stoph jedoch vertrat die Auffassung, nur die Fläche zähle. Die Debatte drohte zu eskalieren, und Hans Krone schien nicht zu begreifen, daß der Mann aus Berlin immer »hartleibiger« wurde. Da ich inzwischen die für Willi Stoph besonders interessanten Themen kannte, gelang es mir nach einer halben Stunde Streit, die Diskussion auf den Gemüseanbau zu lenken. Das rettete die Situation. Und Hans Krone. Tomaten und Gurken im Gewächshaus – auf diesem Terrain kannte sich der fanatische Hobbygärtner Stoph aus. Sorten und Mengen pro Quadratmeter waren sein Steckenpferd. Wir besuchten etwas später die Gärtnerische Produktionsgenossenschaft in Kaditz bei Dresden, wo er den Vorsitzenden, Hiltmann, kennenlernte. Dieser hatte bald seine liebe Not: Er erhielt den Auftrag, im Kreis Waren, auf dem Sommersitz Willi Stophs, ein Gewächshaus zu bauen, und die Wissenschaftler der Akademie für Landwirtschaft bekamen Vorträge über Höchstleistungen zu hören. Es schien, als sei der einzig wirkliche Wissenschaftler auf diesem Gebiet der Ministerpräsident selbst.

Das Arbeitszimmer Willi Stophs hatte ich Anfang der achtziger Jahre schon einmal betreten, als es um schwierigen Probleme rund um die Komplexberatung ging. Er wollte in Dresden keine Streitereien von uns gegen ein Ministerium erleben, die Autorität der Regierung müsse uneingeschränkt und unantastbar bleiben. Nun saßen wir uns, da es um die Geschäftsübergabe ging, zum zweiten Mal in diesem Zimmer gegenüber. Ein Zimmer auf einem Flur, von dem sich mir vor allem die viel zu schweren Türen eingeprägt hatten. Ich war nicht ganz frei von Beklommenheit. Wie sollte ich dem bisherigen Hausherrn gegenübertreten? Ich wollte mich um Verständnis und Feingefühl bemühen und wußte doch, daß beides in der eingetretenen Situation äußerst schwer aufzubringen sei. Stoph selbst riß mich aus meinen Überlegungen, und ihm selber schien es am allerwenigsten um Feingefühl zu gehen. Ich hätte, so sein fast tonloser Vorwurf, gegen die Verfassung der DDR verstoßen und mit Ministern noch während der Zeit beraten, in der er amtierte. Diesen Vorwurf wies ich zurück, da es schließlich notwendig war, dringende Absprachen zwischen den beiden Tagungen der Volkskammer zu führen. Stoph reagierte nicht, er übergab mir die Unterlagen über die staatlichen Reserven und verwies auf Harry Möbis, der alle wesentlichen akuten Vorgänge kenne.

Dies war unsere letzte Begegnung. Stoph lehnte es in späteren Jahren kategorisch ab, überhaupt noch einmal mit mir zu reden. Meinen Versuch, ein Gespräch zustande zu bringen, erfuhr, wie mir sein Schwiegersohn mitteilte, eine klare Absage, und ich merkte, diese Absage würde für alle Zeiten gelten. Einmal Politbüro, immer Politbüro – diese Lebenshaltung ist wohl auch für Willi Stoph zum Schicksal geworden.

Nur eine Hoffnung: Glaubwürdigkeit

Die Volkskammertagung vom 17. November erlebte ich anders als jene vom 13. November. Am 13. war mir das Vertrauen – mit einer Gegenstimme aus den eigenen Reihen – als Ministerpräsident ausgesprochen worden; nun mußte ich mit meiner Regierungserklärung, für die ich laut Verfassung persönlich einzustehen hatte, dieses erfahrene Vertrauen rechtfertigen. Trotz gründlicher Vorbereitung klopfte mir das Herz; als der entscheidende Tag graute, graute auch mir, aber wenigstens war eine unruhige Nacht endlich zu Ende. Sie war kurz wie die anderen Nächte jener spannenden Zeit auch, aber allein die Vorstellung, auf der Regierungsbank zu sitzen, erhöhte mein Lampenfieber und hatte den letzten Rest tiefen Schlafs verhindert.

Seit 1957 gehörte ich der Volkskammer an, die Regierungserklärungen meiner Vorgänger hatte ich alle miterlebt. An Otto Grotewohl dachte ich mit großem Respekt, an Willi Stoph und Horst Sindermann mit gemischten Gefühlen. Mir kam ins Gedächtnis, mit welch ruhig-gefaßter, sauber artikulierenden Rhetorik Otto Grotewohl selbst lange Texte so vortrug, daß man gebannt zuhörte. Auf solche Wirkung konnte ich mit meinen rhetorischen Schwächen, die mir durchaus bewußt waren, nicht bauen. Dazu fehlte mir die Stimme; ich bin nicht der Typ, der am Rednerpult automatisch wächst und Blicke anzieht. Auf eine halbfreie Rede nach Stichworten wollte ich mich auch nicht verlassen. Es gab nur eine einzige Chance, die ich wahrnehmen mußte, ein einziges Kriterium, das ich an meinen Auftritt anlegen durfte: die Glaubwürdigkeit des neuen politischen Konzepts.

Von der Hoffnung, in diesem Mühen um Glaubwürdigkeit respektiert und unterstützt zu werden, ließ ich mich schließlich leiten, als Günther Maleuda, der neue Präsident der Volkskammer, mir als Ministerpräsidenten erstmalig das Wort erteilte. Mein letztes Auftreten in der Volkskammer lag zu diesem Zeitpunkt etwa 25 Jahre zurück. Für die FDJ und den Jugendausschuß hatte ich einige Male im Plenum gesprochen; in der SED-Fraktion wurde mir solche Ehre nie zuteil, sie blieb bekanntlich stets den Mitgliedern des Politbüros vorbehalten, vor allem Günter Mittag.

Nach wenigen Minuten am Rednerpult richtete ich mich etwas auf: Die Abgeordneten verfolgten meine Erklärung aufmerksam; die Befangenheit, die mich ergriffen hatte, schwand. Mein Mitarbeiter Harry Möbis, in der ersten Reihe ganz links außen sitzend, nickte mir bei einem Blickkontakt zu; mit dieser Ermutigung ging wohl so etwas wie ein Ruck durch meinen Körper; ich glaube, von nun an meine Rede weit nachdrücklicher vorgetragen zu haben. Der Beifall zum Schluß meiner Erklärung kam von weither, ich traute ihm nicht; irgend etwas in mir sperrte sich dagegen, dies Unreale, Phantastische als Wirklichkeit hinzunehmen – bis sich meine Spannungen lösten und ich den Applaus nun doch sehr deutlich hörte – und auch genoß. Alle Mühen, alle Schlaflosigkeit schienen sich gelohnt zu haben.

Die anschließende Debatte konzentrierte sich auf das, was ich vorgetragen hatte; in den Fraktionen war die abzusehende Grundlinie des Regierungskurses vorher schon diskutiert und somit die Basis bereitet worden für eine sachliche, unaufgeregte Diskussion. Auch die Abrechnung mit der alten Regierung war ja bereits Tage vorher erfolgt, nun mußten wir uns gemeinsam an den Vorstellungen über die künftige Entwicklung einer deutschen demokratischen Republik reiben. Das geschah kritisch, vielstimmig, mit deutlich ausgesprochenen Erwartungen ans neue Kabinett. Der Regierung wurde nicht nur das Vertrauen ausgesprochen, es kamen auch beträchtliche

Anforderungen zur Sprache. Die Abgeordneten wollten zudem demonstrieren, daß jene unseligen Zeiten der Volkskammer beendet seien, in denen lediglich nach genauester Absprache und Rückversicherung in den Parteien und Organisationen gesprochen wurde. Außerdem hatten die Fraktionen die alten Führungskräfte aufgefordert, ihre Mandate niederzulegen – mit der Konsequenz, daß die Liste der Nachfolgekandidaten rasch ausgeschöpft war. Was wiederum mithalf, ziemlich unkonventionell und verfahrensfremd denkende Menschen ins parlamentarische Geschäft zu ziehen. So gestaltete sich das Klima in der Volkskammer offen, unberechenbar und im guten Sinne des Wortes volksnah.

Während der Tagungspause hatte ich alle ausscheidenden Minister, ohne Ausnahme, zu einem Mittagessen in das Gebäude des Ministerrates eingeladen. Willi Stoph und Margot Honecker nahmen daran aus persönlichen Erwägungen nicht teil. Bei aller Kritik an der verblichenen Regierung sah ich es als notwendiges Zeichen des Anstandes, Menschen wie Wolfgang Junker, Otto Arndt, Rudi Georgi, Alfred Neumann und anderen für ihre Arbeit zu danken.

Krug, Biermann, Engholm

Wenn mich meine Erinnerung nicht täuscht, waren es drei oder vier Sitzungen des Politbüros, an denen ich, nunmehr ebenfalls Mitglied dieses SED-höchsten Gremiums, teilgenommen habe. Für die Regierung ergab sich daraus keine Arbeit, sie unterbreitete während dieser Zeit dem Politbüro keinerlei Vorlagen. Natürlich gab es weiterhin die Zusammenarbeit der ZK-Abteilungen mit allen Bereichen des Kabinetts, aber dieses Prinzip galt für Mitarbeiterstäbe anderer Parteien auch.

Die erste Sitzung des Politbüros nach dessen Neuwahl hatte am 14. November stattgefunden, das heißt, wenige Tage vor meiner Regierungserklärung. Die Sitzordnung, von der Stirnseite aus gesehen, richtete sich bislang nach den Jahren, die jeweilige Genossen dem Politbüro angehörten. Die »jüngsten« saßen ganz hinten. Ich sollte nun aber den Platz von Willi Stoph an der Schmalseite des Präsidiumstisches einnehmen. Leider waren die Seitenflanken des Präsidiumstisches geschlossen, so daß ich mich sehr verbiegen mußte, um meine Beine wenigstens seitwärts etwas ausstrecken zu können. Mit äußerst unbequemer Haltung begann meine kurze Politbüro-Karriere.

Wenig später begann für die neue Regierung der Alltag. Das Land brauchte dringend Ruhe, Stabilität. Das hatte selbst Helmut Kohl erkannt und dafür Egon Krenz in einem Telefonat die Unterstützung Bonns zugesagt. Während Valentin Falin sich mit Egon Krenz und mir getroffen hatte, besuchte Nikolai Portugalow, einer der Deutschlandexperten der Sowjetunion und Berater verschiedener Generalsekretäre der KPdSU – zuletzt auch von Michail Gorbatschow – die Bundesrepublik. Im Gespräch mit Kanzlerberater Horst Teltschik informierte er plötzlich – zwar noch verschlüsselt, aber dennoch erkennbar – über die Absicht Moskaus, in der deutschen Frage nun doch vieles neu zu bedenken und dabei auch Überlegungen einzubeziehen, die bisher für gänzlich unmöglich gehalten wurden. Bereits wenige Tage später, am 21. November 1989, brachte Portugalow ein baldiges Gespräch zwischen Gorbatschow und Kohl im Kaukasus in die Debatte, vorerst noch ohne Inhalts- und Terminangabe. Bei dieser Plauderei mit Teltschik wurde auch über einen Sonderparteitag der SED im Dezember geredet, den Egon Krenz unter Umständen politisch nicht überstehen würde. Trotz fortwährend freudiger Proklamation neuen Denkens wurde von Portugalow kräftig die alte Denkweise gepflegt und von ihm sofort, als müsse man in bewährter Umgangsart mit Kadern gar nicht erst jemanden fragen, ein Nachfolger auserwählt – der Hans Modrow heißen könnte.

Als weitere Quelle der Bundesregierung fungierte auch mein Kollege Nemeth, Ungarns Ministerpräsident. Von ihm kamen ähnliche Signale: Egon Krenz habe möglicherweise nur noch eine kurze Frist im Amt, Hans Modrow würden die größten Chancen der Machtübernahme in der SED eingeräumt.

Der Vorstoß der Regierung zu einer Vertragsgemeinschaft und im Gegensatz dazu die versteckten Hinweise von sowjetischer Seite, sich einer Vereinigung der beiden deutschen Staaten nun nicht mehr zu verschließen, bildeten für Kohl den entscheidenden Impuls, umgehend selbst in die Offensive zu gehen. Moskaus Denkangebot galt Bonn als Ermutigung, besagte Vertragsgemeinschaft zu unterlaufen. Die Vorbereitung einer entsprechenden Erklärung des Bundeskanzlers im Bundestag wurde sehr schnell forciert; und während die Sowjetunion gegenüber der DDR offiziell noch Treue bekundete, begannen auch einzelne KPdSU-Politiker im Verbund mit der BRD Sonderwege zu beschreiten. Wurde also doch doppeltes Spiel betrieben?

Erich Honecker hegte in der deutschen Frage schon längere Zeit Mißtrauen gegenüber der Sowjetunion, obwohl Michail Gorbatschow jeden Ansatz eines Vorwurfs mit Unverständnis zurückwies und nachweisbare »Querschläger« als Alleingänge inkompetenter Mitarbeiter oder Möchtegernstrategen disqualifizierte und abschwächte. So etwa Bemerkungen des Schriftstellers Jewgeni Jewtuschenko in Westberlin über den notwendigen Abbau der Mauer. Aber daß auf Moskauer Seite diese provokanten Einwürfe des sowjetischen Literaten je dementiert oder zurückgewiesen wurden, ist nicht bekannt.

Da die Geschichte der beiden deutschen Staaten nur mittels der DDR-Archive bearbeitet wird und interessanterweise das Archiv des Ministeriums für Auswärtige Angelegenheiten der DDR geschlossen ist, kann es noch einige Zeit dauern, bis die Wahrheit über Auf und Ab in der Klärung der sogenannten deutschen Frage an den Tag kommt.

Ob es die verwirrend bleibenden Verhältnisse zwischen dem Politbüro, dem Staatsrat und der Regierung waren, ob uns das Tempo der Ereignisse weiterhin so stark trieb – die Fragen, die nach der Öffnung der Mauer zu klären waren, haben wir zunächst nicht ausreichend durchdacht und beantworten können. Alles war vordergründig und hektisch auf die Klärung der Reisebedingungen für 1990 gerichtet. Fragen wie die Einrichtung neuer Grenzübergänge, die Beteiligung der Bundesrepublik an den wachsenden Aufwendungen der DDR für den Abkauf der hochsubventionierten Waren durch die Bundesbürger, die Anpassung der Zollkontrolle und Zollerhebung an die neuen Bedingungen – dies und anderes mehr blieb jedoch völlig offen. Noch nach dem 3. Oktober 1990 wollte Waigel für Gebrauchtwagen, die in die DDR verkauft wurden, Steuern haben.

Unter den neuen politischen Verhältnissen offenbarten sich mehr und mehr die Schwächen der bestehenden Strukturen. Die jahrelang antrainierte Bürokratie, die verspannte Enge, jene fatale Prämisse, alle Gewalt gehe gefälligst vom Großen Hause aus – all dies legte sich lähmend auf jeden neuen Gedanken, auf jeden Entscheidungsversuch. Die Abteilungen des Apparates im Zentralkomitee waren völlig verunsichert. Der Führung durch das Politbüro und vor allem durch das Sekretariat des ZK enthoben, breiteten sich Hilflosigkeit und Nervosität innerhalb der aufgeblähten Strukturen aus. Der alte Gegenstand der Arbeit hatte sich verflüchtigt; jener gewohnte Rhythmus war verlorengegangen, über Wochen an einer einzigen Vorlage herumzubasteln, diese quälend betulich mit den Ministerien und Ministern zu beraten, bevor sie in weiterer inhaltsloser Prozedur der Parteiführung vorgelegt wurde – um dann, nur noch formal, in der Regierung zur Kenntnis genommen zu werden. Weder paßte dieser Stil zur veränderten Sachlage, noch hatten wir Zeit für dieses liebgewonnene Ritual. Das Ergebnis war Unmut, beleidigtes Abwarten, verständnisloser Trotz. Es herrschte eine Atmosphäre zwischen bockigem Gesundbeten und kopfloser Hektik. Genervte Zerstrittenheit, regsam-regloses Getrippel, Forcieren und Blockieren, Vernachlässigung und Dumpfheit; ringsum Gläubige, die ihre Hoffnungen aufgegeben hatten.

Beschreibung eines kurzzeitigen Zustandes oder eines in jäher Schrecklichkeit aufscheinenden, jahrzehntelangen Lebens?

Jedenfalls: In nur wenigen Wochen mußte ein neues Gebäude von Gesetzen und Verordnungen errichtet werden. Die bundesdeutsche Seite arbeitete bereits mit Sonderstäben in Richtung DDR. Alles zielte in Bonn auf Veränderungen bei uns und daraus sich ergebende Anpassungen ans bundesdeutsche Staatswesen; dort aber, im eigenen Land, sah man aufgrund der veränderten historischen Situation keinerlei Anlaß für Wende und Neuanfang.

Wir strebten, gerade auch auf wirtschaftlichem Gebiet, konstruktive Zusammenarbeit an, auf bundesdeutscher Seite jedoch wollte man diktieren, um eigene Ansprüche durchzusetzen. Wirkliche Diskussion von Entwürfen, die ins nach vorn offene Geschichtsfeld orientierten, wollte Bonn nicht. Und wir waren wohl zu sehr geschockt und zu wenig gerüstet, um dem Überdruck der einsetzenden Fremdbestimmung zu widerstehen.

Offen bleibt die Frage, warum wir damals keine Bemühungen unternahmen, stärker die Sozialdemokratische Partei der Bundesrepublik in die Arbeit einzubeziehen – obwohl es doch über viele Jahre hinweg zwei Verhandlungsgruppen zwischen der SED und der SPD gegeben hatte – die eine zu Fragen einer kernwaffenfreien Zone bzw. eines Korridors ohne chemische Waffen (mit Hermann Axen und Egon Bahr), die andere zu Grundsatzfragen (mit Erhard Eppler und Otto Reinhold). Dieser Kanal wurde nicht einmal angezapft, geschweige denn aktiv gebraucht. Egon Krenz richtete alle Aufmerksamkeit auf Kontakte mit Helmut Kohl, nichts jedoch tat er in Richtung Hans-Jochen Vogel. Gewiß erhebt sich die Frage, ob das angesichts der Gegensätze in der SPD-Führung und der Führungsschwächen Vogels viel gebracht hätte. Aber es nicht wenigstens versucht zu haben, bleibt ein Defizit unserer damaligen Arbeit.

Die Verantwortung für das angedachte Treffen mit Helmut Kohl blieb bei Egon Krenz, der hatte dafür seinen Unterhändler, Schalck-Golodkowski. Also kümmerte sich, aus alter Gewohnheit, kein anderer um die Sache. Noch heute stelle ich mir die Frage, warum es keine Initiative von mir zu einem Gespräch mit dem Vertreter der Bundesrepublik, Bertele, gegeben hat. Eine Disziplinfrage war das längst nicht mehr, ich kann es mir nur mit meiner eigenen, fast schon unterbewußten Fixierung auf den eingeschworenen DDR-Verhandlungspartner Schalck-Golodkowski erklären. Agieren auf breiteter Bais wäre aber vonnöten gewesen.

Am 19. November fanden auf den Straßen der DDR weitere Kundgebungen statt, vor allem in Berlin. Was hier geschah, hatte mehr als symbolische Bedeutung. Nach dem Aufmarsch in Berlin stellten Demonstranten auf der Seite des Palastes der Republik, in dem sich die Volkskammer befand, Transparente ab, unter anderem mit der Losung: »Wo kämen denn die Reformer her, wenn das Volk nicht auf der Straße wär!« Oder: »Tausche DDR gegen Micky Maus«. Forderungen wurden laut, endlich Maßnahmen gegen das Ministerium für Staatssicherheit einzuleiten; die Bildung eines Amtes für Nationale Sicherheit sei als struktureller Schritt gegen das Staatssicherheitswesen nicht ausreichend; die Regierung müsse Position gegen den Vorsitzenden des Staatsrates Egon Krenz beziehen. In jenen Tagen sah ein so profilierter Initiator von Aufbruch und Erneuerung wie Friedrich Schorlemmer in der SED durchaus noch ein bedeutendes intellektuelles Potential, bezweifelte aber nach 40 Jahren DDR, daß die Partei überhaupt noch die Kraft zum wirklichen Wandel besitze. Merklich wuchsen die Aktivitäten der Bürgerbewegung, anders formuliert: Sehr energisch wurde die Kraftprobe mit der geschwächten SED gesucht. Das Neue Forum kämpfte um die Führungsrolle in der Bürgerbewegung und schlug auf einer Kundgebung in Karl-Marx-Stadt vor: »Bilden wir am kommenden Sonntag um 12 Uhr eine Menschenkette vom Fichtelberg nach Kap Arkona, von der Wartburg bis zur Neiße! Mit dieser Menschenkette wollen wir die alten Zeiten am Totensonntag zu Grabe tragen, damit wir an die Arbeit gehen können für eine neue Zukunft!« Wenn auch nicht am Totensonntag, so folgten doch am 3. Dezember über 100 000 Menschen diesem Aufruf, der die Fähigkeit gerade des Neuen Forums zu spontaner Kräftezusammenführung noch einmal eindrücklich unterstrich. Zugleich sollte sich im weiteren Verlauf zeigen: Die einmal ausgedachte Struktur, eine Bewegung aller politisch neuartig agierenden Bürger hauptsächlich über das Neue Forum zu entwickeln, funktionierte nicht. Damals hieß es, die Macht habe auf der Straße gelegen; aber verschiedenen Protagonisten der Bürgerbewegung stand bei der Schaffung eines umfassenden geistigen Konsens bald der Drang nach eigenem politischen Profil im Wege; Machtansprüche behinderten die Ausformung einer größeren, gar einheitlichen demokratischen Wirkungskraft; Interessen standen gegeneinander, statt gebündelt zu werden. Die institutionell ja noch immer gefestigte Politik des Staates DDR, die Taktik der Bundesregierung sowie die Einflüsse unterschiedlichster geheimer Dienste, wohl aus allen Richtungen der Windrose, drückten zusätzlich auf die Szene und sorgten für eine paralysierende Wirkung innerhalb der Bürgerbewegung. Interessen spalteten sich auf.

Neben dem Neuen Forum mühte sich die neu gebildete Sozialdemokratische Partei um politischen Einfluß, ohne daß sich die gewünschte Aufmerksamkeit einstellte. Von Rainer Eppelmann und Wolfgang Schnur und dem Demokratischen Aufbruch gingen besondere Aktivität aus; wie sich später zeigen sollte: ein ganz eigenartiges Gespann. Im Augenblick der Gründung dieses »Aufbruchs« erschien es jedoch logisch: Der langjährige Kirchenoppositionelle und Pfarrer von Berlin sowie der Rostocker Rechtsanwalt, einer der wenigen Verteidiger von Oppositionellen vor Gerichten der DDR, finden sich zu einer beispielgebenden politischen Kraft zusammen. Am 25. November sprach sich Rainer Eppelmann in einem Interview für eine Zusammenarbeit mit einer veränderten SED aus und meinte, keine der gegenwärtig agierenden Kräfte könne den Karren allein aus dem Dreck ziehen. Schließlich seien in den Reihen des »Demokratischen Aufbruchs« auch ehemalige Mitglieder der SED, weshalb sollten dann diejenigen ausgegrenzt werden, die in der SED verblieben.

»Demokratie jetzt« mit Wolfgang Ullmann versuchte sich zeitig mit der Forderung nach einer Volksabstimmung über den Artikel 1 der Verfassung zu profilieren, um so die führende Rolle der Partei der Arbeiterklasse als Verfassungsgrundsatz auszuheben.

Die LDPD erhielt mit der Bildung einer Freien Demokratischen Partei (FDP) Konkurrenz in der DDR. Ein eigenartiger Vorgang, wo doch die LDPD im Herbst 1989 am stärksten um die eigene Erneuerung bemüht war und auch früh auf Distanz ging zu Grundaussagen meiner Regierungserklärung über die sozialistische Umgestaltung der DDR. Ob hier die West-FDP nachhalf, weil sie dem Wandel in der LDPD nicht traute oder weil sie hoffte, über einen solchen Weg, nach dem Vorbild der SPD, eine Art Bruderpartei in der DDR etablieren zu können, die dann zu gegebener Zeit einer raschen Vereinigung zuarbeiten würde – ich weiß es nicht.

Wichtige Quellen und Zusammenhänge jener schnellen Wellenschläge in Parteien und Bewegungen werden wohl weitgehend unerforscht bleiben. Zu rasch legten sich die politischen Strukturen der Bundesrepublik Deutschland übers Experimentierfeld. Ein kräftiger linker Flügel jedenfalls ist damals nicht entstanden. Die Nelken und die Vereinigte Linke konnten keinen wesentlichen Einfluß ausüben. So blieb die SED als einzige akzeptable Größe ausgewiesener Linksorientierung; aber Mitte Dezember 1989 und im Januar 1990 setzte auch ihr Zerfall ein.

Die in Leipzig bei den Montagsdemonstrationen getragene Losung »Nur SED – nie!« fand mit der Bildung einer Vielzahl von Parteien und Bewegungen ihre praktische Verwirklichung. Eines Tages wurde der Runde Tisch ins Gespräch gebracht. Wie bei so vielen Erscheinungen dieser Zeit erhoben im nachhinein unterschiedlichste Kräfte den Anspruch, die Initiative dafür ergriffen zu haben. Wer Sinn und Ziel dieses politischen Instruments zuerst diskutierte und empfahl, bleibt weiterhin umstritten. Eine Tatsache aber ist wohl unumstößlich: Wie in Polen so auch in der DDR – ohne das Wirken und den geradezu insistierenden Dialogwillen der Kirchen kein Runder Tisch! Aber auch eine andere Wahrheit gilt, gegen die freilich noch immer am heftigsten polemisiert wird: Ohne materielle Absicherung durch die Regierung, ohne die Akzeptanz dieses Instrumentariums durch das Kabinett hätte der Runde Tisch nie jene historische Rolle spielen können, die ihm in der Geschichte des letzten DDR-Kapitels zusteht.

Bis Ende November war das Profil des Runden Tisches im wesentlichen ausgehandelt. Die SED schlug als Themen eine Verfassungsreform, Wahlrechtsänderungen und Modalitäten für freie Wahlen vor; sie versuchte, mit dieser Themenvorgabe in die Offensive zu gehen. Zwar vollzog sich die eigentliche Arbeit des Runden Tisches schon jenseits einer Zeit des Politbüros, aber als die Rahmenbedingungen ausgehandelt wurden, existierte dieses Gremium noch. Die Regierung war in die Vorbereitung nicht einbezogen und zur ersten Sitzung nicht eingeladen worden. Darüber später einige Bemerkungen.

Eine nicht unbedeutende Rolle im politischen Leben des November 1989 spielten die Verbände der Künstler und Schriftsteller sowie die Akademie der Wissenschaften. Sie versuchten, SED-Unrecht wiedergutzumachen. Die Schriftsteller hatten einstige Ausschlüsse gegen Stefan Heym, Klaus Schlesinger, Dieter Schubert und andere aufgehoben. Bildende Künstler schlugen vor, die Mauer auch auf der östlichen Seite mit politischen Bildern zu bemalen, und die Akademie der Wissenschaften rehabilitierte Ernst Bloch und Robert Havemann. Am 23. November erlebte im Berliner Kino »International« der Film »Spur der Steine« seine späte Premiere; die SED-Führung hatte ihn 1966 schnell vom Spielplan verbannt. Nun kam der Hauptdarsteller Manfred Krug aus Westberlin, um an der Aufführung teilzunehmen. Auch Egon Krenz wurde vom Publikum begrüßt. Aber wie unterschiedlich man die Situation sehen kann, zeigt sich in einer späteren Äußerung von Krug: »Niemand sagte mir, obwohl man es wußte, daß Egon Krenz im Kino erscheinen würde. Daß der auftauchte, hat mich völlig überrascht. Plötzlich erlebte ich wieder, wie man für ein mieses kleines politisches Geschäft mißbraucht werden kann.«

Ich glaube, daß Krug ungerecht urteilte. Andererseits weiß ich heute, daß der Unwille gegen die SED überall tiefer saß, als wir immer wieder anzunehmen bereit waren.

Kulturminister Dietmar Keller bat um meine Zustimmung, Wolf Biermann einzuladen. Auf einem Konzert, das über 6 000 Menschen besuchten, trat er nach 13 Jahren Abwesenheit wieder in der DDR auf. Vor seinen »durchlauchten« Augen hatten die um Erneuerung ringende Republik und auch meine Regierung freilich keine Gnade gefunden. Er goß seinen Hohn über uns aus.

Bei allem Verständnis für Biermanns Schicksal in und seine bitteren Erfahrungen mit der DDR: Er bleibt für mich eine schillernde Figur, die allzuoft Opfer der eigenen Eitelkeit wird. Trotz politischer Isolierung hörten seine guten Kindheitsverbindungen zu Margot Honecker nie auf – gleichzeitig waren andere zur politischen Führung der SED auf Distanz gegangen, und zwar aus Solidarität mit Wolf Biermann. Dieser Sänger, obwohl ein Meister der Schimpfiade, ist ein Gejagter seiner Selbstsucht geworden. Es ist dieses Gehetztwerden vom eigenen Bedeutungsdrang, das seine Stimme so keifend macht, und das klingt nicht immer sehr kulturvoll. Irgendwo habe ich gelesen, es sei keine Schande, in Hamburg-Altona zu wohnen und Essays für den »Spiegel« zu schreiben, nur dürfe man sich dann nicht mehr so ohne weiteres mit Villon vergleichen.

Der Westen begann sich in jener Zeit publizistisch geradezu kampagnenmäßig auf die DDR zu orientieren und sich einzumischen. Dagegen erhoben sich mahnende, klarstellende Stimmen. In einem BBC-Interview meinte einer der Wortführer des Neuen Forums, Prof. Jens Reich: »Ich glaube, daß die Mehrheit unserer Anhänger gegen eine kapitalistische Gesellschaft ist. Sie hätten lieber einen Wiederaufbau, eine Reform des Sozialismus, so daß er für die Mehrheit der Menschen akzeptabel wird. Vorerst käme eine Wiedervereinigung daher nicht in Frage.«

Das Dortmunder Meinungsforschungsinstitut Forsa veröffentlichte eine Stichprobenbefragung unter 2 180 DDR-Bürgerinnen und -Bürgern an sechs Grenzübergangsstellen. Wenn am 20. November eine Wahl zur Volkskammer der DDR stattfände, so das Ergebnis, hätte das Neue Forum 22 Prozent erhalten, die Liberal-Demokratische Partei 15 Prozent, die SED 14 Prozent; auf die CDU wären 12 und auf die SPD 10 Prozent der Stimmen entfallen. Die DBD mit 3 und die NDPD mit 2 Prozent wären weit abgeschlagen. Solche Umfragen sollten nicht nur etwas widerspiegeln, sondern auch Einfluß auf die Stimmung in der DDR ausüben, gemäß der alten Erkenntnis: Umfragen geben just jene Meinungen wieder, die durch diese Umfragen erst hervorgerufen werden.

Nachdem die Regierung gebildet worden war, mußte ich endlich auch meine persönliche Situation klären. Im Gästehaus des ZK der SED an der Spree hatte ich bisher Unterkunft gefunden und zugleich Arbeitsmöglichkeiten; so war ich ja Willi Stophs Hausverbot für das Ministerratsgebäude ausgewichen. Das Gästehaus galt mir als Synonym des Provisorischen, in dem ich, in jeder Beziehung, in den letzten Wochen gelebt hatte. Hier traf ich mich auch zwanglos und spontan mit Gästen, etwa mit Björn Engholm, dem Ministerpräsidenten von Schleswig-Holstein. Noch während der Arbeit an der Regierungserklärung, am Wochenende nach der Maueröffnung, hatte das Telefon geklingelt. Aus der »Letzten Instanz«, einer traditionsreichen Kneipe in Berlin-Mitte, (in der übrigens Jahre später Gregor Gysi seine

Hochzeit feiern sollte), wurde unvermittelt von Engholm angefragt, ob er nicht auf ein Bier vorbeikommen könne. In meiner kleinen Hausbar gab es Säfte und Wasser, aber ich war chronischer Nicht-Biertrinker. Meine Antwort daher: kommen schon, aber Bier kann ich nicht anbieten. Kurze Rückantwort: wird mitgebracht.

Keine halbe Stunde später traf er mit einem Kasten Bier im Gästehaus ein. Engholm und ich – er mit Bier, ich mit Apfelsaft – stießen aufs Wiedersehen an, das sonst seit Jahren zu Weihnachten in Dresden stattgefunden hatte. Wir sprachen über die aktuelle Lage, und Engholm verband viel Hoffnung mit der von Ibrahim Böhme geleiteten SDP in der DDR; allerdings ging auch er noch von längerer Zweistaatlichkeit aus.

Was meine Wohnsituation betraf: Die Kanzlei der Regierung schlug mir vor, in eines der Gästehäuser in Berlin-Pankow am Majakowski-Ring zu ziehen. Ein Einfamilienhaus aus dem Liegenschaftsbestand des Ministerrates. Dort schlief ich aber nur eine Nacht; der zeitliche Aufwand war mir zu groß, das Haus auch. Ich sehnte mich nach eigenen vier Wänden ganz anderer Art. Mit meiner Frau war ich einig darin, daß im Falle eines Umzuges ein Haus nicht in Frage käme. Es sollte bei einer Wohnung mit Kiez-Charakter bleiben, wie in all den vergangenen Jahren. Annemarie hatte als künftigen Wohnort die Karl-Marx-Allee im Blick. Eine Wohnung würde auch weitere Treffen etwa mit Björn Engholm ermöglichen; ein Gästehaus schien mir für so etwas wenig zweckmäßig. Bis wir unsere Zuweisung bekämen, zog ich in den Johannishof, ebenfalls ein Gästehaus der Regierung, direkt neben dem Friedrichstadtpalast gelegen. Ein Schlaf- und ein Arbeitszimmer mit einer kleinen Flurgarderobe sollten für die nächsten Monate mein Zuhause als Ministerpräsident sein.

»Guten Tag, ich bin Hans Modrow«

Die erste ordentliche Beratung des Ministerrates fand am Donnerstag, den 23. November 1989, statt. Das entsprach dem traditionellen Rhythmus, auf den alle und alles seit Jahren eingeschworen waren: Am Dienstag tagte das Politbüro, am Mittwoch das Sekretariat des ZK der SED, am Donnerstag führte die Regierung die erste Auswertung durch bzw. erhob einen Teil der Parteibeschlüsse zu Regierungsentscheidungen. Auch später, da das Zentralkomitee nur noch eine Erinnerung sein würde, blieben wir beim Donnerstag als dem turnusmäßigen Beratungstag der Regierung. Denn so sehr ich im übrigen für Umgestaltung in den gesellschaftlichen Strukturen eintrat, so wenig wollte ich zunächst in meiner eigenen Umgebung verändern. Während ich noch völlig neu in der Regierung war, hatten alle Mitarbeiterinnen und Mitarbeiter schließlich langjährige Erfahrungen. Sie beherrschten die Kontaktstellen zwischen der Kanzlei des Kabinetts und den verschiedenen Partnern und Einrichtungen. Was konnte mir ein Wechsel von Mitarbeitern bringen, wo ich doch niemanden kannte, um eine wirklich alternative Auswahl treffen zu können.

Schon am zweiten Tag nach Amtsantritt spürte ich Unsicherheit im eigenen Büro und bat den Leiter, Günter Bötling, um ein offenes Gespräch. Ohne die Quelle zu nennen, sagte er, es habe Hinweise für Personalveränderungen gegeben: Ich würde wohl jene, die seit Jahrzehnten mit Willi Stoph gearbeitet hätten, auswechseln wollen. Ich beruhigte ihn; die Hintergründe solcher Informationen interessierten mich überhaupt nicht. Wir nahmen später einige Veränderungen in der Struktur des Büros vor, die sich aus neuer Verantwortung des Ministerpräsidenten ergaben. Der eigentliche Stab aber blieb unverändert.

Alle Mitglieder der Regierung hatten unabhängig vom Ressort die Chance, in jeder Sitzung alles Bewegende und Ungeklärte zur Sprache zu bringen und Lösungen zu versuchen. Das Wort von der »großen Koalition« nahm ich sehr ernst, die offene Debatte sah ich nie als populistisches Kalkül, nein, sie bedeutete mir in meiner eigenen Unsicherheit einen wesentlichen Stützpfeiler, um guten Gewissens entscheiden zu können. Wir machten sicher viele Fehler, aber alle Vorwürfe, die heute gegen meine Regierung erhoben werden, sind nicht auf meine Person reduzierbar. Ich betone das nicht aus Gründen feiger Rückversicherung; aber ich verteidige sehr wohl ein Arbeitsprinzip, bei dem für jedes Mitglied der Regierung die Möglichkeit bestand, Vorbehalte zu äußern und andere Wege vorzuschlagen.

Entsprechend meiner alten Gewohnheit, mir möglichst vor Ort ein Bild über die reale Lage zu verschaffen, besuchte ich an einem jener Tage, mit Beginn der 1. Schicht, ohne Anmeldung, das Berliner EAW. Auch wenn seit 1961 viele Jahre vergangen waren, seit ich hier in der Planung gearbeitet hatte – viele Menschen sind mir doch vertraut geblieben; ich kannte die Hallen und die Gegebenheiten des Werkes.

»Guten Tag, ich bin Hans Modrow.«

Leichte Panik. Ich mußte der Pförtnerin meinen Ausweis zeigen, die Betriebswache ließ mich nach einigem Zögern das Tor passieren und versuchte, rasch den Generaldirektor des Kombinates zu erreichen.

In den Produktionsabteilungen waren seit der Öffnung der Grenze Spekulation und Schieberei zu Hauptsorgen geworden. Die reiche Bundesrepublik, vor allem die Bürger Westberlins, nutzten wie vor 1961 den Wechselkurs von 1:12 bis 1:15, um die subventionierten Waren in der DDR zu kaufen und sich damit auf wesentlichen Gebieten weitgehend zu versorgen. Zum Problem wurden auch polnische Bürger, die zu Zehntausenden in Westberlin die Märkte beherrschten und den dort erzielten Gewinn noch einmal in Ostberlin veredeln wollten.

Der Generaldirektor, der rasch herbeieilte, überrascht und aufgeregt, brachte Probleme der noch immer administrativen Planung und Leitung ins Gespräch, wollte mehr Spielraum für den Export und forderte eine konsequentere Entwicklung der wirtschaftlichen Rechnungsführung sowie größere Eigenverantwortung der Kombinate und Betriebe.

Vom Werk ging es in das Politbüro, und noch am gleichen Tag wurde dort die allgemeine Versorgungslage beraten. Wir entschlossen uns, die Frage auch in der Regierung zu diskutieren und trafen einige unpopuläre Maßnahmen. Wie in längst vergangenen Jahren, vor Schließung der Grenze, wurde beim Einkauf künftig das Vorzeigen des Personalausweises gefordert und beim Verkauf besonderer Engpaßwaren eine begrenzte Menge für den Verkauf festgelegt. Bei diesen Maßnahmen konnten wir uns auch auf das Neue Forum stützen, dessen Sprecher vor Schmuggelei und Schieberei gewarnt und die Bürger aufgefordert hatte, dem entgegenzutreten. In einem Appell hieß es: Beteiligt euch nicht am Ausverkauf unseres Landes, nehmt keine Schwarzarbeit auf, verkauft keine Kunstwerke und subventionierte Waren, tauscht keine D-Mark zum Schwindelkurs; die gleiche DDR-Mark kauft uns später die Regale leer.

Nach wenigen Wochen konnten wir diese Strenge der Kontrolle lockern bzw. aufheben. Die wirtschaftliche Kraft der DDR reichte noch aus, um die Versorgung unter so starken Belastungen zu gewährleisten.

Mit den Demonstrationen, die weitergingen, verstärkte sich jedoch der politische Druck auf die SED. Die führende Rolle der Partei der Arbeiterklasse sollte aus der Verfassung gestrichen werden, und die Forderung nach freien Wahlen und den entsprechenden Gesetzen wurde immer lauter erhoben. Die schärfsten Angriffe richteten sich gegen das Amt für Nationale Sicherheit, das als einfache Nachfolge des MfS gesehen wurde.

Es war notwendig, das Anwachsen solcher Stimmungen ernst zu nehmen; es war jedoch nicht möglich, auf jede Losung der Demonstranten zu reagieren. Während die Regierung den Staatsapparat neu zu organisieren begann, ohne die laufende Arbeit und die möglichst rasche Reaktion auf aktuelle Anforderungen zu vernachlässigen, kam der Apparat des ZK der SED immer verhängnisvoller ins Schleudern. Die Massenorganisationen zerfielen, an der Parteibasis begann es zu krachen, und das Politbüro rannte den Dingen hinterher. Es schien, als hätte man einen Goldfisch, bisher wohl aufgehoben in seinem Aquarium, in den stürmischen Ozean entlassen. Das Politbüro mutierte zu einem vergessenen Organ am Rande des gesellschaftlichen Geschehens. Wir alle verhielten uns in diesem Gremium wie gehemmt. Das Politbüro blieb ein sperrig-unbeholfenes, blutleeres Gebilde, über das die Zeit rasch und emotionslos hinwegging. Chroniken über den Herbst 1989 vermelden nur die spürbare Aktivität einzelner wie Egon Krenz oder Günter Schabowski.

Die alte Garde der 1. Bezirkssekretäre, die seit Jahrzehnten amtierte, mußte durchweg zurücktreten. Nur wenige übernahmen andere Funktionen, wie Siegfried Lorenz, Werner Eberlein und ich. Unter den neuen 1. Sekretären der Bezirksleitungen regte sich rasch der Widerstand gegen die stumpfe, weiterhin starre Parteiführung. Im Bezirk Karl-Marx-Stadt war Norbert Kertscher zum Nachfolger von Siegfried Lorenz gewählt worden und nahm Gespräche mit Vertretern des Neuen Forums auf. Sie forderten von ihm, für Verfassungsänderungen und tiefgreifende demokratische Reformen innerhalb der SED einzutreten. Kertscher kam später, am 18. März 1990, auf die PDS-Liste und so in die Volkskammer. Bis 1994 arbeitete er für die Partei als Beobachter im Europäischen Parlament. In meinem langen Arbeitsleben habe ich allerdings keine größere Enttäuschung mit einem Menschen erlebt. Kaum im Europäischen Parlament, hörte all seine Aktivität für die PDS auf, und dies angesichts komplizierter Probleme der Vorbereitung und Entscheidung zum Maastrichter Vertrag. So kann man mit einer guten Summe Geldes abtauchen; die Zeiten sind eben so.

In Halle trat Roland Claus an die Spitze der Partei. Am 21. November hatte er folgende Erklärung abgegeben: »Offenbar ist der Kampf um die Erneuerung an der Spitze noch nicht ausgestanden. Die zögernde und zaghafte Linie der 9. Tagung des ZK hat uns nicht geholfen: So lange sich das Neue Forum nicht als selbständige Partei erklärt hat, sei es auch für Mitglieder der SED ein interessantes politisches Feld.«

Die Vorsitzende der Gewerkschaften, Annelies Kimmel, bat die Regierung um Zusammenarbeit und den Ministerpräsidenten um ein Gespräch, welches am 27. November 1989 stattfand. Annelies Kimmel sah mit Sorge, daß die SED auch bei den Gewerkschaften Einfluß und Vertrauen verlor. Auch wenn sich in bestimmten Kreisen die Auffassung hält, ich hätte damals, beim Gespräch mit der Gewerkschaft und bei anderen Gelegenheiten, gegen die Parteiführung gearbeitet, so kann ich nur sagen, daß dies nicht der Fall war. Damals mußte niemand mehr gegen die SED arbeiten; die Autorität der Parteiführung in den eigenen Reihen schwand zusehends, Egon Krenz verlor in der Öffentlichkeit mehr und mehr an Ansehen. Die Regierung stand daher unter steigendem Druck und versuchte, mit bestimmten

Entscheidungen, so gut es ging, dem Volkswillen zu folgen. Ständig drangen durch den Sonderausschuß der Volkskammer neue Einzelheiten über Mißbrauch von Privilegien an die aufgeregte Öffentlichkeit. Haß machte sich breit, die Unsicherheit wuchs. So erfolgte zum Beispiel umgehend eine Aufhebung der Staatsjagdgebiete als persönliche Jagdreviere für einzelne Personen, und die Sonderversorgung für die Politbüro-Siedlung Wandlitz wurde eingestellt.

Die neue Führung rang um ein eigenes Profil und konnte es nicht finden. Mit Jochen Willerdings Rücktritt aus dem Politbüro zeigten sich erste Risse auch in der neuen »Karosse«. Neben Norbert Kertscher und Roland Claus, die beide schon zu Zeiten von Egon Krenz 1. FDJ-Bezirkssekretäre waren, trat Heinz Vietze als 1. Sekretär der Bezirksleitung Potsdam, gleichfalls einst FDJ-Sekretär in diesem Bezirk, hervor. Er forderte am 1. Dezember das Politbüro zum Rücktritt auf. Ausgerechnet die einstige FDJ-Generation war es, die der Parteiführung unter Egon Krenz den Gehorsam verweigerte. So war es kurz vorher bereits Erich Honecker ergangen. Dazu gesellte sich in der Öffentlichkeit noch Wolfgang Berghofer, der als Oberbürgermeister in Dresden den Reformkurs fortsetzte und in der Parteiführung keine konstruktiven Elemente der Unterstützung sah. Auch er war über Jahrzehnte Funktionär des Jugendverbandes und zuletzt Verantwortlicher für die großen Massenveranstaltungen des Zentralrats der FDJ gewesen.

Es gab in der gewiß kurzen, aber doch sehr ereignisreichen Zeit meiner Zugehörigkeit zum Politbüro der SED keinen persönlichen Meinungsaustausch mit Egon Krenz. Von meiner Seite aus gab es keine Initiative, ich wollte mir so schnell wie möglich meine Eigenständigkeit als Ministerpräsident schaffen und diese auch unter allen Umständen bewahren. Egon Krenz wiederum machte als Generalsekretär keinerlei Anstalten, sich mit mir zu treffen. Warum, weiß ich nicht, ich habe ihn auch später nie danach gefragt. Es blieb also dabei, daß ich Krenz' Arbeitszimmer nur ein einziges Mal betreten habe, und das lag, nachdem ich Ministerpräsident geworden war, schon eine Weile zurück. Es war an jenem bereits geschilderten 12. Oktober 1989, nach der Beratung Erich Honeckers und des Sekretariats des Zentralkomitees mit den 1. Sekretären der Bezirksleitungen.

Mitunter höre ich Stimmen, die zu wissen meinen, wenn es zu einer engeren Zusammenarbeit gerade zwischen Krenz und mir gekommen wäre, hätten die Wirrnisse nach dem Machtwechsel an der Spitze der Partei stark reduziert werden können, wären erlösende Schritte hin zur Stabilisierung der SED möglich gewesen.

Die Verläßlichkeit solcher Hoffnungen ist zu bezweifeln. Es blieb Distanz zwischen uns und ein unausgesprochenes Fremdgefühl; mitunter schien mir, daß vieles von dem, was Honecker und mich getrennt hatte, auch zwischen Egon Krenz und mir stand. Nicht zuletzt wuchs dieses Empfinden deshalb, weil Honecker so etwas wie der politische Ziehvater von Krenz war und dieser sich nicht lösen konnte aus dieser Rolle. Eine politische Abnabelung erfolgte nicht aus natürlichem Antrieb, sondern unter einem unvorhergesehenen Druck. Der letzte Reformversuch in der Partei – der 1989, wie das Leben zeigen würde, zu spät eingeleitet wurde – kam für das jahrzehntelang antrainierte Tempoempfinden in der SED-Hierarchie, wenn es um personelle, strukturelle Änderungen ging, bekanntlich dennoch weit verfrüht. Denn dieses Empfinden nahm auf biologische Gesetzmäßigkeiten mehr Rücksicht als auf politische Notwendigkeiten. Ich glaube schon, daß Egon Krenz den Tag ersehnte, an dem sich alles ändern und eine durch Leute seiner Denkart erneuerte Partei verlorenes Terrain wieder wettmachen würde. Aber er meinte, man müsse abwarten können. Er hätte es nie gewagt, offen gegen Honecker aufzutreten.

Wir alle in den höheren Leitungen der SED haben dies nicht gewagt, und leider lassen sich Zivilcourage, Reformkraft und politische Neubesinnung nicht aufsparen, schon gar nicht innerhalb der Strukturen, die man für änderungswürdig hält. Geduldiges Verharren in solchen Strukturen zersetzt zuallererst jene Kraft, die die einengenden Mechanismen zu sprengen vermag – dies freilich nur dann, wenn man dieser Kraft beizeiten, gegen liebgewonnene Gewohnheiten des Machterhalts, vertraut hätte.

Um es deutlich und etwas salopp zu sagen: Auch Egon Krenz scheiterte, wenn man so will, an der Anständigkeit – einem Kommunisten und Antifaschisten wie Erich Honecker wollte er wie so viele andere an der Spitze der Partei den Lebensabend nicht verderben. Als die Umstände uns zu der Erkenntnis drängten, daß die Anständigkeit gegenüber dem sozialistischen Projekt und der eigenen Bevölkerung weit wichtiger ist, war, was nun neu zu beginnen schien, bereits zerronnen. Egon Krenz, als Generalsekretär zu einem »fliegenden Start« gezwungen, kam nicht aus den Fußstapfen seines Lehrers heraus.

Wie gesagt, auch ich trat nie in einer Offenheit gegen Honecker auf, die es mir erlauben könnte, mich von oben herab über die Last zu äußern, die Egon Krenz in der letzten Stunde der SED auf sich nahm und an der er scheiterte. Mein Erschrecken heute ist groß, wie lange ich still und wie dauerhaft ergeben auch ich mich einer politischen Spitze beugte, deren geistiges Profil sich im Rückblick täglich deutlicher ins Marginale verflüchtigt.

Nur: Möglicherweise rettete mich der Abstand, den das Politbüro und einige seiner Mitglieder über Jahrzehnte hinweg prononciert zu mir hielten. Und vielleicht war es mein ständiges Leben im keineswegs heroisch herbeigesehnten, sondern sehr oft schmerzlich empfundenen Gefühl dieses Abstandes, das mir in den späten Herbsttagen unserer Partei und unseres Staates ein Quentchen Kraft mehr gab, um die Unaufhaltsamkeit des SED-Machtverlustes zu sehen und aus dieser Einsicht heraus realistischer und eventuell auch konsequenter handeln zu können als etwa Egon Krenz. Auch mir fiel es schwer, Positionen aufzugeben, die einst zum Fundament meiner Überzeugung gehörten. Jetzt neu zu denken und zu handeln hieß: einen Teil seiner selbst aufzugeben. Person und Rolle mußten zunächst zwangsläufig auseinanderfallen. Aber den Rückzug aus dem Gestern empfand ich dennoch nicht ausschließlich als Ausstieg aus dem bisherigen Leben, sondern als einen kreativen Prozeß. In dem ich wieder zu mir und zur Deckungsgleichheit von Funktion und Person zurückfand.

Das alles schränkt meine Solidarität mit Egon Krenz in der jetzigen Phase der politischen Verfolgung und Stigmatisierung nicht ein. Es entstand in den Wochen und Monaten des sogenannten Politbüroprozesses 1997 sogar eine neue Verbindung zwischen uns, getragen von Achtung und Verbundenheit. Es war immer meine Art, politische Meinungsverschiedenheiten nicht menschlichem Anstand zu opfern. Mögen Fremde, die es nicht verstehen können oder wollen, von alten Seilschaften reden – ich kann nicht so ohne weiteres Wege abbrechen und Spuren zu verwischen suchen, die in die DDR zurückführen.

Was ich heute besser weiß und anders mache, schafft möglicherweise neue Koalitionen oder Partnerschaften, die gestrige Bündnisse aufheben. Denn das Leben geht weiter, neue Spuren entstehen. Aber auch der gemeinsame Irrtum von gestern ist mir eine verpflichtende Bindekraft, die vor allem verhindert, heute überheblich oder gar angewidert von denen zu reden, deren politische Nähe ich früher zu schätzen und zu nutzen gewußt habe.

Für eine historische Sekunde ist Egon Krenz vielleicht wirklich mit Gorbatschow vergleichbar: Er war ein kurzzeitiger Held des Rückzugs, und nicht immer müssen das Tempo und das Resultat von Heldentum mit dem Erkenntnisvermögen und den gewünschten Resultaten im Handeln dessen übereinstimmen, der objektiv zum Helden wird.

Der Philosoph Volker Gerhardt schrieb 1997 in seinem Essay »Die Asche des Marxismus«: »Wer sich an die gut vierzig Jahre lang zutreffende Lagebeschreibung der schrecklich geteilten Welt erinnert, dem muß auch heute noch ein Schreck in die Glieder fahren. Denn binnen eines Jahres war davon nichts mehr gültig. Die weltgeschichtliche Realität des 20. Jahrhunderts, nämlich die mit Waffen bewehrte und mit einer unversöhnlichen Ideologie fundierte Opposition des Kommunismus gegen den Kapitalismus, war mit einem Schlage nicht mehr existent ... Natürlich können wir heute die einmaligen ökonomischen, politischen und vor allem personellen Bedingungen aufzählen, die den geräuschlosen Zusammenbruch einer politischen Welt bewirkten. Und dennoch bleibt darin etwas Unerhörtes, Unglaubliches, Wunderbares ... Je weiter der Jubel über den Mauerfall in die Geschichte entrückt, um so deutlicher wird die ungeheure Gunst, die das politische Schicksal den Deutschen in den Jahren 1989/90 gewährte. Wer dies nicht wahrhaben wollte, der konnte sich seit 1991 durch jenen Krieg belehren lassen, den ein an der Macht verbliebener kommunistischer Funktionär in Jugoslawien entfachte. Der hat uns vor Augen geführt, was eigentlich, nach den sattsam bekannten Lehren der Geschichte, zu erwarten gewesen wäre. Man darf auch nicht vergessen, daß der Schießbefehl gegen die Montagsdemonstranten in Leipzig schon ausgefertigt war. In den Stasikasernen hatten die Kommandanten schon die Sandsäcke gestapelt, hinter denen sie sich gegen das Volk verteidigen wollten. Wäre ihnen bekannt gewesen, mit welcher Entschiedenheit sich Margaret Thatcher und François Mitterrand bereits damals gegen die Aufhebung der deutschen Teilung wehrten, hätten sie vermutlich weniger Skrupel gehabt, zu den Waffen zu greifen. So aber hat sich der Kommunismus wenigstens im so gefürchteten Abgang als bloßes Gespenst erwiesen.«

Einzelnen Wertungen Gerhardts kann und will ich nicht folgen, aber das Szenario, das er aus seiner nichtmarxistischen Sicht beschreibt, verweist auf die subjektive Veranwortlichkeit derer in der SED-Spitze, die das Bürgerrechtler-Gebot »Keine Gewalt!« zu ihrem eigenen machten. Und zwar geschichtsbestimmend dort, wo in den Augen der politischen Gegner bisher ganz andere Haltungen als selbstverständlich galten. Diese Leistung ist mit dem Namen Egon Krenz verbunden, und sie wird zu gegebener Zeit das wenig durchdachte, historisch unfaire Urteil korrigieren, das Krenz' Charakterbild derzeit auf einen blindwütigen, uneinsichtigen Totschläger dezimieren soll.

Die Flucht Schalck-Golodkowskis

Zurück zu den Problemen, die sich aus dem neuen, komplizierten Verhältnis zwischen Regierung und Politbüro ergaben. Ein weiterer wesentlicher Punkt des Konflikts war mit den Beziehungen zur Bundesrepublik verbunden. Wenn der inzwischen in die Diskussion gebrachte Vorschlag einer Vertragsgemeinschaft zwischen beiden Staaten ausgefüllt werden sollte, mußten sowohl Regierung als auch Parlament aktiv werden. Auch dies glich einem Erdrutsch politischen Gewohnheitsrechts: Jenes Niveau der Beziehungen von 1987, das mit dem Staatsbesuch Erich Honeckers in Bonn erreicht worden war, entsprach nämlich keinesfalls mehr den neuen Bedingungen und schon gar nicht der Konzeption meiner Regierung. Es durfte nicht mehr sein, daß diese Kontakte zu Bonn, wie zu Zeiten Honeckers, allein in der Verfügungsgewalt des Staatsratsvorsitzenden lagen, der höchstens noch, mit gnädiger Geste, Außen- und Außenhandelsminister einzubeziehen gewillt gewesen war. Ich ging davon aus, daß einzig und allein die neue Regierung in ihrer Gesamtheit, entsprechend differenziert in den jeweiligen Arbeitsbereichen, diese Beziehungen gestalten müsse.

Eine Schlüsselrolle für die Lösung des Problems lag bei Alexander Schalck-Golodkowski. Er war zwar formal Staatssekretär im Ministerium für Außenhandel, nur: Weder war er früher Außenhandelsminister Sölle noch jetzt dessen Nachfolger Beil unterstellt. Nach dem Rücktritt Erich Honekkers und der Abberufung Günter Mittags hatte sich auch Egon Krenz für eine persönliche Direktunterstellung Alexander Schalck-Golodkowskis entschieden. Das geschah taktisch gewitzt mit Blick auf beide Funktionen Schalcks: Als Leiter des Bereiches Kommerzielle Koordinierung war er wesentlich für die Abwicklung des Handels mit der Bundesregierung verantwortlich, und als Staatssekretär fungierte er als politischer Verhandlungsführer, wobei das Außenministerium mehr die Rolle eines Dienstleistungsunternehmens innehatte. Krenz hatte sich also einen der wichtigsten Männer für sich »reserviert«. Das konnte ich nicht akzeptieren, ich wollte beide Positionen Schalck-Golodkowskis, der eigentlich Regierungsbeamter war, grundlegend verändern.

Der Bereich Kommerzielle Koordinierung sollte fortan zum Ministerium für Außenhandel gehören, und die Mittel des Ressorts, so stellte ich mir vor, würden im Rahmen des staatlichen Haushalts verteilt – was die Konsequenzen einer staatlichen Kontrolle über die Verwendung dieser Mittel nach sich gezogen hätte. Mit der Geheimniskrämerei, und sei meine Vorstellung noch so naiv, mußte Schluß sein. Das gesamte Unternehmen sollte revisionspflichtig werden. Verhandlungsfragen im Zusammenhang mit der BRD, dem zweiten Arbeitsbereich Schalcks, würden ebenfalls nicht mehr in dessen Alleingang abgewickelt, sondern künftig durch einen größeren Arbeitskreis von Staatssekretären vorbereitet, dann in der Regierung beraten und in wesentlichen Punkten dort entschieden werden. Keinem anderen als Alexander Schalck-Golodkowski gebührte allerdings der Vorsitz dieses Arbeitskreises.

Am 30. November hatte die Regierung – von ihren hierarchischen Traditionen her einmalig in der Geschichte der DDR – einen Bericht des Staatssekretärs Schalck-Golodkowski zu den Verhandlungen mit der Bundesregierung und zur Vorbereitung des Treffens zwischen Egon Krenz und Helmut Kohl diskutiert; an diesem Treffen sollte erstmalig auch gleichberechtigt der DDR-Ministerpräsident teilnehmen. Und: In dieser Regierungssitzung bereiteten wir auch eine Berichterstattung Schalcks im Politbüro am 1. Dezember vor.

Dieser 1. Dezember 1989 hat in der kurzen Geschichte meiner Regierung einen besonderen Platz, denn es war zugleich der Tag einer entscheidenden Volkskammertagung.

Ich muß vorweg bemerken, der Artikel 1 der Verfassung bildete in jenen Tagen eines der strittigsten Probleme auf der Straße und unter den Parteien. Die »führende Rolle der Arbeiterklasse« war zum Symbol der beschädigten sozialistischen Idee geworden, zum Sinnbild für verletzte Demokratie, politische Willkür und grassierende Rechtsunsicherheit. In der Fraktion der SED trat ich an diesem Tage mit großer Entschiedenheit dafür ein, diese in der Verfassung verankerte Führungsrolle der SED zu streichen. Nicht aus einlenkender Angst, nicht aus Resignation, sicher aber aus jener Vernunft heraus, zu deren Sieg wir Kommunisten eher gedrängt worden waren, als daß wir ihn selbst, aus eigener Kraft, herbeigeführt hatten. Mein Motiv ergab sich aus dem Konzept einer Regierung der großen Koalition. Deren Arbeit verlief schon nicht mehr nach dem früheren Führungsprinzip, und ich wollte dieser neuen, Hoffnung machenden Realität, die ich anerkannte, entsprechenden Verfassungsrückhalt geben.

Natürlich hat mir das Streichen eines Grundsatzes aus der Verfassung wehgetan, dem ich mich mein gesamtes bisheriges politisches Leben lang aus Überzeugung verpflichtet gefühlt hatte. Aber die Trennung von diesem Prinzip mußte sein. Druck von außen, eigene Impulse und Einsichten, Zwang und Freiwilligkeit bilden in der Politik oft das, was in der friedlichen Zusammenführung beider Komponenten die neue Qualität erbringt: eine Kunst der Kompromisse, die nicht Rückzug ist, sondern Vorzug sein kann und Gewinn, Gewinn an Erkenntnis und neuer Handlungsfreiheit.

Nach einer Pause der Beratung in den Fraktionen kam es zur Generaldebatte im Plenum der Volkskammer. In der Fraktionen war Einigkeit über die Streichung jener Zeile zur führenden Rolle der Arbeiterklasse in der Verfassung erzielt worden, und damit schien die Abstimmung nur noch formalen Charakter zu tragen.

Die Situation veränderte sich jedoch, als die CDU plötzlich, entgegen bisheriger Absprachen, für mich ganz »aus dem Kalten heraus«, einen weitergehenden Antrag stellte: Sie wollte mit einem Male auch die bislang unangetastete, überhaupt nicht zur Diskussion stehende Festschreibung der DDR als einen Staat der Arbeiter und Bauern aus der Verfassung gestrichen haben. Eine heftige Debatte entwickelte sich, schließlich wurde der Antrag abgelehnt.

Es existiert keine Phonskala für das Geräusch, das ein vom Herzen fallender Stein hervorruft. Gäbe es eine, der meine hätte die Maximalmarke überschritten. Ich muß gestehen, in jenem Moment spürte ich, nach jahrzehntelanger Gewöhnung an die Rituale reibungsloser Abstimmung, wie aufregend und unberechenbar parlamentarische Demokratie sein konnte.

Aber freilich stand außer Zweifel, daß sich die CDU mit diesem unerwarteten Vorstoß zu profilieren suchte. Daß diese Partei mit ihrem Votum gegen die Option eines fortexistierenden Arbeiter-und-Bauern-Staates den Annäherungsprozeß zur CDU der alten Bundesrepublik einleiten wollte, ist nur zu vermuten; nach meiner Auffassung spielte dieses Motiv jedoch durchaus eine entscheidende Rolle. Mit diesem 1. Dezember begann innerhalb der Ost-CDU ein zielstrebiger Kurs in Richtung Westen, logischerweise verbunden mit wachsender, feindlicher Distanz zur DDR.

Da die CDU-Fraktion ihren Antrag in der Volkskammer im Alleingang gestellt hatte, löste sie eine gewisse Düpiertheit aus, und gemeinsam mit der Mehrheit des Parlaments stimmte auch die LDPD gegen diesen Antrag. Sie hatte wohl weniger Vorbehalte wegen des Gegenstandes Arbeiter-und-Bauern-Staat, sie fürchtete sich in der gegebenen Situation eher vor einer zu starken Profilierung der Christdemokraten. So blieb es dabei: Mit fünf Stimmenthaltungen wurde »lediglich« die führende Rolle der Arbeiterklasse aus der Verfassung der DDR gestrichen.

Während der Debatte im Plenum erhielt ich die Nachricht, daß sich einige hundert Werktätige aus dem VEB Bergmann-Borsig in der Vorhalle befänden und kaum noch an ihrer Entschlossenheit zu hindern wären, mit Gewalt in den Plenarsaal einzudringen. Mir schlug das Herz bis zum Halse. Was war geschehen? Würde denn überhaupt keine Ruhe mehr eintreten? Ich muß sagen, meine Phantasie für die mögliche Vielfalt demokratischer Vorgänge wurde auf eine arge Probe gestellt; ich verließ die Diskussion, um mit den Arbeitern zu reden. Mir kam gar nicht in den Sinn, jemand anders vorzuschicken; ich mag in den langen Jahren meines Funktionärslebens viele Fehler gemacht haben, ein Gefühl dafür, wann sozusagen die letzte Instanz gefragt war, glaube ich in den meisten Situationen gehabt zu haben. So auch diesmal. Es gab kein Ausweichen.

Die Arbeiter, im Haus der Abgeordneten in gänzlich anderer, aber genauso zwingender Weise als Abgeordnete ihresgleichen auftretend, waren, das konnte ich sofort sehen, aufgebracht. Ihr Zorn richtete sich hauptsächlich gegen Alexander Schalck-Golodkowski. Sie forderten lautstark und mit dem Impetus der Unnachgiebigkeit, den Mann abzulösen. Der Staatsanwaltschaft warfen sie vor, nicht zügig und konsequent genug wegen Amtsmißbrauchs gegen die ehemalige Partei- und Staatsführung vorzugehen.

Mir schoß in dieser Situation nicht viel durch den Kopf, eigentlich nur eines: Ich mußte ehrlich antworten, und ich wußte gleichzeitig, meine Offenheit könnte die Lage noch anheizen. Denn ich besänftigte sie nicht mit Einverständnis, ich verteidigte Schalck-Golodkowski. Er führe seit längerem, so argumentierte ich, die Gespräche mit der Bundesregierung, er besitze das Vertrauen seiner Verhandlungspartner, er habe im Gegensatz zu anderen grundlegende und unverzichtbare Kenntnisse über alle schwierigen Verhandlungsprobleme, er sei zudem für den überaus wichtigen Handel mit der BRD verantwortlich, und wir beide hätten in der kurzen Zeit unseres Zusammenwirkens nach der Ära Honecker Vertrauen zueinander aufgebaut. Aus diesen Gründen – ich glaube, meine Stimme war, weil die Arbeiter zuhörten, wieder fester und ruhiger geworden – würde ich Schalck nicht abberufen. Wir befänden uns alle in einer Zwischenzeit der Provisorien und Übergänge; im Prinzip sei es jetzt nicht möglich, grundsätzliche Probleme zu bedenken, erst müsse Ruhe in die politische Lage kommen, dann sei auch über das zu reden, was von den Werktätigen, unter langfristigen Gesichtspunkten sicher gerechtfertigt, bereits jetzt gefordert würde. Und was den Amtsmißbrauch der ehemaligen Spitzenfunktionäre beträfe: In dieser Frage stehe die Regierung selbst in Prüfung und Kontrolle durch den Sonderausschuß der Volkskammer. Für dieses Thema sei ich nicht der richtige Gesprächspartner; die eigentlichen Justizorgane seien nämlich nicht Befehlsempfänger der Regierung; Generalstaatsanwaltschaft und Gericht seien ausschließlich gegenüber der Volkskammer verantwortlich. Ich erklärte gegenüber den zornigen Borsig-Mitarbeitern meine Bereitschaft, die Volkskammer über ihr Anliegen zu informieren und den Generalstaatsanwalt zu bitten, in den Betrieb zu kommen und dort Rede und Antwort zu stehen.

Die Menschen hatten in einer verständlichen Mischung aus Erwartung, Mißtrauen und Einsicht zugehört. Ich hatte das beruhigende Gefühl, sie verließen das Gebäude der Volkskammer zumindest mit der Gewißheit, nicht vorsätzlich getäuscht oder beschwichtigt worden zu sein. So war ich mit dieser Debatte in eine Situation geraten – in die der Bundeskanzler nie geraten kann – die Bannmeile, die den Bundestag und den Kanzler schützt, hatten wir für die »weniger« demokratische Volkskammer nicht.

Am Abend dieses 1. Dezember fand noch die bereits erwähnte Sitzung des Politbüros statt. Alexander Schalck-Golodkowski berichtete über den Stand der Vorbereitungen für seine Gespräche mit Kanzleramtsminister Rudolf Seiters.

In jener Stunde nun erlebte ich, ganz im Gegensatz zu seiner üblichen Gelassenheit, einen völlig verunsicherten Schalck. Zunächst wirkte er noch gefaßt und souverän, er begründete, wie stets gut vorbereitet, auch noch die Konzeption für die Reisetätigkeit im Jahre 1990. Dann jedoch brach es unerwartet schroff und emotional aus ihm heraus: Er fühle sich bedroht und sehe sich sehr im Zweifel, ob er bei denen, die hier säßen, noch das volle Vertrauen besitze. Er empfinde den Druck einer unerträglichen Lage und wisse eigentlich nicht, wie es weitergehen soll.

Schalck, dieser Mann, der immer, wie soll ich es beschreiben, wie ein Fels an Beherrschung und Sicherheit gewirkt hatte, der verschmitzt lachen konnte – dieser Mann bebte und flatterte. Er rutschte gleichsam in sich zusammen. Der füllige, aber straffe Körper verlor alle Festigkeit. Diesen gefühlsbetonten Ausbruch verstand ich nicht. Auf mich konnte ich die Anwürfe, die ja zugleich unüberhörbar etwas von einem Hilferuf hatten, überhaupt nicht beziehen; inzwischen wußte er von meiner Begegnung mit den Arbeitern von Bergmann-Borsig, war also auch darüber informiert, daß ich mich öffentlich zu ihm bekannt und mich für ihn eingesetzt hatte. Was ich damals nicht einmal ahnte, war die inzwischen vollzogene abrupte Abkehr des Leiters des Amtes für Nationale Sicherheit, Wolfgang Schwanitz, vom Oberst im besonderen Einsatz, Alexander Schalck-Golodkowski. Schalck sah sich demnach von den eigenen Leuten verlassen und getäuscht.

Natürlich war mir bewußt, daß es bei den komplizierten Aufgaben Schalcks schon immer und eigentlich ganz logisch notwendige Absprachen und eine sehr enge Zusammenarbeit mit den Sicherheitsorganen geben mußte. Vom tiefen Geflecht zwischen Offizieren im besonderen Einsatz (auch diesen Begriff kannte ich bis zu den so vieles enthüllenden Ereignissen in jenem Herbst nicht) und den Strukturen des Ministeriums für Staatssicherheit war mir jedoch bis dahin nichts bekannt. Nun also ließ das MfS Schalck-Golodkowski fallen, und der bekam höllische Angst und fühlte sich vogelfrei.

Egon Krenz versuchte als Leiter der Beratung, beruhigend zu wirken. Er sprach von Sicherheitsmaßnahmen für Schalck, die jetzt eventuell ergriffen werden müßten. Es legte sich eine tiefe Bedrückung über die Runde. Ich hatte plötzlich, da ich die Ratlosigkeit in allen Gesichtern sah, das bedrohliche, unausweichliche Gefühl, von nun an, was auch immer eingeleitet würde, könne sich aus jeder Maßnahme nurmehr eine unrettbare Vergrößerung von Chaos ergeben, und zwar zwangsläufig. Die Motorik vernünftigen politischen Handelns war zerstört worden. Überforderung ringsum. Jetzt, so mein Empfinden – und ich schloß mich keineswegs aus dem Teufelskreis aus –, würden wohl nur noch Böcke zu Gärtnern gemacht.

Bis heute liegt für mich ein Schleier über den damaligen Vorgängen. Egon Krenz war nicht nur Generalsekretär der SED, er hatte auch den Vorsitz des Staats- und des Nationalen Verteidigungsrates. Welche Berichte des Amtes für Nationale Sicherheit an ihn gingen, welche Gespräche mit Alexander Schalck-Golodkowski von ihm oder anderen geführt wurden – dies entzieht sich noch immer meiner Kenntnis. Auch überschaute und wußte ich nicht, wie eng die Kontakte von Wolfgang Herger, dem ehemaligen Leiter der Abteilung Sicherheit im Zentralkomitee, zu den bewaffneten Kräften noch waren, nicht zuletzt auch zum Amt für Nationale Sicherheit. In jenen Tagen hat, abhängig vom Standpunkt des jeweiligen Betrachters, strukturell überhaupt nichts oder aber alles funktioniert. Die bestehenden Strukturen waren für die einen Schutz, für andere ein Störfaktor. Aus meiner Sicht behinderten sie den Neuanfang; zugleich gaben sie einigen, denen ich überhaupt nicht absprechen möchte, sich auch für den Reformprozeß einsetzen zu wollen, eine Sicherheit, die diesem Prozeß freilich nicht sehr nützte. Weil die an das alte, starre Machterhaltungsdenken gebundene Solidarität bestehende Hierarchien unterschwellig festigte und ein wirklich neues Denken verhinderte. Es war eine verwirrende Situation, die nicht unbedingt dazu führte, das allseitige Vertrauen unter denen zu stärken, die sich nach wie vor oder neu an der Staats- und SED-Spitze zusammenfanden.

Mit der Bestätigung der Konzeption für die Verhandlungen mit der Bundesrepublik erhielt Alexander Schalck-Golodkowski schließlich vom Politbüro, wie bereits vorher von der Regierung, volles Vertrauen und den Auftrag, die vereinbarten Gespräche mit Rudolf Seiters zu führen. Für seine persönliche Sicherheit, so wurde ihm noch einmal versichert, sollte gesorgt werden. Ich kann mich allerdings daran erinnern, daß dafür seltsamerweise keine direkte personelle Verantwortlichkeit festgelegt wurde. Wer würde welche Sicherheitsmaßnahmen treffen und sie in welcher Weise kontrollieren? Das schloß eine Kontrolle des zu Sichernden ein. Ich nahm das Ausbleiben diesbezüglicher Beschlüsse, wie gesagt, nur unterbewußt wahr, sicher auch deshalb, weil ich selbst keinerlei Arg hatte. Der allgemeinen Überspanntheit war wohl auch Schalcks Nervosität geschuldet. Und warum eigentlich sollte er beschattet werden? Ich hegte keinerlei Mißtrauen, sondern ging davon aus, Schalck würde auftragsgemäß handeln und alsbald einen Bericht über den Vollzug der ihm übertragenen Aufgabe vorlegen. Wahrscheinlich wurde meine mangelnde Aufmerksamkeit für die Situation auch dadurch genährt, daß ich selbst ebenfalls noch über keinen Personenschutz verfügte und bei aller Gespanntheit der politischen Lage weder Bedrohungen spürte noch Gefahren für derartige Dinge heraufkommen sah.

Wir schrieben den 2. Dezember. Alexander Schalck-Golodkowski hatte das Treffen mit Rudolf Seiters exakt nach Vorgabe der gefaßten Beschlüsse absolviert. Zugleich muß er just an diesem Tag von Personen seines Vertrauens in der Bundesrepublik wohl ganz klare Signale einer möglichen Gefährdung seines Lebens in der DDR erhalten haben. Er kehrte verunsichert zurück, schrieb mir einen persönlichen Brief und, selbstverständlich, den vereinbarten Reisebericht – da siegte charakteristisches, tief verwurzeltes Pflichtgefühl noch einmal über Zeitdruck und den Instinkt, sich unbedingt und umgehend in Sicherheit bringen zu müssen. Er setzte sich sodann mit seinem Vertrauten in Verbindung, Rechtsanwalt Vogel, übergab wichtige Akten des Bereichs Kommerzielle Koordinierung und entschloß sich, die Deutsche Demokratische Republik in Richtung Westberlin zu verlassen.

Daß er als erfahrener Mann in geheimdienstlichen Angelegenheiten eine inzwischen einsetzende Beschattung entdeckt und daraus eine Gefährdung abgeleitet hatte, ist gewiß nicht nur eine Vermutung. Bürger der DDR jedoch, die ihm mißtrauten und, wie im VEB Bergmann-Borsig, seine Entlassung forderten, traten in keinem Fall auf den Plan. So sehr viele Menschen ihren Zorn auf diesen Mann und seinen Arbeitsbereich abluden, für psychische Bedrohung existierten keinerlei Anzeichen; nein, Schalcks Furcht, die offenbar berechtigt war, richtete sich auf den Umkreis der an der Macht Beteiligten, nicht auf Menschen außerhalb dieses Zirkels. Fest steht des weiteren, daß auch die Regierung es nicht sein konnte, deren Handeln möglicherweise bei Schalck Panik und überstürzte Reflexe ausgelöst hatte. Sicher, Heinrich Toeplitz, Vorsitzender vom Untersuchungsausschuß der Volkskammer, hatte mit mir auch über Schalck gesprochen. Er forderte zwar eine Stellungnahme von ihm, denn Häuser, die im Auftrag des Bereiches Kommerzielle Koordinierung errichtet wurden, waren an Kinder von Politbüromitgliedern verkauft worden, so an Söhne von Günter Mittag, Günther Kleiber und Werner Krolikowski. Eine Option zu direkter juristischer Verfolgung von Alexander Schalck-Golodkowski, verbunden etwa mit Verhaftung, wurde jedoch bis zum 3. Dezember von niemandem erhoben. Schalck hatte ja bereits, gegenüber dem Volkskammerausschuß, eine Stellungnahme zu dem ihm vorgeworfenen kriminellen Vorgang abgegeben. Also konnte auch in diesem Sachverhalt kein tieferer Anlaß für die Flucht liegen, zumal für mich klar war, daß die Verantwortung für das Fehlverhalten im eigentlichen Sinne bei Mittag, Krolikowski, Kleiber und anderen im Politbüro selber lag.

Die gesamte Flucht erscheint mir bis heute wie ein nicht entschlüsselbares, aber böses internes Geheimdienst-Abenteuer. Meine Sympathie für dieses Geschäft wuchs damit nicht.

Nach dem, was über diesen Abend der Flucht bekannt wurde, hatte Schalcks Frau zunächst erkundet, ob man ungefährdet nach Westberlin kommen könne, und nach erfolgreicher Späharbeit fuhren beide mit dem Privatwagen hinüber. Bevor die Sicherheitsleute schnallten, was geschehen war, hatte sich die Angelegenheit erledigt, und Verfolgungsversuche blieben ohne Ergebnis. Ob diese Verfolgungen aber überhaupt ernstgemeint waren oder zu einem verabredeten Spiel gehörten – auch dies entzieht sich meiner Kenntnis. Die Phantasie indes geht in solcherlei Fällen auf eigenständige Reisen und befindet sich schnell in Gefilden, die außerhalb politischer Rechnungen und Sachlichkeiten liegen. Tatsache ist, die Nachricht, daß der Staatssekretär die DDR verlassen hatte, erreichte mich in den frühen Stunden des 3. Dezember. Später erfolgte eine Absprache mit dem Generalstaatsanwalt, der eine Fahndung veranlaßte. Als bekannt wurde, daß sich Schalck-Golodkowski in Westberlin befindet, veranlaßte der Generalstaatsanwalt dessen Auslieferung an die DDR.

Für den Morgen des 3. Dezember hatte ich eine Beratung angesetzt.

Diese Sitzung fand im Hause des ZK der SED statt. Der Versammlungsort ergab sich aus den konkreten Umständen des Tages. Am 1. Dezember, zwei Tage vorher, hatte ich die Sitzung des Politbüros nach Beratung mit Alexander Schalck-Golodkowski vorzeitig verlassen. Im Vorzimmer befand sich eine Gruppe von Genossen; als ihr Sprecher ist mir Heinz Vietze in Erinnerung geblieben. Sie forderten Zugang zur Sitzung des Politbüros und baten mich um Vermittlung. Was ich auch tat. Egon Krenz war bereit, sie im Politbüro zu hören, womit das Ende des Zentralkomitees eingeleitet wurde. Denn die Delegation forderte, das arbeitsunfähige Zentralkomitee aufzulösen und einen Parteitag einzuberufen. Für jenen 3. Dezember, von dem nunmehr die Rede ist, war zu einer Sondersitzung eingeladen worden, um beides, Rücktritt und Parteitagseinberufung, zu beschließen. Im Hause des ZK waren damit an diesem Tage für die Krisensitzung in Sachen Schalck optimale Arbeitsbedingungen gegeben; wir mußten kein Aufsehen in der Regierung machen und brauchten keinen größeren Aufwand betreiben, ich konnte alle Dinge in einem Haus erledigen. Dies sei deshalb betont, weil später Stimmen halblaut wurden, die mich bezichtigten, mit einer Beratung im Zentralkomitee erneut Zeichen gesetzt und auf meine Weise das politische Zentrum der Partei entmachtet zu haben. Unsinn! Es war keine politische, sondern eine ganz pragmatische Entscheidung, als Regierungschef ausgerechnet im Zentralkomitee eine Sitzung durchzuführen.

Freilich zeigte mir der erhobene Verdacht im nachhinein, mit welchen Sorgen manche Leute in dieser Situation ihre sinnlos gewordene Zeit vertrieben.

Der Kreis der Teilnehmer dieser Sitzung nach Schalcks Flucht wird ebenfalls bis heute kritisch hinterfragt und unterschiedlich bewertet.

Unbestritten ist die Teilnahme von Gerhard Beil. Er mußte nach Schalcks Verschwinden sofort die Verantwortung für den Bereich Kommerzielle Koordinierung übernehmen. Uta Nickel sollte, als Finanzministerin, die Finanzrevision einsetzen und die Gelder, vor allem Auslandskonten, sichern. Wolfgang Schwanitz nahm teil, um notwendige Sicherheitsmaßnahmen im Zusammenwirken mit der Volkspolizei zu veranlassen. Um eine nötige Koordination mit anderen Bereichen der Regierung zu gewährleisten, war Harry Möbis anwesend. Für die SED wurde der Leiter der Abteilung Geschäftsführung und Finanzen, Heinz Wildenhain, einbezogen – für mich eine logische Entscheidung. Denn über all die Jahre hinweg war Alexander Schalck-Golodkowski einem Mitglied des Politbüros und zum Schluß dem Generalsekretär persönlich unterstellt. Damit waren doch wohl Sachfragen verbunden, deren Zusammenhänge und Wirkungen zu beachten waren und die möglicherweise nur von der zuständigen Stelle im Zentralkomitee geklärt werden konnten. Der Stellvertreter des Bereiches Kommerzielle Koordinierung, Seidel, nahm ebenfalls an der Beratung teil, wurde jedoch später verhaftet, da es angeblich beachtliche Unregelmäßigkeiten gerade in seiner Tätigkeit gäbe. Wie in vielen anderen Fällen bestätigten sich diese Verdächtigungen nicht, so daß die Haft bald aufgehoben werden mußte.

Die Teilnahme einer Person an der Krisensitzung ist in der Tat strittig. Es handelte sich dabei um Markus (Mischa) Wolf. Das Zentralkomitee war zum Zeitpunkt unserer Beratung noch nicht zurückgetreten, damit befanden sich Politbüro und Egon Krenz, zumindest formal, noch in politischer Verantwortung. Der Arbeitsausschuß zur Neubestimmung der SED, dem Mischa später angehörte, war also ebenfalls noch nicht gebildet. Daraus wird von manchen »Beobachtern« abgeleitet, Wolfs Teilnahme an dieser Sitzung sei eine Art Vorwegnahme eines besonders von mir ehrgeizig betriebenen Rücktritts des Zentralkomitees gewesen. Für mich bestand und besteht dieser Zusammenhang nicht. Es ging bei Mischa Wolfs Teilnahme weit mehr um die Vergangenheit und weniger um die Zukunft. Ich wollte aus dem unübersichtlichen Bereich der Sicherheit einfach einen Menschen um mich haben, dem ich vertraute.

Zu Wolfgang Schwanitz hatte sich nämlich leider kein Verhältnis vorurteilsfreier Zusammenarbeit entwickelt, obwohl ich ihn am 21. November als einzigen Minister im Rahmen einer Dienstberatung in sein Amt eingeführt hatte – was mir später, 1993, in einem »Spiegel« -Artikel heftig vorgehalten wurde. Auch das gehört zu den Halbwahrheiten im Umgang mit der DDR-Geschichte: Aus dieser Rede zur Amtseinführung wird der letzte Satz zitiert und als Beleg für alle möglichen Behauptungen herangezogen; der volle Wortlaut der Rede bleibt im »Spiegel« unbeachtet. Gewiß muß ich diesen zitierten Satz, wie andere Dinge in dieser Zeit, kritisch hinterfragen. Er lautete: »Ich möchte die Gelegenheit nutzen, um euch für die geleistete Arbeit und den hohen Einsatz herzlich zu danken – und damit die Bitte verbinden, daß wir gemeinsam in hoher Verantwortung unsere Aufgaben weiter erfüllen.« Aber die Rede selbst bleibt ein historischer Beleg, dem ich mich stellen muß und guten Gewissens auch stellen kann. Sie ist im übrigen kein Geheimnis und kann in Dokumentenband »Vorwärts immer, rückwärts nimmer«, erschienen 1994 im Dietz Verlag Berlin, nachgelesen werden.

Da Mischa Wolf in jenen Tagen, wie der 4. November gezeigt hatte, politisch aktiv geblieben war und sich nicht zurückgezogen hatte, schien er mir ein Partner zu sein, der sachkundig, ohne Anflüge von Resignation, Zorn, Zynismus oder verblassendem Realitätsverlust Rat geben könnte auf einem schwierigen Feld, in dessen gefährliche Eigengesetzlichkeit ich wenig Einblick besaß.

Es ging in dieser Beratung gleichsam um das Erbe, das Schalck hinterlassen hatte; und alle Beteiligten der Sitzung erfüllten ihre aus der neuen Situation gewachsenen Aufgaben in so hoher Verantwortung, daß nicht nur die DDR vor Schaden bewahrt worden ist: Die Bundesrepublik Deutschland zog noch bis 1992 Gewinne aus den Geschäften des Bereiches Kommerzielle Koordinierung der DDR in Höhe von über einer Milliarde D-Mark.

Das Ende des Politbüros

Die letzte Tagung des Zentralkomitees der SED besiegelte zugleich das Ende der marxistisch-leninistischen Partei der Arbeiterklasse in der DDR. So gesehen, ist dieses Plenum ein dramatischer Punkt ihrer Geschichte, aber daran gemessen, verlief die Tagung ohne jene apokalyptische Erregung, die ein solches einschneidendes Ereignis gewöhnlich vermuten ließe. Die Sitzung spiegelte den realen Verlauf der Dinge wider. Der Überbau fügte sich todmüde und erschöpft der Basis, die Führung – ob ZK, Politbüro oder Generalsekretär – hatte das Vertrauen bei der übergroßen Mehrheit der Parteimitglieder verloren. Hunderttausende hatten die SED bereits verlassen. Es stand die Frage der weiteren Existenz einer ausgedienten, ausgedünnten Organisation, und diese Frage mußte ein Sonderparteitag beraten und entscheiden. Die Beschlüsse dieser letzten Tagung des ZK der SED widerlegen eigentlich alle Legenden über Komplott und Intrigen, an denen ich beteiligt gewesen sein soll, um das Zentralkomitee zum Rücktritt zu zwingen.

Nach dieser abschließenden Tagung des ZK der SED verlas Günter Schabowski eine Erklärung, in welcher das Politbüro die Kritik großer Teile der Mitgliedschaft der Partei an seiner Arbeit akzeptierte. Die derzeitige Führung – also nicht nur das alte Politbüro – habe grundlegende und unverzeihliche Schwächen gezeigt, sie sei nicht imstande gewesen, entsprechend dem Auftrag der 9. und 10. Tagung des ZK das ganze Ausmaß und die

Schwere der Verfehlungen von Mitgliedern des ehemaligen Politbüros aufzudecken und daraus die erforderlichen Konsequenzen zu ziehen.

Wörtlich hieß es in der Erklärung: »Um einer weiteren Gefährdung der Existenz der Partei entgegenzuwirken sowie die politische und organisatorische Vorbereitung des Parteitages zu gewährleisten, hält es das Politbüro für erforderlich, seinen Rücktritt zu erklären.«

Erstaunlich: Das ZK hatte zumindest noch so viel Kraft, um neben der Erklärung des Politbüros eigene Entscheidungen zu treffen. Die früheren Mitglieder des Politbüros Honecker, Krolikowski, Kleiber, Mielke, Sindermann, Stoph und Tisch sowie der frühere Kandidat des Politbüros Gerhard Müller, die 1. Sekretäre der Bezirksleitungen Suhl und Gera, Albrecht und Ziegenhahn, sowie das Mitglied des ZK Dieter Müller und der bisherige Staatssekretär Alexander Schalck-Golodkowski wurden ihrer Mitgliedschaft im ZK enthoben, bevor dieses Gremium seinen eigenen Rücktritt erklärte. In Anbetracht vieler auf Kreiskonferenzen erhobener Forderungen und wegen schwerer Verstöße gegen das gültige Statut wurden die Genannten zugleich aus der Partei ausgeschlossen.

Schabowski teilte dem Plenum weiter mit, es sei im Zuge der Selbstauflösung des Zentralkomitees ein Arbeitsausschuß zur Vorbereitung des Sonderparteitages zusammengekommen, deren Mitglieder im Prozeß der Erneuerung besonders aktiv hervorgetreten seien, und dem alle 1. Sekretäre der Bezirksleitungen angehören würden. In allen Bezirken seien die 1. Sekretäre neu gewählt worden, und mit ihrer nunmehrigen Tätigkeit verknüpften sich »neue hoffnungsvolle Erwartungen«. (Welch wunderlich großes Reservoire an Hoffnung wir doch besaßen!)

Der genannte Arbeitsausschuß bildete sich selbständig, ohne sich etwa vorher durch das ZK legitimieren zu lassen. Diese eigene Entschlossenheit zum Handeln und das Vertrauen an der Parteibasis bildeten die tragenden Säulen für die Legitimierung dieses neuen Gremiums. Unter den 1. Sekretären der Bezirksleitungen waren der größere Teil ehemalige FDJ-Funktionäre wie Roland Claus, Norbert Kertscher, Heinz Vietze oder aber Parteifunktionäre, die noch Vertrauen besaßen, wie Roland Wötzel in Leipzig, Heinz Albrecht in Berlin und Wolfgang Pohl in Magdeburg. Auch andere, die einbezogen wurden, hatten sich in der Zeit des Umbruchs aktiv wider offiziöse Selbsttäuschung und Rechtfertigung alter Feindbilder hervorgetan, so etwa Markus Wolf, Prof. Dieter Klein, Gregor Gysi, Lothar Bisky, Wolfgang Berghofer und Brigitte Zimmermann, die von der »Wochenpost« kam, wo sie langjährige Chefredakteurin gewesen war.

Zum Vorsitzenden des Arbeitsausschusses wurde Herbert Kroker gewählt. Er hatte als Generaldirektor des Kombinates Umformtechnik Erfurt im vertrauten Kreis Bemerkungen über Günter Mittag gemacht, die diesem zugetragen wurden. Was Krokers Abberufung bewirkte. Als Werkleiter mußte er sich »bewähren«, was er in den letzten Jahren als Leiter des Landmaschinenbaubetriebes in Weimar getan hatte.

Der Arbeitsausschuß spielte eine sehr wichtige Rolle für die Erneuerung der Partei und deren Erhalt. Aus ihm sind die führenden Kräfte für die erste Phase von SED-PDS und später auch PDS hervorgegangen. Er hat das politische Profil der Partei durch die Vorbereitung der Referate und Beschlüsse des Sonderparteitags im Dezember 1989 entscheidend bestimmt.

Gregor Gysi erhielt den Auftrag, einen »Ausschuß zur weiteren Aufdekkung von Korruption und Amtsmißbrauch in der Partei« zu bilden, und wurde dafür sehr aktiv. Die Zimmer der Mitglieder des Politbüros im ZK wurden versiegelt, weshalb es zwischen ihm und Egon Krenz zum Streit kam. Der war noch Vorsitzender des Staatsrates und forderte den Zugang zu seinem Arbeitszimmer. Das Argument, er habe doch im Staatsratsgebäude noch einen eigenen Raum und demnach die Möglichkeit, dort tätig zu sein, zog nicht. Denn Egon Krenz hatte natürlich seine persönlichen Arbeitsunterlagen im Zentralkomitee und nicht im Gebäude des Staatsrates. Ein Ex-Generalsekretär wehrte sich, aber er sah langsam ein, daß seine Zeit vorüber war.

Für die Regierung aber hieß es endgültig: Ende der Staatsführung durch das Politbüro der Partei. Sie trug nun auch nach außen die ihr zukommende politische Verantwortung, was nicht zuletzt für die Gestaltung der Beziehungen mit den Staaten des Warschauer Vertrages galt, aber auch für die Kontakte zur Bundesrepublik Deutschland. Helmut Kohl hatte weder Erich Honecker noch Egon Krenz je als Vorsitzende des Staatsrates angesprochen, sondern sie waren für ihn stets »der Generalsekretär«. Nun hatte die Geschichte diesen protokollarischen Status aufgehoben, einen Generalsekretär gab es nicht mehr. Alle weiteren Verhandlungen mußten mit der Regierung der DDR beraten, abgestimmt und verwirklicht werden.

Da die eigentliche Verantwortung im Land ab 17. November nun da lag, wo sie hingehört, nämlich bei der Regierung, waren wir zum sofortigen Handeln gezwungen. Da niemand aus der neuen Parteiführung das Bedürfnis zeigte, mit mir zu sprechen oder gar Konzepte zu diskutieren, wie die weitere gesellschaftliche Entwicklung zu bewerkstelligen sei, sah ich weder Mißachtung der Parteispitze noch Komplottgelüste darin, die seit dem 17. November allen bekannte Linie meiner Regierungserklärung möglichst zielstrebig durchzusetzen, ohne unnötige Absprachen mit Leuten, die nicht zum Kabinett gehörten. Ich erinnere mich, daß Konrad Naumann, wenn es um mich ging, bei Erich Honecker stets denunziatorisch meinen Ehrgeiz ins

Spiel brachte und meinte, der könne gefährlich werden. Ehrgeiz, mit meiner Regierung in komplizierter Zeit zu bestehen, belastet von Unsicherheit und von heute auf Morgen ins Risikofeld geworfen, hatte ich ohne Zweifel. Aber, und das war keine Phrase für mich, im Interesse des Volkes der DDR und keineswegs vordergründig zum Sturz eines Politbüros, in das ich gerade gewählt worden war.

In der Modrow-Regierung gab es während meiner kurzen Amtszeit personelle Veränderungen – aber auch dies nicht aus Intrigenlust, sondern, um die Arbeitsatmosphäre möglichst frei davon zu halten. Viele Probleme entstanden, weil die Parteien ihre eigenen Konflikte in der Regierung und mit der »Geisel« Regierung auszutragen versuchten, und ob die Protagonisten dabei immer aufrichtig und ehrlich untereinander waren, bleibt zu bezweifeln.

Der endgültige Rücktritt des Zentralkomitees der SED löste keine Regierungskrise aus. Ob das für oder gegen mich als Genosse spricht, mögen andere beurteilen. Ich selbst bin auch heute noch überzeugt davon, daß dieser Abschied der Partei aus der Geschichte unvermeidlich gewesen ist; und es war richtig, die Regierungsarbeit unbeschadet und unberührt von diesem Ereignis fortzusetzen, mit möglichst kühlem Kopf. Die Geschichte war nicht auf der Seite jener, die Komplotte konstruieren wollten, sondern eine kleine wichtige Wegstrecke bei denen, die sich nicht scheuten, in der Modrow-Regierung im besten Sinne des Wortes dem Volke zu dienen.

Für den 4. Dezember hatte Michail Gorbatschow den Politischen Beratenden Ausschuß der Staaten des Warschauer Vertrages nach Moskau eingeladen, woran die Generalsekretäre bzw. die 1. Sekretäre der Parteien teilnehmen sollten. Die SED war in diesem Moment ohne Führung, und der Arbeitsausschuß beauftragte mich, für die Partei an dieser Beratung teilzunehmen. Wieder Öl aufs Wasser derer, die meinten, nun greife auch der Premier zur doppelten Macht.

Düsternis in Moskau

Eine Tagung des Politischen Beratenden Ausschusses bedeutete stets einen Höhepunkt internationaler Arbeit. Diese Begegnungen demonstrierten gewöhnlich nach außen hin Geschlossenheit und gut gefügte Kooperation. Block-Tagungen eben. Das Bukarester Treffen im Juni 1989 war für Erich Honecker das letzte in diesem Kreis der sozialistischen Spitzenfunktionäre und -militärs gewesen; nun trat ich meine erste – und einzige – Reise an, um an jenem 4. Dezember an einer Beratung des höchsten Führungskreises im östlichen Bündnis in Moskau teilzunehmen. Wir trafen uns jedoch nicht zu neuerlicher Abstimmung der gemeinsamen Verteidigungspolitik – was sich äußerlich schon daran zeigte, daß die Verteidigungsminister fehlten und keine Berichte des Oberkommandos der Paktstreitkräfte auf der Tagesordnung standen. Die wies nur einen einzigen Punkt auf: Unterrichtung aller über das Treffen Michail Gorbatschows mit George Bush, dem Präsidenten der USA, auf Malta. Eingeladen waren die Partei- und Staats- bzw. Regierungschefs mit dem Stab ihrer Berater. Die Partei vertrat ich im Auftrag des Arbeitsausschusses, und als Ministerpräsident leitete ich unsere Delegation, der auch der Stellvertreter des Außenministers, Harry Ott, angehörte. Für die DDR nahm Egon Krenz noch als Vorsitzender des Staatsrates teil. Zunächst hatte er auf eine Teilnahme verzichtet, in der Nacht zum 4. Dezember jedoch rief er bei mir im Johannishof an, er wolle doch mitkommen.

Der größte Teil der anwesenden Ministerpräsidenten befand sich seit längerer Zeit im Amt, man kannte demnach Ablauf und Atmosphäre einer solchen Beratung. Aber es lag so etwas wie Aufstörung in der Luft. Man nahm Abschied, wußte aber noch nicht genau, wovon. Stand man selber bald zur Disposition? Bedrückung war der Gelassenheit gewichen, mit der man offenbar bisher – einer der gute Bekannte des anderen – das hohe Protokoll absolviert hatte. Ich dachte, meine Unsicherheit als Neuling würde auffallen. Aber unruhig wirkten auch einige meiner Amtskollegen. War meine Unruhe eine des Beginns, so schien die Nervosität einiger anderer eindeutig eine des ungewissen Ausgangs zu sein. In Erinnerung blieb mir besonders die besorgte Ernsthaftigkeit von Adamec aus der ČSSR, Nemeth aus Ungarn und Mazowiecki aus Polen. Ein Hauch von trauriger Verstörtheit umgab gerade den polnischen Politiker. Der erste nichtkommunistische Regierungschef des Landes. Sein Schweigen verriet kluge Beredtheit. Alle Kraft, nur scheinbar verdunkelt von Müdigkeit, bezog er aus katholischem Glauben. Vieleicht war dies die politische Lehre, die seine ernste Würde stützte: Niemand versuche künftig ein Amt, der nicht eine Ausbildung als Leidtragender hinter sich hat ... Der rumänische Ministerpräsident verhielt sich wie sein Partei- und Staatschef, er gab mir die Hand und schwieg. Bulgariens Premier wollte sich im Hinblick auf eine bevorstehende RGW-Tagung in Sofia mit mir sofort zu einem intensiveren Gespräch treffen.

Michail Gorbatschow sah sich durch das Verhalten des US-Präsidenten zu einer Information uns gegenüber verpflichtet. Denn Bush hatte dem Führungskreis der NATO über sein Treffen mit dem sowjetischen Staatschef berichtet und sogleich intensive Gespräche mit Helmut Kohl und den beiden westlichen Siegermächten geführt. Während Bush in Vorbereitung auf das Malta-Treffen Kohl konsultiert hatte, da es schließlich auch um die deutsche

Frage gehen sollte, war es von Gorbatschow unterblieben worden, die DDR in Konsultationen einzubeziehen. Als existierten wir nur als eine zu Stummheit und Fügsamkeit verurteilte Plangröße in den Spielen der Weltmacht Sowjetunion. Seltsam.

So blieb Gorbatschows Information in Moskau ebenfalls auf die Großwetterlage sowie die Beziehungen zwischen der Sowjetunion und den USA bezogen; seine Auskünfte, sehr ernst, aber zugleich mit der von ihm bekannten charmanten Lässigkeit vorgetragen, offenbarten, wie sehr er den komplizierten Problemen in den Staaten des Warschauer Vertrages auswich. Oder aber Gorbatschow fehlten ausreichende Informationen und Einschätzungen, was die Ahnungslosigkeit seiner Präsentation nur noch schlimmer machte.

Gewiß konnte es der sowjetischen Führung nicht entgangen sein, welche gefährliche innenpolitische Spannungen in den Bruderländern gewachsen waren. Mußte man sich darüber nicht austauschen, mußte man nicht offen reden, gemeinsam nach Wegen aus der Krise suchen? Statt dessen eine ziemlich unverbindliche Gorbatschow-Rede, gesetzt gegen eine steif-düstere Kollegenschaft von resignierenden Führern. Wenn Eduard Schewardnadse später in seinen Erinnerungen schreibt, Moskau habe sich gründlich ausgekannt in der entstandenen Lage in Ost- und Mitteleuropa, so hege ich – zumindest, was die DDR betrifft – arge Zweifel. Quellen und Materialien, sich zu informieren, gab es gewiß genügend, von der Botschaft Unter den Linden über die militärische Aufklärung von Wünsdorf, den Stab der Streitkräfte bis hin nach Karlshorst, dem Zentrum des KGB. Aber an einer konsequenten, intensiven und vor allem wirklich interessierten Auswertung muß es entsetzlich gemangelt haben. Wie wir in den betroffenen Ländern, so zeigte sich auch Moskau überfordert – eine Wahrheit, die einzugestehen den damals führenden Kräften im Kreml noch heute schwerfällt.

Die einsetzende Demokratisierung in den Blockstaaten, verbunden mit struktureller Auflösung, trug im Schlepptau einen unübersehbaren Zug von Antisowjetismus. Um einer sich abzeichnenden Verkrampfung zwischen den Bündnis-Staaten und Moskau entgegenzuwirken, legte die sowjetische Führung eine Erklärung vor, in der sich der Warschauer Vertrag bei den Völkern der ČSSR für den Einmarsch 1968 entschuldigte. Außer Rumänien, das damals eine Beteiligung an der militärischen Intervention abgelehnt hatte und keinen Anlaß für Entschuldigung sah, stimmten die anderen Länder dem Papier zu. Die Volkskammer der DDR hatte bereits am 1. Dezember eine entsprechende Erklärung abgegeben.

In einer der Verhandlungspausen kam es zu einem Gespräch mit Michail Gorbatschow, und ich hatte den Eindruck, daß er sich sehr um Herzlichkeit und Nähe bemühte. Er wirkte, ganz anders als bei seiner Rede, regelrecht aufgekratzt und zeigte Interesse, sich sehr bald ausführlich mit mir zu beraten.

Plötzlich kam ein Anruf. Herbert Kroker, Vorsitzender des Arbeitsausschusses der Partei, bat mich dringlichst, nach Berlin zurückzukommen. Die Situation in der DDR entspannte sich einfach nicht; in einer Sprechererklärung zu gefährlichen Anzeichen von Selbstjustiz und angesichts des wiederholten Eindringens von Demonstranten in öffentliche Gebäude hatte der Ausschuß zur Besonnenheit aufgerufen. Kroker fürchtete Schlimmes. Allein in Leipzig gingen am Abend des 4. Dezember über 150 000 Menschen auf die Straße. Weitere Tausende in Potsdam, Karl-Marx-Stadt, Halle, Gera und Neubrandenburg. Als die offizielle Beratung des Politischen Beratenden Ausschusses in Moskau beendet war, baten wir Michail Gorbatschow um Verständnis für unseren sofortigen Rückflug. Nach dem traditionellen gemeinsamen Abendessen stand uns nicht der Sinn. Für Egon Krenz wurde es in seiner Funktion als Vorsitzender des Staatsrates der Abschied von Gorbatschow, denn schon zwei Tage später erklärte Egon seinen Rücktritt.

Winter des Mißvergnügens – und auch der Hoffnung

Obwohl noch im Amt, nahm Krenz am 5. Dezember nicht mehr an der Beratung mit Kanzleramtsminister Rudolf Seiters zur Vorbereitung eines Gesprächs mit Helmut Kohl teil. Vereinbart wurde, daß ich den Kanzler in Dresden treffen solle. Eine Presseerklärung enthielt wesentliche Fakten über die Bildung gemeinsamer Finanzfonds zur Regelung des Reiseverkehrs im Jahre 1990 für Bürgerinnen und Bürger beider deutscher Staaten.

Obwohl sich Helmut Kohl Ende November vor dem Bundestag in seiner Zehn-Punkte-Erklärung positiv zur Vertragsgemeinschaft zwischen den beiden deutschen Staaten geäußert hatte, zeigte die Bundesregierung in dieser Frage keine Initiative. Bonn mit Januskopf, Seiters war zu keiner Aussage bereit. Es gehörte wohl zur Konzeption Kohls, der DDR keinen Schritt entgegenzukommen, obwohl man öffentlich nach wie vor Verständnis für diesen föderativen Plan heuchelte. Wie würde es weitergehen?

Den Dezember 1989 habe ich in ganz besonderer Weise als eine Zeit zugespitzter, nahezu undurchdringlicher Widersprüche in Erinnerung. Ausgewogene Reflexion fällt schwer. Zu sehr verleiten die Ereignisse dazu, als Anlaß für nachträgliche Rechtfertigungen damaliger Entscheidungen zu dienen. Auch ich bin befangen. Auch mir, da ich jetzt dem Leben hinterherschreibe, bereitet es Kopfzerbrechen, die fließenden Grenzen zwischen rechtfertigender Wertung und gleichsam kalter, selbstkritischer, distanzierter Analyse unanfechtbar genau zu ziehen.

Die SED, die am 1. Dezember ihre in der Verfassung festgeschriebene Allgewalt verloren hatte, fiel ins Koma. In einer dramatischen Nacht vom 8. zum 9. Dezember mußte die Entscheidung über eine weitere Existenz der Partei unter neuem Namen und mit tiefgreifenden Veränderungen fallen. Weder am Rücktritt der Führung noch an der konkreten Ausarbeitung des Referates für den Sonderparteitag in der Berliner Dynamo-Halle war ich unmittelbar beteiligt. Nur in einer einzigen Angelegenheit bin ich mit Nachdruck aktiv gewesen. Bevor die eigentliche Beratung begann, mußte meines Erachtens unbedingt eine neue Leitung gewählt und die emotional belastende Debatte zur alten Führung abgeschlossen sein. Nur unter diesen Umständen – und nicht unter der Ägide eines provisorischen Ausschusses – konnte eine Diskussion über Erneuerung stattfinden. Denn wäre es zur Abrechnung gekommen, hätte die alte Führung – vor der internationalen Presse – eifrig die Rechtfertigung versucht, der Parteitag hätte getobt und die Lage im Lande wäre weiter angestachelt worden. Außerdem: Es mußte unbedingt die Entscheidung über den Fortbestand oder die Auflösung der Partei getroffen und damit die Legitimität der Beratung geschaffen werden.

Auf diesem Parteitag ergriff ich zweimal das Wort, einmal verabredungsgemäß zu Beginn, ein zweites Mal Stunden später, als der Saal zu explodieren und sich alles in hochemotionaler Konfusion aufzulösen drohte. Die einen wollten ihr Zögern gleichsam zum Programm erheben, die anderen wollten alles über den Haufen werfen. Meine Rede zur Eröffnung des Parteitages ist in der Klosterstraße, dem Sitz der Regierung, entstanden; ich schrieb sie gemeinsam mit Karl-Heinz Arnold. Die Gedanken, die ich auf diesem Parteitag nach Mitternacht hielt, entwickelte ich in der Ecke eines Beratungszimmers. Ich war nie der Typ der spontanen, aus dem Gefühl heraussprudelnden Ansprachen; eher neige ich zu einem sorgfältigen Ordnen und Abwägen der Gedanken, und so setzte ich mich in besagten Winkel und sortierte, was ich zu sagen für notwendig hielt.

Gregor Gysi rechnete hart und geschliffen mit der alten Führung der SED ab, die zum großen Teil noch im Saal saß und sich in den Bezirksdelegationen zur Diskussion gestellt hatte. Von einigen Politbüromitglieder lag schriftlich eine selbstkritische Wertung ihres Handelns vor. Die Delegierten wurden in einen tiefen Konflikt gestürzt: Erzogen zur Einmütigkeit, gewöhnt an Vorgaben und Disziplin, mußten sie nun aus eigener Verantwortung entscheiden, wie es weitergehen sollte. Die Emotionen schlugen hoch. Nachdenken über das eigene Leben, Treue zu den geheiligten Idealen, die erschütternde Erfahrung einer historischen Niederlage, die Wut auf Funktionäre und das Mitgefühl mit alten Genossen bildeten ein nur schwer oder im Moment noch gar nicht zu bewältigendes Empfindungsgemenge. Mit meiner Rede wollte ich Mut machen und der Auflösung von Identität entgegenwirken. Es war keine »Geheimrede«, wie ich hinterher las; es war einfach nur der Versuch, wider alles Gerede und Gezweifle zur Arbeit anzustiften.

Der Parteitag beschloß die weitere Existenz der SED, verschob die Entscheidung über einen neuen Namen auf seine zweite Beratung und wählte einen neuen Vorstand – einen Vorsitzenden, Gregor Gysi, und drei Stellvertreter: Wolfgang Berghofer, Wolfgang Pohl und mich. Schließlich konstituierte sich der neue Vorstand und wählte ein Präsidium.

Gregor Gysi, der neue Chef: Hinter randloser Brille blitzte es. Die Zunge saß locker wie der Schlips. Von der Einheitspartei zur Ein-Mann-Partei? Ein Besen war das Geschenk der Genossen, als der gelernte Rinderzüchter nun Spitzenfunktionär wurde. Aber neue Besen müssen nicht automatisch gut kehren, ging mir durch den Kopf. Auf Zahl, Dichte und Kraft aller Borsten kommt es an.

Am 16. und 17. Dezember setzte dieser Außerordentliche Parteitag seine Arbeit fort, beschloß, den Doppelnamen SED-PDS (Partei des Demokratischen Sozialismus) bis zum nächsten ordentlichen Parteitag zu tragen und bestätigte ein Dokument für die DDR und für demokratischen Sozialismus. Aus meiner Sicht lag in genau diesem Dokument der Grundkonsens des Parteitages. Nicht aus einer statischen, im Erschrecken gleichsam stehenbleibenden Gegenposition zum Stalinismus bauten wir die neue Gemeinsamkeit auf, sondern aus einer mit dem Anspruch auf Dynamik verbundenen Position für den demokratischen Sozialismus – und von daher verurteilten wir den Stalinismus und begannen, uns mit der Geschichte der DDR kritisch auseinanderzusetzen.

Dieser Parteitag hob die Krise der SED keineswegs auf, er bremste sie nicht einmal. Aber er konnte dennoch in Ansätzen Handlungsfähigkeit für Erneuerung und Wandel herstellen.

Will man jenen Dezember hinsichtlich der Wirren im Lande allein nur in Stichworte fassen, gerät bereits die Liste der Andeutungen lang. Nun ist nicht alles gleich ein »geschichtlicher Augenblick«, was man von Tag zu Tag als solchen deklariert. Über Historizität entscheiden immer erst die Nachkommenden, die, vom Druck der betreffenden Situation befreit, auf die Vergangenheit schauen. Aber mir schien es damals, als erpresse uns jeder Moment, jedes Ereignis mit der Anmaßung, geschichtlich zu sein. Ich war von einer später nie wieder so empfundenen Wachheit, die etwas Unnatürliches hatte, und bei der jede Sekunde, in der man sich ein wenig gehen ließ, sofort in lähmende Müdigkeit umschlagen konnte.

Die regierenden Parteien setzten die Prozesse innerer Auseinandersetzung fort: Die CDU vertrieb Gerald Götting, die NDPD Heinrich Homann – während Manfred Gerlach und Günther Maleuda an der Spitze ihrer Parteien, der LDPD und der DBD, verblieben.

Dieser Prozeß personeller Veränderungen erfaßte auch die Atmosphäre in der Regierung; es kam zu Konsequenzen, die für die Öffentlichkeit allerdings erst im Januar 1990 sichtbar wurden. Gerhard Schürer verließ auf eigenen Entschluß das Kabinett, an die Stelle der Staatlichen Plankommission trat eine Wirtschaftskommission mit Professor Grünheid. Die LDPD zog den Justizminister Heusinger zurück, und Kurt Wünsche, der in den sechziger Jahren durch die SED aus diesem Amt vertrieben worden war, übernahm erneut das Justizministerium. Die DBD entschloß sich, Hans Reichelt abzuberufen und schlug dafür Peter Dietrich vor. Trotz heftiger Diskussionen und vieler persönlicher Angriffe auf Mitglieder des Kabinetts behielt die Regierung aber ihre relative Stabilität.

Dies, wohlgemerkt, in einer Zeit, da Parteitage, Konferenzen und Erklärungen der Parteien natürlich einen zunehmenden geistigen Dissens innerhalb der Koalition erkennen ließen. Die programmatische Vielfalt wuchs, mit ihr die Begriffsverwirrung. Die SED-PDS strebte nach einem demokratischen Sozialismus. Die CDU peilte eine ökosoziale Marktwirtschaft an. Die DBD sah in der revolutionären Erneuerung der Gesellschaft die Chance für eine neue demokratische, humanistische und sozialistische Alternative auf deutschem Boden. Die LDPD verabschiedete sich von allen sozialistischen Experimenten und zielte auf eine sozial gerechte Marktwirtschaft. Die NDPD hatte zunächst noch so sehr mit sich selbst zu tun, daß ihr eine programmatische Festlegung schwerfiel, sie tendierte aber ebenfalls in Richtung Marktwirtschaft. Die FDJ, so stellte sich heraus, feierte ihre Befreiung von der »Kaderschmiede der SED und Kampfreserve der Partei«, aber indem ihr die Führung durch die Partei der Arbeiterklasse abhanden gekommen war, fehlte plötzlich auch der organisatorische Zusammenhalt; die Mitglieder liefen in Scharen davon, die Führungsriegen befanden sich im ständigen Wechsel. Auch der FDGB wählte neu, um der nunmehrigen Führung die Gelegenheit zu geben, gleich wieder abzutreten. Und die Nationale Front, die einst alle vereint hatte, war ohnehin längst am Ende.

Die neuen Parteien und Bewegungen jedoch formierten sich und traten aus Nischen und Kirchen heraus. Auf der Welle des Protestes, des angestauten Zornes breiter Volksmassen, die freilich zu keiner Zeit die Mehrheit darstellten, schwammen sie nach oben. Das Neue Forum machte zuerst von sich reden und erschien wie eine Dachorganisation. Das Neue Forum Karl-Marx-Stadt rief zum Generalstreik auf, für uns in der Regierung freilich ein sehr bedenkliches Zeichen. Das Neue Forum Leipzig stellte Strafanzeige gegen Egon Krenz und Wolfgang Schwanitz wegen der Vernichtung strafrechtlich relevanter Akten des MfS. Bürgerkomitees besetzten die Verwaltungen des Amtes für Nationale Sicherheit, wobei die einen für den Erhalt, andere für die Vernichtung der Akten auftraten.

Die im Oktober gebildete FDP meldete sich zu Wort, führte Gespräche mit der SPD und bildete mit ihr einen Kontaktausschuß. Hans-Jochen Vogel, der Vorsitzende der SPD, verkündete bereits die Bereitschaft zur Wahlhilfe und forderte Sofortmaßnahmen der Bundesregierung in wirtschaftlichen Fragen – damit die Gewalt in der DDR nicht eskaliere, das Land nicht ausblute und die Entwicklung in Europa nicht destabilisiert werde.

Die Grüne Partei erklärte bei ihrer Gründung am 8. Dezember, sie strebe ein Bündnis der linken demokratischen Kräfte an, um auf dieser Basis eine Annäherung der beiden deutschen Staaten in den bestehenden Außengrenzen zu erreichen. Für 1990 solle eine KSZE-Gipfelkonferenz zur deutschen Frage einberufen werden, mit dem Ziel, beide Militärblöcke aufzulösen.

Demokratie Jetzt unterbreitete am 14. Dezember einen Stufenplan der nationalen Einigung. In der Einleitung hieß es: »Nach unserer Überzeugung kann die deutsche Frage nicht durch eine Vereinigung mit den Anschluß der DDR an die BRD gelöst werden. Wir meinen, daß die Zeit für eine neue politische Einheit der Deutschen erst heranreifen muß. In der ersten Stufe sollten in der DDR freie Wahlen durchgeführt und ein demokratisch-parlamentarisches System geschaffen werden. Eine neue Verfassung sollte mit einem Volksentscheid ihre Gültigkeit erhalten. Auch in der BRD sollten in dieser Stufe Reformen wirksam werden, die mehr soziale Gerechtigkeit schaffen, die Arbeitslosigkeit deutlich dämpfen und eine Stärkung der Länderstrukturen herbeiführen sollen. Über einen Nationalvertrag in der zweiten Stufe sollte in der dritten Stufe die Entmilitarisierung abgeschlossen werden, der Rückzug der alliierten Mächte erfolgen und ein Volksentscheid über die politische Einheit in einem Bund deutscher Länder entscheiden.«

Der Demokratische Aufbruch beschloß am 17. Dezember sein Programm und bekannte sich darin zur Überwindung der Spaltung Deutschlands bei Anerkennung der bestehenden Grenzen, bei Wahrung des Selbstbestimmungsrechts der Deutschen in der DDR und der BRD mit vertraglichen Bindungen zwischen beiden deutschen Staaten – mit dem Ziel, über einen Staatenbund zu einem gemeinsamen Bundesstaat zu kommen.

Obwohl der Demokratische Frauenbund seine Tätigkeit fortsetzte, bildete sich ein Unabhängiger Frauenverband. Er trat mit einem vielversprechenden Manifest für eine autonome Frauenbewegung am 3. Dezember in der überfüllten Berliner Volksbühne ins Leben. Schärfer als andere Bewegungen rechnete dieses Manifest mit der DDR-Gesellschaft ab. »Unsere wackeren Vorkämpferinnen bildeten sich lange ein, die Emanzipation der Frau sei vollzogen, wenn die Ausbeutung beseitigt und die ökonomische Unabhängigkeit durch eigene Arbeit gesichert sei.« Es wird zugleich die Frage gestellt, ob zu Wiedervereinigungskonzepten eine reale und lebenswerte, eine sozialistische Alternative mitentwickelt werden kann.

Über 560 000 Bürger unterschrieben bis zum 19. Dezember den Aufruf »Für unser Land«, der sich für eine Umgestaltung und Bewahrung der DDR aussprach. Millionen Bürger bekannten sich in einer Menschenkette über Hunderte Kilometer zu der Forderung nach demokratischer Erneuerung im Staat und für Bestrafung all jener, die Macht mißbrauchten und der Korruption schuldig sind.

Dezember 1989. Winter unseres Mißvergnügens – wie es in Shakespeares »Richard III.« heißt – und zugleich Hoffnungszeit. Ein Faktum ist besonders zu betrachten: der Runde Tisch. Diese Fortsetzung der Gewaltlosigkeit auf unmittelbar politischer Ebene war ein einmaliges Ereignis.

Der Runde Tisch

Am 7. Dezember trat der Runde Tisch im bald viel zu eng werdenden Berliner Dietrich-Bonhoeffer-Haus zum ersten Mal zusammen. Zu seinen Teilnehmern gehörten Parteien und Bürgerbewegungen. Nach langem Hin und Her lautete der Besetzungszettel: CDU, DBD, Demokratie Jetzt, Demokratischer Aufbruch, Grüne Partei, Initiative Frieden und Menschenrechte, LDPD, NDPD, Neues Forum, SPD, SED, Vereinigte Linke, FDGB, Unabhängiger Frauenverband. Moderiert wurde der Runde Tisch von Oberkirchenrat Martin Ziegler, Bund der evangelischen Kirchen der DDR, Monsignore Dr. Karl-Heinz Ducke, Berliner Bischofskonferenz, und Pastor Martin Lange, Arbeitsgemeinschaft christliche Kirchen. Ohne die Klugheit, den Witz und die stilsichere Gelassenheit dieser drei, die sich bereiterklärt hatten, als Löwenbändiger zu arbeiten, wäre vieles am Runden Tisch nicht zustande gekommen. Sie beobachtend, wurde einem wieder einmal bewußt, daß Intelligenz nichts anderes ist als die Fähigkeit, schnell und gut auf Unvorhergesehenes reagieren zu können.

Wochen und Monate vorher hatten wir – in der SED – dieses politische Möbelstück in Polen und Ungarn registriert und noch den Kopf geschüttelt über diese Form der »Aufweichung sozialistischer Staatsmacht«. Als dem

Runden Tisch nicht mehr auszuweichen war, sollten als Vertreter der SED Egon Krenz und ich teilnehmen, der Generalsekretär und der Premier. So lautete der Vorschlag der alten Parteiführung. Der kurzfristig ins Leben gerufene Arbeitsausschuß der SED setzte das Politbüro gleichsam außer Kraft, und nach zahlreichen Personaldiskussionen wurden für den Runden Tisch Gregor Gysi und Wolfgang Berghofer beschlossen, als dritter Mann kam noch Lothar Bisky dazu.

Für sein Selbstverständnis formulierte der Runde Tisch: »Die Teilnehmer treffen sich aus tiefer Sorge um unser in tiefe Krise geratenes Land, um seine Eigenständigkeit und seine dauerhafte Entwicklung. Der Runde Tisch fordert Offenlegung über die ökologische, wirtschaftliche und finanzielle Situation im Land, will keine parlamentarische und Regierungsfunktion übernehmen, aber mit Vorschlägen zur Überwindung der Krise an die Öffentlichkeit treten. Seine Tätigkeit will er bis zur Durchführung freier demokratischer, geheimer Wahlen ausüben und bis dahin Teil der öffentlichen Kontrolle sein.«

Es wurden zunächst vier Arbeitsgruppen gebildet, deren Zahl sich bald auf ein rundes Dutzend erhöhte. Die ersten Forderungen erhob der Runde Tisch, wie es hieß, »im Bemühen um Rechtsstaatlichkeit und zur Wahrung der Interessen unseres Volkes«. Jede Person, die ihr Amt mißbraucht habe, solle strafrechtlich zur Verantwortung gezogen werden. Die Staatsanwaltschaft müsse entsprechend handeln. Die Regierung wurde aufgefordert, eine spezielle Untersuchungsabteilung zu schaffen, die dem Ministerpräsidenten direkt zu unterstellen sei. Sie solle öffentlich bekannt geben, wie das Ministerium des Innern die Dienststellen des Amtes für Nationale Sicherheit kontrolliert und wie die Vernichtung von Akten, besonders von Beweismaterial, verhindert werde. Das Amt für Nationale Sicherheit müsse unter ziviler Kontrolle aufgelöst werden, und die Regierung solle die Öffentlichkeit über eventuell notwendige Dienste im Sicherheitsbereich informieren. Schließlich sei ein rechtlicher Rahmen zur Unterstützung unabhängiger Bürgerkomitees festzulegen.

Am 18. Dezember schloß der Runde Tisch, nach vielfältigem Streit und zahlreichen öffentlichen Debatten, das ständig akute Problem seiner Zusammensetzung ab. Der FDGB, die Grüne Liga, der Unabhängige Frauenverband und die VDGB wurden nun als vollberechtigte Teilnehmer neben den Parteien akzeptiert. In der Rolle von Beobachtern fungierten der DFD, die FDJ, der Kulturbund, die Katholische Laienbewegung und die Konsumgenossenschaft. Die Regierung durfte den Leiter der Rechtsabteilung des Ministerrates Klaus Wehnert als Beobachter delegieren. Baldmöglichst sollte ein Gespräch mit mir über die Zusammenarbeit von Regierung und Rundem Tisch stattfinden. Die Bildung einer Prioritätengruppe zur Findung von Schwerpunkten des Runden Tisches – Oberkirchenrat Ziegler leitete sie – verbesserte die Arbeitsfähigkeit dieses Gremiums grundlegend.

Mit einer Stellungnahme zum absehbaren Besuch des Bundeskanzlers Kohl versuchte der Runde Tisch, Einfluß auf das unmittelbare politische Geschehen im Land zu nehmen. Es ist nicht uninteressant, gerade aus heutiger Sicht die damaligen Ansprüche der Opposition zu betrachten. Erwartet wurde ein Ausbau der Beziehungen zwischen den beiden deutschen Staaten für die Errichtung einer systemübergreifenden Friedensordnung in Europa; sie solle durch ein aktives Zusammenwirken von DDR und BRD für Frieden und Abrüstung geprägt und durch eine Vertragsgemeinschaft ergänzt werden. An Modrow und Kohl richtete sich der Appell, die Gespräche in Richtung Kooperation und Kommunikation zum Wohle der Bürger beider Staaten zu lenken; die Souveränität und staatliche Integrität der beiden deutschen Staaten sei von keiner Seite in Frage zu stellen. Ein Minderheitenvotum des Neuen Forums und der Vereinigten Linken ging sogar noch weiter und forderte, daß die Vereinbarungen weder zu sozialen Nachteilen für wirtschaftlich Schwache noch zu einer Wiederbelebung kapitalistischer Verhältnisse in der DDR führen dürften. Volksvermögen, Grund und Boden sowie Arbeitskraft dürften nicht in eine Ware verwandelt werden und in die Reichweite ausländischen Kapitals geraten.

Am 22. Dezember trat der Runde Tisch zu einer außerordentlichen Tagung zusammen und dankte der Regierung. Die hatte materielle und fianzielle Unterstützung beschlossen: für den neuen Tagungsort in Niederschönhausen, dazu Gehalt für hauptberufliche Tätigkeit am Zentralen Runden Tisch und Mittel für eine Direktübertragung der Beratungen in Funk und Zweitem DDR-Fernsehen. Natürlich wußten wir, daß wir mit der Professionalisierung oppositioneller Arbeit zugleich den Druck erhöhen würden, den der Runde Tisch auf die Regierung ausübte. So drängte dieses Gremium schon fünf Tage später darauf, stärker in Entscheidungen des Ministerrats einbezogen zu werden, und es erging die Aufforderung ans Kabinett, die ökologische, wirtschaftliche und finanzielle Situation des Landes offenzulegen. Mit Nachdruck bestand die Opposition auf einer Auflösung des MfS/AfNS.

Ebenfalls im Dezember intensivierte der Untersuchungsausschuß der Volkskammer für Amtsmißbrauch und Privilegien, der bereits Mitte November eingesetzt worden war, seine Arbeit. Kurt Hager, Margot Honecker und andere ehemals Verantwortliche der Partei- und Staatsführung wurden vernommen; der Haß auf die SED-Führung – auf diese Weise, ob unbewußt oder bewußt, neu angefacht – ging in der Öffentlichkeit über in eine immer stärkere Ablehnung meiner Partei. Das fand seinen sichtbaren Ausdruck in den Demonstrationen besonders in Leipzig. Zwischen den Losungen der Straße und Positionen etwa des Neuen Forums klafften inzwischen beträchtliche Welten. Die politischen Bewegungen verloren gegen Ende Dezember ihren politischen Einfluß auf die Inhalte der Demonstrationen fast völlig; diese Inhalte veränderten sich, bei offenen Grenzen, nicht nur spontan, sondern auch unter direktem BRD-Einfluß. Während an den Runden Tischen zentral und regional noch über eine Umgestaltung der DDR diskutiert wurde, schallten draußen bereits die Rufe nach Einheit.

In allen Parteien der Koalition verstärkten sich die Turbulenzen, wobei die Krise in der SED die schärfsten Formen annahm. Was die politischen Parteien und Bewegungen am wenigsten interessierte, nämlich die wirtschaftliche Lage und die Versorgung der Menschen besonders zu Weihnachten und zum Jahresende, beschäftigte die Regierung jedoch am meisten. Das Währungsgefälle erinnerte an die unmittelbare Nachkriegszeit. Wir mußten letzte Reserven mobilisieren, um Valutamittel für Apfelsinen und Bananen aufzutreiben. Vor allem Außenhandelsminister Gerhard Beil rotierte. In Westberlin und entlang der Grenze der DDR standen Bier und Wein aus der DDR auf den bundesdeutschen Festtischen, und manch geschönter Frauenkopf dort war das Ergebnis der billigen Dienstleistungen bei uns.

Der Winter hatte begonnen und forderte die notwendigen Energie- und Brennstoffreserven. Die Nationale Volksarmee zog wieder in die Kohle. Die vier Jahreszeiten glichen, wie es in einem Witz hieß, in der DDR immer schon Staatsfeinden, aber die Lage unter den gegenwärtigen Umständen zu beherrschen, schien unmöglich. Das Gesundheitswesen erwies sich als ein besonderer Gefahrenpunkt im sozialen Gefüge. Die hier gezahlten Löhne und Gehälter lagen weiter unter denen in der BRD und Westberlin. Die offene Grenze löste eine rasche Abwanderung aus oder ermunterte zu Einkommensforderungen, die mit Streikdrohung durchgesetzt werden sollten. Der Gesundheitsminister trug diese Ansprüche mit großem Nachdruck in der Regierung vor, was den Verkehrsminister bewog, nun auch für das Verkehrswesen Lohnerhöhungen einzuklagen. Ich fühlte mich auf einer Gratwanderung, die mich immer hilfloser machte.

Während der Runde Tisch mit der Regierung um die Akten des MfS stritt, mußten wir die Verantwortung für Hunderttausende von Schußwaffen übernehmen, die sich noch bei den Kampfgruppen der Arbeiterklasse befanden oder von leitenden Funktionären, bis hin zur Kreisebene, getragen wurden. Auch beim MfS ging es bereits um das Einziehen der Schußwaffen und deren Unterbringung in Objekten der Volkspolizei oder der Nationalen Volksarmee. Ich halte es für eine der größten Leistungen dieser Regierung und für ein ebenso großes Zeichen von Verantwortungsbewußtsein aller

Beteiligten, daß diese Waffenbewegung, bis hin zu den Jagdgemeinschaften, nie außer Kontrolle geriet. Aus keiner Waffe löste sich ein Schuß gegen einen anderen Menschen. Wer glauben machen möchte, dies sei ausschließlich dem Respekt der Mächtigen vor der Bürgerbewegung zu danken, betrügt sich selbst. Es gab diesen Respekt, und es gab die Furcht der bislang Herrschenden. Aber es gab ebenso den Zorn und die Unsicherheit von militärisch exzellent Ausgebildeten. Daß sich dieser Zorn nicht entlud und die Unsicherheit nicht in Aggressivität umschlug, ist der Vernunft vieler zu danken. Es geht nicht an, dann, wenn man es politisch braucht, das Bild eines gnadenlosen und gefährlichen Militär- wie Sicherheitsapparates zu zeichnen, und bei anderer Gelegenheit, wenn es um die Aufwertung eigener Anteile an der friedlichen Wandlung des Landes geht, dieses Bild zu retuschieren und daraus das Porträt gelähmt-furchtsamer Marionetten zu machen, von Menschen, die ihre Waffen schlotternd in die Ecke warfen.

Der Runde Tisch ließ am 27. Dezember beim Ministerpräsidenten anfragen, ob die Regierung eine Aktenvernichtung des MfS beschlossen und Festlegungen für Übergangsgelder auf die Dauer von drei Jahren für Angehörige des MfS und andere staatliche Angestellte getroffen hätte. Zusatzfrage: Wie verhalten sich die Koalitionsparteien in dieser Angelegenheit?

Die Fragen hätten am Tisch beantwortet werden können, denn die betroffenen Parteien saßen an selbigem. Aber offenbar ging es darum, vereint Druck auf mich auszuüben.

In dieser Frage ist ein Rückgriff nötig: Anfang Dezember hatte es ein kurzes Hin und Her in der Frage der MfS-Akten gegeben. Eine Empfehlung zur Vernichtung bestand für weniger als 48 Stunden und wurde dann rückgängig gemacht. Die Regierung hatte ihre Entscheidung zunächst auch unter dem Druck eines Teils der Bürgerbewegung getroffen, der diese Vernichtung befürwortete. Als sich bei der Opposition aber mehrheitlich die Auffassung durchsetzte, Akten nicht zu vernichten, entschied auch die Regierung in diesem Sinne. Die Akten und Unterlagen des Nationalen Verteidigungsrates (NVR) brachte Generaloberst Streletz, mit meiner Zustimmung, in das NVA-Archiv nach Potsdam. Das ist nicht unwichtig festzuhalten, weil beim Geraune um angeblich vernichtete MfS-Akten offenbar vergessen wird, daß just diese NVR-Akten und -Unterlagen, die wir in Sicherheit brachten, heute bei Prozessen gegen Partei- und Staatsfunktionäre, gegen Offiziere und andere Militärs der DDR von den Justizorganen der Bundesrepublik weit mehr als Grundlage von Anklage und Verurteilung herangezogen werden als Akten des MfS. Die Akten des Ministeriums für Auswärtige Angelegenheiten der DDR unterliegen den Bestimmungen des bundesdeutschen Archivgesetzes, das heißt, sie sind für 30 Jahre geschlossen. Was in jenem Dezember noch eine ziemliche Rolle spielte – Aufbewahrung der Akten, aber Schutz vor Gebrauch, also Mißbrauch durch westliche Dienste –, blieb unerfüllt. Nichts ist mehr geschehen als gerade dies, und die politisch-juristische Verfolgung der Besiegten durch die Sieger lebt gerade davon.

Eine soziale Absicherung der ehemaligen Angehörigen des MfS strebte die Regierung in der Tat an, und sie sah die rechtlichen Grundlagen dafür in den Gesetzen der DDR. Wir orientierten uns an der Praxis bei Mitarbeitern der Wismut-AG. Die Regierung ließ ihre Entscheidung durch ein Gutachten von Juristen der Humboldt-Universität prüfen; diese Prüfung verlief positiv. Wir wollten gerade im Bereich dieses Ministeriums soziale Konflikte verhindern, damit der politischen Stabilität im Lande zuarbeiten und zugleich einen Vorgriff auf ein künftiges Arbeitsrecht für alle Beschäftigen testen. Die Bundesregierung setzte später das Recht gegenüber MfS-Angehörigen außer Kraft und verfolgt sie nicht nur mit politisch-moralischen Kriterien. Strafrente, die für die Küchenfrau ebenso gilt wie für den General, macht das Problem deutlich.

Nicht nur der Runde Tisch drängte damals auf eine Untersuchungsabteilung zur Aufklärung von Amtsmißbrauch und Privilegien. Wolfgang Schnur, Vorsitzender des Demokratischen Aufbruchs, kam Anfang Dezember in den Johannishof und bestürmte mich mich dieser Forderung. Er rannte offene Türen bei mir ein. Eine solche Abteilung wurde schließlich unter der Leitung von Herrn Ladewig, einem Bühnenarbeiter des Maxim-Gorki-Theaters, gebildet. Als Rechtsberater fungierte Professor Dähn von der Akademie für Staat und Recht. Das Innenministerium stellte etwa 30 Kriminalisten ab. Über 1 000 Vorgänge wurden verfolgt. In keinem Fall ist es nach meiner Kenntnis zur strafrechtlichen Verfolgung gekommen. Signum einer Zeit, in der der Verdacht höher im Kurs stand als die Prüfung, die Sachlichkeit geringer als der unbedingte Wille zur Abrechnung. Die Regierung löste diesen vorauseilenden Verfolgungswahn von Justizorganen nicht aus, sie konnte ihn aber durch mögliche eigene Beschlüsse auch nicht bremsen. Die Verantwortung für das Oberste Gericht und die Generalstaatsanwaltschaft lag ausschließlich bei der Volkskammer der DDR. Der Generalstaatsanwalt wurde zu den Sitzungen der Regierung zwar eingeladen, Rechenschaft konnten wir jedoch nicht fordern, und Empfehlungen durften wir ebenfalls nicht geben. Wenn Betroffene heute sagen, es hätte in der Zeit der Modrow-Regierung Rechtsverstöße gegeben, so kann ich nicht widersprechen. Es ist ein traurig stimmender Verweis auf die Umstände der Zeit. Einer Schuldzuweisung unmittelbar in Richtung Regierung muß ich aber widersprechen. Wir legten Wert auf die Einhaltung rechtsstaatlicher Grundsätze – was Herrn Ladewig als Vorsitzendem unserer Untersuchungsabteilung nicht immer paßte. Da mir diese Abteilung direkt unterstand, führte ich erforderliche Beratungen mit ihm persönlich durch. Die Regierung behandelte schließlich auch einen Abschlußbericht, zog jedoch dort keinen Schlußstrich, wo weiterer Handlungsbedarf bestand, etwa da, wo es um die Enteignung von Ferienheimen in den fünfziger Jahren an der Ostsee ging. Dieses Thema beschäftigte noch im Jahre 1997 die Justizorgane im Lande Mecklenburg-Vorpommern, aber Herr Ladewig glaubte, die Regierung Modrow könne das Problem in drei Monaten erledigen.

Ladewig hat die Stürme der Zeit gut überstanden. Im Maxim-Gorki-Theater hat er nicht wieder angefangen. In der Gauck-Behörde wird besser bezahlt.

Daß der Runde Tisch von der Regierung Informationen forderte, hielten wir für richtig. Daß dabei ständiges Mißtrauen herrschte, war der Situation geschuldet. Was uns aber aufbrachte, war die ständige Überforderung der Regierung in Fragen von Wirtschaft und Finanzen. Wir verfügten doch selbst nur über unvollständige Übersichten und liefen der sich ständig verändernden Lage hinterher. In solcher Situation zusätzlich auch noch spezielle Erhebungen für den Runden Tisch zu betreiben, lag nicht in unseren Möglichkeiten. Mit angeblicher Verweigerung hatte es jedoch nichts zu tun. Daß sich mitunter auch Unfähigkeit offenbarte und Vertreter der Regierung bei Berichterstattungen am Runden Tisch ihre Vorbehalte nicht zähmen konnten, bleibt leider auch unbestritten. Es war damals auch noch absolut ungewöhnlich, daß sich Partei – SED, dann SED-PDS – und Vertreter der Regierung in offenen Widerspruch zueinander begaben. Nach dem Auftreten einiger Leute aus dem Ministerrat forderte die SED-PDS, »kompetente Vertreter« zu schicken.

So erhoben wir Fragen des Runden Tisches schließlich zur Chefsache. Damit waren Personalentscheidungen verbunden. Walter Halbritter zum Beispiel, der als Staatssekretär den Auftrag bekam, am Runden Tisch für die Regierung zu sprechen, mußte bald zurückgezogen werden. Er, Spezialist für Preisbildung, gehörte zu dem Kreis der Ökonomen, die in den sechziger Jahren am Neuen Ökonomischen System der Planung und Leitung arbeiteten. Walter Ulbricht holte ihn als Kandidat ins Politbüro, was Erich Honekker bald korrigierte. Halbritter blieb aber Minister und Leiter des Amtes für Preise. Mit der Reduzierung der Zahl der Minister in der Modrow-Regierung entfiel diese Verantwortung, und er wurde zum Staatssekretär berufen. Dem hochqualifizierten Preisspezialisten fehlte es nicht an gutem Willen, wohl aber an politischen Erfahrungen, um in dieser Situation am Runden Tisch mitwirken zu können. Es war daher nicht nur seine Schuld, daß er dort für Unmut sorgte; seine Berufung lag in meiner Verantwortung, und so bin ich nicht unschuldig, wenn es just in Zusammenhang mit Walter Halbritter zu Gegensätzen zwischen Regierung und Rundem Tisch kam.

Eine Krise des Runden Tisches hatte Halbritter nämlich ausgelöst, als er versuchte, die »planmäßige« Auflösung des Amtes für Nationale Sicherheit zu »dokumentieren«. Berghofer herrschte ihn an: »Dieses Thema ist das sensibelste. Die Existenz und Arbeitsweise des Staatssicherheitsdienstes war ein auslösender Faktor für die revolutionäre Bewegung, das heißt, hier handelt es sich nicht um eine Lappalie; jeder Widerspruch der am Runden Tisch Anwesenden zu den Einschätzungen der Staatsvertreter ist sehr, sehr ernst zu nehmen; insofern sind Ihre Darstellungen, Herr Halbritter, nicht zu akzeptieren. Es gibt den Vorschlag, die Regierung zu verpflichten, einen komplexen Bericht zur Sicherheitslage im Lande zu geben, um die hier vorgetragenen Ansichten zu objektivieren. Eine Arbeitsgruppe des Runden Tisches sollte beauftragt werden, diesen Prozeß stärker zu kontrollieren; zudem verlange ich, daß künftig ein kompetenter Vertreter der Regierung zur Sicherheitspolitik Stellung nimmt.«

Ich glaube, erst Christa Luft ist es mit ihrem Auftreten am 21. Dezember am Runden Tisch gelungen, daß einem Regierungsvertreter Achtung und Vertrauen entgegengebracht wurde.

Kohl in Dresden und am Brandenburger Tor

Das Verhältnis zwischen den beiden deutschen Staaten behielt einen besonderen Platz in der Arbeit der Regierung. Alexander Schalck war weg, damit fehlte der versierte Fachmann und Vertraute des Bonner Kabinetts. Nun mußten wir neue Leitungswege schaffen. Der wachsende Umfang der Probleme erforderte die Bildung eines Rates von Staatssekretären, eine Struktur, die Alexander Schalck noch selbst angeregt hatte, ein Rat, den er leiten wollte und für den wir nun Wolfgang Rauchfuß als Staatssekretär beriefen.

Nach der Begegnung mit Rudolf Seiters am 5. Dezember zur Vorbereitung des Treffens Modrow – Kohl am 19. Dezember in Dresden war uns klar geworden, daß die Bundesregierung sich bei den Verhandlungen auf die Reisebedingungen zwischen den beiden deutschen Staaten beschränken will, ihren Druck auf weitere Veränderungen in der DDR richtet – ohne jedoch selbst substantielle Aussagen über die weiteren Beziehungen zu treffen. Wir überlegten, wo für uns ein konstruktiver Ansatz liegen könnte und konzentrierten uns auf die Vertragsgemeinschaft. Es entstand auch die Überlegung, von Bonn einen Lastenausgleich zu fordern – den wir nicht als

Geschenk, sondern als Bringepflicht der BRD verstanden. Denn die DDR trug in allen Jahren der Spaltung hohe Lasten zugunsten der BRD, die mit der Öffnung der Mauer schon wieder in Hunderte von Millionen gingen. Zudem nahmen wir stets die Lasten der Reparation für die Sowjetunion auf uns. Sollte da die Bundesrepublik nicht wenigstens einen geringen Teil ihrer Schuld gegenüber der DDR abtragen? Auch an die vorzeitige Öffnung des Brandenburger Tores und an die Inkraftsetzung neuer Reisemöglichkeiten von Bürgerinnen und Bürgern der BRD in die DDR wollten wir in Anbetracht des hohen Währungsgefälles finanzielle Bedingungen knüpfen.

Am 12. Dezember kam James Baker nach Potsdam. Es ist der erste und einzige Besuch eines US-Außenministers in der DDR geblieben. Er erklärte, den USA ginge es um eine friedliche und stabile Entwicklung der Reformprozesse in der DDR, seine Anwesenheit solle dafür ein politisches Signal setzen.

Signalbedeutung sollte auch eine Begegnung mit dem Präsidenten der Bundesrepublik, Richard von Weizsäcker, am 17. Dezember bei einem Privatbesuch in Potsdam sein. Nach dem traditionellen Weihnachtssingen in der Nikolaikirche fand sich Gelegenheit zu einem Gespräch im Schloß Cecilienhof – mit anschließender Erklärung vor den Medien und dem Appell für gegenseitige Achtung zwischen den Bürgern beider Staaten, für Bewahrung eines friedlichen Weges in die Zukunft. Mit seinem Harmonieverständnis vermochte der feinsinnige Freiherr und einstige Kirchenpräsident – in die Politik stieg er als ehemaliger Mannesmann-Manager und Banker von oben ein – den Platz des Mahners in der CDU einzunehmen, einen Platz, der in dieser Partei stets frei geblieben war. Er schlichtete in Hamburgs Hafenstraße, begnadigte eine Ex-Terroristin, führte am 8. Mai 1985 in Bonn das Wort »Befreiung« ein. Ein Virtuose des Kompromisses – und doch zu vornehm, um allen Leuten vorschnell entgegenzukommen. Sicher kein Vater fürs Volk, aber ein bravouröser Staatspräsident.

Das Treffen Modrow – Kohl ist oft und viel beschrieben worden. Ich habe mich verschiedentlich dazu geäußert, und Helmut Kohl hat es in seinem Buch zur Einheit gleichfalls getan. Nicht zufällig treten bei ihm die politischen Inhalte weit in den Hintergrund, statt dessen fehlt es nicht an Versuchen, mein Auftreten im nachhinein abzuqualifizieren. Eine Methode, die in der Politik nicht neu ist, aber wenig für den spricht, der sie praktiziert. In den Schlagzeilen von damals klang vieles ganz anders; Kohl war es, der verbreitet hatte, er könne gut mit Modrow. Nun jedoch, in seinem Buch, kam es ihm auf andere Details an: Auf der Fahrt vom Flugplatz hätte er die Zehntausenden gesehen, die ihn begeistert begrüßen wollten. Und: Ich hätte bei unserer Begegnung alles vom Papier abgelesen. Abgelesen habe ich zwar nicht, aber meinen Spickzettel hatte ich schon dabei. Na und? Lieber solche Beihilfe, als das Wichtigste zu vergessen. Kohl ging mit großer Distanz in die Verhandlungen, er erwartete von mir Zustimmung zu vorbereiteten Papieren, und daher plauderte er ins Blaue hinein. Seine Sprachform nahm am Ernst der Sache gar nicht mehr teil. Was er sagte, traf nicht, weil er selber keinen wirklichen Anlaß mehr hatte. Ein früher Sieger.

Der Kanzler an der Ruine der Frauenkirche: Er testete seine Wirkung auf die Bevölkerung. In Dresden wollte er sich als Sachwalter von Bürgerinteressen darstellen, als ein Mann, der Volkes sehnlichste Wünsche nach Reisen in Freiheit erfüllen würde. Die Präsentation gelang. Er wollte ausloten, was von mir zu erwarten sei, wieviel Stabilität noch bestünde, welche Belastbarkeit noch möglich sei, welche Zustimmung er mit seiner Politik fände. Die Vertreter der Kirchen mit ihren bürgerbewegten Demokratievorstellungen konnten ihn nicht zufriedenstellen, denn die Opposition war noch nicht genügend eingeschwenkt in die großdeutsche Kurve – obwohl die Fahnen der Vereinigung das Bild der Kundgebung bestimmten.

Weder in Dresden noch später tat Bonn, zu Zeiten der Modrow-Regierung, das Geringste für die wirtschaftliche Stabilität der DDR und die soziale Sicherheit der Bevölkerung. Kohl sprach sich gegen den Begriff eines Lastenausgleichs aus und nahm das Wort vom Solidarbeitrag auf. Aber weder zu den 15 Milliarden DM, die wir dafür vorschlugen (und für die wir eine detaillierte Aufstellung an die Bundesregierung übergaben), noch zu einer Leistung in Verbindung mit der vorzeitigen Öffnung des Brandenburger Tores ist es gekommen.

Am 22. Dezember um 15.00 Uhr wurde, wie in Dresden vereinbart, dieser Grenzübergang im Herzen Berlins geöffnet, das Brandenburger Tor – mit Reden des Oberbürgermeisters Erhard Krack, des Regierenden Bürgermeisters Momper, des Bundeskanzlers Helmut Kohl und einer Ansprache von mir. Ich hatte diesen Termin stets für zu früh gehalten und zudem befürchtet, der protokollarische Anlaß an diesem verpflichtenden historischen Ort könne zu einem Volksfest ausarten. Die Bundesregierung erschien mit gewaltigem Hofstaat; Krack und ich kamen ohne größeren Anhang. Auf beiden Seiten des Tores versammelten sich mehr als hunderttausend Menschen. Sie spendeten jenen Beifall, der sich beinahe automatisch einstellt, wo man das Gefühl bekommt, einen historischen Augenblick zu erleben. Kohl setzte auf die Gemeinsamkeit der Deutschen, die zu pflegen sei; im Interesse der Zukunft wären Geduld und Augenmaß bei allen Schritten erforderlich. Ich verwies darauf, daß die Mauer gebaut wurde, um den Bestand der DDR zu sichern und den Frieden zu bewahren; sie sollte den Menschen nutzen und hat ihnen doch sehr wehgetan. Am Brandenburger Tor hätten die letzten

Kämpfe am Ende des Zweiten Weltkrieges stattgefunden; Kriegsrauch dürfe das Tor nie wieder erreichen, es müsse ein Tor des Friedens sein.

Die relative Spontaneität dieser Veranstaltung ließ keinen Raum für ausufernde, also einengende Sicherheitsmaßnahmen und das Einhalten von allgemeinen Absprachen. Auf der Tribüne hieß es, man möge sich nach dem offiziellen Programm noch im Reichstag treffen. Da mich der Strom der Massen erfaßte und auf die andere Seite des Tores trug, bin ich nicht zum Reichstag gekommen. Was sollte ich da auch? Eine förmliche Einladung gab es nicht, und von freundschaftlichen Gefühlen für die teilnehmenden Politiker war ich weit entfernt.

Für die Hoffnung auf einen gleichberechtigten Platz der DDR in der Völkergemeinschaft war noch der Besuch François Mitterrands von Bedeutung. Aber er kam zu spät, natürlich. Die Visite war noch mit Erich Honecker vereinbart worden und sollte nun Egon Krenz als Vorsitzendem des Staatsrates gelten. Obwohl dieser zurückgetreten war und die DDR mit Manfred Gerlach »nur« ein amtierendes Staatsoberhaupt hatte, wurde nicht abgesagt. Das französische Protokoll lehnte die übliche Residenz eines Chefs im Schloß Niederschönhausen ab. Mitterrand wollte im Palasthotel im Zentrum der Stadt wohnen. Das Oberhaupt einer westlichen Siegermacht unterstrich damit unsere Auffassung von Berlin als der Hauptstadt der DDR. Angesichts der angespannten Lage wurde um Verständnis für die Bereitstellung einer Gruppe von etwa 50 Sicherheitsbeamten gebeten, die ihren Präsidenten unbedingt begleiten sollte. Wir hatten uns ohnehin entschlossen, einen Teil der Gruppe des MfS in das Ministerium des Innern zu übernehmen, um ausgebildete Leute gerade für solche Aufgaben einsetzen zu können. Es ging mir bei Übernahmen von Kräften aus dem MfS in das MdI also darum, profilierte Leute für spezielle Aufgaben des politischen Personenschutzes einzusetzen und so auch mögliche terroristische Anschläge abzuwehren. Diese Haltung gegen den Terrorismus hat aber nichts mit dem zu tun, was später Innenminister Peter-Michael Diestel vollzog, indem er die eingebürgerten ehemaligen Anhänger der RAF der Bundesrepublik zur Abstrafung übergab.

Mitterrand hat mich sehr beeindruckt. Selbst ein sogenanntes Arbeitsfrühstück, bei dem es scheinbar nur um die Höflichkeit ging, sich gegenseitig geduldig beim Austrinken einer Tasse Kaffee zuzusehen, war geprägt von engagiertem Interesse für die Entwicklung der DDR zu einem hoffentlich stabilen Staat. Als Manfred Stolpe 1993 Frankreich besuchte und als Ministerpräsident des Landes Brandenburg ein Gespräch mit Mitterrand führte, erkundigte dieser sich nach mir und bat, persönliche Grüße zu übermitteln. Ein Brief des Dankes blieb nicht ohne Antwort und bestätigte meinen Eindruck gegenseitiger Sympathie und Achtung. Ein wohltuender Ausgleich für die erlebte schnöde Arroganz westdeutscher Politiker.

Mitterrand liebte an Danton die Kraft, an Robespierre die Intelligenz, an Napoleon den selbetbewußten Heroismus. Schon als Gegner de Gaulles wollte er das Europa von Jalta überwinden, den halbierten Kontinent. Seit 1981 war er erster sozialistischer Präsident der Fünften Republik. Und wie warf er sich im Herbst 1989, mit einer beeindruckenden Furore an Selbstdarstellung, in den europäischen Aufwind! Darauf hoffend, daß Frankreich die Relais-Rolle zwischen den Großen erhielte.

In jene Tage, zumal nach der Öffnung des Brandenburger Tores, fiel auch der Plan, West-Berlin konstruktiv in die Lösung von Problemen der Hauptstadt einzubeziehen. Um der Aufgeschlossenheit des Regierenden Bürgermeisters Walter Momper entgegenzukommen, trafen wir beide uns am 12. Dezember, um notwendige Absprachen zu führen. Momper hat in der SPD eine Mitte-Links-Position eingenommen, einen rot-grünen Senat gebildet und ist bald auf der Strecke geblieben. Wie viele andere Berliner Sozialdemokraten auch. Geschichte als Regierende Bürgermeister schrieben Reuter und Brandt. Hans-Jochen Vogel ging zwar mit der Zwischenstation Westberlin an die Spitze der SPD nach Bonn, tiefe Spuren hinterließ er jedoch in der Stadt an der Spree nicht.

Das Gewicht Walter Mompers bleibt für Westberlin verbunden mit den Ereignissen um die Jahreswende 1989/90. Seine Bedeutung ist größer, als sie in gegenwärtigen Betrachtungen dargestellt wird. Gewiß spielt dabei sein Abgang in die Immobilienbranche sowie die Bildung einer Großen Koalition mit Diepgen an der Spitze eine Rolle. Diepgen gelang es, das politische Wirken Walter Mompers aus dem Bild der Stadt zu verdrängen. Die Große Koalition kostete die SPD viel politisches Kapital, sie landete mit 22 Prozent auf dem tiefsten Stand der Wählergunst nach 1945. In jenem Dezember entgingen ihr wichtige Schritte, um die in der Regierungserklärung bezogenen Positionen in Wirtschaft und Recht zu realisieren.

Momper war der letzte Regierende einer Stadt, die West-Berlin hieß. Der Mann mit dem SPD-Schal. Stand ihm. Rot-Grün lag ihm weniger. Der Niedersachse lebte im Kreuzberger Kiez, aber zum Liebling Kreuzberg fehlte ihm – obwohl er von hinten ein wenig aussah wie Manfred Krug – das Gespür für Fälle wie das Problem von Hausbesetzern in der Mainzer Straße.

Noch ein Wort zu Diepgen: der erste Regierende einer Stadt, die wieder Berlin hieß. Berechnender Siegertyp. Mikrofone gehören zu dem wenigen, was er sich vorhalten läßt. Mächtig stolz ist er darauf, seine Redegewandtheit an einem seltenen Objekt geschult zu haben: beim Clinch der Jungen Union mit FDJlern, während der Weltfestspiele 1973 auf dem Alex.

Jahresende – die Ruhe vor dem (nächsten) Sturm

Das turbulente Jahr 1989, das tiefe Einschnitte auch in meinem Leben hinterlassen hatte, ging seinem Ende entgegen. Der Herbst, der langsam in den Winter hinüberzog, geizte nicht mit den landläufigen Zeichen seiner Tristesse. Selbst der Wechsel der Jahreszeiten, der beständige Kreislauf der Natur, kam mir mit einem Male vor wie ein Hoffnungssymbol für das, was in unserer Gesellschaft geschehen möge: Etwas schwindet und kommt verwandelt wieder.

Drei Tage vor Weihnachten fand die letzte Ministerratstagung des Jahres statt. Ich sehnte mich nach Ruhe. Nach diesen Wochen der Anspannung spürte ich in mir eine Leere, die sich weigerte, sofort wieder aufgefüllt zu werden. Die Arbeit in der Regierung hatte mich buchstäblich Tag und Nacht beschäftigt. Die Unterkunft im Johannishof erwies sich dafür freilich als äußerst günstig. Es war für meinen Mitarbeiter Günter Bötling am späten Abend ein kurzer Weg, um noch Post aus dem Regierungsgebäude zu bringen und letzte Tagesabsprachen mit mir zu führen. Neben dem Regierungssitz in der Klosterstraße war das Gästehaus mein zweiter Arbeitsplatz geworden.

Lange Zeit hatte ich getrennt von meiner Familie gelebt; nun wollten wir in Dresden gemeinsam etwas Atem holen und fuhren nach Oybin im Zittauer Gebirge. Ein Arbeitsurlaub gleichsam an alten, lauschigen und vertrauten Stätten. Es hatte geschneit, und Schnee bietet ja zwischen Weihnachten und Neujahr so etwas wie einen letzten Moment Ruhe vor jener Hetzjagd, die schon mit dem zweiten Tag jedes Jahres wieder einsetzt.

Selbstverständlich gelang es nicht, sich vollständig aus der Politik zu katapultieren; das wäre meiner Lebenshaltung und meinen Gewohnheiten auch zuwidergelaufen. Eingeplant war ein Treffen mit Gregor Gysi und seinen Stellvertretern in der Partei sowie eine größere Beratung mit den Koalitionspartnern der Regierung. Über eine speziell geschaltete Regierungsleitung blieb ich zudem mit Berlin und den Bezirken in Kontakt. Aber die Weihnachtstage verliefen wirklich ruhig, nichts Außergewöhnliches geschah im Lande.

Annemarie und ich machten Spaziergänge, und ich konnte noch einmal Abschied von meinen Laufstrecken zum Töpfer- und zum Hochwald nehmen. Bewegt man sich in einer verschneiten Gegend, verengt sich der Naturraum zum Ich und wird zugleich, wenn man sich selbst nur genügend vertraut, ein wenig größer. Spazierengehen bedeutet, hemmungslos Zeit vergeuden, und dies aus dem einzigen Grunde: sie auf diese Weise zurückzuerhalten.

In Oybin erlebte ich die erste ausführliche Diskussion mit Gregor Gysi und Wolfgang Pohl. Der Dritte im Bunde: Wolfgang Berghofer, mit dem ich schon einige Jahre in Dresden zusammengearbeitet und im Herbst 1989 komplizierte Tage des politischen Auf- und Umbruchs durchgestanden hatte. Aber es sollte sich bald herausstellen, daß ich ausgerechnet seinen Charakter am wenigsten kannte – und schon gar nicht durchschaute. Nicht mal vier Wochen später tritt Berghofer mit anderen aus der SED-PDS aus.

In Karl-Heinz Arnolds Buch »Die ersten hundert Tage des Hans Modrow«, einer ersten Bilanz meiner Tätigkeit als Ministerpräsident, ist zu lesen: »Am 21. Januar gegen 18.30 Uhr wird ein großes Kuvert in den Salon ›Rossija‹ gereicht. Ein Kurier hat es aus Dresden nach Berlin zum Gästehaus Johannishof gebracht. Hans Modrow sitzt an diesem Sonntagabend mit mehreren Ministern beisammen ... Der Ministerpräsident sieht das Kuvert, sagt: ›Das ist es nun wohl.‹ Er öffnet, überfliegt den Text eines Briefes und 40 Unterschriften. Berghofer, stellvertretender Parteivorsitzender und Dresdner OB, teilt seinen Austritt aus der SED-PDS mit, und 39 weitere Persönlichkeiten haben unterschrieben, darunter das gesamte Präsidium des Bezirksvorstandes Dresden. Wir stehen zum Ministerpräsidenten Hans Modrow, schreiben sie. Kein Kommentar, kein Zucken. Vielleicht eine scharfe Falte mehr in Hans Modrows Gesicht. Nach einigen Augenblicken des Schweigens geht die Beratung weiter. Sicherlich hat Hans Modrow über den Schritt der Dresdner und so vieler anderer nachgedacht, sich gefragt, ob dem Land nicht besser gedient wäre, wenn auch er sich von dieser diskreditierten Partei löste. Wahrscheinlich hat er diesen Schritt nicht getan, weil er die PDS vor großem Schaden bewahren will ... Ebenso wahrscheinlich hat die Geradlinigkeit dieses Mannes eine Rolle gespielt: In einer solchen Situation tritt man nicht aus.«

Auch angesichts von Berghofer wird mir einmal mehr klar: Die SED hatte immer zwei Gesichter. Die sich aus pragmatischen Gründen im Staat einzurichten gedachten, hatten in dieser Partei ebenso ihren unangefochtenen Platz wie die hoffnungslos idealistisch Denkenden. Ich bin noch heute davon überzeugt, daß es immer letztere waren, die zur Gewißheit beitrugen, daß man dieser SED sehr wohl aus äußerst lauteren Motiven beitreten konnte, und sei es auch nur, um die Partei kritisch an ihrem eigenen Anspruch zu messen – den sie ja selbst laufend postulierte. Und es war nicht nur eine Frage der Zivilcourage oder der Geduldsfähigkeit, wie lange man dabeiblieb, es war auch eine Frage der fehlenden Alternativen – so daß mancher ein Leben lang in dieser Partei ausharrte. Weil er hoffte und weil er Verantwortung empfand für eine bestimmte Aufgabe. So ging es mir, und ich unterschätze nicht den biographischen Zufall, der mir diese Hoffnung und diese Geduld bescherte, so, wie er anderen beides beizeiten entzog.

Zurück nach Oybin: Wir hatten uns für unser Treffen deshalb diesen Ort ausgesucht, weil wir, bei aller politischen Grundierung des Gesprächs, fernab des Alltags doch auch versuchen wollten, uns möglichst unbeschwert etwas näher kennenzulernen. Wolfgang Pohl und seine Frau Antje mochte ich sehr; beide haben während der Zeit der Prozesse um angeblich unrechtmäßig erworbene PDS-Gelder eine Würde bewiesen, wie ich sie selten bei Menschen erlebte.

Ein wichtiges Thema unseres Gesprächs war die bevorstehende Koalitionsberatung mit den anderen Parteien. Diese sollte uns bei der Ausarbeitung wichtiger Gesetze für die Demokratisierung der DDR – bis hin zu einer neuen Verfassung – Vorlauf gegenüber dem Runden Tisch bringen. Aber auch das brüchige Vertrauen in der Koalition selbst mußte möglichst stabilisiert und dieses Bündnis vor einem Zerfall bewahrt werden.

Natürlich wollten und konnten wir uns in dieser Beratung nicht mit dem gesamten, unübersehbaren Berg von Problemen beschäftigen, den der Runde Tisch permanent höher baute. Sich in ordnungsloser Hingabe auf alles einzulassen, hätte bedeutet, nicht mehr zu regieren, sondern nur noch zu reagieren; wir wären nach kurzer Zeit kopflos umhergeirrt, erdrückt von jenen Problemlasten, die eine staatliche Zerrüttung zwangsläufig hinterläßt.

Worauf müßte sich in der Koalitionsberatung konzentriert werden? Gefordert war ein neues Parteien- und Vereinsgesetz; an der neuen Verfassung mußte weiter gearbeitet werden, auch für Neuwahlen waren schnellstmöglich die nötigen Bedingungen zu schaffen. Bei jeder Überlegung kam es darauf an, auch Standpunkte der Opposition zu beachten. Mit ihr mußten wir am Runden Tisch den Konsens suchen.

Die Beratung mit den Koalitionspartnern fand am 30. Dezember im Gästehaus des Außenministeriums in Märkisch Buchholz statt. Die Wahlen beherrschten die Diskussion. Manfred Gerlach und Lothar de Maizière legten ganz besonderen Wert darauf, zur Wahl lediglich Parteien zuzulassen. Sie befürchteten, die SED-PDS könne die Massenorganisationen im Parlament wieder als Stimmenlieferanten auf ihre Seite ziehen. Diese Furcht steigerte sich bis zur versteckten Androhung, die Koalition zu verlassen, sollten sich doch Massenorganisationen zur Wahl stellen dürfen. Diese hektische Aufregung um eine mögliche Zulassung von Massenorganisationen geriet im nachhinein geradezu zur Marginalie, wenn man bedenkt, daß insgesamt schließlich 35 zugelassene Parteien an der Wahl teilnahmen. Ein kräftiges linkes Bündnis übrigens erwuchs daraus nicht.

Die ständigen Sticheleien in der Koalition zeigten: Die Regierung wandelte sich zusehends in eine vibrierende Streßgemeinschaft. Ich verstand die nahezu neurotischen Befürchtungen etwa von de Maizière und Gerlach schon lange nicht mehr; der Zug einer wirklichen Verständigung war offenbar längst abgefahren. Als ginge noch immer das Gespenst eines allgewaltigen Politbüros um! Sicher: Die SED-PDS zog einen Großteil Zustimmung jener Zeit daraus, daß viele Menschen die Arbeit einer Regierung anerkannten, an deren Spitze ein Genosse stand. Aber offenbar spielte nicht nur das eine Rolle bei den, wenn man so will, kleinen, aber permanenten Mißtrauensanträgen der Koalitionspartner; in den Parteien selbst liefen Nervosität auslösende oder vertiefende Erosionsprozesse ab. Noch griffen die Parteien der Bundesrepublik zwar nicht direkt in die innere Situation der DDR ein, aber ihre Schatten lagen bereits über der Landschaft. Die CDU der BRD hatte die Frage einer Fusion noch nicht entschieden, die FDP haderte mit Gerlach, aber freilich führte sie schon Verhandlungen. In der NDPD und der DBD war noch unklar, wer im Westen Partner sein könnte. Und nur die Parteien und Bewegungen der Opposition hatten mit Ausnahme der SDP überhaupt niemanden mit vergleichbarem Profil. Bis auf die DSU, die schwärzer als Waigel & Co sein wollte.

In der Koalitions-Klausur gingen wir noch davon aus, daß es bei unserem Vorschlag bliebe, den 6. Mai als Wahltermin festzulegen. Er betraf nur die Volkskammer. Die örtlichen Volksvertretungen sollten, auf Vorschlag von Gregor Gysi, etwas später gewählt werden, verbunden mit einem Volksentscheid über eine neue Verfassung.

Ansätze für grundlegende Veränderungen in der Wirtschaft der DDR kamen in der Beratung gleichfalls zur Sprache. Die Zahl unbedingt zu schaffender Gesetze war groß, zu groß: Gesetz über das Eigentum, Gesetz über die Wirtschaftsunternehmen, Gesetz über die staatliche Regulierung, Aufsicht und Kontrolle der Wirtschaft, über Gewerberecht und Handwerk, ein neues Steuerrecht; zudem: Schaffung eines Wirtschaftsgerichtes, Überarbeitung des Arbeitsgesetzbuches, Grundsätze der Sozialplanung und vieles andere mehr. Nun, da in der DDR so viele Versäumnisse öffentlich wurden, konnte man ahnen, wie beträchtlich der Reparaturbedarf und wie tief eine, inmitten der Verwerfungen zu bewerkstelligende, Veränderung greifen mußte. Aber gar nicht greifen konnte.

Besonders Manfred Gerlach legte Wert auf eine Abstimmung über das Offenlegen der Parteifinanzen, auch forderte er mehr Gleichheit der Parteien in der Medienpräsenz. Das Thema der Finanzen war eindeutig auf die SED-PDS gemünzt, und so sollten auch die anderen Parteien in den Plan einbezogen werden, die SED – der sie bisher Gefolgschaft geleistet hatten – öffentlich vorzuführen. Daß sich die Blockparteien das von der Regierung bewilligte Geld für ihre Finanzierung bei der SED abholten und daß sie, wenn auch im wesentlich geringerem Maße als meine Partei, Parteibetriebe und -schulen besaßen sowie vom Staat Unterstützung erhielten – zu diesem Aspekt des Themas klagte natürlich niemand Offenbarungseide ein.

Gregor Gysi – in der Runde neben Lothar de Maizière der einzige, der als Vorsitzender einer Partei nicht Altkader war – stimmte einer Finanzüberprüfung zu, wollte aber Zeit haben, um sich selbst ein Bild von der Situation im »eigenen Stall« zu machen.

Mit gegenseitigen guten Wünschen für das neue Jahr gingen wir nach der Beratung auseinander. Ich fuhr zurück nach Oybin. Obwohl ich mit den Enkeln in der Silvesternacht auch einige Raketen zündete – es waren ruhige, nachdenkliche Stunden, die uns ins neue Jahr führten. Im Winter wird man ja besonders gern und folgenreich melancholisch, hat anders als zu anderen Zeiten eine Einsicht in die Zerrissenheit und das allgegenwärtige Nicht-heilwerden-können der Welt. Ein Hauch von Gleichmut erfaßte mich. Auch das neue Jahr würde Schwermütige haben und Weltverbesserer. Es werden sich, dachte ich, weiterhin die auf Abbruch Existierenden mit jenen streiten, denen die neuen Ufer nie ausgehen. Den einen bleibt Leben ein Möglichkeitsraum sondersgleichen, den anderen ein geschichtliches Sturzfeld ohne Ende. Beide leben auf verschiedenen Planeten, die aber zufällig den gleichen Namen tragen: Erde.

Aufschreckte ich freilich, als aus Rumänien die Meldung von der Erschießung Ceauşescus kam. Ich dachte an das unbedingte Gebot, Gewaltlosigkeit als höchstes Gut dieser Zeitenwende zu wahren.

In jenen Tagen lernte ich Pfarrer Eggert kennen, der aus seinem Kirchenamt in die Politik zog und sich dem Neuen Forum in Oybin zuwandte. Die Gemeindevertretung, wie zu hören war, hatte den Charakter eines sehr zerstrittenen Gebildes; eine Atmosphäre politischer Ausgrenzung machte sich breit, wesentlich verursacht vom Eingreifen des Kirchenmannes. Vielleicht lag es nur an der derb-direkten Art von Eggert, alle Leute zu duzen; vielleicht aber hatten Pfarrer und Bürgermeister in der Gemeinde Oybin schon immer einen so engen Kontakt gehabt, wie einst Don Camillo und Peppone; nur ging es im Film wahrscheinlicher witziger und kulturvoller zu. Wenn Eggert und der Bürgermeister miteinander stritten, hagelte es gegenseitige Vorwürfe, Blödsinn schien ein Hauptwort der beiderseitigen Charakterisierung zu sein.

Bald sollte ein scheinbar unaufhaltsamer Aufstieg des Herrn Pfarrer beginnen: erst Landrat in Zittau, dann Innenminister in Sachsen und Vize von Helmut Kohl in der CDU – um schließlich als Landtagsabgeordneter mit hohen Nebeneinnahmen (bei der Treuhand) hängen zu bleiben. Zur eigenen Imagepflege Eggerts gehörte die Verfolgung durch das MfS; und die Staatssicherheit schreckte nicht einmal, wie der neue Nationaljournalismus mit seinem Auftrag zur Hysterisierung der Volksseele zu »enthüllen« wußte, vor der Einweisung des Pfarrers in eine psychiatrische Klinik zurück. Daß Eggert ein unbequemer Mensch ist, also ins Visier der Beobachtung geriet und sein Arzt im Zuge von Nachforschungen die Schweigepflicht verletzt hat, ist inzwischen unbestritten. Daß es dieser Mediziner jedoch mit einem Patienten zu tun hatte, der ärztliche Hilfe brauchte und sie erhielt, ist genauso unbestritten. Und entscheidend ist, daß Eggert gegenüber diesem Arzt nicht vor Rufmord zurückschreckte, um schlimme Ausschmückungen seiner politischen Verfolgung aufrechterhalten zu können.

Noch am 1. Januar fuhr ich aus der Idylle rund um Oybin zurück nach Berlin: Post durchsehen, Termine vorbereiten und festlegen, Absprachen führen, um sofort wieder in den Dienst einzusteigen. So schlagen wir die ersten Kalenderblätter auf: Jedes Datum eine Einladung ins Abenteuer. Das vielleicht gar nicht darin besteht, Unbekanntes herauszufinden, sondern darin, sich in Bekanntes hineinzufinden. Und nie war gewiß, welches der lohnendere Weg ist.

Für den 2. Januar lud ich die Vertreter der Opposition zu einem Gespräch ein. Der Runde Tisch hatte am 27. Dezember erneut eine große Liste von Fragen aufgeworfen, Vorwürfe gegen die Regierung erhoben und Angriffe auf die SED-PDS gestartet. Mir langte es. Einer Zerreißprobe wollte ich zuvorkommen, sah aber immer weniger Chancen. Das Neue Forum antwortete auf meine Einladung – mit einer Blockade. Ich jedoch wollte unter allen Umständen eine Verständigung, einen Kompromiß und erklärte: »Wenn es uns nicht gelingt, gemeinsam ein Klima der gegenseitigen Achtung, ein Klima der Vertrauensbildung zu schaffen, werden wir auch nicht das notwendige Klima für freie und demokratische Wahlen am 6. Mai haben.«

Das Neue Forum begründete seine Verweigerung zur Teilnahme an einem Gespräch damit, daß es mit der Regierung keine Verhandlungen hinter geschlossenen Türen geben dürfe, und stellte die Behauptung auf, Ministerpräsident Modrow würde den Runden Tisch nicht ernst nehmen.

Was läßt sich heute darauf antworten? Es gab bei mir keine verschlossenen Türen! Ich glaube, mehr und mehr blockierte das Neue Forum sich selbst. Moralischer Rigorismus stand politischem Pragmatismus im Wege. Politikunfähigkeit, zunächst eine Tugend wider das Funktionieren im DDR-System, geriet nun zum unwirsch und provokativ gelebten Ehrgeiz, die sozialistische Erneuerung in Kooperation mit den Altlasten der Regierung nicht mitzutragen. Ich glaube, diese Verweigerungshaltung trug mit dazu bei, daß die Bürgerbewegung zerfiel. Es gab im Neuen Forum viele integre Charaktere, die sich politischer Anpassung und notwendigen Kompromissen stets verweigerten; für den Bestand und den Zusammenhalt einer politischen Bewegung sind solche Eigenschaften aber kaum geeignet – was ihren Individualwert in keiner Weise herabsetzt.

Daß ich den Runden Tisch nicht ernst nahm, ist schlichtweg falsch und durch nichts zu beweisen. Die Regierung gab Millionen Mark für den Runden Tisch aus, wir werteten im Ministerrat jede Sitzung aus, reagierten mit eigenen Beschlüssen und Initiativen gegenüber der Volkskammer. Daß es unterschiedliche Auffassungen gab, daß aufgrund des komplizierten Gefüges von Öffnung und Bewahrung, Risikobereitschaft und Sicherheitsbedürfnis von mir Fehler gemacht wurden, ist eine andere Frage. Selbst die nicht gerade feinen Angriffe, die es von Vertretern am Runden Tisch gegen mich persönlich gab, steckte ich ohne Aufgebrachtheit weg. Ich versuchte, den Zorn zu verstehen, die Ungeduld, die gewollte Radikalität der Auseinandersetzung. Hatten Zorn, Ungeduld und Radikalität am Beginn der Chance gestanden, nun endlich geistig frei und politisch selbstbestimmt zu handeln (das betraf auch mich), so mußten nun meiner Ansicht nach, auch wenn es weh tat, Zorn, Ungeduld und Radikalität erst recht ertragen werden, da wir den neuen Weg eingeschlagen hatten. Immer auch als Zeichen der Entschlossenheit, nichts zuzulassen, was die begonnene Entwicklung wieder zurücknähme. Tief saß in dieser Beziehung das Mißtrauen gegen uns. Deshalb blieb ich gefaßt, wenn der Zorn in Haß gegen mich umschlug, die Ungeduld in verbale Aggressivität, die Radikalität in unproduktive Verweigerung. Zudem: Ich bin kein Mensch, der seine Handlungen davon abhängig macht, wie man mit mir umgeht. Aber die Arbeit mußte weitergehen, eine gemeinsame Basis unbedingt gefunden werden, und ich sah nicht ein, daß die realen Bemühungen meiner Regierung um ein demokratisches Miteinander so brüskiert wurden.

Der Runde Tisch – das muß ich jenseits aller damaligen Aufwallungen sagen – war für manchen eine gute Gelegenheit, sich politisch zu profilieren. Gregor Gysi zeigte hier erstmalig einer größeren Öffentlichkeit seine Lust an der Kontroverse; mit wachsender Anspannung wurde er nur um so lockerer. Diese Sinnlichkeit des Nachsinnens, diese erwartungsvolle Freude am Widerspruch prägte sich von Beginn an ein. Eine neue Demokratie, so die Lehre jener Wochen, braucht unterschiedliche politische Kräfte, und zudem löste der Runde Tisch, übertragen von Funk und Fernsehen, einen Lernprozeß im gesamten Volk aus. Es hatte sich ein Forum der Meinungsbildung etabliert, das zur persönlichen Stellungnahme aufforderte und eine allgemeine Politisierung im Lande vorantrieb. Gleichzeitig hat er uns »Führende« gezwungen zu begreifen, daß aktive Politik viel mit Transparenz, Kompetenz und der Fähigkeit zu tun hat, sich auch artikulieren zu können. Wer das nicht beherrschte, scheiterte am Runden Tisch. Wie schnell prägten sich die »Neuen« ein; wie überzeugend argumentierte eine oppositionelle Politikergarde, die, wäre alles weitergelaufen wie bisher, keine Chance politischer

Betätigung gehabt hätte. Am Runden Tisch saßen die Vertreter jener, die unser Land nicht verlassen, sondern sich zusammengeschlossen und um Veränderung gekämpft hatten.

Mir wurde angesichts des Runden Tisches klar, welchen Gewinn eine Einigkeit aus innerer Souveränität der Partner darstellt. Jetzt zählten politische Charaktere, die beim Suchen nach Gemeinsamkeit den Opportunismusvorwurf mancher Verstockter nicht scheuten – weil ihre Prinzipienfestigkeit außerhalb jedes Zweifels stand. Es wurden keine Zensuren verteilt, sondern Lösungen gesucht, für die alle Seiten die Verantwortung tragen.

Aber wie gesagt: Damals wurden solche Erkenntnisse überlagert von schweren Konflikten. Am 9. und 10. Januar tagte die Exekutive des Rates für Gegenseitige Wirtschaftshilfe in Sofia. Am Nachmittag des 8. Januar flogen Christa Luft und ich gemeinsam mit den für den RGW verantwortlichen Regierungsmitarbeitern in die bulgarische Hauptstadt. Kurz vor Abflug der Maschine erreichte mich die Nachricht, am Runden Tisch hätten die Vertreter des Neuen Forums das sofortige Erscheinen des Ministerpräsidenten gefordert. Nach kurzer Überlegung entschied ich, ohne Verzögerung nach Sofia zu fliegen.

Zwei Gedanken spielten dabei eine Rolle: Wenn ich mich als Regierungschef – nach der Verweigerung des Neuen Forum am 2. Januar, mit mir zu reden – nun bereitwillig vorführen ließe, wäre das ein Schritt, der das politische Gleichgewicht im Land erheblich stören könnte. Zum anderen sah ich in einer verspäteten Ankunft in Sofia ein internationales Signal, daß es in der DDR wohl drunter und drüber zugehe und die Regierung nicht mehr Herr der Lage sei.

Dennoch flog ich mit ungutem Gefühl zur RGW-Tagung. Ich bin kein Mensch fürs aufgeziegelte Kräftemessen. Aber ich wollte mich andererseits nicht erpressen lassen. Wie ich dann erfuhr, setzte sich am Runden Tisch schließlich wieder Besonnenheit durch, und in Sofia konnten wir unsere Arbeit wie geplant aufnehmen.

Das Ende des RGW

Der Tag meines Abfluges, dieser 8. Januar, setzte weitere Zeichen in der DDR. Die Losungen auf den Straßen wurden nach der durch den Jahreswechsel bedingten Demonstrationspause noch wesentlich aggressiver – gegen die SED-PDS, gegen Gysi und auch gegen mich. Sicher senkte die inzwischen durch Erfahrung bestärkte Gewaltlosigkeit (also auch Gefahrlosigkeit!) der Kundgebungen zusätzlich die Hemmschwelle für provozierende Aufforderungen. Dem Gefühlsstau in der DDR, von dem der Psychoanalytiker Hans-Joachim Maaz einmal sprach, waren nun Tor und Tür geöffnet, und das Ventil wurde weidlich genutzt. Dennoch: Wer beim aufreizenden Ton der Demonstrationen einzig und allein an Spontaneität glaubte, fiel erneut einem Selbstbetrug zum Opfer: Schon am 19. Dezember 1989 in Dresden hatte niemand übersehen können, daß Leute eine nicht geringe Zahl von bundesdeutschen Fahnen schwenkten, Fahnen, die kurz vorher aus Lieferwagen heraus verteilt worden waren. Gewiß ist nicht alles, was in der DDR geschah, nun etwa auf die Folge einer BRD-Kampagne zu reduzieren. Trotz Zustimmung zur Regierung herrschte ein Seelenzustand der befreitbedrückten Menschen, den ein Leipziger Theologieprofessor in der Hamburger »Zeit« so charakterisierte: »Wir sind wie Tiefseefische: ein Wesen, das nur unter Druck existieren kann und zerplatzt, wenn es an die Oberfläche kommt. Der Druck ist jetzt weg, lassen Sie uns Zeit zum Auftauchen.«

Was aber, so fragte »Die Zeit« im Kommentar, wenn es an der Zeit fehlt, wenn sofort etwas geschehen muß, »weil sonst das Volk davonläuft – und zwar in das Land der ›Kapitalisten‹, vor deren Überwältigung man sich fürchtet.«

Spätestens im Januar 1990 wurden prowestliche Kräfte der DDR besonders in Leipzig und anderen Großstädten äußerst aktiv. Als sei da endlich ungehemmt ein Startzeichen gegeben worden zum unverzüglichen Wechsel des Staates. In den Medien der Bundesrepublik konzentrierte sich die Berichterstattung sehr rasch auf die neue Tendenz. Der auffällige politische Wandel im Straßen-Bild verwies also nicht nur auf einen tief verinnerlichten deutsch-deutschen Einheitssinn, der langsam hochstieg wie Grundwasser; zugleich deutete er auf einen bewußt fremdgesteuerten Teil des geschichtlichen Prozesses hin.

Die Sofioter Tagesordnung sah neben der Beratung der Exekutive auch Treffen zwischen den Leitern einiger Delegationen vor. Mit Nikolai Ryshkow führte ich bereits am 4. Dezember in Moskau ein Gespräch, in dem es um die Lage in der DDR, die Zusammenarbeit mit der Sowjetunion und die Zukunft des RGW ging. Er hatte damals keinen Hehl daraus gemacht, daß eine deutsche Konföderation, auf die bereits einiges hindeute, abzulehnen sei. Ein solcher Schritt würde die politische Lage in Europa destabilisieren können. Westdeutsche Angebote, so sie kämen, sollte man in Berlin überdenken, aber nicht gleich annehmen. Hinsichtlich des RGW nun orientierte die Sowjetunion auf eine neue Form der Handelstätigkeit: Anlehnung an den Weltmarkt, und zwar auf der Grundlage von Verrechnung in frei konvertierbarer Währung. Das war auch die Marschrichtung der Sowjetunion für die Beratung in Sofia. Sie ging insofern noch einen Schritt weiter, als sie eine grundlegende Reform des RGW für erforderlich und sogar für möglich erklärte und dazu den Einsatz einer Kommission mit hohen Vertretern der beteiligten Regierungen vorschlug.

Wir benannten Christa Luft für die Mitarbeit. Die Ereignisse überholten uns allerdings auch in dieser Frage: Die Kommission tagte nie, statt dessen vollzog sich die Auflösung des RGW.

Die Krise konnte man in Sofia bereits mit Händen greifen. Am deutlichsten redete ČSFR-Ministerpräsident Calfa. Im Zusammenhang mit der innenpolitischen Lage erklärte er, seine Regierung werde da wieder ansetzen, wo 1948 der Abbruch erfolgt war. Er forderte Polen und Ungarn auf, in diesem Sinne eine gemeinsame wirtschaftliche Entwicklung in Angriff zu nehmen. Wenig später schlossen sich diese drei Länder als Vischegrad-Staaten zusammen. Die Interessen entzweiten sich wenig später aber derart rasch, daß ein tragfähiges Bündnis nie entstand.

Um den ohnehin schwächlichen RGW schnell auszuhebeln, reichten solche handstreichartigen Konzepte jedoch allemal. Und Ryshkow setzte schon mit der Position eines raschen Wandels der Handelstätigkeit in Richtung harter Valuta praktisch einen Schlußstrich unter die Existenz des RGW. Wer konnte am 9. Januar ahnen, daß die DDR als größter Handelspartner der Sowjetunion ab 1. Juli ein Valutapartner Moskaus sein und verheerende Wirkungen dort auslösen würde, wo man auf sozialistischer Seite zuerst und fast frohgemut von Devisen geredet hatte.

In Sofia ging ich bereits davon aus, daß die von Ryshkow erhobene Forderung für meine Regierung neue Zwänge bringt, nämlich einen schnelleren Annäherungsprozeß an die Wirtschaft der BRD als von uns gedacht. Ob die sowjetische Seite diese Auswirkungen des eigenen Vorstoßes überhaupt je gründlich bedachte, wage ich zu bezweifeln.

Am tiefsten betroffen zeigte sich in dieser Situation Carlos Rafael Rodriguez, der Vertreter Kubas. Er hatte Tränen in den Augen, als er zu mir sagte: »Für unser Volk werden mit einer solchen Entwicklung des RGW schlimmste Auswirkungen entstehen.« Auch hier gilt: Es sollte weit schlimmer kommen, als wir beide vermuteten. Kuba verlor all seine sozialistischen Partner in Europa und mußte den Kampf um seine Existenz nahezu isoliert fortsetzen. Im Jahre 1993 besuchte ich Kuba, und 1997 nahm ich als Gast des Nationalen Festivalkomitees an den Weltfestspielen in Havanna teil. Carlos Rafael hatte recht: Für Kuba sind sehr schwere Jahre gekommen. Aber das Land widersteht auch ohne Sowjetunion und ohne den realen Sozialismus in Europa dem wachsenden Druck der USA.

Die Bundesrepublik startete weitere Manöver in Richtung DDR. Am 9. Januar, während ich also noch in Sofia war, forderte der Generalsekretär der CDU Rühe die Ost-CDU auf, die Regierung Modrow zu verlassen, und prompt erfolgte die Erklärung des Generalsekretärs der Ost-CDU Kirchner, sie werde dies tun. Der stellvertretende Pressesprecher der Bundesregierung, Norbert Schäfer, äußerte, es gebe noch immer keine Chancengleichheit für alle politischen Kräfte in der DDR, und er verwies zudem auf noch fehlende Fortschritte für eine deutsch-deutsche Vertragsgemeinschaft. Helmut Kohl klärte wenig später auf, was da von Schäfer noch sehr verdeckt mitgeteilt worden war: Vor den freien Wahlen werde es auf keinen Fall eine solche Vertragsgemeinschaft geben.

Auch wenn die Zusammenarbeit in Wirtschaft, Gesundheitswesen und auf anderen Gebieten fortgesetzt werden sollte, rückte Kohl damit von den in Dresden offiziell getroffenen Vereinbarungen ab. Seine Machtinteressen siegten über die Interessen vieler Bürgerinnen und Bürger der DDR.

Lothar de Maizière bekannte sich jetzt trotz unserer Konflikte in der Koalition und trotz des unangenehm direkten Bonner Drucks auf seine Partei zur Regierung und bezeichnete mich am 10. Januar in der französischen Zeitung »Le Figaro« als authentischen Demokraten. De Maizière ist nie ein Mann der Floskeln gewesen. Offen und noch im Streit gemeinsam haben wir gearbeitet. Unserer Beziehung tat kein Abbruch, daß hinter meinem Rücken West- und Ost-CDU zielstrebig ihre Liaison betrieben. Heiner Geißler und Wolfgang Schäuble erwiesen sich halt als die besseren Strategen; sie fädelten den CDU-Zusammenschluß ein, und Kohl, der Pragmatiker, erkannte die Zeichen der Zeit: Aus der Vereinigung zweier Parteien wuchsen das Kalkül und steigerte sich das Tempo, die kommende staatliche Allianz zu schmieden. Sie würde die arg ramponierte Position des Kanzlers in der Bundesrepublik stärken, und der Plan gelang nicht zuletzt wegen der vielen Bedenklichkeiten der SPD und der vielen Fehler, die sie machte. Während Helmut Kohl die Ost-CDU schon führte, obwohl es nach außen noch immer aussah, als seien die Gegensätze nicht zu überbrücken, versteckte sich SPD-Chef Vogel hinter der SDP. Die Sozialdemokraten der BRD glaubten, ohnehin die größere Zustimmung im Osten zu haben, gaben sich selbstsicher – um später bei den Wahlen alles zu verlieren.

Zurück aus Sofia, blieb erneut keine Zeit für Analysen und wirklich tieferes Überdenken der Situation. Nach dem Erpressungsversuch von Teilnehmern des Runden Tisches und fortgesetzten öffentlichen Versuchen, die Legitimation der Regierung anzugreifen, hielt ich es für angebracht, in der Volkskammer scharf darauf zu verweisen, daß die Regierung Modrow schließlich nicht das Ergebnis eines Staatsstreiches sei. Erneut bot ich der Opposition Mitarbeit an.

Bei einem entscheidenden Punkt würde auch ich, damit diese Mitarbeit zustandekommen konnte, einlenken müssen. Während in der Regierungserklärung noch an die Bildung neuer Dienste der Sicherheit, des Verfassungsschutzes und der Auslandsaufklärung festgehalten worden war, mußte ich mich nun, nicht zuletzt unter dem Protest der Straße und des Runden Tisches, korrigieren: Für das Sicherheitsempfinden, das ich in bezug auf den Staat hatte, fehlte offenbar ein mehrheitliches Verständnis. Ich hatte, durchaus nach dem Vorbild der Bundesrepublik, einen Verfassungsschutz und Nachrichtendienst im Kopf und mir inzwischen gedacht, auch im Hinblick auf die angestrebte Vertragsgemeinschaft seien Organe nützlich, die sich ähnelten.

Wenigstens eine Krise konnte in jenen Stunden schon mal beigelegt werden – mit der Wahl von Hans-Jürgen Joseph als Generalstaatsanwalt. Damit in Zusammenhang stand die Eröffnung eines Prozesses gegen Erich Honecker, wegen Hochverrats. Ich hielt das weder juristisch noch politisch für gerechtfertigt und lehnte einen solchen Prozeß aus tiefstem Herzen ab. Mit der Entmachtung Honeckers war der Fall dieses Mannes für mich erledigt, und ich bekannte meine Schwierigkeit, mittels eines Prozesses irgendwelchen wie immer begründbaren Vergeltungsgelüsten Zuarbeit zu leisten. Aber nach der Forderung vom 9. Januar, der Ministerpräsident möge sofort an den Runden Tisch kommen, galt es auch in dieser Sache neu nachzudenken – und einzulenken.

Meine Entscheidung, dem ultimativen Wort zu folgen und an den Runden Tisch zu gehen, fiel erst in den späten Abendstunden des 14. Januar. Mein Mitarbeiter Karl-Heinz Arnold und ich erledigten noch die Schlußredaktion der Rede, und mit den Moderatoren wurde vereinbart, mein Auftreten am kommenden Morgen gleich an den Beginn der Tagesordnung zu setzen.

Auf drei Themen konzentrierte ich mich: gemeinsam und friedlich die innere Entwicklung der DDR weiterzugestalten; alles zu tun, um wirtschaftliche Stabilität zu bewahren und soziale Sicherheit gewährleisten zu können; und: Reformen so zu realisieren, daß möglichst viele Bürgerinnen und Bürger im Lande verbleiben.

Ich bot an, kompetente Persönlichkeiten der Opposition in die Regierungsarbeit einzubeziehen. Um beiden Seiten Zeit einzuräumen, wurde ein weiterer Beratungstermin vereinbart, der 22. Januar. Martin Ziegler meinte später, daß der Runde Tisch mit dem 15. Januar eine neue Qualität erreicht habe.

In den frühen Abendstunden des 15. Januar geschah ein noch bis heute umstrittenes dramatisches Ereignis: Die Sprecher des Neuen Forums Ingrid Köppe und Reinhard Schult riefen auf, die Tore des MfS-Objektes in der Berliner Normannenstraße, wie es hieß, »symbolisch zuzumauern«. Ich führte am späten Nachmittag gerade ein Gespräch mit dem Außenminister Jugoslawiens, als mir ein Zettel zugeschoben wurde: In der Normannenstraße hätten sich Zehntausende versammelt, es bestünde die Gefahr einer gewaltsamen Eskalation. Ich schrieb auf die Rückseite, der Innenminister möge sofort in mein Arbeitszimmer kommen. Mir verblieben noch 10 Minuten, um das Gespräch mit meinem Gast auf diplomatische Weise so zu beenden, daß ich nicht den Eindruck von Kopflosigkeit hinterließ. Aber mir wirbelten die Gedanken derart durchs Hirn, daß Konzentration nicht mehr möglich war.

Übrigens war just dieser 15. Januar der erste Tag, an dem der Flur im Ministerratsgebäude nicht mehr vom Wachregiment behütet wurde. Schluß mit einer jahrzehntelangen Demütigung für gut ausgebildete Sicherheitskräfte: Grüßen und den Fahrstuhl holen.

Nach einer kurze Absprache mit Lothar Ahrendt, dem Innenminister, entschieden wir uns, ohne weiteren Begleitschutz zur Normannenstraße zu fahren. Auch wurden keinerlei bewaffnete Kräfte in Bereitschaft versetzt. Wie sich bald herausstellen sollte, war die Lage vor Ort wenig aufgeklärt. Eine auf einem Lkw eingerichtete Bühne stand am anderen Ende des gewaltigen Massenauflaufs, so daß wir mit unserem Wagen, durch eine Gasse, weit in die Versammlung hineinfahren mußten – um schließlich steckenzubleiben. Der Ruf über Polizeilautsprecher »Bitte Platz machen! Der Ministerpräsident kommt!« wurde zum Teil mit Rufen wie »Rote Sau« beantwortet. Da die Nachricht über die Situation an der Normannenstraße auch den Runden Tisch erreicht hatte, waren Vertreter der Opposition ebenfalls hierher geeilt. Als es mit dem Wagen partout nicht weiterging, nahmen mich Konrad Weiß und Ibrahim Böhme links und rechts unter die Arme, und wir mühten uns zur Rednertribüne. Ohne eine Atempause zu bekommen, wurde ich zu reden aufgefordert.

Ich hatte Angst. Aber nicht vor physischer Gewalt. Damit mußte ich jederzeit rechnen – so wie ich sie auch heute nicht ausschließen kann. Einmal »Rote Sau«, immer »Rote Sau«.

In jenem Moment vor der dunklen, diffusen, aufgebrachten Menschenmenge ging mir eine andere Befürchtung durch den Kopf: Wenn du jetzt versagst, wenn du jetzt nicht die richtigen Worte findest, wenn die ohnehin angeheizte Atmosphäre durch dich noch unkontrollierter gerät – dann ist die Regierungskrise da!

Meine Stimme brauchte Zeit, um freier und kräftiger zu werden. Mit einem Male wurde mir bewußt, daß hier nicht funktionieren würde, was uns so lange Jahre ruhig gelassen hatte: Wenn wir redeten, aus den Papieren heraus und diese doch nie verlassend – so wie der Blick die Papiere nie verließ, der an den Buchstaben hing –, wenn wir also redeten, brauchten wir uns keine Sorgen um den Empfang des Gesagten zu machen. Alle Reaktionen der Zuhörer waren längst ritualisiert und zeigten sich als abrufbar, ehe das Wort an die Ohren drang ...

Ich suchte nach Worten, sprach von der Verantwortung, die wir alle tragen, mahnte zur Besonnenheit und appellierte an staatsbürgerliches Empfinden. Um den bevorstehenden Sturm auf das Gebäude zu verhindern, bemühte ich ein Bild: Was können die Sessel denn für die Ärsche, die einst darauf gesessen haben?

Ich redete und merkte, es ist eigentlich nichts Neues, aber ich rede nicht ins absolut Leere und Schwarze. Ich hoffte auf eine Besänftigung der Massen. Doch plötzlich öffneten sich die Tore doch. Bis heute blieb unklar, wer das veranlaßte, und wer überhaupt an der Öffnung des Gebäudekomplexes so heftig interessiert war – und was sich dann eigentlich abspielte. Vertreter der damaligen Opposition erklären bis heute, einzig und allein MfS-Mitarbeiter hätten Regie bei jener Inszenierung geführt, die einen Überfall simulieren und das heilige Prinzip dieser politischen Umbrüche, die Gewaltlosigkeit, brüskieren und als Phrase denunzieren sollte. Möglich, daß ein solcher Aspekt eine Rolle spielte. Wenn, dann erzielte diese Inszenierung nicht den gewünschten Erfolg. Gewißheit besteht inzwischen darüber, daß Wolfgang Schnur, Ibrahim Böhme und andere in den Reihen der Opposition bestimmt weit vorher schon Kontakte zum MfS hatten. Aber: Ist es so sehr aus der Luft gegriffen, daß möglicherweise Leute aus der Bürgerbewegung westlichen Geheimdiensten beistanden und den Sturm auf das Staatssicherheitsgebäude für ihre Beihilfe nutzten? Auch hier verhindern eingleisige Betrachtungsmuster eine Annäherung an die weit tiefere Wahrheit eines geschichtlich verworrenen Moments. Alle Interpretation, gespeist freilich von berechtigtem Zorn aufs System, zielt auf eine undifferenzierte Verurteilung, die zunehmend von den tatsächlichen Abläufen ablenkt. Denn an jenem Abend wurden die Massen offensichtlich mehr in den Versorgungstrakt gedrängt, während andere sich die Akten der Spionageabwehr vornahmen. Wer weiß, was dabei in welche Hände kam? Und dort verblieb? Inzwischen existieren abenteuerlichste Geschichten über das MfS; das Fernsehen füllt damit seit Jahren in regelmäßigen Abständen das Repertoire seiner Krimis und Thriller. Solche Geschichten und billige Stories, solche Verwicklungen und Vernetzungen sollen lediglich in Richtung des MfS zu finden sein? Wir tappen bei vielen Zusammenhängen jener Zeit zwischen Ende 1989 und Anfang 1990 im dunkeln. Der Mantel der Geschichte verhüllt vieles; sein glänzender Außenstoff verbirgt, daß er innen möglicherweise ein ziemlich zerlumptes Futter hat.

Über das Verhältnis von Regierung und Rundem Tisch ist viel geschrieben worden, als eine Art Standardwerke betrachte ich die Bücher »Der Runde Tisch. Oder: Wo bleibt das Volk?«, von Uwe Thaysen, und »Die Eigenart der Implosion« von Gabriele Lindner. Martin Ziegler, einer der Moderatoren, stellt sich nachträglich die Frage, ob es infolge meines Auftritts und meines Angebots richtig gewesen sei, daß damals alle Parteien des Runden Tisches in die Regierung gingen. Thaysen meint dagegen, aus meiner Sicht müsse der gelungene geordnete Rückzug unter Einbeziehung der Opposition meine größte politische Leistung gewesen sein.

Nein, ich betrachte angesichts der damaligen Lage nach wie vor etwas anderes als weit größere politische Leistung: daß unter Mitwirkung vieler Menschen die Entwicklung, um mit Gabriele Lindner zu sprechen, implosiv blieb. Es floß in der DDR kein Blut; diese Tatsache verfolgt mich bis heute wie ein positives Syndrom; wir haben ein Wunder erlebt.

Für dieses Wunder, das keineswegs, wenn man sich in der Welt umschaut und die Konfliktfelder betrachtet, in die politischen Handlungsraster dieser Zeit paßt (wie wäre es sonst ein Wunder!), habe ich mich bei den Vertretern der Kirche bedankt; auch dem damaligen Bundespräsidenten von Weizsäcker muß hoch angerechnet werden, daß er in Richtung DDR – wider Bonner Töne – von Achtung und Versöhnung sprach.

Was den angeblichen »gelungenen geordneten Rückzug« betrifft, in dem die Opposition in die Regierungsarbeit einbezogen werden konnte: Ich mußte, wenn es uns wirklich ums Volk ging, jene akzeptieren, die im Volk Vertrauen besaßen. Die Sicht Thaysens ist darauf gerichtet, Modrow als Parteigänger zu betrachten, der einen taktischen Erfolg landete. Das ergibt sich aus seiner Befangenheit, Politiker nur als Protagonisten des eigenen Machtanspruchs zu sehen. Mir ging es aber um weit mehr: Der Schwur des Ministerpräsidenten war verbunden mit der Pflicht, dem Volk zu dienen. Das war kein Lieblingswort von mir, wie Thaysen betont – nein, darin lag mein Auftrag, den mir das Parlament gegeben hatte. Und diesem Auftrag sah ich mich verpflichtet. Ich gebe zu, und ich habe es nie geleugnet: Dies war für mich, bei aller Offenheit für die neue Situation, nie ein unkomplizierter Vorgang. Ich kam aus einem Leben als SED-Funktionär, der – bei allen Konflikten mit der Führung – das Wesen und die Grundstruktur des beim Volk in Verruf geratenen Systems doch immer anerkannte. Die Barrieren, die diese Verwurzelung errichtet hatten, sind mir beim Weg in die Erneuerung stets bewußt gewesen.

Wenn Thaysens Buch in Richtung Regierung vorwurfsvoll fragt: »Wo bleibt das Volk?«, so gibt es, ob es paßt oder nicht, für mich nur eine Antwort: Die Macht ging durchaus vom Souverän, vom Volk aus – und zwar mit den Beschlüssen der Volkskammer!

Am 22. Januar redete ich noch einmal am Runden Tisch. Ich erklärte meine Unabhängigkeit von der SED-PDS: »In meiner Tätigkeit als Ministerpräsident sehe ich mich ausschließlich in meiner Verantwortung gegenüber dem Volk und nicht gegenüber einer Partei.«

An diesem Morgen hatte mich Karl-Heinz Arnold darauf aufmerksam gemacht, am ZK habe man das Symbol des Parteiabzeichens entfernt, die beiden verschlungenen Hände. Ich solle doch das Abzeichen nun auch nicht mehr tragen. Ich wollte es nicht selber aus dem Revers der Jacke ziehen. Ich bat ihn, dies zu tun.

Vierzig Jahre lang war ich Mitglied der SED gewesen.

Vom Runden Tisch aus forderte ich die Menschen auf, nicht durch Streiks die Lage weiter zuzuspitzen. Die Einmischung der BRD nahm just in jenen Stunden propagandistisch gefährliche Züge an. »Bild« mit seiner Massenauflage machte am 22. Januar mit der Schlagzeile auf: »Putsch! Stasi gibt Waffen aus!« Damit sollten die Menschen einmal mehr fest angeschlossen werden an den allgemeinen Kreislauf von Hysterie, Unsicherheit und Mißtrauen. Die Rep's erklärten offen ihre Einmischung in den Wahlkampf der DDR, sie verbreiteten in Leipzig Flugblätter, und Bundeskanzler Helmut Kohl forderte auf, selbstredend im Dienste der Demokratie, die Zulassung dieser Partei in der DDR zu unterstützen. Im Buch Kohls, »Ich wollte Deutschlands Einheit «, ist über dieses Foul kein Wort zu finden. Aktuell-taktische Streßorganisation paßt nicht mehr ins hehre Geschichtsbild, das angeblich nur höherer historischer Weihe verpflichtet war und nichts zu tun hatte mit bewußt zerstörerischer Einmischung.

Während wir uns um die Stabilität der DDR bemühten und in Bonner Sonntagsreden von Vernunft und Augenmaß gesprochen wurde, liefen hinter den Kulissen längst die anderen Spiele: Alles, was sich antikommunistisch gab, paßte ins Kalkül des internen Feldzugs gegen die DDR. Um sie anschlußreif zu machen.

Alle Parteien des Runden Tisches und die drei Moderatoren lud ich für den Nachmittag des 28. Januar in den Johannishof ein, gleichsam meinen zweiten Regierungssitz. Die Opposition geriet mit dieser Einladung offenbar unter Druck; es kam wohl zu Debatten in deren eigenen Reihen, und am 24. Januar hieß es nach vertraulicher Beratung: Wir vertagen!

Am 25. Januar wurde im Gespräch mit Kanzleramtschef Seiters mein zweites Treffen mit Helmut Kohl für den 13. Februar vereinbart – begleitet von meiner Versicherung, daß auf DDR-Seite die Opposition vertreten sein würde. Die CDU erklärte plötzlich, ihre Minister würden bis zum 9. Februar nur noch geschäftsführend tätig sein; ich wurde aufgefordert, meine Mitgliedschaft und Ämter in der Partei ruhen zu lassen. Von gleichem »Vorschlag« an meinen Stellvertreter, den CDU-Vorsitzenden Lothar de Maizière, war nicht die Rede. Mir fiel der Vergleich ein vom Balken im eigenen Auge, den man weniger zur Notiz nimmt als den Splitter im fremden.

Das Neue Forum führte am 27. Januar seinen Gründungskongreß durch. Bärbel Bohley müßte heute, da sie nur noch schwarz sieht, einen roten Kopf bekommen, wenn sie liest, was sie damals meinte: »Wir wollen nicht das 20. Jahrhundert politisch nachholen, nicht die Landschaft der Bundesrepublik abmalen, sondern die politische Kultur des 21. Jahrhunderts mit entwickeln.«

28. Januar im Johannishof: Nun endlich also das Treffen mit der Opposition, ein Gespräch in einem Moment stark spürbarer Spannungen. Mit mir saßen die drei Moderatoren des Runden Tisches an der Stirnseite der beiden Beratungstische. Links hatten die sogenannten Etablierten Platz genommen, die Mitte war frei, etwa in einer Breite von drei Metern, und rechts saßen die Vertreter des Runden Tisches. Diese Form war bewußt gewählt: Es sollte keine gegenseitige Vereinnahmung passieren und gleichzeitig kein Verwischen der großen Gegensätze erfolgen. Wer die Szene gesehen hätte, würde sofort den Satz unterschrieben haben, daß Koalitionen keine Liebeshochzeiten sind.

Da über die allgemeine Lage bereits ausführlich am Runden Tisch gesprochen worden war, ging es gleich zur Sache: Ist die Stabilität zwischen Rundem Tisch und Regierung zu bewahren? Oder ist die Bildung eines gleichsam neuen Kabinetts, einer Regierung der Nationalen Verantwortung, jetzt unausweichliche Notwendigkeit? Nach mehrstündiger Diskussion baten die Vertreter der Opposition um eine Pause und zogen sich zur Beratung zurück. Ob nach dieser Pause oder schon vorher, vermag ich nicht mehr zu sagen, jedenfalls: Ibrahim Böhme von der SPD brachte unvermittelt eine vorgezogene Wahl ins Gespräch, und eine äußerst heftige Debatte brach los. Für die SED-PDS unterstützte Gregor Gysi diesen Vorschlag, und somit gab es auf beiden Seiten des Verhandlungstisches Fürsprecher für die neue Variante. Der 18. März war unter Beachtung aller rechtlichen Schritte der frühestmögliche Wahltermin, der schließlich vereinbart wurde.

Das Vorziehen der Wahl, von der SPD initiiert, verband diese Partei mit einer Hoffnung: Je schneller die Wahlen, um so größer die eigenen politischen Chancen. Bis hin zur Prognose einer absoluten Mehrheit hatten sich einige Umfragen verstiegen. Wenige Wochen später jedoch würde abzusehen sein, daß das Barometer für die Sozialdemokraten unaufhaltsam sank.

Am Ende dieses Januar-Tages stand fest: Es konnte Konsens erreicht und die Bildung einer Regierung der Nationalen Verantwortung eingeleitet werden. Die Vereinigte Linke verweigerte sich einer Mitarbeit in dieser Regierung – sie ging damit den raschen Weg in die völlige Bedeutungslosigkeit. Die anderen politischen Kräfte jedoch erklärten ihre Bereitschaft zur Benennung von Persönlichkeiten, die im Kabinett mitarbeiten würden. Als Streitpunkt blieb: Wird die Regierung umgebildet, werden Ressorts neu verteilt bzw. neu geschaffen oder werden die Vertreter der Opposition angesichts des vorgezogenen Wahltermins ohne eigene Geschäftsbereiche in der Regierung tätig sein?

»Verfassungsrechtlich ist dieser Runde Tisch in den Zeiten des Umbruchs nicht einzuordnen«, hatte Gregor Gysi im Dezember gesagt. Schnell hatte sich dieses neue politische Element von einer Art vierter Gewalt der Öffentlichkeit zu einem Bestandteil der Legislative entwickelt – indem ja nun alle neuen Parteien und Bewegungen je einen Minister in die Regierung entsenden würden. Auch am Runden Tisch selbst trat schließlich verstärkt das gesetzgeberische Element in den Vordergrund: In den letzten drei der 16 Sitzungen wurde der Runde Tisch ein Diskussionsforum über die Gestaltung der Zukunft, und in manchen Teilen waren die Beratungen sogar visionär.

Nach dem Treffen mit der Opposition verkündete Martin Ziegler das Ergebnis der Presse. Er hadert heute mit seinem Schicksal; er fragt sich, ob es richtig gewesen sei, daß gerade er vor den Medien dieses Resultat der entscheidenden, die Regierung verändernden Beratung mit der Opposition verkündet habe. Er sieht sich als Opfer meiner Überredungskunst. Ich bleibe Herrn Ziegler dankbar dafür, daß er, als unabhängige Persönlichkeit, diese Informationsaufgabe übernahm. So entfiel in einem angespannten Moment, da jeder auf jedes Wort des anderen geradezu lauerte, der mögliche Vorwurf einer politisch einseitigen Interpretation. Der Grat, auf dem ich mich befand, war zu schmal, um allein vor die Presse zu treten. Eine Pressekonferenz mit allen Beteiligten zu veranstalten, schien zu kompliziert und würde womöglich wieder bei zermürbender, aufgereizter Rede und Gegenrede enden. Wer sollte aus dem Kreis, der sich zur Beratung zusammengefunden hatte, so schnell ausgewählt werden, um das Pressegespräch zu führen? Mir scheint bis heute der eingeschlagene Weg der einzig richtige gewesen zu sein.

Am 29. Januar tagten Volkskammer und Runder Tisch; Vertreter der Opposition saßen auf zusätzlich hereingebrachten Stühlen an den beiden Seiten des Saales. Die Neubildung einer Regierung spielte auf dieser Tagung noch keine Rolle; es brauchte Zeit, um Vorschläge für die Minister zu beraten. Aber ein neues Wahlgesetz wurde unterbreitet und bis zum 18. Februar landesweit zur Diskussion gestellt. Demokratische Diskussion und ein demokratisches Gesetz sollten eine Einheit bilden.

Erneut machte die Lage im Lande, eine Temperatur zwischen Trott und Anarchie, eine Regierungserklärung nötig: Anstehende soziale Forderungen, unterstützt durch Streiks, überschritten bei weitem unsere Handlungschancen.

Direkt aus der Volkskammer ging es zum Flugplatz: Die Maschine startete in Richtung Moskau. Keine Zeit zum Atemholen, die Kabine wurde zum Arbeitszimmer. Eine Erklärung zum Problem einer Vereinigung beider deutschen Staaten lag vor, ein Text, den wir noch einmal durchgehen und anhand dessen wir prüfen mußten, ob unsere Absichten in Moskau richtig verstanden würden. Daher noch ein Blick auf die Konzeption für das Gespräch mit Michail Gorbatschow, und schon vergingen die zwei Stunden im wahrsten Sinne des Wortes wie im Fluge.

In der Unterkunft auf den Lenin-Bergen blieb noch eine Stunde zur Konsultation mit Gerd König, dem Botschafter in Moskau. Da Harry Ott, der mich begleitende Stellvertreter des Außenministers, selbst einige Jahre als Botschafter in Moskau tätig gewesen war, konnten wir in das bevorstehende Gespräch mit dem sicheren Gefühl gehen, ein kompliziertes Problem selbstbewußt und kompetent anpacken zu können. Die deutsche Frage stand im Mittelpunkt, aber selbst eine Vereinigung in Etappen brauchte eine zuverlässige wirtschaftliche Partnerschaft mit der Sowjetunion.

Über mein Gespräch mit Gorbatschow, Ryshkow, Schewardnadse und Falin habe ich in den Jahren schon oft nachgedacht und geschrieben, aber noch immer komme ich mit den Eindrücken jener Stunde und den davon ausgehenden Nachgedanken nicht zu Ende. Bereits am 26. Januar – aber das wußten wir damals freilich noch nicht – hatte Gorbatschow in seinem Arbeitszimmer mit Ryshkow, Schewardnadse, Jakowlew, Falin, Krjutschkow, Achromejew, Tschernajew und Schachnasarow zusammengesessen, um über die deutsche Frage zu beraten. Will man den Erinnerungen Gorbatschows glauben, ging es am Ende um fünf Kernfragen: Die Wiedervereinigung Deutschlands sei unvermeidlich, die UdSSR solle die Initiative zu einer Konferenz der Sechs ergreifen, also der vier Siegermächte und der beiden deutschen Staaten, die Verbindung zur Führung der DDR sei aufrechtzuerhalten, die Politik in der deutschen Frage müsse enger mit Paris und London koordiniert werden, und Achromejew müsse die Frage des Abzuges der Streitkräfte aus der DDR gründlich prüfen.

Liest man jedoch die Erinnerungen von Schachnasarow, einem Teilnehmer der Beratung, Freund und Berater Gorbatschows bis heute, hört sich die Sache etwas anders an.

Ich will hier jedoch nur Gorbatschow zitieren: »Die Ereignisse in Deutschland bringen uns, unsere Freunde, aber auch die westlichen Mächte in eine schwierige Lage. Die SED zerfällt. Nunmehr ist klar, daß die Vereinigung unausweichlich ist, und wir haben kein moralisches Recht, uns hier zu widersetzen. Unter diesen Bedingungen kommt es darauf an, die Interessen unseres Landes maximal zu bewahren. Dazu zählt die Anerkennung der bestehenden Grenzen, ein Friedensvertrag, der den Austritt der Bundesrepublik aus der NATO, zumindestens aber den Abzug ausländischer Truppen vorsieht, und eine Entmilitarisierung ganz Deutschlands. Man sollte den Freunden raten, sich über die Chance einer Vereinigung der SED und der SPD Gedanken zu machen. Unsere Gesellschaft nimmt die Loslösung der DDR und vor allem ihre Absorbtion durch die Bundesrepublik mit Trauer und Kummer auf. Millionen Frontkämpfer sind noch am Leben. Nicht nur die ältere Generation, sondern auch die Jugendlichen sind gewohnt, im sozialistischen Deutschland eine der Grundfesten der heutigen Welt zu sehen. Das gesellschaftliche Bewußtsein wird ein beachtliches Trauma erleiden. Doch an der Situation ist nichts zu ändern. Wir werden das verkraften müssen.«

Auf dem Flugplatz in Berlin, bevor wir nach Moskau flogen, hatte uns Wjatscheslaw Kotschemassow freundlich verabschiedet und unserer Delegation Erfolg gewünscht. Über den 26. Januar hatte ihn niemand informiert. Nur vergessen? Nein, ich nehme an: Absicht.

Eigentlich ist es nicht üblich, daß vor so einem wichtigen Gespräch wie zwischen Gorbatschow und mir bereits etwas zur Substanz des Bevorstehenden gesagt wird – aber auf die Frage eines Korrespondenten, wie Gorbatschow zur deutschen Frage stehe, kam dessen Antwort, die später das Format eines Standardsatzes annahm: Es ist das Selbstbestimmungsrecht der Deutschen, darüber zu entscheiden; die Sowjetunion würde keinesfalls im Wege stehen.

Bevor die mehrstündige Beratung begann, tauschten wir einige persönliche Worte aus, und ich spürte wieder Gorbatschows Bemühung, mir gegenüber so etwas wie Zuneigung zu signalisieren. Er wußte sehr gut, wie ich in der DDR »gehandelt« worden war und sah in mir wohl ein wenig das personifiziert, was er während Glasnost und Perestroika vertreten hatte. Aber unser Verhältnis steigerte sich nicht mal ansatzweise zu jener Euphorie der Strickjacken- und Pulloverfreundschaft, wie sie die Welt wenig später im Kaukasus zwischen Michail und Helmut erleben sollte.

Da während unseres offiziellen Gesprächs zunächst ich das Wort erhielt, gab es keine Veranlassung von Seiten der sowjetischen Politiker, mir gegenüber Ergebnisse ihrer Beratung vom 26. Januar offenzulegen. Man nahm auch in der späteren Diskussion lediglich meine Darlegungen als Ausgangspunkt, kommentierte sie, stellte Fragen, ergänzte durch eigene Nuancierungen.

Worüber sprach ich? Daß die Vereinigung der beiden deutschen Staaten so rasch auf die Tagesordnung kommen würde, hätten Politiker im Osten wie im Westen bis Anfang des Jahres 1990 nicht geglaubt. Ich betonte, mit dem Vorschlag einer Vertragsgemeinschaft im November weitergegangen zu sein, als die sowjetische Seite es wollte. Ich hatte Kohl somit zu konkreten Überlegungen herausgefordert, denen er sich öffentlich nicht versagen konnte, die in Ansätzen aber verwirklicht werden konnten. Denn so viele BRD-Ministerbesuche wie im Dezember 1989 und Januar 1990 in der DDR hatte es in den vergangenen zehn Jahren insgesamt nicht gegeben. Diese bundesdeutschen Politiker redeten, prüften, wollten vielleicht sogar manches leisten, nur, sie wurden gebremst, und nicht alle schienen befähigt, mit dem neuen Gegenstand sachkundig umzugehen.

Nun ging es um den – wie Gorbatschow es nannte – Modrow-Plan einer Vereinigung der beiden deutschen Staaten in drei Stufen. Diskussion bis in alle Einzelheiten. Einen wichtigen Aspekt bildete die militärische Neutralität. Auch sollte bedacht werden, wie und durch wen dieser Modrow-Plan der Öffentlichkeit übergeben wird.

Die Übereinstimmung während des Gesprächs schien groß, es gab keine bedenkliche Situation, die etwa gravierende Meinungsverschiedenheiten offengelegt hätte. Sogar Chancen für eine Zustimmung Frankreichs und Großbritanniens wurden gesehen und Erwartungen ausgesprochen, daß auch die SPD den großen historischen Vorgang unterstützen könne. Vorbehalte wurden lediglich aus Richtung Washington erwartet – und damit von Helmut Kohl selbst. Doch für realitätsfern erklärten unsere Moskauer Partner die Sache dennoch nicht. Ein mutmachendes Ende einer wichtigen Begegnung.

Für eine Konsultation, damit auch alles gut bedacht sei, sollten zwischen Beratung und Veröffentlichung der Gesprächsresultate noch 24 Stunden bleiben. So geschah es auch. Valentin Falin führte am 31. Januar mit Botschafter Gerd König noch ein Gespräch, der Modrow-Plan war damit gesegnet.

Mir schien: Es gibt keinen Grund zur Klage. Da es auf dem Gebiet der wirtschaftlichen Zusammenarbeit keine festen Zusagen von Moskau gab, wertete ich dies als zusätzliche Bekräftigung der Konsequenz, daß die künftige ökonomische Stabilität in der DDR ohne enges Zusammenwirken mit der Bundesrepublik nicht mehr zu erreichen sei. Michail Gorbatschow selbst hatte sich zur Wirtschaft ohnehin nicht geäußert; er verwies bei diesem Thema auf Nikolai Ryshkow. Ihm sprach ich guten Willen keinesfalls ab; aber praktische Ergebnisse brachte seine Verantwortlichkeit nicht, und es lag auf der Hand, daß die Sowjetunion zu schwach war, um der DDR ökonomisch grundlegend helfen zu können.

Noch in Moskau beriefen wir eine Pressekonferenz ein. Wolfgang Meyer und ich stellten uns den Journalisten, aber den sogenannten Modrow-Plan packten wir nicht auf den Tisch. Erst Anfang Februar in Berlin stellten wir diesen Plan der internationalen Öffentlichkeit vor. Ein beträchtliches, nicht unfreundliches Medien-Echo erhob sich. Das Projekt einer militärischen Neutralität jedoch löste sofort Polemik aus und stieß auf weitgehende Ablehnung. Ich kann mir vorstellen, daß nun die Telefone zwischen den westlichen Hauptstädten heißliefen; es setzte eine intensive Vorbereitung der nächsten Begegnung zwischen Gorbatschow und Kohl ein. Jetzt nahm der sowjetische Generalsekretär nicht mal mehr seinen Beraterstab vom 26. Januar zusammen; in diesem Kreis von Zuarbeitern schienen die Messen wohl für ihn gelesen. Allein Valentin Falın machte sich ans Werk und übergab Gorbatschow Empfehlungen für das Gespräch mit Helmut Kohl.

Bevor es jedoch zu diesem Treffen kam, meldete sich der Außenminister der USA, James Baker, in Moskau an. Für eine neue Weichenstellung. Während die USA nichts taten, ohne sich vorher mit der Bundesrepublik über ihre Schritte zu verständigen, informierte Gorbatschow nicht mal mehr in den eigenen Reihen gründlich, und die DDR bildete in der Informationskette eh immer das letzte Glied. Uns erreichten die Resultate des Baker-Gesprächs weit im nachhinein, erst am 12. Februar – in einem Telefonat zwischen Gorbatschow und mir. Die mit dem US-Außenminister vereinbarte Position, äußere Bedingungen der Vereinigung müßten zwar die vier Mächte gestalten, die inneren Fragen von DDR und BRD jedoch gingen allein die Deutschen an, bedeutete bereits eine klare Distanz zum Modrow-Plan.

Falin forderte Gorbatschow noch einmal auf, die westdeutschen Politiker zu ermahnen, sich nicht in die inneren Angelegenheiten der DDR einzumischen und diese nicht bereits jetzt als bundesdeutsche Domäne zu betrachten. Gorbatschow jedoch bremste nichts und niemanden; er hat, wie Helmut Kohl es später nennt, den Schlüssel zur deutschen Vereinigung am 10. Februar an ihn übergeben. Ich sagte später, mit dem Hinweis auf den Modrow-Plan: »Der Schlüssel der Vereinigung der beiden deutschen Staaten war gefeilt, als Helmut Kohl nach Moskau kam. Er hat ihn dort nur abgeholt.«

Zunächst begriff ich gar nicht die Tragweite dessen, was sich in Gorbatschows Denken nach dem Gespräch mit Baker verändert hatte: Er gab die DDR frei, nichts weniger und nichts mehr. Und diese Chance nutzte Bonn gnadenlos.

Später, bei der Moskauer Ratifizierung des 2+4-Vertrages im März 1991, erklärte der Oberste Sowjet der UdSSR: »Wir erwarten, daß die Menschenrechte gegenüber den Bürgerinnen und Bürgern der DDR eingehalten und niemand wegen seiner politischen Motive verfolgt wird.« Mir war es im Januar 1991 gelungen, in Gesprächen mit Gennadi Janajew, dem Vizepräsidenten der Sowjetunion, und Valentin Falin, Vorsitzendem des Auswärtigen Ausschusses, daß diese Positionen in die Erklärung des Obersten Sowjets aufgenommen wird. Für Moskau ein taktisches moralisches Manöver, um bei der Ratifizierung des Vertrages eine Mehrheit zu bekommen. Mehr nicht. Denn genau diese schriftlich fixierte Erwartung, auf deren Erfüllung durch die Bundesregierung ich gesetzt hatte, blieb ein Stück wertloses Papier. Auch die 2+4-Verhandlungen legten in dieser Frage keine Verbindlichkeit fest. Was der Oberste Sowjet da erklärt habe, sei für die internationale rechtliche Situation ohne Bedeutung – wie mir Liberalissimus Genscher später im Auswärtigen Ausschuß des Bundestages mit Nachdruck erklären sollte.

Falin hatte in seinen Hinweisen für Gorbatschow die militärische Komponente als den Kern der Deutschlandfrage betrachtet: Nie wieder darf von Deutschland ein Krieg ausgehen. Der Mann, der die Schrecken des Krieges in seiner Heimatstadt Leningrad erlebte, den man zu Recht als Deutschlandkenner bezeichnet, erkannte den Stellenwert dieser Frage sehr genau. Niemand der Verantwortlichen nahm aber auch nur eine einzige Überlegung Falins in seine praktische Politik auf. Die Stärke einer modernen Armee bemißt sich nicht an der Zahl ihrer Soldaten, sondern an der Schlag- und Feuerkraft, die sie entwickelt. In diesem Punkt ist die Bundeswehr heute stärker als 1990 oder am Ende der Ratifizierung des 2+4-Vertrages im März 1991. Nichts mehr blieb vom Plan, Deutschland schrittweise in den Status eines blockfreien Landes hinüberzuführen. Statt dessen: Weg des vereinten Deutschlands in die NATO und, in der logischen Konsequenz, Osterweiterung dieses atlantischen Bündnisses.

Noch am 4. Februar in Davos stimmte Kohl bei unserem Gespräch am Rande des Weltwirtschaftsforums mit mir darin überein, von beiden Seiten eine kleine Expertengruppe zu bilden, um die anstehenden Fragen des Vereinigungsprozesses zu beraten und Entscheidungen vorzubereiten. Verständlich, daß er nach den Absprachen mit den USA und Gorbatschow keinen Gedanken mehr an Experten verschwendete. Gorbatschow folgte Baker ohne KSZE und schlug seine einstigen großen Gedanken über ein europäisches Haus in den Wind. Weder die Interessen der Sowjetunion noch die des einstigen Verbündeten DDR fanden ernsthafte Beachtung: Aus 4+2 machten Genscher und Schewardnadse 2+4. Die äußeren Bedingungen für eine Vereinigung, noch vor wenigen Wochen nach Aussage Gorbatschows eine Sache der vier Mächte, legte man nun ebenfalls in die Hände der BRD. Und die wußte damit umzugehen.

Der 13. Februar 1990 in Bonn

Nun trug die Regierung einen neuen Charakter. Aus einer großen Koalition war eine Regierung der Nationalen Verantwortung geworden, in der 13 Parteien und Gruppierungen die Zusammenarbeit versuchten – unterm Diktum staatsbedrohender Auflösungserscheinungen. Die Hoffnung der einen auf Stabilität stand gegen das Drängen anderer nach Systemtransfer.

Am 5. Februar unterbreitete ich der Volkskammer den Vorschlag, acht Minister ohne Geschäftsbereiche in die Regierung aufzunehmen: Tatjana Böhm (Unabhängiger Frauenverband), Rainer Eppelmann (Demokratischer Aufbruch), Sebastian Pflugbeil (Neues Forum), Matthias Platzeck (Grüne Partei), Gerd Poppe (Initiative Frieden und Menschenrechte), Dr. Walter Romberg (Sozialdemokratische Partei Deutschlands), Klaus Schlüter (Grüne Liga), Dr. Wolfgang Ullmann (Demokratie Jetzt). Fortan würden wir, im wahrsten Sinne des Wortes, zusammenrücken müssen bei Ministerratssitzungen.

Den 18. März als Wahltermin hatte die Volkskammer ebenfalls bestätigt; Peter Moreth, Stellvertreter des Ministerpräsidenten, und Wolfgang Ullmann, nun Minister, erhielten die Zustimmung, fortan als Vertreter des Kabinetts am Runden Tisch mitzuwirken.

Am 13. Februar flog eine Regierungsdelegation nach Bonn. Mit dabei: Vertreter der neuen Parteien und Gruppierungen. Diese noch immer als Opposition zu verstehen, schien mir inzwischen zweifelhaft, da sie nun nicht mehr den Runden Tisch vertraten, sondern Staatsgeschäfte mit betrieben.

Einen Tag vor Abflug verständigten wir uns über die Konzeption der Bonner Begegnung. Ich dachte mir, daß sich zuerst die neuen Minister äußern mögen, damit jedes Bild von Ungleichheit und jeder Verdacht von Bevormundung vermieden wird. Die Inhalte, um die es gehen sollte, deckten sich im wesentlichen mit den Forderungen des Runden Tisches, so daß unsere Delegation nicht in jene zwei Lager zerfiel, die man, so mein Eindruck, in Bonn wohl gern gesehen hätte. Welche Kanäle zwischen Ost und West vor dem Treffen mit Kohl bedient und genutzt wurden, bleibt offen. Daß sie existierten, angesichts so verschiedener Interessenlagen in bezug auf die DDR, dies steht für mich außer Zweifel.

Zur Kernfrage zwischen beiden deutschen Staaten war die Währungsunion geworden, von der Helmut Kohl am 8. Februar zum ersten Mal gesprochen hatte. Von unserem Treffen in Davos war mir in Erinnerung, wie hartnäckig er auf ständigen Telefonkontakt mit mir drängte – aber nun, da ein so gravierendes Thema anstand, griff er nicht ein einziges Mal zum Hörer. Seine Hauptsorge in Davos war, was das Telefonieren betraf: ob das Abhören von Bonner Telefonaten durch das Ministerium für Staatssicherheit denn wirklich eingestellt sei. Mit gutem Gewissen konnte ich ihm dies bestätigen. Einen triftigen Grund, nicht zu telefonieren, gab es also selbst aus dieser möglichen und verständlichen Befürchtung nicht mehr.

Noch am 6. Februar hatte auf Wunsch des Präsidenten der Staatsbank der DDR, Horst Kaminsky, ein Zusammentreffen mit dem Präsidenten der Bundesbank, Karl-Otto Pöhl, in Berlin stattgefunden. Sie kannten einander seit 1978, da sie als Staatssekretäre für Finanzen im Umfeld des Grundlagenvertrages Nachfolgeverhandlungen zwischen beiden deutschen Regierungen führten. Beide fanden zur Übereinstimmung: Eine wirtschaftliche Annäherung kann sinnvollerweise nicht mit der Währungsunion beginnen; zunächst müsse eine allmähliche, bedachte Anpassung der Wirtschaftspolitik erfolgen. Die Staatsbank der DDR arbeitete bereits an einer Reform des Banksystems und überlegte, wie schrittweise eine Konvertierbarkeit der DDR-Mark erfolgen könnte, im Rahmen einer grundsätzlich angelegten Wirtschaftsreform. Pöhl am 6. Februar in Berlin vor der Presse: »Eine Währungsunion gehört unter den gegebenen Bedingungen in die Welt der Phantastik.«

Helmut Kohl grenzte bei seinem einzig machtpolitisch begründbaren Vorstoß zwei Tage später den Finanzexperten Pöhl völlig aus; sicher auch, weil der Bundesbankchef Sozialdemokrat war. Waigel und Schlesinger, stellvertretender Bankpräsident, ein CSU-Mann wie der Finanzminister, genügten dem Kanzler als Konsultationspartner. Die D-Mark würde der Wahlschlager sein und ein Haufen Geld die DDR begraben. Politik ist der Kampf des Wir-Bewußtseins; die Gemeinschaften definieren sich gegeneinander – unsere Karten waren nicht gut. Ich fühlte mich nicht sehr wohl in diesem düsteren D-Mark-Enthusiasmus. Der heraufzog und die Gesichter der Menschen aufhellte – und der doch keinen Spaß verstand. Mit dem Verschwinden der Hoffnung, daß Vernunft wirklich mächtig sein könne, verschwand nun auch die Erwartung, daß in solcher Situation wenigstens Macht vernünftig sei.

Kohl hatte seinen politischen Testballon vor einem geplanten Moskauer Besuch gestartet, und da aus dem Kreml kein Vorbehalt gegen eine rasche Währungsunion zu hören war, konnte der Kanzler nun äußerst selbstbewußt in unser Treffen am 13. Februar gehen.

Der Runde Tisch hatte besonders den Ministern ohne Geschäftsbereich noch einen speziellen Rucksack verpaßt: Währungsunion Ja – Nein zum Sozialabbau! lautete das Motto. Und: Die politisch Verantwortlichen beider deutscher Staaten sollten sich bei ihren Verhandlungen nicht von Emotionen leiten lassen. Die BRD wurde aufgefordert, im Einigungsprozeß einer weiteren Destabilisierung der DDR entgegenzuwirken, besonders deshalb, da bestimmte Kräfte den Kurs auf eine Verschärfung der Probleme in der DDR eingenommen hätten.

Der Flug in der Sondermaschine vom Typ IL 62 von Berlin-Schönefeld nach Bonn war kurz. Aber ich stieg mit der Gewißheit aus der Maschine, daß in unserer Delegation ein entspanntes Klima herrschte. Vor dem Bundeskanzleramt ein freundlicher Kohl, der uns inmitten einer Schar von Ministern begrüßte. Es blieb, bevor die Verhandlungen begannen, noch Zeit für ein Gespräch unter vier Augen, für Kohl nicht mehr als eine protokollarische Pflicht. Das freundliche Gesicht blieb, aber es war eindeutig eine staatsmännische Maske, die dieser Mann trug; was sollte er mit mir noch bereden.

Kohl strotzte vor Gesundheit. Ein Mann, der alle Rahmen füllte. Schon damals spannte er ein wenig, der Mantel der Geschichte; was hervorlugte, war der Nabel der Welt. Dieser Kanzler ist ein Missionar des raffiniert Schlichten: Ihm gelingt die Welt stets einfacher, als sie ist. Das schafft völkisches Vertrauen und verhindert geistige Probleme. Selten darf sich jemand so früh der Unsterblichkeit sicher sein: Auch die Kabarettisten von morgen bleiben seine sorgsamen Biographen.

Im großen Rund des Konferenzsaals erhoffte Helmut Kohl bei allem, was er sagte, auf die Zustimmung der sogenannten Opposition. Man spürte geradezu seinen Ehrgeiz, Distanz zu mir herauszuarbeiten; zugleich sah man ihm die Arroganz des Politikers an, der sich seiner Sache völlig sicher ist. Zu seiner Überraschung jedoch blieb diese DDR-Regierung der Nationalen Verantwortung homogen. Die Vorbereitung von Regierung und Rundem Tisch auf die jetztige Situation erwies sich als sehr gut, und sie war offensichtlich besser als die des Kanzleramtes und der Kontaktpersonen der bundesdeutschen Parteien zu ihren neuen Partnern in der DDR.

Mit Blick auf den 18. März schlug sich in der DDR-Delegation auch aus wahltaktischen Erwägungen niemand öffentlich auf die Seite des Kanzlers. Vor allem Wolfgang Ullmann und Matthias Platzeck erzielten mit ihren Reden alles andere als Kohls Wohlwollen. Auch Rainer Eppelmann blies noch nicht die gewünschte Melodie ins Horn. Er betonte, Feindbilder zwischen ihm und Herrn Modrow seien wohl abgebaut, doch leider und unverständlicherweise feilten bundesdeutsche Medien unverdrossen weiter an deren Konturen. Als dazu noch Wolfgang Ullmann im Hinblick auf die Restauration rechter Kräfte und wachsende Ausländerfeindlichkeit die Gefahr eines Vierten Reiches skizzierte, konnte sich Kohl kaum noch beherrschen: Den am Tisch erwähnten Begriff »Anschluß« möge man gefälligst nicht benutzen, und für die Bundesrepublik Deutschland verwahre er sich dagegen, vom Vierten Reich zu reden.

Christa Luft sprach sich für eine Währungsunion aus, forderte aber zugleich eine Wirtschafts- und Sozialunion als Verbund. Die Sparguthaben müßten den Menschen erhalten bleiben, und schwachen Betrieben müßte geholfen werden. Ich betonte in diesem Punkt meine Übereinstimmung mit den Positionen des Runden Tisches. Nun bemühte sich Kohl im geradezu sanften Tonfall, seine Überreaktion von eben auszugleichen. Er schlug vor, noch vor den Wahlen Verhandlungen zur Währungsunion aufzunehmen. Natürlich: vor den Wahlen!

Am Mittagstisch versuchte Helmut Kohl, mir gegenüber doch noch einmal die menschliche Seite herauszukehren und meinte sehr freundlich: »Wie sich die Dinge auch immer entwickeln würden, um Ihr persönliches Wohl sollten Sie sich, Herr Modrow, keine Sorgen machen.«

Was er damit wohl gemeint hat? Vielleicht schon ein Mandat im Bundestag? Oder doch die Strafrente, die für viele DDR-Bürger noch immer genügen muß, um glücklich anzukommen in dieser Bundesrepublik?

Zum öffentlichen Höhepunkt des Besuches geriet die Pressekonferenz. Kohl hat viele Auftritte im Pressesaal absolviert, aber bis heute blieb jener, an dem ich teilnahm, der am stärksten besuchte. Ein bislang ungebrochener Rekord in Bonn. Nur über die Feuerleiter gelang es überhaupt, in den knüppeldickevollen Saal zu kommen. Unübersehbar die Zahl der Kameras und Fotoapparate. Eine große Spannung lag über dem Raum. Und dann diese Arroganz, die Helmut Kohl herauskehrte. Da ruhig zu bleiben und dem Druck etwas Nervositätsfreies entgegenzusetzen, war nicht einfach. Zwischen Essen und Pressekonferenz hatte ich mich noch einmal mit Karl-Heinz Arnold beraten; wir nahmen Ergänzungen am Text der Erklärung vor und waren uns einig: Wir werden bestehen!

Noch heute bin ich davon überzeugt: Die Atmosphäre der Demütigung, die Kohl zu verbreiten suchte, stellte sich nicht ein. Er sagte, das Beste, was die BRD besitze, sei die D-Mark; nun sollten bald auch DDR-Bürger dieses hohe Gut besitzen. Da war sie, die Verabredung mit dem Schicksal. Gerade in hochstilisiert historischer und hochgemuter Gestik Kohls zeigte sich die niedere Natur einer Leidenschaft, für die unsereins nicht taugen sollte. Geredet wurde von der Freiheit, der Freiheit ohne Beiwort, der Freiheit des sich selbst setzenden, mit sich selbst voraussetzungslos neu anfangenden Subjekts von deutscher Geschichte – aber gemeint war, wie es der Philosoph Peter Sloterdijk ausdrückte, von Anfang an die Freiheit des ultimativen bürgerlichen Interesses, die Freiheit der Waren- und Geldbewegungen, die als Verlangen nach Gewissensfreiheit beginnen muß, um vielfach als Freiheit von Gewissen zu enden.

Ich sprach gegenüber Kohl ohne Beschönigung von den Lasten, die die DDR bisher erbracht hatte, sprach von Lebensleistungen, Volkseigentum und Nationaleinkommen – und gleichsam immateriellen und doch nicht unstofflichen Werten, die sich etwa im Ruf ausdrückten: »Wir sind das Volk!« Auch die internationalen Aspekte der deutschen Vereinigung sprach ich an, redete von der Anerkennung der Oder-Neiße-Grenze, der Einhaltung der Zusagen für die Sowjetunion, von der Einbindung des Vereinigungsprozesses in den europäischen Rahmen. Das Wort vom aufrechten Gang, den wir uns als DDR-Bürger bewahren sollten, fiel ebenfalls.

Die Journalisten interessierten sich am meisten jedoch für Richtung und mögliche Auswirkungen der Währungsunion. Als es um die von uns geforderte Sozialunion ging, schaute Kohl seinen Blüm an; der sonst so zungenflinke Clevere sah in diesem Augenblick sehr hilflos aus. Er möchte ja als Politiker nicht nur schlechthin Mensch sein, sondern immer auch gleich der Mensch nebenan. Aber diesmal brachte er nicht mehr heraus als: Man werde guten Willen zeigen. Was mich zur Bemerkung veranlaßte: Die Bekundung eines guten Willens sei wohl das einzige, was bei dieser Begegnung herauskommen soll. Ich war froh, dem Dunstkreis dieses Bundeskanzlers schnell wieder entfliehen zu können.

Nicht ohne innere Bewegung fuhr ich zu einem Treffen mit Willy Brandt, dem Mann, der wie kein anderer so tiefen Einfluß auf die deutsche Sozialdemokratie in der zweiten Hälfte des Jahrhundertes ausübte. Er sagte, ich sei ihm, obwohl wir uns bisher nicht sahen, dennoch kein Unbekannter. Zum erstenmal hätten seine skandinavischen Freunde nach ihrem Besuch in Dresden von mir gesprochen; es sei so sehr anders als in Berlin gewesen, wo eigentlich nur jene Vokabeln wiederholt wurden, die man am gleichen Tag im Zentralorgan der SED lesen konnte. Das sei Veranlassung gewesen, bei DDR-Besuchen von SPD-Politikern möglichst auch ein Gespräch in Dresden zu wünschen – was in Berlin nicht gern gesehen wurde.

»Die Risse in Europa wird Deutschland am schwersten zuschütten können und es doch versuchen müssen.« In einem einzigen Satz der gesamte Brandt. Zu Melancholie und Vorsicht, so mein Eindruck, gesellte sich verblüffender Optimismus. Der Kanzler a. D., der lange die SPD führte, lebte nach dem Satz, daß ein guter Deutscher kein Nationalist sein könne. Im November 1989 ging er durch die aufgerissene Mauer in den Osten Berlins. Ohne Ausweis, aber im Hochgefühl. Ein junger Mann von 76 Jahren.

Die Unterhaltung mit Brandt nahm mir die Last, die ich Stunden vorher so unangenehm gespürt hatte; ich saß einem erfahrenen, das Leben genießenden Mann gegenüber, frei von jenen formellen Zügen, wie sie sein Nachfolger im Amt des SPD-Fraktionsvorsitzenden, Hans-Jochen Vogel, nie abschütteln konnte. Die Atmosphäre des Gesprächs war angenehm, so, als würden wir uns schon länger kennen. Was er später, am 20. Dezember 1990, als Alterspräsident des Bundestages über die Situation in Deutschland sagte, über beseitigte Betonklötze und die wachsenden Mauern in vielen Köpfen, erinnerte mich an unser Bonner Treffen. Wir haben Vertrauen aufgebaut und sind uns, als ich Bundestagsabgeordneter war, im Bonner Wasserwerk nie aus dem Weg gegangen – wie andere es taten, die ich doch weit länger kannte.

Von den protokollarischen Gesprächen an jenem Tag – mit Rita Süssmuth, Alfred Dregger, Hans-Jochen Vogel – ist mir besonders noch das mit Antje Vollmer in Erinnerung geblieben. Ich hatte den Eindruck einer sehr kalkülintensiven Frau. Spätere gegenseitige Aufgeschlossenheit – bei einem längeren Gespräch im Mai 1990 in Bad Liebenstein – verflüchtigte sich, nachdem die Grünen-Politikerin Vizepräsidentin des Bundestages wurde. Das Gefühl für Macht kann auch Frauen sehr tief erfassen: Da wird die Nützlichkeit von Kontakten abgewogen, und was nicht nützlich ist, ist ganz schnell beiseite gedrängt.

Gespräche mit den Herren der westdeutschen Wirtschaft trugen gleichfalls einen sehr formalen Charakter. Die von der Politik verordnete Währungsunion hatte über Nacht die Lage verändert, man ging in Abwarteposition. Wenn für die Regierung der Gesang von den Brüdern und Schwestern allmählich verklang, warum sollten die Unternehmer da nicht an den wachsenden Profit denken, der mit einem neuen Markt verbunden sein würde. So herrschte bei diesen Gesprächen eine Freundlichkeit, die ich zum Kotzen fand. Einzig Professor Peters, der aus Bremen angereist war und mit mir über seine wissenschaftlichen Untersuchungen der Reparationsleistungen der SBZ/DDR für ganz Deutschland sprechen wollte, meinte es ehrlich. Aber in Bonn interessierte sich niemand für diese Stimme.

In seinem Buch »Ich wollte Deutschlands Einheit« erinnert sich Helmut Kohl an unser Gespräch vom 13. Februar nur mit einem einzigen Gedanken: Es sei unerquicklich gewesen; ich hätte noch immer die Unverschämtheit besessen, eine zweistellige Milliardensumme zu verlangen, was er in Davos schon abgelehnt hätte, weil diese Summe nur irgendwo versikkern würde. Aber in Davos klang es nicht so, wie Kohl es heute in Erinnerung haben möchte. Da sollten noch Experten an die Arbeit gehen, um Probleme, die mit dieser Frage zusammenhingen, möglichst schnell zu beraten und Lösungsvorschläge für politische Entscheidungen vorzulegen. Die 15 Milliarden D-Mark wurden nicht als fiktive Größe genannt; es lag eine konkrete Verwendungskonzeption vor, unter anderem sollte die Bundesrepublik mit 5 Milliarden D-Mark an jenen Verlusten der DDR beteiligt werden, die aus dem Abkauf von Waren über den noch immer künstlich hochgehaltenen Wechselkurs zu Lasten unseres Landes entstanden waren.

Daß Kohl auftrumpfend erinnerungslos in die Verhandlungen gegangen war und die Maske der Freundlichkeit beizeiten hatte fallen lassen, ermunterte auch den Bürger des Freistaates Bayern, Waigel, zu beispielloser Unanständigkeit. In Anwesenheit der Presse beim Abschiedsessen der Bundesregierung für die DDR-Delegation beschimpfte er Christa Luft und legte Zeugnis ab von Bonner Kultur und Anstand. Nach Tiraden der Unhöflichkeit meinte er, wenn sie keine Frau wäre, würde er noch ganz andere Worte gebrauchen, und die DDR sei im übrigen ein Faß ohne Boden, »da schmeißen wir nichts rein«.

Keiner in Bonn zerrt so selbstverständlich wie Waigel den lieben Gott mit ans Rednerpult des Bundestages. Das Kapital des CSU-Chefs und Finanzministers ist nie der geschliffene Sinn für die Zeitläufte gewesen, sondern der praktische Riecher für das Zeitlose: Geld. Er ist, wie könnte es anders sein, das Produkt bayrisch-bäurischer Verhältnisse. Dort wurde der Grundstein gelegt für seine ungedrechselte »Religiösität«; ein schwäbischer Schaffer. Wo es um das Wohl der Republik geht, legt er gern und kräftig mit Hand an. In jenen Tagen und am allerkräftigsten an den Hals der DDR.

Eine Offerte an die Sozialdemokraten

Der 13. Februar 1990 bleibt ein geschichtliches Ereignis auf dem Weg zur Vereinigung von DDR und BRD. Deutlicher als andere Ereignisse zeigte dieser Tag im sichtbar kühlen Verhältnis zwischen Kohl und mir, was Monate später, nach erster Euphorie sehr bald Realität auch im Alltag sein würde: Die Mauer war gefallen, nun trennten uns nur noch Welten.

Der Kanzler trat am 15. Februar mit einer Regierungserklärung vor den Deutschen Bundestag. Er gab der Sowjetunion eine klare Abfuhr, die noch Ende Januar die Forderung nach einem militärisch neutralen Deutschland gestellt hatte. Das vereinte Deutschland gehörte für Kohl in die NATO – und wer jetzt aber ein korrigierendes Echo aus Moskau erwartet hatte, sah sich getäuscht: Gorbatschow schwieg.

In Bonn hatte ich auch auf eine Harmonisierung der Rechtsfragen hingewiesen. An diesem Punkt wirkte später beim Vereinigungsvertrag nicht nur am stärksten die sogenannte heiße Nadel, hier blieb auch das Verhalten der Justizorgane der Noch-DDR nicht ohne Auswirkungen. Kohl wollte – wie er es im Rückblick auf ein Gespräch mit Felipe Gonzales, den Ministerpräsidenten Spaniens, betont – keine spanische Lösung, keine Versöhnung, sondern die politisch-juristische Verfolgung von Verantwortlichen der DDR. Der politische Auftrag dieser Verfolgung wurde vorgegeben, die bundesdeutsche Justiz führt ihn, selbst mit fehlenden Rechtsmitteln, bis heute aus.

Ich glaube, ich war Helmut Kohl seit dem 13. Februar schlichtweg zuwider, weil das, was ich politisch verkörperte, ihn abstieß. In den Medien führte er haßvolle Angriffe gegen mich. Das schien mir nicht nur dem Wahlkampf geschuldet, sondern ergab sich aus meinen Grundhaltungen. Die Männerfreundschaften mit Jelzin und Gorbatschow, beide einst in höchsten Ämtern der KPdSU, hat ihren Nährboden in deren Abschwören von früherer Bindung an die Ideale des Sozialismus. Völlig richtig erkannte Helmut Kohl an diesem 13. Februar in Bonn: Mein Eintreten für Reformen war auf eine Umgestaltung der DDR als sozialistischen Staat gerichtet. Meine Positionen zur Vereinigung der beiden deutschen Staaten würden konsequenter von den Interessen der Bürger der DDR ausgehen, als dies inzwischen von der Sowjetunion zu erwarten war. Das machte ihn beizeiten zum politischen Sieger.

Ob und wie sich die Bundesregierung mit unserem Treffen in Bonn beschäftigte, ist mir nicht bekannt. Die Regierung der DDR hat es gründlich und exakt getan. Für uns war klar: Die Weichen für die Vereinigung der beiden deutschen Staaten sind nun gestellt. Das Gleis ist vorgegeben. Wir standen damit in der Verantwortung, diesen Prozeß wenigstens so zu gestalten, daß er berechenbar ist und Teil der Europäischen Entwicklung wird. Vor allem lag mir das am Herzen, was von der Bundesregierung geradezu aggressiv ignoriert wurde: eine an die Währungsunion gebundene Wirtschafts- und Sozialunion. Entsprechend der Forderung des Runden Tisches, also aller Parteien, die in der Regierung vertreten waren, wurde zwar eine Verhandlungsdelegation unter Leitung von Walter Romberg beschlossen, jedoch festgelegt, erst nach dem 18. März in konkrete Verhandlungen einzutreten. Walter Romberg hatte ich offen gesagt, daß ich mit seiner Benennung auf die Wahlen abziele; sie sollte ein Signal für die SPD sein und ihn erneut in die Regierung bringen – was dann auch mit der Funktion des Finanzministers geschah.

Der Runde Tisch forderte die Volkskammer auf, sich die Kontrolle über das Volkseigentum, seinen Erhalt und seine Mehrung zu eigen zu machen. Eine NATO-Mitgliedschaft des künftig vereinigten Deutschlands sei mit dem Ziel einer europäischen Friedensordnung nicht in Einklang zu bringen und werde deshalb abgelehnt. An die Regierung Modrow stellte der Runde Tisch im Zusammenhang mit den beginnenden Verhandlungen mit der BRD folgende Forderungen:

1. bei notwendigen Strukturwandlungen und entsprechenden Personalveränderungen, einschließlich zu entwickelnden Umschulungsprogrammen, ein Mitspracherecht der jeweiligen Betriebsvertretungen zu gewährleisten,
2. vordringlich und in besonderer Weise die Interessen leistungsgeminderter und sozial schwacher Personen zu berücksichtigen,
3. die Ansprüche und Forderungen von alleinerziehenden Eltern, kinderreichen Familien, Rentnern und Behinderten zu sichern,
4. die Eigentumsrechte von Bürgern der DDR an Grund, Boden und Gebäuden zu gewährleisten.

Der Runde Tisch betrachtete es als unbedingt notwendig, sämtliche Verhandlungsergebnisse sofort öffentlich zu machen, um allen Sorgen und Ängsten, aber auch Hysterie und Spekulationen entgegenzutreten.

Die Regierung Modrow sah sich mit diesen Forderungen bestätigt und hat die ihr verbleibende Zeit bis zum 18. März genutzt, um der Volkskammer entsprechende Anträge für Gesetze zu unterbreiten bzw. selbst Entscheidungen mit Gesetzeskraft zu treffen. Bedeutsam war damals die Position des Runden Tisches, die Vereinigung nicht als Beitritt nach Artikel 23 des Grundgesetzes der BRD zu vollziehen. Bedeutsam deshalb, weil sich jene, die mit am Runden Tisch saßen und später in der Volkskammer ganz andere Positionen bezogen, letztlich am Anspruch des Ausgangspunktes messen lassen müssen.

Bis heute wird mir Zögerlichkeit bei der Auflösung des MfS vorgehalten und wegen fehlender Akten protestiert. Wer rechnet eigentlich auf, welche Gesetze der Modrow-Regierung nach dem 18. März zum Kippen gebracht wurden und was Krause alles verschaukelt hat? Er war eindeutig ein Satellit Kohls – rechnend und regungsarm; ein »barschelesker Ehrgeizling« wie es die Hamburger »Zeit« ausdrückte. Nein, über Leichen ging der Vertragshändler nicht – über Mitmenschen schon eher. Politik als reine Sachfrage – weniger eine Sache, bei der nach Betroffenen zu fragen ist. Der Weg dieses CDU-Kreisvorsitzenden von Bad Doberan zum Kapital-Propheten offenbarte frappierend, wie schnell zusammenklebte, was ja damals noch nicht allzu lange zusammengehörte: Krupp und – Krause.

Als wir erkannten, welche Angriffe es auf das Eigentum von DDR-Bürgern geben, welche Bedeutung andere Auffassungen von Eigentum bzw.

Bodennutzung bald erhalten würden, gingen wir daran, solche Gesetze und Ordnungen zu schaffen, die Klärung im Interesse der DDR-Bürger bringen sollten. Dazu gehörte das sogenannte Modrow-Gesetz über den Kauf von Häusern und von Grund und Boden, auf dem Eigenheime stehen. Wichtig war uns, die gemäß dem Potsdamer Abkommen von der sowjetischen Militäradministration in den Jahren 1945 bis 1949 getroffenen Entscheidungen zu Eigentumsfragen nachhaltig für rechtmäßig zu erklären. Wir baten die sowjetische Regierung, ein Gleiches zu tun. Die DDR-Regierung faßte ihren Beschluß dazu am 1. März 1990; der Ministerrat der UdSSR zog am 27. März nach. Mit dem 2+4-Vertrag fanden diese Entscheidungen völkerrechtliche Anerkennung.

Das Gewerkschaftsgesetz aber und die Sozialcharta sind wenig später von der freiheitlich gewählten Volkskammer rasch vom Tisch gefegt worden, und der Entwurf einer neuen Verfassung der DDR fand nicht einmal mehr den Weg in die Ausschüsse.

Der Wahlkampf hatte schon begonnen, als die Volkskammer am 20. Februar das Wahlgesetz und am 21. Februar ein Parteien- und Vereinigungsgesetz beschloß. Seit der Bildung der Regierung der Nationalen Verantwortung gab es keine Koalitionsberatung mehr; die Parteien führten ihre Absprachen am Runden Tisch, an dem die Regierung durch einen Stellvertreter des Ministerpräsidenten vertreten war. Im Parteiengesetz hieß es zwar, daß Parteien keine Schenkungen oder anderweitige wirtschaftliche Unterstützungen von anderen Staaten entgegennehmen dürfen, doch inkrafttreten sollte dieser Artikel erst mit dem 1. Januar 1991. Die CDU, ferngelenkt, wie sie schon war, setzte noch eins drauf und erklärte: Die Bundesrepublik sei im Zuge der Vereinigung überhaupt kein Ausland mehr. Da kündigte sie sich erneut an: die Begeisterung eines Nationalkörpers von sich selber. Da die Gesetze den Runden Tisch passiert hatten, gab es für die Regierung keine Chance, dagegenzuwirken.

Inzwischen schossen Parteien wie Pilze aus dem Boden, sie fanden vor der Wahl jedoch keinen Platz mehr am Runden Tisch. Die SPD schwamm auf einer Woge des Vorgefühls von Mehrheit und Macht. Fehleinschätzungen auf der ganzen Linie. Markus Meckel wurde beauftragt, mit mir darüber zu sprechen, wie eine Regierung arbeitet, welche Voraussetzungen in einer Kanzlei zu schaffen seien; selbst die Frage nach möglicher Bereitstellung von Häusern für künftige SDP-Ministerien blieb nicht ausgespart. Die Sozialdemokraten waren sich ihrer Sache zu sicher, um wirklich einen konsequenten, aber realistischen Wahlkampf zu führen.

Der SPD wurde aus den Reihen der PDS, kurz vor deren Parteitag, eine große Offerte gemacht. Zum Glück für unsere Partei griffen die Sozialdemokraten nicht zu. Ich meine den bereits erwähnten Parteiaustritt von Berghofer und Hahn an der Spitze einer fast 40köpfigen Gruppe, darunter auch Generaldirektoren von Kombinaten, wie etwa Friedrich Wokurka, einst Chef bei Robotron. Was nach außen spontan aussah, war bestens überlegt und, wie bei Berghofer immer, mit dem Blick auf Karriere verbunden. Professor Manfred von Ardenne hatte man gewonnen, um den Kontakt zur SPD in Bonn aufzunehmen. Von dort war auch Bereitschaft zur »politischen Verarbeitung dieses Schrittes« signalisiert worden. Außerdem hatte Berghofer aufgrund der Kontakte, die noch mit meinem politischen Wirken in Dresden verbunden waren, gleich zwei Eisen im Feuer – Henning Voscherau in Hamburg für die SPD und Lothar Späth in Baden-Württemberg für die Wirtschaft.

Die politische Weitsicht einiger Politiker in Bonn – besonders von Egon Bahr – zur Einbindung von ehemaligen führenden SED-Kräften scheiterte in der SPD an den karrieremotivierten Berührungsängsten solcher Leute wie Meckel, Hilsberg, Barbe sowie am zaghaften Denken von Vogel. Damals die Weichen psychologisch feinfühliger gestellt – und aus der SED wären gewiß Tausende in die SPD gegangen. Spätere Versuche, leitende Mitarbeiter der SED wie Manfred Uschner für die Sozialdemokraten zu gewinnen, hatten ihre politische Signalwirkung längst verloren, und auch da stemmten sich die Hilsbergs mit forciertem Haß dagegen. Ausdruck irrationaler Ängste deutscher Sozialdemokratie vor allem, was sich in die Nähe des Kommunismus bringen läßt. Historische Erfahrung wird nicht benutzt, um ein nüchtern-rationales Verhältnis zum Kommunismus herzustellen, sondern immer wird nach dem verschwommenen Grund gesucht, sich falsch zu verhalten.

Da für Berghofer der Weg in eine andere Politik nun verbaut war, bereitete er alles vor, um mit Hilfe Lothar Späths in die Wirtschaft umzuschwenken. Was auch gelang. Mit guter sozialer Absicherung und völliger Isolierung von alten Freundes- und Kontaktkreisen. Nicht alles hat Wert, aber sehr vieles einen Preis. Man hatte das FDJ-gestählte Organisationstalent in Dresden Bergatschow genannt, im Zuge radikaler und kühl kalkulierter Selbst-Erneuerung trug der Hoffnungsträger die Hoffnungen vieler rasch mit zu Markte. Ein Mann der schnellen Reaktion: Von Berghofer lernen heißt: überleben lernen. Schließlich kommt »Wolfgang« aus dem Altdeutschen und bedeutet: der Unternehmende.

Die PDS führte am 24. und 25. Februar ihren Parteitag durch. Nicht die SED mit alten Rudimenten, sondern die Partei für einen demokratischen Sozialismus trat in den Wahlkampf ein.

Gegen den Widerstand seines Koalitionspartners, der FDP, hatte mich Henning Voscherau nach Hamburg eingeladen, als einen der Redner beim traditionellen Matthiee-Mahl. Nach Hamburg bin ich auch aus anderem Grunde gern gefahren. Ganz in der Nähe lebten meine Mutter und mein Bruder. Die beiden Schwestern, Ellen und Inge, waren dort, in Schwarzenbeck, auch begraben worden. Die Mutter hatte ich 1989 im Seniorenheim in Reinbek bei Hamburg noch einmal besucht, im Mai 1990 ist auch sie verstorben. Mit meinem Bruder Franz, seiner Frau Maria und den Söhnen Joachim und Hans entstand, nach so vielen Jahren der Trennung, dennoch rasch ein vertrautes Verhältnis. Eine lange Zeit blieb dieser Vertrautheit nicht vergönnt: 1995 starb Franz.

Bereits am 22. Februar, vor meiner Fahrt nach Hamburg, hatten mich PDS-Mitglieder aus verschiedenen Bezirken aufgesucht, junge Menschen und ältere Genossen, und mich nachdrücklich gebeten, doch für die Volkskammer zu kandidieren. Mein Entschluß, es nicht zu tun, stand bis dahin ziemlich fest. Aber ich versprach, ein weiteres Mal darüber nachzudenken. Mit mir fuhren Karl-Heinz Arnold und seine Frau Jutta, die ich seit vielen Jahren kannte und als kluge Journalistin schätzte, in die Elbestadt. Auf der Rückfahrt nach Berlin sprachen wir noch einmal über meine Rede für den bevorstehenden Parteitag. Beide rieten mir ab von einer Kandidatur, und ich selber wußte zweifelsfrei: Man muß sich manchmal auch vor sich selbst schützen. Schnell schmiegt man sich in Legenden hinein, die andere in die Welt setzen; aber bei der Pflege von Legenden stört letztlich am meisten deren persönliche Anwesenheit.

Zwei Momente jedoch gaben schließlich den Ausschlag für eine Kandidatur: Gregor Gysi hatte mit drei Stellvertretern seine Tätigkeit begonnen; einer, Berghofer, war inzwischen davongelaufen, und nun will auch Modrow nicht mehr mitziehen? Eine Kettenreaktion aus Resignation und Feigheit? Für die Skizzierung eines solchen Verdachts wollte ich nicht den Anlaß bieten. Die andere Überlegung verknüpfte sich mit den Chancen der PDS; bei allen Umfragen blieb trotz Angriffen in den BRD-Medien mein Ansehen groß, und die Bitte, dies für die Partei bei den Wahlen einzusetzen, ging bis in die Familie: Auch meine Frau, selbst PDS-Mitglied, sprach sich für meine Kandidatur aus.

So trat ich auf dem Parteitag ans Rednerpult und sagte mein Ja. Natürlich war ich mir bewußt, daß es Angriffe geben würde – gegen den einstigen 1. Sekretär einer SED-Bezirksleitung, gegen den Ministerpräsidenten, mit dem sich die marode SED angeblich noch einmal staatslenkend zu legitimieren versucht hatte.

Mein Entschluß, trotz aller Widersprüche und möglichen Attacken für die Wahl anzutreten, fand Zustimmung bei den Delegierten. Es gelingt mir halt nicht, vor einer Pflicht zu kneifen.

Im Statut der PDS wurde die Funktion eines Ehrenvorsitzenden eingeräumt, und Gregor Gysi schlug mich für dieses Amt vor. Mir schien es geboten, am Wahlkampf teilzunehmen und zugleich gebührende Zurückhaltung zu üben. Ich wollte mich nicht dem Verdacht aussetzen, das Amt des Ministerpräsidenten für Parteiarbeit zu mißbrauchen.

Mit Kerze im Kreml

Meine letzte Reise als Ministerpräsident führte noch einmal nach Moskau. Es war wohl Rainer Eppelmann, der die Idee hatte, vor der Wahl zur Volkskammer Michail Gorbatschow um ein Treffen zu bitten – und zwar mit den Ministern ohne Geschäftsbereich. Es schien, als wollten auch die Oppositionellen Abschied von jenem Mann nehmen, der ihnen in ihrem gesellschaftspolitischen Aufbruch in der DDR so viel Mut und einen entscheidenden Impuls gegeben hatte.

Nach Absprache mit Botschafter Wjatscheslaw Kotschemassow entschlossen wir uns, diese Bitte um ein Gespräch in die Sowjetunion zu übermitteln. Entgegen der Auffassung seines außenpolitischen Beraters Anatoli Tschernajew, der sich schon im Januar 1990 gegen einen Besuch von Gysi oder mir in Moskau ausgesprochen und sich in der Deutschlandfrage absolut auf Helmut Kohl eingepegelt hatte, entsprach Gorbatschow meinem Anliegen und lud uns für den 6. März in den Kreml. Ob Tschernajew schon zu intensiv über die eigene Zukunft nachdachte und sich also aus den vorauseilend guten Diensten für die BRD persönlichen Nutzen versprach, ist schwer zu sagen. Der von ihm bevorzugte Kurs richtete sich jedenfalls in polemischer Deutlichkeit gegen den – wie es doch jahrzehntelang hieß – engsten Verbündeten der Sowjetunion, und aus heutiger Sicht war Moskaus geradezu kriecherischer Schwenk in Richtung Bonn nicht unbedingt dazu angetan, die Interessen der Sowjetunion selbst zu wahren. Mit solchen Kräften wie Tschernajew im Hintergrund war aus 4+2 bald 2+4 geworden.

Vor dem Treffen mit der Regierungsdelegation der DDR hatte ich Gelegenheit, mit Michail Gorbatschow und Nikolai Ryshkow zu sprechen. Es war ein sehr persönliches Gespräch – und der besondere Grad an Vertrautheit, auch Gelöstheit ergab sich aus der schlichten Tatsache, daß es kaum Sinn machte, etwa über künftige Zusammenarbeit zu beraten. Seltsam: Das, was den eigentlichen Sinn eines solchen Gesprächs ausgemacht hätte, war zugleich wie eine Last von uns gefallen, und so offenbarte sich in der Befreitheit der Begegnung, daß sich Politiker manchmal erst dann einander näherkommen, wenn sie das strenge Korsett der Dienstlichkeit abstreifen können. Fallen die Tagesordnungspunkte weg, diese Stimulanzen des geschäftig-unprivaten Umgangs miteinander, so müssen sich einzig und allein die Fähigkeit und der Wille zum menschlichen Kontakt erweisen.

Ein Anliegen trug ich dennoch vor: Wenn es die sowjetische Seite für nützlich hielte, sollten sich Gruppen von Experten noch vor der Volkskammerwahl treffen, um Fragen künftiger wirtschaftlicher Zusammenarbeit unter den völlig neuen Marktbedingungen einer nahen Vereinigung beider deutscher Staaten zu beraten. Mir erschien dies nützlich, weil Partner, die einander seit langem kannten und sich wirklich und wahrhaftig von den Interessen der Sowjetunion und der DDR leiten ließen, offen über alle Probleme sprechen konnten, einschließlich über die wechselseitigen Erfahrungen mit der Bundesrepublik. Gorbatschow stimmte dem zu, die Idee wurde zwar erst nach der Wahl, aber noch während meiner Amtszeit realisiert. Unter der Leitung von Professor Karl Grünheid reisten unsere Experten später gut vorbereitet nach Moskau und trafen sich mit dem Stellvertreter des Vorsitzenden des Ministerrates, Silajew. Nachhaltiges jedoch brachte dieser Versuch nicht. Die Naivität, einen letzten Rest Gemeinsamkeit festzuhalten, mußte sich dem politischen Realismus eines sich vorfreudig selbst feiernden Systemwechsels beugen.

Für das Moskauer Treffen hatte sich besonders Rainer Eppelmann engagiert und geradezu rührig-bewegt vorbereitet. Als Zeichen der Achtung und der Verbundenheit wollte er Michail Gorbatschow das Symbol des Herbstes 1989 überreichen, eine große brennende Kerze. Er bat mich, dies dem sowjetischen Parteichef vorher zu sagen, damit es keine Mißverständnisse geben möge. Wo diese Moskauer Kerze verblieb, weiß ich natürlich nicht. Bei uns zuhause in der Küche steht aber noch immer jene Kerze, die Rainer Eppelmann bei einem Besuch in unserer Berliner Wohnung meiner Frau überreicht hatte.

Michail Gorbatschow begrüßte uns im Kreml, nicht im ZK der KPdSU. Damit unterstrich er, daß es bei diesem Treffen keinesfalls um eine Angelegenheit zwischen Parteien ging. Auch Ryshkow, der Vorsitzende des Ministerrates, nahm an dem Gespräch teil. Gorbatschow verwies darauf, daß die gegenwärtige DDR-Regierung in einer kurzen, aber geschichtlich wichtigen Periode ihre Arbeit verrichte; er bescheinigte uns großes Verantwortungsbewußtsein.

Wie unter uns abgesprochen, schlug ich vor, daß sich zunächst einige der Minister äußern, denn dieses Treffen sei ja eine Angelegenheit des gesamten Kabinetts. Rainer Eppelmann begann mit einem dreifachen Dank an die

UdSSR: erstens für die Befreiung vom Hitlerfaschismus, zweitens für die Bemühungen um Abrüstung, drittens für jenen Impuls in der DDR-Entwicklung, der ohne Gorbatschow nicht möglich gewesen wäre. Er bat, die UdSSR möge all ihre Möglichkeiten für den europäischen Einigungsprozeß nutzen. Die deutsche Vereinigung sei nicht zu bremsen, es dürfe aber kein Auseinanderklaffen zwischen nationalem und internationalem Prozeß geben.

Wolfgang Ullmann sprach von den Schwierigkeiten, die sich aus dem Ansinnen der BRD und der USA ergäben, das vereinte Deutschland zum NATO-Mitgliedsstaat zu machen. Er schließe sich meinem Vorschlag einer militärischen Neutralität an. Diese Frage müßte auch Bestandteil der 4+2-Verhandlungen sein; die Sowjetunion möge dabei auch die Position der Regierung der DDR zur Sicherung der mit dem Ende des Zweiten Weltkrieges geänderten Besitzverhältnisse im Osten Deutschlands unterstützen.

Matthias Platzeck dankte Michail Gorbatschow im Namen der Jugend der DDR, er habe ihr viel Mut gegeben. Die Freundschaft zwischen beiden Völkern zu vertiefen sei wichtig. Dazu sollte ein gemeinsames Jugendwerk beitragen, an dem sich auch die BRD beteiligen könnte. Dieses Jugendwerk sollte von nichtstaatlichen Organisationen und Stellen getragen sein.

Gerd Poppe hob die Bedeutung der ersten freien Wahlen in der DDR hervor und betonte die Bedeutung des Wandels in der UdSSR für die friedliche Revolution in der DDR. Sie habe zu einer Demokratie geführt, die nun allerdings durch das Eingreifen von BRD-Politikern im Wahlkampf bedroht sei.

Diese Ausführungen sind Dokumente einer im nachhinein fast tragisch wirkenden Kurzzeitigkeit reformerischen Denkens – das noch immer seine DDR-Wurzeln und die plötzlich so große Hoffnung nicht verleugnete, auf deutschem Boden entstünde vielleicht ein neues demokratisches Gebilde, das die alte DDR ebenso in die Geschichte entlassen würde wie die alte Bundesrepublik.

Es gab nicht nur die eine Wende 1989; Wendebewegungen bestimmen das Leben derer, die sich gerade in jenen Wochen und Monaten für die Politik entschieden, offenbar bis heute. Die Träume sind zerstoben, die Hoffnungen versanken in jenem Dunkel, in dem die demokratischen Fiktionen ruhen; geblieben ist eine dumpfe Ahnung von Täuschung und Selbsttäuschung, die aber im Spiel der neuen, nämlich altbundesrepubikanischen Geläufigkeit um Gottes willen (also Postens willen) nicht gezeigt werden darf.

In meinen Ausführungen bei Gorbatschow betonte ich die breite politische Plattform, mit der die Regierung der Nationalen Verantwortung in die letzten Wochen vor der Wahl am 18. März gegangen sei. Auf dem Gebiet der Wirtschaft dürften die jeweils spezifisch ausgeprägten Beziehungen zwischen der DDR und der UdSSR sowie der BRD und der UdSSR nicht einem falschem Vereinigungsverständnis geopfert werden; mit der Zerschlagung aller speziellen Strukturen der ökonomischen Kooperation entstünde wahrscheinlich großer Schaden.

Michail Gorbatschow sprach zunächst über die Veränderungen in der Sowjetunion, die nicht Ausdruck der Schwäche und Instabilität seien, wie einige Politiker in der BRD und in den USA mit jenen seltsamen Untertönen mutmaßten, die man aus Polizeistationen kenne, bevor es zum Einsatz komme, der wieder Ordnung schaffen soll. Die Sowjetunion sei nicht unter Druck zu setzen und damit zu Zugeständnissen zu zwingen, die ihren Interessen nicht entsprechen. Gorbatschow sagte, und wie immer schaute er seinen Gesprächspartnern mit entwaffnender Offenheit ins Gesicht, die Menschen in der DDR hätten ihren Stolz und ihre Würde, und die im Lande erbrachten Leistungen seien allen, wie sollte es anders sein, wohlbekannt. Man müsse in der BRD ernsthaft nachdenken, dürfe dort nicht den Elefanten im Porzellanladen spielen und sich nicht zur Geißel merkwürdig nationalistischer Ambitionen machen. Mit Bush habe er gesprochen, der ihm sagte, die USA und die BRD seien sich einig, ein vereinigtes Deutschland müsse der NATO angehören. Dies, so Gorbatschow, lehne er entschieden ab. Nanu, dachte ich. Weder die USA noch die UdSSR dürften so handeln, daß Sicherheit und Interessenbalance in Europa gefährdet werden. Wenn von der Mitgliedschaft des vereinten Deutschlands in der NATO keine Gefahr für Europa ausgehe, dann – er lachte, und dieses Lachen sollte die Ernsthaftigkeit und geradezu natürliche Logik seines Arguments unterstreichen – könne Deutschland ja auch Mitglied des Warschauer Vertrages werden. Die Beziehungen zwischen Deutschland und Rußland, hob der Regierungschef hervor, seien für die Geschichte immer von Bedeutung gewesen. Das, was sich im Verhältnis der DDR zur Sowjetunion in Jahrzehnten gestaltet habe, müsse auch in den Beziehungen des vereinigten Deutschlands zur UdSSR eingebracht und weiterentwickelt werden.

Manches mag im Sommer 1990 beim Treffen zwischen Michail Gorbatschow und Helmut Kohl schon anders geklungen haben und war gewiß weit von dem entfernt, was Valentin Falin zur deutschen Frage am 18. April in einer längeren Botschaft an Michail Gorbatschow übermittelte. Da wird die militärische Neutralität betont, die Gestaltung eines Prozesses der Vereinigung vertreten und gegen den Anschluß nach Artikel 23 polemisiert. Auch beschwört Falin noch einmal die Gefahren großer Verluste für die Sowjetunion aus der Währungsunion, wenn es nicht zur Bewahrung von Elementen der wirtschaftlichen Zusammenarbeit zwischen Moskau und der DDR kommt.

Worte in den Wind.

Am 7. März tagte die Volkskammer zum letzten Mal vor der Wahl.

Ich gab eine Information über den Besuch in Moskau, und letztmalig wurden Gesetze beschlossen, die in der Phase des Übergangs die Interessen der DDR-Bürgerinnen und Bürger sichern sollten: das Gesetz über den Verkauf von volkseigenen Gebäuden, Grundstücken und Boden für Eigenheime; eine Sozialcharta; das Gesetz über die staatlichen Pflichten, Kunst und Kultur zu schützen; ein Gesetz zur Gründung und Tätigkeit privater Unternehmen und Unternehmensbeteiligung.

Auch der Runde Tisch trat, am 12. März, letztmalig zusammen, er nahm Berichte zur Auflösung des MfS und der Entwicklung des Bereiches Kommerzielle Koordinierung entgegen. Er verabschiedete eine abschließende Erklärung über seine Tätigkeit seit dem 7. Dezember 1989.

Der Bericht von Werner Fischer über die Auflösung des Geheimdienstes eines Staates ist noch immer eine Einmaligkeit. Was weiß die Öffentlichkeit eines beliebigen Landes bis heute über die Tätigkeit seines Geheimdienstes? Nichts! In der BRD wird das MfS der DDR öffentlich gemacht – der Verfassungsschutz und der Bundesnachrichtendienst aber bleiben das streng gehütetste Geheimnis. Der eine deutsche Geheimdienst wird pauschal verfolgt, die für ihn in der BRD tätig waren, werden verurteilt – während jene, die für die BRD in der DDR tätig gewesen sind, rehabilitiert und entschädigt werden.

Die Tätigkeit des MfS ist nicht zu verteidigen, aber sie trägt einen sehr differenzierten Charakter. Und die wichtigste Lehre daraus wäre die Konsequenz, Geheimdienste generell einzuschränken und mehr und mehr abzuschaffen. Formen und Methoden dieser Bereiche gleichen sich auf der gesamten Welt, und in bestimmten Situationen führen sie ein gefährliches, pragmatisches, undurchsichtiges Eigenleben. Daran ändert auch die immer wieder hervorgehobene parlamentarische Kontrolle der Geheimdienste in der Bundesrepublik nichts.

Der sachliche Bericht Werner Fischers informierte darüber, daß Regierung und Runder Tisch den Personalbestand aufgelöst hatten, die materiellen Werte zum Nutzen der Gesellschaft wirksam gemacht, die Waffen eingezogen und Kilometer von Akten aufbewahrt worden sind.

Ein Problem freilich blieb unerwähnt: die Auflösung der Hauptabteilung Aufklärung. In dieser Sache gab es Einverständnis, die Akten zu vernichten, um die, wie sie einst hießen, »Kundschafter für den Frieden« nicht der bundesdeutschen Justiz auszuliefern. Über jene, die an diesem Agreement beteiligt waren und dafür sorgten, die Aktenvernichtung zu gewährleisten, werde ich mich nicht äußern. Die Entscheidung aber halte ich bis heute für richtig; ich betrachte sie als Teil der Pflicht eines Regierungschefs. Das Ausmaß an Verrat allerdings – anders kann ich das Verhalten jener Führungsoffiziere des Ministeriums für Staatssicherheit nicht bezeichnen, die sich bereitwillig dem BND öffneten – konnte ich damals nicht ahnen. Nach wie vor fühle ich mich solidarisch denen gegenüber, deren Verfolgung ich verhindern wollte. Zu diesem Bekenntnis gehört mein Besuch bei dem zu 12 Jahren verurteilten Kundschafter Rainer Rupp in der Strafanstalt in Saarbrücken und mein bewußtes öffentliches Auftreten für die »Kundschafter für den Frieden«.

Die Schlußerklärung des Runden Tisches erinnerte noch einmal an die unter Spannungen zustandegekommene erste gemeinsame Beratung mit mir als Ministerpräsidenten; dieses Treffen habe Zeichen gesetzt, und seitdem trug die Zusammenarbeit von Rundem Tisch, Volkskammer und Übergangsregierung dazu bei, die politische Stabilität des Landes und dessen außenpolitische Handlungsfähigkeit zu bewahren.

Im Hinblick auf die Neuwahlen der Volkskammer und eine neu zu bildende Regierung gab der Runde Tisch politische Empfehlungen, die in 6 Punkten zusammengefaßt wurden. Wichtigste Elemente waren soziale Stabilität, Gleichberechtigung der beiden deutschen Staaten im Vereinigungsprozeß, die schrittweise Aufhebung der militärischen Blöcke im Rahmen des KSZE-Prozesses, die Beachtung der demokratischen Formen und der politischen Streitkultur des Runden Tisches bei der künftigen Entwicklung.

Jene, die wenig später bei den Wahlen siegen sollten, stimmten solchen Positionen zu – um sie dann in ihrer praktischen Regierungsarbeit schlichtweg und geradezu selbstverständlich zu mißachten.

Peter Moreth, Stellvertreter des Ministerpräsidenten, dankte im Namen der Regierung dem Runden Tisch. Die ausgesprochene Erwartung, er möge ein Impuls für die Zukunft sein, hat sich ebenfalls nicht erfüllt. Es war Helmut Kohl, der später sagte, alle demokratischen Entscheidungen lägen ausschließlich beim Parlament. Volksabstimmungen und Volksbefragungen entsprächen nicht dem Grundgesetz, und von der Straße, sprich: von außerparlamentarischen Aktionen, werde sich die Bundesregierung nicht beeindrucken lassen. Nein, Systemveränderungen kamen in der gefeierten Stimmungsdemokratie dieser Bundesrepublik stets von woanders her, und für mich ist klar, was diese Zukunft bedeutet: weitere Überantwortung von unkontrollierter Macht an eine politisch-wirtschaftliche Elite; faktische Aushöhlung des Parlamentarismus bei gleichzeitiger Pseudodemokratiesierung durch Bürgerinitiativen in Belanglosigkeiten oder das großzügige Gewähren karikativer Barmherzigkeiten. Die Ratlosigkeit der Politiker in wichtigen Fragen kann in Zukunft durchaus zu einer wechselseitigen Steigerung von Agitation und Gläubigkeit führen; nächste Stufe: Fanatismus – gegen links natürlich.

Am 15. März 1990 führte die Regierung Modrow ihre letzte Sitzung durch.

Schon in den Beratungen am 1. und 7. März stieg die Liste der im Umlauf bestätigten Vorlagen auf über 20, zur letzten Beratung lagen schließlich 59 Vorlagen auf dem Tisch. Von der Zeit getrieben, suchten wir nach jeder Chance, noch möglichst viele verbindliche Entscheidungen zu treffen. Wenn es der neuen Regierung unter Lothar de Maizière zunächst noch möglich sein sollte, sich auf eine bestimmte Stabilität in der DDR zu stützen, so bildeten Tätigkeit und Beschlußfassung meiner Regierung dafür eine wesentliche Grundlage. Je mehr die letzte Regierung der DDR aber in den Strudel der Übergabe des Staates an die Bundesrepublik geriet, desto schwächer wurde ihre Bewahrungskraft für die Interessen von DDR-Bürgern.

Die letzte Sitzung. So wie Überschwenglichkeit nie meine Art war, so wenig ist es auch das öffentliche Zelebrieren von Traurigkeit. Nie wehrte ich mich widerspenstig gegen die Pflichtgebote der Zeit; in alle Phasen meines Lebens ging ich mit Engagement, aber zugleich mit dem Wissen um Endlichkeit. Alles hat seine Zeit. Das ist nicht Abklärtheit, sondern hat wohl etwas mit der Kühle meines Herkunftsortes zu tun. Ein wichtiger Abschnitt meines politischen Lebens ging zu Ende, ich ahnte eine bittere Entwicklung voraus; nur wenig Trost fand ich in dem Umstand, daß dieser Regierung objektiv wenig Dynamik und wirklicher Veränderungsspielraum gegönnt war. Aber ich ging doch mit dem Gefühl, getan zu haben, was in meinen geistigen und körperlichen Kräften stand. Wir, die Regierung Modrow, hatten das Risiko gewagt, uns auf eine große Verantwortung einzulassen. Selbst wenn am Ende mehr Fragen blieben als Antworten gegeben werden konnten: Wir waren kein Kabinett des Resteverkaufs, und diese Tatsache läßt mich guten Gewissens auf diese schwere schöne Zeit zurückblicken.

Auf der letzten Sitzung dankte ich allen, und ich hatte das Gefühl, daß viele von uns sich durch die Arbeit menschlich ein Stück näher gekommen waren. Vielleicht ist es rückblickend gut, noch etwas zu denen zu sagen, die mit mir in der Regierung ihre Pflicht taten.

Zunächst gab es eine Gruppe, die bereits im Kabinett Stoph arbeitete, Persönlichkeiten, auf die ihre jeweiligen Parteien nicht verzichten wollten – unabhängig der ständig neu aufflammenden Diskussionen über »Altlasten« und »Altkader«. Das galt in der SED für Oskar Fischer, den Außenminister, Gerhard Beil, Außenhandelsminister, Gerhard Schürer, Vorsitzender der Plankommission, Kurt Singhuber, verantwortlich für Bergbau, Metallurgie und Kali, sowie Klaus Thielmann, Gesundheitswesen. In der LDPD war es Hans-Joachim Heusinger, in der DBD Hans Reichelt und in der NDPD Manfred Flegel. Während Gerhard Schürer auf eigenen Entschluß ausschied, sein Nachfolger Karl Grünheid von mir benannt wurde, sind Hans Reichelt und Hans-Joachim Heusinger auf Vorschlag ihrer Parteien abberufen worden; mit Kurt Wünsche (LDPD) und Peter Dietrich (DBD) schlugen diese Parteien auch den jeweiligen Nachfolger vor.

Für die Regierung bedeuteten diese Minister ein Gewinn, da sie einerseits reiche Erfahrungen mitbrachten, andererseits genügend Willen zu konfliktreicher Verantwortung und Neugier auf Neues besaßen. Und genügend Kraft hatten, beides eine Weile durchzuhalten. Mit Oskar Fischer treffe ich mich noch immer, im Rat der Alten beim Bundesvorstand der PDS, zu deren Sprechern er gehört. Gerhard Beil gehört zu den Fachleuten, die in der Bundesrepublik stark gebraucht werden, aber nicht gelitten sind. Da wird gesucht und geschnüffelt, was in seiner Tätigkeit gegen das Militärratsgesetz § 53 verstoßen haben soll. Alles, was trotz westlich verhängtem Embargo in die DDR importiert wurde, will man zum Anlaß für einen Prozeß nehmen. Angeblich hat jegliche Strafverfolgung von Verantwortlichen der SED und des Staates ihren Anlaß in gebrochenem DDR-Recht – was aber verbindet ein bundesdeutsches Militärratsgesetz mit dem Recht der DDR? Gerhard Beil trägt sein Haupt gerade und verleugnet sein bisheriges Leben nicht.

Die beiden weiteren Fachleute im Amt, Kurt Singhuber, ein hochqualifizierter Metallurge, und Klaus Thielmann, Arzt und Hochschullehrer, habe ich aus den Augen verloren. Sie mich aber auch, denn den Weg in die Nachfolgepartei PDS wollten sie nicht gehen.

Den Rücktritt von Hans Reichelt bedauerte ich sehr. Wir hatten in der DDR viele Komplikationen in Sachen Umweltschutz zu bestehen, und wir nahmen manche Dinge im Wasser- und Abwasserbereich in Angriff, die in Berlin nicht gern gesehen wurden. Als ich Hans Reichelt bat, den Vorsitz der Gesellschaft für Rechtliche und Humanitäre Hilfe zu übernehmen, um denen zu helfen, die sich gegen politisch-juristische Verfolgung und Ausgrenzung wehren, zögerte er nicht und hat dieses Amt über mehrere Jahre ausgeübt.

Die Vertreter der zweiten Gruppe – natürlich ist meine schematische Einordnung nicht ganz ernstzunehmen – hatten bereits als Stellvertreter von Ministern gearbeitet, Spezialisten der zweiten Reihe sozusagen. Mit Ausnahme von Gunter Halm, Minister für Leichtindustrie, der in der NDPD war, gehörten die anderen der SED an: Lothar Ahrendt als Innenminister; Karl Grünheid als Leiter der Wirtschaftskommission, die im Januar 1990 an Stelle der Staatlichen Plankommission trat; Theo Hoffmann, Verteidigungsminister; Dietmar Keller, Minister für Kultur; Heinrich Scholz, Verkehrsminister; Wolfgang Schwanitz, bis Mitte Dezember 1989 Leiter des Amtes für Nationale Sicherheit; Uta Nickel, bis Februar Ministerin für Finanzen; Wolfgang Meyer, Regierungssprecher und Leiter des Presseamtes.

Wolfgang Schwanitz kam in den eigenen Reihen des Ministeriums für Staatssicherheit schon unter Druck, bevor ich diese komplizierte Situation erkannte. Zwischen uns, ich habe es an anderer Stelle des Buches angedeutet, entstand kein Vertrauen, und mir ist bis heute nicht klar, warum er von Erich Mielke vorgeschlagen und dieser Vorschlag vom ZK der SED abgesegnet wurde. Ob es aus dem Kreis der Kandidaten einen Besseren gegeben hätte, dies kann und will ich nicht beurteilen. Mit einem Leiter aber, der mehr Vertrauen besessen und sich mir nicht so verschlossen hätte, wäre die unvermeidliche Auflösung des Amtes vielleicht reibungsloser und offener vonstatten gegangen.

Ohne dieses Thema weiter strapazieren zu wollen, noch ein paar Bemerkungen dazu: Kurz nachdem ich aus dem Amt des Ministerpräsidenten geschieden war, saß ich mit Herrn Boeden, Chef des Verfassungsschutzes, bei Lea Rosh in einer Fernseh-Talkrunde. Boeden betonte mein Weisungsrecht als 1. Sekretär einer SED-Bezirksleitung gegenüber dem MfS, was für mich bis heute eine Auslegungsfrage bleibt. Aber inzwischen weiß ich, daß es bei bestimmten Leuten im Zusammenhang mit DDR-Strukturen festgefügte Wunschinterpretationen gibt, gegen die man nicht andiskutieren kann, am wenigsten mit der eigenen Erfahrung; man stört dämonisierende Fiktionen. Im unbedingten Willen, diese Leute wenigstens sanft zu korrigieren, habe ich nachgelassen. Es bringt nichts; weil die Weltsichten nicht zueinanderfinden, gibt es auch in Details keine Annäherung oder zumindest die Mühe, die Erfahrung und Interpretation des anderen zu tolerieren. Tatsache ist, daß meine Regierung ohne Geheimdienst arbeitete, gegen uns aber zahlreiche Geheimdienste wirkten. Der BND hatte, so sein Präsident Konrad Porzner im Dezember 1992, als Schwerpunkte gegenüber der DDR die Wirtschaft, die Infrastruktur und den politischen Druck im Inneren des Landes. Der Informationsgewinn ging bis ins Politbüro. Wo mögen sie dann noch ihre Quellen gehabt haben, wenn sogar schon in der Parteiführung? Bei den angegebenen Schwerpunkten ihrer »Forschung« doch gewiß auch in der Regierung, in den Ministerien, in den Kombinaten – und überall dort, wo der Druck im Inneren des Landes entstand und sich ausweitete. Es herrschte jedenfalls eine derart rege geheimdienstliche Tätigkeit in der DDR, daß dem Bundeskanzleramt ständig Informationen zuflossen. Die, so Porßner, allerdings nie für die unmittelbare Politik zwischen DDR und BRD ausgewertet wurden. Denn nach außen hin sollte jenes schöne öffentliche Bild geheimdienstfreier Regierungsarbeit bewahrt bleiben, an das freilich niemand glaubte – das man aber mit Blickrichtung DDR in gut einstudierter Inszenierung laut und verwundert, entgeistert und entsetzt beschwor, weil sich ein Modrow schwer damit tat, den eigenen Geheimdienst aufzulösen und damit gleichsam den eigenen Staat zu entblößen.

Schließlich gab es eine dritte Gruppe in der Regierung, die erstmalig eine zentrale Ebene in staatlichen Ämtern betrat:

Gerhard Baumgärtel, CDU, als Bauminister; Bruno Benthin, LDPD, verantwortlich für Tourismus; Peter-Klaus Budig, LDPD, für Wissenschaft und Forschung; Prof. Emons, SED, für Bildung; Hannelore Mensch, SED, für Arbeit und Löhne; Hans Watzek, DBD, für Landwirtschaft; Klaus Wolf, CDU, für Post- und Fernmeldewesen.

Gerhard Baumgärtel und Hannelore Mensch wurden später, wie ich, wegen Wahlfälschung angeklagt und verurteilt. Baumgärtel, der inzwischen verstarb, hat sehr unter dieser Anklage gelitten. Peter-Klaus Budich schaffte noch einen kurzen Aufstieg zum Präsidenten der Kammer der Technik (KDT) und zeigte großen Eifer, sich seiner neuen Partei, der FDP, anzudienen – was aber gar zu sehr auf Kosten der KDT geschah. So fiel die Techniker-Organisation den neuen Verhältnissen zum Opfer, und Peter Budich fiel zwischen den Stühlen durch.

Mit Hans Watzek bin ich freundschaftlich verbunden; wir setzen uns heute gemeinsam für diejenigen ein, denen genommen werden soll, was sie mit dem Modrow-Gesetz erhielten. Und für jene, deren Eigentum bedroht ist, weil von bundesdeutscher Seite die Aushöhlung der Enteignung durch die sowjetische Militäradministration von 1945 bis 1949 betrieben wird.

Meine drei Stellvertreter im Amt waren Christa Luft, Lothar de Maizière und Peter Moreth. Letzterer arbeitete später eine kurze Zeit als Leiter der von uns gebildeten Treuhandanstalt, dann verdrängten ihn die Westdeutschen. Von den hohen Gehältern und gewaltigen Abfindungen, die von der Treuhand gezahlt wurden, ist er »verschont« geblieben. Als einer der vielen neuen Existenzgründer lernte er inzwischen die Segnung des Kapitalismus, an einem ständigen Überlebenskampf beteiligt zu sein, gründlich kennen.

Die Minister ohne Geschäftsbereich nahmen ihre Verantwortung mit großer Ernsthaftigkeit wahr. Das gilt besonders für Walter Romberg, Wolfgang Ullmann und Rainer Eppelmann. Sie entwickelten eigene Initiativen, um die Regierung zum Handeln herauszufordern und schauten wachsam auf die Ausgewogenheit und Transparenz von Entscheidungen, damit es zwischen Regierung und Rundem Tisch nicht zu Gegensätzen kommt. An Ullmann immer wieder beeindruckend: Sein Talent zu Versöhnung und Bescheidenheit brachte er ebenso ruhelos ein wie seine Empörungskraft. Die aber niemals und niemanden verletzte. Und die ihn nie aus der Verankerung fast väterlicher Besonnenheit riß. Einmal verließ er zornig die Volkskammer; so still war es selten im Saal. Matthias Platzeck hat den kurzen Minister-Lehrgang in der Modrow-Regierung wohl gut absolviert, sein Wirken als Umweltminister im Land Brandenburg spricht jedenfalls dafür. Sebastian Pflugbeil hatte vor allem ein Thema: das Kernkraftwerk Greifswald. Der Regierung fehlten allerdings Zeit und Kraft, um das Problem Kernenergie grundlegend zu behandeln. So blieb Pflugbeil ein beharrlicher, trotzig kolhlhaasscher Einzelgänger. Tatjana Böhm fand mit dem Engagement für eine Sozialcharta ihren Platz.

Auch nach den Wahlen am 18. März trug die Regierung noch weiter Verantwortung, sie hatte amtierenden Charakter. Zwei Dienstbesprechungen wurden noch durchgeführt. Jetzt blieb sogar Zeit, um in die Sauna im Gebäude des Ministerrates zu gehen. Aber wirkliche Gelöstheit hat auch das nicht bringen können, zu groß blieb die Anspannung.

Die Übergabe an Lothar de Maizière fand im Amtszimmer des Ministerpräsidenten statt. Sie war exakt vorbereitet. Alle Minister hatten, entsprechend meiner Weisung, für ihren Geschäftsbereich eine kurze Wertung erarbeitet und alles zusammengetragen, was noch an Vorlaufarbeit für Gesetze und Verordnungen geleistet worden war. Mir klang dabei immer noch in den Ohren, was Schwanitz über den leeren Panzerschrank von Mielke in der Volkskammer gesagt hatte, und mir kam ins Gedächtnis, wie sich die Übergabe Willi Stophs abgespielt hatte. So beschämend wollte ich mich auf keinen Fall verabschieden.

Seit der Zeit, da ich als Ministerpräsident noch im Amt war, beschäftigt bestimmte Gemüter eine Begegnung mit dem Bundespräsidenten Richard von Weizsäcker. Er hatte zu einer festlichen Veranstaltung eingeladen, deren Anlaß mir allerdings entfiel. In Erinnerung blieb mir, daß auch Wolfgang Berghofer daran teilnahm, den ich nach seiner Flucht aus der PDS hier zum ersten Mal wieder traf. Richard von Weizsäcker war der einzige Politiker aus der BRD, der noch bereit war, sich mit mir zu treffen. Ohne Arg, ohne Kalkül, ohne den kalten Zug der protokollarischen Routine. Daher wollte ich die Gelegenheit nutzen, um vor dem Empfang über die sich immer deutlicher herausschälenden Probleme der Vereinigung zu sprechen: die zu erwartende politisch-juristische Verfolgung, die fatale Unterschätzung der komplizierten Prozesse in der Wirtschaft und im sozialen Bereich sowie die unbedingt zu bewahrende gegenseitige Achtung der Deutschen. Richard von Weizsäcker erwies sich erneut als großer, aber unaufdringlicher Moralist, der in den kommenden Zeiten stets darauf aus war, Schaden zu begrenzen und Anstand in die Politik zurückzubringen. Frühzeitig verwies er darauf, daß die Konzentration der Kräfte zur Machterhaltung in der Bundesrepublik die offene konzeptionelle Arbeit übersteigt, »von geistiger Führung ganz zu schweigen«.

Ich bin, wie mehrfach betont, kein Mensch der Inszenierungen. Auch Abschiede möchte ich eher herunterspielen, bin karg und spröde wie der Norden, aus dem ich stamme. Wenn es überhaupt einen Abschied aus der Klosterstraße gab, dem Sitz des Ministerrates, dann war es die Zusammenkunft mit den Mitarbeiterinnen und Mitarbeitern, die in meinem direkten Umfeld arbeiteten. Die Gewerkschaft hatte dafür die Initiative ergriffen, ich wurde als Gast eingeladen. Dies fand ich angenehm, es war mir lieber, als nun selbst so etwas wie die Schlußmesse zu zelebrieren.

Mit Harry Möbis, dem Staatssekretär und Leiter der Kanzlei, entstand in den wenigen Monaten unserer gemeinsamen Tätigkeit eine feste, tragfähige Freundschaft. Die neudeutschen Verhältnisse ließen Harry keine Chance, in dem Haus, in dem er Jahrzehnte gewohnt hat, zu verbleiben. Er fand seine Heimat wieder dort, wo er Kindheit und Jugend verbrachte, in einem Dorf an der Grenze zwischen Sachsen-Anhalt und Thüringen. Günter Bötling, der Leiter des Büros, verzog gleichfalls von Karolinenhof nach Eichwalde. Die neue Zeit setzte Rückgabe vor Entschädigung.

Der Vorwurf der westdeutschen Seite zum Modrow-Gesetz begann sehr früh, und es klang, als habe ich nur dafür sorgen wollen, ein paar Dutzend Privilegierten die Häuser zu erhalten. Was die Medien ausspuckten, griff in den Köpfen der Politiker (und umgekehrt!) – und so wurden unter dem Vorwand, Ungerechtigkeit zu bekämpfen, Hunderttausende ins Unrecht und aus dem Haus gedrängt. Westdeutsche Teufelsaustreiber im Kampf gegen spätsozialistische Dämonen.

Die Transferstrategie meiner Regierung entsprach keinem Selbstbehauptungswillen alter Kader, und eine Symbiose von »Altlasten« und »Wendegewinnlern« lag nicht in meiner Absicht. Aber die Klischees werden gepflegt und die Verdächtigungen frisch gehalten, weil man ostdeutsche Vergangenheit wohl nur »bewältigen« kann, in dem man sie trotzig verfälscht. Der bundesdeutsche Kolportage-Apparat sollte sich nicht so ungebrochen selbst zugute halten, daß die kritischen Stimmen vieler ehemaliger DDR-Bürger über einstige Spitzenfunktionäre nicht abebben, ja vielleicht sogar wieder stärker werden: Es ist nicht a priori voraussetzungsloser Antikommunismus, sondern möglicherweise, angesichts von Erfahrungen im neuen System, auch Ausdruck des vergleichenden Zorns darüber, daß die SED eine gar nicht so üble Sache an den Baum fuhr.

In meine Amtszeit fielen auch zwei Begegnungen, die zwar völlig unterschiedlichen Charakter trugen, aber mich gleichermaßen menschlich tief berührten und bewegten.

Der Demokratische Aufbruch mußte erfahren, daß sein Vorsitzender Wolfgang Schnur einst als Rechtsanwalt Kontakte zum MfS hatte. Auch in diesem Fall wurden kaum die Umstände der Verstrickung näher geprüft, es setzte sofort die Verurteilung ein. Dabei erwies sich Schnurs Stellvertreter Rainer Eppelmann, sein baldiger Nachfolger, besonders aktiv. Nun wollte Schnur freilich hoch hinaus, sein immer ein wenig verkrampft und verbissen wirkender Ehrgeiz schuf ihm nicht gerade viele Freunde. Er erklärte sich beizeiten und ziemlich unbegründet zum künftigen Ministerpräsidenten der DDR und suchte jede Gelegenheit, neben Helmut Kohl auf Wahltribünen zu stehen. Das trieb die berüchtigte Maschinerie hinter den Kulissen maßgeblich an. Einmal mehr erwies sich der »Spiegel« als Sachwalter des öffentlichen Rechts und begann die Enthüllungen. Schnur erlitt einen nervlichen Zusammenbruch. Er war, zur großen Enttäuschung für Helmut Kohl, zum Feind in den eigenen Reihen, allerdings auch zum Wegbereiter für Eppelmann geworden. Der im Demokratischen Aufbruch in Ruhe ernten konnte, was der Rechtsanwalt gesät hatte, und aufstieg bis in Spitzenfunktionen der CDU und des Bundestages.

Als mich die Bitte des kranken Wolfgang Schnur für ein Gespräch erreichte, bat ich zunächst Rainer Eppelmann, den Besuch abzustatten. Ich dachte, diese Bitte sei eine allgemeine Regierungsanfrage, und da schien mir Eppelmann der Naheliegendste. Aber der lehnte ganz entschieden ab. Und dann erfuhr ich, daß Schnur nur mit mir reden wollte. Er hatte mich im Januar am Runden Tisch mit großer Schärfe angegriffen, sogar meinen Rücktritt gefordert. Daher war mir zunächst nicht klar, weshalb er ausgerechnet mich sprechen wollte. Aber für mich gab es dennoch keinen wirklich ernsthaften Grund, eine solche Bitte abzuschlagen, und so kam es zu einem Gespräch unter vier Augen.

Was er mir über sein persönliches Schicksal erzählte, war von dem dringenden Bedürfnis geprägt, es jemandem mitzuteilen, der damit keinen Mißbrauch betreibt. Ihn quälte große Sorge um seine Familie, und er bat mich, ihr zu helfen. Mich habe er dazu bestimmt, weil er sicher sei, ich würde die Zusage von Unterstützung nicht nur als Floskel gebrauchen. Wolfgang Schnur ist zu einer gebrochenen Persönlichkeit geworden. Eine Wurzel liegt in jenem nicht zu entschuldigenden Sicherheitsfanatismus der DDR, bei dem Loyalität, Treue und ein bestimmter Ehrgeiz von Bürgern vielfach in verantwortungslose und selbstzerstörerische Observationsbereitschaft umfunktioniert wurden. Aber ebenso tragen jene eine Schuld, die diese Verstrickung nun zum politischen Instrument der Erpressung und öffentlichen Demütigung erhoben. Und zumindest bleibt auch im Fall Schnur die Frage, in welchem wirklichen Verhältnis Aufklärungsbedürfnis, also moralisch begründete Öffentlichmachung von Unrecht, und knallharte politische Intrige stehen.

Die zweite Begegnung, die mich lange aufgewühlt hielt, war ein Treffen mit Erich Honecker. Er lebte seit Monaten in Lobetal, im Pfarrhaus. Die Kirche nahm ihn, nach Absprache mit Bischof Forck, dort auf. Forck hatte die Regierung öffentlich ermahnt, sich für eine Unterkunft für Honecker zu kümmern. Aber irgendeine öffentliche Wohnung schien mir unmöglich, ich fürchtete Übergriffe auf den ehemaligen Staats- und SED-Chef. Schutz sah ich eigentlich nur in kirchlichem Raum. Hatte die Kirche vorher der Opposition Schutz geboten, so entzog sie sich auch jetzt nicht der menschlichen Pflicht gegenüber Erich Honecker.

Mit der Volkskammerwahl strebte die Kirche erneut eine Lösung der Wohnungsfrage des ehemaligen Generalsekretärs durch den Staat an. Unweit von Gransee besaß der Ministerrat ein Gästehaus, in welchem eine Lebensmöglichkeit für Erich und Margot Honecker geschaffen wurde. Nach entsprechender Vorbereitung fuhr ich nach Lobetal, um mich mit beiden auszusprechen und ihre Zustimmung für den neuen Aufenthaltsort zu erhalten. Noch heute würde ich sagen, es war ein Gespräch in gegenseitigem Verständnis, frei von Vorwürfen, getragen von dem Ernst der Zeit, was immer auch einschloß: Trauer, Furcht, Verunsicherung, das Gefühl von Einsamkeit.

Am ersten Teil unserer Begegnung nahm auch Rechtsanwalt Vogel mit seiner Gattin teil. Wir sprachen über die Lage der DDR und die ungeheuer komplizierte Übergangssituation. Auch da: keinerlei Vorwürfe, keine voreilig deplazierten Empfehlungen. Das Schicksal der DDR-Bevölkerung beschäftige ihn sehr, sagte Erich Honecker. Es war die Reaktion eines Mannes, der meinte, alles Erdenkliche für das Wohl des Volkes getan zu haben. Für die Gastfreundschaft im Pfarrhaus bedankte er sich sehr. Wolfgang Vogel zog sich mit seiner Gattin zurück, es blieb noch Zeit für ein Gespräch über Dinge, die uns selbst betrafen.

Innerlich war ich sehr aufgewühlt und bewegt. Mit Erich Honecker war mein politisches Leben seit 1949 verknüpft. Mit Margot Honecker verband mich eine kurze Zeit im Jugendverband, dann die gemeinsame Mitgliedschaft in der Volkskammer und im Zentralkomitee der SED. Erich Honecker war und bleibt für mich ein Mann, der sein Leben im Kampf gegen den Hitlerfaschismus einsetzte. Das schuf Grundlagen für eine untilgbare hohe Achtung. Im Jugendverband fand er eine Gruppe von Freunden, die wie er Widerstandskämpfer gewesen waren, Heinz Keßler, Paul Verner, Hermann Axen, Edith Baumann. Später kamen andere aus der politischen Nachkriegsgeneration hinzu, Wolfgang Steinke, Inge Lange, Werner Lamberz. Zu diesem Kreis von Freunden gehörte ich nie. Zwischen uns entwickelte sich ein Verhältnis, das in der Arbeit Nähe brachte, aber menschlich doch sehr distanziert blieb. Er achtete meine Arbeit als 1. Sekretär der Bezirksleitung der FDJ in Berlin und als Sekretär des Zentralrates, aber mehr traute er mir wohl nie zu. Zu größerem Vertrauen konnte er sich nie durchringen, und als Parteisekretär blieb ich für ihn stets ein unsicherer Kantonist.

Jetzt saßen wir uns allein gegenüber. Ich wollte den festen Fügungen unseres gegenseitigen Verhältnisses auch in dieser Stunde keinesfalls ausweichen, sah aber darin nicht das Anliegen der Begegnung. Mit anderen Worten: Mir fiel das Reden schwer. Erich Honecker widersprach nicht meiner Bemerkung, ich hätte die Verfolgung durch die Justiz der DDR gegen ihn und andere weder ausgelöst noch unterstützt. Er sprach leise, die schwere Krankheit nagte an ihm, ich spürte den Blick des Gebrechlichen hinter der schwerer gewordenen Brille. Er wies Anschuldigungen von »persönlichen Unregelmäßigkeiten« zurück. Für jede materielle Leistung, die er entgegengenommen habe, gebe es Zahlungsbelege, die Rechtsanwalt Vogel jederzeit vorlegen könne. Es gab in dieser Stunde keine Diskussion über ein angeblich von mir betriebenes Komplott zu seinem politischen Sturz – wie man es später aber in seinen »Moabiter Notizen« lesen konnte. Ich glaube, uns beiden war bewußt, daß wir den gewachsenen Abstand nicht überwinden konnten, durch kein Gespräch, und schon gar nicht in der Situation, in der wir uns beide nun befanden. Andererseits wollte keiner dem anderen die Achtung und den Anstand verweigern.

Beim Hinausgehen war ich einen Moment mit Margot Honecker allein. Sie zeigte deutliches Erstaunen, fast einen Anflug von Erschrecken: Die Kluft, die offenbar zwischen Erich und mir herrsche, habe sie so niemals gesehen.

Unser Versuch, Margot und Erich Honecker in einem Gästehaus der Regierung unterzubringen, scheiterte. Das Neue Forum mobilisierte in Gransee und Neuruppin Menschen, die mit Fahrzeugen anreisten und nicht nur protestierten, sondern regelrechten Krawall anzettelten. Sie drohten den Honeckers Gewalt an, schlugen auf die Autos ein; von der so ausdauernd propagierten Losung »Keine Gewalt!« war an diesem Abend nichts zu spüren. Hier entlud sich Volkszorn, so daß wir den Rückzug antreten mußten, um Gesundheit und Leben von Margot und Erich Honecker zu schützen.

Gemeinsam mit Wjatscheslaw Kotschemassow gelang es, Michail Gorbatschow für den Plan zu gewinnen, die Honeckers in einem sowjetischen Sanatorium unterzubringen. Der erste Vorschlag lautete Bad Saarow, aber es bestanden Bedenken, daß durch notwendige Einschränkungen des Fußgängerweges am Scharmützelsee erneute Provokationen ausgelöst werden könnten. So fiel die Entscheidung für das Sanatorium in Beelitz. Der spätere Flug in die Sowjetunion, um die Honeckers in Moskau unterzubringen, war schon der eigene Entschluß Gorbatschows. Ich wurde von der sowjetischen Botschaft über dieses Vorhaben informiert, als die Maschine startete.

Das Schicksal Erich Honeckers, der fast 20 Jahre an der Spitze von SED und Staat stand, ist mir nie gleichgültig gewesen. Ob die Auslieferung aus Moskau an die BRD, seine Inhaftierung und der Prozeß in Berlin – die Bundesrepublik hatte dafür nicht das Recht auf ihrer Seite, sondern nur die Macht. Der Bonner Druck auf Moskau machte den Weg frei für ungehemmten Haß und juristische Verfolgung. Der schon todkranke Erich Honecker zeigte sich vor Gericht als aufrechter Mann; die Sache, für die er sein Leben eingesetzt hatte, vertrat er auch hier. Günter Gaus schrieb, als Honecker starb: »Es ist viel Differenzierungsvermögen in den letzten Jahren verlorengegangen. Soll man es die Hinterlist der Geschichte nennen, daß der Tote, der einer selbstgewissen und selbstgerechten Lehre anhing, die nicht Sieger blieb, jetzt von anderen Selbstgerechten abgetan wird, deren Sieg wachsende Schwäche zeigt?«

Die Bundesrepublik versagte dem Volk der DDR die Chance, in ganz anderer Weise zu Gericht zu sitzen und die Verfehlungen Honeckers und anderer Funktionäre – unter ihnen wäre auch ich gewesen – zu analysieren. Die moralische Abrechung wäre gerecht gewesen; da sie in einem öffentlichen Raum unterblieb, war es nur zu logisch, daß sich der angestaute Unmut vieler Menschen auch in der Freude darüber entlud, daß Politbüromitglieder vor Gericht kamen. Der staatsanwaltlichen Anmaßung nimmt das nichts weg. Und am Ende aller juristischen Urteile bleibt die Bestätigung herrschender kapitalistischer Lesart, die man gern ins Volksgemüt sickern läßt: Kommunist zu sein, ist verwerflich; schon die Idee stellt deren Anhänger ins Abseits, ethisch, moralisch, sittlich.

Seinen Nachruf auf Erich Honecker in der Zeitschrift »Freitag«, im Juni 1994, hatte Gaus mit den Worten beschlossen: »Nun laßt sie los, die Hunde des Hohns gegen den Toten.«

Zeiten — Wechsel

Wahlkampf und Racheengel

Weder Absprachen am Runden Tisch noch Forderungen der Regierung konnten die politische Fremdsteuerung der Wahlen zur DDR-Volkskammer am 18. März verhindern: Die etablierten Parteien der Bundesrepublik rüsteten mit unverhohlener Offenheit zur Okkupation von Atmosphäre, Raum und Zeit. Eine Invasion der »Berater« flutete das Land. Die Regierung hatte keine Chance, einschränkend zu wirken. Kein Zoll-Beamter vermochte die Unmenge der aus dem Westen kommenden Plakate zu stoppen, niemand konnte die technischen Mittel für den Wahlkampf zurückweisen, die Tausenden Wahlhelfer schon gar nicht – eine offene Grenze machte die DDR-Bürger zum Wahlvolk für den Westen. Es war der pluralistisch gewordenen Medienöffentlichkeit gelungen, vor allem die Reform des gehabten Systems in der DDR Stück für Stück mit dem abzuschaffenden Makel der Schäbigkeit zu überziehen. Ich rede nicht gegen eine Stimmung der Menschen, die dem Wunsch geschuldet war, endlich in besseren Verhältnissen zu leben. Aber raffiniert wurden zu erwartende Rechungen gar nicht erst aufgemacht, alte dagegen als Schreckensmahnung hinausposaunt – aber was im Sozialismus menschlich zugegangen war, bekam den Stempel einer läppischen Marginalie, nicht erwähnenswert. Regierungspolitiker der Bundesrepublik und ihre Kommentatoren verknüpften (in fast ZK-geübtem Gleichklang) die allgemeine historische Größe der Stunde derart nahtlos mit der Wirklichkeit, daß letztere plötzlich geadelt schien. Die meisten Menschen in der DDR, denen der konkrete, rasende Sekundenablauf in diesen Wochen und Monaten schier die Besinnung geraubt hatte, nahmen das dankbar auf. Der biegsame Teil des allgemeinen Bewußtseins würde den Wahlkampf entscheiden: Bonns Politiker setzten letztlich auf die gleiche Anpassungssehnsucht, auf die die SED jahrelang gesetzt hatte.

Die Stäbe für DSU und alles, was zur »Allianz für Deutschland« gehörte, wurden von Wahlmanagern der West-CDU geführt, viele Millionen D-Mark flossen in die Wahlkassen. Die CSU machte den rechten Flügel der Konservativen stark, und die bayrische Regionalpartei ging eifrig daran, die Grenzen zu überschreiten. Thüringen und Sachsen sollten deren Parteistrukturen übernehmen. Dies gelang zwar nicht, aber schwarz blieben beide Länder bis heute.

Die SPD schwamm weiter unverständlich ungebrochen auf der Welle ihrer Einbildungskraft und Selbstüberschätzung, so fand sie kein Konzept, um sich CDU, CSU und FDP erfolgreich entgegenstellen zu können. Zwei Wochen vor der Wahl zeichnete sich endgültig ab, wohin die Reise gehen würde. Die SPD war in Umfragen auf 34 Prozent abgerutscht, die CDU hatte 21, und für die PDS sprachen sich 17 Prozent der Befragten aus. Die DSU kam auf 7, alle anderen Parteien lagen unter 3 Prozent der voraussichtlichen Wählergunst.

Die neuen Parteien und Bewegungen predigten in jenen Wochen verständlicherweise von der Ungleichheit der Chancen, und sie meinten damit noch immer die innere Situation des Landes. Es war die Stimme von Erschöpften, der Schmerz der Erfahrung zu DDR-Zeiten saß tief. Sie glaubten noch immer, an ihrem politischen Randdasein seien Gysi, Modrow & Co. schuld. Aber die Lage war eine ganz andere. Direktübertragungen in Fernsehen und Rundfunk hatten diese politischen Kräfte eines erwachenden Volksbewußtseins über Wochen und Monate sehr wohl ins öffentliche Bild gesetzt, nur: Wer sie totschwieg, waren die Medien des Westens. Und diese Medien leiteten nun den Wahlkampf, nicht Adlershof. Indem das Neue Forum und andere Vertreter der Bürgerbewegung nach wie vor unnachgiebig und mit starken Anflügen der Verbissenheit eine alte DDR angriffen, die es so monolithisch gar nicht mehr gab, arbeiteten sie an der eigenen politischen Isolierung. Natürlich gab es in der Bürgerbewegung auch weiterhin eine Ungebrochenheit, die sich aus bewahrter Moral heraus nicht ins ethische Dilemma einer pragmatisch durchweichten, politischen Stimmenfängerei begeben wollte. Doch zugleich hatte diese Aufrichtigkeit ihren Preis; und mir scheint es ungerecht, dies an einer Behinderung durch »alte Strukturen und Feindbildrestauratoren« festzumachen. Anders gesagt: In Bonn wurden die demokratieorientierten und plebiszitären Prinzipien der Bürgerbewegung gern propagiert, als es noch gegen die DDR ging; nun aber störten diese Prinzipien die bundesdeutsche Geruhsamkeit, und die Bürgerbewegung wurde erst wieder in ihrer atomisierten, gleichsam renegaten Form für Bonn interessant – als Vera Lengsfeld, Angelika Barbe, Günter Nooke und andere zur Gesellschaftsfähigkeit konvertierten.

Kohl scheute sich nicht, die politische Führung der »Allianz für Deutschland« selbst zu übernehmen. Er holte die Vorsitzenden der verbündeten Parteien nach Westberlin und gab höchstpersönlich die Marschrichtung vor. Während der Bundeskanzler gewaltige Summen in den Wahlkampf von CDU/CSU investierte und andererseits den Bürgern der DDR die von der Modrow-Regierung geforderte finanzielle Solidarität verweigerte, entschied mein Kabinett am 7. März über die Verwendung von über 3 Milliarden Mark, die uns von der PDS für soziale Zwecke übergeben worden waren. Über ein Drittel des Geldes nutzten wir sofort für soziale und kulturelle Dienste besonders im Gesundheitswesen; zwei Milliarden Mark sollten möglichst in einer länger wirkenden Stiftung eingesetzt werden. Kein Mensch kümmerte sich später darum, was mit diesen Geldern geschehen ist.

Wenn die Rede auf den Wahlkampf 1990 kommt, wird noch heute auf den großen Zulauf für den Kanzler verwiesen, werden die Auftritte Willy Brandts hervorgehoben. In aller Bescheidenheit möchte ich daran erinnern, daß am 13. März 1990 über 50 000 Menschen an einer Großkundgebung in Neubrandenburg teilnahmen, auf der ich das Wort für die PDS ergriff.

Die entsprechend dem neuen Wahlgesetz gebildete Wahlkommission leitete auf Vorschlag des Unabhängigen Frauenverbandes Petra Bläss. Die Regierung mischte sich in keiner Weise in die Arbeit dieser Kommission ein, gewährleistete jedoch die wesentlichen materiellen und finanziellen Voraussetzungen, um solche demokratischen Wahlen überhaupt durchführen zu können. Petra Bläss kandidierte später, im Dezember 1990, auf der Offenen Liste der PDS für den Bundestag, und sie ist noch heute, nunmehr in den Reihen der Partei, als Bundestagsabgeordnete tätig.

Wenige Tage vor der Wahl wollte mich Dankwart Brinksmeier sprechen, ich wußte nicht einmal, ob er schon in der SPD war, der auf Bitten und Drängen des Runden Tisches, besonders von Werner Fischer, als Beobachter des Innenministers tätig gewesen war. Er wollte mir eine Liste von Oibe (Offiziere im besonderen Einsatz) übergeben. Ich hörte zu und erklärte, diese Liste zwei Tage vor der Wahl auf keinen Fall zu übernehmen. Was er bzw. seine Partei damit nach der Wahl zu tun gedenke, wolle und könne ich nicht vorwegnehmen oder vorherbestimmen, ich jedoch wolle diese Liste nicht an die nachfolgende Regierung übergeben, und eine Vernichtung des Papiers läge ebenfalls nicht in meinem Interesse. Das sei auch sinnlos, erklärte ich Brinksmeier, denn seit einiger Zeit lief die öffentliche Diskussion gerade über dieses Thema in zahlreichen Medien.

Mir wurde später der Vorwurf gemacht, die Regierungsbeauftragten für die Auflösung des MfS in den Bezirken seien aus dem Kreis dieser Oibe ausgewählt worden. Richtig ist: Es gab unter ihnen Staatsfunktionäre, die als solche geführt wurden – was mir jedoch nicht bekannt war. Wenn mir bei der Übernahme meines Amtes gesagt worden wäre, daß Harry Möbis einige

Jahre lang ebenfalls zu diesem Kreis gehörte, hätte ich mich dennoch für seinen Einsatz in meinem Büro ausgesprochen. Noch heute bin ich der Auffassung, daß gerade diese Kategorie von ehemaligen Mitarbeitern des MfS eine sehr differenzierte Betrachtung erfordert.

In jener Zeit begann auch das Gerede über das Verhältnis von Rechtsanwälten zum MfS. Das Beispiel Wolfgang Schnur gab Anlaß für zahlreiche Assoziationen und Spekulationen. Das lauernde öffentliche Interesse verlagerte sich auf die Anwälte. Als in verdächtiger Tuschelei auch der Name Lothar de Maizière fiel, bat ich Bischof Forck, sich der Sache anzunehmen. Er tat es, sehr feinfühlig. Ich glaube, der seelische Beistand hat de Maizière sehr geholfen. Die Racheengel, die später kamen, sind jedenfalls gerade bei ihm nicht allzu fündig geworden.

Aber generell verbreiteten sich Verleumdungen und üble Nachreden geradezu epidemisch. Niemand hat die damit verbundenen Selbstmorde gezählt, keiner der Steinewerfer will dafür moralisch verantwortlich gemacht werden. Und von den Waagschalen der Geschichte wurde plötzlich heftiger denn ja alles abgeworfen, was sozialistisch roch. Jene, die eben noch, gemeinsam mit SED-Mitgliedern, über Erhalt und Umgestaltung der DDR diskutiert hatten, wollten davon nun nichts mehr wissen. Balancehalten ist nie eine deutsche Tugend gewesen. Die Grenzlinie zwischen Tätern und Opfern wird mit dem scharfen Schwert gezogen und vermint. Alles kippt immer wie geschmiert in sein Gegenteil um, und daher bewegt sich unsere Geschichte nur in Extremen. Herr Gauweiler aus Bayern mußte 1997 auf den Plan treten, um geradezu mahnend zu sagen: »Vergeßt den Anteil derer in der SED nicht, wenn von der Gewaltlosigkeit des Herbstes 1989 in der DDR gesprochen wird.«

Der Wahlkampf bekam durch das Eingreifen Helmut Kohls und der westlichen Medien eine besondere Schärfe, und erwartungsgemäß rasch schoß man sich auf mich ein. Es störte offenbar jenes Vertrauen, daß meine Regierung trotz aller Probleme in nicht geringem Maße genoß. Am 8. März kam die BILD-Zeitung, im Westen für 0,60 DM, im Osten für 1,50 Mark erhältlich, mit der Schlagzeile heraus: »Kohl rechnet mit Modrow ab!« Diese Abrechnung erfolgte weniger mit mir als Person, sondern mit dem Handeln der Regierung im Interesse der DDR-Bürger. Kohl hatte sehr früh erkannt, was eine Reihe unserer noch in letzter Sunde getroffenen Entscheidungen bedeuten würde, und den größten Haß provozierte unser Beschluß über den rechtlichen Charakter von den 1945 bis 1949 durchgeführten Enteignungen in der Sowjetischen Besatzungszone. Kohl sah in dieser Entscheidung einen Schritt gegen die Einheit, die für ihn ja letztlich nur ein anderes Wort war für eine geschichtliche Zurücknahme großen Ausmaßes, vor allem mit der Wiederherstellung alter Eigentumsverhältnisse.

Auf die Frage, ob die einschneidenden Gesetze der Modrow-Regierung dem Beitritt der DDR auf der Basis des Artikels 23 einen Riegel vorschieben könnten, meinte Kohl lapidar, in 10 Tagen gäbe es eine neue Regierung, dann gehöre die Amtszeit Modrows der Geschichte an. Womit er zweifellos recht hatte. Was er nicht sagte, aber gewiß dachte: Etwas anderes als Beitritt wird es für die DDR nicht geben, denn nur auf diese rigide Weise war alles auszuhebeln, was der Politik Kohls, durch Entscheidungen der Modrow-Regierung, im Wege stehen und die rasche Einführung kapitalistischer Verhältnisse behindern könnte.

Am 16. März konnte der DDR-Bürger lesen, wieder in der BILD-Zeitung: »Aber der Modrow läßt die Genossen nicht verkommen.« Die Botschaft lautete, meine Minister bekämen für 121 Amtstage viermal soviel Rente wie eigentlich angemessen. Diese Rente sei so üppig, daß selbst Amtskollegen im Westen neidisch werden könnten. BILD ging damals von einer Durchschnittsrente von 500 Mark in der DDR aus, und wir staatsnahen DDR-Bürger aus der Übergangsregierung konnten nach 50 Berufsjahren 2 000 Mark beziehen. Vielleicht veröffentlicht auch das Kabinett Kohl bei seinem Abgang die Summen der Abfindungen und die Rentenansprüche seiner Minister.

Meine erste Rente habe ich im Alter von 65 Jahren bezogen; aber nicht die 50 Arbeitsjahre bildeten den Kern der Berechnung, sondern meine Staatsnähe.

Der 18. März 1990

Als die Wahlergebnisse am Abend des 18. März verkündet wurden, zeichnete sich eine perfekte Überraschung ab: Die CDU hatte mit 40,6 Prozent einen wirklichen Wahlsieg errungen. Die SPD lag mit 21,8 Prozent weit dahinter auf Platz 2, und die PDS konnte mit 16,3 Prozent einen Achtungserfolg mit Platz 3 im Parlament erzielen. Bündnis 90 erreichte 2,9, die Grünen und der Unabhängige Frauenverband gemeinsam 1,9 Prozent. In der Volkskammer verteilten sich die Sitze schließlich wie folgt: CDU 163 Mandate, SPD 88, PDS 66, DSU 25, Bund Freier Demokraten 21, Bündnis 90 12, DBD 9, Grüne Partei und Unabhängiger Frauenverband 8, Demokratischer Aufbruch 4, NDPD 2, VL 1 Mandat.

Die »Allianz für Deutschland« hatte die absolute Mehrheit errungen. Kohl konnte triumphieren. Lothar de Maizière kommentierte den Wahlerfolg mit den Worten: »Ich hoffe, daß wir schon im Sommer mit richtigem Geld reisen können.« Die SPD suchte mit verkrampftem Gesicht nach Erklärungen für ihre Niederlage. Willy Brandt meinte berechtigt, es sei von den Ostdeutschen halt rasch und ohne Wenn und Aber die Einheit gewählt worden. Oskar Lafontaine sah die Ursache der SPD-Wahlniederlage in der Lust der Leipziger und Dresdner auf Kohl und Kohle. Für uns in der PDS gab es keinen Grund zu Überschwenglichkeit, aber ein Anfang für das parlamentarische Wirken einer sich erneuernden Partei des Demokratischen Sozialismus schien gemacht. Uns hatten immerhin 1,8 Millionen Bürger gewählt. Gewiß, die große Mehrheit der Stimmen kam wohl aus den Reihen der einstigen SED, aber schon bekannten sich auch andere zu uns, nicht zuletzt viele, die als Parteilose in der Nationalen Front aktiv gewesen waren. Ehemalige Mitglieder der Blockparteien gehörten ebenfalls zu unserer Wählerschaft.

Am 5. April 1990 trat die Volkskammer zu ihrer Konstituierenden Sitzung zusammen. Dem neuen Parlament wurde das Attribut verliehen, die erste frei gewählte Volkskammer der DDR zu sein. Dem will ich widersprechen. Zweifellos gab es für diese Wahl die demokratischsten Gesetzesgrundlagen für eine Volkskammerwahl seit Bestehen der DDR. Ein Werk des Runden Tisches und der Regierung Modrow. Aber die allseitige westliche Einmischung setzte durchaus antidemokratische Zeichen: Die von drüben importierten Lorbeerbäumchen standen stramm in den Kübeln, bevor auch nur eine einzige Stimme abgegeben worden war. Das verstieß gegen die staatliche Souveränität der DDR und schuf politische Ungleichgewichte im Wahlkampf. Die Unterwanderung der DDR durch den Gedanken, schon allein die Einheit sei der endgültige Schlüssel zum Glück der Deutschen, ließ nur noch wenig Raum für die alternative Diskussion eines sozial verträglichen Weges dahin. Die Einheit nicht als Voraussetzung für etwas Neues, sondern als letztes mögliches Ziel politischer Anstrengungen – das mußte alle anderen, die so nicht denken wollten, von Beginn des Wahlkampfes an diskreditieren.

Der erste Wahlgang in der neuen Kammer: Wahl einer Präsidentin bzw. eines Präsidenten. Da sich mehrere Kandidaten bewarben, schien es durchaus richtig, daß sich auch die PDS beteiligte. Ich wußte von der Bewerbung Günther Maleudas und Wolfgang Ullmanns und erklärte mich bereit, für die PDS zu kandidieren. Die CDU benannte Sabine Bergmann-Pohl, die SPD Reinhard Höppner. Nach dem ersten Wahlgang blieben Bergmann-Pohl und Höppner übrig, in der Stichwahl siegte bei den obwaltenden Mehrheitsverhältnissen natürlich die CDU-Kandidatin. Die Ärztin hat sich ihren späteren Beinamen »Frau Bergmann-Kohl« redlich verdient und erarbeitet. Unter den Abgeordneten hieß es zunehmend: Hoffentlich verliefen ihre medizinischen Eingriffe glücklicher als ihre parlamentarischen.

Bis zu diesem Wahlvorgang halte ich bis heute mein Verhalten für richtig. Was sich allerdings dann anbahnte, hätte ich nicht mittragen dürfen.

Daß ich nicht in die engste Wahl für den Volkskammerpräsidenten gekommen war, erschütterte mich nicht sehr, ich empfand das nicht als persönliche Niederlage, und so zeigte ich mich bereit, auch noch ein weiteres Mal zu kandidieren, und zwar für das Präsidium des Parlaments. Es war gewiß nicht Eitelkeit und letztmaliges Streben nach einem Posten, es war einmal mehr die tief verinnerlichte Disziplin. Aber es offenbarte sich unsere fatale Fehleinschätzung der Lage, das galt nicht nur für Gregor Gysi, sondern auch für mich: Die Zustimmung beträchtlicher Teile der Bevölkerung zur bisherigen Regierung übertrugen wir nahezu blind auf die Verhältnisse in der Volkskammer. Aber zwischen dem Leben draußen und der Haltung gewählter Abgeordneter und deren Fraktionsdisziplin bestand ein himmelweiter Unterschied. Den bekam ich nachhaltig zu spüren: Ich erlitt eine beschämende Niederlage. Sie machte weniger die PDS-Fraktion als vielmehr mich äußerst betroffen. Von da an war ich in besonderer Weise wach geworden für die Kluft zwischen Selbst- und Fremdbild, zwischen erhoffter und realer Wirkung auf andere Menschen. Es ist dies ja das Kardinalproblem jedes Politikers: Er ist gleichsam sein eigenes Instrument, wenn er in die Öffentlichkeit geht, und nicht das, was er will, entscheidet, sondern das, was ankommt. Aber wie vermag er das eine vom anderen zu trennen?

Die PDS schlug für das Präsidium Katja Niederkirchner vor, die ihre Aufgabe dann mit großer Ruhe und mit Können ausführte. Leider gehört sie zu jenen, die sich nach dem Anschluß der DDR aus der Politik zurückzogen. Auf eine Liste von Menschen, um die sich die PDS-Führung hätte mühen und sorgen sollen, kam sie nicht. Schade.

Am 18. April gab Lothar de Maizière, der der Volkskammer am 12. April sein Kabinett vorgeschlagen hatte, seine Regierungserklärung ab. Moderat, ausgewogen. Es gehörte schon damals, da der Einfluß Helmut Kohls nicht zu übersehen war, ein gehörig Maß an Courage dazu, solche Worte über den Vorgänger zu sagen: »An dieser Stelle möchte ich noch einmal Hans Modrow für sein Engagement danken. Durch seine behutsame Politik ist uns sicher vieles erspart geblieben. In den schwierigen Zeiten des letzten halben Jahres blieb er als Demokrat überparteilich und stabilisierte in Zusammenarbeit mit dem Runden Tisch dieses Land.«

Nach de Maizières eigenen Worten ging es mit ihm, einem »preußischen Hugenotten«, stetig bergab: Bratschist, Rechtsanwalt, Politiker. Ein nachdenklicher Bildunsgbürger; ein zäher, immer etwas fahriger Advokat, dessen Arbeit stets um den Ernst des Augenblicks kreiste. Leider knickten die schmalen Schultern vor Westwünschen gar zu schnell ein: Zügelloser Vereinigung von oben opferte Kohls Vize die Würde einer Revolution von unten.

Bei der Regierung de Maizière handelte es sich um eine Große Koalition, in der, wie in Bonn, auch die Freien Demokraten vertreten waren. Sie vereinte auch jene Kräfte, die sich rechts von der CDU sammelten und mit ihren reaktionär-konservativen Positionen noch über die CSU hinausgingen. Für Ibrahim Böhme eine Entwicklung, die es der SPD nach seiner Auffassung nicht ermöglichte, in eine Koalition mit der CDU zu gehen. Walter Romberg hatte mich nach dem 18. März gefragt, wie ich über eine Mitarbeit der SPD in der Regierung dächte. Ich hielt eine solche Kooperation für falsch. Der von der SPD geführte Wahlkampf hatte eindeutig den Charakter einer gegen Kohl gerichteten Opposition, und jedes ehrliche Festhalten der Sozialdemokraten an einer solchen Position müßte früher oder später zum Bruch in der Koalition führen. Die SPD wäre wohl besser beraten, aus nationaler Verantwortung heraus außerhalb der Großen Koalition zu handeln. Das könnte ihr bei späteren gesamtdeutschen Wahlen zum Vorteil gereichen.

Die Entscheidung über eine dessen ungeachtete Mitarbeit der SPD an der großen Koalition von Lothar de Maizière fiel gewiß mehr in der SPD-Baracke in Bonn als in Berlin. Walter Romberg hatte als Finanzminister noch versucht, nach Kräften die Interessen der DDR-Bürger zu vertreten, was Theo Waigel absolut zuwider war. So kam Romberg unter dopppelten Druck: Wer der bedingungslosen Übergabe im Wege stand, konnte in der de Maizière-Regierung keinen lange währenden Rückhalt finden. Bis August hielt die Koalition, dann hatten sich die Gegensätze so verschärft, daß die SPD, um ihr Gesicht zu wahren, das Kabinett verlassen mußte.

Auf der Oppositionsbank

Der ersten, im Jahre 1950 gewählten Volkskammer gehörte auch meine Frau an, zunächst noch unter ihrem Mädchennamen Annemarie Straubing. Da wir beide ab 1953 unsere Zelte in Berlin aufgeschlagen hatten und hier keine Wahlen zur Volkskammer stattfanden, war an eine zweite Kandidatur nicht zu denken. Da ich aber der Stadtverordnetenversammlung von Berlin ab 1953 angehörte und der von uns benannte Vertreter der FDJ in der Volkskammer, Karl-Heinz Kniestädt, nach Moskau zu einem dreijährigen Studium delegiert wurde, benannte der Jugendverband mich als den Berliner Vertreter. So nahm man mich 1957, ohne direkte Wahl, mit Beschluß der Stadtverordnetenversammlung von Groß-Berlin, in die Volkskammer auf. Erst in den siebziger Jahren fanden auch in der Hauptstadt Wahlen für die

Volkskammer statt. Zu diesem Zeitpunkt hatte ich meinen Wahlkreis jedoch bereits in Dresden.

Nun ging ich wieder als Abgeordneter in die Volkskammer. Die 10. Legislaturperiode war eine außerordentlich kurze. Sie dauerte ganze sechs Monate. Es hagelte Beschimpfungen und Verdächtigungen, es gab Entgleisungen und Verletzungen; Rechtsstaatlichkeit ging vor die Binsen, erschrekkende Unkenntnis triumphierte, und historische Zusammenhänge wurden vergewaltigt, geleugnet, gar erfunden. Bereits die ersten Stunden in diesem Parlament ließen erkennen, daß nicht sachliche Auseinandersetzung angesagt, sondern Abrechnung vorgesehen war. Was zum Beispiel Gregor Gysi auch tat, ob in wirklicher Debattenrede oder bei der Klärung von Verfahrensfragen – er geriet zur Zielscheibe von Angriffen aller Art.

Für mich waren die Monate auf der Regierungsbank beendet, wieder saß ich in den Reihen der Abgeordneten, nun allerdings unter gänzlich neuen Bedingungen. Erstmalig, und da sah ich schon ein wirklich demokratisches Element, existierte im Parlament der DDR eine Opposition – in deren Reihen nun ich mich befand. Ich schaute auf die Regierungsbänke, in einem seltsamen Widerstreit der Empfindungen.

Bei der Aufteilung unserer Arbeit in den Ausschüssen erklärte ich meine Bereitschaft, im Einheitsausschuß mitzuwirken. Sprecher eines speziellen Gebietes wollte ich nicht sein. Bei jedem Auftreten im Parlament würde ich noch weit mehr als Gregor die anderen zur Provokation verführen; dies wollte die Fraktion weder sich noch mir antun.

Die Volkskammer begann ihre Arbeit noch in den Räumen des Palastes der Republik und forderte die PDS auf, das Gebäude des Zentralkomitees der SED zu räumen – es sollte als Bürohaus für Abgeordnete dienen. Da die Welle der Entlassungen des alten ZK-Apparates im wesentlichen abgelaufen war, gab es kein Problem bei der Lösung dieses Problems. Abgeebbt waren auch die zahlreichen großen Begegnungen im Großen Saal des ZK-Gebäudes mit Gregor Gysi, mir und insgesamt Tausenden Mitgliedern und Sympathisanten. Die Zeit des Enthusiasmus für die PDS wich einem komplizierten Alltag der zähen Gewöhnung an die neuen Verhältnisse.

Das ZK-Gebäude zu räumen, hielt ich für längst fällig. Dieses gnadenlos kalte und monströse Haus strahlte etwas Einschüchterndes, Anonymes aus; es machte die Menschen klein. Als ich das erste Mal vor Jahrzehnten das Gebäude der KPdSU in Moskau betreten hatte, war mir aufgefallen, daß an den Türen in den ebenfalls langen Gängen wenigstens Namensschilder angebracht waren. Im Haus der SED fehlte selbst das; man betrat nicht Zimmer, man fiel in ungewisse Löcher hinein. Arbeiteten hier Menschen, oder vollzog hier nur ein Apparat sein schwerfälliges Atmen?

Wenn man damals, Anfang 1990, nachts an diesem Gebäude vorüberging, lag es da wie ein großes aufgelaufenes Schiff. Als wolle es noch einmal in See stechen. Am liebsten natürlich ostwärts, aber es zeichnete sich schon überall Westen ab. Und was nützte der Traum von hoher See, da die begehrlich propagierten neuen Ufer verschwunden waren.

Die Beratungen der PDS-Fraktion fanden im Seitengang zum Großen Saal statt. Hier erlebte ich früher Tagungen des Zentralkomitees, weit davor jene heiße Debatten auf den Jugendforen der fünfziger Jahre. Hier hatte ich auch die letzten ZK-Tagungen im Herbst 1989 mit durchmachen müssen: mulmende Dramen der Verstörtheiten, Verstocktheiten und Orientierungslosigkeiten; Abstolpern einer Arbeiterpartei, und dies mit einer Beschleunigungskraft, die in Deutschland eh nur die Zusammenbrüche aufbringen; aber zugleich auch dieses Ziehen in der Herzgegend, diese beschämende Erinnerung an eine lähmende Disziplin, die man mit Lebensgefühl verwechselte. Individuen verschwanden in einem Haus wie in einer Verdunklungsanlage und verwandelten sich in ritualisierte Sitzgruppen. Das Plenum, seit den siebziger Jahren, ein Schulungslager fürs Schweigen. Letztlich konnte nicht mehr zusammenwachsen, was solange verhängnisvoll zusammengehört hatte.

Jetzt, in der PDS, erlebte ich eine ganz andere Atmosphäre: ein Klima menschlicher Nähe und neuer politischer Gemeinsamkeit.

Während Lothar de Maizières Regierungserklärung am 18. April noch den Eindruck von Eigenständigkeit des Kabinetts hinterließ, war bald zu erkennen, daß dies eine Floskel bleiben mußte. Der Regierungssitz in der Klosterstraße erfuhr nicht nur eine materielle Aufrüstung mit moderner Bürotechnik, Computern, neuen Schreibmaschinen und vielen anderen Extras. Viel bedeutsamer gab sich die Schar der Leihbeamten, die nun herbeischwärmten und, was zum Beispiel die Treuhand betraf, munter und ohne Scheu die Führung übernahmen. Auch auf der Tribüne der Volkskammer bezogen sie bald ihre Plätze, oder sollte man besser sagen: Posten. So zogen sie im Hintergrund, aber gut sichtbar und zu jedermanns Warnung, die bundesdeutschen Fäden. Und viele Abgeordnete wirkten bereits wie Marionetten, deren hervorstechendste Eigenschaft ja die gute Verbindung nach oben ist. So trug man gemeinsam dafür Sorge, daß die Kammer befreit blieb von Beschlüssen, die Kohl oder Waigel noch Kummer hätten bereiten können oder den Bürgerinnen und Bürgern der DDR nachhaltige Freude.

Opposition in diesem Parlament zu sein, konnte daher nur bedeuten, sich geradezu störend und unnachgiebig für die Interessen der DDR-Bürger einzusetzen; dies und nicht weniger erwarteten PDS-Wähler. Mit Einschränkungen galt das auch für Bündnis 90/Die Grünen; keinesfalls hatten sie von ihren Wählerinnen und Wählern ein Beitrittsmandat erhalten, sondern den Auftrag, einer Vereinigung mit Gleichheit und gegenseitiger Achtung zuzuarbeiten.

In der DBD-DFD-Fraktion schieden sich die Geister bald. Vor allem Günther Maleuda und Hans Watzek ließen sich nicht auf die Seite der CDU ziehen. Watzek wurde zum Vorsitzenden des Ausschusses für Landwirtschaft gewählt. Im Juli fuhren wir gemeinsam in den Kreis Meißen, um uns mit Bauern zu beraten. In Striegnitz sprachen wir über die Chancen künftiger genossenschaftlicher Entwicklung. Den Vorsitzenden der LPG, Gottfried Lederer, kannte ich aus meiner Dresdner Zeit. Er sprach von den Besuchern aus der Bundesrepublik, die kamen, um die LPG in Augenschein zu nehmen; ganz offen sprachen die von der Konkurrenz, die für sie mit den Genossenschaften verbunden sein würde. Was uns noch gegönnt war, hatte meine Regierung getan, um die Weiterführung von genossenschaftlichen Betrieben zu ermöglichen – bis hin zur Erhaltung des aus der Bodenreform entstandenen Eigentums. Die Bundesrepublik hat nichts unterlassen, um ihnen das Leben schwer und wo es nur ging, die Existenz unmöglich zu machen. Die Bodenreform ist und bleibt die Zielscheibe aller nur möglichen Angriffe der Politik und der Großgrundbesitzer.

Die heiße Nadel von Krause und Schäuble

Die Sitzungen der Volkskammer waren in der Regel reine Nervensache. Das begann schon mit Fragen der Geschäftsordnung und dem scheinbar so einfachen Vorgang, die Stimmen auszuzählen. Präsidentin Bergmann-Pohl, die nach Auflösung des Staatsrates durch die Volkskammer auch als amtierendes Staatsoberhaupt agierte, erwies sich als mittlere Katastrophe. Zum Retter in der Not avancierte stets der Vizepräsident Reinhard Höppner, SPD. Zwischen Heiterkeit und Peinlichkeit zogen sich die Dinge oft stundenlang hin.

Typisch verwirrend bereits der Beginn: Auf der 2. Tagung am 12. April ging es darum, einen Antrag zur Eidesformel bei der Vereidigung des Ministerpräsidenten in die Tagesordnung aufzunehmen. Die Regierungskoalition wollte nicht mehr auf die Verfassung schwören, sondern dies durch die Formel »So wahr mir Gott helfe« ersetzen. Ein Teil der Abgeordneten begriff das gar nicht, man witterte aber die Chance, ein weiteres Stück von der Verfassung abzurücken. Dies war wichtiger als der Herrgott. Von den 410 gewählten Abgeordneten hatten sich 369 eingetragen, aber nur 349 beteiligten sich an der Abstimmung. Davon stimmten 163 mit Ja, 162 mit Nein, 24 enthielten sich. Damit war der Antrag abgelehnt und das landläufige Gelöbnis auf die Verfassung bestätigt. Was jedoch nicht sein sollte, durfte nicht sein. Mit Tricks und Debatten gelang die Installierung eines zweiten Wahlgangs. Nun beteiligten sich 362 Abgeordnete, davon 219 mit Ja, 134 mit Nein, 24 enthielten sich der Stimme. Jetzt endlich atmete ein Großteil des Parlaments durch, die Verfassung mutierte mehr und mehr zum Papier, das einzig und allein geduldig zu sein hatte.

Am 31. Mai 1990 vollzog sich ein weiterer Schritt in Richtung Demontage. Das Staatswappen der DDR sei von allen öffentlichen Gebäuden zu entfernen, so lautete der Antrag der DSU. Zum Vorschlag, das Emblem gleich gänzlich abzuschaffen, reichte die Courage nicht. Offenbar auch nicht das Vertrauen in die durchgreifende Zustimmung der Bevölkerung. Denn der Eingriff hätte weitverzweigt erfolgen müssen, auf den Flaggen der Schiffe, auf den Trikots und Trainingsanzügen von Sportlern, und schließlich hätte die Verfassung geändert werden müssen. Sie klammheimlich zu unterhöhlen, ging doch viel reibungsloser, weil unauffälliger. So verlegte man sich einfach auf die Entfernung des Symbols; wo das zu teuer würde, solle das Wappen zugehängt werden.

Bis heute hat sich niemand am Ehrenmal für die polnischen Kämpfer des Zweiten Weltkrieges im Berliner Friedrichshain vergriffen. Dort haben die Wappen der DDR und der Volksrepublik Polen nach wie vor ihren alten Platz. Ich hoffe, es bleibt so.

Die Beitrittsstrategen setzten bald ein weiteres Zeichen. Die PDS-Fraktion hielt in der Volkskammer an jenen Positionen fest, die in den Gesprächen zwischen Michail Gorbatschow, Gregor Gysi und mir im Zusammenhang mit der NATO-Mitgliedschaft eines vereinten Deutschlands vertreten wurden. Am 8. August hatte die Volkskammer aus Verfahrensgründen die Beratung über einen Volksentscheid zum sicherheitspolitischen und militärischen Status des Territoriums der DDR in einem künftigen vereinigten Deutschland abgelehnt. Am 23. August stand der Volksentscheid schließlich zur Beratung, und Gregor Gysi verteidigte ihn gegen alle Angriffe der Koalitionsparteien. Immer wieder kam das Argument, man habe inzwischen den Beitritt zum 3. Oktober beschlossen, damit gehe diese Frage auf den Bundestag über. So war es leicht, die Vorlage abzuschmettern; die PDS kämpfte in dieser Sache noch, als Gorbatschow sie längst aufgegeben hatte.

Am 23. August ging es in der Volkskammer um ein bis heute nicht wirklich gelöstes Problem, die sogenannten Altschulden aus der DDR-Zeit. In der Landwirtschaft, den Wohnungsverwaltungen und Kommunen wirken sie noch immer nach, obwohl schon im Noch-DDR-Parlament der fiktive Charakter dieser Schulden analysiert und ihre Aufhebung gefordert worden war. Dabei zeigte sich, wie die Fraktionen der Opposition, zum Nutzen der politischen Gegner, ihre Kräfte untereinander verschlissen.

Die PDS hatte eine Vorlage erarbeitet. Aber auch Bündnis 90/Die Grünen reichten gemeinsam mit der SPD einen weiteren Antrag ein, nur damit sie sich von der PDS abgrenzen konnten. Obwohl es in der Sache selbst keine Veranlassung für einen Zusatzantrag gab. Für die PDS begründete Klaus Steinitz den Antrag: Die Schulden seien das Ergebnis der hohen Abführungen der Betriebe an den staatlichen Haushalt, um die gigantischen Subventionen zu finanzieren – bei gleichzeitig geringen Möglichkeiten der Akkumulation, was wiederum durch Kredite ausgeglichen werden mußte. Die so entstandenen Schulden drückten den Widerspruch zwischen realen Leistungen der Wirtschaft und sozialen Ausgaben des Staates aus. Der Staat zeigte außerdem großes Interesse an einer Kreditvergabe, da es hohe Spareinlagen gab, die wirtschaftlich genutzt werden sollten.

In den Medien der BRD war die Verschuldung der DDR-Betriebe bereits längere Zeit als politisches Problem dargestellt worden; scharfe Angriffe geißelten die DDR-Wirtschaft als Konkursmasse. Die jetzige Regierung schwieg, sie wußte es besser, aber auch durch ihr Schweigen bereitete sie jenen den Weg, die alles auszunutzen bereit waren, was nur half, unliebsame Konkurrenz zu zerschlagen.

Mit Recht stellte Klaus Steinitz die Frage, ob die Regierung der DDR noch die Interessen der eigenen Bevölkerung vertrete oder schon die der westlichen Wirtschaft, was im Klartext hieß: der Konzerne, Banken und Versicherungen.

Für Bündnis 90/Die Grünen und SPD sprach der Abgeordnete Nooke. Er wollte, wie er sagte, die Sache differenzierter als die PDS betrachten (was nichts weiter als eine Phrase war); letztlich flankierte er eindeutig unsere Ansicht: Mit dem eingeschlagenen Weg der Regierung würde unsere Wirtschaft, so meinte er damals, völlig zerschlagen und in den Konkurs getrieben. Das helfe keinem, auch keinem in der politischen Arena, und es sei im wahrsten Sinn des Wortes vernichtend für Millionen Arbeitnehmer in der DDR.

Ich will nicht danach fragen, wie Nooke heute als konvertiertes CDU-Mitglied über seine Worte von damals denkt; es ist nicht so wichtig. Nur: Die Interessen jener Ostdeutschen, die heute Bundesbürger sind – wie will er sie in den Reihen derer vertreten, die er damals konsequent anklagte?

Die Anträge übrigens gelangten zwar noch in die Ausschüsse, aber die Übergabepolitik machte das notwendige Tempo auf, um solche Krümel schlichtweg vom Tisch zu wischen.

Die DSU bildete das rechte, revanchistische Element in der letzten Volkskammer. Wenn Dr. Latussek, Vertreter dieser Partei, in einer Debatte zur Anerkennung der Oder-Neiße-Grenze meinte, in Europa sollten Grenzen überhaupt keine Rolle mehr spielen, hörte man die Nachtigall lautstark trapsen. Auch Professor Walther, gleichfalls DSU, hörte mit dem Beitritt der DDR zum Westen den neuen Glockenschlag in Richtung Osten. Als er wieder einmal sein Gift gegen die PDS verspritzte und kein gutes Haar an der DDR ließ, trat Christa Luft ans Mikrophon und fragte, ob er nicht jener Professor sei, mit dem sie auf einem Führungslehrgang des Ministeriums für Hoch- und Fachschulwesen der DDR gewesen sei, und der dort stets große Sprüche auf die DDR parat hatte? Stillschweigen und Gelächter im Saal. Der Herr Professor, schien mir, verhielt sich fürderhin etwas enthaltsamer.

Die SPD kam mit ihrer Rolle im Prozeß des Beitritts nie wirklich klar. Da sich die linken Kräfte um Ibrahim Böhme sammelten, endeten sie in der Kopflosigkeit, als der wegen der Vorwürfe einer MfS-Vergangenheit alle Ämter ruhen lassen mußte. Der rechte Flügel der Partei bekam Aufwind, die Mitte schwankte aus der Koalition in die Opposition, aber nirgends nahm die SPD ihre eigentliche Verantwortung gegenüber den Wählern konsequent wahr. In einer Diskussion mit Richard Schröder, dem Vorsitzenden der SPD-Fraktion, erwiderte dieser auf mein Argument, die Gesetze würden nicht mehr von der Regierung der DDR erarbeitet, sondern kämen direkt aus Bonn: Ja, Herr Modrow, warum eigentlich nicht? In der BRD hätten diese Gesetze sich seit Jahrzehnten bewährt, da müsse man für die DDR, die bald beigetreten sein werde, nicht das Fahrrad noch mal erfinden. So schrieb die SPD fleißig mit am Übergabeprotokoll.

Warum eigentlich nicht? hatte Richard Schröder gesagt. Ich habe darauf nur eine Antwort: Weil diese Gesetze ein Leben beschlossen, dem letztlich das Schrittempo der Schwachen nicht gewachsen war.

Der Ausschuß für Deutsche Einheit führte ein Schattendasein, er diente Günther Krause, dem ersten Bundesbürger der DDR, als Kulisse, hinter der er waltete und schaltete. Wie das Parlament nie das gesamte umfangreiche Werk des sogenannten Vereinigungsvertrages zur Bearbeitung in den Ausschüssen und Fraktionen erhielt, so blieb auch der Ausschuß für deutsche Einheit ein Pappkamerad.

Schäuble, der als Verhandlungsführer der BRD Krause vereinnahmte, sollte später einräumen, der Vertrag sei bei näherer Betrachtung mit heißer Nadel genäht worden. Eine Feststellung, die richtig und falsch zugleich ist. Die heiße Nadel betrifft jene vielen, nicht bis zu Ende gedachten Probleme, die eine Handhabung des Vertrages so fürchterlich kompliziert machen sollte. Was aber nicht mit der heißen Nadel zu begründen ist, sind die kühl kalkulierten Verramschungsmaßnahmen; die DDR wurde aus der Käseglokke befreit, die BRD-Struktur wurde ihr übergestülpt. Die Atemnot ist inzwischen vergleichbar. Mir scheint, es ging um die Einheit »an sich«. Aber es gibt keine Politik »an sich«, und ich sage dies aus bitterer Erfahrung. Wenn sich das »an sich« von dem »für die Menschen« getrennt hat, wird alle Demokratie, alle Gemeinschaft an irgendeinem Ende an irgendeiner Gewalt scheitern.

Willy Brandt sprach noch vom Zusammenwachsen und mahnte damit einen Prozeß und die dazugehörige Geduld an. Oskar Lafontaine sprach wenigstens die Probleme offen an, und Walter Romberg schließlich kritisierte scharf die zu geringen Ansätze im Bundeshaushalt zur Unterstützung der DDR. Die SPD-Fraktion in der Volkskammer aber gab schnell ihre Bereitschaft für den Vertrag bekannt. Damit verpuffte der notwendige Druck selbst für kleine Zugeständnisse der Kohl-Regierung. Im August trat ein, was ich Walter Romberg schon im März prophezeit hatte: Es ging nichts mehr, de Maizière entließ ihn aus dem Amt des Finanzministers, und die SPD mußte zwangsläufig die Koalition verlassen.

Beim Hinausgehen, nach einer Sitzung des Einheitsausschusses des Bundestages und der Volkskammer in Berlin, meinte Hans-Jochen Vogel: Wenn er gewußt hätte, was es alles an Miserabilitäten in der DDR gegeben und welche Rolle das MfS gespielt habe, so wäre er nie zu einem Gespräch bei Honecker erschienen. Ich bemerkte nur, alles, was ihn bewege, solle uns doch bitte nicht davon abhalten, die jetzige Entwicklung zu sehen. Und was die anderen Dingen beträfe: Ich könne mir nicht vorstellen, daß die Dienste der BRD so naiv und uninformiert waren, um einen führenden SPD-Politiker derart »ins Messer« rennen zu lassen.

Der 17. Juni erwies sich als besonders stürmischer Tag in der Volkskammer. Die DSU hielt das historische, für die einen einladende, für uns eher verfängliche Datum für besonders geeignet, um den Beitritt der DDR zur BRD zu beschließen. Der Antrag schlug ein wie eine Bombe. Auf der Tribüne drängte sich bundesdeutsche Politprominenz in Scharen, selbst Helmut Kohl erschien. Bestimmt nicht zufällig. Der große Augenblick für den Husarenstreich sollte gekommen sein. Der abenteuerliche Vorstoß der DSU kam freilich für alle Fraktionen überraschend.

In der aufgescheuchten PDS rief alles nach Gregor, der nicht aufzutreiben war. Unsere kleine Gruppe im Saal entschied, ich müsse ans Pult, um unsere entschiedene Ablehnung dieses Antrages zu formulieren.

Für diesen Schritt des sofortigen Anschlusses schien mir weder die innere Entwicklung reif, noch vertrugen die laufenden Verhandlungen zum nunmehr 2+4-Vertrag eine solche Maßnahme. Die Fraktionen der Regierungskoalition schwankten, aber auch der Regierungschef selbst sah sich veranlaßt, gegen einen solchen Schritt aufzutreten. Das Tempo jedoch war angegeben, nichts hielt die Fahrt auf den Bonner Schienen auf. Kohl konnte den Druck auf all seine Verhandlungspartner verstärken, am 22. August 1990 wurde in der Volkskammer mit Mehrheit der besagte Beitritt beschlossen. Was sich vollzog, hatte mit dem, was ich am 1. Februar 1990 in einem Stufenplan der Vereinigung vorgeschlagen hatte, nichts mehr zu tun. Gorbatschow nannte dieses Stufenprogramm den Modrow-Plan; er entsprach damals auch den Vorstellungen der sowjetischen Führung. Damals, lange her inzwischen.

Aber doch nicht so lange her, daß ich vergessen hätte, was ursprünglich geplant war: ein sanfter Übergang. Dem Beschluß zum Beitritt verweigerte ich in der Volkskammer meine Zustimmung.

Dieser Beitritt, so sehr ihn viele Bürger der DDR aus verständlichen Gründen umgehender Änderung der Finanzverhältnisse und Reisemöglichkeiten herbeisehnten, hat der Bundesrepublik politisch nicht gut getan. Denn nun mußte das Grundgesetz – ganz im Gegensatz zu den Ambitionen seiner Schöpfer, die es als Provisorium bis zum vereinigten Deutschland sahen – nicht bearbeitet, geschweige denn neugefaßt werden. Eine neue, herausfordernde Verfassung der DDR war verhindert worden; nun konnte man lächelnd auf die alte verweisen, aus der sich wahrlich kein notwendiger Impuls für eine Korrektur des Grundgesetzes ergab.

Die DDR war nach der Wahl vom 18. März zwar noch Partner der Sowjetunion, aber die dafür gültigen Grundlagen – Warschauer Vertrag und Rat für Gegenseitige Wirtschaftshilfe – lagen ebenfalls in den letzten Zügen. Mitte Juli im Kaukasus verhandelten Sowjetunion und BRD über das Schicksal der DDR, ohne diese einzubeziehen. Während am 30. Januar bei meinem Treffen mit Gorbatschow noch Ryshkow und Falin dabei waren, führte der Kremlchef die Gespräche mit Kohl nur noch in Begleitung von Schewardnadse. Als Berater zog er jene heran, die beizeiten auf den Kurs mit Kohl, auf die CDU der DDR und gegen die Sozialdemokraten gesetzt hatten – besonders Anatoli Tschernajew. Im Bewußtsein Michail Gorbatschows wurde das im Kaukasus verhandelte Abkommen, bedingt durch die aufwendige Inszenierung einer Männerfreundschaft, zum »großen Vertrag« seines Lebens. Immerhin: Es gereicht Gorbatschow zur Ehre – und ich bin ihm dafür dankbar –, daß er mir 1994 schrieb, bei den Verhandlungen über die Vereinigung Deutschlands sei zwischen ihm und Helmut Kohl vereinbart worden, keine Prozesse gegen die Verantwortlichen von Partei- und Staatsführung anzuzetteln. An dieser Position hält er bis heute fest; im Zusammenhang mit dem Prozeß gegen Egon Krenz und andere Mitglieder des Politbüros gab er eine entsprechende Erklärung ab.

Das Problem besteht nur darin, daß offiziell unklar bleibt, ob in den sowjetischen Archiven für die gültige Festschreibung der besagten Übereinkunft Belege zu finden sind. Alle Bemühungen, in den Archiven Zugang zu Dokumenten der angesprochenen Zeit zu erhalten, blieben bisher ohne Erfolg. Sie sind für die nächsten 30 Jahre geschlossen, das Kaukasus-Treffen liegt erst acht Jahre zurück. Es dauert also noch 22 Jahre, bis Einblick möglich wäre. Es hilft den heute Verfolgten wenig, wenn erst dann authentische Belege für die Aussagen Gorbatschows zutage gefördert werden.

Als das Treffen im Kaukasus stattfand und mit den Weichen für die Vereinigung auch der ökonomische Schaden für die UdSSR programmiert war, standen auf dem Territorium der DDR noch etwa 370 000 sowjetische Soldaten. Sie waren plötzlich nicht mehr ein von Moskau selbstbewußt gehandhabtes Mittel zum Durchsetzen sowjetischer Interessen, sondern lediglich Verhandlungsmasse, um schließlich ganze 12 Milliarden D-Mark Ausgleich für den überhasteten Abzug dieser Westgruppe der Sowjetischen Streitkräfte einzukassieren. Zum Vergleich: Zur Unterstützung des Golfkrieges zahlte die Bundesrepublik wenig später den USA 17 Milliarden D-Mark. Die mit dem Abzug verbundenen sozialen Spannungen zogen die Angehörigen einer sowjetischen Elitearmee in kürzester Zeit in einen gefährlichen Strudel der ausufernden Disziplinlosigkeit, des rücksichtslosen Verrats und des aggressiven Egoismus. Auch das steht auf dem Schuldkonto derer, die mit Perestroika und Glasnost begannen, aber mit Ausverkauf endeten. Trotz all dieser Probleme versage ich dem Generaloberst Burlakow nicht meinen Respekt. Es gibt in der Militärgeschichte wohl kein vergleichbares Beispiel zum Abzug dieser Streitkräfte.

Am 31. August wurde von Schäuble und Krause der Beitritt der DDR zum 3. Oktober besiegelt, und am 12. September unterzeichnete Lothar de Maizière, der auch amtierender Außenminister der DDR war, mit den fünf anderen Außenministern in Moskau den 2+4-Vertrag. Ihm beigefügt hat man, mit völkerrechtlichem Stellenwert, einen Brief der Außenminister der DDR und der BRD, in dem die Rechtmäßigkeit der Enteignungen durch die SMAD von 1945 bis 1949 bestätigt wurde. Die von Gorbatschow immer wieder betonte Übereinkunft mit der BRD, juristisch-politische Verfolgung von SED-Führern zu unterlassen, blieb plötzlich seltsamerweise unberücksichtigt – ohne daß jemand eine Frage stellte.

Den Sommerurlaub 1990 verbrachte ich mit Annemarie, meiner Frau, auf Einladung Michail Gorbatschows auf der Krim. Im Sanatorium Jushny bei Faros lernte ich den heutigen polnischen Präsidenten Aleksander Kwasniewski mit Frau und Tochter kennen. Früher arbeitete er als Chefredakteur von »Sztandar Mlodych«, dem Warschauer Bruderorgan der »Jungen Welt«, später war er Jugendminister Polens. Mit etwas Ironie nannten wir unsere Debatten am Strand »Krim-Treffen«. Die Beziehungen zwischen der Sozialdemokratischen Partei Polens und der PDS waren in jener Zeit gut, und wir sahen unser gemeinsames Anliegen darin, die BRD zur Anerkennung der Oder-Neiße-Grenze zu zwingen. Beide Parteien befanden sich in ihren jeweiligen Ländern in der Opposition, und damit war es unkompliziert, diese Ansicht in den Parlamenten offensiv zu vertreten. In Gesprächen mit Vertretern der KPdSU forderten wir die Aufnahme dieses Standpunktes im 2+4-Vertrag – was zugesagt wurde und auch geschah.

Oktobertag in Japan

Schon im April 1990 hatte ich Japan besucht, um an einer großen Podiumsdiskussion des öffentlich-rechtlichen Fernsehens NHK in Tokio teilzunehmen. Anfang des Sommers wurde von der Japanischen Botschaft angefragt, wann ich die von Ministerpräsident Kaifu im Dezember 1989 ausgesprochene Einladung nach Japan wahrnehmen könne. Auch wenn diese Einladung damals noch dem Ministerpräsidenten im Amt galt – sie bliebe natürlich auch für den Ministerpräsidenten außer Dienst bestehen. Das ist japanischer Stil.

So vereinbarten wir einen Besuch für Ende September/Anfang Oktober. Als in der Volkskammer das Datum für den Beitritt der DDR zur BRD auf den 3. Oktober festgelegt wurde, sah ich keinen Grund, meine Japan-Reise zu verschieben. Ich wußte, gerade diese Reise würde mit sehr vielen Emotionen verbunden sein – zumal ich Mitte September schon in Helsinki der letzte DDR-Politiker war, der im Kulturzentrum auftrat. Nach der Veranstaltung tauschten wir Erinnerungen aus, das Wissen ums Verlöschen des Staates drückte meine Stimmung.

Am 28. September 1990 tobte eine politische Schlacht in der Volkskammer, in deren Mittelpunkt, trotz Abwesenheit, ich stand. So blieb mir ein Vorgeschmack dessen erspart, was ich später im Bundestag erleben sollte.

Mit dem beschlossenen Beitritt war verbunden, daß die Volkskammer der DDR bis zu gesamtdeutschen Wahlen 144 Abgeordnete in den Bundestag entsenden sollte – um eine demokratische Präsenz des Beitrittsgebietes zu gewährleisten. Entsprechend ihrer anteiligen Vertretung in der Kammer benannten die Fraktionen ihre Abgeordneten. Die PDS-Fraktion hatte mich in geheimer Wahl für diese Liste benannt. Was ich nun schreibe, ist dem

Protokoll der Sitzung entnommen; ich muß sagen, ich habe es später nicht ohne Bewegung gelesen.

Gleich zu Anfang dieser 37. Tagung blies der Zeitgeist zum Angriff. Präsidentin Bergmann-Pohl verlas einen Antrag, der, da er erst unmittelbar zu Beginn der Sitzung gestellt worden war, laut Geschäftsordnung zwei Drittel Mehrheit erforderte, um ihn zur Abstimmung zu bringen. Die Präsidentin verlas: »Die Volkskammer möge beschließen, bzw. als noch offenen Beschluß dem zukünftigen Bundestag übergeben, daß

1. die ehemaligen Auftraggeber für das MfS/AfNS, die 1. Sekretäre der Kreisleitungen und Bezirksleitungen, Vorsitzende der Räte der Bezirke sowie alle Mitglieder des Politbüros und des Zentralkomitees der SED auf ihre rechtswidrige Tätigkeit überprüft werden und ggf. gerichtlich zur Verantwortung gezogen werden;

2. die Immunität des Mitgliedes der Volkskammer, Dr. Modrow, als ehemaliger Ministerpräsident im Zusammenhang mit der Verletzung von elementaren Menschenrechten durch MfS/AfNS aufgehoben wird und eine richterliche Überprüfung auf Verletzung von Bürgerrechten durch die ihm unterstellten staatlichen Organe erfolgt.«

Zur Begründung des Antrages sagte der Abgeordnete Buck, CDU, wer es ehrlich mit der Aufarbeitung der Geschichte des MfS/AfNS meine, müsse dem Antrag zustimmen. Anders gesagt, wer nicht gegen Modrow sei, sei gegen die Aufarbeitung der Geschichte. Für die PDS forderte Uwe-Jens Heuer eine juristische Prüfung, wobei er in der Frage der Immunität von Gerd Poppe, Bündnis 90/Die Grünen, unterstützt wurde, der gleichfalls vor der Beschlußfassung eine Überprüfung forderte.

Gregor Gysi mahnte zunächst eine genaue rechtliche Prüfung des Antrags an, der so ohne weiteres nicht zu beschließen sei. Schließlich verwies auch Reinhard Höppner auf mögliche Verfahrensfehler, die in einem solchen Zusammenhang unverzeihlich wären.

Dann ging es zur Sache, sprich, um die Liste der 144 Abgeordneten der Volkskammer, die für den Bundestag benannt worden waren. Auch da war Modrow wieder Mode. Gregor Gysi stellte fest, nach bisher gültigen Kriterien für die Auswahl der Abgeordneten gebe es keinen Grund, Modrow nicht zu benennen. Dann verteidigte er mich in meiner Funktion als 1. Sekretär der Bezirksleitung der SED Dresden, und er erwähnte, daß diese Funktion MfS-Kontakte einschloß, aber nicht mit geheimdienstlicher Befehlsgabe verbunden gewesen sei. Er argumentierte mit dem Hoffnungsträger, den die Bundesrepublik in mir sah, und er fragte: Jene, die Gorbatschow hochleben ließen, obwohl er schon bei Breshnew zum Politbüro gehörte, wollen nun Modrow steinigen, der nie im Politbüro war?

Hier muß ich Gregor nachträglich korrigieren: Knapp vier Wochen war ich freilich Mitglied, allerdings des letzten SED-Politbüros.

Von der Modrow-Regierung sei viel für die DDR geleistet worden, betonte Gregor noch, und der gestellte Antrag sei in höchstem Grade unehrlich. Wörtlich sagte er zum Schluß seiner Rede: »Mögen Sie kriechen nach Bonn, wir werden das nicht tun. Und ich sage Ihnen, etwas gibt es in unserer Partei, was Sie einfach nicht kennen – Solidarität! Und die lassen wir uns von Ihnen nicht nehmen!«

Gerd Poppe ergriff gleichfalls noch einmal das Wort, wobei er betonte, nur für sich selbst und nicht für seine Fraktion zu sprechen. Die Formel von der Befehlsgewalt der 1. Sekretäre der Bezirksleitungen der SED sei zu relativieren. Diese Befehlsgewalt würde häufig übertrieben, und dann wörtlich: »Ich war einer der Minister, die vom Runden Tisch in diese Übergangsregierung berufen wurden, und ich muß einfach jetzt noch einmal feststellen, der Sachlichkeit halber, daß die Politik, jedenfalls von dem Zeitpunkt an, wo wir dabei waren, vom 5. Februar an, eindeutig dazu beigetragen hat, die ersten demokratischen Wahlen vom 18. März zu ermöglichen.«

Wie berechtigt der Hinweis Gerd Poppes war, wird in heutiger Bewertung der Gauck-Behörde sichtbar: »Im sogenannten demokratischen Zentralismus waren alle Gewalten der Partei untergeordnet«, heißt es. So konnte zum Beispiel der 1. Sekretär der Bezirksleitung der SED sowohl über die Zentrale Parteileitung als auch über jene Auswertungs- und Kontrollgruppe, die beim Leiter einer Bezirksverwaltung des MfS angegliedert war, parteipolitischen Einfluß nehmen. Von Befehlsgewalt ist auch hier keine Rede.

Wolfgang Ullmann sprach nicht zur Person Modrow, sondern zum Verfahren und forderte, entweder werde über alle 144 Abgeordneten namentlich abgestimmt, oder es bleibe den Fraktionen die Benennung ihrer Abgeordneten überlassen. Für die SPD schloß sich Frau Krehl der Haltung Wolfgang Ullmanns an und zog den Antrag einer Abstimmung zu meiner Person zurück; es sollte der PDS-Fraktion vorbehalten bleiben, wen sie wählen wolle.

Es war mehr als ein Mißklang, um den es hier ging. Der wäre zu verschmerzen. Es ging um die Fortsetzung der Spaltung mit neuen Vorzeichen.

Mein Oktober-Besuch in Japan erfolgte mit der Achtung, die hier auch einem Ministerpräsidenten außer Dienst zuteil wird. Ein Treffen mit dem Außenminister, der die Grüße des Ministerpräsidenten Kaifu übermittelte, verlief ganz nach Protokoll; ein kurzer, höflicher Meinungsaustausch und viele gute Wünsche. Der Empfang beim Präsidenten des Oberhauses, Tsuchiya, hatte einen sehr persönlichen, freundschaftlichen Charakter. In seinem Trinkspruch sagte Tsuchiya, die DDR sei ein liebes Kind, welches er nun an einen Stiefvater verlieren würde.

Ein Auftritt im Fernsehen jagte dann den anderen. Man wollte meine Meinung über die Vereinigung wissen und Kommentare hören zu den Übertragungen aus Berlin, besonders vom Brandenburger Tor. Viel Aufmerksamkeit erfuhr ich von Suetsugu, dem Vorsitzenden des Sicherheitsrates, einem Gremium von Wissenschaftlern, die in politischen, besonders internationalen Fragen, die japanische Regierung berieten. Wir kannten uns seit vielen Jahren durch Begegnungen in der DDR wie auch in Japan. Am 2. Oktober hatte er Wilfried Schmidt, Geschäftsführer der DDR-Botschaft, und mich zu einem Abendessen in ein öffentliches Restaurant eingeladen. Es war ein schöner Abend mit auserlesener japanischer Küche und einer sehr persönlichen Unterhaltung. Auf dem Tisch standen die Fahnen der DDR und Japans, ganz nach Protokoll. Zum Schluß ergriff der Gastgeber noch einmal das Wort, wandte sich an alle Gäste des Restaurants, etwa 50 bis 60 an der Zahl, und bat um ihr Verständnis: Der Ministerpräsident a. D. der DDR sei sein Gast, morgen würde sich die Vereinigung der beiden deutschen Staaten vollziehen, es sollten jedoch noch einmal, zu Ehren des Gastes, die Hymnen der DDR und Japans erklingen. Alle erhoben sich von den Plätzen und spendeten nach dem Erklingen der Hymnen einen herzlichen Beifall.

Es ist mir nicht möglich, alle Gedanken und gar Gefühle zu beschreiben, die mich in diesem Augenblick bewegten. Was ich genau wußte und empfand: Ich hatte zum letzten Mal bei einem offiziellen Anlaß die Hymne des Landes gehört, mit dem mein Leben verbunden war. Die Tischfahne dieser Begegnung mit Suetsugu gehört zu den Erinnerungen, die mir am wertvollsten geworden sind.

Während der Arbeit an diesen Aufzeichnungen stieß ich auf ein Buch des Econ Verlages Düsseldorf und Wien: »Das leise Lächeln des Siegers – Was wir von Japanern lernen können« von Günter Ederer, Wirtschaftsjournalist, ZDF-Berichterstatter und Filmautor, »in Deutschlands Chefetagen ein gefragter Japankenner«. Er beschreibt meinen erwähnten Japan-Besuch im April 1990, aber was er skizziert, traf ebenso auf die Begegnungen im Oktober zu.

»Am 20. April 1990, einen Tag, nachdem er sein Amt an DDR-Ministerpräsident Lothar de Maizière in der Volkskammer übergeben hatte, kam Hans Modrow nach Tokio, und wir westdeutschen Journalisten wurden den neuen Gepflogenheiten folgend zum Empfang in der DDR-Botschaft eingeladen. Wir wurden Zeugen einer Herzlichkeit und echten Freundschaft, wie ich sie so in der bundesdeutschen Botschaft nie erlebt hatte. Eine viel größere Zahl japanischer Spitzenpolitiker aller Parteien und führender Industrieller der Großkonzerne und der Industrieverbände erschien, als ich dies bei vergleichbaren Empfängen auf westdeutscher Seite jemals erlebt hatte. Mit erstaunlicher Spontaneität, gar mit stürmischen Umarmungen begrüßten die Japaner, unter ihnen immerhin der einflußreiche konservative Präsident des Parlaments, Yoshio Sakurauchi, den SED-Politiker Hans Modrow.«

Sei noch hinzugefügt, daß Ederer bemerkt, daß sich DDR-Diplomaten fließend japanisch unterhielten. »In der Vertretung Bonns sind bei derartigen Anlässen die wenigen Dolmetscher überbeschäftigt. Die Unterhaltung besteht dann oft aus freundlichem, verlegenem Zunicken und peinlichem Schweigen – es sei denn, die Japaner können deutsch.«

Mit der letztendlich getroffenen Entscheidung der Volkskammer wurde ich mit dem 3. Oktober 1990 zum Abgeordneten des Bundestages. Das zog in Tokio eine Einladung des Botschafters der BRD, Haas, zum Staatsempfang nach sich. Er zeigte sich als Diplomat von Rang. Als er mich bat, bei der Eröffnung des Empfangs an seiner Seite zu sein, bat ich ihn, auch den nun ehemaligen Gesandten der DDR-Botschaft in den Kreis der vorn stehenden Persönlichkeiten einzubeziehen. Dies geschah ohne Zögern.

Unter den über 1 000 Gästen im großen Garten der bundesdeutschen Botschaft waren sehr viele, die in zurückliegender Zeit auch an den Empfängen in der Botschaft der DDR teilgenommen hatten. Botschafter Haas erwies sich als gut informiert über meine Aktivitäten in Japan, er stimmte mir zu, daß es gut und richtig wäre, die Spuren der DDR in Japan nicht zu verwischen, sondern das Erarbeitete in die künftigen Beziehungen der Bundesrepublik zu Japan aufzunehmen.

Als DDR-Bürger und Abgeordneter der Volkskammer hatte ich diese Reise nach Japan angetreten, als Bürger der Bundesrepublik Deutschland und Abgeordneter des Deutschen Bundestages habe ich sie beendet. Die DDR war nun schon ein Teil der deutschen Geschichte geworden.

Ein japanisches Sprichwort sagt: Vielleicht lebt der Mensch doch zweimal – einmal für sich selbst und einmal für seine Träume.

Drei Fragebogen

—

Frankfurter Allgemeine Zeitung, 29. Dezember 1989:

Der Fragebogen, den der Schriftsteller Marcel Proust in seinem Leben gleich zweimal ausfüllte, war in den Salons der Vergangenheit ein beliebtes Gesellschaftsspiel. Wir spielen es weiter: heitere und heikle Fragen als Herausforderung an Geist und Witz.

Einer jener »Wendehälse«, die jetzt die DDR in Scharen bevölkern, ist Hans Modrow gewiß nicht. Mit Erich Honecker hat der dickschädelige Pommer ... nie viel im Sinn gehabt. Daß er freilich einmal dessen unrühmliche Hinterlassenchaft werde aufräumen müssen, hat sich der unprätentiöse, persönlich bescheidene, aber um so lernbegierigere Arbeitersohn, dem sein beruflicher Aufstieg nie zu Kopf gestiegen ist, wahrlich nicht träumen lassen. Seit dem 13. November 1989 Ministerpräsident, ist Modrow eigentlich nur der Konkursverwalter der DDR, doch bis zu den ersten freien Wahlen am 1990 ist er – wie es scheint – mit seiner Regierung der einzige stabile Faktor, die einzige staatliche Autorität ...

Honecker mochte den Eigenwilligen offenbar nie. Er verstand es bis zuletzt, Modrows Rückkehr nach Berlin und den Aufstieg ins Politbüro zu vereiteln. In den vergangenen Jahren galt Modrow als Hoffnungsträger der Deutschen in der DDR und als Wunschkandidat der auf Gorbatschow eingestimmten Russen für die Nachfolge Honeckers. Doch erst mußte die SED zusammenbrechen, ehe es Modrow gestattet wurde, den Karren aus dem Dreck zu ziehen.

Was ist für Sie das größte Unglück?
Unglück mit ansehen zu müssen.

Wo möchten Sie leben?
Wo man mich braucht.

Was ist für Sie das vollkommene irdische Glück?
Gibt es das?

Welche Fehler entschuldigen Sie am ehesten?
Die ehrlich zugegebenen.

Ihre liebsten Romanhelden?
Georg Heisler (»Das siebte Kreuz«), Ole Bienkopp.

Ihre Lieblingsgestalt in der Geschichte?
Thomas Müntzer.

Ihre Lieblingsheldinnen in der Wirklichkeit?
Die Berliner Trümmerfrauen.

Ihre Lieblingsheldinnen in der Dichtung?
Gorkis »Mutter«, Brechts »Mutter Courage«.

Ihre Lieblingsmaler?
Bernhard Kretzschmar, Canaletto.

Ihr Lieblingskomponist?
Tschaikowski, Mozart.

Welche Eigenschaften schätzen Sie an einem Mann am meisten?
Mut, Klugheit, Bescheidenheit.

Welche Eigenschaften schätzen Sie an einer Frau am meisten?
Mut, Klugheit, Bescheidenheit.

Ihre Lieblingstugend?
Ehrlichkeit.

Ihre Lieblingsbeschäftigung?
Laufen.

Wer oder was hätten Sie gern sein mögen?
Der Mann auf dem Mond.

Ihr Hauptcharakterzug?
Mecklenburgische Dickschädeligkeit.

Was schätzen Sie bei Ihren Freunden am meisten?
Daß sie mir ihre Meinung sagen.

Ihr größter Fehler?
Ehrlichkeit.

Ihr Traum vom Glück?
Zur Zeit eine Woche ohne Telefon.

Was wäre für Sie das größte Unglück?
Ein Weltkrieg.

Was möchten Sie sein?
Ein Weiser.

Ihre Lieblingsfarbe?
Blau.

Ihre Lieblingsblume?
Hibiskus.

Ihr Lieblingsvogel?
Spatz.

Ihr Lieblingsschriftsteller?
Konstantin Simonow.

Ihr Lieblingslyriker?
Bertolt Brecht.

Ihre Helden in der Wirklichkeit?
Die eines anderen Last tragen.

Ihre Heldinnen in der Geschichte?
Die Frauen des antifaschistischen Widerstandes.

Ihre Lieblingsnamen?
Annemarie, Irina, Tamara.

Was verabscheuen Sie am meisten?
Selbstgerechtigkeit, Heuchelei, Grausamkeit.

Welche geschichtlichen Gestalten verabscheuen Sie am meisten?
Politische Verbrecher, die sich gut tarnen können.

Welche militärischen Leistungen bewundern Sie am meisten?
Keine.

Welche Reform bewundern Sie am meisten?
Jede humanistische.

Welche natürliche Gabe möchten Sie besitzen?
Hellsehen – wenn es das gäbe.

Wie möchten Sie sterben?
Schnell und schmerzlos.

Ihre gegenwärtige Geistesverfassung?
Es gibt viel zu tun. Packen wir's an.

Ihr Motto?
Seien wir ehrlich miteinander.

—

NEUES DEUTSCHLAND, 13. August 1994:

Für welchen höheren Sinn lebt der Mensch?
Nicht für ein besseres Jenseits, sondern für ein besseres Diesseits. Für eine friedliche Welt.

Was finden Sie liebenswert an diesem Jahrhundert?
Daß es Menschen gab und gibt, die sich für Frieden, soziale Gleichheit, Beseitigung der Rassendiskriminierung einsetzen.

Sie stehen einer Weltregierung vor. Was würden Sie sofort abschaffen?
Alles, was Kriege möglich macht.

Was ist links?
Nicht der Straßenverkehr in Japan, sondern politische Positionen, die davon ausgehen, daß eine Alternative gegen den Kapitalismus die eigentliche Herausforderung ist.

Welches ist Ihr liebster Platz auf der Welt?
Leningrad mit seiner Architektur, seinen »weißen Nächten« und seiner Geschichte hat mich immer fasziniert.

Mit welchen drei Begriffen charakterisieren Sie Deutschland?
Ausgangspunkt von zwei Weltkriegen in diesem Jahrhundert; das Land gescheiterter Revolutionen; ein Land mit vielen Erwartungen und geringen Hoffnungen.

Was ist für Sie Heimat?
Wo ich mich wohlfühle und mit meiner Familie ein Zuhause habe.

Welches ist das Ziel Ihrer Traumreise?
Eine Reise ums »Kap Horn«, das mein Vater mehrmals umsegelt hat.

Wovor haben Sie Angst?
Daß unsere Erde für unsere Enkel nicht mehr bewohnbar ist.

Wann haben Sie zuletzt geweint?
Als ich noch Kinderaugen hatte.

Was trauen Sie der Menschheit nicht mehr zu?
Unsere Mutter Erde unversehrt von Generation zu Generation zu geben.

Was empfinden Sie als Verrat?
Wenn jemand nicht zu seiner Verantwortung steht und im nachhinein ...

Welcher literarische Held steht Ihnen am nächsten? Warum?
Ich bin auf der Suche nach neuen Helden.

Welches Kunstwerk haben Sie nie verstanden?
Glöckners Bilder auf den Kunstausstellungen in Dresden.

Wie beschreiben Sie Lebenskünstler?
Menschen, die in schwierigen Situationen sagen können: »Es hätte noch schlimmer kommen können.«

Welche Kunst würden Sie gern beherrschen?
Lebenskünstler zu sein.

Worüber wundern Sie sich?
Daß es Menschen gibt, die sich nicht wundern können.

Was müßte unbedingt erfunden werden?
Ein Mittel zur erfolgreichen Bekämpfung von Krebs.

Was ist an Ihnen bewundernswert?
Ich glaube, nichts.

Apropos Wunder: Was ist ein wunder Punkt bei Ihnen?
Erstens: Ich habe viele Ideen, aber nicht ausreichende Möglichkeiten, sie zu verwirklichen. Zweitens: die Ordnung in meinem Arbeitszimmer.

Welchen Zeitgenossen würden Sie für Verdienste um die Menschheit auszeichnen?
Ich wüßte keinen.

Finden Sie Marx überholt?
Nein – aber die marxistische Diskussion zu wenig schöpferisch.

Sind Sie für Geburtenkontrolle?
Nein. Weil soziale Probleme, die damit in der Gegenwart gelöst werden sollten, später noch schwerer zu lösende Widersprüche schaffen.

Mit welcher Persönlichkeit der Geschichte würden Sie gern in Briefwechsel treten?
Otto Buchwitz.

—

Den Fragebogen der Zeitschrift »Die Woche« hat Hans Modrow (noch) nicht beantwortet. Da dieser Fragebogen aber zu den originellsten und inzwischen populärsten in Deutschland zählt, habe ich ihm die Fragen vorgelegt.

(H.-D. S., 11. Dezember 1997)

Was ist Ihre größte Hoffnung?
Daß Leben in sozialer Gerechtigkeit auf unserer Erde möglich ist.

Wer oder was ist Ihre heimliche Leidenschaft?
Sie ist doch eine heimliche.

Was ist Ihnen peinlich?
Lob. Weil ehrlicher Umgang mit sich selbst dadurch gefährdet wird.

Welche kulinarischen Genüsse schätzen Sie besonders?
Chinesische Ente.

Was treibt Sie zur Verzweiflung?
Daß sehr viele einst glückliche Menschen im Osten verzweifelt sind.

Wem werden Sie ewig dankbar sein?
Gibt es denn ewige Dankbarkeit?

Was loben Ihre Freunde an Ihnen?
Das haben sie mir bisher nicht verraten.

Wem möchten Sie auf keinen Fall in der Sauna begegnen?
Dem Sauna-Freund von Boris.

Was sagen Ihre Feinde Ihnen nach?
Alles, was der Haß, der in ihnen steckt, dafür hergibt.

Wofür oder bei wem müssen Sie sich unbedingt noch entschuldigen?
Bei denen, die ihr Recht, das ihnen ein Modrow-Gesetz zusagte, noch immer nicht bekamen.

Welche Ihrer Vorzüge werden verkannt?
Die bisher nicht entdeckten.

Was war, was ist Ihr größter Erfolg?
Daß die Regierung Modrow einen entscheidenden Beitrag zur Gewaltlosigkeit 1989/90 geleistet hat.

Was war Ihre dramatischste Fehlentscheidung?
Um dramatisch zu sein, fehlt mir wohl die Größe.

Was sind Ihre verborgenen Schwächen?
Lassen wir auch die verborgen.

Wie würden Sie einem Blinden Ihr Äußeres beschreiben?
Blinde können mit ihren Händen mehr erfassen, als ich beschreiben könnte.

Was würden Sie zuerst durchsetzen, wenn Sie einen Tag lang Deutschland regieren könnten?
Jene Gleichheit bei der Vereinigung, für die ich mich am 1. Februar 1990 erklärte.

Wer wird Deutschland in zehn Jahren regieren?
Man kann nur hoffen, nicht mehr jene, die sich heute nicht schämen, soziale Grausamkeit noch immer für Politik zu halten.

Welcher Politiker flößt Ihnen Vertrauen ein?
Ich sehe keinen.

Wer sind für Sie die drei klügsten Köpfe unserer Zeit?
Ich sehe nur immer mehr Schlaue.

Was ist ihre Lebensphilosophie?
Ich bleibe dabei: Seien wir doch ehrlich miteinander.

Welchen Traum wollen Sie sich unbedingt noch erfüllen?
Meinen Traum vom Sozialismus werde ich mir nicht erfüllen können. Aber es bleibt die Hoffnung, daß er sich für spätere Generationen erfüllt.

Wo möchten Sie beerdigt werden?
Auf seemännische Art – im Meer.

Personenverzeichnis